Orbis

DINOSAURIER UND ANDERE TIERE DER VORZEIT

Schmidt Stefanie

BARRY COX · DOUGAL DIXON
BRIAN GARDINER · R. J. G. SAVAGE

DINOSAURIER UND ANDERE TIERE DER VORZEIT

DIE GROSSE ENZYKLOPÄDIE DER PRÄHISTORISCHEN TIERWELT

Orbis Verlag

Originaltitel:
Illustrated Encyclopedia
of Dinosaurs and
Prehistoric Animals

Originalverlag:
Macmillan London Limited, 1988

Übersetzung aus dem Englischen:
Dr. Marcus Würmli
Redaktion der deutschen Ausgabe:
Till R. Lohmeyer

Der Mosaik Verlag ist ein Unternehmen der
Verlagsgruppe Bertelsmann

Sonderausgabe 1992 Orbis Verlag
für Publizistik GmbH, München
Satz: Filmsatz Schröter GmbH, München
Druck und Bindung: Arnoldo Mondadori,
Vicenza
Printed in Italy · ISBN 3-572-00533-7

Herausgeber: Professor Barry Cox, Department of Biology, King's College, London

Mitarbeiter und Berater
Fische: Professor Brian Gardiner, Professor of Vertebrate Paleontology, King's College, London
Beitrag: Einführungskapitel Fische

Amphibien und Reptilien: Professor Barry Cox
Beitrag: Einführungskapitel Amphibien, Reptilien, Dinosaurier, Vögel und Säugerähnliche Reptilien

Vögel: Dr. Colin Harrison, vormals Principal Scientific Officer, Sub-Department of Ornithology, British Museum, London
Beitrag: Texte im Abschnitt Vögel

Säuger: Professor R. J. G. Savage, Department of Geology, University of Bristol
Beitrag: Einführungstext Säugetiere

Für die freundliche Genehmigung, ihre wissenschaftlichen Arbeiten auf dem Gebiet der Vogelevolution bei der Erstellung des Stammbaums auf S. 170–171 heranziehen zu können, sind Verlag und Herausgeber C. G. Sibley und seinen Mitarbeitern zu großem Dank verpflichtet. Eine ausführliche Darstellung der Forschungsergebnisse findet sich bei: Sibley, C. G. / Ahlquist, J. E. / Monroe, B. L. Jr.: *A classification of the living birds of the world based on DNA-DNA hybridization studies* in *Auk* 105 (op. 3), 1988

Die Karten auf S. 11 basieren auf Material aus: Cox, C. B. / Moore, P. D.: *Biogeography,* London 1985. Die Darstellung von *Archaeopteryx* (S. 15 oben) wurde dem Werk *Evolution of the Vertebrates* von E. H. Colbert (New York, 1980) entnommen.

Die Künstler
Colin Newman: Fische und Amphibien
Steve Kirk: Reptilien und Säuger
Malcolm Ellis: Vögel
Graham Allen: Säuger S. 1908–203, 210–235, 246–251, 258–263, 282–283)
Andrew Robinson: (S. 242–243, 254–255, 270–279)
Andrew Wheatcroft: Säuger (S. 286–295)
Steve Holden: Säuger (S. 206–207, 238–239, 266–267)
Grundy & Northedge: Stammesgeschichtliche Übersichten
Vana Haggerty: übrige Illustrationen

Inhalt

Vorwort

Sollte es überhaupt noch eines Beweises dafür bedürfen, daß das Studium der Urzeitlebewesen mehr ist als das Ausgraben und Sortieren »alter Knochen«, so liefert ihn dieses Buch in geradezu exemplarischer Weise. Es führt uns die Naturgeschichte längst vergangener Zeiten vor Augen. Es zeigt, wie die Tiere jener Epochen aussahen, wie sie lebten, atmeten, sich fortpflanzten – und schließlich ausstarben. Ihre Rekonstruktion in derart überzeugender Form verdanken wir der mühseligen wissenschaftlichen Detektivarbeit eines Autorenteams, das sich aus Paläontologen, Künstlern und Schriftstellern zusammensetzt.
Die Frage, welche Tiere dargestellt werden sollten und welche nicht, stellte sich gleich zu Beginn des Projekts. Selbstverständlich durften die mächtigen, sich seit langem besonderer Popularität erfreuenden Dinosaurier in dieser Porträtgalerie früherer Lebensformen nicht fehlen. Um eine einigermaßen repräsentative Auswahl vorstellen zu können, konnten aber auch die anderen großen Wirbeltiergruppen nicht vernachlässigt werden. Das Ergebnis ist ein faszinierender Katalog der merkwürdigsten Lebewesen der Vergangenheit: Fische mit knöchernen Schuppen und oftmals auffallend starker Panzerung; die ersten Amphibien, Pioniere bei der Besiedlung des Festlands; fliegende Reptilien, die frühen Herrscher der Lüfte; die ersten Vögel und Fledermäuse und schließlich unsere direkten Vorfahren, die Säugetiere – von den Mammuts und Säbelzahntigern bis hin zu den frühen Affen und Hominiden.
Die vorliegenden Rekonstruktionen sind das Ergebnis paläontologischer Erkenntnisse und künstlerischen Geschicks. Die Lebewesen, die auf diese Art und Weise Gestalt annehmen, mögen mitunter phantastisch aussehen, sind jedoch keineswegs Ausgeburten reiner Phantasie. Die bildlichen Darstellungen halten sich strikt an die von der Wissenschaft vorgegebenen Prinzipien, das heißt zunächst an den Fossilnachweis, der nicht ausschließlich aus Knochen und Zähnen bestehen muß, sondern auch Abdrücke von Haut, Haaren und Federn umfaßt. Sogar jahrmillionenalte Fußspuren gehören dazu.
Dank intensiver Beschäftigung mit den Fossilien als solchen, einer profunden Kenntnis der tierischen Anatomie sowie durch aufmerksame Beobachtung von Aussehen und Verhalten gegenwärtig noch existierender Tiere gelang es den Künstlern, die Skelette jener Lebewesen gleichsam zu »bekleiden« und Rekonstruktionen zu erstellen, die Form, Farbe und Haltung der betreffenden Arten so naturgetreu wie

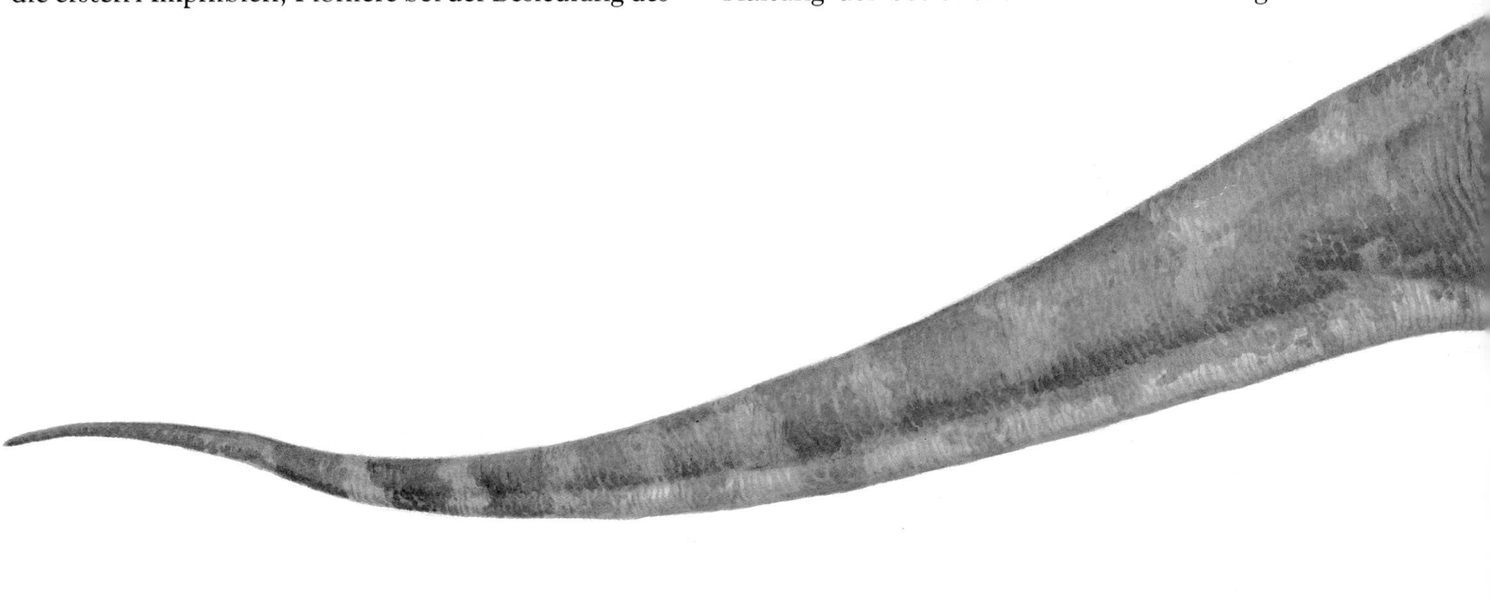

möglich wiedergeben. Die Bilder, die dabei entstanden, verblüffen und faszinieren sowohl durch die immer wieder hervortretenden Ähnlichkeiten mit den Lebewesen unserer Tage als auch aufgrund der oftmals frappierenden Unterschiede.

Mehrere Milliarden Jahre sind vergangen, seit das Leben auf der Erde seinen Anfang nahm. Die ersten Fische – die ältesten in diesem Buch dargestellten Lebewesen – erschienen vor ungefähr 500 Millionen Jahren. Die Dominanz der Dinosaurier und anderer Reptilien begann vor ungefähr 225 Millionen Jahren und währte 150 Millionen Jahre. Verglichen damit ist die Abspaltung der Hominiden von den Affen, die vor zirka 5 Millionen Jahren stattfand, ein ziemlich »junges« Ereignis.

Das Denken in so gewaltigen Zeitabschnitten übersteigt die Vorstellungskraft des menschlichen Geistes. Die Paläontologie – die Wissenschaft von den Lebewesen der Urzeit – kommt allerdings nicht umhin, sich mit diesen Kategorien zu befassen, und zwar aus zweierlei Gründen: Zum einen handelt es sich bei der Evolution, von Ausnahmen abgesehen, um einen relativ langsamen Prozeß. Die Veränderungen, denen die Arten von Generation zu Generation unterworfen sind, addieren sich oft erst im Laufe von Jahrtausenden oder gar Jahrmillionen zu auch im Fossilnachweis erkennbaren Unterschieden. Zum anderen muß die Geschichte des Lebens auf der Erde stets im Zusammenhang mit den klimatischen und geologischen Veränderungen betrachtet werden, welche die Erde über Jahrmillionen hinweg geformt haben: Auch der Einfluß dieser Kräfte wird erst über lange Zeiträume hinweg wirksam.

Obwohl wir Menschen erst seit relativ kurzer Zeit diesen Planeten bevölkern, haben wir ihn bereits in vielfacher Hinsicht verändert. Nicht zuletzt sind wir mittelbar oder unmittelbar für das Aussterben und die Gefährdung zahlreicher Tier- und Pflanzenarten verantwortlich. Die wundersamen Lebensformen der Vergangenheit sollten daher auch uns daran erinnern, daß viele Arten, mit denen wir gegenwärtig den Lebensraum Erde teilen, in Zukunft wahrscheinlich nur noch in Büchern wie diesem weiterexistieren werden. Die Tierwelt der Vergangenheit und der Gegenwart ist Teil unseres gemeinsamen Erbes. Das vorliegende Buch versucht, ihm gerecht zu werden.

Barry Cox
Professor of Biology
King's College
University of London

Einführung

Das Sonnensystem, zu dem die Erde gehört, ist ungefähr 4,6 Milliarden Jahre alt. Die frühesten Spuren des Lebens auf unserem Planeten sind mikroskopisch kleine Fossilien von Bakterien und Blaualgen, die in 3,5 Milliarden Jahre alten Gesteinen gefunden wurden (s. nebenstehende Übersicht).

Die Atmosphäre enthielt in der Frühzeit der Erde noch keinen Sauerstoff. Zwar produzierten die frühen Algen – wie die meisten grünen Pflanzen der Gegenwart – Sauerstoff, der jedoch rasch wieder verschwand, da er sich mit verschiedenen Elementen und Verbindungen in der Erdkruste verband. Erst vor ungefähr 1,5 Milliarden Jahren war der Sauerstoffgehalt der Atmosphäre hoch genug, um tierisches Leben zu ermöglichen.

Es gibt Grab- und Wühlspuren meeresbewohnender Tiere, die fast eine Milliarde Jahre alt sind; Tiere mit Außenskeletten in Form von Schalen traten schon im Präkambrium vor ungefähr 600 Millionen Jahren auf.

In kambrischen Gesteinen fand man Fossilien von Würmern, Korallen, Schwämmen, Weichtieren, Armfüßern und Trilobiten. Die meisten unter ihnen ernährten sich von Schlamm oder filterten Kleinstlebewesen aus dem Meerwasser. Im darauffolgenden Ordovizium erschien eine Vielfalt räuberischer Tiere, darunter Seeigel und Seesterne.

Die ältesten Wirbeltiere waren kieferlose Fische der Gattung *Arandaspis* (s. S. 24). Sie stammen aus Gesteinen des frühen Ordoviziums und sind so über 500 Millionen Jahre alt. Die Fundstätten liegen in Australien.

Das Leben auf dem Festland

Insekten sowie bärlapp- und farnähnliche Pflanzen waren Pioniere bei der Besiedlung des Festlands im Devon. Im Oberdevon hatten sich einige dieser Pflanzen bereits zu den ersten Bäumen entwickelt; sie erreichten eine Höhe von 25 Metern.

Zeitalter	Periode	Epoche	Alter in Jahrmillionen
Känozoikum	Quartär	Holozän (Jetztzeit)	*0.01*
		Pleistozän	*2*
	Tertiär	Pliozän	*5*
		Miozän	*25*
		Oligozän	*38*
		Eozän	*55*
		Paläozän	*65*
Mesozoikum	Kreide		*144*
	Jura		*213*
	Trias		*248*
Paläozoikum	Perm		*286*
	Karbon	Oberkarbon	*320*
		Unterkarbon	*360*
	Devon		*408*
	Silur		*438*
	Ordovizium		*505*
	Kambrium		*590*
Präkambrium	Proterozoikum		*2500*
	Archaikum		*4600*

Man unterteilt die gesamte Erdgeschichte in vier Zeitalter und beginnt mit dem Präkambrium. Jedes Zeitalter gliedert sich in Perioden und Epochen. Die Zahlen in der Tabelle geben den Beginn des betreffenden Zeitabschnitts an.
Die Pfeile zeigen – stark vereinfacht – die Evolution der Wirbeltiere sowie die Verwandtschaftsbeziehungen zwischen den größeren Gruppen. Die Evolution der Pflanzen und der wirbellosen Tiere zeigt natürlich andere Trends. So fällt zum Beispiel der Aufstieg der Säuger in der Kreidezeit mit der Entfaltung der Blütenpflanzen zusammen.

Entwicklung der Wirbeltiere

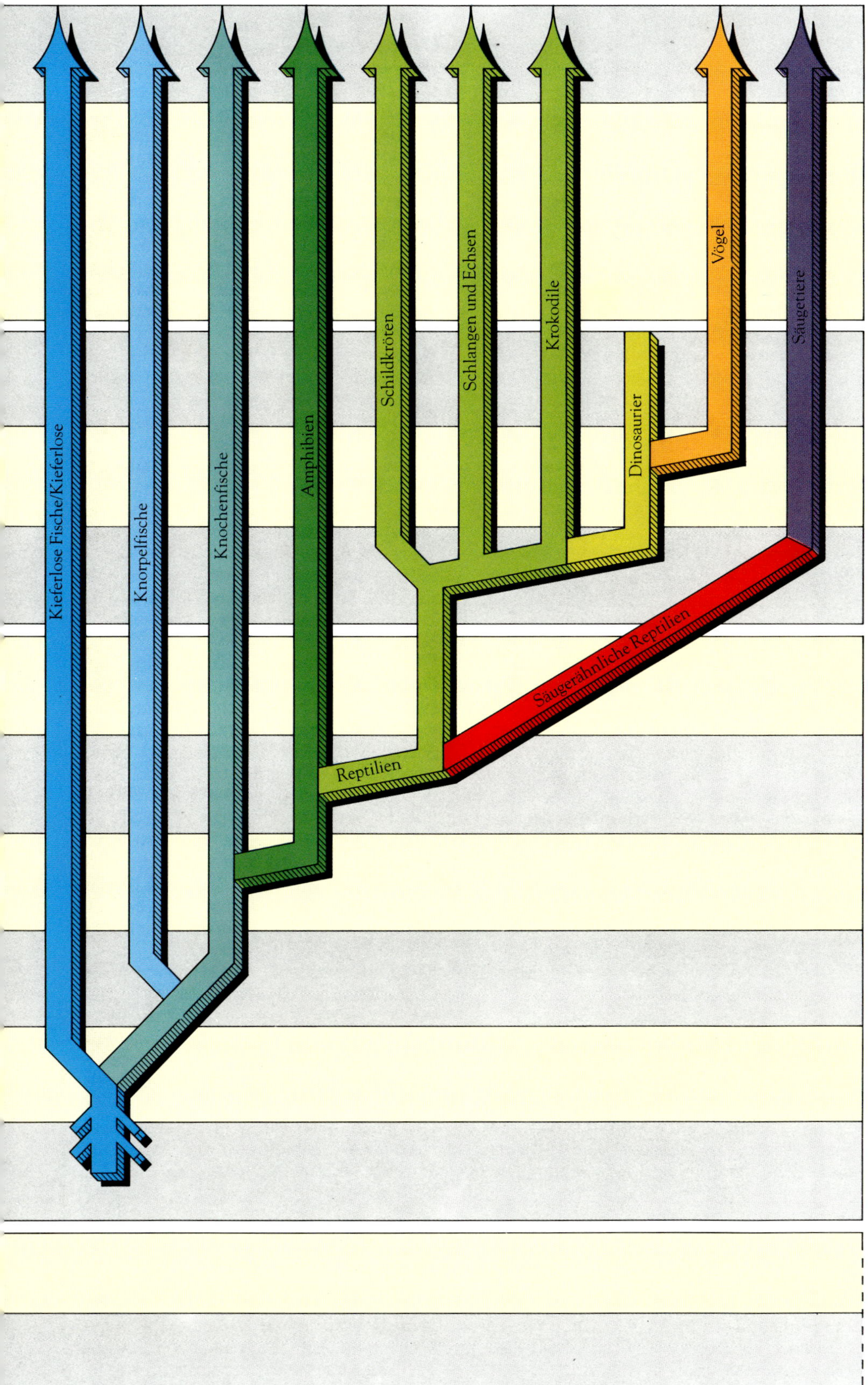

Evolution der Pflanzen und wirbellosen Tiere

Den heute existierenden Formen nahestehende Pflanzen und Wirbellose

Entfaltung der Blütenpflanzen, darunter auch der Gräser und vieler Kräuter. Bildung großer Wälder in tropischen und gemäßigten Gebieten. Entfaltung der modernen Muscheln und Schnecken. Wirbeltiergruppen ähnlich wie in der Jetztzeit.

Erste Blütenpflanzen (bedecktsamige Pflanzen), darunter Buchen, Feigen und Magnolien. Entfaltung der Bestäuberinsekten. Ammoniten und Belemniten sterben aus. Rückgang der Armfüßer.

Entfaltung der Palmfarne, der Farne und Nadelhölzer. Aufkommen der Ammoniten und Belemniten. Armfüßer häufig. Entfaltung der Weichtiere und Stachelhäuter.

Schachtelhalme, Farne, Ginkgoverwandte und Nadelhölzer dominieren auf dem Land. Palmfarne treten auf. Samenfarne sterben aus. Blütezeit der Ammoniten. Erste moderne Korallen.

Reichliches Auftreten von Farnen, Nadelhölzern und Samenfarnen. Rückgang der Schachtelhalme. *Glossopteris*-Flora auf Gondwanaland. Entfaltung der Insekten. Trilobiten und andere meeresbewohnende Gruppen sterben aus.

Riesenhafte Bärlappe und Schachtelhalme. Erste nacktsamige Blütenpflanzen (Ginkgos, Eibenverwandte, Nadelhölzer). Erste fliegende Insekten. Rückgang der Trilobiten und Armfüßer. Aussterben der Graptolithen.

Auftreten der ersten blatt- und wurzellosen Farne, am Ende als Baumfarne entwickelt. Erste echte Samenpflanzen (Samenfarne). Erste Ammoniten, Krabben, Spinnen, Milben und ungeflügelte Insekten.

Erste Landpflanzen. In den Meeren überwiegen Kalkalgen. Entfaltung meeresbewohnender Wirbelloser. Auftreten und Entfaltung der Seeskorpione *(Eurypterida)*. Rückgang der Graptolithen.

Einfache riffbildende Algen. Blütezeit der Graptolithen. Häufig sind Trilobiten, Armfüßer, Schnecken, Seelilien, Korallen, Seeigel, Moostierchen und Kopffüßer.

Erste Grün- und Rotalgen. Ausbreitung der Trilobiten in Flachseen. Viele Armfüßer, Schnecken und Muscheln, ebenso häufig Seelilien, Graptolithen, Schwämme und Ringelwürmer.

Gegen Ende des Proterozoikums Auftreten erster vielzelliger Tiere mit weichem Körper, im Aussehen an Würmer, Quallen oder Seefedern erinnernd.

Gegen Ende des Archaikums treten die ersten einzelligen Lebewesen auf, darunter die ersten Bakterien und Blaualgen.

Einführung

Abgefallene Blätter und andere Überreste von Landpflanzen bildeten die ersten reichhaltigen organischen Ablagerungen. Zusammen mit Regenwasser entstanden daraus schlickreiche Sümpfe und damit Lebensräume für süßwasserbewohnende Lebewesen und Lebensgemeinschaften. Zahlreiche Fischarten entwickelten sich. Im späteren Devon krochen Nachkommen von ihnen, die Amphibien, aus dem Wasser. Ihre Lebensweise war zum großen Teil bereits terrestrisch, das heißt, sie lebten überwiegend auf dem Land.
Im Oberkarbon entwickelte sich eine andere Pflanzenwelt. Ein sumpfiger, tropischer Regenwald bedeckte große Teile Nordamerikas und Europas. Er beherbergte eine große Vielfalt von Fischen und Amphibien sowie die ersten Reptilien. Während des Perm gewannen die Reptilien auf dem Festland nach und nach die Oberhand und verdrängten die Amphibien. Im Oberen Perm waren pflanzenfressende Reptilien weit verbreitet und ermöglichten die Entwicklung großer räuberischer Formen, die von ihnen lebten.
Bis in die Trias hinein waren die Kontinente der Welt in einer einzigen mächtigen Landmasse, der sogenannten Pangaea (s. S. 11) vereinigt. Die Landtiere konnten sich daher in alle Richtungen ausbreiten. Manche Gebiete, die weit entfernt vom Meer und seinen feuchtigkeitsspendenden Wolken lagen, versteppten oder wurden zu Wüsten. Viele ursprüngliche Pflanzengruppen starben aus und wurden durch Palmfarne, Ginkgos und neue Nadelholztypen ersetzt.
In den ariden Gebieten mit ihrer ständiger Veränderung unterworfenen Pflanzendecke, herrschten die Reptilien. Die Entwicklung, die in der Trias begonnen hatte, erreichte am Ende der Kreidezeit ihren Höhepunkt. Säuger traten zwar schon in der Obertrias auf, nahmen aber erst im Tertiär eine beherrschende Stelle ein, als die Dinosaurier und die meisten ihrer Verwandten bereits ausgestorben waren. Die ersten Vögel erschienen im Oberen Jura.
Die moderne Pflanzenwelt begann mit der Entwicklung der Blütenpflanzen in der Unterkreide. Parallel dazu trat eine große Vielfalt von Bestäuberinsekten auf den Plan. Ab dem Alttertiär dominierten auf der Erde, wie auch heute noch, die Blütenpflanzen. Auf dem Festland herrschten die Vögel und Säuger, im Wasser höher entwickelte Knochen- und Knorpelfische.

Biogeographie
Die Geographie früherer Erdzeitalter unterschied sich sehr stark von der heutigen. Die Theorie der Plattentektonik und der Kontinentalverschiebung lieferte die Erklärung für die zuvor kaum verständlichen Verbreitungsmuster ehemaliger und heute noch existierender Tierarten.
Die Plattentektonik besagt, daß sich verschiedene Platten gegeneinander bewegen. Die Kraft, die diese Bewegung hervorruft, hat ihren Ursprung in der Wärme des Erdkerns. In einigen Gebieten erreichen Konvektionsströmungen aus dem Erdinnern die Unterseite der Erdkruste, werden dort seitwärts abgelenkt und kühlen vor der Rückkehr ins Erdinnere wieder ab. Wenn die aufsteigende Strömung unter einem Kontinent liegt, kann sie diesen in zwei auseinandertreibende Schollen aufspalten, zwischen denen sich neue ozeanische Kruste bildet. An den gegenüberliegenden Rändern der Platten wird alte ozeanische Kruste entlang einem System von Tiefseegräben, wie wir sie vor allem rund um den Pazifik antreffen, gleichsam wieder »verschluckt«.
Die Plattentektonik bewirkte unter anderem, daß zuvor zusammenhängende Landmassen in Einzelkontinente aufbrachen oder bislang getrennte Kontinente miteinander verschweißt wurden (s. S. 11). Vorgänge wie diese führten im Zusammenhang mit der Ausdehnung und dem Rückzug der Meere zu einer grundlegenden Veränderung der Oberflächenstruktur unseres Planeten.
Im Devon, das vor 408 Millionen Jahren begann und vor 360 Millionen Jahren zu Ende ging, bildeten Nordamerika und Europa einen einzigen Kontinent; es gab also noch keinen Nordatlantik. Fossilien der ersten Landwirbeltiere – früher Amphibien und Reptilien – wurden fast ausschließlich in Gebieten gefunden, die einst zu diesem Kontinent gehört hatten, was den Schluß zuläßt, daß sie sich dort auch entwickelten. »Laurasia« war nur während des Karbon mit dem großen Südkontinent Gondwana verbunden, der das heutige Südamerika, Afrika, Antarctica, Australien und Indien umfaßte.
Die frühen Amphibien und Reptilien drangen erst nach Gondwana vor, als sich dieser Kontinent im Oberen Perm mit Laurasia verband. In der Trias formte die Festlandmasse der Welt einen einzigen Urkontinent, Pangaea.
Gegen Ende der Trias oder zu Beginn des Jura begann Pangaea aufzubrechen. Zwischen den entstehenden Kontinenten bildeten sich Meere aus. Für die Oberkreide lassen sich auf der Nordhalbkugel zwei Festlandmassen mit unterschiedlicher Flora sowie verschiedenartigen Säuger- und Dinosaurierfaunen erkennen (vgl. S. 13).
Auch Gondwana brach in jener Epoche auf. Indien hatte sich in der Mittleren Kreidezeit bereits abgespalten und begann eine lange Reise nach Norden. Die uns heute vertraute Oberflächenstruktur der Erde entstand erst im Miozän, vor etwa 20 Millionen Jahren, als Afrika sich an Europa anschloß, und im Pliozän, als der Isthmus von Panama Nord- und Südamerika miteinander verband.
Da die Kontinente erst aufbrachen, als sich moderne Säugertypen längst ausgebreitet hatten, entwickelte fortan jeder Kontinent eine eigene typische Säugerfauna.

Der Fossilnachweis
Die Beweise für das Leben in diesen Urzeiten stammen aus einem einzigartigen »Geschichtsbuch«. Seine Seiten sind Gesteinsschichten, in denen in fossiler Form Bilder vergangener Lebensformen festgehalten sind.
Als Fossilien bezeichnen wir alle Spuren früherer Lebewesen. Die meisten Tiere und Pflanzen leben und sterben, ohne einen dauerhaften Existenzbeweis zu hinterlassen, doch können sie unter bestimmten Bedingungen fossilisiert werden.
Wenn ein Tier stirbt, verfallen die Weichteile seines Körpers oder werden von anderen Tieren aufgefressen. Die harten Teile werden abgenagt und/oder aufgebrochen. Wird der leblose Körper eines Tieres indessen – etwa im Schlamm und Schlick am Grunde von Flüssen, Seen oder Meeren – von weichen Sedimenten begraben, so ist er dem Zugriff anderer Tiere entzogen. Zwar zerfallen die Weichteile in der Regel auch unter diesen Umständen, doch bleiben das Skelett und die Zähne erhalten; sie sind nun potentielle Fossilien.
Die Verwandlung der Skelette in echte Fossilien geht in mehreren Stufen vor sich (vgl. a. S. 12–13): Durch die Ablagerung weiterer Sedimente verdichten und verhärten sich die Schlamm- und Sandschichten. Das Wasser, das die Sedimente durchzieht, enthält gelöste Minerale, die mit der Zeit die Sand- oder Schlickteilchen zu festem Gestein verkitten. Auch das eingeschlossene Skelett wird von Mineralen durchdrungen, die peu à peu die Knochensubstanz ersetzen. Der Feinbau des ursprünglichen Knochens bleibt bei diesem Prozeß oft gut erhalten.
Ein verschüttetes Skelett kann von durchziehenden Wässern auch völlig aufgelöst werden. Wenn der dadurch entstehende Hohlraum durch mineralische Ablagerungen wieder gefüllt wird, entsteht ein natürlicher Abguß des ursprünglichen Knochens (vgl. S. 13).
Die wohl besterhaltenen fossilen Knochen sind die pleistozänen Säuger- und Vogelrelikte aus den Asphaltgruben von Rancho la Brea in Los Angeles. In diesem Gebiet war Asphalt an die Oberfläche gedrungen und hatte tiefe Gruben gefüllt. Nach Regenfällen bildeten sich Wasserlachen über dem Asphalt. Mammuts, Faultiere und andere Tiere, die von der vermeintlichen Tränke angelockt wurden, blieben im Asphalt stecken und sanken ein. Die Kadaver zogen, bevor sie von der Oberfläche verschwanden, räuberische Direwölfe, Säbelzahnkatzen und Aasgeier

Die Welt verändert ihr Aussehen

Die Darstellungen auf dieser Seite zeigen, wie die Erde im Lauf der Jahrmillionen ihr Aussehen verändert hat. Gebiete auf der »Rückseite« des Globus werden graphisch nach vorne geklappt. Gestrichelte Linien zeigen den Küstenverlauf der heutigen Kontinente. Flachmeere sind durch einen hellen, Tiefseen durch einen dunklen Raster gekennzeichnet.

1

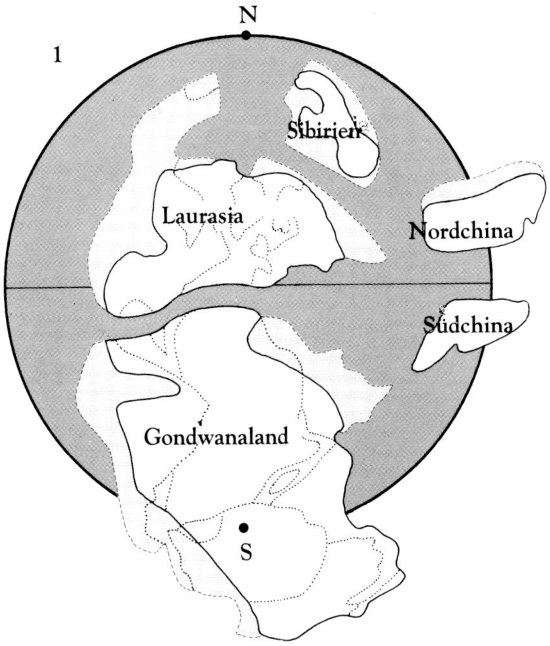

1 Vom Oberkarbon bis zum Unterperm gab es zwei große Kontinente, Laurasia im Norden und Gondwanaland im Süden. Drei weitere Landmassen waren die Vorläufer des heutigen Asien. Frühe Amphibien und Reptilien gab es nur in Laurasia.

2

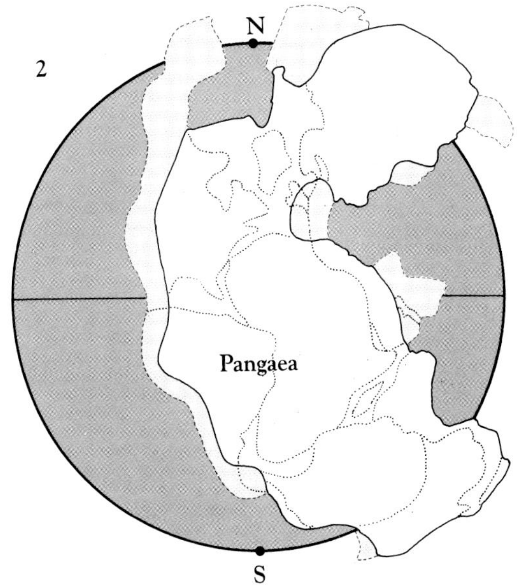

2 Im Oberperm bildeten alle Kontinente eine einzige riesige Landmasse, Pangaea. In dieser Zeit d .ngen frühe Amphibien und Reptilien nach Gondwanaland ein und breiteten sich über Asien aus.

3

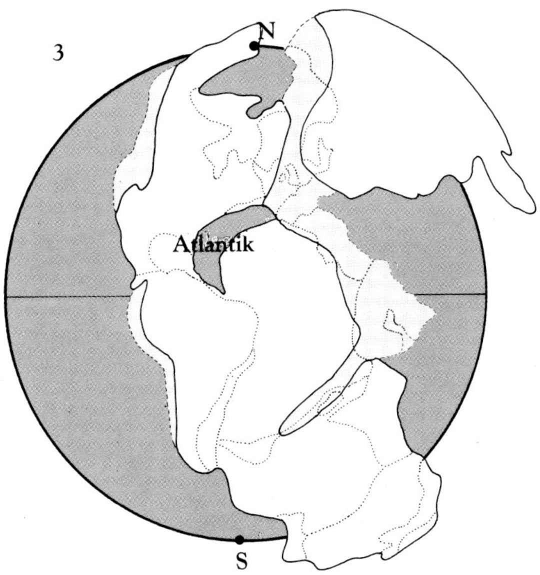

3 Die Pangaea begann bald aufzubrechen. Längs der Ostküste Afrikas entstand ein Meeresarm. Der Nordatlantik öffnete sich, als Nordamerika sich von Europa abzutrennen begann.

4

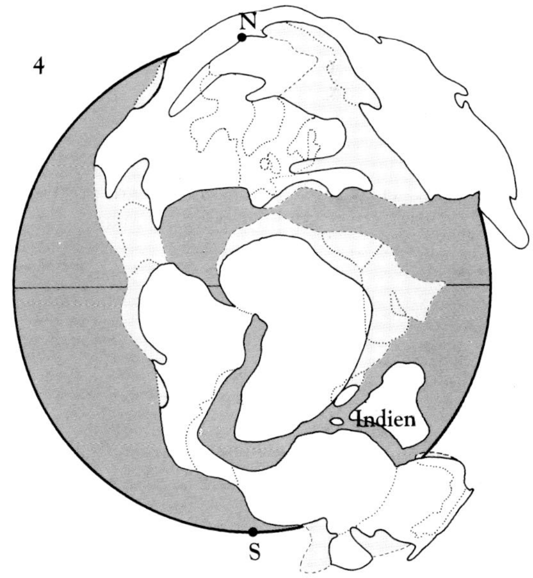

4 In der Unterkreide war die ganze Südhälfte Afrikas von Meer umschlossen. Auch Nord- und Südamerika trennten sich in dieser Zeit. Ein Meeresarm dehnte sich nordwärts aus und trennte Europa von Asien. Indien löste sich von Gondwanaland und begann eine lange Reise gen Norden.

5

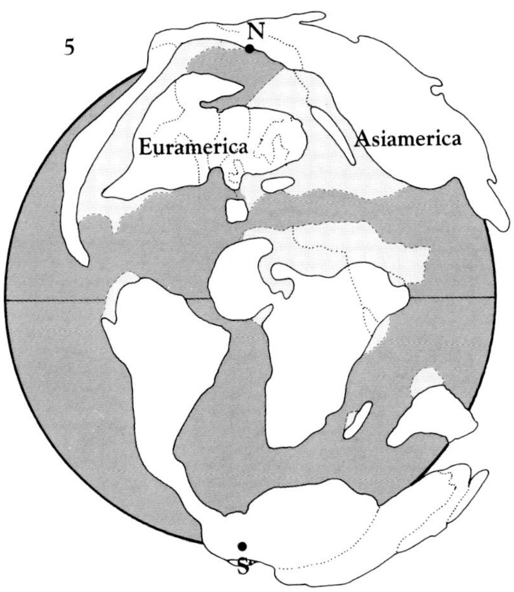

5 In der Oberkreide gab es auf der Nordhemisphäre zwei Landmassen: Asiamerica umfaßte Asien und das westliche Nordamerika. Zu Euramerica gehörten Europa und das östliche Nordamerika. Die beiden Kontinente wiesen unterschiedliche Pflanzen und unterschiedliche Dinosaurier- und Säugerfaunen auf.

6

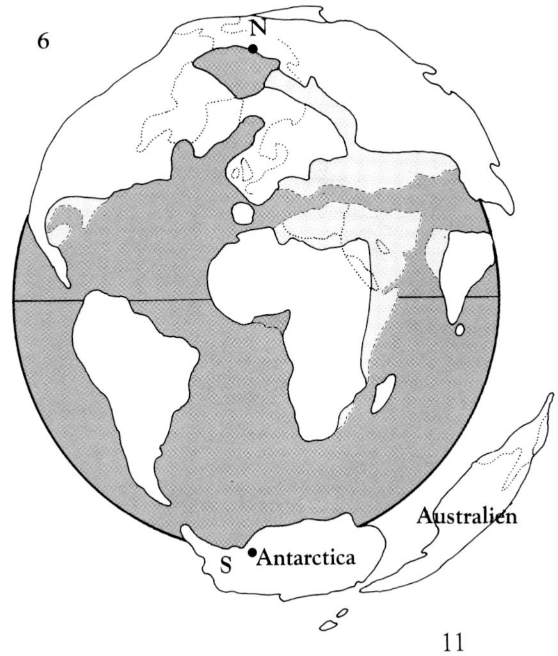

6 Im Eozän hatten die Kontinente ungefähr die heutige Form angenommen. Indiens Reise nach Norden war fast beendet, und Australien sowie Antarctica hatten sich von der Spitze Südamerikas gelöst. Jeder Kontinent entwickelte seine eigene Säugerfauna.

Einführung

an, die nun ihrerseits steckenblieben und starben. Die Knochen all jener Tiere blieben im Asphalt vollkommen erhalten und müssen von den Paläontologen lediglich mit Petroleum herausgelöst und sorgfältig gereinigt werden.

Eine noch reichhaltigere Fauna und Flora aus dem Mittleren Eozän entdeckte man in der Ölschiefergrube Messel bei Darmstadt in der Bundesrepublik Deutschland. Tierkadaver und tote Pflanzen aus einem subtropischen Regenwald sammelten sich am Grunde eines tiefen Sees. Jahr für Jahr wurde der Seeboden von einer dicken Algenschicht überwuchert. Auf diese Weise wurden die Knochen und Haare vieler früher Säugetiere – u. a. Fledermäuse, Pferde, Ameisenbären und Nagetiere –, ja sogar deren Mageninhalt und die Skelette ungeborener Jungtiere konserviert. Auch Krokodile, Schlangen, Frösche, Insekten, Früchte, Blüten und Blätter sind an dieser fünfzig Millionen Jahre alten Fundstelle erhalten geblieben.

Die Reste von Weichteilen lassen sich nur in seltenen Fällen als Abdrücke im Gestein nachweisen. So weiß man zum Beispiel, daß Fischsaurier (s. S. 80) eine Rükkenflosse und eine haifischähnliche Schwanzflosse besaßen, obwohl diese Strukturen über keinerlei Knochenskelett verfügen. Den Beleg dafür lieferte der vollständig erhaltene Abdruck eines Körperumrisses in den Posidonienschiefern von Holzmaden.

In den feinen lithographischen Plattenkalken von Solnhofen erhielten sich Abdrücke von Federn des *Archaeopteryx*, des Verbindungsglieds zwischen Reptilien und Vögeln (s. S. 176). Aus ähnlichen Abdrücken geht hervor, daß mindestens ein Flugsauriertyp Haare trug (s. S. 105). Auch konservierte Fußabdrücke werden als Fossilien bezeichnet. So kennen wir Dinosaurierspuren, die dadurch erhalten blieben, daß der ursprünglich weiche Boden austrocknete und erhärtete, bevor er von neuen Sedimentschichten bedeckt wurde. Fossiler Dung, die sogenannten Kotsteine oder Koprolithen, gibt ebenfalls Aufschluß über Leben und Ernährungsweise der Urzeitfauna.

Welche Gesteine enthalten Fossilien?

Fossilien bilden sich am ehesten, wenn ein Skelett von Sedimenten zugedeckt wird. Daher ist in Sedimentgesteinen, die schichtweise abgelagert wurden und entweder aus mineralischen oder aus organischen Bestandteilen bestehen, auch am ehesten mit Fossilienfunden zu rechnen. In magmatischen Gesteinen wie Graniten oder Basalten, die ursprünglich als geschmolzene Masse aus dem Erdinnern an die Oberfläche traten, kommen dagegen kaum Fossilien vor. Sie fehlen darüber hinaus in metamorphen Gesteinen, wie beispielsweise Marmor, die unter großer Hitze und Druckeinwirkung entstanden sind.

Die ältesten Sedimentgesteine wurden vor über einer Milliarde Jahren abgelagert. Sie zeigen große Schwankungen hinsichtlich der Größe ihrer mineralischen Bestandteile. Gesteinsschichten, die sich aus Kieseln oder größeren Blöcken zusammensetzen, enthalten nur wenige Fossilien, da die Knochen schon bald nach der Ablagerung zerbrochen und zerrieben werden.

Besonders fossilienreich sind feinkörnige Sandsteine. Im Silur und Devon, also lange vor der Trennung der beiden Kontinente, wurde quer über das nordöstliche Nordamerika und Nordwesteuropa ein dicker Gürtel von »Old Red Sandstone« abgelagert, der eine üppige Fauna von Süßwasser- und Meeresfischen aus dem Devon enthält.

Gesteine aus noch feineren Bestandteilen wie Tone und Tonschiefer machen ungefähr 60 Prozent aller Sedimentgesteine aus. Wenn Schlamm oder Schlick austrocknet, verliert er seine organischen Bestandteile und wird kompakter. Zunächst entsteht weicher Ton, später harter Tonschiefer, der leicht in flache Platten zerbricht. Die ungefähr 50 Millionen Jahre alten Tonablagerungen des Eozäns, wie man sie vor allem in der Umgebung von London und Paris findet, bergen eine Fülle von Fossilien.

Anders als die Sandsteine entstanden Kalke und Dolomite im wesentlichen aus dem Kalziumkarbonat oder Kalzium-Magnesium-Karbonat meeresbewohnender Tiere und Pflanzen. Die Schalen vieler Weichtiere, der Seeigel und verwandter Arten, die Riffe der Korallen und die Zellwände diverser Algen bestehen aus festem Kalziumkarbonat. In feinste Teilchen zerrieben, bildet es den Hauptbestandteil karbonatischer Sedimentgesteine.

Eines der bekanntesten jener Gesteine ist die Kreide. Sie besteht nahezu ausschließlich aus den Schalen winziger planktischer Meereslebewesen. Die dicken, 65 bis 70 Millionen Jahre alten Kreideablagerungen in Südostengland, Frankreich und im zentralen Nordamerika enthalten

Die Fossilisation eines Fischsauriers

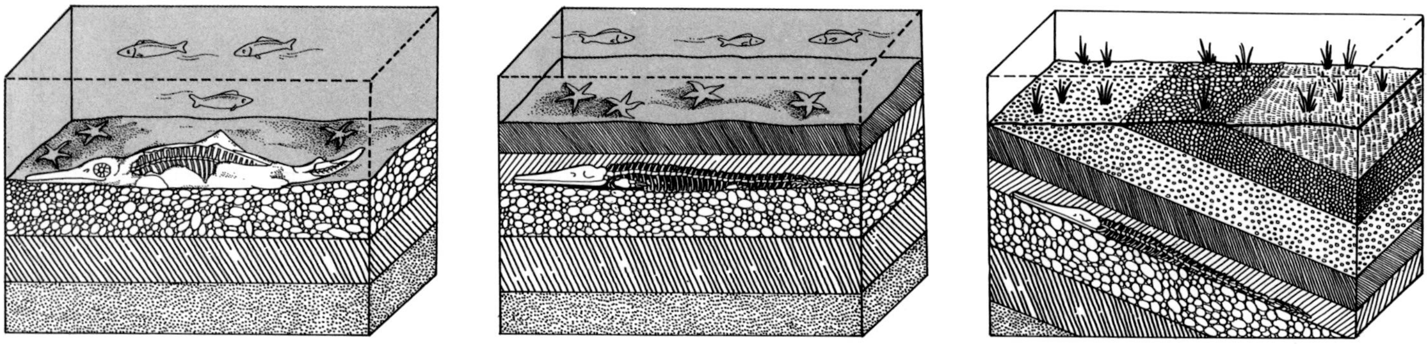

Ein Tier bleibt am ehesten dann fossil erhalten, wenn es in weiche Sedimente zu liegen kommt wie der Fischsaurier, der in der Abbildung in feinem Sand auf dem Meeresboden ruht. Das Fleisch zerfällt, die harten Teile wie Zähne, Schädel und das übrige Skelett bleiben jedoch erhalten.

Sedimentschichten lagern sich über den Knochenresten ab. Minerale aus dem Meerwasser dringen in das Skelett ein und lagern sich in den Knochen ab, wobei sie alle Zwischenräume ausfüllen. Nach und nach ersetzen sie das Material der Knochen.

Das fossilisierte Skelett wird zusammengedrückt und verformt, weil sich mehr Sedimentschichten ablagern und sich der Untergrund bewegt. Im hier dargestellten Fall fand eine Auffaltung und Hebung statt, so daß die Gesteine nun zum Festland gehören.

die Reste vieler meeresbewohnender Fische, Reptilien und Vögel.
Auch Torf und Kohle sind organischen Ursprungs, entstehen jedoch aus den Resten toter Landpflanzen. Das Pflanzenmaterial sammelte sich ursprünglich in Küstensümpfen, die den Everglades im heutigen Florida nicht unähnlich waren, oder in Beckenlandschaften des Binnenlands. Aus der verrottenden organischen Materie entstand zunächst Torf, der später austrocknete und unter Druck zu Kohle wurde. Die Kohlegürtel Europas und Nordamerikas entstanden im Karbon und enthalten die Fossilien zahlreicher Fische, Amphibien und Reptilien.

Arten der Fossilisation

Wenn die Knochen selbst nicht fossilisiert sind (Körperfossil), so kann ein Tier doch in Form eines Steinkerns (oben) oder eines Abdrucks (unten) erhalten bleiben. Ein Abdruck entsteht, wenn ein Körper nachträglich aufgelöst wird und einen Hohlraum zurückläßt. Der Abdruck gibt meist nur die harten Teile des Körpers wieder. Bedecken diese die Außenseite eines Lebewesens, so kann der Körper in seiner Gesamtheit abgebildet werden, wie beim Knochenfisch in der Graphik. Ein Steinkern bildet sich, wenn der Hohlraum nachträglich von mineralischen Ablagerungen gefüllt wird. Unter diesen Bedingungen bleiben natürlich die inneren Körperstrukturen nicht erhalten.

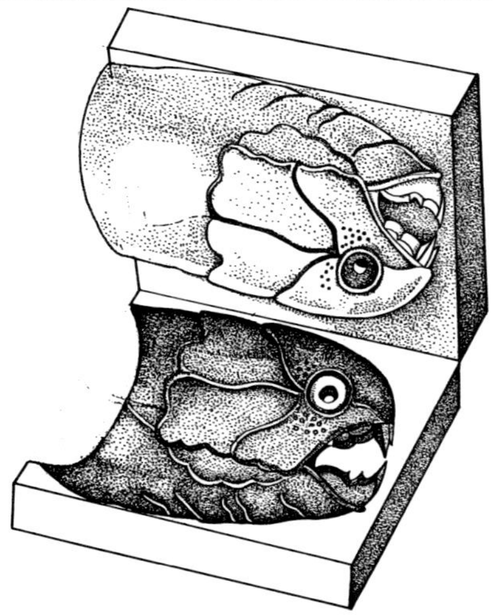

Wo findet man Fossilien?
Die Fossiliensuche lohnt sich dort, wo die entsprechenden Gesteine an die Erdoberfläche treten und nicht von dichter Vegetation bedeckt sind. Den leichtesten Zugang bieten oftmals nicht oder nur spärlich bewachsene Wüstengebiete.
Auch im Mittel- und Hochgebirge können geeignete Gesteinsschichten freiliegen, sofern sie nicht von jüngeren Sedimenten bedeckt sind. Interessant sind auch Bruchspalten in Erdbebengebieten, Rutschhänge in Fluß- und Bachtälern sowie von Menschenhand geschaffene Aufschlüsse wie Steinbrüche.
Fossilienhaltige Gesteine zu finden, ist meist nicht allzu schwer. Problematischer ist schon das Aufspüren der Fossilien selbst. Die Gesteine der dicht besiedelten Regionen Nordamerikas und Europas sind heute ziemlich gut erforscht, obwohl immer noch überraschende Entdeckungen möglich sind. Die Aufmerksamkeit der Paläontologen hat sich in jüngster Zeit jedoch mehr und mehr auf andere Erdteile verlagert, besonders auf aride Gebiete, in denen die Gesteine oberflächlich weiträumig verwittern. Bei ihrer Suche versuchen die Wissenschaftler Antworten auf ganz bestimmte Fragen zu finden. Zum Beispiel: Welche landbewohnenden Wirbeltiere gab es in Australien während der Unterkreide? Vor Beginn der Expedition studieren sie geologische Karten, um herauszufinden, wo geeignete Gesteine liegen oder vermutet werden können.
Meist sind die Kosten einer Forschungsreise so hoch, daß man das Risiko erst eingeht, wenn schon vielversprechende Einzelfunde aus der betreffenden Gegend vorliegen.

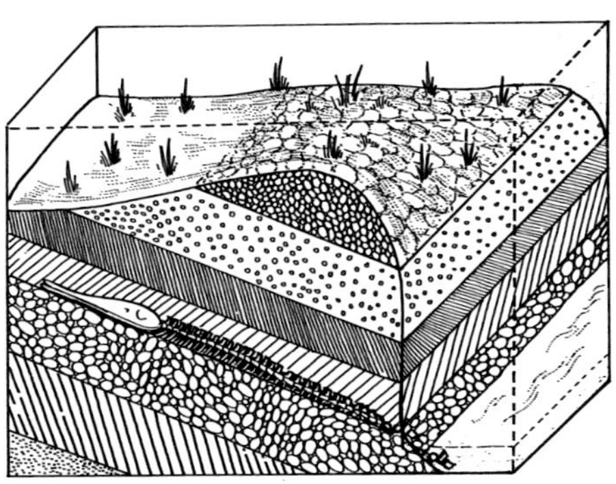

Die Erosion sorgt dafür, daß einige Schichten freigelegt werden. Auf der rechten Seite entstand der Steilhang eines Flusses. Der Schwanz des Fischsauriers gelangt an die Oberfläche, und Knochen fallen ins Flußbett.

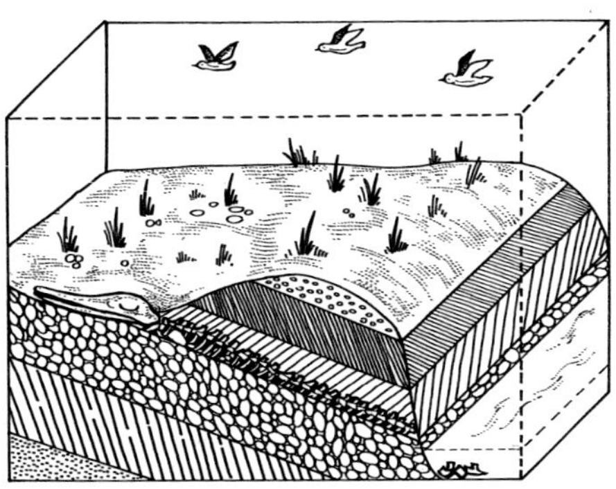

Je weiter die Erosion voranschreitet, um so mehr wird vom Fischsaurierschwanz sichtbar. Auch der fossile Schädel erscheint infolge der Verwitterung an der Oberfläche. Ein Paläontologe, der ihn in diesem Zustand entdeckt, beginnt natürlich sofort mit der Suche nach dem restlichen Skelett.

»Vor Ort« beginnt dann die aktive Fossilsuche. Es gibt kein Patentrezept mit Erfolgsgarantie. Oft wandert man stundenlang durch hitzeflimmernde Felsformationen, nur um dann doch einmal mehr mit leeren Händen zurückzukehren. Die Gesteine werden methodisch untersucht, Schicht um Schicht. Und wenn man Glück hat, findet man dann irgendwann einen einzelnen Knochen oder einige wenige Knochenstücke, die aus dem flachen Gelände oder einem Abhang hervorragen.
Nun beginnt erst die eigentliche Arbeit. Die Gesteine am Fundort müssen sorgfältig abgetragen werden. In vielen Fällen ist es ratsam, das fossile Skelett stückweise zu bergen. Die Knochen werden mit befeuchtetem Papier und schließlich mit groberem, gipsgetränktem Sackleinen bedeckt. Der austrocknende und aushärtende Gips schützt das Fossil während des oftmals recht langen und beschwerlichen Rücktransports ins Museum oder Institut.
Unabdingbar für jeden Paläontologen ist die genaue Beschreibung von Fund und Fundort. Jedes Fundstück wird numeriert, die Fundstelle nach wissenschaftlichen Kriterien charakterisiert. Die exakte »Buchführung« ist deshalb notwendig, weil die spätere Analyse zum Beispiel ergeben kann, daß die gefundenen Fossilien in unterschiedlichen Gesteinsschichten lagen und damit auch verschiedenen Lebensgemeinschaften angehörten (siehe S. 14).

Das Präparieren und Datieren von Fossilien
Im Labor wird die Gipshülle abgenommen und der fossile Knochen freigelegt. In Einzelfällen helfen schon Hammer und Meißel oder, bei kleineren Stücken, scharfe Stahlnadeln. Wenn möglich, lösen die Wissenschaftler aber mit Hilfe bestimmter Chemikalien den minerali-

Einführung

schen Zement auf, der die Sedimentpartikel zusammenhält. Mit dieser Methode kann man beispielsweise hervorragend erhaltene dreidimensionale Schädel freilegen, deren Detailtreue der Schädelstruktur eines frisch getöteten Tieres nicht nachsteht. Da fossile Knochen, nachdem sie viele Jahrmillionen im Boden gelegen haben, oft sehr rissig oder brüchig sind, imprägniert man sie zur Verstärkung mit Kunststofflösungen.

Es gibt eine relative und eine absolute Methode zur Altersbestimmung von Fossilien. Die relative Altersbestimmung beruht auf zwei Tatsachen: Da Sedimente Schicht um Schicht abgelagert werden, liegt der Schluß nahe, daß ein Lebewesen, welches in höher gelegenen Schichten entdeckt wurde, in einer späteren Epoche lebte als tiefer gelegene.

Die zweite Tatsache besagt, daß keine Pflanzen- oder Tiergruppe ewig lebt. In einer beliebigen Fossilfolge kann demnach eine neue Gruppe auftreten, die dann über eine Reihe von Schichten vorhanden ist, um letztlich wieder spurlos zu verschwinden. Einige Tiergruppen entwickelten sich früh in der Erdgeschichte, einige später; einige existierten lange Zeit, bevor sie ausstarben, andere hatten nur eine relativ kurze Lebensspanne, bevor sie von Konkurrenten verdrängt und ersetzt wurden. Jeder Abschnitt der Erdgeschichte ist daher durch eine ganz bestimmte Kombination von Pflanzen und Tieren gekennzeichnet (s. S. 14).

Unterschiedliche Gesteinsformen aus allen Teilen der Welt versorgten die Paläontologie mit einer gewaltigen Fülle von Informationen über zahllose fossile Pflanzen- und Tiergruppen. Dabei ist es heute kaum noch vorstellbar, welch enorme Arbeit die Pioniere der Wissenschaft und ihre Kollegen aus der Geologie zu leisten hatten, um wenigstens die größeren Abschnitte der Erdgeschichte – die Zeitalter, Perioden und Epochen (s. S. 8–9) – unterscheiden zu können.

Die absolute Altersbestimmung ergibt das Alter des Fossils in Jahrmillionen. Sie macht sich den Umstand zunutze, daß einige Gesteine radioaktive Mineralien enthalten, die bei der Ablagerung in sie eingebettet wurden. Die radioaktiven Atome zerfallen mit einer ganz bestimmten Geschwindigkeit in andere Atome. So zerfällt zum Beispiel radioaktives Uran-235 in 713 Millionen Jahren zur Hälfte in Blei-207. Mißt man nun die relativen Mengen von Uran-235 und von Blei-207 in einem bestimmten Gestein, so läßt sich die bisherige Zerfallsdauer berechnen und erschließen, wann das Gestein abgelagert wurde.

Jede radiometrische Altersbestimmung läßt sich dann in die relative Chronologie einfügen, die sich vorrangig an charakteristischen »Leitfossilien« orientiert. Auf diese Weise gelangt man zu den absoluten Altersangaben, die auch im vorliegenden Werk zitiert werden.

Die Rekonstruktion fossiler Tiere

Vollständige Skelette von fossilen Landtieren sind sehr selten, weshalb die Paläontologen oft fehlende Teile ergänzen müssen. Sofern schon ein Stück desselben oder eines nahverwandten Typs bekannt ist, oder wenn der fehlende Teil unbedeutend ist (wie etwa ein Teil der Wirbelsäule), ist diese Aufgabe nicht allzu schwierig. So haben Entenschnabelsaurier (Hadrosaurier, s. S. 146–153) Skelette, die vom Kopf an abwärts einander sehr ähneln. Findet man also den Schädel eines neuen Entenschnabelsauriers, so liegt der Schluß nahe, daß der Rest des Körpers dem seiner Verwandten ähnlich sieht. Entdeckt man dagegen einen solchen Saurier ohne Kopf, so läßt sich oft nicht entscheiden, um welche Art es sich handelt und ob man nicht vielleicht sogar den Vertreter einer neuen Art oder Gattung vorliegen hat.

Unvollständige Skelette bisher unbekannter Arten sind – wenn überhaupt – ebenfalls nur schwer zu rekonstruieren. So wurde zum Beispiel 1965 in der Wüste Gobi ein außergewöhnliches Paar von Dinosauriergliedmaßen entdeckt. Jeder Arm war 2,4 Meter lang. Bis auf den heutigen Tag können die Paläontologen nicht sagen, wie der betreffende Dinosaurier (mit dem Namen *Deinocheirus*) wirklich ausgesehen hat (s. S. 109). Und hätte man 1986 nur den Schädel des merkwürdigen Dinosauriers *Baryonyx* (s. S. 113) gefunden, so wäre es unmöglich gewesen, allein daraus Rückschlüsse auf den Bau des restlichen Skeletts abzuleiten.

Bei allen Rekonstruktionen ist äußerste Vorsicht geboten, denn jeder Vorschlag wird von Fachkollegen auf der ganzen Welt genau geprüft. Und wie in allen anderen Wissenschaften ist auch in der Paläontologie die öffentliche Widerlegung eines Kollegen eine besonders beliebte Praxis.

Die präparierten Knochen werden zusammengesetzt und verraten nun die Körperproportionen und die Haltung des ausgestorbenen Tieres. Die Form und Länge der Knochen erlaubt Rückschlüsse auf die Lebensweise: Lange Knochen der Gliedmaßen deuten auf ein Tier hin, das schnell lief, während grabende Tiere eher kurze und kräftige Knochen aufweisen.

An bestimmten Vorsprüngen, Vertiefungen oder rauhen Stellen läßt sich erkennen, wo vermutlich einmal Muskeln ansetzten. Die Verteilung von Fleisch und Fell ergibt sich dann oft aus dem Vergleich mit ähnlichen Verwandten oder heute noch existierenden Tieren.

Weitere Informationen über die Lebensweise eines Tieres liefert uns das Gebiß. Handelt es sich um scharfe, schneidende und reißende Zähne eines Raubtiers, kleine, scharfe Zähnchen eines Insektenfressers, einfache, zugespitzte Zähne eines fischfressenden Tieres oder um flache, höckrige Zähne eines Pflanzenfressers?

Rekonstruktion und Benennung

Die schwierigste Aufgabe bei der Rekonstruktion eines ausgestorbenen Tieres besteht darin, herauszufinden, wie seine Körperdecke aussah und welche Farbe sie trug. Fische sowie einige Amphibien und Reptilien tragen Schuppen; sie bleiben auch am Fossil verhältnismäßig oft erhalten. Vögel haben Federn und die meisten Säuger Haare. Über die Körperbedeckung großer Dinosaurier oder Säugerähnlicher Reptilien sind gesicherte Erkenntnisse äußerst rar. Den Experten bleibt nicht viel anderes übrig, als auf die Anatomie lebender Tiere, wie die der Elefanten, zurückzugreifen. Daraus resultiert zum Beispiel die Erkenntnis, daß große Dinosaurier keiner isolierenden Schicht bedurften, um sich warmzuhalten; ihr Hauptproblem bestand vielmehr darin, die Wärme loszuwerden, die sie bei körperlicher Bewegung erzeugten.

Gesteine als Archive

Wenn Gesteine aus einer Reihe von Schichten bestehen, die nacheinander abgelagert werden, so bilden die darin enthaltenen Fossilien ein regelrechtes Archiv. Das abgebildete Gestein enthält acht Schichten (A–H). A ist die älteste Schicht, H die jüngste. In diesen Schichten treten fünf verschiedene Fossilien auf, jedes mit einer unterschiedlichen zeitlichen Verbreitung. Die Kombination der Fossilien ist typisch für jede Schicht und bestimmt deren »Stratigraphie«. Die Schicht A enthält nur das Fossil 5, die Schicht H nur das Fossil 1. Alle fünf Fossilien zusammen treten nur in der Schicht E auf.

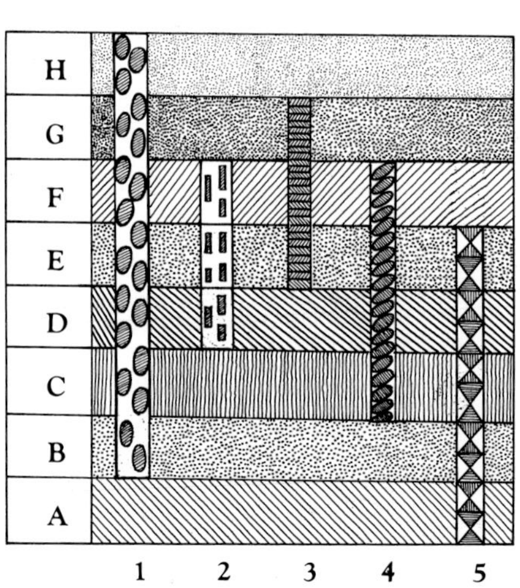

Paläontologen leiten auch die Färbung und Musterung fossiler Lebewesen aus dem Studium ihrer noch lebenden Verwandten ab. Ein wichtiger Faktor ist die Umweltanpassung: Oft sind Fell oder Federkleid so gefärbt, daß sie im geeigneten Milieu als Tarnung dienen. So überwiegen bei kleineren Tieren je nach Umgebung meist die Braun- oder Grüntöne.
Bei der Aufarbeitung eines Fundes erreicht der Paläontologe am Ende stets den Punkt, an dem er entscheiden muß, ob er eine bereits beschriebene und benannte Art vorliegen hat. Wenn er diese Frage nach Prüfung der Fachliteratur verneinen muß und der von ihm bearbeitete Fund eine wissenschaftliche Novität ist, so ist es seine Aufgabe, dem Fund innerhalb der bereits bekannten Tierwelt jener Epoche einen systematischen Rang zuzuweisen. Er vergleicht den Neufund mit anderen Fossilien und versucht, die Art einer entsprechenden Familie oder Gattung zuzuordnen (s. S. 17).
Der bearbeitende Wissenschaftler darf für das neuentdeckte Fossil einen beliebigen Namen aussuchen. Traditionell üblich ist eine dem Griechischen oder Lateinischen entlehnte Bezeichnung, die eine bestimmte, typische Struktureigenschaft der betreffenden Art beschreibt oder auf ihre Lebensweise Bezug nimmt. *Oviraptor* bedeutet beispielsweise »Eierdieb« und bezieht sich auf die vermutete Ernährungsweise des Tiers.
Gelegentlich kommt vor, daß zwei Wissenschaftler unabhängig voneinander Teile von ein und derselben Art beschrieben und benannt haben. In diesen Fällen gilt die Prioritätsregel: Der ältere Name ist gültig. So gab zum Beispiel Marsh im Jahre 1879 einem großen Dinosaurierskelett den Namen *Brontosaurus*. Später merkte man, daß derselbe Marsh zwei Jahre zuvor einen Beckenknochen derselben Art bereits mit dem Namen *Apatosaurus* belegt hatte. Heute bezeichnen alle Fachleute den besagten Dinosauriertyp als *Apatosaurus* (s. S. 132).

Die Lebewesen in diesem Buch
Man kennt heute ungefähr 9000 Gattungen fossiler Wirbeltiere: das heißt ungefähr 2500 bei den Fischen, 400 bei den Amphibien, 1500 bei den Reptilien, 1000 bei den Vögeln und 3500 bei den Säugern.
Bei der Auswahl der Fossilien hielten wir uns an mehrere Grundgedanken: Zum einen ging es uns darum, die Vielfalt der verschiedenen systematischen Gruppen aufzuzeigen. Die ausgewählten Arten weisen interessante anatomische und adaptive Merkmale auf, und der Fossilbeleg war in den meisten Fällen detailreich genug, um eine genaue Rekonstruktion zu gewährleisten. Auch achteten wir darauf, jene Tiere aufzunehmen, die in der Geschichte der Paläontologie eine besondere

Interpretation des Fossilnachweises

Die Rekonstruktion eines Urzeitlebewesens aus einem Fossilrest erfordert Geduld, Fachkenntnisse und einiges Geschick. Das Fossil muß zuerst entdeckt und von Sedimentteilen gereinigt werden (rechts). Dann muß man die einzelnen Knochen neu ordnen und so miteinander verbinden, daß sie ein Skelett bilden (unten). Am Ende erfolgt die eigentliche Rekonstruktion mit den Muskelpartien und der Hautbedeckung, die andeutet, wie das Tier in Wirklichkeit ausgesehen haben mag.

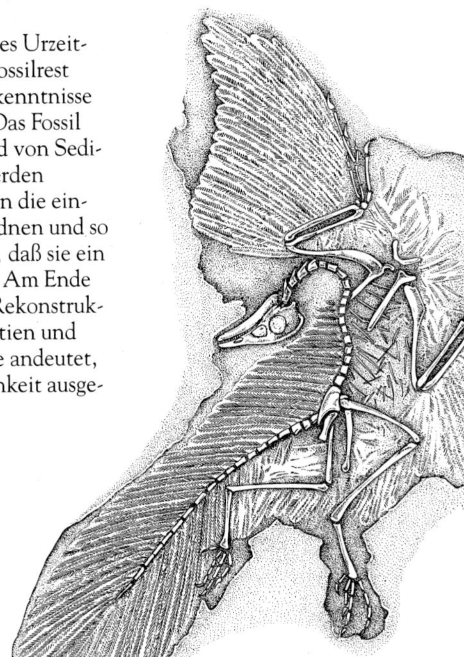

Das Skelett des Urvogels *Archaeopteryx*, wie es in den feinkörnigen Plattenkalken von Solnhofen in Bayern gefunden wurde. Nicht nur die Knochen sind erhalten, auch die Federn hinterließen Abdrücke.

Die Rekonstruktion des Skeletts von *Archaeopteryx* (Mitte) zeigt dessen vogelähnlichen Aufbau und die typische Vogelhaltung auf zwei Beinen.

Die Rekonstruktion des *Archaeopteryx* (oben) zeigt einen befiederten Vogel mit breiten Flügeln und langem Schwanz, der sich vor ungefähr 150 Millionen Jahren in die Lüfte erhob.

Einführung

Rolle spielten, sowie solche, die schon seit Generationen Kinder und Erwachsene gleichermaßen faszinieren – also zum Beispiel *Tyrannosaurus* und *Stegosaurus*.
Die wissenschaftlichen Namen der Tiere oder Tiergruppen sind, soweit es sinnvoll erschien, ins Deutsche übertragen worden. Oft bleibt nichts anderes übrig, als wissenschaftliche Namen mit deutschen Endungen zu versehen, zum Beispiel »Carnosaurier« statt »*Carnosauria*«.
Der möglichst vollständigen Information halber geht dem Text zu jeder größeren Wirbeltiergruppe deren kurzgefaßte Stammesgeschichte voraus. Die Verwandtschaftsverhältnisse und die zeitliche Einordnung werden zudem auf graphischen Darstellungen erläutert.
Vor der Beschreibung der einzelnen Tiere auf den folgenden Seiten findet man die Rubriken »Zeitliche Verbreitung«, »Geographische Verbreitung« und »Länge«. Die »Zeitliche Verbreitung« nennt das Alter der Gesteine, in denen die Fossilien gefunden wurden und damit auch das ungefähre Alter der Fossilien selbst. Unter der »Geographischen Verbreitung« werden die Kontinente und Länder aufgeführt, in denen die betreffende Art gefunden wurde. Unter »Länge« ist im allgemeinen die Gesamtlänge des Tieres von der Schnauzenspitze bis zur Schwanzspitze angegeben. Bisweilen ist zusätzlich oder auch ausschließlich die Höhe des Tieres notiert. Verschiedene Exemplare derselben Art können allerdings beträchtliche Größenunterschiede aufweisen. Die Zahlen geben in diesen Fällen oft einen Mittelwert an.

Paläontologie und Evolution

Obwohl viele Philosophen der griechischen Antike wie beispielsweise Herodot die wahre Natur der Fossilien erkannten, gingen diese Erkenntnisse in der Folgezeit verloren. Lange Zeit glaubte man, in Fossilien komme die mysteriöse Anlage diverser Gesteine zum Ausdruck, von sich aus bestimmte Formen zu bilden, vergleichbar etwa mit der Entwicklung von Perlen in Austern.
Im Jahre 1667 erkannte der Biologe Niels Stensen aus Kopenhagen, der in Florenz studierte, die wahre Natur der Fossilien. Er fand heraus, daß die sogenannten »Zungensteine« von ihrer Struktur her identisch waren mit den Zähnen nach wie vor existierender Haie. Stensens Ansicht, bei den »Zungensteinen« handele es sich um Zähne, die in später erhärteten Sedimenten eingeschlossen worden seien, wurde bald auch auf viele andere Fossilien übertragen, die Ähnlichkeiten mit noch lebenden Organismen aufwiesen.
Viel schwieriger war es, Erklärungen für die Überreste solcher Tiere zu finden, für die es keine moderne Entsprechung mehr gab. Hierzu gehörten zum Beispiel die Ammoniten. Die Vorstellung, ein Lebewesen könne ausgestorben sein, legte den Schluß nahe, ein Teil der ursprünglichen Schöpfung Gottes sei unvollkommen gewesen, und dieser Gedanke war für viele Christen der damaligen Zeit inakzeptabel. Ein weiteres zunächst unlösbares Problem lag darin, daß hoch oben im Gebirge Gebilde gefunden wurden, die wie Versteinerungen von Meereslebewesen aussahen.
Eine mögliche Antwort auf die religiösen Implikationen bestand darin, daß die Tiere in Wirklichkeit gar nicht ausgestorben waren, sondern daß man ihre lebenden Nachfahren einfach noch nicht gefunden hatte, und in einigen Fällen traf dies auch zu, zum Beispiel für das Perlboot (*Nautilus*) der Tiefsee, das einem Ammoniten ähnlich sieht.
Daß tatsächlich Lebewesen ausgestorben waren, bewies 1796 der französische Anatom und Biologe Georges Cuvier. Er hatte einige Zeichnungen erhalten, die das kurz zuvor entdeckte Fossil eines südamerika-

Konvergente Evolution

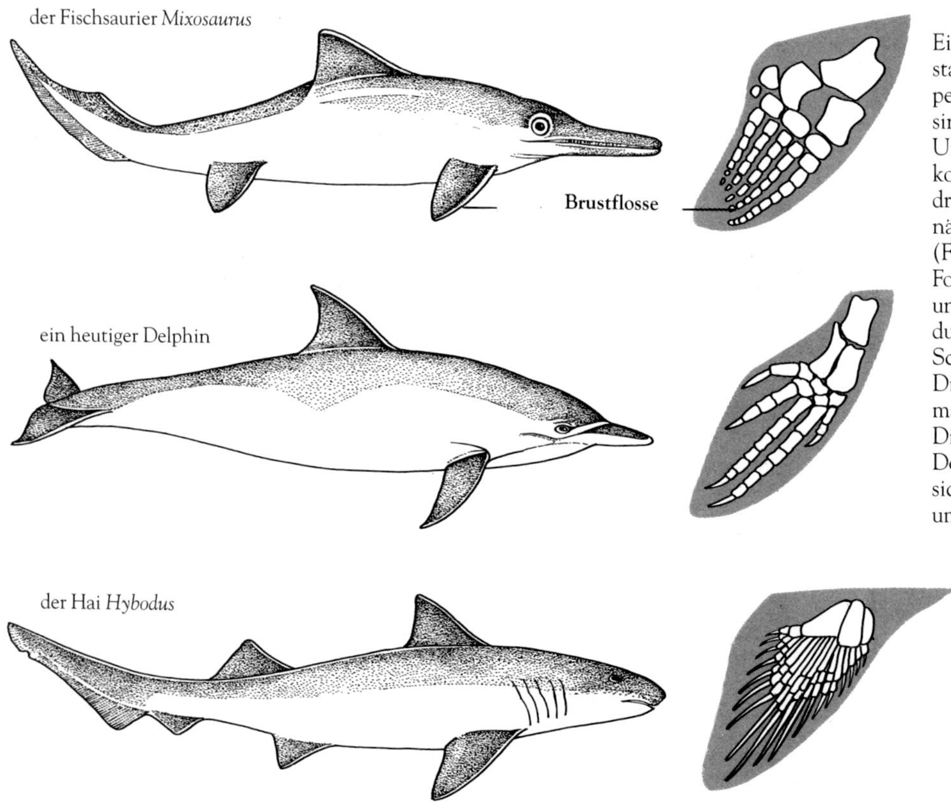

Eine konvergente Evolution findet dann statt, wenn sich unterschiedliche Tiergruppen, die nur entfernt miteinander verwandt sind, unabhängig voneinander an dieselbe Umgebung anpassen. Die Abbildung zeigt die konvergente Evolution der Vordergliedmaßen dreier verschiedener Wirbeltiergruppen, nämlich der Fische (Hai), der Reptilien (Fischsaurier) und der Säuger (Delphin). Jede Form weist einen stromlinienförmigen Körper und eine Rückenflosse auf, die das Wasser durchschneidet. Alle drei bewegen sich mit Schwanzschlägen vorwärts.
Die Einzelheiten des Skeletts der Vordergliedmaßen zeigen den ähnlichen inneren Aufbau. Die Flossen weisen dieselbe äußere Form auf. Der Fischsaurier und der Delphin zeigen, wie sich fünffingrige Gliedmaßen in eine Flosse umwandeln konnten.

nischen Riesenfaultiers *(Megatherium)* darstellten. Mit Hilfe der vergleichenden Anatomie bewies er, daß es den auch heute noch existierenden baumbewohnenden Faultieren nahestand. Ein derart großes Lebewesen konnte aber selbst in den großen Wäldern Südamerikas nicht unentdeckt geblieben sein.
Jean-Baptiste Lamarck vom Naturhistorischen Museum in Paris widersprach Cuvier. Er behauptete, jede Tierart habe sich im Laufe der Zeit in eine andere verwandelt oder weiterentwickelt, und allen Lebewesen sei die Tendenz eigen, ihren Körperbau nach und nach zu vervollkommnen.
Cuvier setzte seine Fossilienuntersuchungen fort und konzentrierte sich dabei besonders auf die Fundstätten in der Umgebung von Paris. Er stellte dort fest, daß unter den Schichten, die Knochen von Mammuts und fossilen Nashörnern enthielten, andere Schichten existierten, in denen ältere Säugertypen, wie zum Beispiel eine Frühform des Pferdes *(Palaeotherium)*, zu finden waren. Und darunter wiederum befanden sich dicke Kreideschichten mit Saurierfossilien, während Säuger völlig fehlten.
Cuvier erklärte die unterschiedlichen Fossilienfaunen der einzelnen Schichten damit, daß plötzliche Veränderungen zum Aussterben vieler Tiere geführt hätten. Unerwartet war auch die Regelmäßigkeit, mit der in bestimmten Schichten bestimmte Tiergruppen auftraten. So enthielten die ältesten Schichten nur Fische. Amphibien und Reptilien erschienen später, und die großen meeresbewohnenden Mosasaurier überwogen in den Kreideschichten. Als letzte große Tiergruppe traten die Säuger auf. Es sah tatsächlich so aus, als ob unter den Wirbeltieren eine kontinuierliche Entwicklung mit schrittweisen Verbesserungen im Sinne Lamarcks stattgefunden hätte.
Etwa bei diesem Stand der wissenschaftlichen Diskussion bestieg Charles Darwin 1831 die *Beagle*, um die Welt zu umsegeln. Zwei Entdeckungen während seiner fünf Jahre währenden Expedition fesselten seine Aufmerksamkeit ganz besonders: In Südamerika fand er eine Vielzahl von fossilen Säugern, darunter auch bodenbewohnende Faultiere, den riesenhaften, gürteltierartigen *Megalonyx* und einen Verwandten der heutigen Lamas. Der Umstand, daß die ausgestorbenen Tiere auf demselben Kontinent gefunden wurden wie ihre noch lebenden Verwandten war, so Darwin, leicht zu erklären – vorausgesetzt, es gab eine stammesgeschichtliche Beziehung zwischen ihnen.
Auf dem Galapagos-Archipel bemerkte Darwin, daß jede Insel ihre eigene, ganz spezifische Vogel- und Schildkrötenfauna beherbergte, was darauf hindeutete, daß überall eine separate Entwicklung stattgefunden hatte.
»Biogeographische« Beobachtungen dieser Art führten Darwin zu der Frage, wodurch die allmähliche Veränderung der Arten hervorgerufen wurde. Nach langen Jahren erkannte er, daß jene Individuen, die am besten an ihre Umgebung angepaßt waren, eine höhere Überlebenswahrscheinlichkeit besaßen und dementsprechend eher in der Lage waren, ihre vorteilhaften Eigenschaften zu vererben.
Darwin veröffentlichte seine Vorstellungen von einer »Evolution durch natürliche Auslese« erst 1859, nachdem er eine überwältigende Fülle von Beweisen aus allen Bereichen der Biologie zusammengetragen hatte. Dennoch löste die Publikation seiner These sowohl unter den zeitgenössischen Wissenschaftlern als auch in weiten Kreisen der Öffentlichkeit eine wütende Debatte aus.
Nach und nach füllten die Paläontologen die Lücken im Fossilnachweis der Evolution. Die Hauptschwäche von Darwins Theorie bestand darin, daß man nicht wußte, welche Faktoren im einzelnen für bestimmte Eigenschaften eines Lebewesens verantwortlich sind und wie sie an die nächste Generation weitergegeben werden. Die Antworten darauf gab zu Beginn des 20. Jahrhunderts die Genetik oder Vererbungslehre.
Heutzutage stimmen fast alle Biologen darin überein, daß eine Evolution stattgefunden hat. Auch die Darwinsche Lehre von der »natürlichen Auslese« ist weithin anerkannt, obwohl vielfach Zweifel daran bestehen, ob sie allein ausreicht, um die Entstehung neuer Großgruppen zu erklären (Makroevolution). Dem Glauben an Gott oder an eine göttliche Intervention widerspricht die Evolutionslehre nicht, denn jeder Fossilfund kann auch als Zeugnis göttlicher Schöpferkraft gewertet werden.

Die systematische Gliederung des Tierreichs

Die Tiere werden in Gruppen abnehmender Mannigfaltigkeit eingeteilt. Die kleinste Einheit ist die Art. Nahverwandte und damit ähnliche Arten werden in einer Gattung zusammengefaßt. Mehrere Gattungen bilden eine Familie usw. Die größte Gruppe, das Tierreich, umfaßt die Tiere aller Arten, darunter auch Trilobiten und andere Wirbellose. Das Diagramm zeigt die Klassifikation der größten Mammutart *(Mammuthus imperator)*.

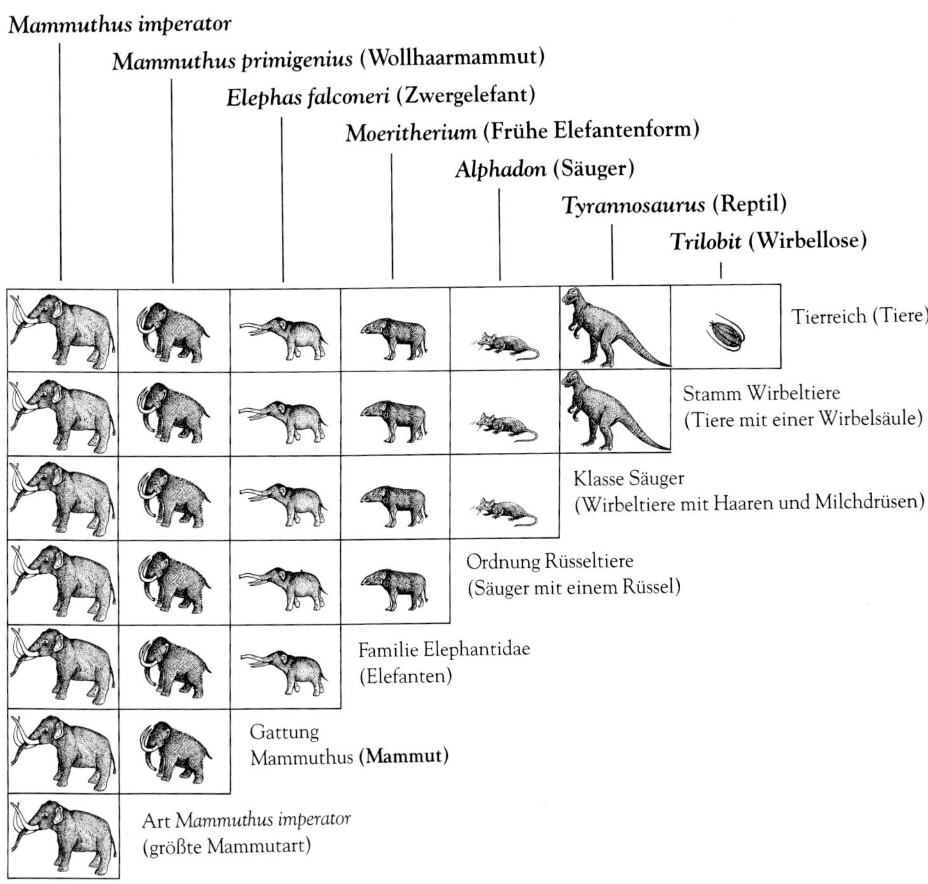

Fische: Die ersten Wirbeltiere

Fische sind frei lebende, wechselwarme, wasserbewohnende Wirbeltiere, die durch Kiemen atmen und mit Flossen schwimmen. Sie haben eine Wirbelsäule, die nicht unbedingt aus Knochen bestehen muß, und das Gehirn wird von einem Schädel geschützt. Aufgrund der beiden letztgenannten Merkmale gehören die Fische zu den Wirbeltieren und hier zur Gruppe der *Craniata* (Schädeltiere). Die beiden Kriterien ermöglichen auch die Unterscheidung von allen Wirbellosen wie beispielsweise den Seeigeln, Würmern, Schnecken, Tintenfischen, Korallen und Schwämmen. All diese Tierarten haben weder eine Wirbelsäule noch einen Schädel.

Theoretisch wäre eine Verwechslung mit anderen Wirbeltieren möglich. Einige erwachsene Amphibien beispielsweise atmen durch Kiemen, doch haben sie andere Gliedmaßen. Und alle meeresbewohnenden Säuger wie die Wale, die Delphine und die Robben schwimmen mit Flossen, doch atmen sie durch Lungen und nicht über Kiemen und gehören zu den warmblütigen Tieren.

Die Geschichte der Wirbeltierevolution begann nach Ansicht der Paläontologen in den Meeren des Kambriums, durch deren Wasser sich kiefer- und zahnlose, fischähnliche Lebewesen schlängelten. Sie ernährten sich filtrierend von mikroskopisch kleinen Nahrungspartikeln. Erst nachdem sie harten Knochen entwickelt hatten – zunächst als schuppenartige Außenhülle, später im Körperinneren –, konnten sie in fossiliertem Zustand konserviert werden, weshalb sich die Stammesgeschichte auch erst von diesem Zeitpunkt an mit einiger Gewißheit nachvollziehen läßt.

Die frühesten Spuren von Knochenschuppen finden sich in Gesteinen des Oberkambriums; die ersten sicheren Fischfunde in australischen Gesteinen des Unteren Ordoviziums. Das erste Kapitel der Wirbeltierevolution beginnt mit dem ungefähr 15 cm langen *Arandaspis*. Er

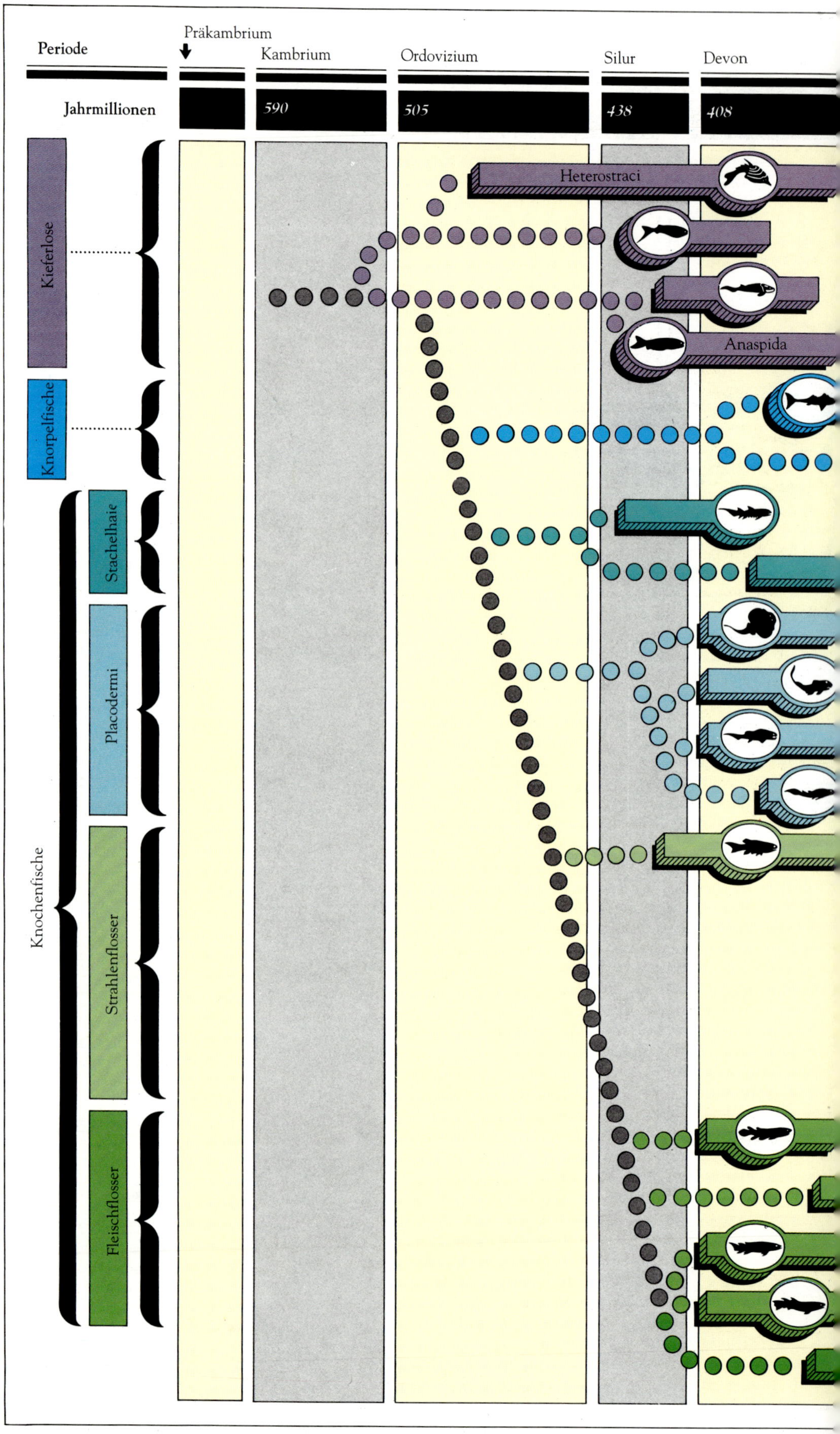

Neunaugen und Schleimfische sind die einzigen Überlebenden der Kieferlosen Fische, der ersten Fischgruppe überhaupt. Aus einem ihrer Vertreter, wahrscheinlich einem Angehörigen der *Osteostraci*, entstanden alle Fische mit Kiefern. Viele Fische und Fischgruppen erlebten im Devon ihre Blütezeit, weshalb man jene Epoche auch als das »Zeitalter der Fische« bezeichnet. Zu den Knorpelfischen zählen die auch heute noch dominierenden Räuber der Meere, die Haie. Die Knochenfische entwickelten sich in zwei Linien. Zu den Strahlenflossern gehören die eigentlichen Knochenfische *(Teleostei)*, während die Fleischflosser oder *Sarcopterygii* die Vorfahren der ersten Landwirbeltiere waren (Schlüssel zu den Silhouetten auf S. 312).

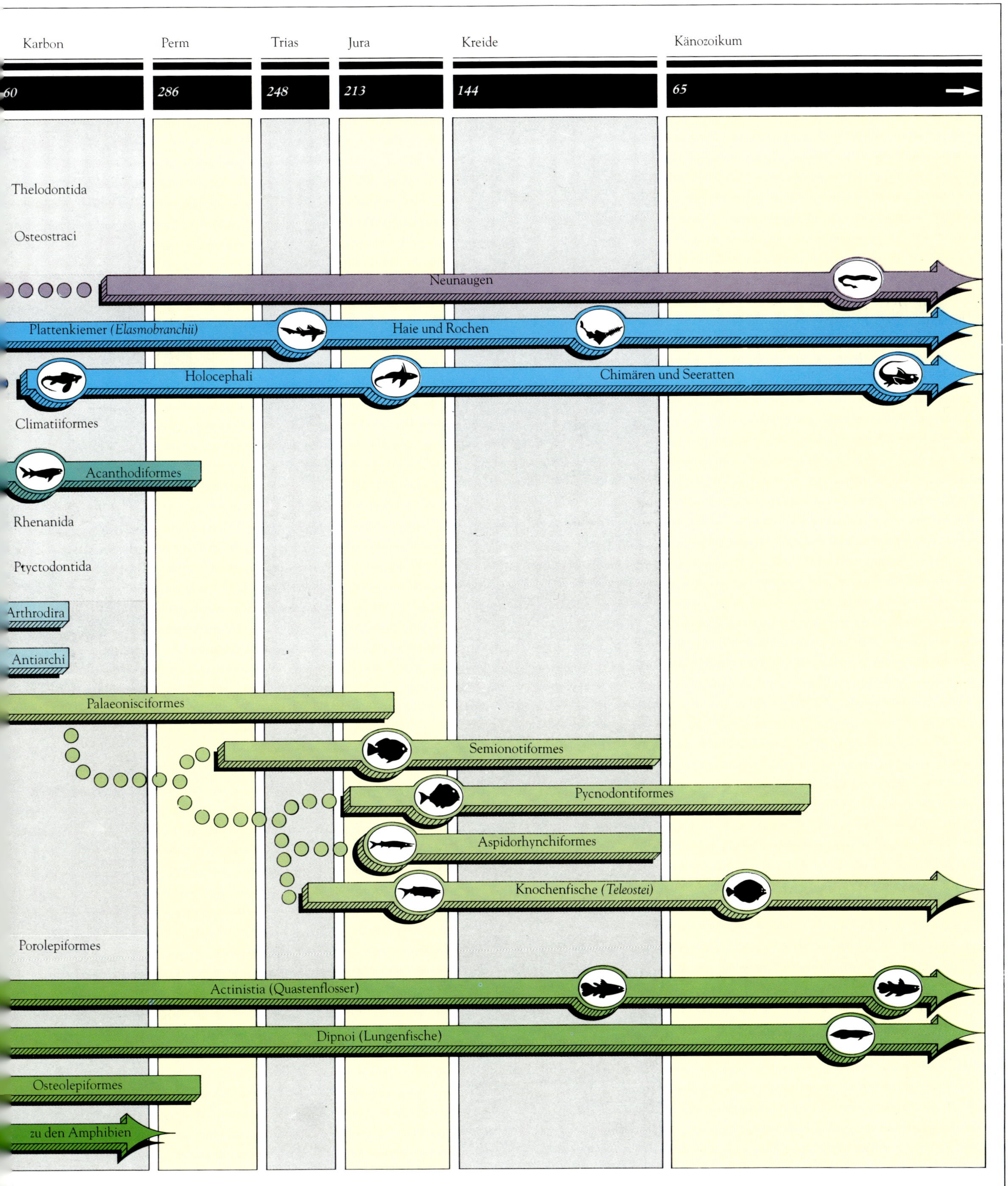

Ausgezogene Balken bedeuten bekannte Fossilnachweise. Unterbrochene Linien zeigen mögliche stammesgeschichtliche Beziehungen zwischen den einzelnen Gruppen.

Fische: Die ersten Wirbeltiere

hatte weder Kiefer noch Zähne noch Flossen, mit Ausnahme der Schwanzflosse (s. S. 22, 24), verfügte jedoch über Kiemen und einen steifen Knorpelstab im Rücken, die sogenannte Rückensaite (*Chorda*).
Am Ende des Ordoviziums hatten sich viele Typen Kieferloser Fische (*Agnatha*) entwickelt. Sie besaßen Flossen, mit denen sie sich im Wasser vorwärtsbewegen und gleichzeitig stabilisieren konnten. Ihre sonst knochenlosen Körper wurden bei den Ostrakodermen oder »Schalenhäutern« von großen Knochenschildern auf dem Kopf und auf der vorderen Rumpfhälfte oder von dicken, dachziegelartigen Schuppen geschützt. Nachkommen jener frühen Kieferlosen Fische überleben bis auf den heutigen Tag in Gestalt der Neunaugen und Schleimfische.

Innerer Aufbau eines Hais

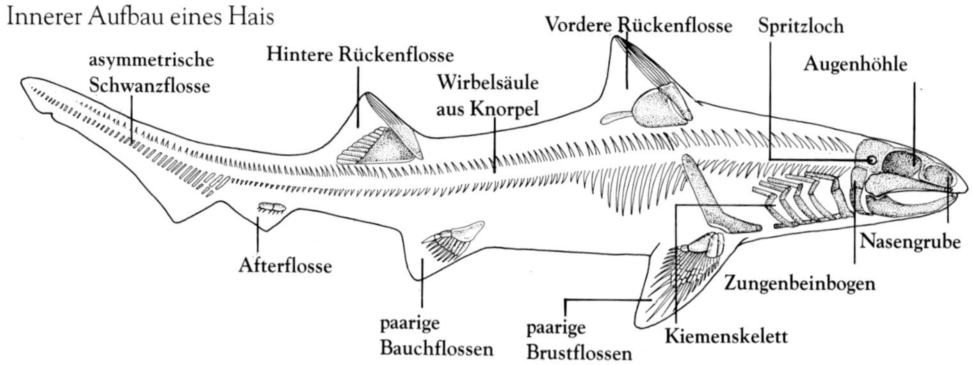

Der Hai ist ein typischer Fisch. Er hat eine Afterflosse und auf der Körperunterseite je ein Paar Bauch- und Brustflossen. Auf dem Rükken steht eine vordere und eine hintere Rükkenflosse. Der obere Teil der Schwanzflosse ist oft länger als der untere. Alle Flossen werden von steifen Strahlen gestützt. Die Wirbelsäule des Hais besteht zum größten Teil aus Knorpel, der bei den Knochenfischen durch Knochen ersetzt wird.

Kiefer revolutionieren das Leben

Aus den Kieferlosen Fischen gingen die Vorläufer der mit Kiefern ausgestatteten Wirbeltiere hervor. Die ersten Fische mit Kiefern und Zähnen (s. S. 20) entwickelten sich im Untersilur, ungefähr 80 Millionen Jahre nach dem Auftreten der Kieferlosen. Es waren die Stachelhaie (*Acanthodii*, s. S. 30, 32). Sie trugen auf der Außenseite des Körpers nicht nur stachelartige Knochenschuppen, sondern verfügten auch über Deckknochen in der Haut. Diese bedeckten als Platten die Kiemenöffnungen um den vorderen Teil des Rükkens. Die Stachelhaie besaßen auch Knochensubstanz im Körperinneren; sie legte sich als dünner Film über die Knorpelstrukturen des Schädels und der Chorda.
Mit der Entwicklung von Kiefern, die zubeißen konnten, veränderte sich auch die Lebensweise der Fische. Sie waren nicht mehr von winzigen Planktonorganismen und Nahrungspartikeln im Bodenschlamm abhängig, sondern konnten nun aktiv Beutetiere verfolgen und sie mit ihren Kiefern und Zähnen packen. Die Fische konnten größer werden, neue Lebensräume besiedeln und sich auf besondere Lebens- und Ernährungsweisen spezialisieren.

Die Kiefer waren jene evolutive Neuentwicklung, die nach der Experimentalphase im Silur zur explosiven Diversifikation der Fische im Devon, also vor ungefähr 400 Millionen Jahren, führte. Die Entwicklung erfolgte in zwei Linien: Die eine Gruppe behielt das Knorpelskelett ihrer Vorfahren bei; sie führte zu den Knorpelfischen, den Haien, Rochen und Chimären (s. S. 26–29). Die Haie wurden schon zu einem frühen Zeitpunkt in der Evolution zu den dominierenden Räubern im Meer und sind es bis auf den heutigen Tag geblieben.
Die zweite Entwicklungslinie ersetzte den Knorpel im Skelett durch Knochen. Daraus entstanden die Knochenfische (siehe S. 34–45). Aus einem gemeinsamen Vorfahren entwickelten sich zwei unterschiedliche Typen von Knochenfischen – die Strahlenflosser (*Actinopterygii*, s. S. 34–39) und die Fleischflosser (*Sarcopterygii*, S. 42–45).

Die erfolgreichsten Wirbeltiere

Die Strahlenflosser entwickelten sich zur erfolgreichsten Fischgruppe, den eigentlichen Knochenfischen (*Teleostei*, siehe S. 38–41). Mit 21 000 gegenwärtig existierenden Arten sind sie zudem die erfolgreichste Wirbeltiergruppe überhaupt (zum Vergleich: Es gibt zirka 4000 Säugerarten, 8600 Vogelarten, 4000 Reptilien- und 2500 Amphibienarten).
In ihrer Vielfalt an äußeren Formen und Lebensweisen übertreffen die eigentlichen Knochenfische alle übrigen Süßwasser- und Meeresbewohner, Wirbellose wie Wirbeltiere gleichermaßen. Es gibt schnelle Räuber wie den Barrakuda und den Marlin und träge Bodenbewohner wie die Himmelsgucker und die Plattfische. Es gibt typische Fischformen wie bei der Makrele und dem Barsch und merkwürdige Gestalten wie das Seepferdchen, den Mondfisch und den Anglerfisch. Die einen leben an der Oberfläche des Meeres – wie die Fliegenden Fische –, andere – wie die Tiefsee-Anglerfische – besiedeln die tiefsten Tiefen.
Die modernen Knochenfische stehen auf der obersten Sprosse einer stammesgeschichtlichen Leiter, die von einer Gruppe der Strahlenflosser zur anderen stetig aufwärts führte (s. S. 18–19). Die Entwicklung begann im Obersilur mit dem Auftreten der Paläonisciden. Sie wiesen dicke Schuppen, unbewegliche Flossen und asymmetrische Schwanzflossen auf. Aus ihnen gingen die Neoptery-

Die Entwicklung der Kiefer

Die ersten Fische hatten weder Kiefer noch Zähne. Ihre Kiemen, die hinter dem Maul lagen, wurden von einer Reihe knorpeliger Kiemenbögen gestützt. Dazwischen befanden sich die Kiemenspalten. Die Kiefer entwickelten sich wahrscheinlich aus dem ersten Kieferbogenpaar, das in der Mitte verwuchs und den Ober- und den Unterkiefer bildete. Die Zähne entstanden aus der Haut, die das Maul auskleidete. Der zweite Kieferbogen (Zungenbeinbogen) wanderte zur Stützung der Kiefer nach vorne. Aus der ersten Kiemenspalte wurde das Spritzloch.

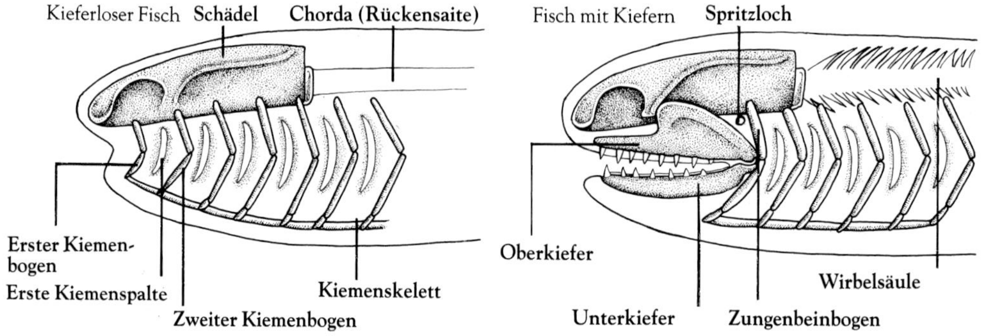

gier mit biegsamen Flossen und fast symmetrischen Schwänzen hervor, welche ihrerseits von den Teleostiern mit noch dünneren Schuppen, symmetrischen Schwanzflossen und äußerst beweglichen Kiefern und Flossen ersetzt wurden.
Heringsähnliche Knochenfische waren die ersten dieser Gruppe. Danach lassen sich zwei größere Entwicklungsschübe beobachten. Der erste fand ungefähr in der Mittelkreide statt, als die Lachse und Forellen auf den Plan traten. Der zweite und letzte Schub kam in der Oberkreide und im Alttertiär mit der Entwicklung der fortgeschrittenen barschartigen Formen, zu denen heute an die 40 Prozent der Knochenfische gehören.
Am Ende des Mesozoikums, vor ungefähr 65 Millionen Jahren, entwickelten sich die Knochenfische zur dominierenden Tiergruppe in den Gewässern der Erde. Parallel dazu verlief der Siegeszug der Säuger auf dem Land. Die Flora und die Fauna der Welt befanden sich damals in einem gewaltigen Umbruch: Fischfressende Reptilien wie die Plesiosaurier, die Fischsaurier und die Mosasaurier waren ausgestorben. Die Dinosaurier verschwanden, und auch die Flugsaurier starben aus. Viele Typen planktischer Meeresorganismen verschwanden, ohne Spuren zu hinterlassen.
Dieses allenthalben feststellbare Massensterben wirkte auf die Knochenfische und die Säuger wie ein Signal: Sie erfuhren eine letzte, explosionsartige Evolutionsphase und entwickelten sich zu den Lebewesen, die bis auf den heutigen Tag zu Wasser und zu Lande dominieren.

Die Vorfahren der Landtiere
Es mag zunächst unverständlich klingen, wenn wir die Evolution der erfolgreichsten Wirbeltiergruppen der Welt, der Knochenfische, als zweitrangiges Ereignis bezeichnen. Doch verhielt es sich tatsächlich so, denn, evolutionsgeschichtlich gesehen, führte die Entwicklung der Strahlenflosser in eine Sackgasse. Ihre Verwandten hingegen, die vergleichsweise bescheidenen Fleischflosser, schwammen gleichsam im Hauptstrom der Evolution mit.
Ein Fleischflosser erwies sich als Vorfahr der ersten Landwirbeltiere, der Amphibien. Der Übergang erfolgte verhältnismäßig schnell: Die ersten Fleischflosser traten im Unterdevon auf. Ungefähr 20 Millionen Jahre später, hatten die Amphibien bereits ihren Fuß auf das trockene Land gesetzt.
Der besagte Vorfahre kann ein Fisch aus der Gruppe der *Osteolepiformes* oder aber ein Lungenfisch *(Dipnoi)* gewesen sein. Die Wissenschaft ist sich darüber nicht einig – daher auch die dreiarmige Gliederung des Stammbaums auf S. 18–19.

Die Entwicklung der Schwimmblase und der Lunge

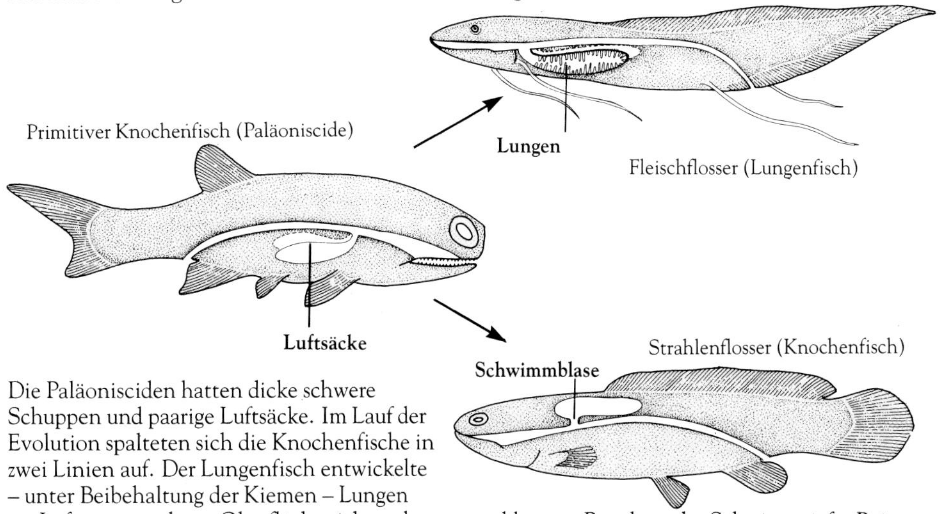

Die Paläonisciden hatten dicke schwere Schuppen und paarige Luftsäcke. Im Lauf der Evolution spalteten sich die Knochenfische in zwei Linien auf. Der Lungenfisch entwickelte – unter Beibehaltung der Kiemen – Lungen zur Luftatmung, deren Oberfläche sich stark vergrößerte, um höhere Sauerstoffmengen aufnehmen zu können. Die Knochenfische, zu denen die Mehrzahl unserer heutigen Fische gehört, entwickelten eine Schwimmblase zur Regelung der Schwimmtiefe. Bei den am weitesten entwickelten Formen besteht keine Verbindung mehr zum Rachenraum; die Schwimmblase nimmt eigenständig Gase auf und gibt sie wieder ab.

Allgemeine Grundzüge innerhalb der Evolution der Fische
Die Evolution der Fische weist eine Reihe allgemeiner Grundzüge auf. Generell läßt sich sagen, daß sich die jeweils höhere Stufe durch bessere Fähigkeiten beim Aufspüren, Ergreifen und Verschlingen der Beute sowie beim Fliehen und Sichverbergen vor Feinden auszeichnete. Die frühesten Fische, die Ostrakodermen, wurden von einem schweren Knochenpanzer geschützt. Er erforderte einen hohen Energieaufwand, weshalb sich viele Arten vorrangig auf dem Meeresboden aufhielten und dort auch ihre Nahrung suchten.
Andere Ostrakodermen entwickelten »Flossen« in Form unterschiedlicher Dornen, Lappen und Fortsätze, die als Schwimmhilfen dienten. War der untere Teil der Schwanzflosse stärker entwickelt, so bedeutete dies, daß die Fische sich vom Plankton der oberen Wasserschichten ernährten. (Die Anordnung der Ostrakodermen auf S. 22–23 erfolgt nach der jeweils bevorzugten Wassertiefe.)
Ein bei den Knochenfischen zu beobachtender Trend ist die Entwicklung zunehmend kleinerer, dünnerer, stärker gerundeter und damit eher stromlinienförmiger Schuppen sowie einer symmetrischen Schwanzflosse, die dem Tier das Geradeausschwimmen ermöglichte. Paarige Flossen traten an der vorderen Körperhälfte (Brustflossen) und an der hinteren Körperhälfte (Bauchflossen) auf. Sie führten nicht nur zu einer Lagestabilisierung, sondern funktionierten auch als Ruder.
Im gleichen Zeitraum entwickelten die Knochenfische auch effizientere Methoden zur Kontrolle ihrer Position im Wasser. Schon die frühesten Knochenfische verfügten über paarige Luftsäcke im Körperinneren. Durch Abgabe oder Aufnahme von Gas konnten die Fische somit unterschiedliche Wassertiefen aufsuchen.
Bei den Strahlenflossern entwickelten sich die paarigen Säcke zu einer einzigen Schwimmblase. Bei den meisten Knochenfischen blieb eine Verbindung zur Mundhöhle bestehen, doch gibt es auch fortgeschrittenere Typen, bei denen die Schwimmblase unabhängig ihre Aufgabe als Lagestabilisator erfüllt, indem sie ihr eigenes Gas abgibt bzw. aufnimmt.
Bei den Lungenfischen entwickelten sich die Schwimmblasen zu luftatmenden Lungen. Die Lungenwände vergrößerten ihre Oberfläche, um die Sauerstoffaufnahme zu erhöhen. Die heutigen Lungenfische haben Kiemen, können aber auch Luft einatmen. Die afrikanische Art kann sogar längere Zeit außerhalb des Wassers existieren, indem sie sich, geschützt durch eine Schleimkapsel, im Schlick oder Schlamm vergräbt.
Nahrungsaufnahme und Atmung laufen bei den Strahlenflossern parallel. Ihre Kiefer wurden im Laufe der Zeit immer beweglicher. Gleichzeitig dehnten sich die Kiemenkammern hinter den Kiefern aus, so daß eine größere Wassermenge hindurchfließen konnte. Mit gesteigerter Sauerstoffaufnahme wuchs auch der Aktionsradius des Tieres. Die röhrenförmigen Kiefer erlaubten im Zusammenspiel mit den dehnbaren Kiemenkammern das Ansaugen der Beute, die zuvor immer erst an einer geeigneten Stelle in die Enge getrieben werden mußte.

Kieferlose Fische

PTERASPIS
HEMICYCLASPIS
PHARYNGOLEPIS
THELODUS
TREMATASPIS

Kieferlose Fische

Klasse Agnatha

Die ersten Wirbeltiere waren die *Agnatha* oder »Kieferlosen Fische«. Ihre Reste wurden in Gesteinen des Oberkambriums gefunden und sind über 520 Millionen Jahre alt. Die *Agnatha* hatten weder Kiefer noch paarige Flossen, mit denen sie ihre Lage im Wasser hätten stabilisieren können, und wurden nur in seltenen Fällen über 30 cm lang. Sie ernährten sich entweder von mikroskopisch kleinen Nahrungspartikeln im Bodenschlamm oder vom Plankton oberflächennaher Wasserschichten.

Die Kieferlosen Fische hatten keine Knochen, sondern nur ein Innenskelett aus Knorpel, einem verwesenden Material. Die Paläontologen wissen nur deswegen von der Existenz dieser alten Fische, weil ein knöcherner Schild ihren Kopf überzog und kleinere Knochenplatten den Körper bedeckten.

Der Knochenpanzer fossilisierte und blieb somit erhalten. Die fossilen Kieferlosen Fische werden auch unter der Bezeichnung *Ostracodermi*, »Schalenhäuter«, zusammengefaßt. Ungefähr 130 Millionen Jahre lang, vom Unteren Ordovizium bis zum Oberdevon, beherrschten diese Tiere das Meer und das Süßwasser der Nordhalbkugel. Es bildeten sich zwei Entwicklungslinien heraus (s. S. 18–19), die *Pteraspidomorpha* und die *Cephalaspidomorpha*.

Nur zwei Typen Kieferloser Fische haben bis auf den heutigen Tag überlebt. Keiner hat einen Knochenpanzer wie seine Vorfahren, und beide sind hochspezialisiert: die wurmähnlichen, aasfressenden Schleimfische und die aalähnlichen parasitischen Neunaugen.

Ordnung Heterostraci

Die *Heterostraci* waren die ersten Fische und damit auch die ersten Wirbeltiere. Die ältesten unzweifelhaften Reste stammen aus dem Unteren Ordovizium und sind ungefähr 500 Millionen Jahre alt. Die Gruppe war die am weitesten verbreitete und vielfältigste aller Kieferlosen und erreichte ihre Blüte im Obersilur und im Unterdevon, einer Zeit, in der eine Vielzahl neuer Meereslebewesen entstand, von schlammfressenden Bodenbewohnern bis hin zu frei schwimmenden Planktonfressern. Später drangen sie auch ins Süßwasser vor. Alle hatten den charakteristischen Kopfschild, der während des gesamten Lebens weiterwuchs.

NAME: ***Arandaspis***
ZEITLICHE VERBREITUNG: ***Unteres Ordovizium***
GEOGRAPHISCHE VERBREITUNG: ***Australien (Northern Territory)***
LÄNGE: ***Wahrscheinlich 15 cm***

Im Jahr 1959 entdeckte man die fossilen Reste von vier unterschiedlichen Fischtypen südlich von Alice Springs, im Zentrum des australischen Kontinents. Sie waren in Sandsteinen eingebettet, die vor ungefähr 500 Millionen Jahren in einem Flachmeer abgelagert worden waren. Erst in den späten sechziger Jahren erkannte man, daß es sich um Fossilien der frühesten Wirbeltierformen handelte.

Die besterhaltenen Stücke erhielten den Namen *Arandaspis* – als Erinnerung an die Aranda, den dort ansässigen Stamm der Aborigines. Der zweite Wortbestandteil bezieht sich auf das griechische Wort für Schild *(aspís)*.

Arandaspis hatte einen stromlinienförmigen Körper. Ohne stabilisierende Flossen muß das Tier ziellos wie eine Kaulquappe umhergeschwommen sein. Die hintere Körperhälfte war von schrägen Reihen aus Knochenplatten bedeckt und trug zugespitzte Höcker, die der Haut ein rauhes, schmirgelpapierähnliches Aussehen verliehen.

Die vordere Körperhälfte wurde von zwei großen Schildern aus dünnem Knochen geschützt, einer stark gerundeten Platte an der Unterseite und einer flacheren Platte an der Oberseite. Für die Augen, die Nasenlöcher und die beidseitige Kiemenspalte waren Öffnungen vorhanden. Tiefe Furchen im Schild zeigen die Lage des Seitenlinienorgans an, mit dem der Fisch Erschütterungen wahrnahm.

Der kieferlose Mund war unterständig, was den Schluß nahelegt, daß sich das Tier am Boden der Gewässer ernährte. Wie bei anderen *Heterostraci* lagen im Mund wohl kleine, bewegliche Platten mit Leisten aus Zahnbein, die möglicherweise ein flexibles Lippenpaar bildeten, das Nahrungspartikel vom Bodenschlamm aufsaugen konnte.

NAME: ***Pteraspis***
ZEITLICHE VERBREITUNG: ***Unterdevon***
GEOGRAPHISCHE VERBREITUNG: ***Europa (Großbritannien und Belgien)***
LÄNGE: ***20 cm***

Pteraspis ist der typische Vertreter der Pteraspididen, einer Familie, die im Obersilur und im Unterdevon sehr individuen- und artenreich vertreten war. Obwohl *Pteraspis* keine paarigen Flossen besaß, war er, wie einige hydrodynamische Eigenschaften seines Körpers verraten, ein guter Schwimmer. Für die Lagestabilität sorgten knöcherne Auswüchse an der Hinterseite des Kopfschildes. Ein langer Dorn diente als Rückenflosse, während zwei steife Kiele die Aufgabe von Brustflossen übernahmen.

Auch der lange, biegsame Schwanz zeigte Stromlinienform. Seine untere Hälfte war verlängert und sorgte beim Schwimmen für Auftrieb. Einen zusätzlichen Auftrieb bewirkte die Schnauze, die zu einem Rostrum verlängert war. Darunter öffnete sich der Mund.

Nach Ansicht der Paläontologen haben

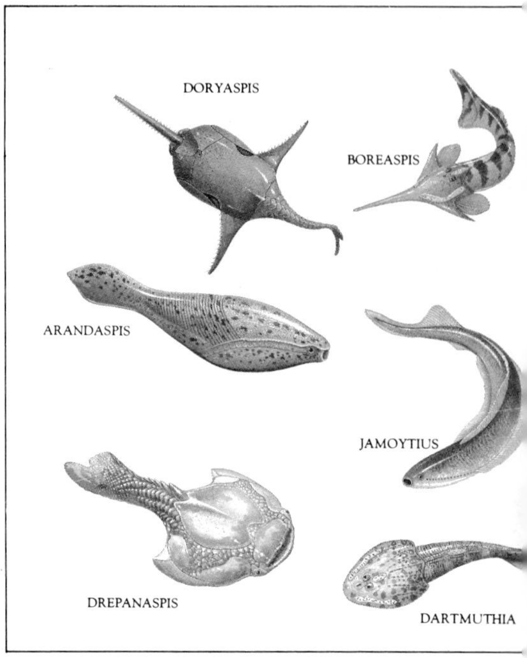

sich *Pteraspis* und seine Verwandten in mittleren Wasserschichten oder unweit der Oberfläche von planktischen, garnelenartigen Krebstieren ernährt.

NAME: ***Doryaspis***
ZEITLICHE VERBREITUNG: ***Unterdevon***
GEOGRAPHISCHE VERBREITUNG: ***Spitzbergen***
LÄNGE: ***15 cm***

Dieser Pteraspidide (auch *Lyktaspis* genannt) hatte ein viel längeres Rostrum als seine Verwandten. Auf seiner ganzen Länge trug er knöcherne Dornen (vergleichbar mit der Säge des heutigen Sägefisches), und der Mund öffnete sich oberhalb des Rostrums. Dieser merkwürdige Fortsatz muß eine hydrodynamische Funktion erfüllt haben. Die Körperform von *Doryaspis* deutet darauf hin, daß es sich um einen aktiven Schwimmer handelte, der sich wahrscheinlich von Plankton ernährte.

Das Rostrum diente den Pteraspididen vielleicht auch dazu, den Bodenschlamm aufzuwühlen und darin versteckte Krebstiere aufzuspüren.

Doryaspis verfügte über ungewöhnlich lange seitliche Kiele, die dem Ende des Kopfschildes entsprangen und deren Vorderkanten ebenfalls mit Dornen besetzt waren. Zusammen mit dem Rostrum und dem vergrößerten unteren Schwanzlappen bewirkten die Kiele wahrscheinlich einen Auftrieb während des Schwimmens.

NAME: ***Drepanaspis***
ZEITLICHE VERBREITUNG: ***Unterdevon***
GEOGRAPHISCHE VERBREITUNG: ***Europa (Deutschland)***
LÄNGE: ***30 cm***

Manche *Heterostraci*, darunter *Drepanaspis*, waren gut an das Leben auf dem Meeresboden angepaßt und suchten sich ihre Nahrung im Bodenschlamm. Die vordere Körperhälfte war breit und abgeplattet, die Augen standen weit auseinander zu beiden Seiten des oberständigen Mundes.

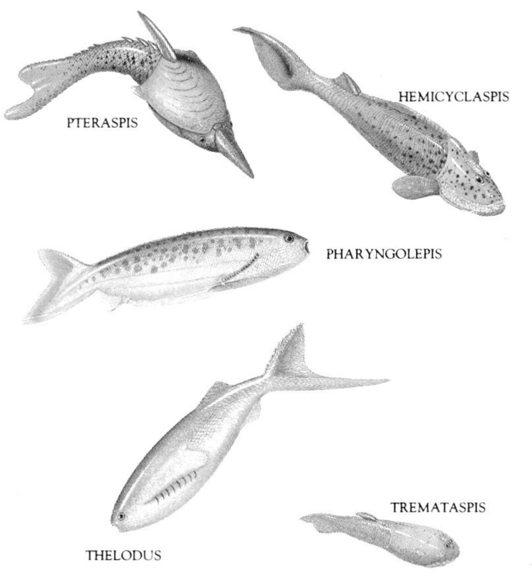

Ordnung Thelodontida
Die *Thelodontida* waren kleine, mit den *Heterostraci* verwandte, kieferlose Fische ohne Kopfschilde. Nur winzige Knochenschuppen, die ihren Körper bedeckten, zeugen von ihrer Existenz während des Obersilurs und des Unterdevons.

NAME: ***Thelodus***
ZEITLICHE VERBREITUNG: ***Obersilur***
GEOGRAPHISCHE VERBREITUNG: ***Weltweit***
LÄNGE: ***18 cm***
Der Mund dieses kleinen Fisches befand sich auf der Unterseite des Kopfes, was den Schluß auf eine gründelnde Ernährungsweise nahelegt. Dabei konnte das Tier offensichtlich gut schwimmen. Der untere Teil des Schwanzes war verlängert; Flossen sorgten für die Lagestabilisierung: eine Rücken- und eine Afterflosse sowie vorne zwei Brustflossen.

Ordnung Osteostraci
Die *Osteostraci* (die auch *Cephalaspida* – »Kopfschilde« – genannt werden) traten im Obersilur auf, ungefähr 80 Millionen Jahre nach den ersten *Heterostraci*. Sie entwickelten sich im Meer und drangen später auch ins Süßwasser vor.
Die *Osteostraci* waren abgeplattete Bodenbewohner, die mit ihrem runden, unterständigen Mund Nahrungspartikel vom Boden aufsogen. Der Kopfschild bestand aus einer einzigen Knochenplatte, die beim ausgewachsenen Tier im Gegensatz zu den knöchernen Kopfplatten der *Heterostraci* nicht mehr weiterwuchs. Offensichtlich waren die *Osteostraci* auch gute Schwimmer; viele hatten eine Rückenflosse, paarige Brustflossen und eine kräftige Schwanzflosse.
Die Anatomie der *Osteostraci* ist gut bekannt, weil im Körperinnern eine dünne Knochenschicht das Knorpelskelett überzog. Das fossile Skelett erlaubt daher Rückschlüsse auf den Feinbau des Gehirns, der Kiemen, des Mauls, ja sogar einzelner Nerven und Blutgefäße.
Eine weitere Neuentwicklung waren Sinnesfelder zu beiden Seiten und an der Oberseite des Kopfes. Sie wurden gut mit Nerven versorgt und dienten wahrscheinlich zur Wahrnehmung von Schwingungen im Wasser; möglicherweise handelte es sich aber auch um elektrische Organe.

NAME: ***Tremataspis***
ZEITLICHE VERBREITUNG: ***Obersilur***
GEOGRAPHISCHE VERBREITUNG: ***Europa (Estland)***
LÄNGE: ***10 cm***
Dieser frühe Vertreter der *Osteostraci* hatte den typisch abgeflachten Körper und das unterständige Maul eines Bodenbewohners. Die Augen und die einzige Nasenöffnung befanden sich nahe der Mittellinie auf der Oberseite des Kopfes. Das Tier sog mit Hilfe seiner Kiemenmuskulatur winzige Nahrungspartikel vom Meeresboden.
Der knöcherne Kopfschild erstreckte sich über die vordere Körperhälfte. Da er aus einem einzigen Knochenstück bestand, konnte er wahrscheinlich nicht weiterwachsen. Man nimmt an, daß die *Osteostraci* eine nichtgepanzerte Larve hatten und der knöcherne Kopfschild sich erst beim erwachsenen Tier entwickelte.

NAME: ***Dartmuthia***
ZEITLICHE VERBREITUNG: ***Obersilur***
GEOGRAPHISCHE VERBREITUNG: ***Europa (Estland)***
LÄNGE: ***10 cm***
Der breite Kopfschild ist der einzige bekannte Körperteil von *Dartmuthia*. Das Tier besaß einen runden Saugmund an der Unterseite des Kopfes, ähnlich wie der in der gleichen Epoche lebende *Tremataspis* (s. o.). Mitten auf dem Rücken stand eine kleine Rückenflosse. Die Sinnesorgane für die Wahrnehmung von Erschütterungsreizen auf dem Kopf und hinter den Augen waren gut entwickelt.

NAME: ***Hemicyclaspis***
ZEITLICHE VERBREITUNG: ***Unterdevon***
GEOGRAPHISCHE VERBREITUNG: ***Europa (England)***
LÄNGE: ***13 cm***
Dieser Fisch war ein besserer Schwimmer als seine bodenlebenden Verwandten *Tremataspis* und *Dartmuthia* (s. o.). Eine Rückenflosse sorgte für die Lagestabilisierung, ein Paar brustflossenähnlicher, mit Schuppen bedeckter Lappen für Auftrieb. Die Kanten des Kopfschildes waren zu Kielen ausgezogen und durchschnitten das Wasser. Der vergrößerte obere Teil der Schwanzflosse bewirkte, daß die vordere Körperhälfte beim Schwimmen abwärts gerichtet war, was die Nahrungsaufnahme vom Meeresboden erleichterte.

NAME: ***Boreaspis***
ZEITLICHE VERBREITUNG: ***Unterdevon***
GEOGRAPHISCHE VERBREITUNG: ***Spitzbergen***
LÄNGE: ***13 cm***
Aus den Sandsteinen, die während des Unterdevons in den Lagunen von Spitzbergen abgelagert wurden, sind mindestens vierzehn *Boreaspis*-Arten bekannt. Sie unterscheiden sich in der Breite der dreieckigen Kopfschilde und in der Länge der knöchernen Dornen in der Wangenregion. Die Schnauze war bei allen Arten zu einem spitzen Rostrum ausgezogen, mit dem die Tiere vermutlich im Bodenschlamm nach Beute wühlten.

Ordnung Anaspida
Den *Anaspida* fehlte der kräftige Kopfschild der übrigen gepanzerten Kieferlosen Fische. Dafür besaßen sie dünne Schuppen, schlanke, biegsame Körper und Flossen zur Lagestabilisierung. Die aktiven Schwimmer waren in den europäischen und nordamerikanischen Meeren des Obersilur weit verbreitet und drangen während des Devon auch in Flußsysteme und Binnengewässer vor. Am Ende dieser Periode starben sie aus. Sie sind wahrscheinlich die Vorfahren der heutigen Neunaugen.

NAME: ***Jamoytius***
ZEITLICHE VERBREITUNG: ***Obersilur***
GEOGRAPHISCHE VERBREITUNG: ***Europa (Schottland)***
LÄNGE: ***27 cm***
Der Name der meeresbewohnenden Gattung *Jamoytius* ist abgeleitet vom Namen des englischen Paläontologen J. A. Moy-Thomas. Der schlanke, röhrenartige Körper war mit einem paarigen seitlichen Flossensaum und einer kleinen Afterflosse versehen.
Jamoytius hatte einen runden, saugnapfähnlichen Mund und lebte wahrscheinlich parasitisch wie sein heutiger Verwandter, das Neunauge. Letzteres heftet sich an anderen Fischen fest, raspelt deren Fleisch ab und saugt von ihrem Blut.

NAME: ***Pharyngolepis***
ZEITLICHE VERBREITUNG: ***Obersilur***
GEOGRAPHISCHE VERBREITUNG: ***Europa (Norwegen)***
LÄNGE: ***10 cm***
Da die Gattung nicht über Flossen zur Lagestabilisierung verfügte, war *Pharyngolepis* vermutlich kein sehr guter Schwimmer. Auf dem Rücken und zu beiden Seiten des Kopfes stand eine Reihe knöcherner Dornen. Die Afterflosse war gut entwickelt.
Pharyngolepis wühlte sich wahrscheinlich Kopf voran durch die Bodensedimente und verschluckte mit seinem runden Mund aufgestöberte Nahrungspartikel.

Knorpelfische

TRISTYCHIUS
SCAPANORHYNCHUS
SCLERORHYNCHUS
STETHACANTHUS
CLADOSELACHE
SPATHOBATHIS

Knorpelfische

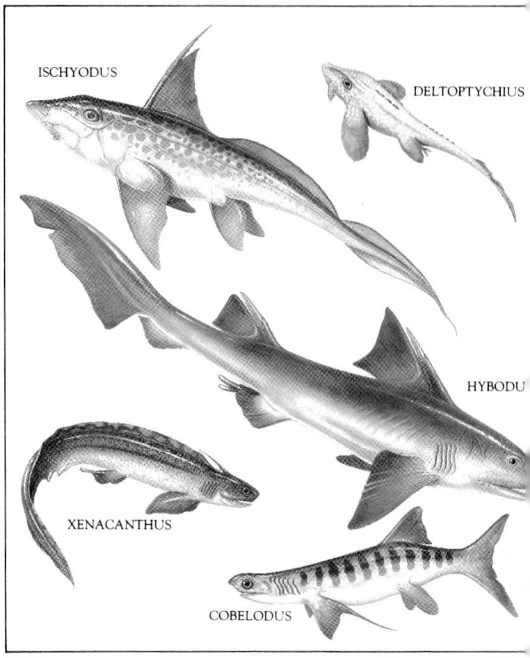

Klasse Chondrichthyes
Haie und ihre Verwandten, die Rochen und die Chimären oder Seeratten, gehörten zu den ersten Wirbeltieren, die Kiefer und Zähne entwickelten (s. S. 20). Sie haben aber auch noch ein anderes Merkmal gemeinsam: Ihre Skelette bestehen aus Knorpel, worauf die deutsche Bezeichnung »Knorpelfische« zurückgeht. Das Skelett ist verkalkt, das heißt durch prismatische Kalzium-Karbonat-Einlagerungen in den äußeren Knorpelschichten verstärkt. Die Einlagerungen sind nach einem bestimmten mosaikartigen Muster angeordnet, das nur bei Knorpelfischen auftritt. Schließlich liegt über dem Knorpel eine dünne Knochenschicht.
Daneben gibt es noch eine Reihe anderer Merkmale: Knorpelfische haben paarig ausgebildete Flossen, die von Knorpelstrahlen gespannt werden. Bei den Männchen sind die Bauchflossen zu penisähnlichen Begattungsorganen umgewandelt, die bei der Paarung der Übertragung des Samens dienen. Die Haut ist durch winzige zahnartige Schuppen aufgerauht wie Schmirgelpapier. Ebenso wie die Zähne werden die Schuppen lebenslang durch neue ergänzt.
Von einem gemeinsamen Vorfahren im Unterdevon, also vor ungefähr 400 Millionen Jahren (s. S. 18–19), ausgehend, entwickelten sich die beiden Hauptgruppen der Knorpelfische. Beide haben bis auf den heutigen Tag überlebt und unterscheiden sich durch ihre Zähne und ihre Ernährungsweise.

Unterklasse Elasmobranchii
Die *Elasmobranchii* oder Plattenkiemer umfassen die Haie und die Rochen. Die Haie haben sich in den vergangenen 400 Millionen Jahren kaum verändert. Schon im Karbon entwickelten sie sich zu großer Vielfalt, um nach einer Periode des Niedergangs im Jura einen zweiten Evolutionsschub zu erleben. Danach bildeten sich jene Gruppen heraus, die großenteils auch heute noch existieren. Sie verdrängten andere Lebewesen mit ähnlicher Lebensweise, darunter Reptilien wie die Fischsaurier und die Plesiosaurier.
Die Rochen, zu denen auch der Sägefisch gehört, entstanden im Unterjura, ungefähr 200 Millionen Jahre nach den Haien. Man kann sie als »abgeplattete« Haie betrachten, die sich dem Leben am Boden angepaßt haben.

Name: ***Cladoselache***
Zeitliche Verbreitung: ***Oberdevon***
Geographische Verbreitung: ***Nordamerika (Ohio)***
Länge: ***1,8 m***
Reste von Haischuppen sind bereits aus dem Obersilur, Zähne aus dem Unterdevon bekannt. Erkennbare Arten fand man jedoch erst im Oberdevon. *Cladoselache* blieb bemerkenswert gut in den Tonschiefern (»Cleveland shales«) von Ohio (USA) erhalten. Nicht nur die Umrisse des Körpers, sondern Spuren der Haut und sogar der Nieren sind im Fossil zu erkennen.
Cladoselache hatte einen stromlinienförmigen Körper mit zwei gleich großen Rückenflossen, ferner je ein Paar große Brustflossen und kleinere Bauchflossen, eine große, halbmondförmige, symmetrische Schwanzflosse und je einen waagrechten Kiel zu beiden Seiten. Der Kopf war gedrungen, die Augen erschienen groß, und hinter den Kiefern öffneten sich fünf bis sieben große Kiemenspalten.
Oberflächlich gesehen erinnert die Beschreibung dieses Hais, der vor 400 Millionen Jahren im offenen Meer lebte, auffallend an moderne Haie, wie zum Beispiel den berüchtigten Weißhai. Die Hauptunterschiede sind in der Tat nicht allzu groß: Ein moderner Hai hat eine zugespitzte Schnauze, eine höhere vordere Rückenflosse, eine Schwanzflosse mit deutlich länger ausgezogenem Oberteil sowie eine zusätzliche Flosse, die Afterflosse.
Wie viele frühe Haie besaß auch *Cladoselache* einen Dorn vor jeder Rückenflosse. Dieser bestand aus Zahnbein (Dentin) und war vermutlich von einer Haut überzogen; bei späteren Formen trugen sie einen Schmelzüberzug. Ein weiteres ungewöhnliches Merkmal von *Cladoselache* ist das Fehlen von Schuppen auf dem Körper. Die einzigen Schuppen lagen um die Augen und an den Flossenrändern.
Cladoselache war nicht nur ein ausdauernder Schwimmer, sondern gewiß auch ein schrecklicher Räuber. Das Maul war voller scharfer Zähne, die neben einer zentralen Spitze mehrere seitliche Zacken aufwiesen. In den Meeren des Oberdevon wimmelte es von Beutetieren: Es gab Tintenfische, Krebstiere, kleine Kieferlose Fische und frühe Knochenfische.

Name: ***Stethacanthus***
Zeitliche Verbreitung: ***Oberdevon bis Oberkarbon***
Geographische Verbreitung: ***Europa (Schottland) und Nordamerika (Illinois, Iowa, Montana und Ohio)***
Länge: ***70 cm***
Das wichtigste Merkmal dieses frühen Hais war die merkwürdige Anpassung der vorderen Rückenflosse. Sie zeigte eine Amboß- oder T-Form und trug auf der Oberfläche kleine Zähnchen. Auch die Oberseite des Kopfes war von solchen Zähnchen übersät. Über die Bedeutung dieser Strukturen gehen die Ansichten auseinander: Einige Experten vermuten, sie hätten, indem sie den Eindruck eines riesigen Kiefers vermittelten, als Abschreckung gedient. Andere vertreten die Theorie, die gezähnelten Oberflächen hätten bei der Balz eine Rolle gespielt.

Name: ***Cobelodus***
Zeitliche Verbreitung: ***Mittel- bis Oberkarbon***
Geographische Verbreitung: ***Nordamerika (Illinois und Iowa)***
Länge: ***2 m***
Dieser merkwürdig aussehende Hai hatte eine zwiebelartige Schnauze, ein buckliges Profil und eine weit hinten ansitzende Rückenflosse oberhalb der Bauchflossen. Er hatte auch bemerkenswert große Augen, was vielleicht darauf hindeutet, daß er in der Dunkelheit der Tiefsee nach Krebsen und Tintenfischen jagte.
Einer der knorpeligen Strahlen der Brustflossen war zu einer 30 cm langen Geißel ausgezogen. Diese Fortsätze konnten ohne Zweifel bewegt werden, da sie auf ganzer Länge Gelenke besaßen.

Name: ***Xenacanthus***
Zeitliche Verbreitung: ***Oberdevon bis Mittelperm***
Geographische Verbreitung: ***Weltweit***
Länge: ***75 cm***
Eine bestimmte Gruppe von Haien drang schon zu einem entwicklungsgeschichtlich sehr frühen Zeitpunkt ins Süßwasser vor und verbreitete sich über alle Seen und Flüsse der Welt. Die Xenacanthiden waren hochspezialisierte und sehr erfolgreiche Fische, denn sie existierten vom Unterdevon bis zum Ende der Trias – immerhin 150 Millionen Jahre lang.
Xenacanthus, ein langes, stromlinienförmiges Tier, war ein typischer Vertreter der Familie. Dem Hinterrand des Schädels entsprang ein dicker Dorn; die Rückenflosse bildete einen langen Saum, der bis zur Schwanzspitze zog und zur Afterflosse reichte. Eine vergleichbare Anordnung kann man heute noch beim Australischen Lungenfisch und beim Aal beobachten, zwei Arten, deren schlängelnde Bewegungen beim Schwimmen vermutlich ebenfalls an *Xenacanthus* erinnern. Paarige Brust- und Bauchflossen sorgten für die Lagestabilisierung.

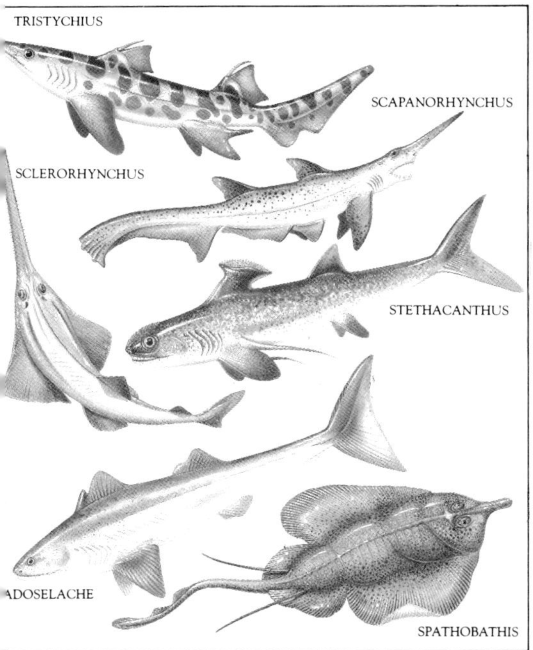

Das Gebiß jener Süßwasserhaie war ungewöhnlich: Jeder Zahn war V-förmig und hatte zwei hervortretende Spitzen. Die wichtigsten Beutetiere waren wahrscheinlich garnelenähnliche Krebstiere und Knochenfische mit dicken Schuppen, zum Beispiel die Paläonisciden (s. S. 36).

NAME: ***Tristychius***
ZEITLICHE VERBREITUNG: ***Unterkarbon***
GEOGRAPHISCHE VERBREITUNG: ***Europa (Schottland)***
LÄNGE: ***60 cm***
Oberflächlich betrachtet sieht *Tristychius* wie ein heutiger Hundshai aus. Er gehört zur Gruppe der Hybodonten, die vom Karbon bis zum Ende der Kreidezeit (und damit fast 300 Millionen Jahre lang) die Meere beherrschte.
Wie alle Verwandten hatte auch *Tristychius* je einen großen Dorn vor den beiden Rückenflossen. Die Brust- und Beckenflossen wiesen eine schmalere Basis auf und waren damit weit beweglichere Schwimmhilfen als die steifen Flossen früherer Haiformen (wie zum Beispiel *Cladoselache*). Der obere Teil des Schwanzes hatte sich bereits zu dem kräftigen asymmetrischen Antriebsorgan entwickelt, das auch die Haie der Gegenwart auszeichnet.

NAME: ***Hybodus***
ZEITLICHE VERBREITUNG: ***Unterperm bis Unterkreide***
GEOGRAPHISCHE VERBREITUNG: ***Weltweit***
LÄNGE: ***2 m***
Hybodus war einer der häufigsten, am weitesten verbreiteten und langlebigsten fossilen Haie. Im wesentlichen sah er wie ein heutiger Blauhai aus, wurde aber nur halb so lang und hatte eine stumpfere Schnauze.
Hybodus hatte im Maul zwei unterschiedliche Zahnformen, was auf eine vielfältige Ernährung hindeutet. Spitze Zähne am Mundrand packten und zerrissen Beutetiere, während niederkronige Zähne im Innern des Mundes Knochen und die harten Skeletteile bodenbewohnender Schnecken, Seeigel, Krustentiere und Muscheln zermalmten.
Hybodus und seine Verwandten verfügten über ein anatomisches Merkmal, das sich als Vorteil gegenüber anderen Fischen erweisen sollte: Teile der Bauchflossen des Männchens hatten sich in ein penisähnliches Begattungsorgan verwandelt (vgl. Abb. S. 26), das während der Paarung in den Körper des Weibchens eingeführt wurde. Es kam also zu einer inneren Besamung, einer Methode, die der auch heute noch bei den meisten Knochenfischen verbreiteten äußeren Besamung, bei der die Partner ihre Geschlechtsprodukte frei ins Meer abgeben, weit überlegen ist.

NAME: ***Scapanorhynchus***
ZEITLICHE VERBREITUNG: ***Unter- bis Mittelkreide***
GEOGRAPHISCHE VERBREITUNG: ***Weltweit***
LÄNGE: ***50 cm***
Ein Evolutionsschub bei den Elasmobranchiern im Oberjura führte zur Entwicklung der modernen Haie und Rochen, den Neoselachiern oder »Neuen Haien«.
Ihre Skelette erfuhren mehrere Verbesserungen. In die knorpelige Wirbelsäule lagerten sich Kalziumsalze ein und machten sie widerstandsfähiger gegen die durch die Bewegungen des Schwanzes hervorgerufenen Belastungen. Die Knochen des Oberkiefers waren über ein Gelenk mit dem Schädel verbunden. Dadurch konnten die Kiefer weit geöffnet werden – sogar über den Schädelumriß hinaus. Die Tiere waren also imstande, große Bissen zu verschlucken. Schließlich vergrößerten sich das Gehirn und die entsprechenden Sinneszentren, vor allem das dem Geruchssinn zugeordnete.
Scapanorhynchus war ein früher, untypischer Neoselachier. Er hatte eine stark verlängerte Schnauze, und seine Zähne waren alle zum Beißen und/oder Reißen von Beutefischen geeignet.

NAME: ***Spathobathis***
ZEITLICHE VERBREITUNG: ***Oberjura***
GEOGRAPHISCHE VERBREITUNG: ***Europa (Frankreich und Deutschland)***
LÄNGE: ***50 cm***
Spathobathis ist der erste bekannte Rochen. Er erinnert auffallend an den modernen Banjofisch der Gewässer vor der nordamerikanischen Atlantikküste.
Der Körperbau war im wesentlichen der eines Hais, nur war er abgeplattet und damit an das Leben am Meeresboden angepaßt. Die Augen und Spritzlöcher (für die Wasseraufnahme) standen oben am Kopf, der Mund und die Kiemenspalten auf der Unterseite. Die Brustflossen bildeten breite Flügel zum Schwimmen. Auch die Zähne waren breit und abgeplattet; sie dienten vornehmlich zum Aufbrechen von Muscheln. Mit seiner verlängerten Schnauze wühlte das Tier im Meeresboden nach Beute.

NAME: ***Sclerorhynchus***
ZEITLICHE VERBREITUNG: ***Oberkreide***
GEOGRAPHISCHE VERBREITUNG: ***Afrika (Marokko), Asien (Libanon) und Nordamerika (Texas)***
LÄNGE: ***1 m***
Der rochenartige *Sclerorhynchus* erinnert stark an den heutigen Sägefisch. Mit seinen zu Flügeln umgebauten Brustflossen schwamm er knapp über dem Meeresboden. Mit der langen, gezähnten Schnauze wühlte er im Boden auf der Suche nach verborgenen Krebsen, Muscheln und Plattfischen.

Unterklasse Holocephali
Die zweite größere Gruppe der Knorpelfische sind die *Holocephali* oder Chimären (zu deutsch auch Seeratten, Seedrachen, Rattenfische oder Spöken). Sie traten im Unterkarbon auf und unterschieden sich kaum noch von modernen Formen. Die Männchen verfügten über penisähnliche Begattungsorgane. Heute gibt es noch 25 Arten.

NAME: ***Deltoptychius***
ZEITLICHE VERBREITUNG: ***Unter- bis Oberkarbon***
GEOGRAPHISCHE VERBREITUNG: ***Europa (Irland und Schottland)***
LÄNGE: ***45 cm***
Diese frühe Chimäre wies praktisch alle Merkmale ihrer späteren modernen Nachkommen auf. Sie schlängelte mit dem lang geschwänzten Körper hin und her und glitt auf den ausgebreiteten Brustflossen. Mit ihren großen Augen konnte sie auch in größeren Tiefen noch sehen. Die breiten Zahnplatten ermöglichten dem Fisch das Aufbrechen von Muscheln.

NAME: ***Ischyodus***
ZEITLICHE VERBREITUNG: ***Mitteljura bis Paläozän***
GEOGRAPHISCHE VERBREITUNG: ***Europa (England, Frankreich und Deutschland) und Neuseeland***
LÄNGE: ***1,5 m***
Der mehr als 150 Millionen Jahre alte *Ischyodus* sah in Größe und Gestalt praktisch genauso aus wie *Chimaera monstrosa*, die Seeratte, die in den Tiefenschichten des Atlantiks und des Mittelmeers lebt. Sie hatte dieselben großen Augen, die zugespitzten Lippen, die große Rückenflosse, die fächerartigen Brustflossen und den fadenartigen Schwanz wie ihr heute lebender Verwandter. Selbst der Dorn vorne an der Rückenflosse war sehr ähnlich. Bei *Chimaera* steht er mit einer Giftdrüse in Verbindung und dient der Verteidigung.

Stachelhaie und Panzerfische

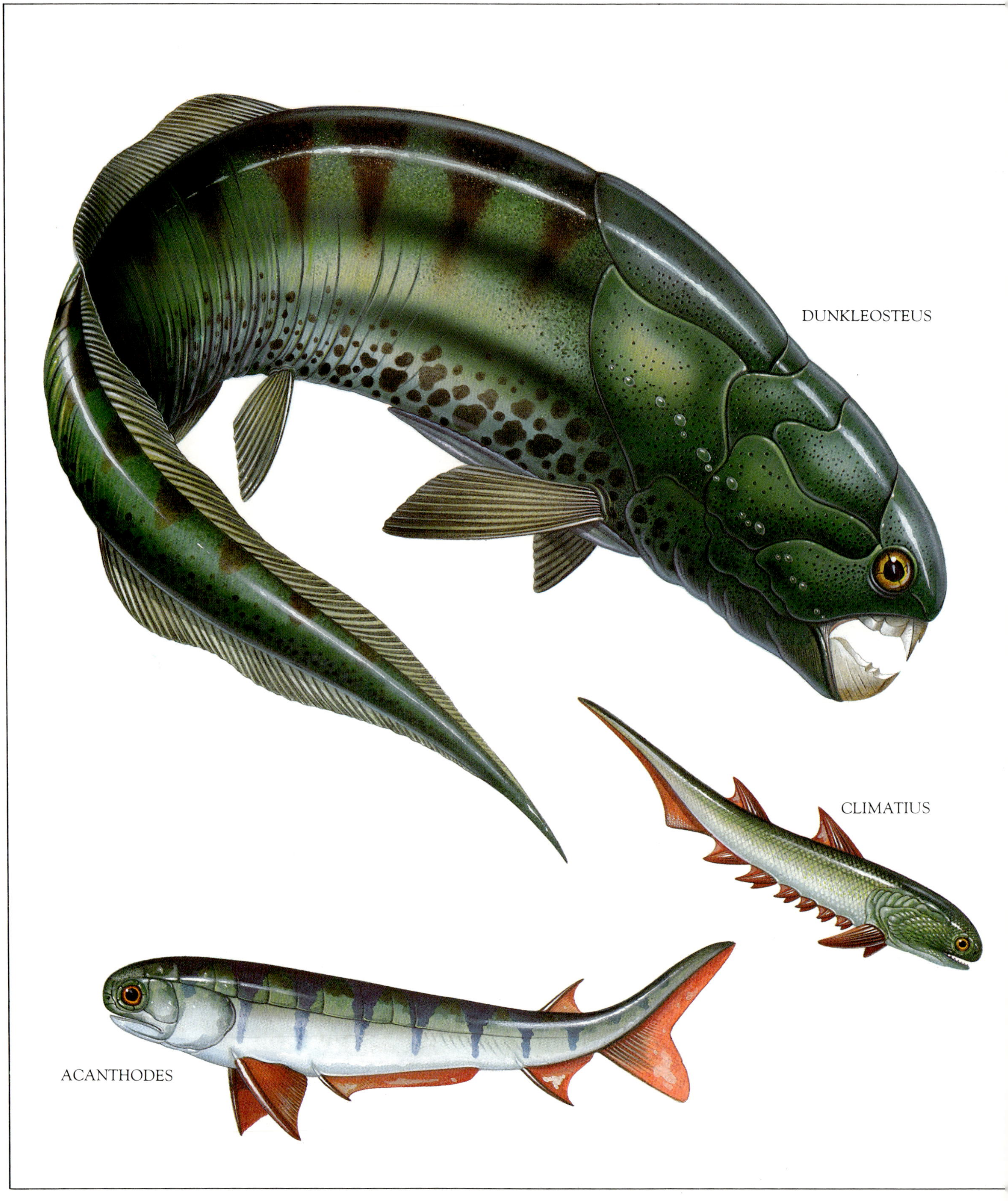

PALAEOSPONDYLUS
BOTHRIOLEPIS
COCCOSTEUS
GROENLANDASPIS
GEMUENDINA
CTENURELLA

Stachelhaie und Panzerfische

Klasse Acanthodii
Die *Acanthodii* oder Stachelhaie sind die ältesten Wirbeltiere mit Kiefern. Man nimmt an, daß sich die Kiefer ursprünglich aus den ersten Kiemenbogen eines Kieferlosen Fisches entwickelt haben und aus gelenkig miteinander verbundenen Knorpelstücken bestanden (s. S. 20).
Der deutsche Name »Stachelhaie« führt eigentlich in die Irre, denn er bezieht sich nicht auf eine Verwandtschaftsbeziehung. Die Fische zeigten im allgemeinen ein haiähnliches Aussehen – mit stromlinienförmigem Körper, paarigen Flossen und einer in der oberen Hälfte stark verlängerten Schwanzflosse. Knöcherne Stacheln spannten alle Flossen mit Ausnahme der Schwanzflosse aus – daher »Stachelhaie«.
In Wirklichkeit entstanden die Stachelhaie viel früher als die eigentlichen Haie. Sie entwickelten sich im frühen Silur, ungefähr 50 Millionen Jahre vor dem ersten Auftreten der Haie (s. S. 26–29), und drangen später ins Süßwasser vor. Im Devon lebten sie in Flüssen und Seen, und im Karbon bewohnten sie die Kohlensümpfe. Zu jener Zeit entwickelten sich aber auch die ersten Knochenfische; ihre Konkurrenz erwies sich letztlich als zu stark für die Stachelhaie, so daß diese im Perm ausstarben.
Viele Paläontologen vertreten die Auffassung, die Stachelhaie stünden den Vorfahren der Knochenfische nahe. Obwohl ihr Innenskelett aus Knorpel bestand, entwickelten diese Fische in der Haut knochenähnliches Material und bildeten einander dicht überlappende Schuppen, die auf dem Kopf sowie über der vorderen Körperhälfte zum Teil stark vergrößert waren. Bei anderen Arten kam es zur Bildung eines knöchernen Deckels über den Kiemenöffnungen (dem Kiemendeckel bei den späteren Knochenfischen).

Name: **Climatius**
Zeitliche Verbreitung: **Obersilur bis Unterdevon**
Geographische Verbreitung: **Europa (Großbritannien) und Nordamerika (Kanada)**
Länge: **7,5 cm**
Die Bezeichnung »Stachelhai« scheint bei diesem Fisch besonders angemessen: Der winzige Körper trug neben den Flossen zahlreiche dornartige Gebilde. Auf dem Rücken standen zwei Rückenflossen, die beide mit einem knöchernen, oberflächlich in der Haut eingebetteten Stachel versehen waren. Der Fisch besaß eine große Afterflosse und zwei Brustflossen, alle drei jeweils mit einem Stachel.
Auf der Körperunterseite trug *Climatius* weitere Stacheln. Nach den Flossen und dem kräftigen, haiähnlichen Schwanz zu schließen, war er ein aktiver Schwimmer. Wie bei einer Reihe anderer Stachelhaie war der Oberkiefer zahnlos. Dafür standen im Unterkiefer von *Climatius* ganze Quirle von kleinen Zähnen, die dauernd nachwuchsen – auch dies eine Eigenschaft, die er mit den Haien teilte. Die großen Augen deuten darauf hin, daß *Climatius* seine Beutetiere hauptsächlich mit dem Gesichtssinn auffand. Wahrscheinlich ernährte er sich von Krebstieren und kleinen Fischen in mittleren Wassertiefen und an der Oberfläche.

Name: **Acanthodes**
Zeitliche Verbreitung: **Unterkarbon bis Unterperm**
Geographische Verbreitung: **Australien (Victoria), Europa (Tschechoslowakei, England, Deutschland, Schottland und Spanien) und Nordamerika (Illinois, Kansas, Pennsylvania und West Virginia)**
Länge: **30 cm**
Acanthodes gehörte zur letzten Gruppe von Stachelhaien, die sich entwickelte. Er besaß keine Zähne, dafür hatten die Kiemen lange, knöcherne, harkenartige Fortsätze. *Acanthodes* und seine Verwandten ernährten sich deswegen wahrscheinlich filtrierend: Mit ihren Kiemenreusen seihten sie winzige planktische Tiere aus dem Wasser.
Wie alle späteren Stachelhaie war *Acanthodes* größer als seine Vorfahren. Einige Arten erreichten sogar eine Länge von 2 m. Die Zahl der Stacheln war reduziert. Die paarigen Brustflossen und die große Afterflosse waren zwar noch mit Knochenstacheln versehen, doch darüber hinaus verfügte der Fisch nur noch über Stacheln in der weit zurückgesetzten Rückenflosse und den saumartigen, paarigen Bauchflossen. Im Gegensatz zu seinem wehrhaften Verwandten *Climatius* mit fünfzehn Stacheln trug *Acanthodes* also nur noch sechs.

Klasse Placodermi
Die *Placodermi* oder Panzerfische sind eine merkwürdig zusammengewürfelte Gruppe schwergepanzerter Fische mit Kiefern. Mehrere große, lückenlos aufeinanderpassende Platten bildeten einen Kopfschild; eine weitere Reihe von Platten hüllte den Vorderrumpf ein. Der restliche Körper war normalerweise nackt und trug keine Schuppen.
Die Panzerfische stellen einen spezialisierten Nebenzweig jener entwicklungsgeschichtlichen Hauptlinie dar, die zu den Knochenfischen (s. S. 18–19) führte. Die Gruppe war verhältnismäßig kurzlebig: Sie trat im Unterdevon auf und war im Unterkarbon schon ausgestorben.
Viele Panzerfische verbrachten ihr Leben auf dem Meeresboden – Indizien dafür sind die abgeplattete Körperform und die schwere Panzerung. Andere waren weniger stark gepanzert und entwickelten sich zu Hochseeschwimmern. Die Kiefer aller Panzerfische trugen anstelle einzelner Zähne breite Zahnplatten zur Zerkleinerung hartschaliger Beutetiere.
Im folgenden werden Vertreter der vier Hauptgruppen der Panzerfische *(Rhenanida, Ptyctodontida, Arthrodira, Antiarchi)* beschrieben.

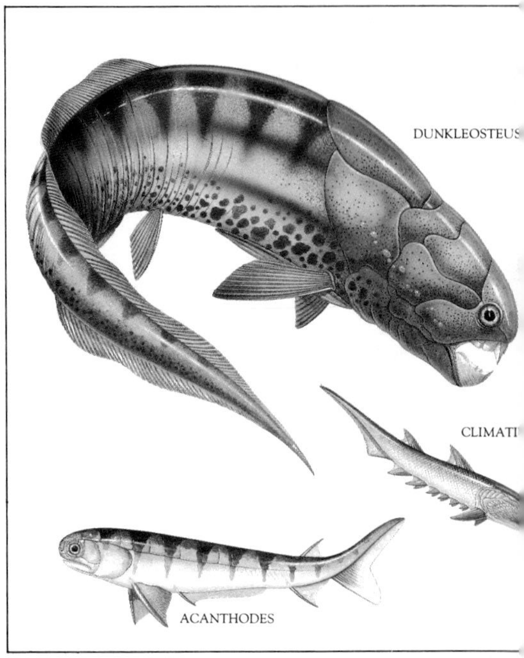

Name: **Gemuendina**
Zeitliche Verbreitung: **Unterdevon**
Geographische Verbreitung: **Europa (Deutschland)**
Länge: **30 cm**
Der rundliche, abgeplattete Körper dieses frühen bodenlebenden Panzerfisches (Ordnung *Rhenanida*) war den heutigen Rochen auffallend ähnlich. Die Brustflossen zu beiden Seiten des Körpers waren zu Flügeln ausgezogen, die Augen und Nasenlöcher standen oben am Kopf.
Die gleichen Merkmale wiederholten sich ungefähr 260 Millionen Jahre später bei den Rochen, einer ganz anderen, nicht näher verwandten Fischgruppe, die seit dem Jura den Meeresboden bevölkert (s. S. 29). Es handelt sich hier um ein hervorragendes Beispiel für das, was man als konvergente Evolution bezeichnet: Nicht näher miteinander verwandte Lebewesen zeigen in der Anpassung an ein und dieselbe Umwelt und Lebensweise ganz ähnliche oder gleiche Strukturen (s. S. 16).
Gemuendina war nicht so schwer gepanzert wie ihre Verwandten. Ein Mosaik aus kleinen Knochenplatten, das ihren Körper überzog, trug auch einige scharfe Zähnchen zur Verteidigung. Auf der Oberseite und der Unterseite des Kopfes standen ein paar größere Platten. *Gemuendina* fehlten die Zahnplatten ihrer späteren Verwandten. Statt dessen trugen die Kiefer sternförmige Höcker, die als Zähne dienten. Das Tier konnte seine Kiefer hervorstrekken, um Seeigel und Muscheln vom Boden aufzunehmen und zu zermalmen.

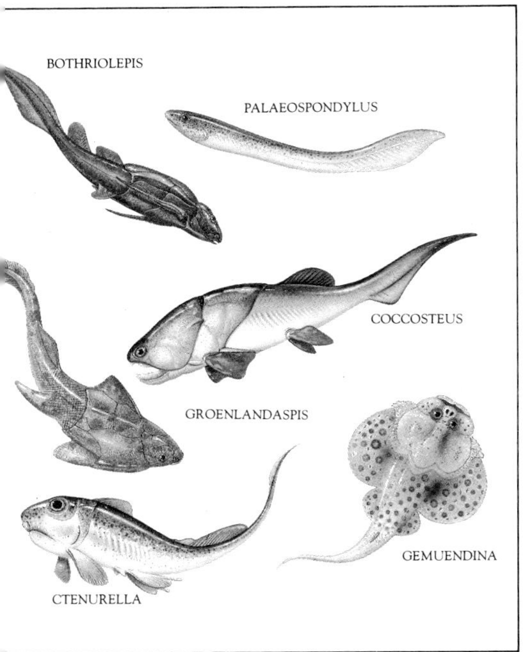

NAME: ***Ctenurella***
ZEITLICHE VERBREITUNG: ***Oberdevon***
GEOGRAPHISCHE VERBREITUNG: ***Australien (Westaustralien) und Europa (Deutschland)***
LÄNGE: ***13 cm***
Ctenurella war ein kleiner, nackter Panzerfisch (Ordnung *Ptyctodontida*). Die einzige Panzerung befand sich auf dem Kopf und in einer Spange dahinter. Der Fisch hatte zwei Rückenflossen, eine hohe vorn und eine niedrige, saumartige hinten. Breite, paarige Brust- und Bauchflossen dienten der Lagestabilisierung; der Schwanz war fadenförmig ausgezogen.
In seinen Kiefern hatte der kleine Panzerfisch Zahnplatten. Der Oberkiefer war mit dem Schädel fest verwachsen. Das Tier ernährte sich von Muscheln und Seeigeln. Seine Stromlinienform und die paarigen Flossen lassen den Schluß zu, daß es auch gut schwamm.
Auch in diesem Fall läßt sich ein Beispiel konvergenter Evolution anführen: *Ctenurella* und ihre Verwandten entwickelten eine Körperform, die sich bei einer späteren Gruppe der Knorpelfische, den Chimären oder Seeratten (s. S. 29), wiederholte. Diese Placodermen besaßen sogar penisähnliche Begattungsorgane wie die Männchen der Knorpelfische.

NAME: ***Groenlandaspis***
ZEITLICHE VERBREITUNG: ***Oberdevon***
GEOGRAPHISCHE VERBREITUNG: ***Antarctica (South Victoria Land), Australien (New South Wales), Europa (England, Irland und Türkei) und Grönland***
LÄNGE: ***7,5 cm***
Der winzige Panzerfisch *Groenlandaspis* gehörte zur artenreichsten und vielfältigsten Gruppe der *Placodermi*, den Fischen mit »gelenkigem Hals« *(Arthrodira)*, zu denen 60 Prozent aller bekannten Panzerfische zählen.
Groenlandaspis war ein abgeflachter Bodenbewohner, der zwischen seinen Zahnplatten Weichtiere und Krebse zermalmte. Wenn der Fisch flach auf dem Meeresboden lag, konnte er den Unterkiefer nicht nach unten klappen. Wie die Mehrzahl seiner Verwandten entwickelte er daher ein Gelenksystem, welches ihm ermöglichte, die Kiefer aufzureißen und große Beutetiere zu verschlingen. Der Kopfschild war mit dem Rumpfschild über ein Paar hochansitzende, beidseitige Scharniergelenke verbunden, so daß die Tiere den Kopf aufwärts und den Unterkiefer abwärts bewegen konnten.

NAME: ***Coccosteus***
ZEITLICHE VERBREITUNG: ***Mittel- bis Oberdevon***
GEOGRAPHISCHE VERBREITUNG: ***Europa (Schottland und UdSSR) und Nordamerika (Ohio)***
LÄNGE: ***40 cm***
Coccosteus war ein schneller Schwimmer und lebte räuberisch oder aasfressend auf dem Meeresboden. Daß das Tier gut schwimmen konnte, erkennt man am stromlinienförmigen, schuppenlosen Körper, den paarigen Flossen, dem kräftig entwickelten Oberteil der Schwanzflosse und der stabilisierenden Rückenflosse.
Aus Verbesserungen an den Gelenken zwischen dem Kopf- und dem Rumpfpanzer kann man schließen, daß *Coccosteus* ein aggressiver Jäger war: Zusätzlich zu den äußeren Gelenken, die sich bereits bei *Groenlandaspis* finden, verfügte er nämlich über ein weiteres, inneres Gelenk, das sich zwischen den Halswirbeln und dem Hinterrand des Schädels befand. Der Fisch konnte somit seinen Kopf noch weiter hochklappen. Auch waren die Kiefer länger, wodurch das Verschlingen noch größerer Beutetiere möglich wurde. Ein weiterer Vorteil des Scharniersystems bestand darin, daß bei der Auf- und Abbewegung des Kopfes Wasser durch die Kiemenbögen getrieben wurde. Wenn sich das Maul öffnete, weiteten sich auch die Kiemenbögen. *Coccosteus* ergänzte seinen Speisezettel wahrscheinlich durch Schlamm, den er verschluckte. Er verdaute das darin enthaltene organische Material und gab den Rest als Kot wieder ab.

NAME: ***Dunkleosteus***
ZEITLICHE VERBREITUNG: ***Oberdevon***
GEOGRAPHISCHE VERBREITUNG: ***Afrika (Marokko), Europa (Belgien und Polen) und Nordamerika (Kalifornien, Ohio, Pennsylvania und Tennessee)***
LÄNGE: ***3,5 m***
Einige *Arthrodira* erreichten enorme Ausmaße und standen damit in Konkurrenz mit Haien wie *Cladoselache* (s. S. 28). *Dunkleosteus* war mit seinem über 65 cm langen Schädel der Riese der Gruppe. Einige seiner Verwandten, etwa *Dinichthys* und *Titanichthys*, kamen ihm mit 2,1 m bzw. 3,4 m Länge fast gleich.
Der knöcherne Rumpfpanzer endete bei *Dunkleosteus* kurz vor den Brustflossen, deren Freiraum zur Lagesteuerung und Richtungsänderung somit unbeeinträchtigt blieb. Mit schlängelnden Bewegungen durchschwamm das glatte, schuppenlose Tier die Meere auf der Suche nach Beute. Dank des Gelenks zwischen Kopf und Rumpfpanzer konnte *Dunkleosteus* kräftig zubeißen. Die spitzen Reißzähne vorne im Maul hielten das Beutetier fest und zerteilten es, während die weiter hinten gelegenen, scharfkantigen Zahnplatten das Fleisch zerkauten.

NAME: ***Bothriolepis***
ZEITLICHE VERBREITUNG: ***Oberdevon***
GEOGRAPHISCHE VERBREITUNG: ***Weltweit***
LÄNGE: ***30 cm***
Bothriolepis gehörte zu den *Antiarchi*, der am stärksten gepanzerten Gruppe der *Placodermi*. Diese Fische hatten mit den *Arthrodira* den Vorfahren und die bodenlebende Lebensweise gemeinsam, waren in ihrem Vorkommen allerdings auf das Süßwasser beschränkt. Ihr Kopf wurde von einem kurzen Kopfschild geschützt, das mit dem langen Rumpfschild gelenkig verbunden war.
Die Brustflossen von *Bothriolepis* und dessen Verwandten waren auf ein Paar gepanzerter Stacheln reduziert und spielten beim Schwimmen vermutlich keine Rolle mehr. Über ein kompliziertes Gelenk waren sie mit der Vorderkante des Rumpfschildes verbunden. In der Mitte besaßen die Stacheln ebenfalls ein Gelenk; vielleicht staksten die Tiere damit auf dem Gewässerboden umher. Der nach oben gerichtete Schwanz bewirkte, daß der Kopf des Tiers nach unten gerichtet blieb, wenn es auf dem Gewässerboden nach Nahrungsteilchen suchte.

NAME: ***Palaeospondylus***
ZEITLICHE VERBREITUNG: ***Mitteldevon***
GEOGRAPHISCHE VERBREITUNG: ***Europa (Schottland)***
LÄNGE: ***6 cm***
Seit seiner Entdeckung im Jahr 1890 bereitet dieser kleine Fisch den Paläontologen Kopfzerbrechen. An einer Fundstätte in Schottland wurden Hunderte von Exemplaren entdeckt. Alle bestanden aus einer langen »Wirbelsäule«, an deren einem Ende zahlreiche Stacheln vermutlich eine Schwanzflosse ausspannten. Am anderen Ende des Körpers befand sich ein merkwürdig geformter Schädel. Das Tier hatte weder richtige Kiefer noch paarige Flossen.
Viele Jahre hielt man *Palaeospondylus* für einen Kieferlosen Fisch, einen nackten Panzerfisch, eine Chimäre oder gar für einen Lungenfisch. Einige Forscher vertraten die Ansicht, es handle sich um eine Kaulquappe. Ein weiteres ungelöstes Rätsel: Bis heute konnte niemand feststellen, ob das Skelett aus verkalktem Knorpel oder aus Knochen bestand.

Primitive Strahlenflosser

SAURICHTHYS
PYCNODUS
DAPEDIUM
ASPIDORHYNCHUS
LEPIDOTES
PERLEIDUS

Primitive Strahlenflosser

Klasse Osteichthyes
Die Geschichte der *Osteichthyes* oder Knochenfische ist bezüglich des Individuen- und Artenreichtums *die* Erfolgsstory der Wirbeltierevolution. Über 20000 Arten leben heute in den Meeren, Flüssen und Seen der Erde.
Zu den Knochenfischen gehört mehr als die Hälfte *aller* lebenden Wirbeltierarten – auch dies ein Beispiel für ihre enorme Durchsetzungsfähigkeit. Hinzu kommt, daß die Nachfahren einiger Frühformen das Land eroberten – als Amphibien, Reptilien, Vögel und Säuger.
Alle frühen und modernen Knochenfische haben ein vollständig verknöchertes Innenskelett. Der Ersatz des Knorpelskeletts durch Knochen war ein Evolutionssprung, dem die Bildung einer dünnen Knochenschicht über dem Knorpel – zum Beispiel bei den Kieferlosen Fischen und den Knorpelfischen – vorausgegangen war.
Vor etwa 400 Millionen Jahren bildeten sich zwei größere Gruppen (Unterklassen) der Knochenfische heraus. Sie unterschieden sich vor allem im Skelett der Flossen. Die Strahlenflosser (*Actinopterygii*, s. u.) umfassen die große Mehrheit der heutigen eigentlichen Knochenfische oder *Teleostei* (s. S. 38–41). Aus den Fleischflossern oder *Sarcopterygii* (s. S. 42–45) gingen die Vorfahren der ersten Landwirbeltiere hervor.

Unterklasse Actinopterygii
Die Strahlenflosser oder *Actinopterygii* waren die ersten Knochenfische. Vor ungefähr 400 Millionen Jahren entwickelte sich eine große Vielfalt von zunächst meeres-, später aber auch süßwasserbewohnenden Arten. Heute noch lebende Nachkommen sind die modernen Teleostier und diverse Vertreter seltener Gruppen – zum Beispiel Störe, Löffelstöre, Schlammfische, Knochenhechte und Flösselhechte.
Das charakteristische Merkmal aller fossilen und rezenten Strahlenflosser ist das Flossenskelett: Parallele knöcherne Strahlen stützen und versteifen jede Flosse. Bei den frühen Strahlenflossern waren die Flossen ziemlich starr. Erst im Laufe der Zeit gewannen sie an Flexibilität und bildeten sich zu den beweglichen Flossen der heutigen Knochenfische um.
Die Entwicklung zu den modernen Knochenfischen brachte noch eine Reihe anderer Verbesserungen mit sich: Aus den paarigen Luftsäcken früherer Formen entwickelte sich die Schwimmblase; damit konnte der Fisch ohne Energieaufwand seine Wassertiefe kontrollieren (s. S. 21). Die schweren Körperschuppen machten einer leichteren, flexibleren Schuppenbedeckung Platz, und der Schwanz wurde symmetrisch und konnte somit einen gleichmäßigen Vortrieb erzeugen.

Die Klassifikation der Knochenfische ist eine äußerst schwierige Angelegenheit. Man unterscheidet mehrere Dutzend Ordnungen, von denen wir fünf ausgewählt haben, um die Evolution der ganzen Gruppe zu illustrieren (s. S. 18–19).
Die Paläonisciden waren die ersten Strahlenflosser; sie lebten vor über 400 Millionen Jahren in den Meeren des Obersilur. Die typischen Merkmale früher Strahlenflosser waren dicke Knochenschuppen, die gelenkig miteinander verbunden waren, eine einzige, weit nach hinten verschobene Rückenflosse und ein asymmetrischer, haiähnlicher Schwanz.

Name: ***Cheirolepis***
Zeitliche Verbreitung: **Mittel- bis Oberdevon**
Geographische Verbreitung: **Europa (Schottland) und Nordamerika (Kanada)**
Länge: **45 cm**
Cheirolepis war ein schneller Räuber des Süßwassers und einer der größten Vertreter der ersten Paläonisciden.
Der Körper war von einem Panzer kleiner, rechteckiger Schuppen umgeben, die zu diagonalen Reihen angeordnet waren – genau wie bei den Stachelhaien. Die Schuppen ihrerseits waren von einer besonderen Schmelzschicht überzogen, dem Ganoin; deswegen bezeichnet man die Paläonisciden auch als Ganoiden. Eine Reihe großer Schuppen versteifte die Oberkante der oberen Schwanzhälfte und verbesserte dadurch die Schwimmeigenschaften; es war dies ein einzigartiger Schuppentyp, der alle frühen Strahlenflosser charakterisierte.
Die Schwanzform bewirkte, daß der Fisch beim Schwimmen abwärts driftete. Um diese Bewegung auszugleichen, erzeugten die paarigen Brust- und Bauchflossen auf der Unterseite einen Auftrieb des Vorderkörpers. Für die nötige Lagestabilität sorgten die große Rücken- und die Afterflosse. Wie alle Paläonisciden besaß *Cheirolepis* große Augen und war bei der Jagd wahrscheinlich auf den Gesichtssinn angewiesen. Auf den Kiefern standen spitze Zähne. Der Fisch konnte das Maul so weit aufreißen, daß es ihm gelang, Beutetiere zu verschlingen, die zwei Drittel so lang waren wie er selbst.

Name: ***Moythomasia***
Zeitliche Verbreitung: **Mittel- bis Oberdevon**
Geographische Verbreitung: **Australien (Westaustralien) und Europa (Deutschland)**
Länge: **9 cm**
Während des Devon entwickelten die Paläonisciden eine große Formenvielfalt und wurden im Oberen Paläozoikum zur individuen- und artenreichsten Gruppe der Süßwasserfische.

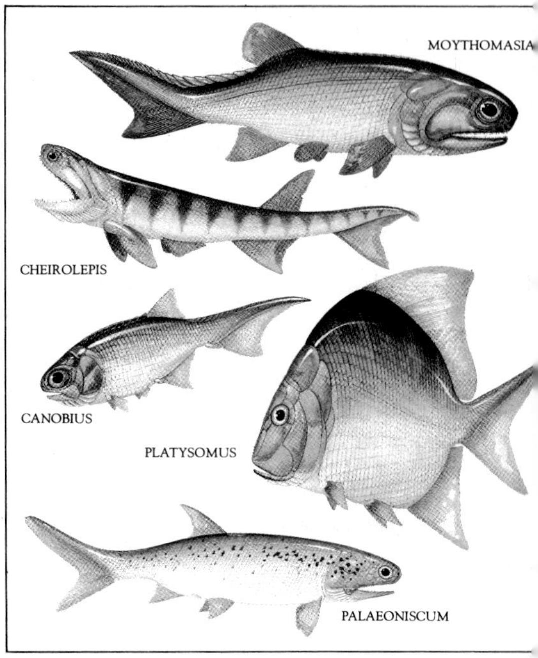

Moythomasia entwickelte einen neuen Schuppentyp, der nur bei frühen Strahlenflossern vorkommt. Ein Zapfen an der Oberkante jeder Schuppe rastete in eine Vertiefung an der Unterkante der darüberliegenden Schuppe ein. So waren alle Schuppen miteinander gelenkig verbunden und bildeten einen flexiblen Schutzpanzer.

Name: ***Canobius***
Zeitliche Verbreitung: **Unterkarbon**
Geographische Verbreitung: **Europa (Schottland)**
Länge: **7 cm**
Am Schädel dieses winzigen Fischchens läßt sich eine neue Entwicklung ablesen: Die Verbindung zwischen Kiefer und Schädelknochen hatte sich verändert und erlaubte eine weitere Öffnung des Maules; gleichzeitig wurde der Kiemenraum hinter den Kiefern stark ausgedehnt.
Diese neue Entwicklung beeinflußte darüber hinaus die Atmung: Wenn der Fisch das Maul weit öffnete, zog eine größere Wassermenge an den Kiemen vorbei, was zu einer verstärkten Sauerstoffaufnahme führte, die ihrerseits eine Erhöhung der Aktivität ermöglichte.
Der Fisch erschloß sich eine besonders reiche Nahrungsquelle: Wenn *Canobius* das Maul öffnete, nahm er mit dem Wasser auch winzige planktische Lebewesen auf, die an den winzigen Zähnchen seiner Kiefer und Kiemen hängenblieben.

Name: ***Platysomus***
Zeitliche Verbreitung: **Unterkarbon bis Oberperm**
Geographische Verbreitung: **Weltweit**
Länge: **18 cm**
Eine Familie der Paläonisciden war durch ihre scheibenartige Gestalt gekennzeichnet, die an den heutigen Diskusfisch im Amazonasgebiet erinnert. *Platysomus* lebte sowohl im Meer als auch im Süßwasser.
Am hinteren Ende seines hochrückigen Körpers stand je eine saumartige Rücken-

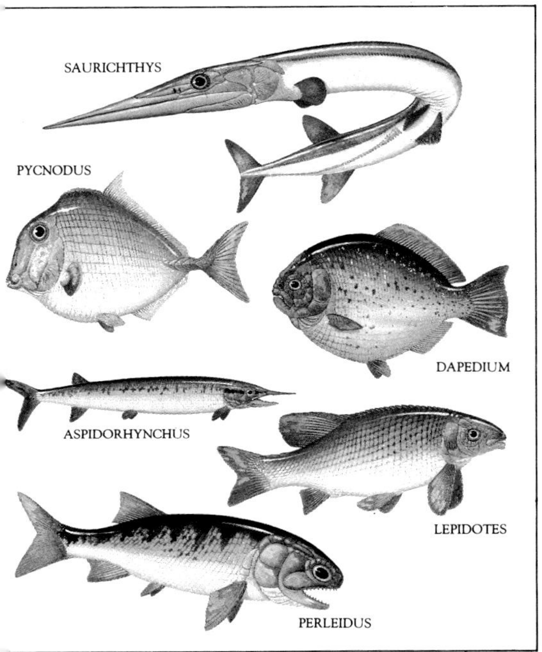

und Afterflosse. Die Brust- und Bauchflossen waren nur winzig. *Platysomus* war gewiß ein langsamer Schwimmer, der dank seines tief gegabelten und symmetrischen Schwanzes einen ziemlich geraden Kurs beibehalten konnte. Der Hauptantrieb kam aber nach wie vor von der oberen Schwanzhälfte, die von reihig angeordneten, kräftigen, ineinandergreifenden Schuppen versteift wurde.
Auch *Platysomus* konnte den Mund weit öffnen und ernährte sich wahrscheinlich von Plankton.

NAME: ***Palaeoniscum***
ZEITLICHE VERBREITUNG: ***Oberperm***
GEOGRAPHISCHE VERBREITUNG: ***Europa (England und Deutschland), Grönland und Nordamerika (USA)***
LÄNGE: ***bis 30 cm***
Mit seinem torpedoförmigen Körper, der hohen Rückenflosse und dem kräftigen, tief eingeschnittenen Schwanz war *Palaeoniscum* an hohe Schwimmgeschwindigkeiten angepaßt. Er war vermutlich ein aggressiver Räuber, der auf andere süßwasserbewohnende Knochenfische Jagd machte. Im Kiefer standen zahlreiche scharfe Zähne, die immer wieder nachwuchsen.
Wie alle frühen Strahlenflosser besaß *Palaeoniscum* ein Paar Luftsäcke, die mit dem Verdauungskanal in Verbindung standen und als hydrostatisches Organ aufgeblasen werden konnten (s. S. 21).

NAME: ***Saurichthys***
ZEITLICHE VERBREITUNG: ***Unter- bis Mitteltrias***
GEOGRAPHISCHE VERBREITUNG: ***Weltweit***
LÄNGE: ***bis 1 m***
Der lange, schmale Körper dieses Süßwasser-Paläonisciden erinnert an den heutigen Hecht. In ähnlicher Weise waren auch bei ihm Rücken- und Afterflosse weit nach hinten versetzt und befanden sich in der Nähe des symmetrischen Schwanzes.
Saurichthys hatte wahrscheinlich auch eine ähnliche Lebensweise wie ein Hecht. Er lauerte zwischen Wasserpflanzen oder lag ruhig auf dem Gewässerboden. Vorbeischwimmende Fische packte er blitzschnell mit seinen bezahnten Kiefern, die zu einem langen, mindestens ein Drittel der Körperlänge beanspruchenden Schnabel gezogen waren. Die symmetrische Anordnung der Flossen und die stark reduzierten knöchernen Schuppen deuten darauf hin, daß *Saurichthys* sehr gut schwamm.

NAME: ***Perleidus***
ZEITLICHE VERBREITUNG: ***Unter- bis Mitteltrias***
GEOGRAPHISCHE VERBREITUNG: ***Weltweit***
LÄNGE: ***15 cm***
Perleidus und seine Verwandten entwickelten sich aus den Paläonisciden und existierten in einem Zeitraum von ungefähr 35 Millionen Jahren während der Trias. Es handelt sich samt und sonders um Süßwasserräuber mit scharfen Kiefern. Die senkrechte Aufhängung des Oberkiefers am Schädel sorgte dafür, daß die Tiere ihr Maul weit aufreißen konnten.
Ein auffallendes Merkmal dieser Gruppe war die durch eine Reduktion der knöchernen Strahlen bewirkte Flexibilität der Rücken- und Afterflosse. Eine basale Verdickung blieb bestehen und hielt die Verbindung zum Innenskelett aufrecht.

NAME: ***Lepidotes***
ZEITLICHE VERBREITUNG: ***Obertrias bis Unterkreide***
GEOGRAPHISCHE VERBREITUNG: ***Weltweit***
LÄNGE: ***30 cm***
Gegen das Ende des Paläozoikums entwickelten sich aus den meeresbewohnenden Paläonisciden zahlreiche neue Strahlenflosser. Man faßt sie unter der Bezeichnung *Neopterygii* zusammen. Sie weisen eine Reihe gemeinsamer Merkmale mit den heutigen Knochenfischen auf.
Lepidotes (ein Mitglied der *Semionotiformes*, s. S. 18–19) entwickelte eine neue Kieferaufhängung, die eine Änderung der Ernährungsweise erlaubte: Die oberen Kieferknochen verkürzten sich und gaben die Verbindung zu den Wangenknochen auf, mit denen sie zuvor verschmolzen gewesen waren. Die neugewonnene Beweglichkeit erlaubte es, das Maul röhrenförmig vorzustrecken. Dadurch konnte der Fisch seine Beutetiere aus einiger Entfernung einsaugen und mußte sie nicht erst in die Enge treiben wie seine Vorgänger.

NAME: ***Dapedium***
ZEITLICHE VERBREITUNG: ***Obertrias bis Unterjura***
GEOGRAPHISCHE VERBREITUNG: ***Asien (Indien) und Europa (England)***
LÄNGE: ***35 cm***
Den hochrückigen, runden Körper von *Dapedium* (eines weiteren Mitglieds der *Semionotiformes*) stabilisierten eine lange, weit zurückliegende Rücken- und Afterflosse. Der Körper war von dicken Schuppen mit mächtiger Schmelzschicht geschützt.
Dapedium trug lange, zapfenartige Zähne auf den Kiefern und Zähne, die das Zermalmen der Beute erlaubten, auf dem Gaumen. Dieser Umstand sowie die Körperform des Fisches legen den Schluß nahe, daß sich das Tier auf seinen langsamen Wanderungen durch die Korallenriffe frühmesozoischer Meere überwiegend von Weichtieren ernährte.

NAME: ***Pycnodus***
ZEITLICHE VERBREITUNG: ***Mittelkreide bis Mittleres Eozän***
GEOGRAPHISCHE VERBREITUNG: ***Asien (Indien) und Europa (Belgien, England und Italien)***
LÄNGE: ***12 cm***
Obwohl *Pycnodus* zu einer späteren Gruppe (*Pycnodontiformes*) zählte, entwickelte er den gleichen hochrückigen Körper und die gleichen Mahlzähne wie *Dapedium*. Wahrscheinlich handelte es sich dabei um eine konvergente Anpassung an denselben Lebensraum, das heißt ruhige Riffgebiete. *Pycnodus* fraß auch ähnliche Nahrung: hartschalige Weichtiere, Korallen und Seeigel.

NAME: ***Aspidorhynchus***
ZEITLICHE VERBREITUNG: ***Mitteljura bis Oberkreide***
GEOGRAPHISCHE VERBREITUNG: ***Antarctica und Europa (England, Frankreich und Deutschland)***
LÄNGE: ***60 cm***
Oberflächlich betrachtet sah *Aspidorhynchus* wie der heutige nordamerikanische Knochenhecht aus. Zwar besteht zwischen den beiden keine nähere stammesgeschichtliche Verwandtschaft, doch muß *Aspidorhynchus* ebenfalls ein gieriger Räuber gewesen sein. Der langgestreckte, mit dicken Schuppen besetzte Körper verrät eine hervorragende Anpassung an schnelle Schwimmgeschwindigkeiten. Für den Vortrieb sorgte die symmetrische Schwanzflosse, während Rücken- und Afterflosse die Lage stabilisierten. Mit den paarigen Brust- und Bauchflossen hielt der Fisch den Kurs. Die Kiefer trugen scharfe, zugespitzte Zähne, und der Oberkiefer war schnabelartig verlängert.
Aspidorhynchus und seine Verwandten (die *Aspidorhynchiformes*, s. S. 18–19) waren mit den modernen Teleostiern (s. S. 38–41) nahe verwandt und hatten mit diesen wahrscheinlich den Vorfahren gemeinsam. Heute überlebt nur noch ein Vertreter dieser Gruppe, der Kahlhecht oder Schlammfisch (*Amia calva*) der nordamerikanischen Binnengewässer.

Jüngere Strahlenflosser

SPHENOCEPHALUS
BERYCOPSIS
ENCHODUS
HYPSOCORMUS
EOBOTHUS

Jüngere Strahlenflosser

Ordnung Teleostei
Am Ende des Mesozoikums, vor ungefähr 65 Millionen Jahren, waren die *Teleostei* die in Meeren, Seen und Flüssen dominierende Gruppe der Knochenfische.
Entwickelt hatten sie sich während der 150 Millionen Jahre vor dem Ende des Mesozoikums. Sie traten erstmals auf in den Meeren der Obertrias, vor ungefähr 220 Millionen Jahren. Anfänglich handelte es sich um kleine, heringsähnliche Fische mit symmetrischen Schwänzen und beweglichen Kiefern, die den fortgeschritteneren *Neopterygii* wie *Aspidorhynchus* (s. S. 37) nicht unähnlich waren. In der Mittelkreide erfolgte eine geradezu explosive Evolutionsphase der Teleostier, die unter anderem Fische wie Lachse und Forellen hervorbrachte. Es kam zu einer raschen Aufspaltung, bis in der Oberkreide bzw. im Alttertiär ein zweiter Evolutionsschub stattfand, in dessen Folge die barschartigen Fische (s. S. 41) entstanden.

NAME: ***Hypsocormus***
ZEITLICHE VERBREITUNG: **Mittel- bis Oberjura**
GEOGRAPHISCHE VERBREITUNG: ***Europa (England und Deutschland)***
LÄNGE: ***1 m***
Die Trennlinie zwischen höherentwickelten *Neopterygii* (s. S. 37) und primitiven *Teleostei* ist unscharf. *Hypsocormus* schwamm schnell und jagte Fische. Da er sowohl ursprüngliche wie höherentwikkelte Merkmale aufweist, läßt sich die Zuordnung zu beiden Gruppen rechtfertigen.
Hypsocormus besaß beispielsweise den schweren, »altmodischen« Körperpanzer seiner Paläonisciden-Vorfahren, der durch dicke, schmelzüberzogene, rechteckige Schuppen gekennzeichnet war.
Der Schwanz war halbmondförmig, doch war die Zahl der knöchernen Strahlen in der Schwanzflosse erheblich höher als bei heutigen Teleostiern.
Auch die Verteilung der Flossen am Körper war anders: Neben der langen Afterflosse gab es nur eine Rückenflosse. Die extralangen Brustflossen standen weit unten auf beiden Körperseiten (anstatt hinter den Kiemen wie bei höherentwickelten Knochenfischen).

NAME: ***Pholidophorus***
ZEITLICHE VERBREITUNG: **Mitteltrias bis Oberjura**
GEOGRAPHISCHE VERBREITUNG: ***Afrika (Kenia und Tansania), Europa (England, Deutschland, Italien und UdSSR) und Südamerika (Argentinien)***
LÄNGE: **40 cm**
Pholidophorus ist einer der frühesten Fische des Meeres, deren Zugehörigkeit zu den Teleostiern außer Frage steht. Oberflächlich betrachtet ähnelte er mit seiner symmetrischen Schwanzflosse, den paarigen Brust- und Bauchflossen und der Afterflosse in Schwanznähe einem Hering. *Pholidophorus* besaß große Augen und bewegliche Kiefer mit kleinen, abgerundeten Zähnen. Er war allem Anschein nach ein schneller Schwimmer und lebte vermutlich überwiegend von planktischen Krebstieren, obwohl man auch Exemplare mit Resten anderer Knochenfische im Magen gefunden hat.
Trotz ihres »modernen« Aussehens waren *Pholidophorus* und die verwandten Formen primitive Knochenfische. Zwei Merkmale deuten darauf hin: Der Körper war von den dicken, mit Schmelz überzogenen Schuppen der früheren »Ganoidfische« (Paläonisciden, s. S. 36) überzogen. Die Wirbelsäule war nur teilweise verknöchert. Ihre Nachfolger, die Leptolepiden (s. u.) waren die ersten Knochenfische, deren Wirbelsäule ganz aus Knochen bestand.

NAME: ***Leptolepis***
ZEITLICHE VERBREITUNG: **Mitteltrias bis Unterkreide**
GEOGRAPHISCHE VERBREITUNG: ***Afrika (Tansania), Australien (New South Wales), Europa (Österreich, England, Frankreich und Deutschland) und Nordamerika (Nevada)***
LÄNGE: **30 cm**
Leptolepis und seine Verwandten waren heringsähnliche Fische wie die Pholidophoriden (s. o.), lebten im Unterschied zu ihnen aber im Verband, der ihnen bei der Planktonaufnahme im oberflächennahen Wasser einen gewissen Schutz bot. Auf die gesellige Lebensweise deuten zahlreiche Fossilfunde hin, bei denen Hunderte von Exemplaren in ein und demselben Gesteinsstück erhalten blieben.
In zweierlei Hinsicht waren die Leptolepiden auch höherentwickelt als die Pholidophoriden. Zum einen bestanden ihre Skelette bereits vollständig aus Knochen, zum anderen aber trugen sie dünne, rundliche Schuppen ohne jeglichen Schmelzüberzug.
Beide Entwicklungen erleichterten das Schwimmen. Die Wirbelsäule bildete einen starken, flexiblen Stab, der seitwärts gerichteten Bewegungen beim Schwimmen gut widerstand. Die dünnen Schuppen reduzierten das Gewicht und begünstigten durch ihre abgerundete Form die Stromlinienform des Körpers.

NAME: ***Thrissops***
ZEITLICHE VERBREITUNG: **Oberjura bis Oberkreide**
GEOGRAPHISCHE VERBREITUNG: ***Europa (England, Frankreich und Deutschland)***
LÄNGE: **60 cm**
Thrissops war ein stromlinienförmiger Räuber, der vor ungefähr 140 Millionen Jahren in den warmen Flachmeeren des Oberen Mesozoikums seine Beute suchte. Der Schwanz war tief eingeschnitten und symmetrisch. Die winzigen Bauchflossen spielten wahrscheinlich bei der Lagestabilisierung des Körpers nur eine untergeordnete Rolle. Vielleicht als Ausgleich dafür war die Afterflosse verhältnismäßig lang. *Thrissops* war klein im Vergleich zu einigen seiner Verwandten, etwa *Xiphactinus* (früher *Portheus* genannt). Das Tier erreichte eine Länge von 4 m und konnte es somit in den Meeren der Kreidezeit mit jedem Hai aufnehmen. Im Magen eines großen Exemplars fand man einen 1,8 m langen, unversehrten Knochenfisch.
Die einzigen noch lebenden Nachfahren von *Thrissops* und seinen Verwandten sind wahrscheinlich die Knochenzüngler (Ordnung *Osteoglossomorpha*), deren Zahnplatten in der kräftigen Zunge eingebettet liegen. Die Zunge bewegt sich gegen Zähne im Gaumen und hält auf diese Weise Beutetiere fest.
Der rezente riesengroße Arapaima (*Arapaima gigas*), der in Flüssen Südamerikas lebt, ist der größte Süßwasserfisch. Er erreicht eine Länge von 4 m und ein Gewicht von über 200 kg.

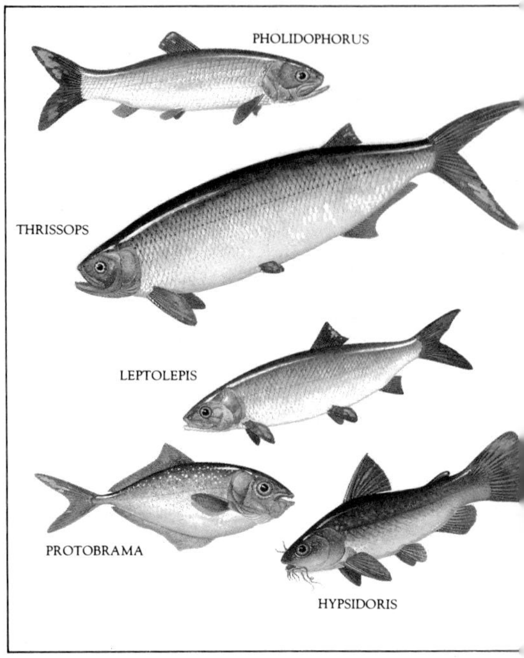

NAME: ***Protobrama***
ZEITLICHE VERBREITUNG: **Unterkreide**
GEOGRAPHISCHE VERBREITUNG: ***Asien (Libanon)***
LÄNGE: **15 cm**
Dieser kleine Verwandte von *Thrissops* (s. o.) hatte überhaupt keine Bauchflossen mehr. Auf der hinteren Hälfte des hochrückigen Körpers standen je eine lang ausgezogene Rücken- und Afterflosse. Der Schwanz war tief gespalten. Die Brustflossen standen relativ hoch an den Körperseiten und verbesserten dadurch die Manövrierfähigkeit des Fisches. Größe und Form der Art lassen die Vermutung zu, daß es sich um einen Riffbewohner gehandelt haben könnte, der zwischen den Korallenstöcken nach Beute suchte.

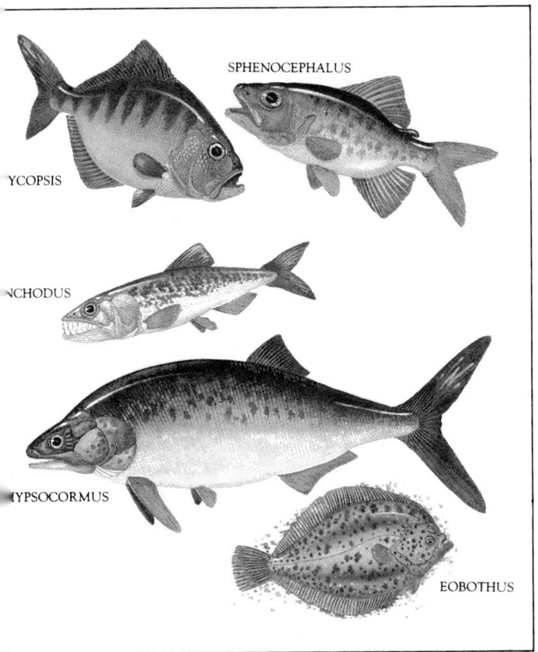

NAME: ***Enchodus***
ZEITLICHE VERBREITUNG: ***Oberkreide bis Paläozän***
GEOGRAPHISCHE VERBREITUNG: ***Weltweit***
LÄNGE: ***18 cm***

Am Ende der Kreidezeit und während des Untertertiärs entstanden in einem Evolutionsschub die höherentwickelten Knochenfische. Lachs und Forelle sind Überlebende dieser zweiten Evolutionsphase; aus ihren Vorfahren gingen alle modernen Teleostier hervor.
Enchodus war einer dieser frühen lachsähnlichen Knochenfische. Der breite Kopf, die großen Augen und der leichte, stromlinienförmige Körper deuten auf eine räuberische Lebensweise in der Hochsee hin. Die Schuppen waren auf ein Band auf beiden Körperseiten reduziert. Die Bauchflossen standen weit hinten, direkt unter den großen, stabilisierenden Rückenflossen, und die relativ hoch ansitzenden Brustflossen an den Körperseiten verbesserten die Manövrierfähigkeit.
Das auffälligste Merkmal von *Enchodus* waren die stark verlängerten, leicht nach innen gebogenen Zähne. *Enchodus* ernährte sich wahrscheinlich von planktonfressenden Fischen der Wasseroberfläche.

NAME: ***Hypsidoris***
ZEITLICHE VERBREITUNG: ***Eozän***
GEOGRAPHISCHE VERBREITUNG: ***Nordamerika (Wyoming)***
LÄNGE: ***20 cm***

Früh im Tertiär spalteten sich die *Ostariophysi* von der Hauptentwicklungslinie der Teleostier ab und spezialisierten sich auf das Leben im Süßwasser. Einige Gruppen kehrten allerdings später ins Meer zurück. Heute gibt es über 6000 Arten, darunter Karpfen, Goldfisch, Schmerle, Piranha und Wels.
Hypsodoris sah einem heutigen Wels täuschend ähnlich. Er bewohnte vor ungefähr 50 Millionen Jahren die subtropischen Flüsse und Seen des westlichen Nordamerika. In Sedimentgesteinen von Wyoming sind viele Stücke hervorragend erhalten geblieben.
Der Aufbau der Wirbelsäule von *Hypsidoris* deutet darauf hin, daß der Fisch bereits über den Gehörsinn (vor allem für hochfrequente Töne) verfügte, der für alle heute noch lebenden *Ostariophysi* typisch ist.
Die Ausbildung dieser Fähigkeit wurde durch eine einzigartige Spezialisierung der vorderen Wirbel ermöglicht. Von diesen Wirbeln gliederte sich eine Kette kleiner, beweglicher Knochen ab, welche die von der Schwimmblase aufgenommenen Schwingungen zum Innenohr übertragen. Dabei funktioniert die Schwimmblase wie ein Unterwassermikrophon. Das Gehirn interpretiert schließlich die eintreffenden Signale.
Den Schallübertragungsapparat bezeichnet man als »Webersche Knöchelchen«. Sie übernehmen eine ähnliche Funktion wie unsere Gehörknöchelchen Steigbügel, Hammer und Amboß im Mittelohr (s. S. 185).
Wie seine modernen Verwandten trug *Hypsodoris* an der Vorderseite jeder Brustflosse einen kräftigen, dornartigen Strahl. Er spielte bei der Verteidigung eine Rolle und konnte bei Bedarf aufgerichtet werden. Daß sich bei diesen Fischen ein Gehörsinn entwickelte, war nur sinnvoll, denn sie lebten oft in trüben, sedimentbeladenen Flüssen.
Hatte *Hypsidoris* ein mögliches Beutetier ausgemacht, so überprüfte er dessen Genießbarkeit mit den langen Barteln, die sein Maul umgaben und Berührungsreize sowie chemische Stoffe im Wasser wahrzunehmen imstande waren. Fische waren die Hauptbeute von *Hypsidoris*, doch fand der Fisch mit seinen Barteln auch Krebse und andere Bodenbewohner.

NAME: ***Sphenocephalus***
ZEITLICHE VERBREITUNG: ***Oberkreide***
GEOGRAPHISCHE VERBREITUNG: ***Europa (England und Italien)***
LÄNGE: ***20 cm***

Zwei höhere Gruppen der Teleostier entwickelten sich aus jener ursprünglichen Gruppe, die auch Lachs und Forelle umfaßte. Es handelt sich einerseits um die Fische vom Kabeljautyp (*Paracanthopterygii*), andererseits um die barschartigen, hartstrahligen Fische mit stacheliger Rükkenflosse (*Acanthopterygii*, s. u.).
Sphenocephalus scheint eine Mittelstellung zwischen den beiden Gruppen einzunehmen. Er ähnelt verblüffend dem rezenten nordamerikanischen Forellenbarsch, der primitive forellenartige und höherentwickelte Züge in sich vereinigt.
Außer seinem verhältnismäßig großen Kopf verfügte *Sphenocephalus* noch über ein weiteres typisches Kennzeichen: Die Bauchflossen standen unter den ziemlich hoch ansitzenden Brustflossen. Eine derartige Flossenanordnung erhöht die Manövrierfähigkeit enorm. Bei der modernen Gruppe um den Kabeljau stehen die Bauchflossen sogar vor den Brustflossen.

NAME: ***Berycopsis***
ZEITLICHE VERBREITUNG: ***Oberkreide***
GEOGRAPHISCHE VERBREITUNG: ***Europa (England)***
LÄNGE: ***35 cm***

Berycopsis war einer der ersten hartstrahligen Fische (*Acanthopterygii*). Heute weist diese Gruppe eine Stammesgeschichte auf, die 70 Millionen Jahre zurückreicht, und stellt die erfolgreichste und vielfältigste der Knochenfische dar. Die *Acanthopterygii* machen 40 Prozent aller rezenten Fische aus. Ihr Spektrum reicht vom Barrakuda und Schwertfisch bis zum Barsch, von tropischen Korallenfischen und Plattfischen bis zu den Seepferdchen.
Berycopsis wies alle typischen Merkmale der Gruppe auf: Der erste Flossenstrahl der Rücken- und Afterflosse war dornartig verbreitert und konnte zur Verteidigung aufgestellt werden. Die Brustflossen waren zur besseren Steuerung des Körpers beim Schwimmen verhältnismäßig weit oben an den Körperseiten befestigt. Die Bauchflossen hatten sich als Gegengewicht zu den Brustflossen nach vorne verlagert. Der Körper war von dünnen, rundlichen Schuppen überzogen, die kleine, kammähnliche Zähne trugen. Die Schwimmblase stand nicht mehr mit dem Verdauungskanal in Verbindung, sondern konnte nun selber Gase erzeugen und absorbieren, um den Fisch in der gewünschten Wassertiefe zu halten.

NAME: ***Eobothus***
ZEITLICHE VERBREITUNG: ***Mittleres Eozän***
GEOGRAPHISCHE VERBREITUNG: ***Asien (China) und Europa (England und Frankreich)***
LÄNGE: ***10 cm***

Als evolutive Spätentwickler besetzten die Plattfische wie *Eobothus* eine der wenig übriggebliebenen Nischen innerhalb der *Acanthopterygii*. Sie spezialisierten sich auf das Leben am Gewässerboden. Im Unterschied zu den Rochen, die sich dorsiventral abflachten, legten sich die Plattfische auf eine Körperseite. Den deutlichsten Beweis für diese seitliche Abflachung liefern uns die Augen: Das eine Auge auf der »Unterseite« des Körpers muß während der Individualentwicklung auf die »Oberseite« wandern.
Wie bei allen Plattfischen bildeten die Rücken- und die Afterflosse einen Flossensaum, der den Körper fast vollständig umgab. Die Fische versetzten diesen Saum in eine wellenartige Bewegung und glitten damit auf dem Meeresboden dahin. Heutige Verwandte von *Eobothus* sind Flunder, Seezunge und Heilbutt.

Fleischflosser

DIPTERUS
GRIPHOGNATHUS
DIPNORHYNCHUS
MACROPOMA
STRUNIUS

Fleischflosser

Unterklasse Sarcopterygii

Im frühen Devon, vor ungefähr 390 Millionen Jahren, erschienen die ersten Fleischflosser *(Sarcopterygii)* im Meer. Heute leben nur noch sieben Arten: ein Quastenflosser und sechs Lungenfischarten (s. S. 45). Ungefähr 10 Millionen Jahre vor dem Auftreten der Fleischflosser hatten sich die ersten Strahlenflosser (*Actinopterygii*, s. S. 36) entwickelt; die heute noch lebenden 21000 Arten bestätigen ihren stammesgeschichtlichen Erfolg.

Beide Fischtypen gehören zu den Knochenfischen *(Osteichthyes)*; sie haben ein knöchernes Innenskelett und ein Außenskelett aus Knochenschuppen. Sie unterscheiden sich aber grundlegend in ihren Flossen: Die Flossen der Strahlenflosser werden von zahlreichen steifen, parallelen Knochenstrahlen ausgespannt. Im Innern der Flossen gibt es keine Muskeln; sie werden vielmehr von Muskeln im Körperinnern bewegt.

Im Gegensatz dazu bestehen die paarigen Brust- und Bauchflossen der *Sarcopterygii* aus langen, fleischigen und muskulösen Lappen (daher auch der Name »Fleischflosser«). Jeder Lappen hat ein Stützskelett aus einzelnen Knochen, die gelenkig miteinander verbunden sind. Der erste Knochen ist an einem kräftigen Schulter- bzw. Beckengürtel befestigt. Außerdem gibt es für die meisten Knochen in den Flossen ein direktes Äquivalent im Skelett der landbewohnenden Vierfüßer (s. S. 49). An der Spitze trägt jede Fleischflosse knöcherne Strahlen, die durch Muskeln bewegt werden können.

Dem Aufbau der muskulösen Fleischflossen kommt große Bedeutung zu, denn aus einem Mitglied dieser Gruppe (die Paläontologen diskutieren darüber, *welche* Form es war, vgl. S. 48) entwickelte sich das erste Amphib (s. S. 52).

Bei den Fleischflossern unterscheidet man zwei Haupttypen, beide mit rezenten, wenn auch äußerst seltenen Vertretern. Zunächst gibt es die ausgestorbenen *Rhipidistia* (*Porolepiformes* und *Osteolepiformes*, s. S. 18–19) und die verwandten *Actinistia*, von denen heute noch ein meeresbewohnender Nachkomme existiert. Die beiden Gruppen faßt man unter der Bezeichnung *Crossopterygii* (Quastenflosser) zusammen. Die zweite größere Gruppe der Fleischflosser sind die Lungenfische oder *Dipnoi*.

Ordnung Onychodontida

Die *Onychodontida* waren eine merkwürdige Gruppe der *Rhipidistia* aus dem Devon. Sie gehörten ohne Zweifel zu den Fleischflossern und stellten wahrscheinlich deren ursprünglichste Gruppe dar, besaßen aber noch nicht die charakteristischen muskulösen Flossen.

Name: ***Strunius***
Zeitliche Verbreitung: **Oberdevon**
Geographische Verbreitung: ***Europa (Deutschland)***
Länge: ***10 cm***

Strunius hatte einen kurzen, seitlich zusammengedrückten Körper, der von großen, runden Knochenschuppen bedeckt war. Er besaß den charakteristischen gelenkigen Schädel, der einzigartig ist für die *Rhipidistia* und die *Actinistia* (nicht jedoch für die Lungenfische). Durch diese Anpassung konnten die Tiere fester zubeißen. Die Hauptbeutetiere waren Paläonisciden, die mit dicken, knöchernen Schuppen bedeckt waren (s. S. 36).

Ein Gelenk im Schädeldach unterteilte den Schädel in einen vorderen und einen hinteren Teil. Beide Partien waren wahrscheinlich durch einen kräftigen Muskel miteinander verbunden. Wenn er sich zusammenzog, senkte sich die vordere Hälfte des Schädels nach unten, und die Zähne gruben sich in das Fleisch des Beutetiers.

Die Flossen waren bei *Strunius* ähnlich angeordnet wie bei den übrigen *Rhipidistia* und allen anderen Fleischflossern.

Ordnung Porolepiformes

Die *Porolepiformes* gehörten wie die *Onychodontida* zu den *Rhipidistia*. Sie lebten nur während des Devon. Im Unterschied zu ihren Zeitgenossen hatten die *Porolepiformes* aber bereits die für die *Sarcopterygii* typischen, fleischig-muskulösen Flossen entwickelt. Der Schädel war gelenkig wie bei *Strunius*.

Name: ***Gyroptychius***
Zeitliche Verbreitung: **Mitteldevon**
Geographische Verbreitung: ***Europa (Schottland)***
Länge: ***30 cm***

Der langgestreckte *Gyroptychius* war ein schneller Räuber in den Flüssen des Devon. Er hatte kleine Augen und einen scharfen Geruchssinn. Wie bei anderen *Porolepiformes* waren die Kiefer kurz; dafür konnte er um so kräftiger zubeißen.

Gyroptychius besaß fleischig-muskulöse Flossen, von denen alle mit Ausnahme der Brustflossen am Körperende lagen. Damit vergrößerte sich die Antriebskraft des pfeilartigen Hinterendes.

Name: ***Holoptychius***
Zeitliche Verbreitung: ***Oberdevon***
Geographische Verbreitung: ***Weltweit***
Länge: ***50 cm***

Der stromlinienförmige *Holoptychius* war etwas hochrückiger gebaut. Dünne, runde Schuppen bedeckten seinen Körper. Er war ein gefräßiger Räuber, der sich von anderen Knochenfischen ernährte. Wie seine Verwandten unter den *Rhipidistia* besaß er am Gaumenrand lange, spitze

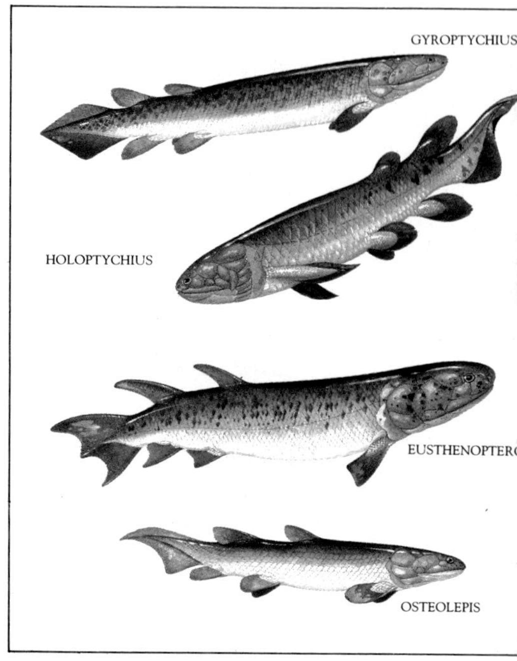

Zähne. In beiden Kiefern standen zusätzlich kleinere, zugespitzte Zähne. Beutetiere packte er mit den Zähnen und verschluckte sie dann im Stück.

Holoptychius hatte einen asymmetrischen Schwanz. Der kräftige obere Schwanzteil sorgte für eine generell abwärts gerichtete Bewegung. Zum Ausgleich waren die muskulösen Brustflossen besonders lang und setzten recht hoch an den Flanken an. Mit diesen Flossen war der Fisch imstande, die Schwimmrichtung zu bestimmen und die Lage des eigenen Körpers zu stabilisieren.

Ordnung Osteolepiformes

Die *Osteolepiformes* lebten von allen *Rhipidistia* am längsten. Sie traten im Unterdevon auf und starben erst während des Unterperm aus; ihre Lebensspanne betrug also 130 Millionen Jahre. Viele Paläontologen vertreten die Ansicht, die *Osteolepiformes* seien die Vorfahren der Amphibien (s. S. 48).

Name: ***Osteolepis***
Zeitliche Verbreitung: **Mitteldevon**
Geographische Verbreitung: ***Antarctica, Asien (Indien und Iran) und Europa (Litauen und Schottland)***
Länge: ***20 cm***

Dieser ursprüngliche Vertreter der *Osteolepiformes* trug einen Panzer aus dicken, viereckigen Schuppen, die im Süßwasser wohl eine ziemliche Gewichtsbelastung darstellten. Eine dünne Schicht aus leichtem Knochengewebe (Cosmin) bedeckte die Schuppen und Knochen des Kopfes. Die Cosminschicht war lebenswichtig für *Osteolepis* und andere frühe Fleischflosser. Sie war nämlich mit winzigen Kanälen durchzogen, die mit Sinneszellen tiefer in der Haut in Verbindung standen und an der Oberfläche in winzige Poren mündeten.

Auf diese Weise war die gesamte Körper-

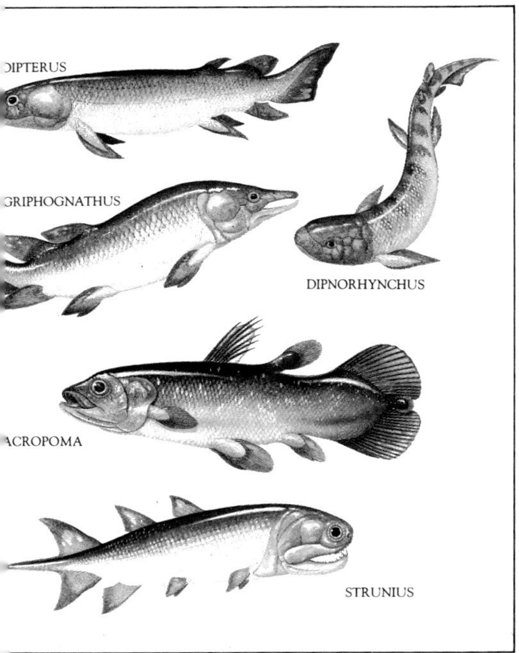

oberfläche mit Sinneszellen ausgestattet. Sie nahmen wahrscheinlich Schwingungen des Wassers (hervorgerufen von Beutetieren und Räubern) und möglicherweise auch chemische Stoffe wahr.

Name: ***Eusthenopteron***
Zeitliche Verbreitung: ***Oberdevon***
Geographische Verbreitung: ***Europa (Schottland und UdSSR) und Nordamerika (Kanada)***
Länge: **1,2 m**
Für die meisten Paläontologen gilt dieser große osteolepiforme Rhipidistier als direkter Vorfahre der Amphibien. Die pyramidenartige Anordnung der Knochen in seinen paarigen Flossen zeigt eine auffallende Ähnlichkeit mit dem Gliedmaßenskelett der landbewohnenden Vierfüßer (s. S. 49). Auch der Bau der Wirbelsäule, die Anordnung der Schädelknochen und der gefältelte Wandbau der Zähne zeigen auffallende Ähnlichkeiten mit den entsprechenden Merkmalen der ersten Amphibien (s. S. 52).
Der langgestreckte *Eusthenopteron* hatte als schneller Räuber einen kräftigen Schwanz. Der mittlere Lappen stand auf der Achse der Wirbelsäule. Die Brustflossen befanden sich weit vorne am Körper und waren gelenkig am Schultergürtel befestigt; dieser wiederum war über ein Gelenk mit dem hinteren Teil des Schädels verbunden. Die Bauchflossen standen weit hinten, ebenso die beiden Rückenflossen und die Afterflosse.

Ordnung Actinistia

Die *Actinistia* oder *Coelacanthini* haben eine lange Stammesgeschichte – eine weit längere, als ursprünglich vermutet. Sie entstanden bereits im Mitteldevon. Die letzten bekannten Fossilien wurden in Gesteinen der Oberkreide gefunden und sind damit ungefähr 70 Millionen Jahre alt.
Doch dann wurde im Jahr 1938 in den tiefen Gewässern des Grabens, der Madagaskar von Südafrika trennt, ein lebender Quastenflosser gefangen. Das »lebende Fossil« erhielt den wissenschaftlichen Namen *Latimeria chalumnae*. Er ist der einzige Überlebende einer Gruppe, die sich vor über 380 Millionen Jahren entwickelt hatte.

Name: ***Macropoma***
Zeitliche Verbreitung: ***Oberkreide***
Geographische Verbreitung: ***Europa (Tschechoslowakei und England)***
Länge: **55 cm**
Macropoma war zwar nur ungefähr ein Sechstel so lang wie ihr noch heute existierender Verwandter *Latimeria*, doch zeigen die beiden Fische, die zeitlich fast 70 Millionen Jahre auseinanderliegen, in allen anderen Belangen eine bemerkenswerte Ähnlichkeit.
Macropoma hatte einen gedrungenen, ziemlich hochrückigen Körper und einen verbreiterten, dreilappigen Schwanz – ein Merkmal der Quastenflosser. Die einzigen Zähne im Mund standen vorne. Das Gelenk zwischen dem Vorder- und dem Hinterschädel (gleiche Anordnung wie bei den *Rhipidistia*) sorgte dafür, daß der Fisch die Kiefer weit öffnen und damit kräftig zubeißen konnte. Die hoch ansitzenden Brustflossen verbesserten die Manövrierfähigkeit, die Bauchflossen befanden sich ungefähr in der Körpermitte. Die erste Rückenflosse wurde von langen Knochenstrahlen gespannt und erinnerte an ein Segel. Die übrigen Flossen waren fleischig und muskulös.
Der rezente Quastenflosser *Latimeria* ist einer der wenigen Knochenfische, die lebende Junge zur Welt bringen. Inwieweit dies auch für seine früheren Verwandten zutraf, weiß man noch nicht. Kürzlich erfolgte Entdeckungen fossiler Quastenflosser im Niger und in Brasilien werden vielleicht neue Erkenntnisse über die Fortpflanzungsgewohnheiten dieser Tiere erbringen.

Ordnung Dipnoi

Die *Dipnoi* oder Lungenfische entstanden im Unterdevon. Bis auf den heutigen Tag überlebten drei Gattungen dieser hochspezialisierten Süßwasserfische: der Australische Lungenfisch *(Neoceratodus)*, der Afrikanische Lungenfisch *(Protopterus)* und der Südamerikanische Lungenfisch *(Lepidosiren)*. Die afrikanischen und südamerikanischen Arten leben in tropischen Dürregebieten. Wenn der Wasserstand sinkt, kann der Fisch die normale Atmung über die Kiemen aufgeben und mit seinen Lungen Luft von der Wasseroberfläche atmen. Das geschieht über die äußeren Nasenlöcher, die zu beiden Seiten des Mundes zu sehen sind. Die Luft gelangt dann direkt in die inneren Nasenöffnungen am Munddach sowie in die beiden Lungen, die mit der Rachengegend verbunden sind. (Die australische Art verfügt nur über eine einzige Lunge.) Wie ihre modernen Verwandten konnten auch fossile Lungenfische während der Trockenzeit außerhalb des Wassers »übersommern«. Sie gruben sich in den schlammigen Gewässerboden ein und hielten durch schmale Luftschächte die Verbindung zur Oberfläche aufrecht.

Name: ***Dipnorhynchus***
Zeitliche Verbreitung: ***Unter- bis Mitteldevon***
Geographische Verbreitung: ***Australien (Westaustralien) und Europa (Deutschland)***
Länge: **90 cm**
Selbst die frühesten Lungenfische unterschieden sich beträchtlich von den übrigen Fleischflossern. *Dipnorhynchus* verfügte zum Beispiel nicht über jenes Gelenk, das den Schädel der *Actinistia* und der *Rhipidistia* in zwei Hälften teilte. Sein Schädel war eine solide, knöcherne Box wie bei den ersten Landwirbeltieren, den Amphibien. Auch besaß dieser frühe Lungenfisch in der Wangengegend keine Zähne mehr, dafür aber auf dem Unterkiefer und dem Gaumen zahnähnliche Reibflächen. Der Gaumen war mit dem Schädel verschmolzen wie bei den Landwirbeltieren.

Name: ***Dipterus***
Zeitliche Verbreitung: ***Mittel- bis Oberdevon***
Geographische Verbreitung: ***Europa (Deutschland und Schottland)***
Länge: **35 cm**
Bei dieser Gattung wurden die Zähne durch ein Paar breiter, fächerartiger Zahnplatten auf dem Gaumen und im Unterkiefer ersetzt. Die Bezahnung blieb die nächsten 380 Millionen Jahre nahezu unverändert.
Dagegen änderte sich die Anordnung der Flossen. Die beiden Rückenflossen von *Dipterus* verschmolzen bei den modernen Arten mit der Schwanz- und der Afterflosse.

Name: ***Griphognathus***
Zeitliche Verbreitung: ***Oberdevon***
Geographische Verbreitung: ***Australien (Westaustralien) und Europa (Deutschland)***
Länge: **60 cm**
Bis zum Ende des Devon hatten sich mehrere spezialisierte Lungenfischtypen entwickelt. *Griphognathus* hatte eine verlängerte Schnauze. Von Schmelz überzogene Zähnchen standen dicht gedrängt auf dem Gaumen und dem Unterkiefer. Wie bei allen seinen Verwandten war der Körper von großen, runden, sich überlappenden Schuppen bedeckt. Der Schwanz war asymmetrisch.

Die Amphibien besiedeln das Land

Die heutigen Molche und Salamander, die Frösche und Kröten sind die Abkömmlinge jener Amphibien, die vor 370 Millionen Jahren zum erstenmal das Land betraten. Den pionierhaften Anstrengungen der Amphibien war jedoch kein uneingeschränkter Erfolg beschieden, da sie zur Fortpflanzung immer noch ins Wasser zurückkehren müssen. Erst ihre Nachkommen, die Reptilien, eroberten das Land voll und ganz.

Das griechische Wort *amphíbios* bedeutet »doppellebig«. Es bezieht sich auf die Fähigkeit der Tiere, sich in zwei Lebensräumen aufhalten zu können – im Lebensraum Wasser, den ihre Fischvorfahren immer noch bewohnen, und im Lebensraum Festland, den ihre Nachkommen, die Reptilien, von ihnen übernahmen.

Die Amphibienlarve, die aus dem Ei schlüpft, ist an das Leben im Wasser angepaßt, denn sie hat Kiemen und einen Schwanz zum Schwimmen. Später findet eine ziemlich schnelle Veränderung (Metamorphose) statt: Die Larve verliert die an das Leben im Wasser gebundenen Organe und ersetzt sie durch Lungen und vier kräftige Gliedmaßen. Damit paßt sie sich dem Landleben an.

Es gibt mehrere Gründe für die Annahme, daß auch die fossilen Amphibien des Paläozoikums eine ähnliche Metamorphose durchmachten. Man hat neben kleinen Exemplaren mit Kiemenresten zahlreiche Zwischenformen bis hin zum ausgewachsenen Tier ohne Kiemenreste gefunden. In anderen Fällen, etwa bei *Seymouria* (s. S. 53), zeigen sich im Kopf junger Exemplare immer noch Spuren jener Kanäle, in denen sich die seitenlinienähnlichen Sinnesorgane ihrer Fischvorfahren befanden. Solche Organe waren nur sinnvoll, wenn die Larven im Wasser lebten.

Einige rezente Amphibien, etwa der nordamerikanische Gefleckte Furchenmolch, sind wieder vollständig zum Leben im Wasser zurückgekehrt. Die erwachsenen Tiere behalten die Kiemen bei, die früher nur die Larven besessen hatten.

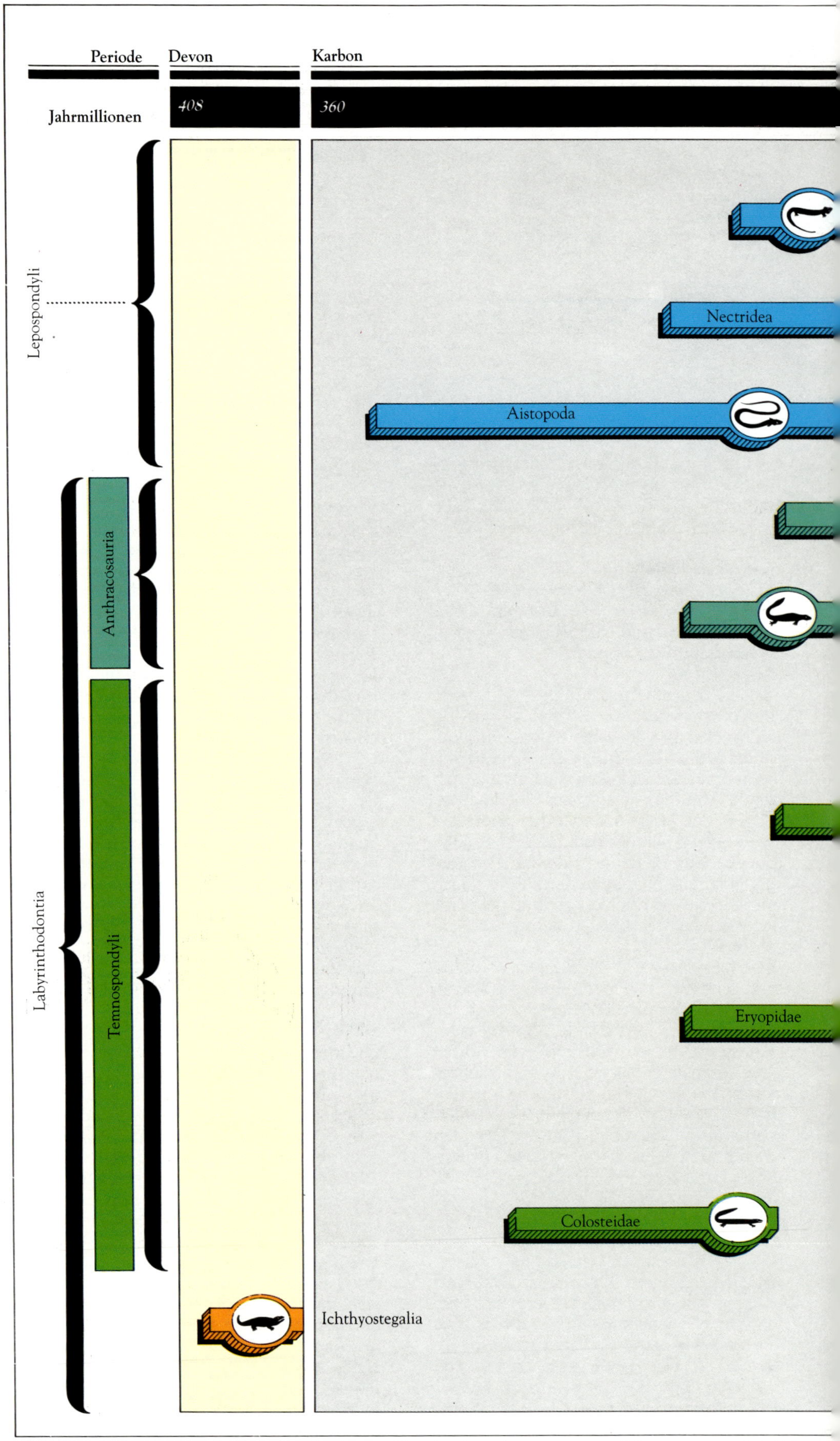

Im Oberdevon begann die Besiedlung des Festlands durch die Amphibien. Während des Oberkarbon und des Unterperm dominierten auf dem Festland mehrere Gruppen großer Amphibien *(Labyrinthodontia)*. Zur selben Zeit entwickelten sich kleinere schlangen- oder salamanderähnliche Amphibien *(Lepospondyli)*. Nur zwei Amphibiengruppen überleben bis auf den heutigen Tag; die Froschlurche mit den Fröschen und Kröten sowie die Schwanzlurche mit den Molchen und Salamandern.

Bisher ist es noch kaum möglich, gesicherte Abstammungslinien zwischen den einzelnen Amphibiengruppen aufzustellen (Schlüssel für die Silhouetten auf Seite 312).

Ausgezogene Balken bedeuten bekannte Fossilnachweise. Unterbrochene Linien zeigen mögliche stammesgeschichtliche

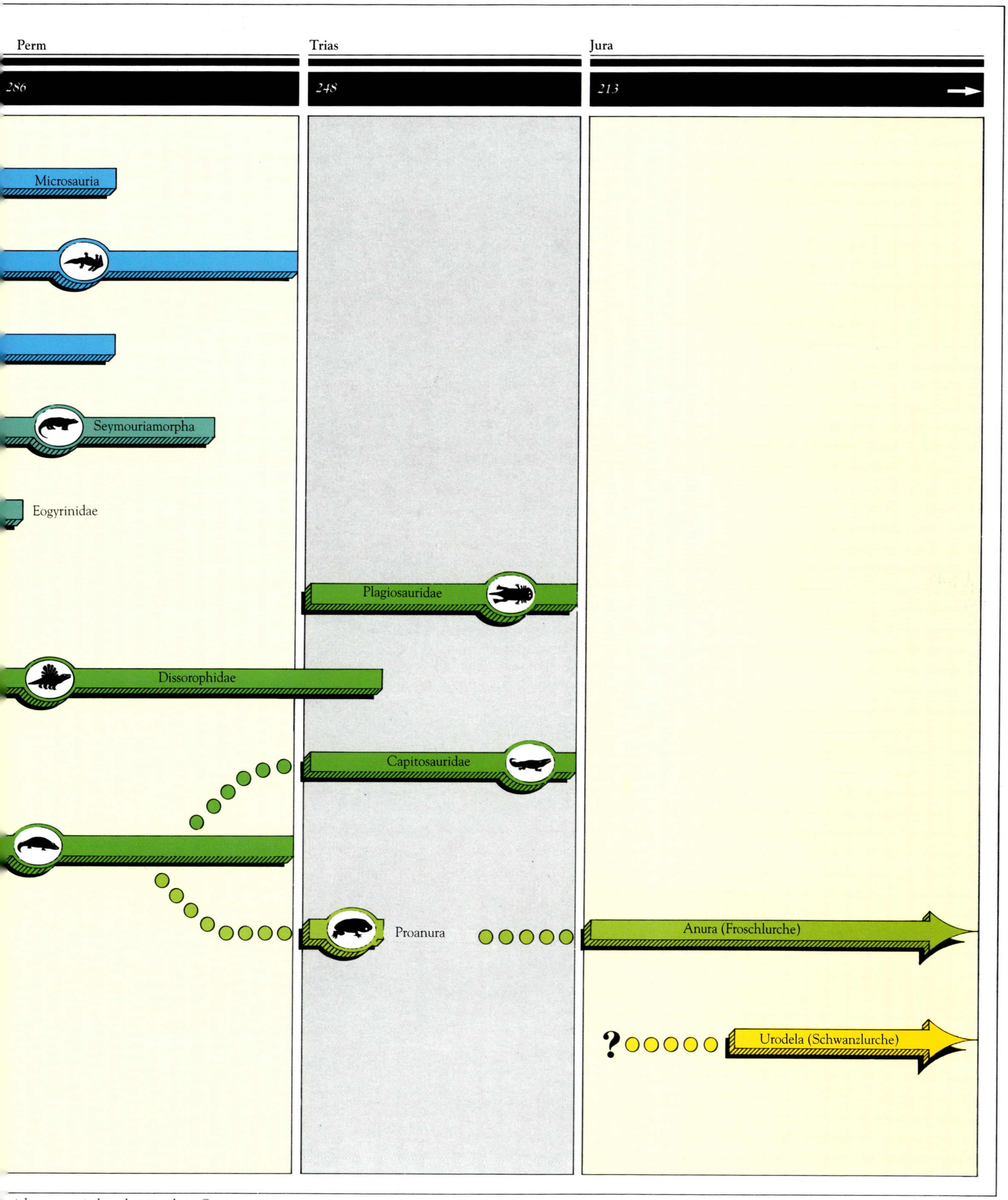

-ziehungen zwischen den einzelnen Gruppen.

Die Amphibien besiedeln das Land

Probleme mit der Atmung an Land

Eines der auffälligsten Merkmale der heute noch lebenden Amphibien ist ihre feuchte, schleimige Haut. Doch gerade in diesem Merkmal unterscheiden sie sich am deutlichsten von ihren paläozoischen Vorfahren.
Die modernen Amphibien atmen zwar normal durch Lungen, doch ein beträchtlicher Teil des Gasaustausches geschieht direkt über die Haut. Damit sind sowohl der Größenentwicklung als auch der Lebensweise enge Grenzen gesetzt.
Viele paläozoische Amphibien hatten einen gepanzerten Körper und wuchsen zu beträchtlichen Größen heran. Beide Tatsachen deuten darauf hin, daß die frühen Amphibien im Gegensatz zu den heute existierenden keine Hautatmung kannten. Die frühen Amphibien, die erst vor kurzer Zeit das Wasser verlassen hatten, besaßen eine undurchlässige, ledrige oder schuppige Haut, um einem Wasserverlust vorzubeugen. Der Nachteil einer solchen Körperbedeckung war, daß sich die Tiere vermutlich nur langsam und schwerfällig fortbewegen konnten.

Das Rätsel der Abstammung

Die Paläontologen sind sich darüber einig, daß sich die Amphibien aus einer der drei Fleischflossergruppen (s. S. 18–19) entwickelt haben müssen. Es sind dies die Lungenfische oder *Dipnoi*, die es bis auf den heutigen Tag gibt; die *Actinistia* oder *Coelacanthini*, zu denen der heute noch existierende Quastenflosser zählt, und schließlich die ausgestorbenen *Rhipidistia* mit den Ordnungen *Porolepiformes* und *Osteolepiformes*.
Es liegt nahe, daß sich aus den paarigen, muskulös-fleischigen, mit einem Knochenskelett versehenen Flossen dieser Fische die Gliedmaßen der frühen Amphibien (vgl. S. 49) entwickelten. Auch gibt es wenig Zweifel darüber, daß diese Fische Lungen besaßen wie adulte Amphibien und die rezenten Lungenfische. Eine ähnliche Struktur – wenngleich unpaarig – weist auch *Latimeria*, der letzte noch lebende Vertreter der Quastenflosser, auf. Es ist daher anzunehmen, daß auch die ausgestorbenen *Rhipidistia* über Lungen verfügten.
Zudem haben Lungenfische und *Rhipidistia* Öffnungen im Munddach, die den inneren Nasenöffnungen der Amphibien ähnlich sehen.
Die meisten Paläontologen sind der Ansicht, die Amphibien hätten sich aus den *Rhipidistia* entwickelt. Sie stützen sich dabei auf die bemerkenswerte Ähnlichkeit in der Anordnung der Schädelknochen sowie in den Skeletten der Flossen bzw. Gliedmaßen. Es gibt jedoch auch Forscher, die die direkten Vorfahren der Amphibien eher in den Lungenfischen sehen, weil die Entwicklung der Lungen, der inneren Nasenöffnungen und der Gliedmaßen bei den rezenten Lungenfischen eine Reihe auffallender Parallelen zu den heutigen Amphibien aufweist.

Eine Gelegenheit zur Evolution

Was immer nun tatsächlich die direkten Vorfahren der Amphibien gewesen sein mögen: Die Frage, die sich in jedem Fall stellt, lautet: Warum verließen sie das Wasser und wagten sich auf das Festland, das erheblich größere Temperaturspannen aufwies und die im Meer unbekannte Gefahr der Austrocknung barg? Früher ging man davon aus, diese stammesgeschichtliche Veränderung habe in einem Lebensraum stattgefunden, der periodisch austrocknete. Ein Fisch, der sein austrocknendes Gewässer verlassen und auf der Suche nach einem anderen geeigneten Biotop über Land wandern kann, hat hier bessere Überlebenschancen.
Heute ist man eher der Ansicht, die Nachstellungen seitens räuberischer Meeresbewohner hätten einzelne Fische dazu veranlaßt, an Land zu gehen. So ist es ohne weiteres denkbar, daß Fleischflosser mit Hilfe ihrer muskulösen Flossen auf Sandbänke oder an den Strand flüchteten und dort dank ihrer Lungen überlebten, bis die Gefahr vorüber war. An Land fand sich jedoch mit den vielen Insekten, Würmern, Schnecken und anderen Wirbellosen im Schlamm und in der feuchten Ufervegetation ein üppiges Nahrungsangebot. Hierin lag vermutlich eine entscheidende Voraussetzung für die anatomischen Veränderungen, die zur Entstehung der ersten Amphibien führten.
Man unterteilt die paläozoischen Amphibien, die seit über 200 Millionen Jahren ausgestorben sind, in zwei Hauptgruppen. Die größeren Formen sind unter der Bezeichnung *Labyrinthodontia* (unterteilt in *Temnospondyli* und *Anthracosauria*) bekannt, während man die kleineren als *Lepospondyli* bezeichnet. Auf den folgenden Seiten kann natürlich nur eine Auswahl aus den 34 Familien der *Temnospondyli*, den 16 Familien der *Anthracosauria* und den 20 Familien der *Lepospondyli* vorgestellt werden.
Da man über die Evolution der Amphibien im Karbon nur wenig weiß, sind sich die Paläontologen über die genauen Verwandtschaftsverhältnisse noch nicht im klaren, eine Wissenslücke, die sich im Stammbaum der Amphibien (s. S. 46–47) widerspiegelt. Im Vergleich zu anderen Stammbäumen in diesem Buch zeigt er nur wenige Abstammungslinien, die als gesichert gelten können.

Die Radiation der Amphibien

Das älteste Amphib, *Ichthyostega*, wurde in grönländischen Gesteinen des Oberdevon gefunden. Zu jener Zeit – vor ungefähr 370 Millionen Jahren – war Grönland ein Teil des euramerikanischen Kontinents, der nahe dem Äquator lag und Gebiete vom westlichen Nordamerika bis zum heutigen Osteuropa umschloß (s. S. 12–13).

Das früheste Amphib (*Ichthyostega*)

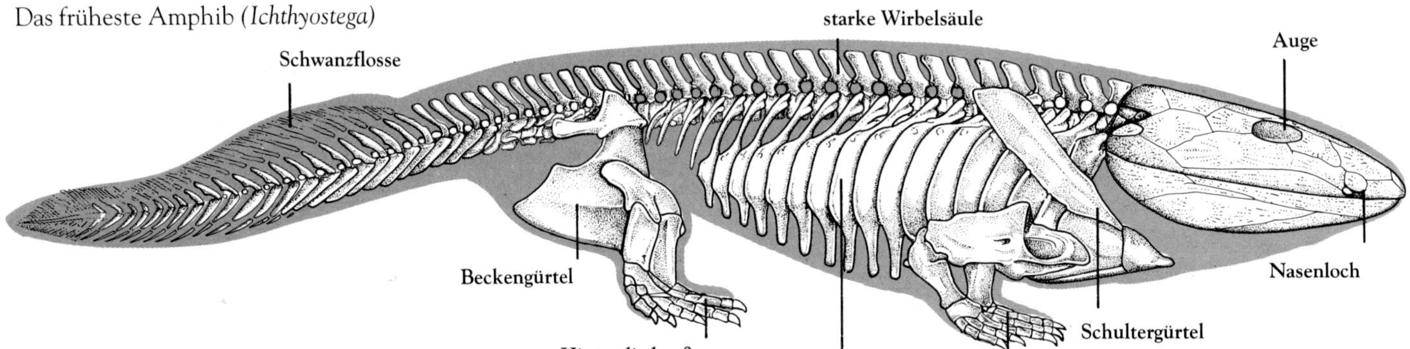

Das früheste bekannte Landwirbeltier war das Amphib *Ichthyostega*. Es hatte vier kräftige Beine, die an einem massiven Becken- und Schultergürtel befestigt waren. Wie seine Fischvorfahren verfügte *Ichthyostega* noch über eine Schwanzflosse und hatte Überreste von Knochenschuppen in der Haut. Ein Unterschied zu den Fischen war die Herausbildung eines kurzen Halses. Die Wirbelsäule und die Rippen waren stark verdickt und stützten den Körper.

Von der Fleischflosse zur Vordergliedmaße

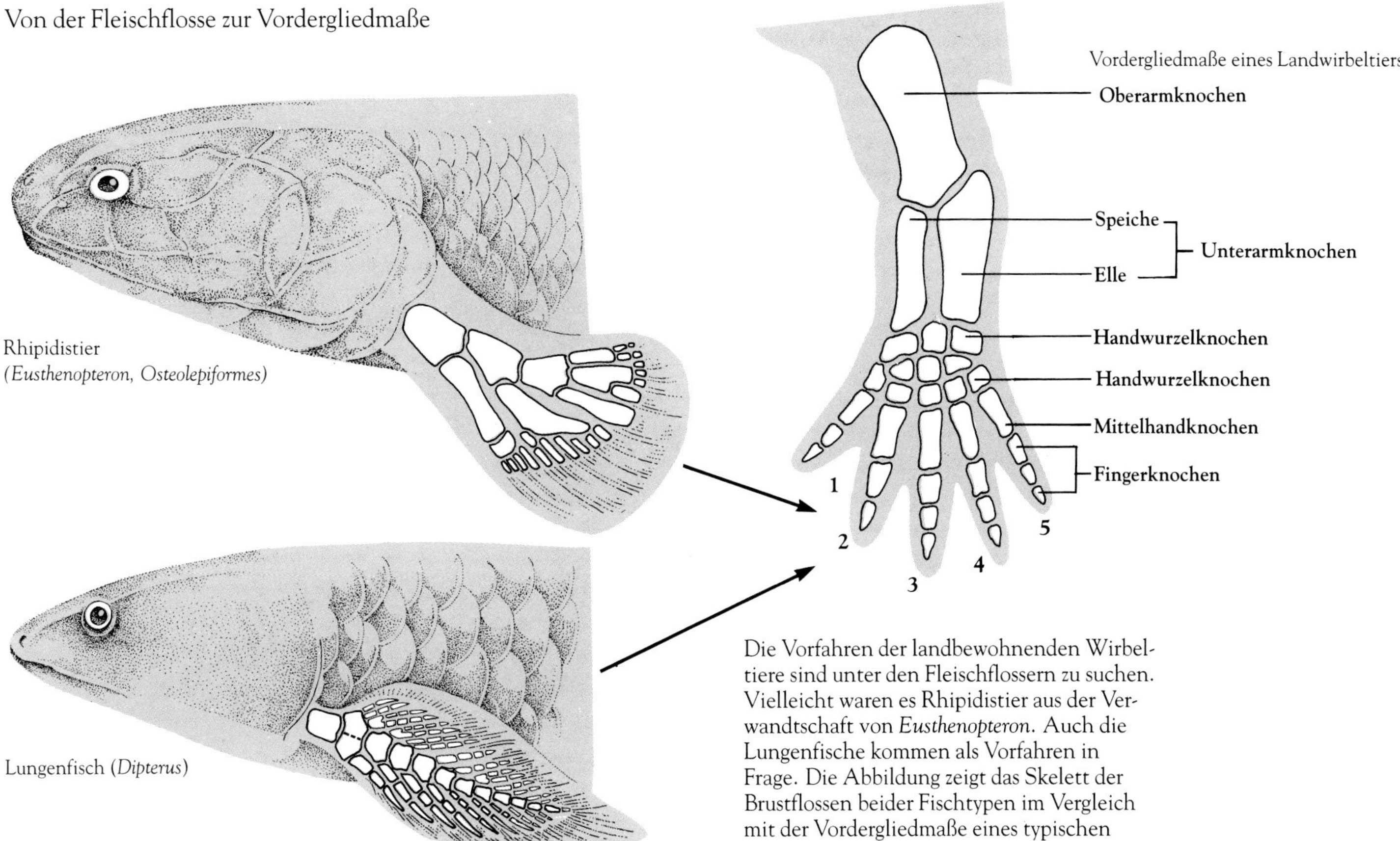

Die Vorfahren der landbewohnenden Wirbeltiere sind unter den Fleischflossern zu suchen. Vielleicht waren es Rhipidistier aus der Verwandtschaft von *Eusthenopteron*. Auch die Lungenfische kommen als Vorfahren in Frage. Die Abbildung zeigt das Skelett der Brustflossen beider Fischtypen im Vergleich mit der Vordergliedmaße eines typischen landbewohnenden Wirbeltiers.

Es ist auffallend, daß die Fundstätten der frühen Amphibien und Reptilien bis zur Mitte des Perm (ungefähr 100 Millionen Jahre später) fast ausschließlich im Bereich des ehemaligen euramerikanischen Kontinents liegen – ein Indiz dafür, daß sich die Entwicklung dieser Tiere zunächst auf dieses Gebiet beschränkte. Erst als sich Asien und der Südkontinent (Gondwanaland) im Mittelperm mit Laurasia zur Pangaea verbunden hatte, konnten sich die Amphibien und Reptilien über die gesamte Erde ausbreiten.

Im darauffolgenden Unterkarbon (Mississippian) wuchs die Artenzahl der paläozoischen Amphibien enorm. Man kennt aus jener Zeit 20 Gattungen aus 14 Familien, darunter die beiden Gruppen der *Labyrinthodontia* und die fußlose Lepospondylen-Gruppe der *Aistopoda*. Fast alle diese Amphibien lebten am oder im Wasser.

Im Oberkarbon (Pennsylvanian) bedeckten tropische Sümpfe einen Großteil von Laurasia. Dort gediehen 15 bis 40 m hohe Nadelhölzer und bis 7,5 m hohe Baumfarne. Samenfarne und andere kleine Pflanzen waren ebenfalls häufig.

In der dicken Streuschicht dieser Wälder lebte eine Vielzahl von Insekten, Spinnen, Tausendfüßern und Hundertfüßern. Ein gigantisches libellenähnliches Insekt, *Meganeura*, mit einer Flügelspannweite bis 76 cm, flatterte zwischen den Bäumen umher.

Aus dem Oberkarbon kennt man insgesamt 70 Amphibiengattungen in 34 Familien; alle paläozoischen Ordnungen sind vertreten. Ihre Blütezeit erreichten die paläozoischen Amphibien jedoch im darauffolgenden Perm: Fast 100 Gattungen aus 40 Familien sind bekannt. Dennoch kam es in den ungefähr 40 Millionen Jahren des Perm zu einer bemerkenswerten Veränderung.

Die Amphibien des Unterperm sind am besten von den texanischen Red Beds bekannt. Sie wurden in einem Gebiet abgelagert, das einst eine Schwemmebene oder ein Delta gewesen sein muß, vergleichbar mit der Mündung des heutigen Mississippi. Die Amphibien teilten sich in diesen Lebensraum mit den Pelycosauriern, einer frühen Form der Säugerähnlichen Reptilien (s. S. 186, 188).

Die Amphibien jener Zeit hatten bereits Gefallen gefunden an dem Leben auf dem Land: Ungefähr 60 Prozent der *Labyrinthodontia* lebten auf dem Festland, weitere 15 Prozent waren semiterrestrisch, und nur noch 25 Prozent kamen ausschließlich im Wasser vor.

Damit war aber auch bereits der Höhepunkt der Landnahme erreicht. Die südafrikanischen Karroo Beds aus dem Oberperm zeigen eine Amphibienfauna, bei der sich terrestrische und aquatische Formen der *Labyrinthodontia* die Waage halten. Die meisten landbewohnenden Formen haben einen gepanzerten Körper. Ein Grund für den Umschwung liegt vermutlich im Aufstieg der *Terapsida*, den späteren Säugerähnlichen Reptilien (s. S. 187–193). Sie vertrieben die Amphibien aus jenen Nischen auf dem Festland, die sie gerade erst erobert hatten.

Der Untergang der alten Amphibien

In der Trias verschwanden die alten Amphibien endgültig vom Festland. Obwohl über 80 Gattungen bekannt sind, gehören sie doch nur zu 15 Familien, die ihrerseits alle den *Temnospondyli* zuzurechnen sind. Fast ohne Ausnahme handelte es sich um Wasserbewohner.

Die Zeit der *Labyrinthodontia* ging ihrem Ende entgegen. Aus dem Jura sind nur noch zwei Gattungen bekannt, die eine aus Australien, die andere aus China. In dieser Zeit hatten sich schon die Vorfahren der heutigen Amphibien mit ihrer feuchten Haut entwickelt. Der erste Frosch (*Triadobatrachus*) ist aus der Untertrias von Madagaskar bekannt. Die Knochen des ersten Schwanzlurchs (heutige Molche und Salamander) fand man in jurassischen Gesteinen. Die dritte Ordnung der modernen Amphibien, die Blindwühlen, sind fossil nahezu unbekannt.

Labyrinthodontia

PARACYCLOTOSAURUS
PELTOBATRACHUS
SEYMOURIA
GERROTHORAX
EOGYRINUS

Labyrinthodontia

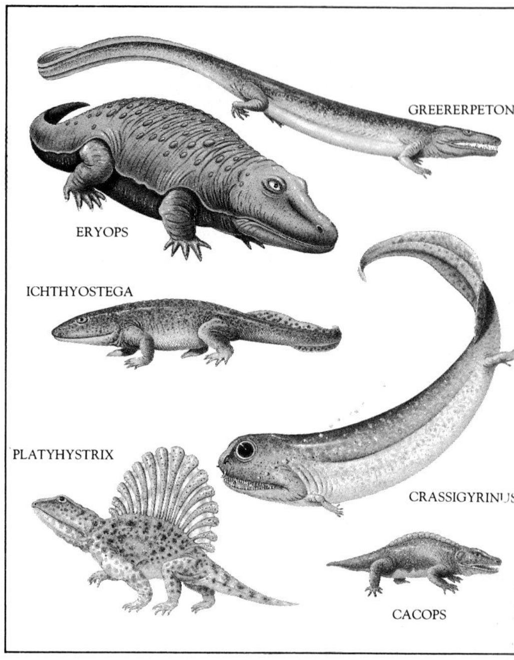

Unterklasse Labyrinthodontia
Die *Labyrinthodontia* waren die erste Amphibiengruppe – und damit auch die ersten Wirbeltiere –, die das trockene Festland besiedelten. Ihr Experiment dauerte über 160 Millionen Jahre, vom Oberdevon bis zum Unterjura. Man kann durchaus von einem Teilerfolg sprechen, da zur Blütezeit (während des Unterperm) ungefähr 60 Prozent der *Labyrinthodontia* voll an das Landleben angepaßte Insektenfresser waren. Danach begann jedoch ihr Niedergang, und am Ende der Trias waren alle ausgestorben.
Der Name *Labyrinthodontia* nimmt Bezug auf die Struktur der konischen Zähne. Im Schnitt zeigen die Zähne eine komplizierte Faltung der Schmelzschicht, welche auffallend an die Zähne der *Rhipidistia* (s. S. 42–45) erinnert. Diese Tatsache hat zusammen mit verschiedenen anderen Skelettmerkmalen viele Paläontologen zu der Ansicht geführt, die Vorfahren der Amphibien seien unter den Fleischflossern zu suchen (vgl. a. S. 48).
Man unterscheidet zwei Ordnungen der *Labyrinthodontia*, die *Temnospondyli* und die *Anthracosauria*. Eine dritte Ordnung umfaßt die *Ichthyostegalia*, die ersten Amphibien überhaupt, die einige Paläontologen allerdings für frühe Vertreter der *Temnospondyli* halten.

Ordnung Ichthyostegalia
Die *Ichthyostegalia* sind die ältesten Amphibien und die ersten Labyrinthodontier. Die einzigen Fundstätten liegen in Ostgrönland, in Gesteinen aus dem Oberdevon.

NAME: ***Ichthyostega***
ZEITLICHE VERBREITUNG: ***Oberdevon***
GEOGRAPHISCHE VERBREITUNG: ***Grönland***
LÄNGE: ***1 m***
Ichthyostega ist das früheste gut bekannte Amphibium. Es handelte sich um ein großes, zum Teil noch an das Leben im Wasser gebundenes Tier. Der Körper war langgestreckt, und der schwere Schädel bestand aus festen Knochen (Abb. S. 48). Die vier kräftigen Gliedmaßen trugen je fünf Zehen. Eine lange Schwanzflosse und Knochenschuppen über Bauch und Schwanz erinnerten noch an die Fisch-Vorfahren.
Ein Lebewesen wie dieses konnte sich natürlich noch nicht allzuweit vom Wasser entfernen. An Land bewegte es sich ungelenk vorwärts und führte dabei mit dem Körper weit ausladende Bewegungen durch. Im Grunde genommen war sein Element nach wie vor das Wasser, wo es erfolgreich Fische jagte.
Von den Gliedmaßen abgesehen, unterschied sich *Ichthyostega* von einem Fisch auch dadurch, daß der Oberkiefer mit dem Schädeldach fest verwachsen war. Es bestand keine Verbindung mehr zwischen Kopf und Schultergürtel, und es hatte sich ein kurzer Hals herausgebildet. Für das Leben auf dem Land waren diese Eigenschaften recht nützlich. *Ichthyostega* mußte nicht mehr so stromlinienförmig sein wie ein Fisch; dafür war es vorteilhaft, wenn das Tier seinen Kopf auf der Suche nach Räubern und Beutetieren drehen konnte.
Als Stütze für den Körper setzten an der Wirbelsäule lange, breite Rippen an, die sich gegenseitig überlappten. Sie bildeten einen breiten, tonnenförmigen Brustkorb, der die lebenswichtigen Organe, das Herz, die Lungen und die Verdauungsorgane stützte und schützte. Der Brustkorb war vermutlich so fest, daß er sich beim Atmen nicht ausdehnte. *Ichthyostega* und seine Verwandten atmeten wahrscheinlich, indem sie durch Bewegungen des Mundbodens Luft in ihre Lungen pumpten.
Das Maul von *Ichthyostega* war sehr breit und wies viele breite, konische Zähne auf. Auch der Gaumen war von Zähnen übersät; einige davon waren lange Fangzähne – ein weiteres Merkmal der *Rhipidistia*.

Ordnung unsicher
In Europa und Nordamerika wurden die Reste von ungefähr fünf Amphibiengattungen aus dem Karbon gefunden. Man kann sie zwar in Familien einteilen, doch passen sie in keine der bekannten Ordnungen.

NAME: ***Crassigyrinus***
ZEITLICHE VERBREITUNG: ***Unterkarbon***
GEOGRAPHISCHE VERBREITUNG: ***Europa (Schottland)***
LÄNGE: ***2 m***
Crassigyrinus sah selbst für ein frühes Amphibium merkwürdig aus. Das Tier hatte einen fischähnlichen Körper mit einem langausgezogenen Schwanz und kleinen, flossenähnlichen Gliedmaßen. Der Kopf war ungefähr 30 cm lang. Aus dem zurückliegenden Gelenk läßt sich schließen, daß die zähnestarrenden Kiefer weit geöffnet werden konnten. Die Augen waren besonders groß und standen nahe beieinander.
Die ungewöhnliche Merkmalskombination deutet darauf hin, daß *Crassigyrinus* den Gebrauch seiner Gliedmaßen bereits wieder aufgegeben hatte und zum Leben im Wasser zurückgekehrt war. Die Zähne sind die eines Fischfressers, der stromlinienförmige Körper deutet auf einen schnellen Räuber. Die großen Augen erlauben den Schluß, daß das Tier in dunklen, schlammigen Gewässern kohlezeitlicher Sümpfe jagte. Vielleicht verfolgte es wie ein Aal seine Beute zwischen dichter Vegetation.

Ordnung Temnospondyli
Die *Temnospondyli* entwickelten sich gegen Ende des Unterkarbon (Obermississippian) vor ungefähr 330 Millionen Jahren. In den folgenden 120 Millionen Jahren entwickelten sich daraus sehr unterschiedliche und zum Teil sehr große landbewohnende Formen. Mit dem Aufstieg der landbewohnenden Säugerähnlichen Reptilien im Unterperm wurden die *Temnospondyli* schließlich wieder in die Feuchtbiotope zurückgedrängt, aus denen sie ursprünglich hervorgegangen waren.
Die *Temnospondyli* starben im Unterjura aus, doch die Vorfahren der heutigen Frösche und Kröten hatten sich bereits entwickelt (s. S. 46–47). Im folgenden sind Vertreter der wichtigsten Familien beschrieben.

NAME: ***Greererpeton***
ZEITLICHE VERBREITUNG: ***Unterkarbon***
GEOGRAPHISCHE VERBREITUNG: ***Nordamerika (West Virginia)***
LÄNGE: ***1,5 m***
Greererpeton ist ein Vertreter der *Colosteidae* und gehört somit zu den frühesten landbewohnenden *Temnospondyli*. Anscheinend kehrten sie bald zum Leben im Wasser zurück. Ihre Körperform war ideal für eine schlängelnde, aalartige Fortbewegungsweise. Der flache Kopf war ungefähr 18 cm lang und saß auf einem kurzen Hals. Die lange Wirbelsäule bestand aus zirka 40 Wirbeln, also annähernd doppelt so vielen wie üblich, und ging in einen langen Schwanz mit Flossensaum über. Die Beine waren kurz und hatten je fünf abstehende Zehen, die während des Schwimmens Steuerfunktionen übernahmen.
Offene Kanäle an den Schädelseiten von *Greererpeton* verrieten die Abstammung von den Fischen. Sie standen mit dem Seitenliniensystem in Verbindung, mit dem die Tiere Schwingungen im Wasser wahrnehmen konnten.

NAME: ***Eryops***
ZEITLICHE VERBREITUNG: ***Oberkarbon bis Unterperm***
GEOGRAPHISCHE VERBREITUNG: ***Nordamerika (New Mexico, Oklahoma und Texas)***
LÄNGE: ***2 m***
Das große, halb zu Wasser und halb zu Lande lebende Tier war ein Vertreter der erfolgreichen Familie *Eryopidae* (Oberkarbon bis Oberperm). Auf dem Rücken trug *Eryops* Knochenplatten, die den schwergliedrigen Körper an Land stützten.
Eryops ernährte sich wahrscheinlich im Wasser, da die Stellung des Kiefergelenks darauf hindeutet, daß es sein Maul ohne Hebung des schweren Kopfes an Land nicht öffnen konnte.

NAME: ***Cacops***
ZEITLICHE VERBREITUNG: ***Unterperm***
GEOGRAPHISCHE VERBREITUNG: ***Nordamerika (Texas)***
LÄNGE: ***40 cm***
Cacops war ein Vertreter der *Dissorophidae*, einer Temnospondylen-Familie, die etwas später als die *Eryopidae* (s. o.) auf den Plan trat und auch etwas später, nämlich erst in der Untertrias, ausstarb. Viele *Dissorophidae* waren voll an das Leben auf dem Land angepaßt. Ihre Blütezeit kam im Unterperm, als in Laurasia das warmfeuchte Klima des Karbon den trockeneren Verhältnissen während des Perm wich. *Cacops*, seine Verwandten, und einige Eryopiden paßten sich schnell an das trokkene Klima an. *Cacops* gilt darüber hinaus als der Lurch, der besser als alle anderen an das Leben auf dem Festland angepaßt war. Der Körper war mit Knochenplatten und parallel zum Rückgrat verlaufenden, aufrechten Panzerknochen geschützt. Die Beine waren gut an die Fortbewegung an Land angepaßt und erinnerten in ihrem Aufbau fast an Reptilien. Hinter jedem Auge befand sich eine Ohröffnung, die beim lebenden Tier von einem Trommelfell überzogen war. Damit konnte das Tier Geräusche wahrnehmen.

NAME: ***Platyhystrix***
ZEITLICHE VERBREITUNG: ***Unterperm***
GEOGRAPHISCHE VERBREITUNG: ***Nordamerika (Texas)***
LÄNGE: ***1 m***
Platyhystrix war stärker gepanzert als sein naher Verwandter *Cacops*. Richtige Platten auf dem Rücken schützten das Tier gegen Räuber. Diverse fleischfressende Pelycosaurier wie *Dimetrodon (Sphenacodontidae)* lebten im selben Gebiet und machten wahrscheinlich Jagd auf *Platyhystrix* und seine landbewohnenden Verwandten (s. S. 186, 188).
Platyhystrix trug auf dem Rücken ein spektakuläres Segel. Es bestand aus langen Dornen, die den Wirbeln entsprangen. Möglicherweise war die gesamte Struktur von einer stark durchbluteten Haut überzogen. Die gleichzeitig lebenden Pelycosaurier *Dimetrodon* und *Edaphosaurus* hatten ebenfalls solche Rückensegel. Man nimmt an, daß sie diesen wechselwarmen Reptilien bei der Regulierung der Körpertemperatur halfen. Vielleicht diente das Segel bei *Platyhystrix* demselben Zweck.

NAME: ***Peltobatrachus***
ZEITLICHE VERBREITUNG: ***Oberperm***
GEOGRAPHISCHE VERBREITUNG: ***Afrika (Tansania)***
LÄNGE: ***70 cm***
Peltobatrachus war ein langsames, ganz auf dem Land lebendes Lurchtier. Der Körper war von einem Panzer umschlossen, der an die Panzer der heutigen Gürteltiere erinnerte. Er diente als Schutz gegen die fleischfressenden Therapsiden aus der Gruppe der Säugerähnlichen Reptilien (vgl. S. 187, 189).
Die Knochenplatten lagen wie Bänder über dem Körper, besonders über dem Schulter- und Beckengürtel. Zähne wurden von diesem Amphib keine gefunden, doch wahrscheinlich fraß es – ähnlich wie die heutigen Gürteltiere – Würmer, Schnecken und Insekten.

NAME: ***Paracyclotosaurus***
ZEITLICHE VERBREITUNG: ***Obertrias***
GEOGRAPHISCHE VERBREITUNG: ***Australien (Queensland)***
LÄNGE: ***2,3 m***
In der Trias dominierten auf dem Festland zwei Gruppen Säugerähnlicher Reptilien, die *Dicynodontia* und die *Cynodontia* (s. S. 190–193). Dadurch wurden *Paracyclotosaurus* und andere Amphibien aus der Gruppe der Capitosaurier zur Rückkehr ins Wasser gezwungen. Eine weitverbreitete Erscheinung bei diesem triassischen Wasserbewohner war die Tendenz zur Abflachung des Körpers.
Der Kopf des massigen *Paracyclotosaurus* war fast 60 cm lang. Weil er so flach war, befand sich das Kiefergelenk fast auf derselben Höhe wie der Hals. Das Tier konnte daher durch Hebung des Kopfes sein Maul weit aufreißen.

NAME: ***Gerrothorax***
ZEITLICHE VERBREITUNG: ***Obertrias***
GEOGRAPHISCHE VERBREITUNG: ***Europa (Schweden)***
LÄNGE: ***1 m***
Das große Tier verbrachte vermutlich einen Großteil seiner Zeit damit, gut getarnt auf dem Sand oder Kies des Gewässerbodens zu liegen, und hielt mit seinen nach oben gerichteten Augen Ausschau nach Beutetieren. Vielleicht lockte es seine Opfer sogar mit einem von der Strömung bewegten Fleischlappen im offenen Maul an. War ein Beutetier nahe genug gekommen, so mußte *Gerrothorax* nur noch zuschnappen.
Gerrothorax konnte permanent im Wasser leben, weil es auch im ausgewachsenen Zustand noch die drei Kiemenpaare beibehielt, die es schon als Larve besessen hatte. Auch dies ist ein Beweis dafür, daß die Amphibien schon damals ein aquatisches Larvenstadium mit Kiemenatmung durchmachten, bevor sie sich in vierbeinige lungenatmende Tiere verwandelten.

Ordnung Anthracosauria

Die *Anthracosauria* gehören zu den *Labyrinthodontia*; sie entstanden während des Karbon und überlebten bis ins Mittelperm. Sie waren nicht so zahlreich und vielgestaltig wie die *Temnospondyli* (s. o.), doch befanden sich unter ihnen die Vorfahren der Reptilien.

NAME: ***Eogyrinus***
ZEITLICHE VERBREITUNG: ***Oberkarbon***
GEOGRAPHISCHE VERBREITUNG: ***Europa (England)***
LÄNGE: ***4,6 m***
Eogyrinus war ein langgestreckter Wasserräuber, der wahrscheinlich ähnlich wie ein Alligator in den Deltas, Sümpfen und Kohlewäldern des Karbon lebte. Mit schnellen Schwanzschlägen stellte er seiner Fischbeute nach. Für die Lagestabilisierung sorgte die lange Rückenflosse.

NAME: ***Seymouria***
ZEITLICHE VERBREITUNG: ***Unterperm***
GEOGRAPHISCHE VERBREITUNG: ***Nordamerika (Texas)***
LÄNGE: ***60 cm***
Sehr gut erhaltene fossile Stücke dieses Tieres fand man in den texanischen Red Beds. Es handelte sich um ein hervorragend angepaßtes Landwirbeltier mit zahlreichen Reptilienmerkmalen, zu denen unter anderem das Gelenk zwischen Kopf und Hals sowie die Struktur des Becken- und Schultergürtels gehörten.
Ursprünglich hielt man *Seymouria* tatsächlich für ein frühes Reptil. Doch dann fand man fossile Jungtiere, deren Schädel die Abdrücke von Seitenlinienkanälen zeigten, deren Aufgabe es ist, Schwingungen im Wasser wahrzunehmen.

Lepospondyli

VIERAELLA
KARAURUS
PALAEOBATRACHUS
TRIADOBATRACHUS
DIPLOCAULUS

Lepospondyli

Unterklasse Lepospondyli

Die *Lepospondyli*, überwiegend kleinere, insektenfressende Amphibien, lebten zur gleichen Zeit wie die mächtigen *Labyrinthodontia* (s. S. 50–53). Beiden Gruppen gemeinsam ist der Bau ihrer Wirbel. Die *Lepospondyli* entwickelten sich im Karbon und überlebten bis zum Ende des Perm und bildeten in dieser ungefähr 100 Millionen Jahre währenden Zeitspanne eine Vielzahl kleinerer Arten aus, die generell unseren heutigen Salamandern und Schlangen ähnelten. Man unterscheidet drei größere Ordnungen: die *Aistopoda*, die *Nectridea* und die *Microsauria* (vgl. S. 46–47).

Ordnung Aistopoda

Die *Aistopoda* waren als früheste Gruppe der *Lepospondyli* merkwürdigerweise auch die am meisten spezialisierte unter allen Amphibien. Sie traten im Unterkarbon (Mississippian) ungefähr 20 Millionen Jahre nach den ersten Amphibien, das heißt den *Ichthyostegalia*, auf. Man nimmt an, daß die *Aistopoda* ursprünglich vierfüßige Vorfahren besaßen, schon früh in ihrer Entwicklung jedoch ihre Beine verloren und zu schlangenähnlichen, grabenden Tieren wurden.

Ihre spezialisierte Lebensweise bot offensichtlich einige Vorteile, denn die *Aistopoda* überlebten fast 80 Millionen Jahre, bis ins Mittelperm.

Name: ***Ophiderpeton***
Zeitliche Verbreitung: **Oberkarbon**
Geographische Verbreitung: ***Europa (Tschechoslowakei) und Nordamerika (Ohio)***
Länge: ***70 cm***

Das schlangenähnliche Tier besaß ungefähr 230 Wirbel. Im Skelett sind keine Spuren von Gliedmaßen oder den entsprechenden Gürteln zu erkennen. Die Augen waren ziemlich groß und lagen vorne am Schädel, der ungefähr 15 cm lang war. Der Schädelbau erinnert an den eines primitiven Labyrinthodontiers, obwohl sich sonst keine Verbindung zwischen den beiden Gruppen feststellen läßt.

Die grabende Lebensweise, die *Ophiderpeton* geführt haben dürfte, war im Oberkarbon sicher recht erfolgreich, da sich damals große Mengen verrottenden organischen Materials auf dem Boden der Wälder und Sümpfe – den heutigen Kohlelagern – ansammelten. Alle möglichen Insekten, Würmer, Tausendfüßer, Schnekken und andere Wirbellose lebten in dieser Streuschicht und boten den *Aistopoda* reiche Nahrung.

Name: ***Phlegethontia***
Zeitliche Verbreitung: **Oberkarbon bis Unterperm**
Geographische Verbreitung: ***Europa (Tschechoslowakei) und Nordamerika (Ohio)***
Länge: ***1 m***

Obwohl *Phlegethontia* denselben schlangenähnlichen Körper wie *Ophiderpeton* aufwies und wahrscheinlich ebenfalls im Boden wühlte, zeigt der Aufbau des Schädels deutliche Unterschiede: Große Öffnungen, die durch relativ schmale Knochen voneinander getrennt waren, führten zu einer sehr leichten, an die Anatomie heutiger Schlangen erinnernden Struktur.

Ordnung Nectridea

Die *Nectridea* waren vierfüßige, molchähnliche Amphibien mit langen, seitlich abgeplatteten Schwimmschwänzen. Sie entwickelten sich im Oberkarbon und überlebten bis zum Oberperm; ihr Lebensraum war das Wasser.

Der Schädel der *Nectridea* ähnelte stark dem der *Labyrinthodontia*. Die jeweils fünfzehigen Gliedmaßen waren gut entwickelt. Später bildete sich eine Tendenz zur Verkürzung der Gliedmaßen heraus, und eine Zehe ging verloren. Einige spätere *Nectridea* entwickelten zudem eine verlängerte Schnauze.

Name: ***Keraterpeton***
Zeitliche Verbreitung: **Oberkarbon**
Geographische Verbreitung: ***Europa (Tschechoslowakei) und Nordamerika (Ohio)***
Länge: ***30 cm***

Der Schwanz von *Keraterpeton* war doppelt so lang wie Kopf und Rumpf zusammengenommen. Er war seitlich abgeplattet und sorgte beim Schwimmen in den trüben Gewässern der kohlezeitlichen Sümpfe für den Antrieb. Die fünfzehigen Hinterbeine waren länger als die vierzehigen Vorderbeine. Der Schädel war kurz, die Augen standen weit vorne.

Trotz seines schlanken Körpers hatte *Keraterpeton* nicht mehr Rumpfwirbel als üblich (im Durchschnitt 15–26), ganz im Gegensatz zum Anthracosaurier *Eogyrinus*, der bis zu den Hüften bereits 40 Wirbel besaß (s. S. 51, 53).

Name: ***Diplocaulus***
Zeitliche Verbreitung: ***Unter- bis Oberperm***
Geographische Verbreitung: ***Nordamerika (Texas)***
Länge: ***1 m***

Diplocaulus hatte einen flachen, dreieckigen, bumerangförmigen Kopf. Zwei beidseitig verlängerte Knochen am rückwärtigen Ende des Schädels bildeten die Hinterkanten dieses Dreiecks. Der Körper war

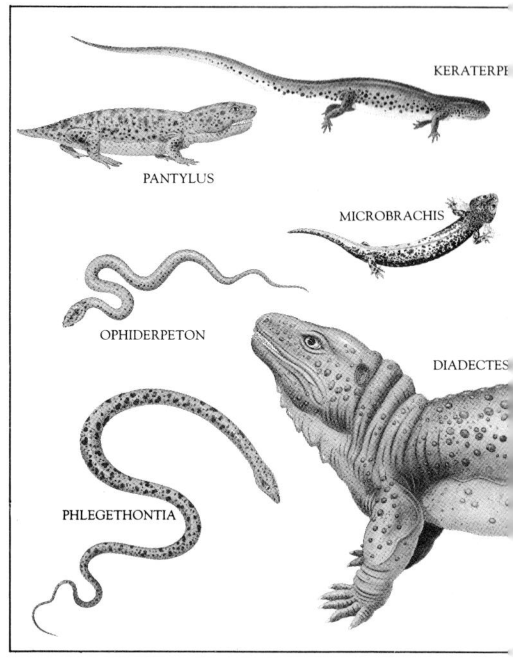

kurz, die Gliedmaßen einschließlich des Schwanzes schwach entwickelt. Manche Paläontologen meinen daher, das Tier habe sich mit Auf- und Abbewegungen seines flachen Körpers schwimmend fortbewegt.

Diplocaulus lebte wahrscheinlich auf dem Gewässergrund. Die »Flügel« zu beiden Kopfseiten dienten vermutlich als Tragflügel und ermöglichten dem Tier, knapp über dem Gewässerboden gegen den Strom zu schwimmen. Vielleicht war *Diplocaulus* damit aber auch zu sperrig, um verschlungen zu werden, und schreckte Räuber wie den gedrungenen, halb zu Wasser, halb zu Lande lebenden Labyrinthodontier *Eryops* ab (s. S. 50, 53).

Ordnung Microsauria

Die Microsaurier oder »kleinen Echsen« waren die vielfältigste Gruppe der *Lepospondyli*: Terrestrische Formen lebten wie Echsen, die Wasserbewohner behielten zeitlebens die larvalen Kiemen bei. Alle Microsaurier hatten kleine Beine und kurze Schwänze.

Die Gruppe entwickelte sich im Oberkarbon und lebte bis ins Unterperm. Möglicherweise handelt es sich um die Vorfahren unserer Molche und Salamander.

Name: ***Microbrachis***
Zeitliche Verbreitung: **Oberkarbon**
Geographische Verbreitung: ***Europa (Tschechoslowakei)***
Länge: ***15 cm***

Der kleine Microsaurier hatte den typisch verlängerten Körper eines Wasserbewohners mit mehr als 40 Wirbeln. Die winzigen Beine spielten beim Schwimmen keine Rolle. *Microbrachis* schlängelte sich durch das Wasser. Wahrscheinlich ernährte er sich von kleinen Krebstieren im Süßwasserplankton.

Microbrachis war ein Peter Pan unter den *Lepospondyli*, denn er behielt die drei lar-

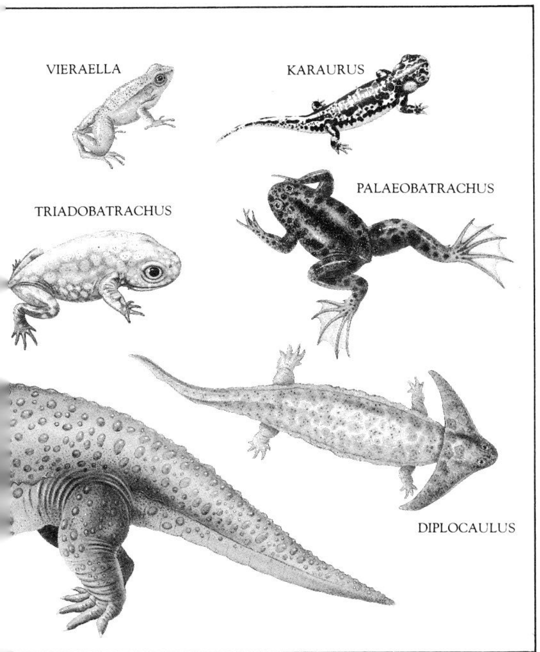

valen Kiemenpaare zeitlebens bei – eine Erscheinung, die als Neotenie oder Pädomorphose bezeichnet wird und auch bei einigen modernen Schwanzlurchen wie dem europäischen Grottenolm und beim nordamerikanischen Gefleckten Furchenmolch beobachtet werden kann. Der mexikanische Axolotl behält auch den Kaulquappenschwanz bei.

Name: ***Pantylus***
Zeitliche Verbreitung: **Unterperm**
Geographische Verbreitung: **Nordamerika (Texas)**
Länge: **25 cm**
Ein großer Kopf an einem kleinen schuppigen Körper kennzeichnete diesen Microsaurier, der gut an das Landleben angepaßt war und wahrscheinlich wie eine moderne Echse lebte. *Pantylus* ernährte sich von Insekten und anderen kleinen Wirbellosen, die er mit seinen zahlreichen, breiten und stumpfen Zähnen zermalmte.

Ordnung Anura
Die modernen Frösche und Kröten faßt man in der Gruppe *Anura* oder Froschlurche zusammen. Die erwachsenen Formen sind die am meisten spezialisierten Wirbeltiere: Mit ihrer extrem kurzen Wirbelsäule und den kräftigen Sprungbeinen nehmen sie eine Sonderstellung im Tierreich ein.
Bevor sie ihre endgültige Gestalt erreichen, müssen die Froschlurche eine tiefgreifende Metamorphose durchmachen: Aus der pflanzenfressenden, langschwänzigen Kaulquappe ohne Gliedmaßen wird ein schwanzloses, insektenfressendes Tier mit Sprungbeinen.
Man ist sich heute weitgehend darüber einig, daß die gegenwärtig existierenden Frösche und Kröten aus den landbewohnenden *Temnospondyli (Labyrinthodontia)* hervorgingen, möglicherweise aus der Familie der *Eryopidae* (s. S. 52–53).

Name: ***Triadobatrachus***
Zeitliche Verbreitung: **Untertrias**
Geographische Verbreitung: **Madagaskar**
Länge: **10 cm**
Das kleine froschähnliche Tier lebte vor ungefähr 240 Millionen Jahren. Der Bau seines Beckengürtels deutet darauf hin, daß es durch rückwärts gerichtete Stöße seiner Beine schwamm. Im Laufe vieler Jahrmillionen entwickelte sich daraus wohl die springende Fortbewegungsweise der heutigen Frösche.
Der Schädel von *Triadobatrachus* erinnert auffallend an den eines modernen Frosches. Da die knöchernen Teile des Ohrs gut entwickelt waren und sich zu beiden Seiten des Kopfes ein breites Trommelfell befand, konnte das Tier vermutlich an Land gut hören.
Triadobatrachus verfügte über 14 Rückenwirbel (verglichen mit 24 Wirbeln bei den primitiven Amphibien). Sein Körper war jedoch lang im Vergleich zu einem modernen Frosch, der nur noch über 5 bis 9 Rückenwirbel verfügt. Der Schwanz war mit 6 Wirbeln ebenfalls kurz; bei den modernen Froschlurchen kommt er nur noch im Larvenstadium vor.
Triadobatrachus stellt dennoch eine Zwischenform in der Evolution der Froschlurche dar. Er unterscheidet sich so sehr von seinen Nachkommen, daß es gerechtfertigt erscheint, ihn in eine eigene Ordnung (*Proanura*) und Familie zu stellen.

Name: ***Vieraella***
Zeitliche Verbreitung: **Unterjura**
Geographische Verbreitung: **Südamerika (Argentinien)**
Länge: **3 cm**
Nach *Triadobatrachus* klafft eine frustrierende Fossillücke von ungefähr 30 Millionen Jahren. Die ersten echten Frösche tauchen dann im Unterjura auf.
Vieraella ist der älteste echte Frosch. Seine Anatomie war die eines modernen Frosches, vor allem aufgrund des charakteristischen Beckengürtels, der in der Form an eine dreizinkige Gabel erinnert.

Name: ***Palaeobatrachus***
Zeitliche Verbreitung: **Eozän bis Miozän**
Geographische Verbreitung: **Europa (Belgien und Frankreich) und Nordamerika (Montana und Wyoming)**
Länge: **10 cm**
Palaeobatrachus wurde in großer Zahl in Süßwassersedimenten des europäischen Alttertiärs gefunden. Selbst Kaulquappen blieben fossil erhalten. Das Tier, das wahrscheinlich wie der heutige afrikanische Krallenfrosch (*Xenopus laevis*) aussah, schwamm mit seinen Ruderfüßen so schnell wie ein Fisch.

Ordnung Urodela
Die Ordnung *Urodela* oder Schwanzlurche umfaßt die Salamander und die Molche. Sie trat erstmalig im Oberjura auf. Ihre modernen Nachkommen sind die am wenigsten spezialisierten unter den heutigen Amphibien. Die Schwanzlurche machen keine komplizierte Metamorphose durch, da Larven und erwachsene Tiere eine ähnliche Lebensweise führen.
Rätselhaft bleibt, unter welchen Tieren die Vorfahren der *Urodela* zu suchen sind. Vielleicht hatten sie einen gemeinsamen Ahnen mit den Schwanzlurchen, der unter den *Temnospondyli* zu suchen wäre (s. S. 52). Es kann aber auch sein, daß sie aus den Microsauriern (*Lepospondyli*, s. S. 56) hervorgingen. Fossile Zwischenformen wurden bisher nicht gefunden.

Name: ***Karaurus***
Zeitliche Verbreitung: **Oberjura**
Geographische Verbreitung: **Asien (Kasachstan)**
Länge: **20 cm**
Die Salamander scheinen sich in den vergangenen 150 Millionen Jahren nur wenig verändert zu haben. Der Körperbau der ältesten Form, *Karaurus*, entspricht praktisch dem seiner noch lebenden Verwandten. Wahrscheinlich führte das Tier auch dieselbe Lebensweise.

Ordnung unsicher
Verschiedene fossile Tiere weisen sowohl Amphibien- als auch Reptilienmerkmale auf und sind daher schwer der einen oder der anderen Gruppe zuzuordnen. Die meisten Paläontologen neigen heute zu der Ansicht, es habe sich aller Wahrscheinlichkeit nach um spezialisierte, landbewohnende Amphibien gehandelt.

Name: ***Diadectes***
Zeitliche Verbreitung: **Unterperm**
Geographische Verbreitung: **Nordamerika (Texas)**
Länge: **3 m**
Das Tier gehörte zu den gewichtigsten Lebewesen im Unterperm. Sein Skelett ähnelte dem eines Reptils, doch schließen bestimmte Schädelmerkmale eine Zugehörigkeit zu dieser Gruppe aus.
Diadectes besaß einen spezialisierten Schädel mit einem sekundären knöchernen Gaumen (einer Eigenschaft, die sich auch bei höheren Reptilien findet, vgl. S. 185). Allerdings war dieser Gaumen nur partiell entwickelt. Im kurzen, kräftigen Kiefer standen Mahlzähne. Es ist denkbar, daß *Diadectes* Muscheln fraß, wenngleich der massive Körper eher einen Pflanzenfresser vermuten läßt. Sollte diese Vermutung zutreffen, so war *Diadectes* das erste pflanzenfressende Lurchtier. Zeitlich lebte er in derselben Epoche wie das erste pflanzenfressende Reptil, *Edaphosaurus* (s. S. 189).

Reptilien: Die Eroberer des Festlands

Die Evolution der Wirbeltiere ist dadurch charakterisiert, daß jede neu aufkommende Tiergruppe über bestimmte Fähigkeiten oder Merkmale verfügte, welche ihr entweder eine bessere Anpassung an den Lebensraum ihrer Vorfahren oder aber die Besiedlung neuer Lebensräume ermöglichten.

Ein Ei revolutioniert das Leben

Wirbeltiere unter einer bestimmten Minimalgröße haben an Land keine Überlebenschance: Die zartgliedrigen Extremitäten könnten das Körpergewicht nicht tragen; das Tier würde den raschen Wasserverlust nicht ausgleichen können und austrocknen. Die Amphibien lösen dieses Problem, indem sie ihr Wachstum in zwei Phasen aufteilen: Zunächst entwickelt sich im Ei eine wasserbewohnende Larve. Erst das adulte Tier verläßt schließlich das Wasser.

Die Reptilien lösten das Problem auf andere Weise: Ihnen ermöglichte die Entwicklung eines beschalten Eis das Verlassen des Lebensraums ihrer Amphibien-Vorfahren. Sie paßten sich voll an das terrestrische Leben an und waren daher auch nicht mehr auf ein wasserbewohnendes Larvenstadium angewiesen, das für die Amphibien bis heute obligatorisch ist.

Das Reptilienei ist dem Ei eines Vogels ähnlich. Die Schale ist allerdings im Normalfall ledrig und nicht hart; außerdem enthält das Ei weniger wasserhaltiges Eiweiß. Die Schale hat zwei Hauptfunktionen: Sie schützt den Embryo sowohl vor dem Austrocknen als auch vor Räubern. Geborgen in seinem Ei, kann das Reptil heranwachsen, bis es imstande ist, auf dem Festland zu überleben. Erst wenn es diese Entwicklungsstufe erreicht hat, schlüpft es.

Die Eischale schottet das junge Reptil von seiner Umgebung ab. Für das unabhängige Überleben des Embryos sorgen während der Reifezeit ein Speicherstoff, der Dotter, und verschiedene Membranen, das Amnion, die Allantois und das Chorion.

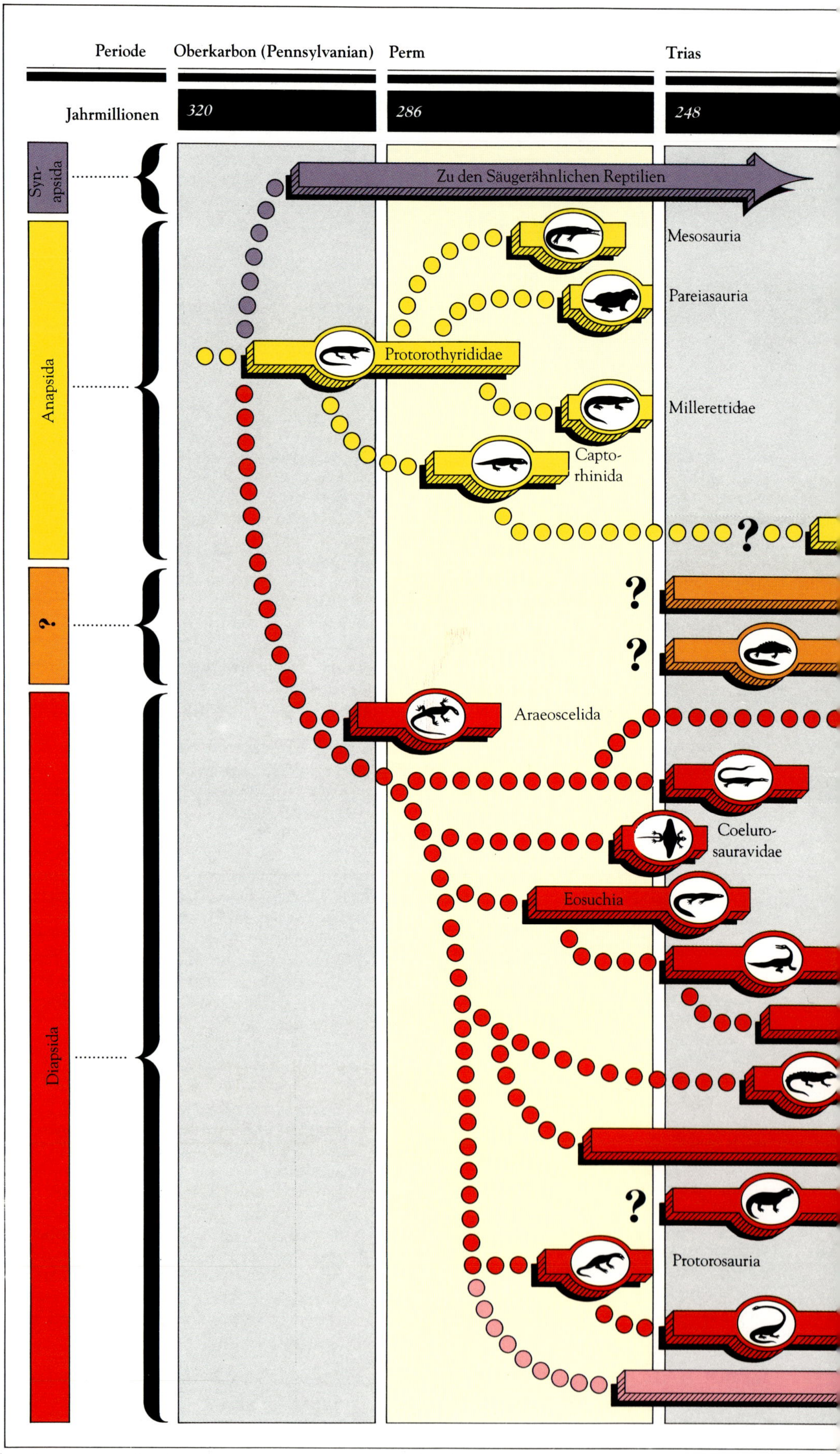

Die Reptilien entwickelten sich im Oberkarbon aus den Amphibien. Als erste erschienen anapside Reptilien; eine Gruppe, die heute noch von den Schildkröten vertreten wird. Aus den Anapsiden entstanden die synapsiden Reptilien – die Vorfahren der Säuger – und die diapsiden Reptilien, darunter die heutige Brückenechse, die Echsen und die Schlangen.

Viele Reptiliengruppen sind im Laufe der Zeit ausgestorben, darunter die großen meeresbewohnenden Fischsaurier und Plesiosaurier. Aus einer der diapsiden Gruppen, den Protorosauriern, gingen die Dinosaurier und andere Reptilienformen hervor, die früher eine beherrschende Stellung einnahmen (Silhouetten s. S. 312).

Ausgezogene Balken bedeuten bekannte Fossilnachweise. Unterbrochene Linien zeigen mögliche stammesgeschichtliche

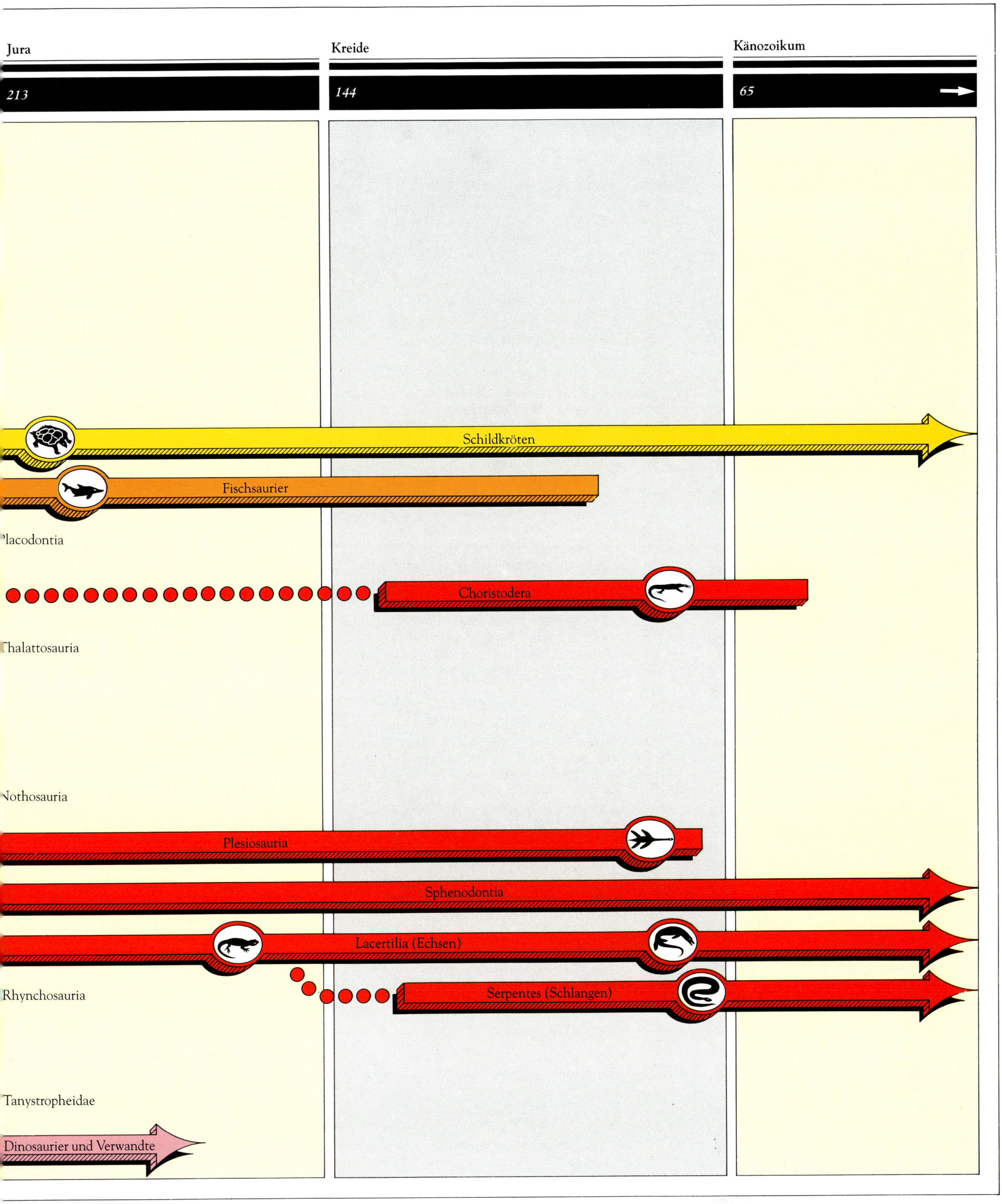

eziehungen zwischen den einzelnen Gruppen.

Reptilien: Die Eroberer des Festlands

Die Anordnung der Membranen ist bei den Eiern aller heute existierenden Reptilien gleich. Die Biologen gehen davon aus, daß unter den Vorfahren der Reptilien nur eine einzige Gruppe diesen spezifischen, kompliziert aufgebauten Eityp mit dem Amnion besaß und daß auch alle späteren Wirbeltiere aus dieser Gruppe hervorgingen.

Die Anpassung der Reptilien an das Leben auf dem Festland

Der Schutz des Embryos vor dem Austrocknen war ein wichtiger Fortschritt auf dem Weg zur Eroberung des Festlands, der jedoch für sich allein noch nicht ausreichte. Zwei weitere Neuerungen waren notwendig: Zunächst mußten die Reptilien auch nach dem Schlüpfen gegen das Austrocknen gefeit sein. Sie entwickelten zu diesem Zweck eine Hornschicht, die ihre Schuppen oder den Hautpanzer überzog und dadurch den Wasserverlust extrem reduzierte.

Zur Steigerung ihrer körperlichen Aktivität mußten die Reptilien zudem eine effizientere Atemtechnik als ihre amphibischen Vorfahren entwickeln. Die Amphibien pumpen durch Schluckbewegungen Luft in die Lunge. Die Reptilien erreichen dasselbe Ziel durch das Zusammenziehen und Dehnen des Brustkorbs; die Aufnahmekapazität ist bei ihnen daher nur durch das Volumen der Lunge, nicht aber mehr durch das des Mauls begrenzt.

Trotz aller Anpassung sind die Reptilien und Amphibien bis heute in einer Beziehung eingeschränkt: Sie sind wechselwarm, das heißt, ihre Körpertemperatur hängt von der Temperatur der Umgebung ab. Bei kühlem Wetter sinkt daher auch die Körpertemperatur, und die Tiere werden inaktiv.

Warmblütige Tiere wie Vögel und Säuger halten dagegen ihre Körpertemperatur unabhängig von der Umgebungstemperatur auf konstant hohem Niveau und können daher über längere Zeiträume hinweg aktiv bleiben. Die notwendige Energie gewinnen sie aus der Nahrung. Im übrigen ist bis heute in Fachkreisen umstritten, ob die Dinosaurier warmblütig oder wechselwarm waren (s. S. 93).

Wie ihre amphibischen Vorfahren und die Fische bewegen sich die Reptilien durch seitlich schlängelnde Körperbewegungen vorwärts (s. Skizze unten). Der obere Teil der Gliedmaßen tritt seitlich aus dem Körper heraus, so daß die Schrittlänge vom diagonalen Abstand der Knie- bzw. Ellbogengelenke abhängt. Die Füße sind seitlich etwas angewinkelt, um den bei dieser Art der Fortbewegung seitwärts gerichteten Kräften Widerstand leisten zu können. Um den Boden gleichzeitig zu verlassen und das Körpergewicht gleichmäßig zu verteilen, müssen darüber hinaus die Zehen unterschiedlich lang sein.

Dank all dieser Anpassungen struktureller wie physiologischer Art konnten die Reptilien das gesamte Festland besiedeln, selbst die heißesten Wüstengebiete. In den großen Dinosauriern verkörpert sich ihre Blütezeit. Die Reptilien wuchsen zu Größen heran, die selbst ihre Nachfahren, die Säuger, nie erreichen konnten.

Adaptive Radiation der Reptilien

Die Abspaltung der Reptilien von den Amphibien geschah während eines noch nicht genau definierten Zeitraums im Oberkarbon (Pennsylvanian). Das früheste Reptil ist *Hylonomus* (s. S. 64), dessen Reste man in Gesteinen des Oberkarbon von Nova Scotia (Ostkanada) gefunden hat. Sie sind ungefähr 300 Millionen Jahre alt: *Hylonomus* trat also zirka 60 Millionen Jahre, nachdem das erste Lurchtier, *Ichthyostega* (s. S. 52), das Wasser verlassen hatte, in Erscheinung.

Aus *Hylonomus* entwickelte sich eine Vielzahl unterschiedlicher Reptilientypen. Wie die frühen Amphibien waren offensichtlich auch die frühen Reptilien zunächst auf den alten Kontinent Laurasia (s. S. 49) beschränkt. Es ist ein Glücksfall für die Paläontologie, daß sich die meisten Entwicklungslinien anhand der unterschiedlichen Schädelöffnungen relativ leicht differenzieren lassen (vgl. Übersicht S. 61 oben).

Neben der Schädelstruktur läßt auch der Aufbau der Fußwurzelknochen und der großen Blutgefäße Rückschlüsse auf die Verwandtschaftsverhältnisse zu. Bei einigen Reptilien zeigt der Calcaneus einen Fortsatz, an dem die Sehne des großen Fußstreckmuskels ansetzt (so wie beim Menschen die Achillessehne am Fersenbeinhöcker festgeheftet ist). Man findet diese Struktur bei allen Echsen und Schildkröten sowie bei den Krokodilen, den Dinosauriern und ihren Verwandten.

Das Amniotenei

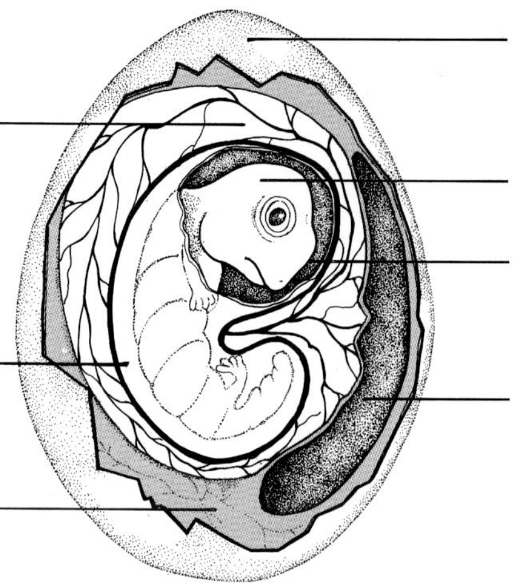

Im Innern des Reptilieneis liegen vier Membranen: Amnion, Chorion, Allantois und Dottersack. Jede erfüllt eine ganz bestimmte Aufgabe und trägt dazu bei, daß sich der Embryo – hier der einer Schildkröte – unabhängig von der Umgebung entwickeln kann. Der Embryo liegt in einem flüssigkeitsgefüllten Raum, der vom Amnion umgeben ist.

Mit den Eingeweiden verbundene Blutgefäße schaffen Nährstoffe aus dem Dottersack heran. Abfallprodukte werden von der Allantois gespeichert. Sauerstoff tritt über das Chorion ins Ei ein, das direkt unter der porösen Eischale liegt.

Wie sich ein Reptil fortbewegt

Die Beine eines typischen Reptils, zum Beispiel einer Echse, stehen waagrecht vom Körper ab. Bei jedem Schritt führt der Körper seitwärts schlängelnde Bewegungen aus. In der Abbildung sind die Wirbelsäule sowie der Becken- und Schultergürtel besonders betont, um diese Bewegung zu veranschaulichen.

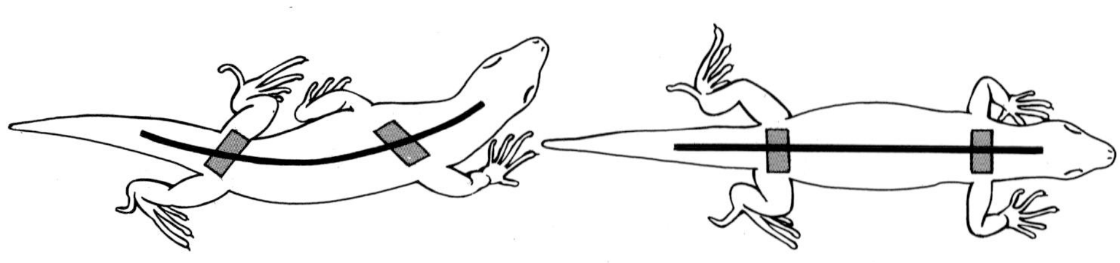

Schädelformen

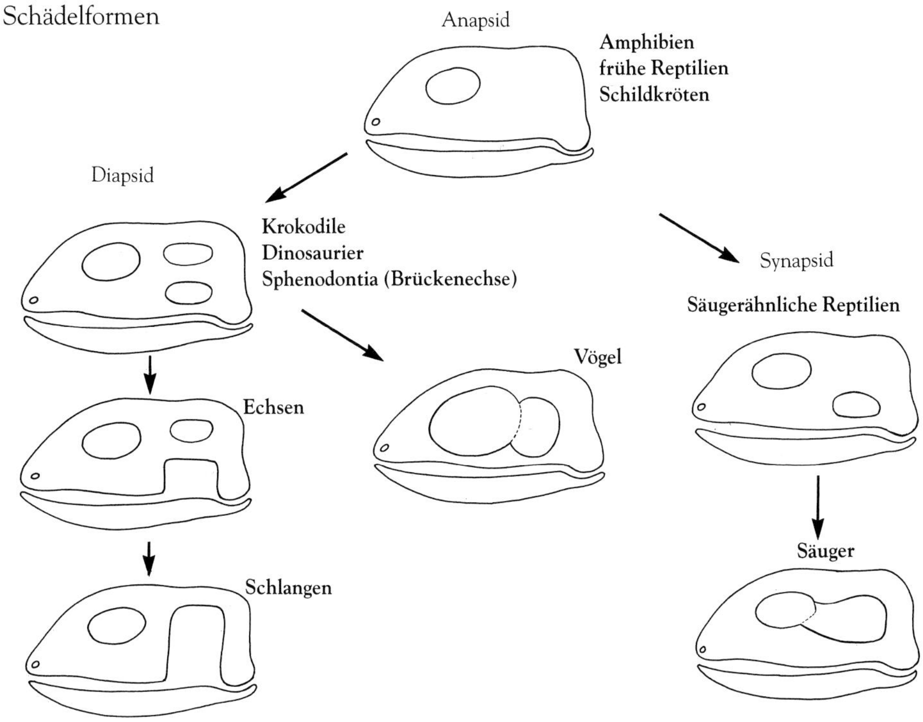

Bei den Reptilien entwickelten sich drei Schädeltypen. Allgemein bestand die Tendenz, die Knochenmasse zu reduzieren und durch sehnenähnliches Material zu ersetzen, um den Kiefernmuskeln Ansatzfläche zu bieten. Die einfachsten Reptilien, die Anapsiden, hatten keine Schädelöffungen und daher auch relativ schwache Kiefer.
Aus den Anapsiden gingen zwei Hauptgruppen hervor. Die Diapsiden besaßen je ein Paar Schädelfenster hinter den Augen. Bei den Echsen vergrößerten sich diese Öffnungen und ermöglichten den Tieren dadurch, das Maul weiter aufzureißen. Die Vögel wandelten den diapsiden Schädel ab und entwickelten später eine große Öffnung hinter den Augen. Die Säugerähnlichen Reptilien bildeten synapside Schädel heraus, welche durch je eine, ziemlich weit unten sitzende Öffnung charakterisiert sind. Ihre Nachkommen, die Säuger, vergrößerten diese Öffnung und verstärkten damit ihre Beißkraft.

Bei den heutigen Arten der genannten Gruppen findet sich in Herznähe eine ungewöhnliche Anordnung der größeren Blutgefäße: Sie umschlingen einander spiralig.
Die Ähnlichkeiten in Schädel-, Fußwurzel- und Blutgefäßstruktur deuten auf eine enge Verwandtschaft der verschiedenen Reptiliengruppen hin.

Schädelbau
Der Schädel der frühesten Reptilien war wie der ihrer amphibischen Vorfahren ein knöchernes Gehäuse, das mit Ausnahme der Augen- und Nasenöffnung geschlossen war. Die Kiefermuskeln setzten an der Unterseite des knöchernen Schädeldaches an.
In späterer Zeit verringerten viele Reptilienarten ihr Schädelgewicht, indem sie gewisse Knochengebiete durch elastische, sehnenähnliche Membranen ersetzten, deren Material nach dem Tod des Tieres verweste und im fossilen Schädel Schläfenöffnungen zurückließ. Die Membranen bildeten zusätzliche Ansatzpunkte für Kiefermuskeln und verstärkten somit die Beißkraft der Reptilien.
Das Vorhandensein oder Fehlen von Schläfenöffnungen spielt bei der Gliederung der Reptilien in größere Gruppen oder Unterklassen eine entscheidende Rolle (s. Übersicht oben rechts).
Die frühesten Reptilien (wie *Hylonomus*, andere Protorothyrididen und die Mesosaurier) hatten keine Schläfenöffnungen; wir bezeichnen ihre Schädel daher als anapsid. Auch die Schildkröten zählen aufgrund fehlender Schläfenöffnungen zu den *Anapsida*, obwohl nicht genau bekannt ist, aus welcher Reptiliengruppe sie sich entwickelten.
Die Thecodontier und ihre Nachkommen, die Dinosaurier, Flugsaurier und Krokodile, welche zu ihrer Blütezeit die Erde beherrschten, haben diapside Schädel mit je zwei Öffnungen hinter den Augen. Auch die primitiven Echsen (*Sphenodontia*), deren einzige überlebende Art die Brückenechse ist, haben einen diapsiden Schädel. Bei späteren Echsen wurde der Schädel noch leichter und beweglicher, da auf beiden Kopfseiten der Knochenstab unter dem unteren Schläfenfenster verschwand. Die Schlangen gingen schließlich noch einen Schritt weiter und verloren auch den Knochenstab zwischen der oberen und der unteren Öffnung.
Bei anderen Gruppen fällt die Abgrenzung schwer. Die ausgestorbenen Nothosaurier und Plesiosaurier beispielsweise haben einen euryapsiden Schädelbau, der dem der meisten Echsen ähnelt. Wahrscheinlich haben sich diese Gruppen aus diapsiden Vorfahren entwickelt.
Zwei weitere Gruppen meeresbewohnender Reptilien, die Fischsaurier und die Placodontier, weisen ebenfalls euryapside Schädel auf, haben ansonsten jedoch sowohl untereinander als auch mit den Plesiosauriern wenig gemein. Vielleicht haben auch sie sich aus Diapsiden entwickelt, doch lassen sich die Entwicklungslinien nicht genau rekonstruieren. Ähnliche Ungewißheit herrscht im Hinblick auf die diapsiden, pflanzenfressenden und ebenfalls ausgestorbenen Rhynchosaurier.

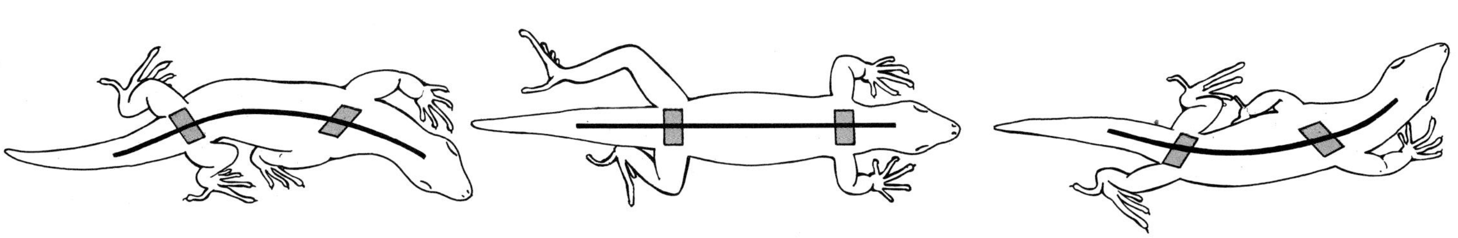

Frühe Reptilien

PAREIASAURUS
ELGINIA
SCUTOSAURUS

Frühe Reptilien

Unterklasse Anapsida
Die frühen primitiven Reptilien, die *Anapsida*, haben alle ein Merkmal gemeinsam: Der Schädel war ein schweres, solides Knochengehäuse, in dem nur Öffnungen für die Augen und die Nasenlöcher vorhanden waren (s. S. 61). Die Kiefermuskeln waren auf dieses knöcherne Gehäuse beschränkt. Ihre Größe blieb daher begrenzt und hatte zur Folge, daß das Tier seinen Mund nicht sehr weit öffnen und auch nicht sehr kräftig zubeißen konnte. Spätere, höherentwickelte Reptilien hatten sogenannte Schläfenfenster im Schädel, wodurch die Effizienz der Kiefer erhöht wurde.
Die einzige überlebende Ordnung der anapsiden Reptilien stellen die Schildkröten dar (s. S. 66–69). Die beiden anderen Ordnungen, die *Captorhinida* und die Mesosaurier, starben vor über 250 Millionen Jahren aus.

Ordnung Captorhinida
Zu den *Captorhinida*, die bisweilen auch *Cotylosauria* genannt werden, gehören die ersten und primitivsten Reptilien. Sie entwickelten sich im Oberkarbon – vor ungefähr 300 Millionen Jahren – aus den Amphibien, starben aber 90 Millionen Jahre später, am Ende der Trias, vollständig aus. Zwei größere Entwicklungslinien lassen sich auf sie zurückführen: Die eine führte zu den Säugern, die andere zu den Dinosauriern und ihren Verwandten (vgl. S. 58–59).

Familie Protorothyrididae
Die ältesten bekannten Reptilien sind Angehörige dieser Familie. Sie traten erstmals im Oberkarbon auf und lebten bis ins Mittelperm – eine Spanne von 50 Millionen Jahren. Aus den Protorothyrididen entwickelten sich zahlreiche spezialisierte Gruppen, vor allem die Dinosaurier, die Krokodile und die Flugsaurier.

Name: ***Hylonomus***
Zeitliche Verbreitung: ***Oberkarbon***
Geographische Verbreitung: ***Nordamerika (Nova Scotia)***
Länge: ***20 cm***
Hylonomus ist das erste, voll an das Leben auf dem Festland angepaßte Wirbeltier – ein Meilenstein der Evolution.
Das kleine Lebewesen fraß wahrscheinlich Insekten und andere Wirbellose, die es mit seinen konischen Zähnen zerquetschte. Einige Zähne in der Vorderreihe waren länger als die anderen – ein Merkmal, das normalerweise bei höheren Reptilien auftritt.
Hylonomus blieb in den Kohleschichten von Nova Scotia auf ungewöhnliche Weise erhalten. In den Sumpfgebieten des Oberkarbon gediehen riesenhafte, baumähnliche Bärlappe. Bei periodischen Überschwemmungen versanken die unteren Stammteile in tiefen Schlamm- und Laubstreuschichten. Mit der Zeit starben die Pflanzen ab und hinterließen, nachdem ihr Inneres langsam verrottet war, tiefe, zylindrische Hohlräume im Boden, die sich nach und nach mit zerfallender organischer Materie füllten. Die faulenden Pflanzenreste lockten Insekten und andere Wirbellose an, denen wiederum *Hylonomus* folgte. Das Tier konnte jedoch aus den senkrechten Hohlräumen nicht mehr entkommen; es starb, und seine Überreste wurden fossilisiert.

Familie Captorhinidae
Diese erfolgreiche Gruppe primitiver Reptilien war über das ganze Perm hindurch verbreitet und überlebte somit mindestens 40 Millionen Jahre lang. Die Fundorte erstreckten sich über Afrika, Asien, Indien und Nordamerika.
So primitiv die Captorhiniden im Grunde noch waren – gegenüber den Protorothyrididen (s. o.) wiesen sie bereits einige Fortschritte auf. Die Schädel waren viel stärker, und die zahlreichen Zahnreihen versetzten die Tiere in die Lage, mit zähen Pflanzen und hartschaliger Beute fertig zu werden.

Name: ***Labidosaurus***
Zeitliche Verbreitung: ***Unterperm***
Geographische Verbreitung: ***Nordamerika (Texas)***
Länge: ***75 cm***
Dieses primitive, plump gebaute Reptil hatte einen breiten Kopf und einen kurzen Schwanz. Aus seiner Körperform läßt sich auf eine rein terrestrische Lebensweise schließen.
Als typischer Captorhinide hatte *Labidosaurus* mehrere Zahnreihen im Kiefer, die gleichzeitig ihren Dienst versahen. Verglichen mit den Protorothyrididen, die nur über eine einzige Reihe kleiner, konischer Zähne verfügten, war dies zweifellos ein Fortschritt. Mit seinen Zahnreihen konnte *Labidosaurus* Insektenpanzer und Schneckengehäuse aufbrechen und/oder widerstandsfähiges Pflanzenmaterial zerreiben.

Familie Procolophonidae
Die Familie war vom Oberperm bis zum Ende der Trias auf der ganzen Welt verbreitet. Frühe Formen waren klein und leicht gebaut. Sie waren wahrscheinlich recht agil und zerdrückten ihre Beutetiere – vorwiegend Insekten und Wirbellose – mit kleinen, stiftartigen Zähnen.
Spätere Vertreter, etwa von der Mitteltrias an, waren größer und hatten ein ganz anderes Gebiß. Ihre breiten Backenzähne deuten darauf hin, daß sie Pflanzen fraßen. Den Schädelseiten entsprangen merkwürdige knöcherne Fortsätze, die den langsamen Tieren wahrscheinlich zur Verteidigung dienten.

Name: ***Hypsognathus***
Zeitliche Verbreitung: ***Obertrias***
Geographische Verbreitung: ***Nordamerika (New Jersey)***
Länge: ***33 cm***
Auch *Hypsognathus*, ein später Vertreter der Familie, war allem Anschein nach ein Pflanzenfresser. Der Körper war breit und flach und daher wahrscheinlich nicht sehr schnell. Mit den breiten Backenzähnen zermalmte das Tier vermutlich zähe pflanzliche Nahrung. Die Stacheln um den Kopf dienten wahrscheinlich der Verteidigung gegenüber Räubern, zum Beispiel den zeitgleichen Podokesauriden aus der Gruppe der Dinosaurier (s. S. 108).

Familie Pareiasauridae
Die *Pareiasauridae* waren die größten jener frühen, primitiven Reptilien. Sie erreichten eine Körperlänge von 3 m. Es handelte sich um massiv gebaute Pflanzenfresser mit schweren Gliedmaßen, die bei späteren Formen weiter unten am Körper befestigt waren, so daß die Tiere eher aufrecht gingen als krochen.
Die Pareiasauriden erschienen im Mittelperm in Afrika. Gegen Ende der Periode waren sie auch in Europa und Asien weit verbreitet, starben dann jedoch aus.

Name: ***Pareiasaurus***
Zeitliche Verbreitung: ***Mittelperm***
Geographische Verbreitung: ***Süd- und Ostafrika und Osteuropa***
Länge: ***2,5 m***
Das massige, plumpe Tier war ein typischer Pareiasauride. Den Rücken schützten in der Haut eingebettete Knochenplatten. Die Gliedmaßen waren dick und stark und in typischer Reptilienart am

Rumpf befestigt. Die Wirbelsäule war außerordentlich verstärkt.
Auch der Schädel war schwer und kräftig und wies dornen- und warzenartige Fortsätze auf. Die Zähne waren klein und blattähnlich geformt. Ihre sägeblattähnlich gezähnten Kiefer eigneten sich hervorragend zum Zerkleinern von Pflanzenmaterial.

NAME: ***Scutosaurus***
ZEITLICHE VERBREITUNG: ***Oberperm***
GEOGRAPHISCHE VERBREITUNG: ***Europa (UdSSR)***
LÄNGE: ***2,5 m***
Die typischen Merkmale der Pareiasauriden – der massige Körper, die Kopffortsätze und der Knochenpanzer – waren bei *Scutosaurus* extrem ausgebildet. Auch ging das Tier höher als die übrigen Verwandten. Um das schwere Gewicht besser tragen zu können, setzten die Beine weiter unten am Körper an – eine Entwicklung, die ihren Höhepunkt schließlich bei den Dinosauriern (s. S. 106–169) erreichte.
Die Existenz großer Pflanzenfresser wie *Pareiasaurus* und *Scutosaurus* in Osteuropa während des Perm lassen vermuten, daß das Klima damals warm und stabil war. Schwere und träge Reptilien dieser Art hätten bei einem Kälteeinbruch kaum abwandern und vermutlich auch keinen harten Winter überstehen können.

NAME: ***Elginia***
ZEITLICHE VERBREITUNG: ***Oberperm***
GEOGRAPHISCHE VERBREITUNG: ***Europa (Schottland)***
LÄNGE: ***60 cm***
Elginia war einer der letzten Pareiasauriden und auch einer der kleinsten. Auf dem Kopf trugen die Tiere die familientypischen Dornen in ungewöhnlicher Größe und Vielfalt. Wahrscheinlich dienten sie weniger der Verteidigung als dem Imponiergehabe. Möglicherweise schüttelte das kleine Reptil seinen Kopf, um männliche Rivalen zu bedrohen oder die Aufmerksamkeit eines Weibchens auf sich zu ziehen.

Familie Millerettidae
Die *Millerettidae* waren eine Familie der Anapsiden mit einem Schläfenfensterpaar hinter den Augen, was zunächst wie ein Widerspruch klingt, da die *Anapsida* außer den Augen- und Nasenhöhlen eigentlich keine Schädelöffnungen zeigten.
Im Fall der *Millerettidae* sprechen jedoch andere Schädelmerkmale dafür, daß die Gruppe zu den Anapsiden gehört. Sehr wahrscheinlich stellt sie einen spezialisierten Seitenzweig dar und entwickelte die Schläfenfenster unabhängig von der allgemeinen Entwicklung der Reptilien.
Alle Milleretiden waren kleine Insektenfresser, die vom Mittel- bis zum Oberperm in Südafrika lebten. Außerhalb dieses Verbreitungsgebiets fand man sie bisher nicht.

NAME: ***Milleretta***
ZEITLICHE VERBREITUNG: ***Oberperm***
GEOGRAPHISCHE VERBREITUNG: ***Südafrika***
LÄNGE: ***60 cm***
Dieses kleine, eidechsenartige Tier war so gewandt, daß es Insekten jagen konnte. Aufgrund seiner Schädelöffnungen stellten einige Paläontologen die inzwischen widerlegte These auf, in der Gattung *Milleretta* oder einer nah verwandten Gruppe seien die Vorfahren der höher entwickelten *Diapsida* zu suchen. Letztere weisen auf beiden Schädelseiten zwei Paar Öffnungen auf (s. S. 60–61). Die *Diapsida* umfassen fast alle modernen Reptilien sowie die ausgestorbenen Dinosaurier und Flugsaurier.
Das früheste bekannte diapside Reptil, der zur Ordnung der Araeosceliden gehörende *Petrolacosaurus* (s. S. 84), stammt allerdings aus dem Oberkarbon – und ist damit um über 40 Millionen Jahre älter als die Millerettiden.

Ordnung Mesosauria
Die *Mesosauria* waren die erste Reptiliengruppe, die ins Wasser zurückkehrte, nachdem ihre Vorfahren das Festland erobert hatten. Sie traten zu Beginn des Perm auf und starben verhältnismäßig kurze Zeit danach aus. Ihre Fossilien wurden ausschließlich auf der Südhalbkugel gefunden.

Familie Mesosauridae
Die einzige Familie der *Mesosauria*. Ihre Angehörigen waren vollständig an das Leben im Wasser angepaßt. Sie schwammen mit Hilfe eines langen, breiten Schwanzes und langer Hinterbeine; die Vorderbeine dienten der Steuerung. Die Mesosauriden seihten vermutlich mit ihren feinen, zugespitzten, auf langen Kiefern aufgereihten Zähnen Planktonorganismen aus dem Wasser.

NAME: ***Mesosaurus***
ZEITLICHE VERBREITUNG: ***Unterperm***
GEOGRAPHISCHE VERBREITUNG: ***Südafrika und Südamerika (Brasilien)***
LÄNGE: ***1 m***
Mesosaurus war das erste Reptil, das zum aquatischen Leben zurückkehrte. Es war dem neuen Milieu in vielfacher Hinsicht angepaßt: Der lange Schwanz war seitlich abgeplattet und trug wahrscheinlich oberwie unterseits auf ganzer Länge einen Flossensaum. Die Hinterbeine waren lang, die Zehen desgleichen und wahrscheinlich durch Schwimmhäute miteinander verbunden. Die Vorderbeine waren kürzer, verfügten aber wahrscheinlich auch über Schwimmhäute. Das Tier bewegte sich mit Hilfe des Schwanzes und der Hinterbeine vorwärts, während die Vorderbeine über die Richtung und die Körperlage bestimmten.
Mesosaurus war aufgrund seiner flexiblen Wirbelsäule nach beiden Seiten sehr beweglich. Eine Verwindung des Körpers war allerdings nicht möglich. Die stark verdickten Rippen stellten eine Form der Anpassung an das Leben im Wasser dar, wie sie auch bei den heutigen Seekühen zu beobachten ist.
Der Kopf von *Mesosaurus* war lang und schlank; die Nasenlöcher standen hoch oben an der Schnauze, unweit der Augen. Das Tier brauchte daher seinen Kopf nur geringfügig aus dem Wasser zu heben, um sehen und atmen zu können. Die langen Kiefer trugen eine eindrucksvolle Reihe langer, sehr schlanker Zähne. Jeder befand sich in einer eigenen Zahntasche – ein Merkmal fleischfressender Lebewesen. Zum Packen von Beutetieren waren die Zähne allerdings zu dünn. Sie dienten statt dessen wahrscheinlich eher als eine Art Reuse, mit der *Mesosaurus* kleine, garnelenartige Tiere aus dem Wasser filtern konnte.
Die stammesgeschichtliche Bedeutung von *Mesosaurus* beruht nicht so sehr auf seiner Anpassung an die aquatische Lebensweise, als vielmehr auf seiner geographischen Verbreitung. *Mesosaurus*-Fossilien wurden nämlich sowohl in Südafrika als auch im östlichen Südamerika gefunden und dienen daher als Beweis für die Kontinentalverschiebung (vgl. S. 10–11). Es ist kaum vorstellbar, daß ein solches Tier den Südatlantik durchschwommen hat. Die einzige Erklärung für das merkwürdige Verbreitungsbild ist, daß die beiden Südkontinente sich zu jener Zeit, da *Mesosaurus* lebte, noch nicht voneinander getrennt hatten.

Schildkröten

MEIOLANIA
ARCHELON
PALAEOTRIONYX

Schildkröten

Ordnung Chelonia

Die Schildkröten unterscheiden sich von allen anderen Reptilien dadurch, daß ihr Körper mit Ausnahme des Kopfes, des Schwanzes und der Beine von einem Panzer bedeckt ist. Viele Arten können Kopf und Beine in den Panzer zurückziehen und sind damit rundum geschützt.
Schon die frühesten Schildkröten aus der Obertrias hatten einen Panzer. In der Tat haben sich unsere Schildkröten seit 200 Millionen Jahren kaum verändert.
Wie andere *Anapsida* (s. S. 62–65) haben die Schildkröten einen soliden Schädel ohne Schläfenfenster, gerade nur mit den Öffnungen für die Augen und Nasenlöcher. Es liegt daher nahe, sie in die Unterklasse der *Anapsida* zu stellen, doch vertreten einige Paläontologen die Ansicht, ihre Anatomie sei so spezialisiert und ihre Lebensweise so unterschiedlich, daß man sie in eine eigene Unterklasse *(Testudinata)* stellen sollte.
Die 230 heute noch lebenden Schildkrötenarten gliedern sich in zwei Unterordnungen. Man unterscheidet sie durch die Art und Weise, wie die Tiere ihren Kopf in die Schale zurückziehen: Entweder beugen sie ihn seitwärts *(Pleurodira)*, oder sie ziehen ihn gerade zurück *(Cryptodira)*. Die Angehörigen einer dritten Unterordnung *(Proganochelydia)* sind heute alle ausgestorben. Zu ihnen gehörten ursprünglich die Vorfahren der heutigen Schildkröten.

Unterordnung Proganochelydia

Die *Proganochelydia* waren landbewohnende, gepanzerte Reptilien, deren Entwicklung vor ungefähr 215 Millionen Jahren, in der Obertrias, begann und sehr wahrscheinlich der Ausgangspunkt für die Evolution der heutigen Schildkröten war. Die Vorfahren der *Proganochelydia* sind unbekannt. Die meisten Paläontologen meinen, man müsse sie unter den frühen Anapsiden suchen, möglicherweise unter den Captorhiniden (s. S. 62–65).

Familie Proganochelyidae

Die meisten frühen Schildkröten gehören zu dieser Familie und gehen auf die Obertrias zurück. Die besterhaltenen Skelette wurden in Deutschland gefunden; andere stammen aus Südostasien, Nordamerika und Südafrika. Viele charakteristische Merkmale moderner Schildkröten waren schon in diesem frühen Stadium vorhanden.

Name: ***Proganochelys***
Zeitliche Verbreitung: **Obertrias**
Geographische Verbreitung: **Europa (Deutschland)**
Länge: **1 m**

Die Urschildkröte *Proganochelys* zeigte bereits die typische Form und wichtige Merkmale späterer Arten und sah einer heutigen Landschildkröte bemerkenswert ähnlich. Allerdings konnte sie Kopf, Schwanz und Beine noch nicht unter den Panzer zurückziehen.
Der Körper war kurz und breit. Die Rükkenwirbelsäule bestand aus nur zehn Wirbeln. (Auch dieses Merkmal finden wir bei den modernen Schildkröten.) Der kurze Hals von *Proganochelys* bestand aus nur acht Wirbeln. Kopf und Hals trugen auf der Außenseite Knochendornen.
Proganochelys hatte einen breiten, gewölbten Rückenpanzer *(Carapax)* und einen flachen Bauchpanzer *(Plastron)*. Insgesamt bestand der Panzer aus ungefähr 60 verschiedenen Knochenplatten, die fest mit den darunterliegenden Wirbeln und Rippen verwachsen waren. Ihre Anordnung entsprach im wesentlichen der bei den heutigen Schildkröten, nur säumte *Proganochelys'* Panzerrand noch eine zusätzliche Reihe von Schilden. Sie standen etwas vor und boten den Beinen einen gewissen Schutz.
Beim lebenden Tier waren die Knochenplatten vollständig mit weichen Hornplatten aus Schildpatt bedeckt – jenem Material, aus dem Kämme und Brillengestelle hergestellt werden. Die Hornsubstanz bleibt fossil jedoch nicht erhalten; lediglich Spuren auf den Knochen verraten ihre ehemalige Anwesenheit.
Die einzigen Zähne im Maul von *Proganochelys* standen auf dem Gaumen. Sonst besaß das Tier den typischen zahnlosen Hornschnabel der modernen Schildkröten und ernährte sich wie diese aller Wahrscheinlichkeit nach von niedriger Vegetation.

Unterordnung Pleurodira

Einige Arten aus dieser Gruppe wasserbewohnender Schildkröten überlebten bis auf den heutigen Tag. Man bezeichnet sie als »Halswender«, weil sie ihren Hals seitlich in den Panzer einlegen, eine Bewegung, die ihnen durch Gelenke in der Halswirbelsäule ermöglicht wird.
Die *Pleurodira* gehen auf den Jura zurück und waren einst in den Flüssen und Seen der Welt weit verbreitet. Heute umfaßt die Unterordnung nur mehr 49 Arten in zwei Familien, den *Pelomedusidae* (s. u.) und den *Chelidae*, deren Verbreitung sich auf die Süßwassergebiete der Südkontinente beschränkt.

Familie Pelomedusidae

Diese Familie war die artenreichste während der Oberkreide und des Alttertiärs. Heute leben noch 19 Arten in Flüssen und Seen des tropischen Afrika, Madagaskars und Südamerikas.

Name: ***Stupendemys***
Zeitliche Verbreitung: **Unteres Pliozän**
Geographische Verbreitung: **Südamerika (Venezuela)**
Länge: **2 m**

Diese Schildkröte, die vor ungefähr drei Millionen Jahren ausstarb, war die größte Süßwasserschildkröte aller Zeiten. Keine moderne Verwandte erreicht auch nur annähernd ihre Maße. Die längste heutige Art aus dieser Gruppe ist die Arrau-Schildkröte *(Podocnemis expansa)* des Orinoco- und Amazonasgebiets, die jedoch nur 75 cm lang wird.
Der schwere Panzer von *Stupendemys* war enorm breit und über 1,8 m lang. Mit seinem Gewicht vermochte das Tier vermutlich lange Zeit unter Wasser zu bleiben, um dort die großen Mengen an Wasserpflanzen zu verzehren, die es für die Aufrechterhaltung seiner Körperfunktionen brauchte.

Unterordnung Cryptodira

Die *Cryptodira* waren die erfolgreichste Schildkrötengruppe; auch die Mehrzahl der heute noch existierenden Arten gehört zu ihnen. Viele Arten können ihren Kopf in den Panzer zurückziehen, weil die Halswirbelsäule eine senkrechte, S-förmige Biegung durchführt. Auf deutsch nennt man die Tiere auch »Halsberger«.
Die *Cryptodira* entwickelten sich zeitgleich mit den *Pleurodira* im Jura. Gegen Ende dieser Periode bevölkerte eine enorme Artenvielfalt die Flüsse, Seen und Meere der Welt, während die *Pleurodira* weitgehend verdrängt waren. Auf dem Land entwickelte sich eine Vielzahl neuer Formen.

Familie Meiolaniidae

Die Landschildkröten dieser Familie traten in der Oberkreide auf und starben erst vor relativ kurzer Zeit aus, nämlich im Pleistozän, vor weniger als 2 Millionen Jahren. Zwar konnten sie ihren Kopf

nicht unter den Panzer zurückziehen, waren aber in anderer Hinsicht gut geschützt.

NAME: ***Meiolania***
ZEITLICHE VERBREITUNG: ***Pleistozän***
GEOGRAPHISCHE VERBREITUNG: ***Australien (Queensland) und Ozeanien (Neukaledonien und Lord-Howe-Insel)***
LÄNGE: ***2,5 m***
Abgesehen von der Körpergröße war der »Kopfschmuck« das bemerkenswerteste Merkmal dieser gut gepanzerten Schildkröte. Zwei der markanten Knochendornen ragten seitwärts hervor, so daß der Kopf eine Gesamtbreite von 60 cm erreichte. Aufgrund dieser Stacheln war es *Meiolania* vermutlich nicht möglich, bei einem Angriff den Kopf unter den Panzer zurückzuziehen. Geschützt waren jedoch der Rücken und der von gepanzerten Knochenringen umgebene Schwanz, der in einer stacheligen Keule endete.

Familie Testudinidae
Auch die heutigen Landschildkröten gehören zu dieser Familie, die sich als die erfolgreichste der *Cryptodira* erwies. Sie trat erstmals während des Eozäns, vor ungefähr 50 Millionen Jahren, auf und blieb seither praktisch unverändert.
Alle Landschildkröten haben einen hochgewölbten Rückenpanzer, unter dem der lange Darm für die Verdauung der Pflanzennahrung Platz findet. Der Panzer bietet einen vollständigen Schutz, weil das Tier auch seinen Kopf und die elefantenartigen Füße darunter verbergen kann.

NAME: ***Testudo atlas***
ZEITLICHE VERBREITUNG: ***Pleistozän***
GEOGRAPHISCHE VERBREITUNG: ***Asien (Indien)***
LÄNGE: ***2,5 m***
Die ausgestorbene *Testudo atlas* war die größte Landschildkröte aller Zeiten. Gelegentlich wird sie auch unter dem Gattungsnamen *Colossochelys* (wörtlich übersetzt: »kolossaler Panzer«) geführt. Sie wog ungefähr 4 t. Regelrechte Elefantenbeine trugen den massiven, schwer gepanzerten Körper. Sohlenpolster an den Füßen sorgten dafür, daß das Gewicht gleichmäßig über die fünf, mit schweren Nägeln versehenen Zehen verteilt wurde. In der äußeren Form erinnern diese Beine tatsächlich an die der Elefanten.
Testudo atlas ernährte sich wahrscheinlich – wie die meisten modernen Verwandten – ausschließlich von Pflanzen. (Einige Schildkröten verzehren auch Schnecken, Würmer, Aas und Kot.) Das gewaltige Tier konnte seine Futterpflanzen abweiden, ohne Furcht vor Feinden haben zu müssen. Wenn es ein Räuber wie der Säbelzahntiger doch einmal versuchte, so brauchte *Testudo atlas* bloß die Beine und den Kopf unter den Panzer zurückzuziehen und war damit unangreifbar. Es war sogar unmöglich, das Tier auf den Rücken zu werfen.
Das moderne Gegenstück zu dieser ausgestorbenen Art ist die Galapagos-Riesenschildkröte *(Geochelone elephantopus)*. Die Art wird aber nur 1,2 m lang und erreicht lediglich ein Gewicht von 225 kg.

Familie Protostegidae
Zu den Protostegiden gehörten einige der spektakulärsten Meeresschildkröten aller Zeiten. Die Familie lebte bis in die Oberkreide und starb dann aus.
Zu jener Zeit hatten die Protostegiden die beiden Hauptmerkmale entwickelt, die alle Meeresschildkröten von ihren Verwandten auf dem Land und im Süßwasser unterscheiden. Da es im Meer weniger Räuber gab, erübrigte sich eine starke Rückenpanzerung. Sie wurde erheblich leichter, wodurch die Tiere insgesamt mehr Bewegungsspielraum gewannen. Die Finger und Zehen der Vorder- und Hintergliedmaßen verlängerten sich und wurden zu breiten Schwimmflossen umgewandelt.
Heute gibt es nur noch sieben Arten von Meeresschildkröten, die sich auf zwei Familien verteilen. Sie sind ausnahmslos in ihrem Bestand bedroht, weil der Mensch ihre Lebensräume verändert oder zerstört, insbesondere die Strände, an denen die Tiere ihre Eier ablegen. Die bekanntesten Arten sind die Suppenschildkröte *(Chelonia mydas)* und die Karettschildkröte *(Eretmochelys imbricata)*. Beide kommen in warmen Meeren vor. Keine Meeresschildkröte kann übrigens ihren Kopf und ihre Beine unter den Panzer zurückziehen. Auch ihre ausgestorbenen Vorfahren waren dazu nicht imstande.

NAME: ***Archelon***
ZEITLICHE VERBREITUNG: ***Oberkreide***
GEOGRAPHISCHE VERBREITUNG: ***Nordamerika (Kansas und South Dakota)***
LÄNGE: ***3,7 m***
Diese riesenhafte Schildkröte aus den kreidezeitlichen Meeren besaß nicht den schweren, vielteiligen Panzer ihrer Verwandten auf dem Festland und im Süßwasser. Statt dessen war der Panzer von *Archelon* auf eine Reihe von Querverstrebungen reduziert, die den knöchernen Rippen entsprangen und höchstwahrscheinlich nicht von den üblichen Hornplatten, sondern von einer dicken, ledrigen Haut überzogen waren, wie sie in ähnlicher Form bei der heutigen Lederschildkröte anzutreffen ist.
Die Gliedmaßen von *Archelon* waren zu breiten Paddeln umgebaut, mit deren Hilfe die Tiere schnell vorwärtskamen – vergleichbar den Pinguinen mit ihren umgebauten Flügeln. Die Vordergliedmaßen von *Archelon* waren am stärksten und sorgten somit wohl für den Hauptantrieb.
Archelon ernährte sich wahrscheinlich wie die heutige Lederschildkröte *(Dermochelys coriacea)* überwiegend von Quallen, denen die Tiere mit ihren schwachen, zahnlosen Kiefern gut beikamen.

Familie Trionychidae
Diese Familie von Weichschildkröten erschien im Oberjura zusammen mit den Meeresschildkröten. Es handelte sich um eine frühe Gruppe spezialisierter *Cryptodira*, deren relativer Erfolg sich daran ermessen läßt, daß heute noch 30 Arten in den Binnengewässern Nordamerikas, Afrikas und Asiens existieren.
Die Panzer der Trionychiden sind flach und rund und haben den Hornüberzug verloren, der bei anderen Schildkröten die darunterliegenden Knochenplatten schützt. Statt dessen wird die Schale von einer ledrigen Haut überzogen.

NAME: ***Palaeotrionyx***
ZEITLICHE VERBREITUNG: ***Paläozän***
GEOGRAPHISCHE VERBREITUNG: ***Westliches Nordamerika***
LÄNGE: ***45 cm***
Die ausgestorbene Süßwasser-Schildkröte *Palaeotrionyx* war eine spezialisierte Art der *Cryptodira*. Im Gegensatz zu den meisten Verwandten hatte sie einen langen, beweglichen Hals und dreizehige Gliedmaßen.
Palaeotrionyx ähnelte in Aussehen und Lebensweise wahrscheinlich ihren heute noch lebenden Nachfahren aus der in Nordamerika und Afrika verbreiteten Gattung *Trionyx* (Lippen-Weichschildkröte). Wie diese fraß sie wahrscheinlich alles Mögliche, angefangen von Wasserpflanzen bis zu Insekten, Weichtieren, Krebstieren und sogar kleinen Fischen.

Placodontier und Nothosaurier

CERESIOSAURUS

PISTOSAURUS

NOTHOSAURUS

PLACODUS

Placodontier und Nothosaurier

Meeresbewohnende Reptilien
Im Mesozoikum kehrten manche Reptiliengruppen ins Meer zurück und paßten sich der neuen Lebensweise an. Am erfolgreichsten waren die Ichthyosaurier oder Fischsaurier sowie die langhalsigen Plesiosaurier; sie beherrschten die Meere der Welt über einen Zeitraum von mehr als 100 Millionen Jahren.
Die verwandtschaftlichen Beziehungen, die diese meeresbewohnenden Reptilien mit anderen Reptiliengruppen verbanden, sind bis heute nicht geklärt. Selbst darüber, wie sie sich zueinander verhielten, wissen wir wenig. Allerdings zeigen sie ein gemeinsames Merkmal, das es erlaubt, sie in einer Gruppe zusammenzufassen: Sie haben im Schädel hinter den Augen und unter der Stirn zwei Paar Schläfenfenster.
Es gibt vier unterschiedliche Typen von Meeresreptilien, die sich unterschiedlich stark an das Leben im Meer angepaßt haben. Am wenigsten spezialisiert sind die Placodontier aus der Trias (s. u.). Die Nothosaurier, ebenfalls aus der Trias, waren stärker an das Leben im Wasser angepaßt, und ihre Verwandten, die Plesiosaurier, beherrschten im Jura und in der Kreide die Hochsee (vgl. S. 74–77). Zur selben Zeit lebten auch die Fischsaurier, die wir als die höchstspezialisierte Gruppe der meeresbewohnenden Reptilien bezeichnen können (s. S. 78–81).

Ordnung Placodontia
Die *Placodontia* waren die am wenigsten spezialisierten Schwimmer unter den meeresbewohnenden Reptilien. Sie traten in der Trias auf den Plan und starben noch in derselben Periode aus. Im gleichen Zeitraum, der ungefähr 35 Millionen Jahre umfaßte, entwickelten sich zahlreiche Arten, von denen sich jedoch keine an das Leben auf der Hochsee anpaßte. Sie zogen die seichten Küstengewässer der Tethys vor, die sich damals zwischen der nördlichen Laurasia und dem südlichen Gondwanaland erstreckte (s. S. 10–11). Viele Placodontier trugen auf Rücken und Bauch schildkrötenartige Panzer.

Familie Placodontidae
Die Vertreter dieser Reptiliengruppe waren ebenso auf dem Land wie im Wasser zu Hause. Sie hielten sich mit Vorliebe in den Uferzonen flacher Küstengewässer auf und ernährten sich von Muscheln, die sie mit ihren breiten Zähnen zermalmten.

NAME: ***Placodus***
ZEITLICHE VERBREITUNG: ***Unter- bis Mitteltrias***
GEOGRAPHISCHE VERBREITUNG: ***Europa (Deutschland, Alpen)***
LÄNGE: ***2 m***
Der Schädel von *Placodus* beweist, daß sich das Tier in seiner Ernährungsweise spezialisiert hatte: Die Zähne waren an eine Muscheldiät angepaßt. Mit einer Reihe stumpfer Zähne vorne am Kiefer rupfte *Placodus* Muscheln und Armfüßer von den Felsen. Die rückwärtigen, auch auf dem Gaumen befindlichen Zähne, waren breit und flach; mit ihnen zermalmte *Placodus*, der auch als »Pflasterzahnsaurier« bezeichnet wird, die hartschaligen Beutetiere.
Für die Bewegung dieser eindrucksvollen Zahnbatterie sorgten kräftige Kiefermuskeln, die durch die Schläfenfenster zu beiden Seiten des Schädels zogen und damit größere Beißkraft entwickelten.
Einige moderne Haie wie der Stierkopfhai *(Heterodontus)* ernähren sich ebenfalls von hartschaligen Tieren – wie Weichtieren, Krebstieren und Seeigeln – und zeigen ganz ähnliche Zahnformen. Die Ähnlichkeit ist so frappierend, daß die Paläontologen die fossilen Zähne von *Placodus* zunächst für die eines Hais hielten.
Placodus war an das Leben im Wasser noch kaum angepaßt. Der Körper war gedrungen, der Hals kurz, und die Gliedmaßen erinnerten an die Extremitäten der frühen landbewohnenden Reptilien. Wie bei allen Placodontiern war die Körperunterseite durch Bauchrippen gut geschützt. Eine Reihe von Knochenhöckern stand auf der Rückenlinie und schützte die darunterliegende Wirbelsäule. Bei späteren Placodontiern war die Panzerung des Körpers erheblich stärker ausgebildet (s. u.).

Familie Cyamodontidae
Die *Cyamodontidae* entwickelten auf dem Rücken einen schildkrötenartigen Panzer. Sie erschienen in der Mitteltrias und verschwanden gegen Ende jener Periode. Besser als *Placodus* waren diese gepanzerten Placodontier an das Leben im Wasser angepaßt. Sie sahen aus wie heutige Schildkröten und verhielten sich auch ähnlich wie diese, obwohl sie nicht näher mit ihnen verwandt waren – erneut ein Beispiel für konvergente Evolution.

NAME: ***Placochelys***
ZEITLICHE VERBREITUNG: ***Mittel- bis Obertrias***
GEOGRAPHISCHE VERBREITUNG: ***Europa (Deutschland)***
LÄNGE: ***90 cm***
Das verhältnismäßig kleine Reptil war gut an das Leben im Wasser angepaßt. Der schildkrötenartige Körper war breit und flach; die den Rücken bedeckenden Knochenplatten bildeten einen richtigen Panzer. Der Schwanz war kurz, die Gliedmaßen waren zu langen Schwimmpaddeln umgebaut.
Der Kopf indessen verriet den spezialisierten Schaltierfresser: Die hervortretenden Frontzähne von *Placodus* fehlten. An ihre Stelle war ein zahnloser Hornschnabel getreten, der jedoch nach wie vor stark genug war, um Schaltiere von den Felsen zu rupfen. Wie *Placodus* besaß das Tier starke Kiefermuskeln und Mahlzähne zum Zerkleinern der Muscheln und Armfüßer.

Familie Henodontidae
Diese gepanzerten Placodontier entwickelten sich in der Obertrias. Die Ähnlichkeit mit Schildkröten, die bei den Cyamodontiden begonnen hatte, erreichte hier ihre stärkste Ausprägung. Die *Henodontidae* schützten Rücken und Bauch mit einem großen, knöchernen Panzer. Sie ersetzten die Zähne weitgehend durch einen Hornschnabel, wie man ihn in ähnlicher Form bei den heutigen Schildkröten beobachten kann.

NAME: ***Henodus***
ZEITLICHE VERBREITUNG: ***Obertrias***
GEOGRAPHISCHE VERBREITUNG: ***Europa (Deutschland)***
LÄNGE: ***1 m***
Der Körper von *Henodus* war ebenso breit wie lang und äußerlich geformt wie der einer heutigen Schildkröte. Rücken und Bauch waren von einem unregelmäßigen Mosaik vieleckiger Knochenplatten bedeckt. Sie bildeten einen Panzer, der das Tier vor Angriffen anderer meeresbewohnender Reptilien wie der Fischsaurier schützte.
Der Panzer von *Henodus* setzte sich aus erheblich mehr einzelnen Platten zusammen als der der heutigen Schildkröten, war aber ebenfalls vollständig bedeckt mit

Hornplatten.
Der Kopf von *Henodus* zeigt eine merkwürdige viereckige Grundform. Auf den Kiefern standen nur mehr vier Zähne. Dafür verfügte *Henodus* wie die modernen Schildkröten über einen Hornkiefer, mit dem er Schaltiere von der Unterlage abriß und zermalmte.

Ordnung unsicher
Die Claudiosaurier waren meeresbewohnende Reptilien, die sich im Oberperm entwickelten. Ihre Stellung im System ist ungewiß. Vielleicht stellen sie eine Übergangsgruppe zwischen den landbewohnenden *Eosuchia* (s. S. 85) und späteren, höherentwickelten Nothosauriern (s. u.) und Plesiosauriern dar.
Bis heute wurde nur eine Gattung gefunden, ein halb auf dem Land und halb im Wasser lebendes, echsenartiges Tier, das den Namen *Claudiosaurus* erhielt. Es bildet eine eigene Familie, die *Claudiosauridae*.

NAME: ***Claudiosaurus***
ZEITLICHE VERBREITUNG: ***Oberperm***
GEOGRAPHISCHE VERBREITUNG: ***Madagaskar***
LÄNGE: ***60 cm***
Claudiosaurus war ein echsenähnliches Tier mit langem Hals. Seine Lebensweise dürfte vergleichbar gewesen sein mit der der heutigen Meerechse auf den Galapagos-Inseln. *Claudiosaurus* verbrachte wahrscheinlich viel Zeit auf besonnten Küstenfelsen, um seinen Körper für die Nahrungssuche aufzuwärmen. Er ernährte sich vermutlich unter Wasser, wo er mit dem kleinen, beweglichen Kopf zwischen Tangen nach eßbaren Tieren und Pflanzen stöberte.
Das Skelett von *Claudiosaurus* enthielt ziemlich viel Knorpel. Das deutet darauf hin, daß sich das Tier im Wasser auf den Auftrieb verließ. Das Brustbein war weder gut entwickelt noch verknöchert wie bei echten landbewohnenden Tieren, bei denen es in Anpassung an die Fortbewegungsart die Rippen verbindet.

Ordnung Nothosauria
Wie die Placodontier entwickelten sich die Nothosaurier in der Trias und starben am Ende dieser Periode aus. Einige Paläontologen vertreten die Ansicht, es handele sich bei ihnen um eine Zwischenstufe zwischen den landbewohnenden Reptilien und den wasserbewohnenden Plesiosauriern. Bestimmte Merkmale im Gaumen und im Schultergürtel beweisen jedoch, daß die Nothosaurier keine direkten Vorfahren der Plesiosaurier waren, sondern eher einen Seitenzweig darstellten, der auf die gleichen Vorfahren zurückgeht.

Familie Nothosauridae
Die Nothosaurier umfassen mehrere Familien. Die bestbekannten Vertreter gehören zur Familie *Nothosauridae*. Man hat ihre fossilen Reste in unter- bis obertriassischen Meeressedimenten Europas und Asiens gefunden.

NAME: ***Nothosaurus***
ZEITLICHE VERBREITUNG: ***Unter- bis Obertrias***
GEOGRAPHISCHE VERBREITUNG: ***Asien (China, Israel und UdSSR), Europa (Deutschland, Niederlande und Schweiz) und Nordafrika***
LÄNGE: ***3 m***
Dieser typische Nothosaurier lebte wahrscheinlich ähnlich wie die heutigen Robben. Er fischte im Meer und erholte sich an Land. Die Füße hatten fünf lange Zehen, und einige sehr gut erhaltene Fossilien zeigen, daß sie durch Schwimmhäute verbunden waren. Körper, Hals und Schwanz waren lang und biegsam. Die Länge der Wirbelfortsätze des Schwanzes deuten darauf hin, daß wahrscheinlich ein Flossensaum als Schwimmhilfe diente.
Die langen, schmalen, mit scharfen, ineinandergreifenden Zähnen besetzten Kiefer von *Nothosaurus* waren eine äußerst wirksame Fischfalle.

NAME: ***Lariosaurus***
ZEITLICHE VERBREITUNG: ***Mitteltrias***
GEOGRAPHISCHE VERBREITUNG: ***Europa (Spanien)***
LÄNGE: ***60 cm***
Lariosaurus gehörte zu den kleineren Nothosauriern (die kleinsten wurden nur 20 cm lang) und war durch eine Reihe primitiver Merkmale gekennzeichnet, unter anderem durch einen kurzen Hals und kurze Zehen, die die Ausbildung größerer Schwimmhäute verhinderten. *Lariosaurus* hielt sich wohl überwiegend im Küstenbereich: Er schritt entweder am Ufer entlang oder paddelte auf der Suche nach kleinen Fischen und Krebstieren im küstennahen Flachwasser umher.

NAME: ***Ceresiosaurus***
ZEITLICHE VERBREITUNG: ***Mitteltrias***
GEOGRAPHISCHE VERBREITUNG: ***Europa***
LÄNGE: ***4 m***
Die Füße von *Ceresiosaurus*, die die der meisten anderen Nothosaurier längenmäßig weit übertrafen, waren zu paddelähnlichen Flossen umgebildet und wiesen mehr Fingerglieder pro Zehe auf als üblich – ein Phänomen, das man als Hyperphalangie bezeichnet. Die Flossen dienten als Antriebsorgane beim Schwimmen und waren Vorläufer der ruderähnlichen Gliedmaßen, wie sie nur von den fortgeschrittenen schwimmenden Plesiosauriern des Jura (s. S. 74–77) bekannt sind.
Ceresiosaurus schwamm durch schlängelnde Bewegungen seines langen, biegsamen Körpers. Die Knochen der Vorderbeine waren kräftiger gebaut als die der Hinterbeine, ein Hinweis darauf, daß die Vorderflossen beim Schwimmen und Steuern eine größere Rolle spielten.

Familie Pistosauridae
Das einzige Mitglied dieser Familie verrät enge Beziehungen zu den Nothosauriern und den Plesiosauriern. Der überwiegende Teil des *Pistosaurus*-Skeletts entspricht einem typischen Nothosaurier, doch zeigt der Schädel zahlreiche Merkmale der Plesiosaurier.

NAME: ***Pistosaurus***
ZEITLICHE VERBREITUNG: ***Mitteltrias***
GEOGRAPHISCHE VERBREITUNG: ***Europa (Frankreich und Deutschland)***
LÄNGE: ***3 m***
Das meeresbewohnende Reptil stellt ein Übergangsstadium zwischen den Nothosauriern und den Plesiosauriern dar, denn es wies Merkmale beider Gruppen auf. Der Schädel erinnerte an die Plesiosaurier, doch war der Gaumen noch ausgebildet wie bei den Nothosauriern. Der Körper entsprach generell eher dem eines Nothosauriers; die steife Wirbelsäule hingegen paßte besser zu einem Plesiosaurier, welcher sich vorwiegend mit Hilfe der paddelähnlichen Gliedmaßen vorwärtsbewegte. Dies stand wieder im Gegensatz zur Schwimmtechnik der Nothosaurier und anderer früher meeresbewohnender Reptilien, die vor allem durch schlängelnde Bewegungen des Körpers und des Schwanzes vorwärtsgetrieben wurden.
Pistosaurus war mit seinen scharfen, zugespitzten Zähnen wahrscheinlich ein effizienter Fischfresser – ein Merkmal, das ihn mit Nothosauriern und Plesiosauriern verband.

Meeresbewohnende Reptilien

CRYPTOCLEIDUS
LIOPLEURODON
MURAENOSAURUS

Meeresbewohnende Reptilien

Ordnung Plesiosauria
Die bedeutendsten meeresbewohnenden Reptilien des Mesozoikums waren die Plesiosaurier. Einige Arten erreichten eine Länge von 14 m. Die Gliedmaßen waren zu langen, paddelförmigen Flossen umgebaut. Die Finger und Zehen bestanden nicht aus fünf oder weniger, sondern aus bis zu zehn Knochen. Der Körper war gedrungen, der Schwanz kurz.
Früher glaubte man, die Plesiosaurier hätten ihre paddelförmigen Gliedmaßen wie Ruder verwendet. Einer jüngeren Theorie zufolge bewegten sie sie aber wie Vogelflügel auf und ab. Mit ihren abgerundeten Vorder- und den sich stark verjüngenden Hinterkanten – einer Form, die mit Pinguinflügeln oder den Gliedmaßen der Meeresschildkröten vergleichbar ist –, waren die Flossen wie Tragflächen gebaut.
Die Spezialisierung der Gliedmaßen bei den Plesiosauriern machte auch Änderungen im Schultergürtel erforderlich, dessen Struktur innerhalb dieser Gruppe mariner Reptilien einmalig ist. Schulterblatt und Hüftknochen bildeten je eine massive, breite Platte. Die mächtigen Muskeln der Extremitäten hatten ihre Ansatzstellen auf diesen Knochenplatten. Eine dichtgedrängte Reihe von Bauchrippen verband die Knochen des Schulter- und des Beckengürtels auf der Unterseite. Dadurch bildete der Körper eine ziemlich steife, feste Struktur, die den Paddeln beim Schwimmen Halt bot.
Ähnlich wie die knöchernen Bauchplatten der Meeresschildkröten, so hatten auch die Bauchrippen der Plesiosaurier eine besondere Funktion: Sie schützten die Körperunterseite der Weibchen, die zur Eiablage mühselig an Land kriechen mußten und sich dabei mit ihren Schwimmpaddeln voranschoben.
Es gibt keine Beweise dafür, daß die Plesiosaurier lebende Junge gebaren wie die Fischsaurier (s. S. 78–81). Wahrscheinlich hoben sie wie die heutigen Meeresschildkröten Gruben im Sand aus und legten ihre Eier hinein. Die Plesiosaurier verhielten sich wegen ihrer langen Hälse an Land noch ungeschickter als die Schildkröten und waren daher bei der Eiablage sehr verwundbar – ähnlich wie ihre Jungen auf dem langen Weg vom Ort des Schlüpfens zum Meer.
Die Vorfahren der Plesiosaurier sind uns nicht bekannt. Die Paläontologen gehen normalerweise davon aus, daß sie sich direkt aus einem der wohlbekannten Nothosaurier entwickelten. Als wahrscheinlichster Kandidat gilt heute der mitteltriassische *Pistosaurus* (s. S. 73). Sein Skelett vermittelt zwischen den beiden Gruppen: Er hatte den Körper eines Nothosauriers und den Schädel eines Plesiosauriers.
Man unterscheidet bei den Plesiosauriern zwei größere Gruppen (Überfamilien), deren Vertreter sich hinsichtlich der Länge ihrer Hälse und in ihren Ernährungsgewohnheiten unterscheiden. Die *Plesiosauroidea* hatten einen langen Hals und einen kurzen Kopf und ernährten sich von kleineren Beutetieren. Die *Pliosauroidea* hatten dagegen kurze Hälse und breite Köpfe und konnten größere Beutetiere verschlucken. Damit machten sich die beiden Gruppen wahrscheinlich keine Konkurrenz, obwohl sie viele Jahrmillionen lang sowohl nebeneinander als auch in Gemeinschaft mit den Fischsauriern (s. S. 78–81) lebten. Die *Plesiosauroidea* und die *Pliosauroidea* lebten bis zum Ende der Kreidezeit.

Überfamilie Plesiosauroidea
Die frühen Angehörigen dieser Gruppe bildeten den Ausgangspunkt für die Entwicklung aller übrigen Plesiosaurier. Die Gruppe trat zum erstenmal im Unterjura auf und erfreute sich während der gesamten Periode einer Blütezeit. Eine Familie, die *Elasmosauridae* (s. u.), hielten sich bis zum Ende der Kreidezeit und waren damit die letzten Überlebenden dieser Gruppe.
Eine allgemeine Tendenz bei den verschiedenen Plesiosaurierfamilien war die Herausbildung immer längerer Hälse und Gliedmaßen. Sie erreichte bei einigen späteren Formen extreme Ausmaße: Bei manchen Arten waren die Hälse so lang wie Körper und Schwanz zusammengenommen. Die Vordergliedmaßen waren stets etwas größer als die Hintergliedmaßen.
Die *Plesiosauroidea* ernährten sich von mittelgroßen Fischen und Tintenfischen. Sie konnten ihre Köpfe hoch über die Wasseroberfläche hinausstrecken, um nach Beutetieren Ausschau zu halten.

NAME: ***Plesiosaurus***
ZEITLICHE VERBREITUNG: ***Unterjura***
GEOGRAPHISCHE VERBREITUNG: ***Europa (England und Deutschland)***
LÄNGE: ***2,3 m***
Die Plesiosaurier haben sich in den 135 Millionen Jahren ihrer Existenz nur wenig verändert. Der früheste Angehörige dieser Gruppe, *Plesiosaurus*, verfügte bereits über alle wichtigen Merkmale der Gruppe.
Man kennt mehrere Arten der Gattung *Plesiosaurus*. Der auf S. 74 abgebildete *Plesiosaurus macrocephalus* beispielsweise hatte einen breiteren Kopf als die meisten übrigen Arten.
Der Körperbau der Plesiosaurier verrät weniger den schnellen als den gewandten Schwimmer. Bei der Jagd auf Fische mußten die Tiere genaue, gut koordinierte Bewegungen durchführen können. Mit entgegengesetzten Bewegungen der Flossen auf beiden Seiten des Körpers konnten sich die Tiere zum Beispiel fast auf der Stelle um die eigene Achse drehen. Der lange Hals schoß dann wie ein Pfeil durchs Wasser und wurde selbst schnell schwimmenden Beutetieren zum Verhängnis.

NAME: ***Cryptocleidus***
ZEITLICHE VERBREITUNG: ***Oberjura***
GEOGRAPHISCHE VERBREITUNG: ***Europa (England)***
LÄNGE: ***4 m***
Cryptocleidus und weitere Angehörige der Familie behielten den verhältnismäßig kurzen Hals von *Plesiosaurus* bei. Sie entwickelten jedoch zahlreiche scharfe, gekrümmte Zähne, die bei geschlossenem Kiefer einen feinen Seihapparat bildeten. Damit filtrierte die Art allem Anschein nach winzige Fische und Garnelen aus dem Wasser.
Wie andere oberjurassische Plesiosaurier besaß auch *Cryptocleidus* in jedem der fünf Finger mehr Knochen als die landbewohnenden Reptilien, wodurch die Bildung langer, flexibler »Paddeln« erleichtert wurde.

NAME: ***Muraenosaurus***
ZEITLICHE VERBREITUNG: ***Oberjura***
GEOGRAPHISCHE VERBREITUNG: ***Europa (England und Frankreich)***
LÄNGE: ***6 m***
Die erfolgreichste Familie der Plesiosaurier waren die *Elasmosauridae*, zu denen auch *Muraenosaurus* zählt. Sie entwickelten sich im Mitteljura und lebten bis zum Ende der Kreidezeit. Die Elasmosauriden hatten die längsten Hälse aller Plesiosaurier.
Der Hals von *Muraenosaurus* war so lang wie der Kopf und der Schwanz zusammengenommen und bestand aus 44 Wirbeln. Der Kopf war vergleichsweise klein und umfaßte nur ein Sechzehntel der gesamten Körperlänge.
Der kurze, steife Plesiosaurierrumpf war bei *Muraenosaurus* ziemlich unbeweglich, bildete aber ein gutes Widerlager für die paddelähnlichen Flossen.

NAME: ***Elasmosaurus***
ZEITLICHE VERBREITUNG: ***Oberkreide***
GEOGRAPHISCHE VERBREITUNG: ***Asien (Japan) und Nordamerika (Kansas)***
LÄNGE: ***14 m***
»Schlangen, die durch den Körper von Schildkröten hindurchgefädelt wurden« – diese Beschreibung der langhalsigen Plesiosaurier geht auf Dean Conybeare zurück, einen englischen Paläontologen aus dem 19. Jahrhundert, der bei der Erforschung dieser meeresbewohnenden Reptilien Pionierarbeit leistete. Conybeares Beschreibung paßt besonders auf *Elasmosaurus*, den längsten Vertreter der Familie *Elasmosauridae* und der Plesiosaurier überhaupt. Mehr als die Hälfte der Körperlänge bestand aus Hals: 8 m im Vergleich zur Gesamtlänge von 14 m.
Die Länge des Halses war durch die große Zahl von 71 Wirbeln möglich – weit mehr als bei den frühesten Plesiosauriern, die nur 28 Halswirbel besaßen.
Elasmosaurus konnte mit seinem langen Hals beidseitig nahezu einen Kreis beschreiben, in der Senkrechten aber allenfalls einen Halbkreis. Beim Schwimmen allerdings mußten solche Bewegungen auf großen Wasserwiderstand treffen, weshalb manche Paläontologen die Ansicht vertreten, Reptilien mit derart langem Hals seien an der Oberfläche geschwommen und hätten die Hälse aus dem Wasser gestreckt, um im geeigneten Augenblick mit einer peitschenartigen Bewegung auf das Beutetier herabzustoßen. Der heutige Schlangenhalsvogel jagt auf ganz ähnliche Weise.

Überfamilie Pliosauroidea

Die Pliosaurier traten zusammen mit ihren Vorfahren, den *Plesiosauroidea*, zuerst im Unterjura auf und wurden zu den Tigern der mesozoischen Meere: Sie jagten und überwältigten Haie, große Kalmare, Fischsaurier und selbst ihre Verwandten, die *Plesiosauroidea*. Dazu befähigte sie ein breiter Kopf mit sehr starken Zähnen, Kiefern und Kiefermuskeln. Bei einigen Pliosauriern war der Kopf 3 m lang. Der stromlinienförmige Körper hatte einen verkürzten Hals. Einige Arten verfügten nur noch über 13 Halswirbel, im Gegensatz zu den 28 der ersten Plesiosaurier.

NAME: ***Macroplata***
ZEITLICHE VERBREITUNG: ***Unterjura***
GEOGRAPHISCHE VERBREITUNG: ***Europa (England)***
LÄNGE: ***4,5 m***
Dieser frühe Pliosaurier hatte einen schlanken, krokodilähnlichen Schädel, der verglichen mit frühen Plesiosauriern proportional etwas größer war. Das Tier hatte auch noch einen langen Hals mit 29 leicht verkürzten Wirbeln.
Wie die Plesiosaurier verlängerten auch die Pliosaurier im Laufe der Evolution ihre Gliedmaßen zu Paddeln. Bei den Pliosauriern waren allerdings die hinteren Gliedmaßen länger und kräftiger als die vorderen.

NAME: ***Peloneustes***
ZEITLICHE VERBREITUNG: ***Oberjura***
GEOGRAPHISCHE VERBREITUNG: ***Europa (England und UdSSR)***
LÄNGE: ***3 m***
Obwohl kleiner als *Macroplata*, weist dieser oberjurassische Pliosaurier Fortschritte auf dem Weg zu einer Vergrößerung des Kopfes und einer Verkürzung des Halses auf. Er hatte nur noch 20 Halswirbel, so daß der Kopf ungefähr so lang war wie der Hals.
Mit seinem stromlinienförmigen Körper konnte *Peloneustes* auch schnell schwimmende Beutetiere wie Tintenfische und Ammoniten verfolgen. Die Zähne waren an die spezielle Ernährungsweise angepaßt: Sie waren zwar weniger zahlreich und weniger scharf als bei den fischfressenden Plesiosauriern, dafür aber um so besser zum Festhalten weicher Tintenfischkörper geeignet und immer noch stark genug, um die harten Schalen der Ammoniten aufbrechen zu können.
Der Mageninhalt einiger Pliosaurier ist erhalten geblieben. Den größten Teil der unverdaulichen Bestandteile bilden die Kutikulahaken aus den Saugnäpfen der Tintenfische.

NAME: ***Liopleurodon***
ZEITLICHE VERBREITUNG: ***Oberjura***
GEOGRAPHISCHE VERBREITUNG: ***Europa (England, Frankreich, Deutschland und UdSSR)***
LÄNGE: ***12 m***
Dieser große Pliosaurier war typisch für die späteren Vertreter der Familie. Sein stromlinienförmiger Körper mit dem schweren Kopf und dem dicken Hals erinnert äußerlich entfernt an einen Wal. Die Struktur des Schulter- und Beckengürtels verrät uns, daß *Liopleurodon* im Wasser außerordentlich beweglich war und in allen Tiefen schwimmen konnte.
Die vorderen Flossen wurden wie bei den Plesiosauriern auf und ab bewegt. Mit der Bewegung nach unten wurde das Tier vorwärts getrieben. Die Aufwärtsbewegung erfolgte automatisch und ohne Anstrengung aufgrund der hydrodynamischen Körperform. Der kräftige Rückstoß der Hinterflossen trieb das Tier zusätzlich voran.

NAME: ***Kronosaurus***
ZEITLICHE VERBREITUNG: ***Unterkreide***
GEOGRAPHISCHE VERBREITUNG: ***Australien (Queensland)***
LÄNGE: ***12,8 m***
Der australische *Kronosaurus* ist der größte bekannte Pliosaurier. Sein flacher Schädel war 2,7 m lang. Damit war er deutlich größer und auch kräftiger als der des größten fleischfressenden Dinosauriers, *Tyrannosaurus* (s. S. 118–121).
Während der Trias und des Jura war Australien trockenes Land gewesen. Doch in der Unterkreide überfluteten Flachmeere weite Teile des Kontinents und schufen reiche Fischgründe, in denen *Kronosaurus* und andere kurzhalsige Pliosaurier, die alle recht gute Schwimmer waren, genügend Nahrung fanden.

Meeresbewohnende Reptilien

STENOPTERYGIUS
OPHTHALMOSAURUS
TEMNODONTOSAURUS
EURHINOSAURUS

Meeresbewohnende Reptilien

Ordnung Ichthyosauria
Die Fischsaurier oder Ichthyosaurier waren die am stärksten spezialisierten meeresbewohnenden Reptilien. Ihr Name bedeutet wörtlich übersetzt »Fischechsen« und charakterisiert sie gut, denn sie lebten von Fischen und sahen wie Fische aus, obwohl sie als Reptilien natürlich Luft atmeten. Ihre Körperform ähnelte der einer heutigen Makrele oder eines Thunfischs; die ausgeprägte Stromlinienform erlaubte es ihnen, Geschwindigkeiten von 40 km pro Stunde zu erreichen.
Im Unterschied zu den gleichzeitig lebenden Plesiosauriern (s. S. 74–77) waren die Fischsaurier beim Schwimmen nicht von ihren paddelähnlichen Gliedmaßen abhängig. Sie besaßen vielmehr einen fischähnlichen Schwanz, dessen seitlich schlängelnde Bewegungen für die Hauptantriebskraft sorgten.
Die Fischsaurier waren dem Leben im Meer so sehr angepaßt, daß sie zur Eiablage nicht mehr wie die Meeresschildkröten oder die Plesiosaurier an Land gehen konnten. Sie brachten im Meer lebendige Junge zur Welt. (Zu den bedeutendsten Fossilfunden gehören weibliche Ichthyosaurier, die gerade ihre Jungen zu Welt bringen.)
Als Gruppe besetzten die Fischsaurier die ökologische Nische der heutigen Delphine. Ungefähr 100 Millionen Jahre lang waren sie sehr erfolgreich und wiesen eine weite Verbreitung auf. Seit der Untertrias bewohnten sie die Hochsee, im Jura erlebten sie ihre Blütezeit. Danach ging ihre Vielfalt zurück, und sie starben in der Mittelkreide ganz aus. Ihr Niedergang steht möglicherweise im Zusammenhang mit dem Auftreten der Haie, die zu jener Zeit ihre heutige Form entwickelten. Im Oberen Mesozoikum waren sie die dominierenden Räuber der Meere (vgl. S. 26–29).
Der Ursprung der Fischsaurier liegt im dunkeln. Sicher ist nur, daß sie von landbewohnenden Reptilien und nicht von wasserbewohnenden Formen abstammen.

Familie Shastasauridae
Die Shastasauriden gehören zu den frühesten Fischsauriern. Sie sind hauptsächlich aus nordamerikanischen mitteltriassischen Ablagerungen bekannt. Ältere Typen fand man in der Untertrias Japans und Chinas; sie bewegten sich ähnlich voran wie Aale. Am Ende der Trias jedoch hatten sie die typische Fischform der Ichthyosaurier angenommen und schwammen auch entsprechend.

NAME: ***Cymbospondylus***
ZEITLICHE VERBREITUNG: ***Mitteltrias***
GEOGRAPHISCHE VERBREITUNG: ***Nordamerika (Nevada)***
LÄNGE: ***10 m***
Cymbospondylus gehörte zu den am wenigsten fischähnlichen Ichthyosauriern. Rumpf und Schwanz machten den größten Teil der Körperlänge aus. Weder auf dem Rücken noch am Schwanz waren Flossen ausgebildet wie bei Fischsauriern. Der typische lange Kiefer mit den spitzen Zähnen – das Merkmal eines Fischfressers – war aber bereits vorhanden.
Die Gliedmaßen von *Cymbospondylus* waren kurz und sahen eher aus wie die Flossen eines Fisches als wie die »Paddeln« späterer Fischsaurier. Sie dienten wohl nur zur Steuerung. Für den Hauptantrieb sorgte die seitliche Schlängelbewegung des langen Körpers.

NAME: ***Shonisaurus***
ZEITLICHE VERBREITUNG: ***Obertrias***
GEOGRAPHISCHE VERBREITUNG: ***Nordamerika (Nevada)***
LÄNGE: ***15 m***
Shonisaurus ist der größte bekannte Fischsaurier; sein fast komplettes Skelett wurde in einem Gestein der Obertrias gefunden. Er verfügte bereits über die charakteristische Fischform der Gruppe. Der Körper gliederte sich in drei ungefähr gleich lange Teile: ein Drittel für Kopf und Hals, ein Drittel für den Rumpf und ein Drittel für den Schwanz.
Die Wirbelsäule von *Shonisaurus* zeigt bereits ein typisches Merkmal späterer Fischsaurier: Sie endet, abwärts gebogen, im unteren Lappen der Schwanzflosse.
Shonisaurus war wahrscheinlich ein unabhängiger, spezialisierter Seitensproß der Hauptentwicklungslinie. Er wies einige Eigentümlichkeiten auf: So waren die Kiefer stark verlängert und trugen nur vorne Zähne. Auch waren die Gliedmaßen zu ungewöhnlich langen, schmalen Paddeln umgebaut, wie sie für Fischsaurier keineswegs typisch sind.

Familie Mixosauridae
Die Mixosauriden entwickelten eine stabilisierende Flosse auf dem Rücken (entsprechend der Rückenflosse der Fische). Diese Schwimmhilfe war bei allen späteren Fischsauriern vertreten. Die Mixosauriden hatten aber noch nicht den typischen fischähnlichen Schwanz mit zwei gleich großen Lappen, die ihre Nachfahren zu äußerst schnellen Schwimmern machten.
Bei den Mixosauriden war das Endstück der Wirbelsäule noch nicht wie bei den späteren Fischsauriern scharf nach unten gebogen. Die Wirbel zogen statt dessen nach oben und stützten wahrscheinlich eine niedrige Flosse an der Schwanzspitze.

NAME: ***Mixosaurus***
ZEITLICHE VERBREITUNG: ***Mitteltrias***
GEOGRAPHISCHE VERBREITUNG: ***Asien (China und Timor, Indonesien), Europa (Deutschland), Nordamerika (Alaska, kanadische Arktis und Nevada) und Spitzbergen***
LÄNGE: ***1 m***
Mixosaurus nimmt dem Aussehen nach eine Mittelstellung zwischen den frühen primitiven Fischsauriern, etwa *Cymbospondylus* (s. o.) und den späteren, höherentwickelten Formen ein. *Mixosaurus* hatte beispielsweise einen fischähnlichen Körper mit einer Rückenflosse und wahrscheinlich auch bereits eine kleine Flosse am Schwanzende.
Die Gliedmaßen waren zu kurzen Paddeln umgebaut, wobei das vordere Paar länger war als das hintere. Jede Gliedmaße bestand aus fünf Fingern oder Zehen, die jedoch durch zusätzliche Knochen erheblich verlängert wurden (Hyperphalangie). Die langen, schmalen Kiefer waren mit scharfen Zähnen besetzt und bestens geeignet für den Fischfang.

Familie Ichthyosauridae
Die typischen Fischsaurier gehören zu dieser großen Familie, die im Jura und in der Kreide ihre Blütezeit hatte. Eine Reihe bemerkenswert gut erhaltener Stücke verraten den hohen Spezialisierungsgrad dieser Tiere.
Die Ichthyosauriden hatten einen torpedoartigen, stromlinienförmigen Körper mit einer stabilisierenden Rückenflosse. Der starke, fischartige Schwanz wies zwei gleich große Lappen auf. Kugelgelenke zwischen den Schwanzwirbeln erlaubten kraftvolle seitliche Schläge, die die Tiere im Wasser schnell vorantrieben.

NAME: ***Ichthyosaurus***
ZEITLICHE VERBREITUNG: ***Unterjura bis Unterkreide***
GEOGRAPHISCHE VERBREITUNG: ***Europa (England und Deutschland), Grönland und Nordamerika (Alberta)***
LÄNGE: ***bis 2 m***
Ichthyosaurus ist dank wundervoll erhaltener Abdrücke in den Posidonienschiefern von Holzmaden (Baden-Württemberg) eines der am besten bekannten Urtiere. Sie stammen aus Ablagerungen von Flachmeeren des Unterjura.
Man fand in Holzmaden Hunderte von vollständigen *Ichthyosaurus*-Skeletten, bei denen die Knochen noch miteinander verbunden waren. Man entdeckte sogar die feinen Knöchelchen von Jungtieren im Mutterleib. In einigen Fällen wurde sogar der Augenblick der Geburt festgehalten, die jeden Zweifel darüber beseitigen, daß diese meeresbewohnenden Reptilien lebendgebärend waren. Wie bei den modernen Walen verließ der Schwanz der Jungtiere zuerst den Mutterleib.
Die Holzmadener Funde geben uns auch Aufschluß darüber, wie die Tiere zu Lebzeiten aussahen. Bei vielen Ichthyosauriern sind durch einen feinen Kohlenstoffilm die Körperumrisse des noch mit Haut und Fleisch versehenen Tiers nachgezeichnet. Deutlich sind die charakteristischen Merkmale der Fischsaurier zu erkennen: die hohe Rückenflosse, die halbmondförmige Schwanzflosse mit der scharf nach unten abgeknickten Wirbelsäule, die kurzen, tragflügelähnlichen Gliedmaßen mit den überzähligen Finger- und Zehenknochen. Die Nasenlöcher von *Ichthyosaurus* waren weit zurückversetzt und befanden sich in Augennähe, so daß das Tier nur den Kopf aus dem Wasser strecken mußte, um atmen zu können. Die Ohrknochen waren massiv und übertrugen wahrscheinlich Schwingungen vom Wasser auf das Innenohr, was die Ortung der Beutetiere ermöglichte. Allerdings dürfte sich *Ichthyosaurus* bei der Jagd hauptsächlich auf die großen und höchstwahrscheinlich äußerst empfindlichen Augen verlassen haben.
Man hat sogar fossilen Kot (Koprolithen) und Mageninhalt von Ichthyosauriern gefunden. Sie bestätigen, daß die Nahrung hauptsächlich aus Fischen bestand. Die Fischsaurier verschmähten jedoch auch Kopffüßer, wie beispielsweise Belemniten, nicht.
Sogar Reste von Pigmentzellen blieben erhalten. Ihre Analyse deutet darauf hin, daß die glatte, dicke Haut von *Ichthyosaurus* bei lebenden Tieren rötlichbraun gefärbt war.

NAME: ***Ophthalmosaurus***
ZEITLICHE VERBREITUNG: ***Oberjura***
GEOGRAPHISCHE VERBREITUNG: ***Europa (England und Frankreich), Nordamerika (westliche USA und arktisches Kanada) und Südamerika (Argentinien)***
LÄNGE: ***3,5 m***
Ophthalmosaurus war noch stromlinienförmiger als der zur selben Zeit lebende *Ichthyosaurus* (s. o.). Sein Körper war fast wie ein Wassertropfen geformt: vorne massiv und gerundet, nach hinten schmal auslaufend, mit einer mächtigen, halbmondförmigen Schwanzflosse. Die Vordergliedmaßen waren viel stärker entwikkelt, was darauf hinweist, daß die Steuerung und Stabilisierung des Körpers im Wasser im wesentlichen ihre Aufgabe gewesen ist.
Das auffallendste Merkmal von *Ophthalmosaurus* sind seine großen Augen. Die Augenhöhlen hatten einen Durchmesser von ungefähr 10 cm. Ein Ring von Knochenplatten (Sklerotikalring) umgab den Augapfel und verhinderte, daß dieser bei hohem Wasserdruck eingedrückt wurde. Der Sklerotikalring war im übrigen ein gemeinsames Kennzeichen aller Fischsaurier, doch war er bei *Ophthalmosaurus* besonders stark ausgeprägt.
Die übergroßen Augen deuten darauf hin, daß das Tier vorwiegend nachts auf Beutefang ging. Wahrscheinlich jagte es nahe der Oberfläche Kalmare, die sich ihrerseits von planktonfressenden Fischen ernährten.

Familie Stenopterygiidae
Im Jura entwickelten sich zwei Ichthyosauriertypen, die sich in der Form ihrer Gliedmaßen unterschieden. Die Ichthyosauriden hatten kurze, breite Paddel mit bisweilen bis zu neun Fingern und Zehen. Bei den Stenopterygiiden hingegen trugen die langen, schlanken Gliedmaßen stets fünf Zehen respektive Finger, die ihrerseits allerdings meist mit zusätzlichen Fingergliedern versehen waren.

NAME: ***Stenopterygius***
ZEITLICHE VERBREITUNG: ***Unter- bis Mitteljura***
GEOGRAPHISCHE VERBREITUNG: ***Europa (England und Deutschland)***
LÄNGE: ***3 m***
Auch von *Stenopterygius* fand man bemerkenswert gut erhaltene Exemplare bei Holzmaden in Württemberg. Viele Weibchen tragen in ihrer Bauchhöhle noch die feinen Knochen ungeborener Tiere.
Stenopterygius war im großen und ganzen ähnlich gebaut wie *Ichthyosaurus*, hatte aber einen kleineren Kopf und etwas schmalere Gliedmaßen.

Familie Leptopterygiidae
Diese Familie enthält die letzten Überlebenden der Fischsaurier, die zu Beginn der Oberkreide ausstarben. Die Leptopterygiiden hatten wie die Stenopterygiiden schmale Gliedmaßen mit fünf Zehen und Fingern sowie zusätzlichen Finger- und Zehenknochen.

NAME: ***Temnodontosaurus***
ZEITLICHE VERBREITUNG: ***Unterjura***
GEOGRAPHISCHE VERBREITUNG: ***Europa (England und Deutschland)***
LÄNGE: ***9 m***
Dieses große Lebewesen, das bisweilen auch unter dem Gattungsnamen *Leptopterygius* bekannt ist, durchschwamm die warmen Flachmeere des Jura und machte dabei Jagd auf große Tintenfische und Ammoniten.

NAME: ***Eurhinosaurus***
ZEITLICHE VERBREITUNG: ***Unterjura***
GEOGRAPHISCHE VERBREITUNG: ***Europa (Deutschland)***
LÄNGE: ***2 m***
Dieser außergewöhnliche Fischsaurier sah anders aus als die übrigen Mitglieder der Gruppe. Der Oberkiefer war zweimal so lang wie der Unterkiefer und erinnert darin an einen Schwertfisch. An den Seiten dieses Sägeblatts standen Zähne. Die genaue Funktion dieses Fortsatzes ist wie beim Schwert- und Sägefisch noch nicht bekannt. Vielleicht stocherte *Eurhinosaurus* damit im Sand oder Schlamm des Gewässerbodens herum und scheuchte damit Plattfische, Garnelen oder Tintenfische auf. Vielleicht teilte er damit aber auch heftige seitliche Schläge aus, wenn er einen Fischschwarm durchschwamm, und betäubte dabei Fische, um sie anschließend zu fressen.

Frühe Diapsiden

CHAMPSOSAURUS
ASKEPTOSAURUS
PLEUROSAURUS
PLANOCEPHALOSAURUS

Frühe Diapsiden

Unterklasse Diapsida
Die meisten heutigen Reptilien gehören zu den *Diapsida*, einer Gruppe, die zum erstenmal im Oberkarbon, also vor mehr als 300 Millionen Jahren, auftrat. Man erkennt diese Tiere an den charakteristischen paarigen Schläfenöffnungen hinter den Augen (s. S. 61). Die Kiefermuskeln sind mit Sehnen verbunden, die durch diese »Fenster« ziehen. Diese Anordnung ermöglicht es den Tieren, die Kiefer weit aufzusperren und fester zuzubeißen.
Die *Diapsida* sind nicht nur eine alte, sondern eine auch in stammesgeschichtlicher Hinsicht wichtige Gruppe; zu ihnen zählen nämlich die Vorfahren der meisten modernen Reptilien (Echsen, Schlangen und Brückenechsen). Auch gingen aus ihnen die inzwischen ausgestorbenen Dinosaurier sowie die Flugsaurier und die Krokodile hervor.

Ordnung Araeoscelida
Die früheste und primitivste Ordnung der *Diapsida* bildeten die kleinen, eidechsenähnlichen Araeosceliden. Sie hatten einen langen Hals und dünne Laufbeine. Es sind nur ungefähr vier Gattungen und zwei Familien bekannt. Ihre Zeit erstreckte sich vom Oberkarbon bis zum Mittelperm und damit über weniger als 40 Millionen Jahre.

NAME: ***Petrolacosaurus***
ZEITLICHE VERBREITUNG: **Oberkarbon**
GEOGRAPHISCHE VERBREITUNG: ***Nordamerika (Kansas)***
LÄNGE: **40 cm**
Dieses früheste diapside Reptil mit zwei Paar Schläfenöffnungen an den Kopfseiten sah wie eine heutige Eidechse aus. Die Beine waren vielleicht etwas länger als üblich, und der Schwanz war länger als Rumpf und Kopf zusammengenommen. *Petrolacosaurus* lebte wahrscheinlich auch wie eine moderne Eidechse. Das Tier machte Jagd auf Insekten und andere kleine Wirbellose. Sein Zuhause waren die trockenen Hochebenen des heutigen Kansas. Sie lagen oberhalb jener Sümpfe, in denen sich ausgehend vom Oberkarbon (Pennsylvanian) die Kohlelager bildeten. *Petrolacosaurus* hatte viele scharfe Zähne, darunter im Oberkiefer zwei Reißzähne. Diese Anordnung erinnert uns an *Hylonomus*, das primitivste bisher bekannte Reptil (s. S. 64). Die Kiefer von *Petrolacosaurus* waren trotz der Schläfenöffnungen nicht sehr kräftig. Die Schläfenöffnungen dienten wahrscheinlich eher der Gewichtsersparnis und waren noch nicht wie bei späteren Formen Ansatzstellen für die Muskeln.

NAME: ***Araeoscelis***
ZEITLICHE VERBREITUNG: ***Unterperm***
GEOGRAPHISCHE VERBREITUNG: ***Nordamerika (Texas)***
LÄNGE: **60 cm**
Araeoscelis war der nächste Verwandte von *Petrolacosaurus*, obwohl die Art mehrere Millionen Jahre später lebte. Beide Tiere sahen mit ihren langen Laufbeinen, dem langen Hals und dem kleinen Kopf wie Echsen aus. Das Gebiß von *Araeoscelis* zeigte jedoch einen anderen Bau, der auf eine spezialisiertere Ernährungsweise hindeutet. Anstelle der scharfen Zähne von *Petrolacosaurus* besaß *Araeoscelis* ziemlich massive, stumpfe, konische Zähne. Sie waren ideal dazu geeignet, den Chitinpanzer von Käfern zu knacken.
Parallel zu dieser spezialisierten Ernährungsweise vollzogen sich Veränderungen im Schädelbau. Eines der zwei Paar Schläfenöffnungen war wieder von Knochen überzogen. Es handelte sich wahrscheinlich um eine Anpassung an die härtere Nahrung; der Schädel wurde somit verstärkt, und das Tier konnte kräftiger zubeißen.

Ordnung unsicher
Aus dem Mittelperm sind keine Fossilfunde diapsider Reptilien bekannt, weshalb man über den Verlauf der Stammesgeschichte in jener Zeit nichts weiß. Im Oberperm treten jedoch einige spezialisierte Gruppen auf, deren Beziehungen untereinander noch ungeklärt sind. Die *Coelurosauravidae* (s. u.) bilden eine solche spezialisierte Gruppe. Es sind nur einige wenige Arten aus Madagaskar und Europa bekannt.

NAME: ***Coelurosauravus***
ZEITLICHE VERBREITUNG: ***Oberperm***
GEOGRAPHISCHE VERBREITUNG: ***Madagaskar***
LÄNGE: **40 cm**
Dieses frühe Reptil war erstaunlich gut an den Gleitflug angepaßt und ähnelte wahrscheinlich dem heutigen südostasiatischen Flugdrachen *(Draco volans)*.
Die Rippen von *Coelurosauravus* waren auf jeder Seite stark verlängert. Hautlappen verbanden die Rippen untereinander und bildeten ein Paar »Flügel« mit einer Spannweite von ungefähr 30 cm. Das Reptil lebte wahrscheinlich wie die heutigen Flugdrachen in Wäldern, glitt von Baum zu Baum und ernährte sich von Insekten. Beim Gleitflug hielt es seine Beine vermutlich weit abgespreizt, um der Luft möglichst viel Widerstand zu bieten.
Der Schädel von *Coelurosauravus* war erheblich leichter als der anderer früherer Diapsiden. Die Augenhöhlen waren groß, und am Hinterkopf trug das Tier einen kräftigen knöchernen Kragen, der wahrscheinlich die Aerodynamik verbesserte.

Ordnung Thalattosauria
Die Thalattosaurier waren eine weitere spezialisierte Gruppe früher diapsider Reptilien. Sie lebten in der Trias und verbrachten wahrscheinlich die meiste Zeit im Meer. Nur zur Eiablage kamen sie an Land.
Die wenigen Thalattosaurier, die man aus Europa und dem westlichen Nordamerika kennt, werden in drei Familien gegliedert, von denen die *Askeptosauridae* am bekanntesten sind.

NAME: ***Askeptosaurus***
ZEITLICHE VERBREITUNG: ***Mitteltrias***
GEOGRAPHISCHE VERBREITUNG: ***Europa (Schweiz)***
LÄNGE: **2 m**
Wie bei vielen Tieren, die an das Leben im Wasser angepaßt sind, waren der Hals und der Rumpf von *Askeptosaurus* lang und schlank. Der Schwanz war stark verlängert, fast riemenartig, und machte die Hälfte der Körperlänge aus. Das Tier bewegte sich wahrscheinlich mit seitwärts schlängelnden Bewegungen nach Art der Aale durchs Wasser. Auch die Füße dürften beim Schwimmen eine Rolle gespielt haben, denn sie hatten breite Schwimmhäute.
Askeptosaurus besaß lange Kiefer mit vielen scharfen Zähnen. Wahrscheinlich jagte er Fische. Die Augen waren groß und allem Anschein nach dem Dämmerlicht der Ozeane angepaßt. Ein Skleroticalring aus Knochenplatten verstärkte den Augapfel und verhinderte, daß er unter dem hohen Wasserdruck Schaden nahm.

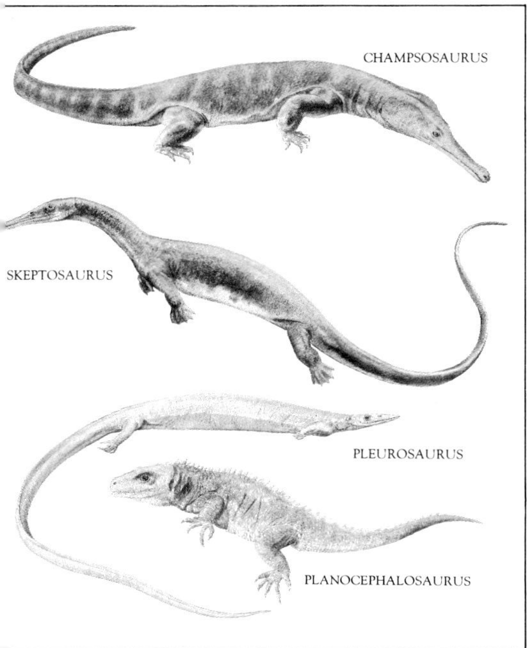

Ordnung Choristodera

Eine merkwürdige Gruppe krokodilähnlicher Reptilien spaltete sich in der Unterkreide, vor ungefähr 140 Millionen Jahren, von der Hauptlinie der Diapsiden ab. Die *Choristodera* lebten bis ins Tertiär in den Binnengewässern Nordamerikas, Europas und Westasiens. Vor ungefähr 50 Millionen Jahren, im Eozän, starben sie aus.

NAME: ***Champsosaurus***
ZEITLICHE VERBREITUNG: ***Oberkreide bis Eozän***
GEOGRAPHISCHE VERBREITUNG: ***Europa (Belgien und Frankreich) und Nordamerika (Alberta, Montana, New Mexico und Wyoming)***
LÄNGE: ***1,5 m***

Mit seinen langen schmalen Kiefern und den kleinen zugespitzten Zähnen könnte man *Champsosaurus* leicht mit dem heutigen Gavial Indiens verwechseln, einem nahen Verwandten des Krokodils. Obwohl es sich bei beiden Reptilien um Diapside handelt, besteht keine nähere Verwandtschaft; die Ähnlichkeit erklärt sich durch konvergente Evolution, das heißt durch Anpassung an denselben Lebensraum, die zu ähnlichen Körperformen und ähnlichem Verhalten führt.
Champsosaurus lebte in den Flüssen und Sümpfen Europas und des westlichen Nordamerikas von der Oberkreide bis zum Alttertiär. Wahrscheinlich schwamm das Reptil durch seitliche Schlängelbewegungen des Körpers, wobei es aus hydrodynamischen Gründen die Beine eng an die Körperseiten anlegte. Die heutigen Krokodile und Meerechsen schwimmen auf die gleiche Weise.
Champsosaurus fraß Fische und hatte, der Schädelbreite hinter den Augen nach zu schließen, außerordentlich kräftige Kiefer, da sehr breite Ansatzstellen für Muskeln vorhanden waren.

Ordnung Eosuchia

Die echsenähnlichen *Eosuchia* gelten als nahe Verwandte der direkten Vorfahren späterer, höherentwickelter diapsider Reptilien, von denen viele als Echsen oder Schlangen (s. S. 86–89) bis auf den heutigen Tag überleben.
Die *Eosuchia* traten erstmals im Oberperm auf und starben in der Mitteltrias aus. Man unterscheidet vier Familien. Die Arten blieben in ihrer Verbreitung offensichtlich auf Süd- und Ostafrika sowie Madagaskar beschränkt. Wir stellen zwei typische Vertreter aus der Familie der *Tangasauridae* vor.

NAME: ***Thadeosaurus***
ZEITLICHE VERBREITUNG: ***Oberperm***
GEOGRAPHISCHE VERBREITUNG: ***Madagaskar***
LÄNGE: ***60 cm***

Der außergewöhnlich lange Schwanz des landbewohnenden *Thadeosaurus* maß ungefähr 40 cm und machte damit zwei Drittel der gesamten Körperlänge aus. Die fünf Zehen und Finger waren stark verlängert, wobei die jeweils längsten Glieder auch jeweils die äußersten waren. Dies hatte zur Folge, daß die meisten Zehen den Boden noch berührten, wenn der Fuß gehoben wurde. Sie konnten sich bei jedem Schritt gesondert abstoßen und sorgten somit für zusätzliche Beschleunigung. Das massive Brustbein bot den Vorderbeinen mehr Widerhalt.

NAME: ***Hovasaurus***
ZEITLICHE VERBREITUNG: ***Oberperm***
GEOGRAPHISCHE VERBREITUNG: ***Madagaskar***
LÄNGE: ***50 cm***

Das auffallendste Merkmal dieses wasserbewohnenden Reptils war der Schwanz. Er war nicht nur doppelt so lang wie der restliche Körper, sondern auch seitlich abgeplattet. Jeder Schwanzwirbel verlängerte sich nach oben und nach unten. Das Ergebnis war ein breites, steifes Paddel, mit dem *Hovasaurus* im Wasser gut vorankam.
Ein weiteres ungewöhnliches Merkmal von *Hovasaurus* waren die vielen Kieselsteine, die in der Bauchhöhle der meisten gefundenen Exemplare entdeckt wurden. Offensichtlich verschluckten die Tiere Kiesel als Ballast. Die Steine ermöglichten es ihnen, schneller zur Fischjagd abzutauchen, und verhinderten, daß der Auftrieb sie zu früh an die Oberfläche hob.

Überordnung Lepidosauria

Die Entwicklungslinie, die zu den heutigen *Lepidosauria* führt – und damit zu den 6000 Schlangen- und Echsenarten –, nahm ihren Anfang von einem eosuchierähnlichen Vorfahren im Oberperm. Eine dritte Gruppe, die *Sphenodonta*, hatten keinen solchen Erfolg.

Ordnung Sphenodonta

Die *Sphenodonta* (bisweilen auch *Rhynchocephalia* genannt) sind eine alte Gruppe der *Lepidosauria*. Es handelt sich bei ihnen um einen Seitenzweig jener Entwicklungslinie, die zu den echten Schlangen und Echsen führte.
Die *Sphenodonta* erschienen in der Obertrias vor über 200 Millionen Jahren. Im darauffolgenden Jura entwickelten sich viele Familien. Danach setzte der Niedergang ein.
Die einzig Überlebende der Ordnung *Sphenodonta* ist die Brückenechse oder Tuatera (*Sphenodon punctatus*), die nur auf Neuseeland vorkommt.

NAME: ***Planocephalosaurus***
ZEITLICHE VERBREITUNG: ***Obertrias***
GEOGRAPHISCHE VERBREITUNG: ***Europa (England)***
LÄNGE: ***20 cm***

Dieses echsenartige Tier mit seinem breiten Kopf und den langen Beinen gehörte zu den ersten *Sphenodonta*, die sich entwickelten. Das Skelett ist fast identisch mit dem der heutigen Brückenechse. Der Schädel zeigte ein primitives Merkmal: Die Zähne waren mit den Kieferknochen verwachsen und noch nicht in Taschen versenkt wie bei den höheren Echsen. *Planocephalosaurus* hatte kräftige Zähne und konnte fest zubeißen. Wahrscheinlich schnappte das Reptil nach Insekten und zermalmte sie zwischen seinen Zähnen. Vermutlich fraß es gelegentlich auch Würmer und Schnecken und hin und wieder sogar einmal eine kleine Echse.

NAME: ***Pleurosaurus***
ZEITLICHE VERBREITUNG: ***Oberjura bis Unterkreide***
GEOGRAPHISCHE VERBREITUNG: ***Europa (Deutschland)***
LÄNGE: ***60 cm***

Pleurosaurus war der namengebende Vertreter der wasserbewohnenden *Pleurosauridae*. Diese spezialisierte Gruppe der *Sphenodonta* entwickelte sich erst an Land und kehrte während des Unterjura ins Wasser zurück, vielleicht weil die Konkurrenz unter den landbewohnenden Reptilien zu heftig geworden war.
Die einzige spezifische Anpassung an das Leben im Wasser ist offenbar die starke Verlängerung des Körpers. Einige Formen hatten bis zu 57 Wirbel und damit doppelt so viele wie typische *Sphenodonta*.
Wahrscheinlich bewegte sich *Pleurosaurus* mit schlängelnden Bewegungen des Schwanzes und Rumpfes durch das Wasser. Die Nasenlöcher waren weit zurückgesetzt und standen nahe bei den Augen. Die Beine waren kürzer als bei den landbewohnenden *Sphenodonta* und spielten beim Schwimmen keine Rolle.

Schlangen und Echsen

HYPERODAPEDON
PACHYRHACHIS
PROTOROSAURUS
ARDEOSAURUS
KUEHNEOSAURUS

Schlangen und Echsen

Ordnung Squamata
Zur erfolgreichsten aller Reptiliengruppen gehören in unseren Tagen die Echsen und die Schlangen. Es gibt ungefähr 6000 Arten, die sich über alle Kontinente mit Ausnahme von Antarctica verbreitet haben. Daher befleißigen sie sich der verschiedensten Fortbewegungsarten: Sie gehen, kriechen, gleiten, schwimmen, klettern und graben. Die *Squamata* gehen auf eine alte Entwicklungslinie der diapsiden Reptilien zurück, sehr wahrscheinlich auf die echsenähnlichen *Eosuchia* des Oberperm (s. S. 82–85) und damit auf die Zeit vor über 250 Millionen Jahren.
Die anderen modernen Reptilien, die Schildkröten und die Krokodile, entwickelten sich auf andere Weise (vgl. S. 58–59, 90–91).
Das Hauptmerkmal, das Echsen und Schlangen von allen anderen diapsiden Reptilien (darunter auch ihren nächsten Verwandten, den *Sphenodonta*, s. S. 85) unterscheidet, ist die große Flexibilität und Beißkraft der Kiefer. Zwei strukturelle Veränderungen waren dafür verantwortlich: Zunächst ging die untere Knochenspange verloren, welche die untere Schläfenöffnung abgrenzte. Damit war mehr Platz geschaffen für größere Muskeln. Dann entwickelte sich im Schädel ein Scharniergelenk, das den Kiefern größere Flexibilität verlieh.

Unterordnung Lacertilia
Die Echsen sind eine viel ältere Gruppe als die Schlangen. Die frühesten von ihnen waren kleine Insektenfresser, die während des Oberperm in Südafrika lebten. Wir haben nur wenige Fossilien zur Hand, um ihre Stammesgeschichte während der ersten Hälfte des Mesozoikums verfolgen zu können. Gegen Ende des Jura scheinen sich die Echsen dann in großer Artenvielfalt entwickelt zu haben: Plötzlich traten primitive Angehörige aller größeren modernen Gruppen auf, darunter Geckos, Skinke, Leguane, Blindschleichen und Warane.
Abgesehen von den bereits beschriebenen Veränderungen am Schädel entwickelten die Echsen einen besseren Gehörsinn und bessere Gelenkoberflächen in ihren Gliedmaßen. Dadurch wurden sie zu schnellen, erfolgreichen Jägern, die verhältnismäßig große Beutetiere fangen konnten (darunter auch andere Reptilien).

Familie Kuehneosauridae
Zu dieser Familie gehören einige der ältesten Echsen, die wir kennen. Trotz ihres Alters hatten sie schon eine recht spezialisierte Lebensweise: Sie glitten auf flügelähnlichen Membranen durch die Luft.

NAME: ***Kuehneosaurus***
ZEITLICHE VERBREITUNG: ***Obertrias***
GEOGRAPHISCHE VERBREITUNG: ***Europa (England)***
LÄNGE: ***65 cm***
Dieses langbeinige Tier konnte auf einem Paar häutiger »Flügel« durch die Luft gleiten. Sie erreichten eine Spannweite von mehr als 30 cm.
Stark verlängerte Rippen bildeten den »Rahmen« dieser hautüberzogenen Gleitflügel. Genau dieselbe Anordnung fand sich bereits bei einem früheren diapsiden Reptil, dem gleitenden *Coelurosauravus* (s. S. 82–84), und sie findet sich noch heute beim südostasiatischen Flugdrachen *(Draco volans)*. Dieser nur 20 cm lange Baumbewohner kann auf ähnlichen Hautlappen wie der ausgestorbene *Kuehneosaurus* bis über 60 m weit gleiten, wobei er auf diese Entfernung nur 2 m Höhe verliert. Die Rippen sind beweglich; daher kann der Flugdrachen beim Ausruhen seine Flügel dem Körper anlegen.

Familie Ardeosauridae
Die Geckos, die zu den ältesten noch heute existierenden Reptiliengruppen gehören, traten erstmals im Oberjura auf. Die einzige überlebende Familie, die *Gekkonidae*, entwickelte sich erst im Eozän, vor ungefähr 40 Millionen Jahren. Sie umfaßt über 670 Arten, die vorwiegend in den subtropischen und tropischen Zonen der Welt verbreitet sind.

NAME: ***Ardeosaurus***
ZEITLICHE VERBREITUNG: ***Oberjura***
GEOGRAPHISCHE VERBREITUNG: ***Europa (Deutschland)***
LÄNGE: ***20 cm***
Dieser alte Gecko hatte bereits den flachen Kopf und die großen Augen, die auch typisch für seine modernen Verwandten sind. Wie sie jagte er wahrscheinlich nachts und war flink genug, um Insekten, Spinnen und kleinere Insekten schnappen zu können. Ob er auch über die Haftscheiben an den Füßen verfügte, mit denen heutige Geckos imstande sind, an glatten, senkrechten Flächen emporzuklettern, ist nicht bekannt.

Familie Varanidae
Die Warane waren (und sind heute noch) die größten aller Landechsen. Sie erschienen in der Oberkreide, vor mehr als 80 Millionen Jahren, und haben sich seither kaum verändert. Es waren schwere, große und dennoch bewegliche Tiere und aktive Jäger, die ihre Beutetiere mit ihrer langen, gespaltenen, als Geruchsorgan dienenden Zunge wahrnehmen. Der berühmteste heutige Vertreter ist der riesenhafte Komodowaran.

NAME: ***Megalania***
ZEITLICHE VERBREITUNG: ***Pleistozän***
GEOGRAPHISCHE VERBREITUNG: ***Australien (Queensland)***
LÄNGE: ***8 m***
Dieser Waran war viel größer als sein Verwandter, der indonesische Komodowaran *(Waranus komodensis)*, und wog wahrscheinlich viermal soviel. Obwohl einzelne Exemplare des Komodowarans bis 3 m lang werden und über 160 kg wiegen, ist er doch klein im Verhältnis zu seinen ausgestorbenen Verwandten.
Megalania jagte vor weniger als 2 Millionen Jahren in den Ebenen Australiens. Er lauerte großen Beuteltieren wie Känguruhs (s. S. 202–205) auf. Mit seinen mächtigen Kiefern und den langen, scharfen Zähnen, deren Schneiden gesägt waren, riß er große Fleischstücke aus dem Körper seiner Beute.

Familie Mosasauridae
Die Mosasauriden waren ein erfolgreicher, wenngleich nur kurzlebiger Seitenzweig der Waranverwandtschaft. Sie waren voll an das Leben im Meer angepaßt und bewohnten in der Oberkreide küstennahe Gewässer. Einige unter ihnen waren leibhaftige Riesen.

NAME: ***Platecarpus***
ZEITLICHE VERBREITUNG: ***Oberkreide***
GEOGRAPHISCHE VERBREITUNG: ***Europa (Belgien) und Nordamerika (Alabama, Colorado, Kansas und Mississippi)***
LÄNGE: ***4,3 m***
Zahlreiche fossile Reste dieser meeresbewohnenden Echsen wurden in den Ablagerungen der Flachmeere gefunden, die in der Oberkreide einen großen Teil Nordamerikas bedeckten.
Platecarpus lebte vor ungefähr 75 Millionen Jahren. Sein Schwanz war etwa so lang wie der Körper und seitlich abgeplat-

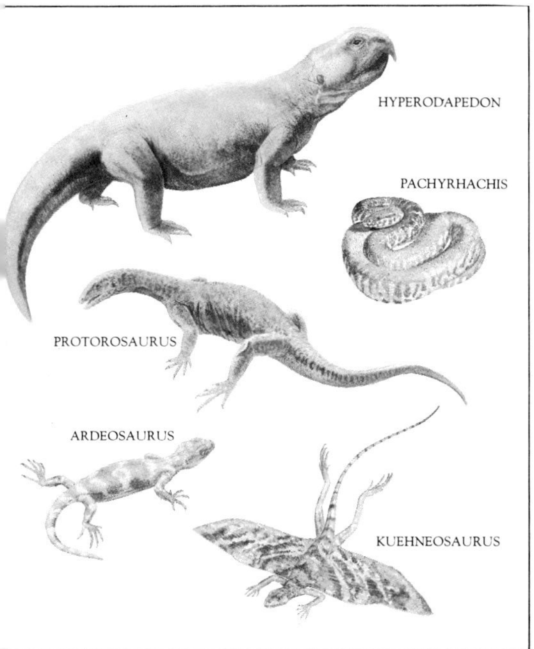

tet; er trug oberseits wie unterseits auf ganzer Länge einen Flossensaum. Das Tier bewegte sich wahrscheinlich mit seitlich schlängelnden Bewegungen vorwärts. Die kurzen Beine mit den breiten Füßen und Schwimmhäuten dienten dabei als Steuer.
Platecarpus fraß vermutlich Fische und weichhäutige Tintenfische. Auf den langen, nach vorne spitz zulaufenden Kiefern, standen zahlreiche scharfe, konische Zähne. Offensichtlich konnte er aber auch die damals häufigsten Tintenfische, die hartschaligen Ammoniten, knacken. Hinweise darauf geben uns eine ganze Reihe fossiler Schalen mit V-förmigen Bißspuren, die vermutlich Mosasauriden zuzuschreiben sind. Bei dem Versuch, sie zu öffnen und an das Fleisch in ihrem Innern zu gelangen, wurden die Schalen aus verschiedenen Winkeln angeknabbert. Man fand bis zu einem Dutzend unterschiedlicher Ansatzstellen.

NAME: ***Plotosaurus***
ZEITLICHE VERBREITUNG: ***Oberkreide***
GEOGRAPHISCHE VERBREITUNG: ***Nordamerika (Kansas)***
LÄNGE: ***10 m***
Plotosaurus wurde in denselben nordamerikanischen Kalkablagerungen wie *Platecarpus* gefunden. Er war ein Riese unter den Mosasauriden. Die Wirbelsäule des Rumpfes und des Halses bestand aus zirka 50 Wirbeln; ungefähr dieselbe Zahl finden wir auch im langen Schwanz. Der hinterste Teil des Schwanzes trug eine verbreiterte Flosse, mit deren Hilfe sich das gewaltige Tier durchs Wasser bewegte.
Die Gliedmaßen waren zu kurzen Paddeln umgebaut, wobei das vordere Paar nicht nur länger war, sondern auch mehr Knochen hatte – eine Erscheinung, die Hyperphalangie genannt wird und auch bei vielen anderen meeresbewohnenden Reptilien anzutreffen ist. Abdrücke im Kreidegestein unweit der Knochen deuten darauf hin, daß *Plotosaurus*, ähnlich wie die heutigen Schlangen, eine schuppige Haut trug.

Unterordnung Serpentes
Die modernen Schlangen entwickelten sich erst vor relativ kurzer Zeit, im Miozän, vor 20 Millionen Jahren. Ihre Stammesgeschichte ist allerdings länger. Die älteste bekannte Schlange ist über 80 Millionen Jahre alt und stammt aus Gesteinen der Oberkreide Südamerikas. Sie zeigt bereits viele Merkmale der heutigen Gruppen, darunter die Verlängerung des Körpers (einige Schlangen hatten oder haben mehr als 450 Wirbel), das Fehlen der Gliedmaßen und der Knochenbrükken über den zwei unteren Schädelöffnungen und, damit verbunden, die Entwicklung kräftigerer Kiefermuskeln sowie eine noch größere Flexibilität der Kiefergelenke als bei den Echsen. Die Schlangen können ihr Maul extrem weit aufreißen und ungewöhnlich große Beutetiere verschlingen.

NAME: ***Pachyrhachis***
ZEITLICHE VERBREITUNG: ***Unterkreide***
GEOGRAPHISCHE VERBREITUNG: ***Asien (Israel)***
LÄNGE: ***1 m***
Das wasserbewohnende Reptil *Pachyrhachis* hatte den langen Körper einer Schlange und den breiten Kopf eines Warans. Gliedmaßen und Schultergürtel waren verschwunden; lediglich vom Bekkengürtel waren noch Spuren vorhanden.
Die Rippen waren breit wie bei vielen Wasserbewohnern, und *Pachyrhachis* bewegte sich ohne Zweifel mit schlängelnden Bewegungen voran.
Einige Paläontologen halten *Pachyrhachis* für einen unmittelbaren Vorfahren der Schlangen und zumindest für eine diesem Vorfahren nahe verwandte Art.

Infraklasse Archosauromorpha
Archosaurier (deutsch auch »Herrscherreptilien«) ist der Oberbegriff für jene Reptilien, die im Jura und in der Kreidezeit die Erde beherrschten, nämlich die Dinosaurier, die Flugsaurier und die Krokodile (s. S. 90–169). Sie gingen aus einer Gruppe primitiver diapsider Reptilien, den *Archosauromorpha* des Oberperm, hervor.
Die meisten *Archosauromorpha* waren gut an das Landleben angepaßt. Ihre langen Beine setzten weiter unten am Körper an als bei den meisten anderen Reptilien. Hinzu kamen weitere Verbesserungen in den Gliedmaßen.
Die fleischfressenden Protorosaurier sind die ältesten Vertreter dieser Gruppe. Die pflanzenfressenden Rhynchosaurier erlebten ihre Blütezeit in der Mitteltrias.

NAME: ***Protorosaurus***
ZEITLICHE VERBREITUNG: ***Oberperm***
GEOGRAPHISCHE VERBREITUNG: ***Europa (Deutschland)***
LÄNGE: ***bis 2 m***
Dieses echsenähnliche Tier ist der älteste Vertreter der *Archosauromorpha*. Es lebte gegen Ende des Perm in den europäischen Wüsten. Mit seinen langen, tief unten ansitzenden Beinen konnte es schnellen Beutetieren nachstellen (hauptsächlich Insekten). Der Hals bestand aus sieben großen und stark verlängerten Wirbeln.

NAME: ***Tanystropheus***
ZEITLICHE VERBREITUNG: ***Mitteltrias***
GEOGRAPHISCHE VERBREITUNG: ***Asien (Israel) und Europa (Deutschland und Schweiz)***
LÄNGE: ***3 m***
Der Hals der Protorosaurier erreichte bei *Tanystropheus* seine Extremlänge und war länger als Rumpf und Schwanz zusammengenommen. Dennoch bestand er nur aus zehn Wirbeln – nur drei mehr als bei *Protorosaurus* (s. o.). Als man diese Halswirbel zum erstenmal fand, hielt man sie für Knochen von Gliedmaßen.
Tanystropheus war ein derart bizarres Wesen, daß einige Paläontologen glauben, um den Kopf überhaupt aufrecht tragen zu können, müsse er im Wasser gelebt haben. Es fehlen jedoch alle spezifischen Anpassungen.

NAME: ***Hyperodapedon***
ZEITLICHE VERBREITUNG: ***Obertrias***
GEOGRAPHISCHE VERBREITUNG: ***Asien (Indien) und Europa (Schottland)***
LÄNGE: ***1,3 m***
Hyperodapedon gehörte zu den Rhynchosauriern, schwer gebauten, tonnenförmigen Pflanzenfressern, die von der Mittelbis zur Obertrias lebten und zu jener Zeit vor allem in Südamerika und Afrika die häufigsten Reptilien waren.
Der (allerdings nur kurzfristige) Erfolg von *Hyperodapedon* und verwandten Rhynchosauriern beruhte vermutlich auf den Zähnen der Tiere. Auf beiden Seiten des Oberkiefers standen zwei breite Zahnplatten. Jede enthielt mehrere Zahnreihen, und in der Mitte verlief eine Furche. Die beiden Zahnreihen der Unterkiefer paßten bei geschlossenem Gebiß genau in diese Furche, so daß der Beißvorgang besonders effizient war.
Die Rhynchosaurier ernährten sich von Samenfarnen, die überall in der Trias häufig waren, gegen Ende dieser Periode aber ausstarben und von den Nadelhölzern ersetzt wurden. Auch die Rhynchosaurier starben aus, und ihre ökologische Nische als Pflanzenfresser übernahmen die entwicklungsgeschichtlich jüngeren Dinosaurier. Das »Zeitalter der Reptilien« hatte begonnen.

Die Dinosaurier und ihre Verwandten

Die Dinosaurier und ihre Verwandten, die Krokodile und die Flugsaurier, beherrschten im Mesozoikum Luft, Land und Wasser. Die »Herrschaft der Reptilien« begann vor über 200 Millionen Jahren und ging vor 65 Millionen Jahren zu Ende. In diese Zeitspanne von fast 140 Millionen Jahren fiel die Entwicklung der furchterregendsten und größten Tiere, die je auf Erden gelebt haben – zum Beispiel 6 m hohe fleischfressende Dinosaurier, 26 m lange pflanzenfressende Dinosaurier und Flugsaurier mit einer Flügelspannweite von 12,20 m. Die einzigen Überlebenden aus diesem Formenkreis, die wir zusammenfassend als Archosaurier (»Herrscherreptilien«) bezeichnen, sind die heutigen Krokodile. Ihre Stammesgeschichte reicht 230 Millionen Jahre zurück.

Die Evolution der Archosaurier begann vor 250 Millionen Jahren im Oberperm. Damals entwickelte sich eine neue Linie kleiner diapsider Reptilien, die *Proterosuchia*. Aus ihnen entstand die artenreiche Ordnung der Thecodontier (siehe S. 94–97), deren Blütezeit in der Trias lag. Einige Arten entwickelten ein beachtliches Geschick in der Fähigkeit, sich auf zwei Beinen fortzubewegen. Aus den *Ornithosuchia*, einer Gruppe jener »zweibeinigen« Thecodontier, gingen die Dinosaurier (s. S. 106–169) hervor. Die Krokodile (s. S. 98–101) entsprangen derselben Entwicklungslinie, ebenso wahrscheinlich die Flugsaurier (s. S. 102 bis 105).

Dinosaurier: einst die Herren der Welt

Die ersten Dinosaurierknochen wurden in Südengland gefunden. Sie stammten von dem riesenhaften Fleischfresser *Megalosaurus* (s. S. 116) sowie von dem nicht minder gewaltigen Pflanzenfresser *Iguanodon* (s. S. 144). Die wissenschaftlichen Beschreibungen dieser Tiere erschienen bereits 1824 und 1825, doch verging mehr als ein Jahrzehnt, bevor die Forscher merkten, daß es sich um Vertreter einer bislang völlig unbekannten und gänzlich ausgestorbenen Reptiliengruppe han-

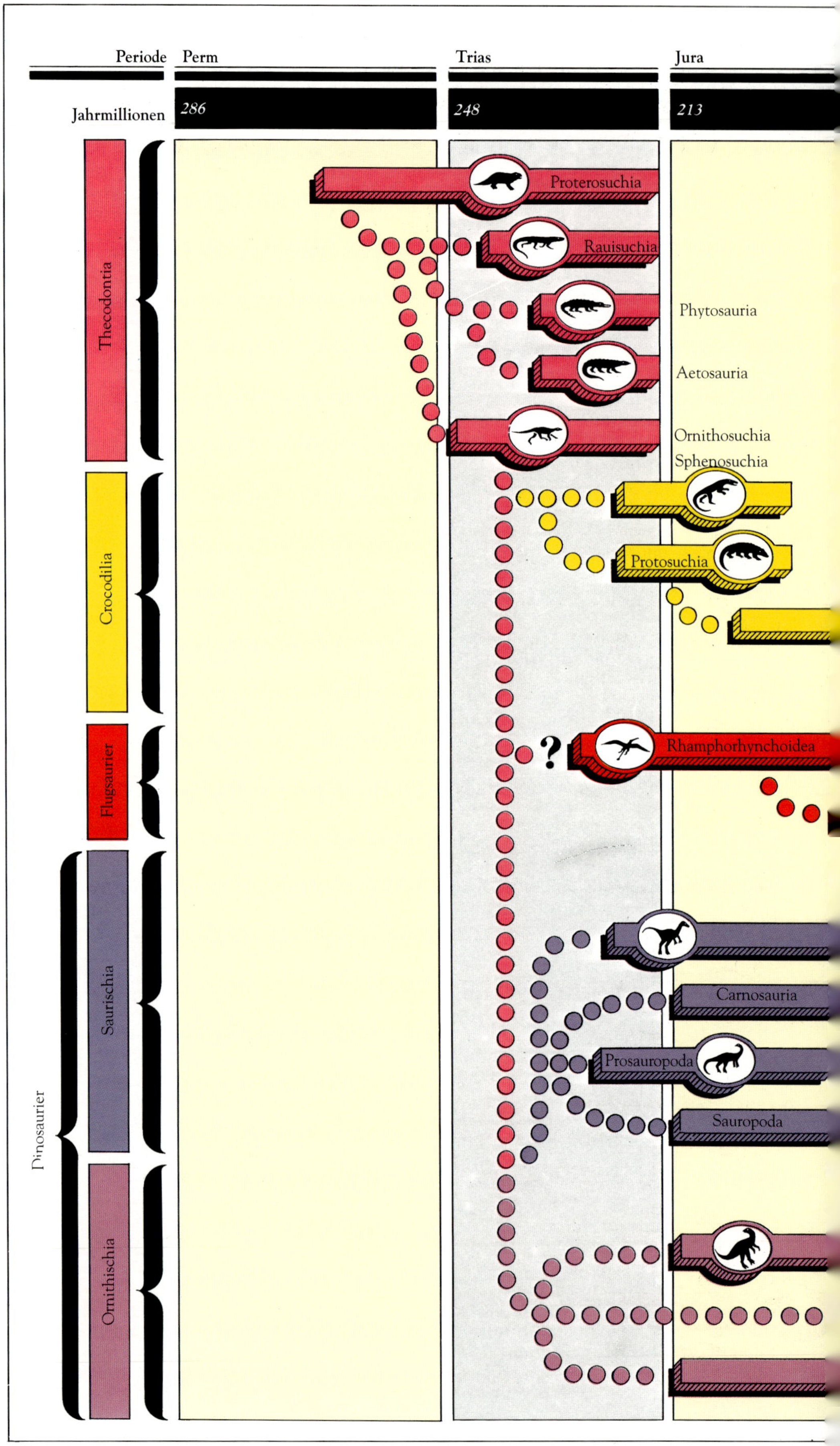

Das Zeitalter der Reptilienherrschaft erstreckt sich über den Jura und die Kreide. Damals beherrschten die großen Dinosaurier das Festland, die Flugsaurier dominierten in der Luft, und die Meere und Flüsse waren voller Krokodile. Der Vorfahre all dieser Reptilien war ein kleiner zweibeiniger Thecodontier aus der Gruppe der *Ornithosuchia*.
Mit Ausnahme der Krokodile starben alle diese Reptilien, ob groß oder klein, am Ende der Kreide und damit auch des Mesozoikums aus. Die Vögel entwickelten sich wahrscheinlich aus Dinosauriern der Gruppe *Saurischia* (Erklärung der Silhouetten s. S. 312).

Ausgezogene Balken bedeuten bekannte Fossilnachweise. Unterbrochene Linien zeigen mögliche stammesgeschichtliche

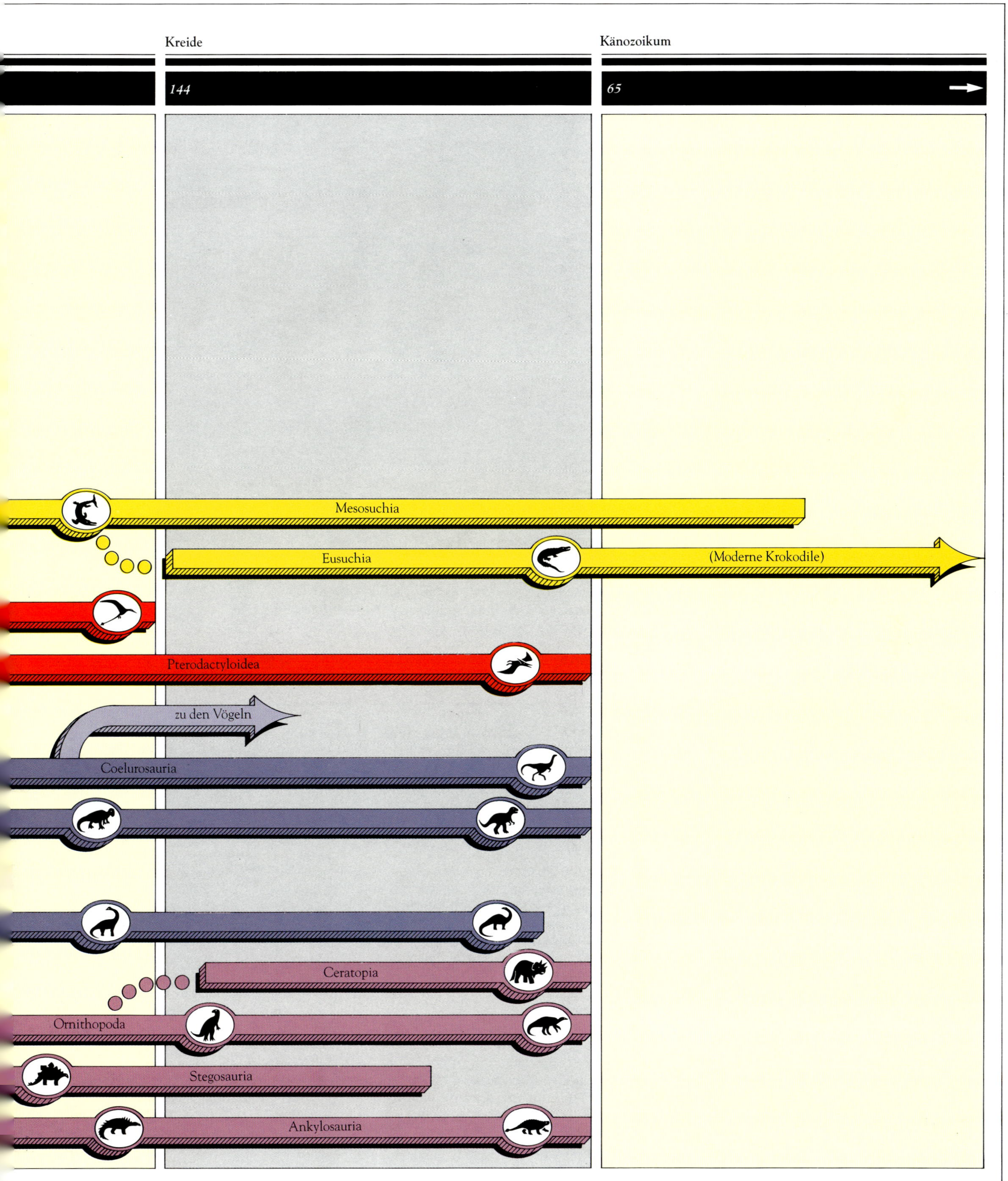

-ziehungen zwischen den einzelnen Gruppen.

Die Dinosaurier und ihre Verwandten

delte. Es war der große englische Anatom und Begründer des British Museum of Natural History, Sir Richard Owen, der diese bedeutende Entdeckung machte und 1841 die Bezeichnung »Dinosaurier« prägte. Wörtlich übersetzt bedeutet er »Schreckechsen«.

Bis zur Jahrhundertwende wurden in Europa und Nordamerika zahlreiche weitere Dinosaurier entdeckt. Man schlug sie für mehrere Klassifikationssysteme vor. Doch erst 1887 bemerkte der englische Anatom Harry Seeley, daß es zwei grundlegend unterschiedliche Ausprägungen des Beckengürtels gab. Bei einigen Dinosauriern zeigte das Becken den für herkömmliche Reptilien typischen Aufbau, bei anderen erinnerte es an das Becken moderner Vögel. Die erste Gruppe nannte Seeley *Saurischia* (»Echsenbecken-Dinosaurier«), die zweite *Ornithischia* (»Vogelbecken-Dinosaurier«).

Der Beckengürtel von Dinosauriern

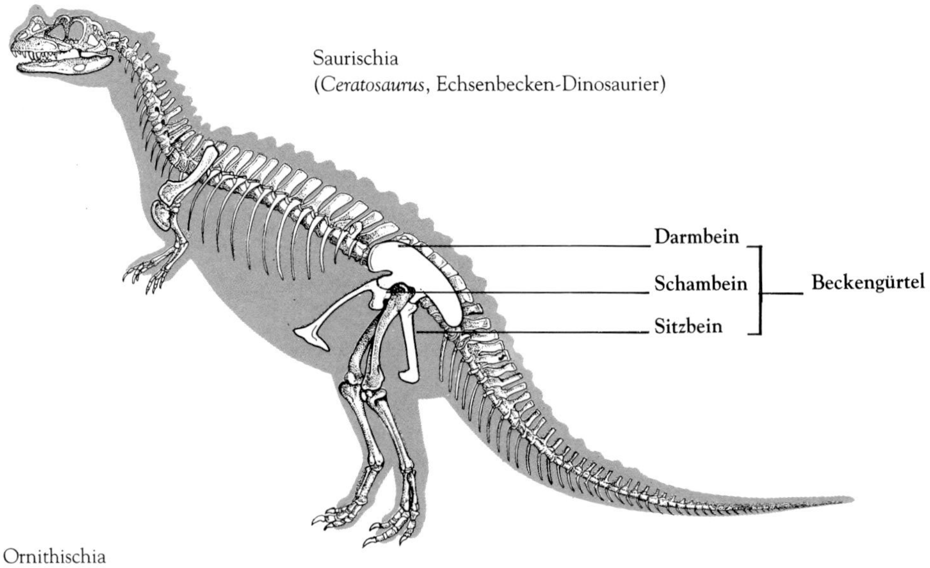

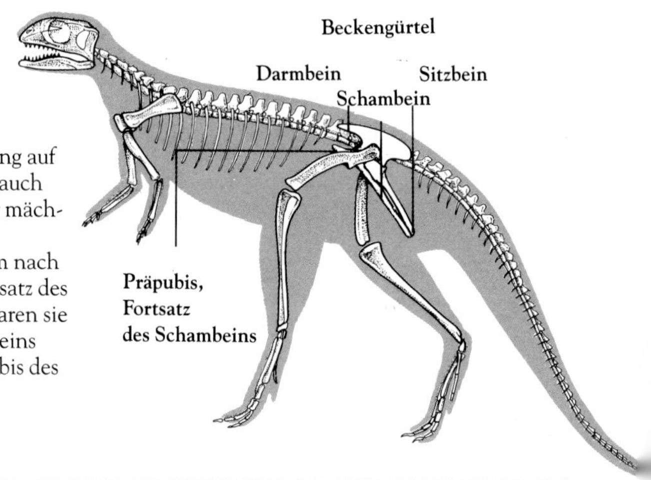

Als die Dinosaurier den aufrechten Gang auf zwei Beinen entwickelten, mußten sie auch neue Ansatzstellen für die Muskeln der mächtigen Hinterbeine ausbilden. Bei den *Saurischia* setzten die Muskeln an einem nach vorn und nach hinten gerichteten Fortsatz des Schambeins an. Bei den *Ornithischia* waren sie entweder an einem Fortsatz des Darmbeins oder, bei späteren Typen, an der Präpubis des Schambeins befestigt.

Die Entdeckung der Dinosaurier

In Nordamerika fand man die ersten Spuren von Dinosauriern bereits 1835 in triassischen Gesteinen des Connecticut Valley. Es handelte sich dabei allerdings nicht um Knochenfunde, sondern um Fußspuren – untrügliche Beweise dafür, daß an der besagten Stelle vor 220 Millionen Jahren große, zweibeinige Lebewesen vorbeigegangen waren. Edward Hitchcock, Professor der Theologie und Geologie am Amherst College in Massachusetts und später dessen Präsident, beschrieb die Abdrücke 1848. Seiner Ansicht nach handelte es sich um die Spuren riesenhafter Vögel.

Erst 1856 erschien die erste Beschreibung von Dinosaurierknochen aus Nordamerika. Dr. Josef Leidy von der Academy of Natural Science in Philadelphia berichtete damals über Dinosaurierzähne aus Montana. Zwei Jahre danach beschrieb er das erste Skelett eines nordamerikanischen Dinosauriers, den er *Hadrosaurus* nannte (s. S. 148).

Im amerikanischen Mittelwesten fand man in Gesteinen des Jura und der Kreide (Alter über 65 Millionen Jahre) bald eine Unmenge von Dinosauriern. Die treibende Kraft hinter den Entdeckungen waren zwei begüterte Männer aus den Oststaaten – jeder für sich ein hochqualifizierter Paläontologe und untereinander scharfe Konkurrenten. Der erste war Othniel Charles Marsh von der Yale University; er wurde von seinem Onkel, George Peabody, einem reichen Importkaufmann und Philanthropen, mit Geldmitteln ausgestattet. Der zweite, Edward Drinker Cope von der Academy of Natural Science in Philadelphia, hatte einen reichen Reeder zum Vater.

Die ersten großen Dinosaurierknochen aus dem Oberjura (Alter 150 Millionen Jahre) wurden 1877 in der Morrison-Formation in Colorado (später auch in Wyoming) entdeckt. Sowohl Marsh als auch Cope erhielten Proben von diesen Funden: Der »Dinosaurierkrieg« hatte begonnen. Rivalisierende Teams von Fossiljägern zogen westwärts, um jeweils die größten und besten Dinosaurierskelette zu erwerben. Marsh finanzierte sechsjährige Ausgrabungen bei Como Bluff in Wyoming, wo man die Knochen tonnenweise fand. Cope entsandte Sammler in dasselbe Gebiet, aber auch nach Colorado.

Nach Funden aus jenen oberjurassischen Gesteinen wurden im Laufe der Zeit von den beiden Forschern viele neue Dinosaurierarten beschrieben, die inzwischen weltweit bekannt sind – darunter *Allosaurus* und *Ceratosaurus* (s. S. 117), *Camarasaurus* (s. S. 129), *Diplodocus* und *Apatosaurus* (populär unter dem Namen *Brontosaurus*, s. S. 132), *Camptosaurus* (s. S. 144) und *Stegosaurus* (s. S. 156).

Als die an Dinosauriern reichste paläontologische Schatzkammer erwiesen sich später Gesteine der Oberkreide in Montana und Colorado, die gegen Ende des Mesozoikums, also vor 100 bis 65 Millionen Jahren, abgelagert wurden. Die Entdeckung ausgestorbener Lebewesen wie *Ornithomimus* (s. S. 109), *Nodosaurus* (s. S. 160) und *Triceratops* (s. S. 168) verdanken wir auch in diesem Fall der Rivalität zwischen Marsh und Cope.

Auch Kanada trug zu den Dinosauriersammlungen der Museen bei. Die Sedimente aus der Oberkreide im Red Deer River Valley (Alberta) lieferten in den Jahren 1910–1917 eine reiche Ausbeute. Ebenfalls als sehr dinosaurierreich erwies sich die Wüste Gobi in der Äußeren Mongolei. Die ersten Forschungsreisen dorthin organisierte das American Museum of Natural History in den Jahren 1922 bis 1925 – ursprünglich gar nicht in der Absicht, Reptilien zu suchen. Man hoffte vielmehr, in dieser Region fossile Menschen zu finden.

Der mongolische Dinosaurierfriedhof lieferte eine ganze Reihe von Tierskeletten aus der Oberkreide, darunter *Protoceratops*, den Vorfahren der nordamerikanischen Horndinosaurier, samt Nestern und Eiern (s. S. 165). Weitere Funde betrafen die Saurischier *Oviraptor*, *Velociraptor* und *Saurornithoides* (s. S. 110–113).

Dinosaurier wurden auch in Südamerika, Afrika, Australien und sogar auf Neuseeland gefunden, doch sind die Fundstätten auf der Südhalbkugel längst nicht so reich wie die auf der Nordhalbkugel.
Der vielleicht berühmteste Fundort auf der Südhemisphäre ist Tendaguru in Tansania, Ostafrika, wo man – ähnlich wie bei der Morrison-Formation in den westlichen USA – eine große Menge oberjurassischer Dinosaurier fand.
Ein weiterer afrikanischer Fundort, 1987 südlich der Sahara in Niger entdeckt, verspricht ebenfalls reiche Ausbeute. Zu Beginn der Forschungsarbeiten wurden die Knochen von *Camarasaurus* geborgen, eines gigantischen pflanzenfressenden Sauropoden (s. S. 129).

Weltweite Verbreitung

Die Dinosaurierfauna der Südhalbkugel ist bisher zwar weniger bekannt, doch besteht kaum Zweifel daran, daß sie ebenso vielfältig ist wie die »nördliche«.
Die »Echsenbecken«- und die »Vogelbekken«-Dinosaurier entwickelten sich in der Trias, als alle Kontinente der Welt zusammen den Superkontinent Pangaea bildeten (s. S. 10–11). Alle Tiere des Festlands, also auch die Dinosaurier, konnten sich damals über die gesamte Welt ausbreiten.
Im Jura waren die Kontinente noch immer miteinander verbunden. Erst in der Oberkreide bildeten sich zwei unterschiedliche, isolierte Dinosaurierfaunen heraus. Zu jener Zeit gab es auf der Nordhalbkugel zwei getrennte Festlandsgebiete: Euramerica und Asiamerica (s. S. 10–11). Aus einem unbekannten Grund entwickelten sich besonders in Asiamerica viele neue Dinosaurier der Oberkreide, darunter zum Beispiel die Hadrosauriden, die Ornithomimiden, die Saurornithoididen, die Tyrannosauriden und die Protoceratopiden. Die »altmodischeren« Dinosauriertypen wie die Iguanodontiden überlebten in der Folgezeit vor allem in Euramerica, wo sie nicht der Konkurrenz ihrer neuen Verwandten ausgesetzt waren.
Bisher wurden ungefähr 300 Dinosauriergattungen beschrieben, von denen ungefähr 55 Prozent zu den *Saurischia* und 45 Prozent zu den *Ornithischia* zählen. Nur 7 Prozent der bekannten Dinosaurier fand man in Gesteinen der Trias (nahezu alles Saurischier). 28 Prozent stammen aus jurassischen Sedimenten, während die restlichen 65 Prozent der Kreidezeit angehören, und davon wiederum drei Viertel nur der Oberkreide.
Wichtig in diesem Zusammenhang ist, daß gegen Ende der Kreidezeit die Blütenpflanzen in einer geradezu explosiven Evolutionsphase viele neue Typen entwickelten, die sich überall auf der Welt in ökologische Nischen einfügten. Sie stellten eine neue Nahrungsquelle dar, die sehr wohl die Evolution der neuen Dinosauriertypen gefördert haben kann.

Gab es warmblütige Dinosaurier?

Lange Zeit ging man davon aus, daß die Dinosaurier wie ihre heute noch existierenden Reptilienverwandten und die Amphibien wechselwarm gewesen sind. In jüngster Zeit wurde jedoch diskutiert, ob sie nicht vielleicht – wie die Vögel und die Säuger – warmblütig waren.
Wechselwarme Tiere sind in ihrem Wärmehaushalt von der Sonne abhängig. Gleichwarme Tiere hingegen wandeln die aufgenommene Nahrung zu einem großen Teil in Wärme um. Die heutigen warmblütigen Tiere haben eine konstante Körpertemperatur im Bereich von 36 bis 41 °C. Ihr Energieverbrauch ist ungefähr zwölfmal so groß wie der eines wechselwarmen Tiers. Für einen Dinosaurier wie *Brachiosaurus* hätte die Energie selbst dann nicht ausgereicht, wenn er 24 Stunden am Tag ununterbrochen gefressen hätte.
Viele Paläontologen glauben deswegen, die Dinosaurier hätten eine niedrigere Körpertemperatur als die heutigen warmblütigen Tiere gehabt. Da ihnen eine Isolierschicht aus Haaren oder Federn fehlte (die Tieren selbst bei umweltbedingten Temperaturstürzen ihre konstante Körperwärme beizubehalten erlaubt), waren die Dinosaurier davon abhängig, daß die Umgebungstemperatur einigermaßen stabil blieb. Es ist fraglich, ob sie imstande waren, sich an größere Klimaveränderungen anzupassen; möglicherweise führte diese Unfähigkeit letztlich zu ihrem Aussterben, worauf dann weniger empfindliche und dank ihres Fells besser isolierte Tiere ihre Rolle übernahmen.

Das Massenaussterben der Dinosaurier

Das weltweite Verschwinden der Dinosaurier gegen Ende des Mesozoikums ist das bestdokumentierte Massenaussterben der Vorgeschichte. Im gleichen Zeitraum starben aber auch noch andere Tiere aus. Die Flugsaurier sowie die meeresbewohnenden Fischsaurier, die Plesiosaurier und die Mosasauriden verschwanden alle gegen Ende der Kreidezeit. Auch einige Gruppen meeresbewohnender Wirbelloser ereilte dieses Schicksal, darunter die Ammoniten, gewisse Muscheln und zahlreiche planktische Lebewesen.
Da die modernen Methoden zur Altersbestimmung von Gesteinen nur eine Genauigkeit von einigen 100000 Jahren gestatten (s. S. 13), läßt sich kaum feststellen, ob das Artensterben auf dem Festland und im Meer tatsächlich gleichzeitig stattfand. Die betroffenen Wirbeltiere starben anscheinend nach und nach aus; so verschwanden zum Beispiel die Fischsaurier vor dem Ende der Kreidezeit. Auch die Plesiosaurier, die Flugsaurier und die Dinosaurier wurden wahrscheinlich gegen Ende jener Epoche immer seltener. All diese Tatsachen deuten darauf hin, daß damals ein gradueller Wandel in den ökologischen Rahmenbedingungen stattfand – jedenfalls erscheint dies wahrscheinlicher als die populäre Vorstellung von einer plötzlichen, welterschütternden Katastrophe, der eine riesige Anzahl von Lebewesen zum Opfer fiel.
In der Oberkreide sank der Meeresspiegel verhältnismäßig schnell. Eine Folge davon war, daß die durchschnittliche Lufttemperatur zurückging und das Klima auf der ganzen Welt wechselhafter wurde. Hierin könnte ein Grund für den schrittweisen Niedergang der Flug- und Dinosaurier liegen, besonders wenn man bedenkt, daß die Dinosaurier bei der Regelung ihrer Körpertemperatur zumindest teilweise auf ein ausgeglichenes Klima angewiesen waren.
Im Gegensatz zu den Dinosauriern scheinen viele mikroskopisch kleine Wirbellose des Meeres gegen Ende der Kreidezeit wie auf einen Schlag ausgestorben zu sein. Sie verschwanden genau zu jener Zeit, in der sich in den Gesteinen eine ungewöhnlich hohe Konzentration ansonsten seltener Metalle zeigte, darunter Iridium, Osmium und Rhodium. Man hat derart angereicherte Schichten in zirka fünfzig unterschiedlichen Gebieten von Nordamerika und Europa bis nach Neuseeland und in den Tiefseesedimenten des Pazifiks gefunden.
Die amerikanischen Geologen Luis und Walter Alvarez wiesen darauf hin, daß die betreffenden seltenen Metalle im Gestein in denselben Mengenverhältnissen auftreten wie in Meteoriten. Sie kamen daher zu dem Schluß, ein enormer Meteorit mit einem Durchmesser von ungefähr 10 km sei am Ende der Kreide, vor 65 Millionen Jahren, auf die Erde gestürzt. Der Aufprall habe ungeheure Trümmer- und Staubmassen in die Luft geschleudert, die dann den Himmel viele Jahre lang verdunkelten und dabei auch das Wachstum der Pflanzen beeinträchtigten. Langfristig sei es dann zu Klimaveränderungen gekommen, die schließlich zum Massenaussterben des marinen Planktons und der landbewohnenden Wirbeltiere geführt hätten, deren Blütezeit ohnehin vorüber gewesen sei.
Beim Einschlag des Meteoriten in ein Kalkgebiet (Kalziumkarbonat wie die Meeressedimente der Kreide) wären große Mengen von Kohlendioxid in die Atmosphäre gelangt; dies wiederum könnte zu einer weltweiten Anhebung der Durchschnittstemperatur geführt haben, so daß die Dinosaurier letztlich zugrunde gingen, weil sie die ungewohnte Hitze nicht ertragen konnten.

Frühe Archosaurier

TICINOSUCHUS
RUTIODON
ORNITHOSUCHUS
ERYTHROSUCHUS

Frühe Archosaurier

Überordnung Archosauria
Die Archosaurier stellten die spektakulärste Gruppe der »Herrscherreptilien« dar. Sie dominierten im Mesozoikum über einen Zeitraum von mehr als 180 Millionen Jahren. Die Flugsaurier (s. S. 102–105) waren zu jener Zeit die Beherrscher der Lüfte, die Dinosaurier dominierten auf dem Festland (s. S. 106–169), und die Krokodile – die einzigen heute noch lebenden Archosaurier – drangen in die Meere und Binnengewässer vor (s. S. 98 bis 101).
All diese unterschiedlichen Lebewesen hatten ein gemeinsames Merkmal: den diapsiden Schädel mit zwei Schläfenfenstern hinter dem Auge (s. S. 61).

Ordnung Thecodontia
Die ältesten Archosaurier waren die Thecodontier. Sie traten im Oberperm, vor über 250 Millionen Jahren, auf, entwickelten während der Trias ihre größte Formenvielfalt und starben gegen Ende jener Epoche aus. Aus ihnen gingen die Vorfahren der Dinosaurier, der Flugsaurier und der Krokodile hervor (s. S. 90–91).
Man unterteilt die *Thecodontia* in fünf Unterordnungen. Ganz allgemein bestand bei ihnen die Tendenz zum aufrechten Gang. Die Hintergliedmaßen verlagerten nach und nach ihre Ansatzstelle, bis sie direkt unter dem Körper standen. Die Entwicklung erreichte ihren Höhepunkt bei den *Ornithosuchia*, die aufrecht auf zwei Beinen gehen konnten.

Unterordnung Proterosuchia
Die *Proterosuchia* waren die ältesten Thecodontier. Sie traten erstmals im Oberperm auf. Einige lebten im Wasser wie Krokodile, andere waren gänzlich an das Leben auf dem Festland angepaßt. In der Trias verbreiteten sie sich über die ganze Erde, starben jedoch am Ende jener Periode aus. Alle Thecodontier-Gruppen stammten vermutlich von den *Proterosuchia* ab.

NAME: ***Chasmatosaurus***
ZEITLICHE VERBREITUNG: ***Untertrias***
GEOGRAPHISCHE VERBREITUNG: ***Afrika (Südafrika) und Asien (China)***
LÄNGE: ***2 m***
Chasmatosaurus (früher auch *Proterosuchus* genannt) ist der älteste gut bekannte Thecodontier. Er ähnelte einem modernen Krokodil und führte wohl auch ein ähnliches Leben. Die kräftigen Gliedmaßen traten waagrecht aus dem Rumpf aus und bewirkten einen breiten, echsenartigen Gang.
Obwohl *Chasmatosaurus* an Land gehen konnte, verbrachte er seine Zeit wahrscheinlich vorwiegend in Flüssen, wo er mit schlängelnden Bewegungen des Rumpfes und des langen Schwanzes Fischen nachstellte. Jeder der spitzen, rückwärts gekrümmten Zähne saß in einer flachen Zahntasche. Auch der Gaumen trug Zähne – ein primitives Merkmal, das spätere Thecodontier verloren.

NAME: ***Erythrosuchus***
ZEITLICHE VERBREITUNG: ***Untertrias***
GEOGRAPHISCHE VERBREITUNG: ***Afrika (Südafrika)***
LÄNGE: ***4,5 m***
In der Unter- und Mitteltrias waren *Erythrosuchus* und weitere Angehörige der Familie weltweit die größten Räuber des Festlands. Einige erreichten eine Länge von 5 m. Sie müssen einen tiefgreifenden Selektionsdruck auf die Evolution anderer Festlandsreptilien ausgeübt haben. Ungefähr gleichzeitig traten nämlich mehrere neue Thecodontier-Typen mit gepanzertem Körper auf, wie die Phytosaurier und die Aetosaurier (unten).
Erythrosuchus hatte einen breiten, bis einen Meter langen Kopf. Auf den mächtigen Kiefern standen zahlreiche, scharfe, konische Zähne. Die Gliedmaßen waren weiter unten an der Bauchseite befestigt als bei *Chasmatosaurus* (s. o.), was darauf hindeutet, daß sich das Tier auf dem Festland besser fortbewegen konnte.

Unterordnung Rauisuchia
Diese krokodilähnlichen Thecodontier umfaßten große räuberische Landbewohner, von denen einige eine Länge von sechs Metern erreichten. Sie entwickelten sich in der Mitteltrias und überlebten bis zum Ende dieser Periode. *Rauisuchia* sind aus Nord- und Südamerika, Ostafrika und Westeuropa bekannt.
Die Hinterbeine der *Rauisuchia* saßen noch weiter unten am Körper als bei den *Proterosuchia*. Außerdem verfügten die Tiere über verbesserte Fußgelenke, so daß sie die Beine beim Gehen besser biegen konnten.

NAME: ***Ticinosuchus***
ZEITLICHE VERBREITUNG: ***Mitteltrias***
GEOGRAPHISCHE VERBREITUNG: ***Europa (Schweiz)***
LÄNGE: ***3 m***
Der Rücken dieses mittelgroßen Rauisuchiers war mit einer doppelten Reihe kleiner Knochenplatten leicht gepanzert. Auch der lange Schwanz trug oben und unten eine Panzerung. Aus dem Bau des Beckengürtels und den Kugelgelenken der Hüfte schließt man, daß die Beine von *Ticinosuchus* direkt nach unten zeigten und nicht seitlich abgespreizt waren wie bei den ältesten Thecodontiern.
Ticinosuchus paßte auch die Fußgelenke an das Gehen auf dem Festland an. Ein Fußknochen entwickelte sich zum Fersenbein, an dem eine starke Sehne (entsprechend unserer Achillessehne) befestigt

war. Damit konnten die Tiere ihre Beine besser biegen.
Bis zur Entwicklung des Fersenbeins hatte der fünfte Mittelfußknochen zusammen mit der fünften Zehe beim Abheben des Fußes vom Boden geholfen. Tiere mit einem Fersenbein konnten nun die Länge der fünften Zehe verringern. Bei einigen ging sie ganz verloren, andere verkürzten sie so sehr, daß sie nicht mehr auf den Boden reichte.

Unterordnung Phytosauria
Die Phytosaurier waren Räuber, die im Wasser lebten. Sie sind nur aus der Obertrias bekannt. Mit ihrem stark gepanzerten, krokodilähnlichen Körper von bis zu 5 m Länge beherrschten sie die Flüsse der Nordhalbkugel.
Die Phytosaurier stellen den klassischen Fall einer parallelen Evolution mit den echten Krokodilen dar. Beide Reptilientypen gingen aus Thecodontiern hervor, und beide entwickelten unabhängig voneinander aufgrund derselben Lebensweise auch denselben Körperbau.

NAME: ***Rutiodon***
ZEITLICHE VERBREITUNG: ***Obertrias***
GEOGRAPHISCHE VERBREITUNG: ***Europa (Deutschland und Schweiz) und Nordamerika (Arizona, New Mexico, North Carolina und Texas)***
LÄNGE: ***3 m***
Rutiodon war mit seiner Panzerung ein typischer Phytosaurier. Die Schnauze war verlängert wie bei einem heutigen Gavial (der die Flüsse Indiens bewohnt), und auf den Kiefern standen zahlreiche scharfe Zähne, die hervorragend für den Fischfang geeignet waren. *Rutiodon* fraß wahrscheinlich auch andere Reptilien, da man Reste von ihnen im Körper einiger Phytosaurier gefunden hatte.
Rutiodon und verwandte Arten zeigten eine überraschende Ähnlichkeit mit heu-

tigen Krokodilen, lassen sich jedoch an der Stellung der Nasenlöcher sofort unterscheiden: Bei den Phytosauriern saßen sie auf einem knöchernen Höcker an der Basis der Schnauze unweit der Augen, während sie bei den Krokodilen an der Schnauzenspitze liegen.

Unterordnung Aetosauria

Im Gegensatz zu den übrigen Thecodontiern waren die Aetosaurier Pflanzenfresser mit kleinen, blattförmigen Zähnen und massigem, stark gepanzertem Körper. Sie sahen wie kurzschnäuzige Krokodile aus und bildeten einen Seitenzweig der Hauptentwicklungslinie. Die Aetosaurier sind nur aus der Obertrias Europas sowie aus Nord- und Südamerika bekannt.

NAME: ***Stagonolepis***
ZEITLICHE VERBREITUNG: ***Obertrias***
GEOGRAPHISCHE VERBREITUNG: ***Europa (Schottland)***
LÄNGE: ***3 m***

Der mächtige Rumpf von *Stagonolepis* ist typisch für die pflanzenfressenden Aetosaurier. Er bot dem verlängerten Darm Platz, der für die Verdauung von Pflanzennahrung erforderlich ist. Als träges Tier brauchte *Stagonolepis* eine schwere Körperpanzerung, um gegen Angriffe wendiger, räuberischer Thecodontier aus der eigenen Verwandtschaft einigermaßen geschützt zu sein.
Für seine Gesamtlänge von 3 m hatte *Stagonolepis* einen kleinen Kopf (Länge 25 cm). Die verkürzten Kiefer waren im vorderen Teil zahnlos. Nur weiter hinten standen zapfenartige Zähne, mit denen das Tier zähe Teile von Schachtelhalmen, Farnen und erst kurz zuvor entstandenen Palmfarnen abreißen konnte. Die Schnauze war flach und erinnerte entfernt an einen Schweinerüssel – eine Form, die besonders gut für die Suche nach im Boden verborgenen Wurzeln geeignet war.

NAME: ***Desmatosuchus***
ZEITLICHE VERBREITUNG: ***Obertrias***
GEOGRAPHISCHE VERBREITUNG: ***Nordamerika (Texas)***
LÄNGE: ***5 m***

Dieser große nordamerikanische Aetosaurier besaß einen besonders schweren Panzer. Große viereckige Platten bedeckten den Rücken, den Schwanz und einen Teil des Bauchs. Den Schultern entsprangen bis 45 cm lange Dornen. Den kleinen Kopf, die schweineähnliche Schnauze und die stumpfen Zähne hatte *Desmatosuchus* mit anderen pflanzenfressenden Aetosauriern gemeinsam.

Unterordnung Ornithosuchia

Die Paläontologen betrachten die *Ornithosuchia* als ideales Zwischenglied zwischen den vierbeinigen Thecodontiern und den zweibeinigen Dinosauriern. In der Familie *Lagosuchidae* vermuten viele den Vorfahren der Dinosaurier.
Die Ornithosuchier gingen wahrscheinlich aus einem Proterosuchier hervor und starben am Ende der Trias aus.

NAME: ***Euparkeria***
ZEITLICHE VERBREITUNG: ***Untertrias***
GEOGRAPHISCHE VERBREITUNG: ***Afrika (Südafrika)***
LÄNGE: ***bis 60 cm***

Die kräftigen Hinterbeine und der lange Schwanz, deren Entwicklung bereits bei den frühen Thecodontiern zu beobachten war, ermöglichten ihren Nachkommen, den *Ornithosuchia*, eine neue Körperhaltung.
Euparkeria war ein ziemlich frühes Mitglied dieser Gruppe. Das Tier war schlank gebaut und trug auf dem Kamm von Rükken und Schwanz einen leichten Panzer aus Knochenplatten. Die Hinterbeine waren um ungefähr ein Drittel länger als die Vorderbeine. Obwohl *Euparkeria* die meiste Zeit auf allen vieren ging, konnte sie sich bei Gefahr auf die Hinterbeine aufrichten und auf zwei Beinen davonlaufen. Der lange Schwanz sorgte beim Laufen für das Gleichgewicht.
Euparkeria hatte einen breiten Schädel, dessen Gewicht durch mehrere Fenster zwischen den Knochen verringert wurde. Die Zähne waren der räuberischen Lebensweise gut angepaßt: lang und scharf, leicht nach hinten gekrümmt und an den Kanten zusätzlich eingekerbt.

NAME: ***Ornithosuchus***
ZEITLICHE VERBREITUNG: ***Obertrias***
GEOGRAPHISCHE VERBREITUNG: ***Europa (Schottland)***
LÄNGE: ***4 m***

Die Paläontologen betrachteten *Ornithosuchus* früher als primitiven Dinosaurier. Heute gilt er eher als hochentwickelter Thecodontier. Aus ihm oder einem nahen Verwandten gingen die Dinosaurier der Unterordnung *Theropoda* hervor.
Ornithosuchus ging sicher wie ein Dinosaurier. Die senkrecht unter dem Körper stehenden Hinterbeine ermöglichten ihm einen aufrechten Gang. Im Normalfall bewegte sich *Ornithosuchus* aber wohl noch auf allen vieren vorwärts.
Primitive Merkmale von *Ornithosuchus* waren eine Doppelreihe von Knochenplatten auf dem Rücken, ein kurzes, breites Becken, das nur über drei Wirbel an der Wirbelsäule befestigt war, und fünf Zehen an den Hinterbeinen. Der Schädel zeigt jedoch fortgeschrittene Merkmale und ähnelt dem der großen *Theropoda* wie *Tyrannosaurus*.

NAME: ***Lagosuchus***
ZEITLICHE VERBREITUNG: ***Mitteltrias***
GEOGRAPHISCHE VERBREITUNG: ***Südamerika (Argentinien)***
LÄNGE: ***30 cm***

Die Angehörigen der Familie *Lagosuchidae* sind die dinosaurierähnlichsten unter allen Thecodontiern. *Lagosuchus* selbst gilt als direkter Vorfahre der Dinosaurier – eine Behauptung, die sich hauptsächlich auf den Bau des Beckengürtels, der Fußgelenke und der langen schlanken Hinterbeine stützt. Die Knochen des Unterschenkels sind fast doppelt so lang wie die des Oberschenkels – ein Merkmal von Tieren, die schnell laufen können; es war besonders bei den zweibeinigen Dinosauriern ausgeprägt.
Einige Forscher halten *Lagosuchus* auch für einen Vorfahren der Flugsaurier, die ebenfalls in der Obertrias auf den Plan traten (s. S. 102–105).

NAME: ***Longisquama***
ZEITLICHE VERBREITUNG: ***Untertrias***
GEOGRAPHISCHE VERBREITUNG: ***Asien (Turkestan)***
LÄNGE: ***15 cm***

Das merkwürdige, eidechsenähnliche Tier *Longisquama* war trotz seiner geringen Größe ebenfalls ein Thecodontier, der sich darüber hinaus jedoch keiner der bekannten Unterordnungen oder Familien zuordnen läßt. Der Körper war bedeckt von dachziegelartig übereinanderliegenden, gekielten Schuppen. Auf dem Rücken trug es eine auffallende Reihe großer, steifer, im Querschnitt V-förmiger Schuppen, deren genaue Funktion bis heute unbekannt geblieben ist. Vielleicht sollten sie Geschlechtspartner anlocken und/oder Rivalen abschrecken. Es ist aber auch nicht auszuschließen, daß wir es hier mit einem frühen Stadium in der Evolution der Federn zu tun haben.

Krokodile

TERRESTRISUCHUS
GRACILISUCHUS
PROTOSUCHUS
BERNISSARTIA

METRIORHYNCHUS
TELEOSAURUS
DEINOSUCHUS
PRISTICHAMPSUS

Krokodile

Ordnung Crocodylia
Die Krokodile können als die erfolgreichste Gruppe der *Archosauria* angesehen werden, da sie als einzige bis auf den heutigen Tag überlebt haben. Im Vergleich zu ihren urzeitlichen Verwandten, die erstmals in der Mitteltrias vor 230 Millionen Jahren auftraten, haben sie sich nur wenig verändert.
Die Krokodile gingen höchstwahrscheinlich aus einem Ornithosuchier (s. S. 90 bis 91) hervor. Zunächst entwickelten sie sich zu kleinen Räubern mit terrestrischer Lebensweise. Sie liefen aufrecht auf ihren langen, schlanken Hinterbeinen, die mit den seitlich abstehenden Gliedmaßen ihrer halb auf dem Land und halb im Wasser lebenden Nachfahren kaum etwas gemein hatten.
Alle Krokodile, selbst die ältesten, haben lange, flache und massive Schädel, die dem Druck der kräftigen, langen Kiefer standhalten müssen. Die Kiefermuskeln sind weit hinten am Schädel befestigt und erlauben es den Tieren, das Maul weit aufzureißen und damit auch große Beutetiere zu verschlingen. Ein sekundäres Munddach trennt die Mundhöhle von der Nasenhöhle. Das Krokodil kann daher gleichzeitig fressen und atmen, eine besonders für wasserbewohnende Tiere sehr nützliche Eigenschaft.

Unterordnung Sphenosuchia
Die *Sphenosuchia* waren die ältesten Krokodile. Sie traten in der Mitteltrias auf. Sie ähnelten den *Ornithosuchia* und wurden lange Zeit auch systematisch zu jener Gruppe der Thecodontier gestellt (s. S. 97). Die *Sphenosuchia* waren Landtiere und entsprechend angepaßt.

Name: ***Gracilisuchus***
Zeitliche Verbreitung: ***Mitteltrias***
Geographische Verbreitung: ***Südamerika (Argentinien)***
Länge: **30 cm**
Das kleine Tier entspricht unserer heutigen Vorstellung von einem Krokodil so wenig, daß man es noch bis in die frühen achtziger Jahre bei den *Ornithosuchia* einreihte, mit denen es den leicht gebauten Körper und einen übermäßig großen Kopf gemein hatte. *Gracilisuchus* konnte aufrecht auf den schlanken Hinterbeinen laufen, wobei der lange, schlanke Schwanz das Gleichgewicht hielt. Der Bau des Schädels, der Halswirbel und der Fußgelenke verrät indes eindeutig die Zugehörigkeit zu den Krokodilen.
Gracilisuchus war gut an das Leben auf dem Land angepaßt. Auf dem Rücken trug das Tier bis zur Schwanzspitze eine doppelte Reihe von Knochenplatten. Auf seinen langen Hinterbeinen verfolgte es wahrscheinlich kleine Eidechsen.

Name: ***Terrestrisuchus***
Zeitliche Verbreitung: ***Obertrias***
Geographische Verbreitung: ***Europa (Wales)***
Länge: **50 cm**
Terrestrisuchus war zierlicher gebaut als *Gracilisuchus*. Der Rumpf war kürzer, die schlanken Beine hatten verlängerte Unterschenkelknochen. Der Schwanz war fast doppelt so lang wie Kopf und Rumpf zusammengenommen.
Der leichte Körperbau läßt vermuten, daß *Terrestrisuchus* ein sehr flinkes Tier war, das auf den trockenen, obertriassischen Ebenen Europas Insekten und kleine Echsen jagte. Wahrscheinlich lief *Terrestrisuchus* meistens auf allen vieren, konnte sich aber im Bedarfsfall aufrichten und »zweibeinig« noch höhere Geschwindigkeiten erzielen.

Unterordnung Protosuchia
Obwohl ihre Schädel denen der Krokodile bereits etwas ähnlicher sahen, handelte es sich bei den Protosuchiern nach wie vor um langbeinige Landbewohner wie die verwandten Sphenosuchier (s. o.). Im Unterjura waren sie auf der ganzen Welt verbreitet. Einige Arten entwickelten wohl ein sekundäres Munddach, das die Mundhöhle von den Nasengängen trennte. Allerdings kann es nicht mehr als eine fleischige Membran gewesen sein, denn im Fossilnachweis findet man keine feste Knochenplatte wie bei den späteren Krokodilen.

Name: ***Protosuchus***
Zeitliche Verbreitung: ***Unterjura***
Geographische Verbreitung: ***Nordamerika (Arizona)***
Länge: **1 m**
Protosuchus war ein landbewohnendes Krokodil, da man seine Reste in den gleichen Gesteinen fand, in denen auch Dinosaurierfossilien entdeckt wurden. Das Tier teilte seinen Lebensraum in Nordamerika mit den flinken, zweibeinigen Coelurosauriern (s. S. 106–109) und den neuentwickelten Carnosauriern (s. S. 114–121).
Der Schädel von *Protosuchus* war krokodilähnlicher als der der frühen Sphenosuchier. Die kurzen Kiefer waren am Hinterschädel verbreitert, so daß sich den Kiefermuskeln eine vergrößerte Ansatzfläche bot. *Protosuchus* konnte somit sein Maul weit aufreißen und fest zupacken.
Vorn im Unterkiefer standen zwei Eckzähne, die bei geschlossenem Maul in eine Furche zu beiden Seiten des Oberkiefers paßten. Es handelt sich um die für moderne Krokodile charakteristische Anordnung. Auch die Alligatoren haben einen verlängerten vierten Unterkieferzahn, doch greift er in eine knöcherne Grube des Oberkiefers und ist bei geschlossenem Maul nicht sichtbar.

Unterordnung Mesosuchia
Die meisten fossilen Krokodile gehören zu dieser Gruppe. Sie entwickelten sich im Unterjura sehr wahrscheinlich aus den Protosuchiern (s. o.) und hielten sich bis weit ins Tertiär. Die letzten Mesosuchier starben im Miozän aus, also vor ungefähr 15 Millionen Jahren.
Es sind ungefähr 70 Gattungen bekannt, die man in rund 16 Familien unterbringt. Die meisten waren wie ihre Vorläufer voll an das Leben auf dem Land angepaßt oder lebten teils auf dem Land, teils im Wasser. Eine Familie landbewohnender Krokodile, die *Sebecidae*, lebte im Untertertiär in Südamerika. Ihre großen Zähne besaßen eingekerbte Schneiden und waren klingenartig ausgezogen, ähnlich wie die Zähne der großen Carnosaurier. Diese Tatsache verleitete einige Paläontologen zur Annahme, die Krokodile seien die zu jener Zeit in jener Region dominierenden Räuber gewesen, da von den großen fleischfressenden Säugern damals noch keiner den inselartigen Kontinent Südamerika erreicht hatte.
Nur vier Familien der Mesosuchier paßten sich wieder voll der aquatischen Lebensweise an. Am bekanntesten sind die *Teleosauridae* und die *Metriorhynchidae* (s. u.). Im Jura und in der Kreide beherrschten sie zusammen mit den Fischsauriern und den Plesiosauriern die Meere der Welt.

Name: ***Teleosaurus***
Zeitliche Verbreitung: ***Unterjura***
Geographische Verbreitung: ***Europa (Frankreich)***
Länge: **3 m**
Teleosaurus gehörte einer der vier Mesosuchier-Familien an, die wieder permanent im Wasser lebten. Wahrscheinlich ähnelten sie den Gavialen, die noch heute in den Flüssen Nordindiens vorkommen.
Der Körper dieses meeresbewohnenden Krokodils war lang und schlank, der Rük-

ken kräftig gepanzert wie bei den heutigen Arten. Im Vergleich zu den nächsten Verwandten, die auf dem Land lebten, waren die Kiefer unglaublich lang und schmal und trugen viele scharfe Zähne. Wenn das Tier sein Maul schloß, griffen die Zähne des Unterkiefers und des Oberkiefers genau ineinander und bildeten somit eine tödliche Falle für glitschige Fische und Tintenfische.
Die Vorderbeine waren nur halb so lang wie die Hinterbeine. Das Tier legte sie beim Schwimmen wahrscheinlich dem Körper an, um den Wasserwiderstand zu senken. *Teleosaurus* bewegte sich mit schlängelnden Bewegungen des Schwanzes und des Rumpfes fort.

NAME: ***Metriorhynchus***
ZEITLICHE VERBREITUNG: ***Mittel- bis Oberjura***
GEOGRAPHISCHE VERBREITUNG: ***Europa (England und Frankreich) und Südamerika (Chile)***
LÄNGE: ***3 m***
Metriorhynchus und andere Familienmitglieder waren die am stärksten spezialisierten wasserbewohnenden Krokodile. Sie gaben den schweren Rückenpanzer ihrer Verwandten auf, da ein solcher Schutz im Meer nicht mehr notwendig war. Außerdem wurden sie so im Wasser beweglicher. *Metriorhynchus* hatte paddelartig umgebaute Gliedmaßen, wobei die Hinterbeine länger waren als die Vorderbeine. Der Schwanz trug eine fischähnliche Flosse, die von der scharf nach unten geknickten Wirbelsäule verstärkt wurde und der Fortbewegung diente. Genau dieselben Anpassungen entwickelten, unabhängig von den Krokodilen, auch die Fischsaurier (s. S. 78–81).
Geosaurus war ein weiteres Mitglied der Familie *Metriorhynchidae*. Man fand seine fossilen Reste in Südamerika und Europa in Sedimenten des Oberjura und der Unterkreide. *Geosaurus* war ungefähr so lang wie *Metriorhynchus*, dabei allerdings noch stromlinienförmiger. Bei einem wundervoll erhaltenen Exemplar von *Geosaurus* aus Süddeutschland waren die Umrisse des Körpers mit allen Muskelschichten nachgezeichnet. Die Vorderbeine waren beträchtlich kürzer als die Hinterbeine, die Schwanzflosse besonders groß. Das Ende der Schwanzwirbelsäule war noch stärker nach unten geknickt als bei *Metriorhynchus*.

NAME: ***Bernissartia***
ZEITLICHE VERBREITUNG: ***Unterkreide***
GEOGRAPHISCHE VERBREITUNG: ***Europa (Belgien und England)***
LÄNGE: ***60 cm***
Im Vergleich mit seinen Verwandten war dieser Mesosuchier geradezu winzig. *Bernissartia* lebte an den Küsten des flachen Wealden Lake, der sich in der Unterkreide, vor 130 Millionen Jahren, von Südostengland bis ins heutige Belgien hinein erstreckte.
Aus den beiden Zahntypen im Kiefer von *Bernissartia* kann man schließen, daß das Tier teils auf dem Land und teils im Wasser lebte. Die Frontzähne waren lang und zugespitzt und für den Fischfang geeignet, während die weiter hinten gelegenen Zähne eine breite, abgeflachte Form zeigten. Sie eigneten sich zum Aufknacken von Schalentieren oder sogar zum Zerbeißen von Aas.

Unterordnung Eusuchia
Diese Gruppe umfaßt die echten Krokodile, darunter die 21 modernen Krokodilarten, die 7 Alligator- und Kaimanarten sowie den Gavial als einzigen Vertreter einer eigenständigen Familie. Die Krokodile und Alligatoren in ihrer modernen Form traten erstmals in der Oberkreide auf. Ihre Vorfahren hatten sich aber schon im Oberjura, also mindestens 80 Millionen Jahre früher, entwickelt. Sie stammten wahrscheinlich von Mesosuchiern ab, die halb auf dem Land und halb im Wasser lebten.
Die *Eusuchia* waren früher viel weiter verbreitet und vielfältiger als heute. Sie lebten in Sümpfen, Flüssen und Seen des oberen Mesozoikums. Zur gleichen Zeit lebten auch die großen Dinosaurier, die sich in Ufernähe vor den Eusuchiern in acht nehmen mußten.
Gepanzerte, massive Körper, mächtige Köpfe und Kiefer sowie scharfe Zähne – mit diesen Waffen konnten die Krokodile selbst einen großen Dinosaurier überwältigen. Sie zogen ihre Beute ins Wasser und hielten sie dort mit schraubstockähnlichen Griffen fest, bis sie ertrank. Das sekundäre knöcherne Munddach erlaubte es den Krokodilen, das Maul zu öffnen, ohne Wasser in die Lungen zu bekommen.

NAME: ***Deinosuchus***
ZEITLICHE VERBREITUNG: ***Oberkreide***
GEOGRAPHISCHE VERBREITUNG: ***Nordamerika (Texas)***
LÄNGE: ***möglicherweise 15 m***
Es wurde nur der Schädel dieses ungeheuren Krokodils gefunden. Er war über 2 m lang. Geht man davon aus, daß *Deinosuchus* dieselben Körperproportionen wie andere Krokodile aufwies, so dürfte seine Gesamtlänge knapp unter 15,2 m betragen haben. Der Name *Deinosuchus* bedeutet dementsprechend auch »schreckliches Krokodil«. Bisweilen wird er auch *Phobosuchus* genannt – »Horrorkrokodil«.
Deinosuchus lebte gegen Ende der Kreidezeit in den texanischen Sümpfen. Wahrscheinlich lag er auf der Lauer und wartete auf vorbeiziehende Dinosaurier. Seine Beute packte er wahrscheinlich in ähnlicher Weise wie das Nilkrokodil, das Säugern und Vögeln an der Tränke auflauert. Auch verschluckte *Deinosuchus* wie die modernen Verwandten vermutlich Steine, die als stabilisierender Ballast im Magen verblieben und das Schwimmen erleichterten.
Andere Paläontologen vertreten die Ansicht, *Deinosuchus* sei insgesamt kleiner gewesen, mit kürzerem Rumpf und langen Beinen, und habe sich vorwiegend auf dem Festland aufgehalten. Genauere Aussagen über die Lebensweise des Tiers werden jedoch erst möglich sein, wenn man weitere Teile seines Skeletts findet.
Das Auftreten riesenhafter Krokodile war nicht auf das Mesozoikum beschränkt. Von *Rhamphosuchus*, einer Gavialart aus Ablagerungen des Pliozäns in Indien, ist nur der Teil eines Kieferknochens vorhanden, doch kann man aus dessen Größe schließen, daß das Tier ungefähr so lang war wie *Deinosuchus*.

NAME: ***Pristichampsus***
ZEITLICHE VERBREITUNG: ***Eozän***
GEOGRAPHISCHE VERBREITUNG: ***Europa (Deutschland) und Nordamerika (Wyoming)***
LÄNGE: ***3 m***
Im Tertiär lebte eine Reihe schwergepanzerter *Eusuchia* auf dem Festland. Typisch für diese Gruppe war *Pristichampsus*. Er hatte lange Laufbeine, und Finger und Zehen trugen Hufe anstelle von Krallen. *Pristichampsus* ernährte sich von Säugetieren, die zu jener Zeit überall an die Stelle der Dinosaurier getreten waren.
Pristichampsus hatte scharfe, klingenartige Zähne mit gekerbten Schneiden, die identisch waren mit denen der größten fleischfressenden Dinosaurier wie *Tyrannosaurus* oder *Albertosaurus*. Als man einzelne Zähne von *Pristichampsus* in tertiären Ablagerungen entdeckte, glaubten die Paläontologen zunächst, sie gehörten zu Dinosauriern, und sahen in ihnen fälschlicherweise einen Beweis dafür, daß diese riesenhaften Tiere bis ins Tertiär überlebt hatten.

Fliegende Reptilien

PTERODACTYLUS
DSUNGARIPTERUS
PTERODAUSTRO
CEARADACTYLUS
QUETZALCOATLUS
PTERANODON

Fliegende Reptilien

Ordnung Pterosauria

Die ersten Wirbeltiere, die sich dem Leben in der Luft anpaßten, waren die Flugsaurier oder Pterosaurier. Ihre »Flügel« bestanden aus Haut, die vom stark verlängerten vierten Finger ausgespannt wurde und auf der Höhe des Oberschenkels wieder am Körper befestigt war.
Die Flugsaurier entwickelten sich in der Obertrias, ungefähr 70 Millionen Jahre vor dem ältesten bekannten Vogel, dem *Archaeopteryx* (s. S. 176). Sie hatten ihre Blütezeit im Jura und in der Unterkreide. Zu den zahlreichen Formen gehören die größten fliegenden Lebewesen, die jemals existiert haben. Später begann der Niedergang der Gruppe; die letzten Angehörigen starben gegen Ende des Mesozoikums aus. Fossilien von Flugsauriern wurden mit Ausnahme von Antarctica überall auf der Welt gefunden.
Man unterscheidet zwei Unterordnungen. Die ältesten und primitivsten Formen werden unter der Bezeichnung *Rhamphorhynchoidea* zusammengefaßt, während die *Pterodactyloidea* die eigentlichen Flugsaurier umfassen.

Unterordnung Rhamphorhynchoidea

Die ältesten bekannten Flugsaurier waren schon in der Obertrias, vor 190 Millionen Jahren, hervorragende Flieger. Bis zum Ende des Jura waren sie weltweit verbreitet; danach starben sie aus.

NAME: ***Eudimorphodon***
ZEITLICHE VERBREITUNG: **Obertrias**
GEOGRAPHISCHE VERBREITUNG: **Europa (Italien)**
FLÜGELSPANNWEITE: ***75 cm***

Eudimorphodon ist von Fossilfunden in norditalienischen Meeressedimenten gut bekannt. Es handelte sich um einen typischen Angehörigen der *Rhamphorhynchoidea* mit kurzem Hals und knöchernem Schwanz, der ungefähr die Hälfte der gesamten Körperlänge (70 cm) ausmachte. Der Kopf war groß, aber dank der beiden Schläfenöffnungen ganz leicht.
Der stark verlängerte vierte Finger jeder Hand spannte die Flughaut aus und bestand aus vier überlangen Fingerknochen. Über einen ebenfalls verlängerten Mittelhandknochen war er an der Handwurzel befestigt, während das hintere Ende der Flughaut am Oberschenkel festgewachsen war. Auch zwischen Handwurzel und Halsbasis spannte sich eine Flughaut.
Eudimorphodon war offensichtlich ein aktiver Flieger, der wie ein Vogel mit seinen Flügeln schlagen konnte. Das Brustbein war zu einer breiten, flachen Platte umgebaut, an der die kräftigen Flugmuskeln ansetzen konnten. Der Brustbeinkiel war verglichen mit heute existierenden Vögeln allerdings niedrig.
Der Schwanz des Tieres, dessen Wirbel durch verknöcherte Sehnen zu einem starren Stab verbunden waren, wirkte als Gegengewicht zur ausgeprägten Kopflastigkeit und konnte auch während des Fluges nicht gekrümmt werden. Wie viele andere *Rhamphorhynchoidea* hatte auch *Eudimorphodon* einen rautenförmigen Lappen am Schwanzende, der während des Fluges vermutlich als Ruder diente.
Die kurzen Kiefer trugen zwei Arten von Zähnen: lange und spitze vorne im Mund sowie kurze und breite weiter hinten. *Eudimorphodon* flog wahrscheinlich in niedriger Höhe über dem Meer und fing Fische, die sich zu nahe an die Oberfläche wagten.

NAME: ***Dimorphodon***
ZEITLICHE VERBREITUNG: **Unterjura**
GEOGRAPHISCHE VERBREITUNG: **Europa (England)**
FLÜGELSPANNWEITE: ***1,2 m***

Dimorphodon hatte den für die *Rhamphorhynchoidea* typischen, unverhältnismäßig großen Kopf, der mit 20 cm Länge ungefähr ein Viertel der gesamten Körperlänge ausmachte. Die Gestalt erinnerte eher an einen Papageitaucher. Einen besonderen anatomischen Grund dafür scheint es nicht zu geben; die Zähne verraten vielmehr, daß die Kiefer sonst einfach gebaut waren. Vielleicht spielte die Kopfform beim Territorial- oder Balzverhalten eine Rolle, ähnlich wie die Kopfaufsätze der Hornschnäbel oder Tukane.
Lange Zeit wurde in Fachkreisen darüber diskutiert, wie sich die Flugsaurier auf dem Boden fortbewegten. Nach spezifischen Untersuchungen der Beine und des Beckengürtels von *Dimorphodon* kamen einige Forscher zu dem Schluß, das Tier sei wie ein Vogel aufrecht gestanden und habe ziemlich schnell laufen können.
Funde von anderen Flugsauriertypen im Jahre 1986 deuten jedoch darauf hin, daß *Dimorphodon* vielleicht eine Ausnahme bildete. Ihnen zufolge traten die Oberschenkel seitlich aus dem Körper aus und erlaubten damit nur eine sehr ungeschickte, fledermausartige Fortbewegung auf dem Land. Flugsaurier, so vermutet man daher, krallten sich mit Fingern und Zehen im Astwerk der Bäume und an Felsvorsprüngen fest, um einen Großteil ihrer Zeit in einer hängenden Ruhestellung zu verbringen.

NAME: ***Rhamphorhynchus***
ZEITLICHE VERBREITUNG: **Oberjura**
GEOGRAPHISCHE VERBREITUNG: **Europa (Deutschland) und Afrika (Tansania)**
FLÜGELSPANNWEITE: ***1 m***

Dieser Flugsaurier ist besonders gut bekannt, weil er in den feinen lithographischen Plattenkalken von Solnhofen in Süddeutschland fossil erhalten blieb. Dort fand man auch die Überreste des »Urvogels« *Archaeopteryx*, die sogar noch Abdrücke der Federn zeigen (s. S. 176).

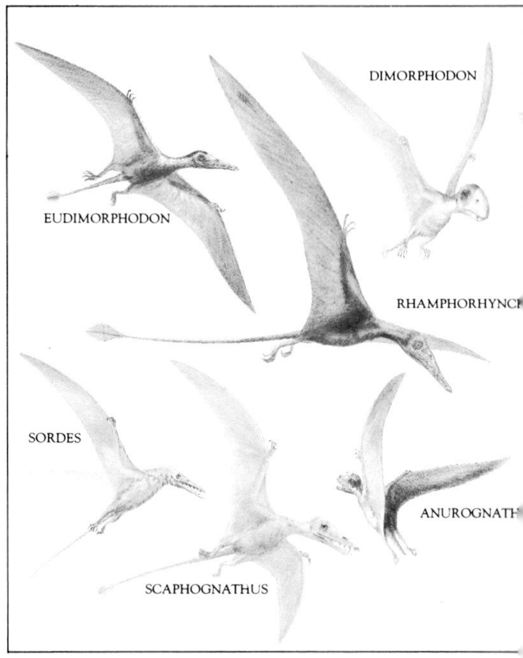

In Solnhofen erhielt sich die Feinstruktur der Flügel von *Rhamphorhynchus*. Mikroskopische Untersuchungen zeigen, daß die Flügelhaut von vorne bis hinten mit dünnen Fasern durchzogen war, von denen sie in ähnlicher Weise gespannt wurde wie die Flügel einer heutigen Fledermaus von den strahlenförmigen Fingerknochen.
Rhamphorhynchus hatte lange, schmale Kiefer mit scharfen Zähnen, die wie die Widerhaken eines Fischspeers nach außen gebogen waren. In Kropf und Magen einiger Exemplare wurden Fischreste gefunden. Wahrscheinlich glitt *Rhamphorhynchus* in niedriger Höhe über die Wasseroberfläche und schnappte mit den Kiefern nach Fischen, während der lange Schwanz für die Balance sorgte.

NAME: ***Scaphognathus***
ZEITLICHE VERBREITUNG: **Oberjura**
GEOGRAPHISCHE VERBREITUNG: **Europa (England)**
FLÜGELSPANNWEITE: ***1 m***

Ein Exemplar dieses typischen Vertreters der *Rhamphorhynchoidea* war so gut erhalten, daß man seine Schädelhöhle untersuchen konnte. Dabei zeigte sich, daß *Scaphognathus* über ein viel größeres Gehirn verfügte als andere Reptilien von vergleichbaren Ausmaßen. Es war fast so groß wie das eines modernen Vogels.
Es war den Paläontologen in diesem Fall auch möglich, die Größe der für die Verarbeitung von Sinneseindrücken zuständigen Gehirnpartien festzustellen und miteinander zu vergleichen. Sie schlossen daraus, daß *Scaphognathus* (wie wahrscheinlich auch seine Verwandten) hervorragend sah, dabei aber über einen nur schwachen Geruchssinn verfügte. Stark entwickelt war vor allem das Kleinhirn, was auf eine große Bewegungsfähigkeit hindeutet und damit die Theorie stützt, die kleinen Flugsaurier hätten sich wie heutige Vögel durch Flügelschläge in die Luft erheben können.

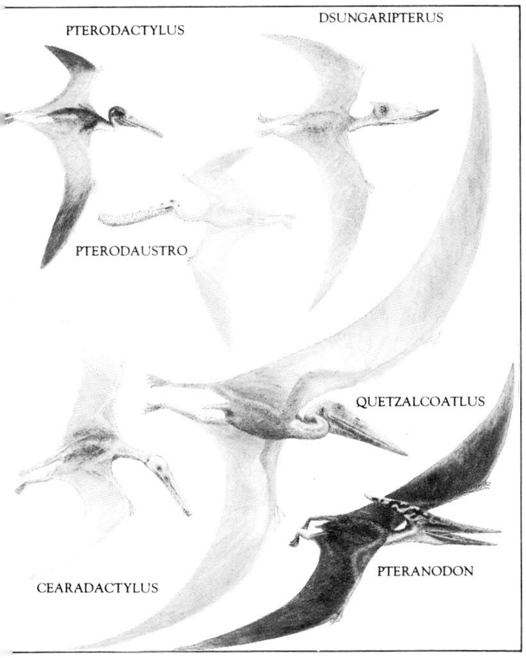

NAME: ***Sordes***
ZEITLICHE VERBREITUNG: ***Oberjura***
GEOGRAPHISCHE VERBREITUNG: ***Asien (Kasachstan)***
FLÜGELSPANNWEITE: **50 cm**
Lange Zeit wurde in Paläontologenkreisen darüber debattiert, ob die fleischfressenden Dinosaurier und die Flugsaurier warmblütig waren. Die aktive, räuberische Lebensweise könnte auf eine hohe Stoffwechselrate und auf eine geregelte Körpertemperatur hindeuten.
Zur Untermauerung ihrer Theorie behaupten einige Forscher, Dinosaurier wie Flugsaurier seien von einer isolierenden Daunen- oder Haarschicht bedeckt gewesen, die ihren Teil zur Regulierung der Körpertemperatur beigetragen habe. Im Fall der Dinosaurier fand man nie einen Beweis für diese Annahme. Ein Fund aus dem Jahr 1971 stützt dagegen die Theorie bezüglich der Flugsaurier. Südöstlich des Ural war ein Exemplar von *Sordes pilosus* entdeckt worden. Die Abdrücke im feinkörnigen Sediment erweckten den Eindruck, als sei der Körper des Tieres von einem dichten Fell überzogen gewesen. Schwanz und Flügel blieben nackt.
Von einigen Paläontologen werden diese Erkenntnisse allerdings in Zweifel gezogen. Sie weisen darauf hin, daß bei den bisher besterhaltenen Flugsauriern aus den feinkörnigen Plattenkalken Süddeutschlands nie auch nur eine Spur von Fell zu erkennen gewesen ist.

NAME: ***Anurognathus***
ZEITLICHE VERBREITUNG: ***Oberjura***
GEOGRAPHISCHE VERBREITUNG: ***Europa (Deutschland)***
FLÜGELSPANNWEITE: **30 cm**
Dieser verhältnismäßig kleine Vertreter der *Rhamphorhynchoidea* hatte einen hohen schmalen Kopf mit kurzen Kiefern, in denen kräftige, konische Zähne standen. Sie lassen die Vermutung zu, daß sich das Tier von Insekten ernährte. Der Schwanz war anders als bei den übrigen *Rhamphorhynchoidea* kurz – eine Eigenschaft, die *Anurognathus* in Verbindung mit der geringen Körpergröße zu einem sehr wendigen Flieger gemacht haben dürfte.

Unterordnung Pterodactyloidea
Die Angehörigen dieser Gruppe sind uns am besten vertraut. Als die *Rhamphorhynchoidea* im Oberjura ausstarben, hatten sich die *Pterodactyloidea* bereits etabliert. Sie existierten bis weit in die Kreidezeit hinein, wenngleich nur wenige Formen das Ende dieser Periode erlebten.
Die *Pterodactyloidea* hatten denselben allgemeinen Aufbau wie die frühen *Rhamphorhynchoidea*. Allerdings war der Schwanz kürzer, und Hals und Kopf waren länger. Die Gruppe umfaßte neben einigen sehr kleinen Arten auch die größten flugfähigen Wirbeltiere, die je auf Erden lebten.

NAME: ***Pterodactylus***
ZEITLICHE VERBREITUNG: ***Oberjura***
GEOGRAPHISCHE VERBREITUNG: ***Afrika (Tansania) und Europa (England, Frankreich und Deutschland)***
FLÜGELSPANNWEITE: ***bis 75 cm***
Wie schon der Name verrät, zeigte *Pterodactylus* die typischen Merkmale der *Pterodactyloidea*: Schwanz kurz, Hals lang, Mittelhandknochen und vierter Finger zur Unterstützung der Flügel stark verlängert.
Es sind viele *Pterodactylus*-Arten bekannt; sie unterscheiden sich vor allem in der Größe und der Kopfform. Auf S. 103 ist die Art *Pterodactylus kochi* abgebildet, deren lange, schmale Kiefer das typische Gebiß eines Fischfressers zeigten.

NAME: ***Pterodaustro***
ZEITLICHE VERBREITUNG: ***Oberjura***
GEOGRAPHISCHE VERBREITUNG: ***Südamerika (Argentinien)***
FLÜGELSPANNWEITE: ***1,2 m***
Das bemerkenswerte Merkmal von *Pterodaustro* waren die überaus langen Kiefer, die den größten Teil des kleinen, insgesamt nur 23 cm langen Schädels ausmachten. Der Unterkiefer trug zahlreiche lange, schmale, dicht nebeneinanderstehende Zähne, und auch der Oberkiefer war mit kleinen Zähnchen besetzt.
Pterodaustro ernährte sich wahrscheinlich, indem er beim Gleitflug knapp über der Wasseroberfläche den Unterkiefer ins Wasser tauchte. Das siebartige Gebiß filterte dabei planktische Lebewesen aus dem Wasser – eine Ernährungsweise, die an die des Blauwals erinnert.

NAME: ***Cearadactylus***
ZEITLICHE VERBREITUNG: ***Unterkreide***
GEOGRAPHISCHE VERBREITUNG: ***Südamerika (Brasilien)***
FLÜGELSPANNWEITE: ***4 m***
Die Kiefer von *Cearadactylus* waren an der Spitze verbreitert (ähnlich wie beim heutigen Gavial) und trugen mehrere große Zähne, die bei geschlossenem Mund ineinandergriffen. So konnten auch schlüpfrige Fische gut festgehalten werden.

NAME: ***Dsungaripterus***
ZEITLICHE VERBREITUNG: ***Unterkreide***
GEOGRAPHISCHE VERBREITUNG: ***Asien (China)***
FLÜGELSPANNWEITE: ***3 m***
Dsungaripterus hatte einen merkwürdigen Knochenkamm auf dem Oberschnabel und lange, schmale Kiefer, die vorne in einer feinen, aufwärts gerichteten Spitze ausliefen. Vielleicht pickte der Flugsaurier mit Hilfe dieser pinzettenartigen Vorrichtung Schaltiere von den Klippen.

NAME: ***Pteranodon***
ZEITLICHE VERBREITUNG: ***Oberkreide***
GEOGRAPHISCHE VERBREITUNG: ***Europa (England) und Nordamerika (Kansas)***
FLÜGELSPANNWEITE: ***7 m***
Pteranodon war einer der größten Flugsaurier. Der kurze, schwanzlose Körper – mit zirka 17 kg Gewicht relativ schwer – war in der Luft sehr wendig. Wahrscheinlich benötigte das Tier zum Fliegen über dem Ozean aufsteigende warme Luftströmungen.
Die Funktion des langen Kamms am Hinterende des Schädels ist unbekannt. Vielleicht diente er als Stabilisator oder Steuerruder beim Flug oder fungierte als Gegengewicht zum schweren Kopf.
Die Kiefer waren für einen Flugsaurier insofern ungewöhnlich, als sie keine Zähne trugen. Wahrscheinlich ernährte sich *Pteranodon* wie ein Pelikan, der Fische wie mit einem Kescher aus dem Wasser schöpft und unzerkaut verschluckt.

NAME: ***Quetzalcoatlus***
ZEITLICHE VERBREITUNG: ***Oberkreide***
GEOGRAPHISCHE VERBREITUNG: ***Nordamerika (Texas)***
FLÜGELSPANNWEITE: ***möglicherweise bis 12 m***
Bisher wurden in nicht-marinen Sedimenten nur Bruchstücke dieses ungeheuren Flugsauriers gefunden. Er hatte offenbar außerordentlich lange, schmale Flügel und wog ungefähr 65 kg. Sollten sich diese Befunde als richtig erweisen, so war *Quetzalcoatlus* das größte fliegende Wirbeltier aller Zeiten.
Wahrscheinlich war *Quetzalcoatlus* ein geschickter Flieger. Er lebte im Gegensatz zu seinen meeres- oder küstenbewohnenden Verwandten im Inland und nutzte die aufsteigende Warmluft zu hohen Gleitflügen.

Kleine fleischfressende Dinosaurier

DROMICEIOMIMUS
STRUTHIOMIMUS
ORNITHOMIMUS
GALLIMIMUS

Kleine fleischfressende Dinosaurier

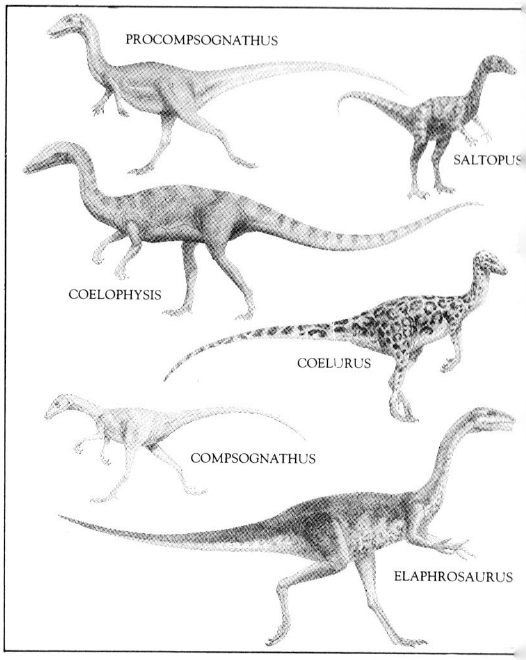

Unterordnung Theropoda
Man kann die große Ordnung der *Saurischia* (»Echsenbecken-Dinosaurier«) aufgrund ihrer Ernährungsweise in zwei Unterordnungen einteilen: Die aufrecht gehenden, fleischfressenden Formen gehörten zu den *Theropoda*, die Pflanzenfresser, die sich auf allen vieren fortbewegten, zu den *Sauropodomorpha* (s. S. 122–133). Die unterschiedliche Fortbewegungsart findet auch im Knochenbau der Gliedmaßen Ausdruck.

Infraordnung Coelurosauria
Die fleischfressenden *Theropoda* werden gemeinhin nach ihrer Größe in zwei weitere Infraordnungen aufgeteilt. Die großen, massiv gebauten Räuber heißen Carnosaurier (s. S. 114–121), die mittelgroßen Fleischfresser Deinonychosaurier; sie trugen an den Hinterfüßen je eine große Kralle zum Töten von Beutetieren (s. S. 110–113). Die kleinen, leichtgewichtigen Jäger faßt man unter den Coelurosauriern zusammen. Der Name bedeutet wörtlich übersetzt »Hohlschwanzechsen« und bezieht sich auf die dünnwandigen hohlen Knochen, die sich nicht nur im Schwanz, sondern auch in den meisten anderen Partien ihres sehr fein gebauten Skeletts fanden.

Familie Podokesauridae
Die Podokesauriden sind die ältesten und primitivsten Vertreter der kleinen fleischfressenden *Theropoda*. Die Familie existierte ungefähr 50 Millionen Jahre lang, von der Obertrias bis zum Unterjura.
Die Podokesauriden unterschieden sich nur in geringem Maße von ihren unmittelbaren Vorfahren, den thecodonten Reptilien (s. S. 94–97). Es waren schnelle, aktive Räuber, die möglicherweise im Rudel jagten. Sie liefen auf ihren langen Hinterbeinen; der schlanke Hals und die langen Schwänze trugen zur Wahrung des Gleichgewichts bei. Die Vordergliedmaßen waren erheblich kürzer als die hinteren; mit ihnen wurde die Beute gepackt und zum Mund geführt. Der Kopf war keilförmig, und in den Kiefern standen scharfe, zugespitzte Zähne.

NAME: ***Procompsognathus***
ZEITLICHE VERBREITUNG: ***Obertrias***
GEOGRAPHISCHE VERBREITUNG: ***Europa (Deutschland)***
LÄNGE: ***1,2 m***
Dieses gefräßige kleine Tier war einer der ältesten Dinosaurier. Er lebte in den Wüsten, die während der Trias Nordeuropa bedeckten. Wahrscheinlich jagte *Procompsognathus* kleine Echsen und Insekten. Beim Lauf berührten nur drei der vier Zehen den Boden. Die Hände waren fünffingrig – ein primitives Merkmal, da bei höherentwickelten Dinosauriern die Tendenz bestand, die Zahl der Finger und Zehen zu verringern.

NAME: ***Saltopus***
ZEITLICHE VERBREITUNG: ***Obertrias***
GEOGRAPHISCHE VERBREITUNG: ***Europa (Schottland)***
LÄNGE: ***60 cm***
Saltopus ist einer der kleinsten und leichtesten Dinosaurier, die bisher entdeckt wurden. In der Struktur erinnerte er an *Procompsognathus*. Er war noch nicht einmal so groß wie eine Hauskatze.
Auch *Saltopus* hatte noch fünf Finger an den Vordergliedmaßen; der vierte und fünfte Finger waren allerdings klein. Der Beckengürtel dagegen war nicht mehr so primitiv wie bei *Procompsognathus*: Vier (anstatt nur drei) Kreuzbeinwirbel waren mit dem Becken verschmolzen und bildeten eine recht solide Verankerung für die langen Laufbeine.

NAME: ***Coelophysis***
ZEITLICHE VERBREITUNG: ***Obertrias***
GEOGRAPHISCHE VERBREITUNG: ***Nordamerika (Connecticut und New Mexico)***
LÄNGE: ***2,4–3 m***
Die Gestalt dieses verhältnismäßig großen Coelurosauriers ist uns durch einen Fund, der 1947 bei Ghost Ranch in New Mexico gemacht wurde, überliefert. Es lagen dort mehrere Skelette unterschiedlicher Größe beisammen, darunter ungefähr ein Dutzend vollständige. Neben sehr jungen Individuen, die vielleicht gerade erst ausgeschlüpft waren, fanden sich halbwüchsige und ausgewachsene Tiere von 1–3 m Länge. Die Vermutung liegt nahe, daß die Tiere in Gruppen zusammenlebten und zur selben Zeit umkamen.
Coelophysis muß ein gefährlicher Jäger gewesen sein, da der gesamte Körperbau auf das Erzielen hoher Laufgeschwindigkeiten ausgerichtet war. Das Tier wog maximal 23 kg, die Knochen waren teilweise hohl. Hals, Schwanz und Beine waren lang und schlank, die messerscharfen Schneiden der Zähne gekerbt. Die vogelähnlichen Laufbeine hatten drei Zehen mit scharfen Klauen. Jede Hand trug vier Finger, von denen sich allerdings jeweils nur drei zum Ergreifen der Beute eigneten.
Bei zwei adulten Skeletten aus New Mexico fand man in der Leibeshöhle die Knochen kleiner Artgenossen. Anfänglich glaubten die Forscher, daraus schließen zu können, daß *Coelophysis* im Gegensatz zu den meisten anderen Reptilien lebende Junge geboren habe. Es zeigte sich jedoch, daß die Hüftknochen des Tieres zu schmal waren für einen Geburtsvorgang. Des Rätsels Lösung liegt möglicherweise darin, daß *Coelophysis* sich gelegentlich kannibalisch ernährte.

Familie Coeluridae
Die Coeluriden erlebten vom Oberjura bis zur Unterkreide weltweit ihre Blütezeit. In ihrer Lebensweise glichen sie den Podokesauriden: Sie waren leichte, schnelle, langbeinige Räuber, die ihre Beute mit den bekrallten Vordergliedmaßen ergriffen. Die Zahl der Finger pro Hand war auf drei zurückgegangen.

NAME: ***Coelurus***
ZEITLICHE VERBREITUNG: ***Obertrias***
GEOGRAPHISCHE VERBREITUNG: ***Nordamerika (Wyoming)***
LÄNGE: ***2 m***
Wie alle Mitglieder der Familie hatte auch *Coelurus* einen kleinen, flachen Kopf (Länge nur ungefähr 20 cm) und vogelartige Knochen. Der aktive Räuber lebte in den Wäldern und Sümpfen Nordamerikas, wo es eine Fülle von Beutetieren gab. Mit seinen drei klauenbewehrten Fingern ergriff er wahrscheinlich vor allem kleine Echsen, Flugsaurier und Säuger.

Familie Compsognathidae
Bis heute hat diese Familie nur eine Gattung. Sie lebte zur selben Zeit wie die Coeluriden und war ihr in Aussehen und Lebensweise sehr ähnlich.

NAME: ***Compsognathus***
ZEITLICHE VERBREITUNG: ***Oberjura***
GEOGRAPHISCHE VERBREITUNG: ***Europa (Deutschland und Frankreich)***
LÄNGE: ***60 cm***
Dieses zierliche Lebewesen, das auf zwei Beinen ging, wog wahrscheinlich nicht über 3,6 kg und erreichte gerade die Höhe eines Haushuhns.
Compsognathus muß ein wendiger Räuber gewesen sein, denn in der Bauchhöhle eines in Deutschland gefundenen Exemplars entdeckte man die Knochen einer

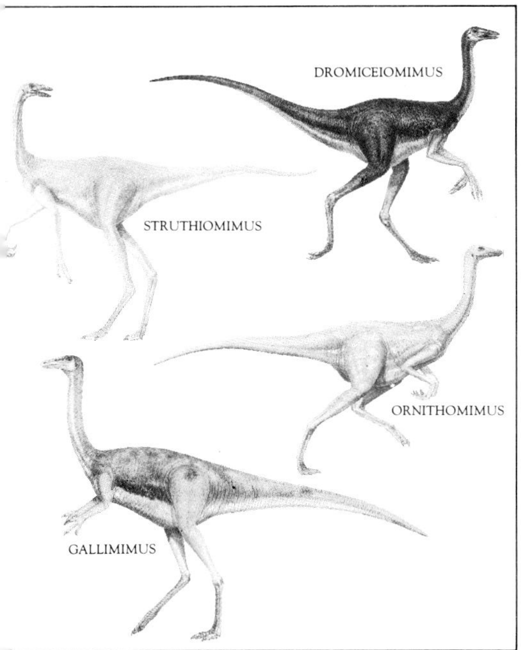

kleinen Echse. Der gesamte Körperbau war auf das Erzielen hoher Laufgeschwindigkeiten ausgerichtet. Die Knochen waren hohl wie bei den typischen Coelurosauriern, der lange Hals erlaubte eine weite Streckung, und der lange Schwanz diente der Wahrung des Gleichgewichts. Die Vordergliedmaßen trugen nur mehr zwei bekrallte Finger, während an den Hinterfüßen drei Zehen nach vorne und eine winzige vierte Zehe nach hinten gerichtet waren.
Die Anatomie von *Compsognathus* erinnert an den ersten Vogel, *Archaeopteryx* (s. S. 176). Die beiden Tiere lebten zur selben Zeit, im Oberjura, auf bewaldeten Inseln und am Rande der Lagunen, die damals teilweise das Landschaftsbild im heutigen Süddeutschland prägten.

Familie Ornithomimidae

Die – wörtlich übersetzt – »Vogelnachahmer« bildeten einen spezialisierten Seitenzweig der Coelurosaurier. Sie waren ungefähr so groß wie ein Straußenvogel und zeigten dieselben Körperproportionen. Die Verbreitung der *Ornithomimidae* erstreckte sich in der Mittelkreide über Nordamerika und Ostasien, doch starben sie allem Anschein nach vor dem Ende jener Periode aus.
Wahrscheinlich erinnerten die Tiere auch in ihrer Lebensweise an einen Strauß: Sie bevorzugten die weiten, offenen Ebenen und lebten gesellig in kleinen Gruppen. Im Gegensatz zu den meisten anderen Dinosauriern waren die Ornithomimiden zahnlos, besaßen aber dafür einen hornigen, vogelähnlichen Schnabel, mit dem sie kleine Tiere und Insekten schnappten. Weitere Kennzeichen waren die außergewöhnlich großen Augen und das umfangreiche Gehirn – zwei Merkmale, die auf erfolgreiche, intelligente Jäger schließen lassen.

NAME: ***Elaphrosaurus***
ZEITLICHE VERBREITUNG: ***Oberjura***
GEOGRAPHISCHE VERBREITUNG: ***Afrika (Tansania)***
LÄNGE: ***3,5 m***
Bisher wurde nur ein Skelett von *Elaphrosaurus* gefunden, dem bedauerlicherweise der Schädel fehlte. Es läßt sich daher nicht mehr feststellen, ob das Tier zahnlos war, das heißt, ob es tatsächlich über das Hauptmerkmal der Ornithomimiden verfügte. Dementsprechend ist bis heute offen, ob *Elaphrosaurus* wirklich zu dieser Familie gehört. Die in denselben Sedimenten gefundenen einzelnen Zähne könnten auch von einem anderen Dinosaurier stammen.
Das Skelett von *Elaphrosaurus* scheint ansonsten zwischen den älteren jurassischen Coeluriden (s. o.) und den jüngeren Ornithomimiden aus der Kreidezeit (s. u.) zu vermitteln.

NAME: ***Dromiceiomimus***
ZEITLICHE VERBREITUNG: ***Oberkreide***
GEOGRAPHISCHE VERBREITUNG: ***Nordamerika (Alberta)***
LÄNGE: ***3,5 m***
Alle Ornithomimiden hatten lange, schlanke Beine, deren Schienbein jeweils um ungefähr ein Fünftel länger war als der Oberschenkel – ein untrügliches Zeichen für einen »Sprinter«. Bei *Dromiceiomimus* waren die Schienbeine sogar überdurchschnittlich lang, was darauf hindeutet, daß das Tier sehr schnell war.
Die Größe der Schädelhöhle und der Augenhöhlen zeigt, daß *Dromiceiomimus* ein außergewöhnlich großes Gehirn besaß (es war proportional größer als beim heutigen Strauß). Die Augen waren proportional sogar größer als bei allen gegenwärtig noch existierenden landbewohnenden Wirbeltieren. Wahrscheinlich spürte *Dromiceiomimus* erst nach Einbruch der Dämmerung seiner Beute nach, die vorwiegend aus kleinen Säugern und Echsen bestand.

NAME: ***Ornithomimus***
ZEITLICHE VERBREITUNG: ***Oberkreide***
GEOGRAPHISCHE VERBREITUNG: ***Nordamerika (Colorado und Montana) und Asien (Tibet)***
LÄNGE: ***3,5 m***
Der typische Vertreter der »Vogelnachahmer«, dem die ganze Familie ihren wissenschaftlichen Namen verdankt. Der Schädel war klein und dünnknochig, das Gehirn dagegen relativ groß. Statt Zähnen besaß *Ornithomimus* schnabelartige Kiefer.
Beim schnellen Lauf diente der überlange Schwanz vermutlich als Gleichgewichtsruder. Starke Bänder zwischen den Wirbeln versteiften ihn zu einer festen Struktur. Der Hals war S-förmig und lang, der hocherhobene Kopf ermöglichte dem Tier einen weiten Blick in die Umgebung.
Die Vordergliedmaßen benutzte *Ornithomimus* nicht zur Fortbewegung; sie dienten nur zum Ergreifen der Beutetiere oder anderer Nahrung.
Wie andere Vertreter der Familie war *Ornithomimus* wahrscheinlich Allesfresser. Möglicherweise raubte er auch die Nester anderer Dinosaurier aus, war er doch dank seines Hornschnabels durchaus in der Lage, Eierschalen aufzupicken. Wurde er dabei von erbosten Elterntieren überrascht, blieb nur noch die Flucht. Nach Schätzungen konnte das Tier Geschwindigkeiten von bis zu 50 km pro Stunde erreichen.

NAME: ***Struthiomimus***
ZEITLICHE VERBREITUNG: ***Oberkreide***
GEOGRAPHISCHE VERBREITUNG: ***Nordamerika (Alberta und New Jersey)***
LÄNGE: ***3,5 m***
Noch lange Zeit nach der Entdeckung im Jahr 1914 hielt man *Struthiomimus* und *Ornithomimus* für identisch. Detaillierte Untersuchungen im Jahr 1972 ergaben dann, daß sich die Tiere voneinander unterscheiden: *Struthiomimus* hatte längere Arme und stärkere, gekrümmte Krallen an den Fingern und war zeitlich etwas früher in der Oberkreide anzusiedeln als *Ornithomimus*.

NAME: ***Gallimimus***
ZEITLICHE VERBREITUNG: ***Oberkreide***
GEOGRAPHISCHE VERBREITUNG: ***Asien (Mongolei)***
LÄNGE: ***4 m***
Gallimimus ist der größte bisher bekannte Vertreter der Ornithomimiden. Er unterschied sich von seinen nächsten Verwandten *Ornithomimus* und *Struthiomimus* in zweierlei Hinsicht: Die lange Schnauze endete in einem breiten, flachen Schnabel, und die Vordergliedmaßen eigneten sich kaum dazu, Beutetiere zu packen. Vielleicht war das Tier ein Ernährungsspezialist und grub mit den schaufelartigen Händen Dinosauriereier aus dem Boden, welche es mit seinem schweren Schnabel leicht öffnen konnte.
Eine aufregende Entdeckung im Jahr 1965 in der Wüste Gobi läßt vermuten, daß es in der Oberkreide noch viel größere vogelähnliche Dinosaurier gab. Der Fossilfund bestand aus Schulter- und Armknochen eines offensichtlich gigantischen Lebewesens. Die Arme maßen bis zur Spitze der drei mächtigen, bekrallten Finger 2,5 m. Allein der letzte Fingerknochen war 25 cm lang und trug vermutlich eine noch längere Kralle.
Da man bisher keine weiteren Skeletteile fand, läßt sich nicht genau sagen, ob es sich wirklich um einen Ornithomimiden handelte. Mit Sicherheit handelte es sich um einen sehr großen Dinosaurier aus der Gruppe der *Theropoda*. Er erhielt den Namen *Deinocheirus* (»Schreckliche Hand«) und wird gegenwärtig in eine eigene Familie gestellt.

Fleischfressende Dinosaurier

SAURORNITHOLESTES
SAURORNITHOIDES
STENONYCHOSAURUS
BARYONYX

Fleischfressende Dinosaurier

Familie Oviraptoridae
Diese kleine Familie zahnloser *Theropoda* lebte während der Oberkreide in Ostasien. Ihr lateinischer Name bedeutet »Eiräuber«. Die Tiere hatten breite Köpfe und kurze, hohe Schnäbel. Sie unterschieden sich daher deutlich von den Ornithomimiden (s. S. 109), die lange, schmale Schädel und zugespitzte Schnäbel besaßen.

NAME: ***Oviraptor***
ZEITLICHE VERBREITUNG: **Oberkreide**
GEOGRAPHISCHE VERBREITUNG: **Asien (Mongolei)**
LÄNGE: ***1,8 m***
Die Schädelform dieses »Eiräubers«, nach dem auch die Familie benannt ist, ist einmalig unter den Dinosauriern und erinnert entfernt an einen Papageienkopf. Mächtige Muskeln verliehen den Kiefern genügend Beißkraft, um auch Knochen knacken zu können. Der Oberkiefer trug einen hornartigen Aufsatz.
Der Körper von *Oviraptor* entsprach in seinem Aufbau dem der anderen kleinen fleischfressenden Coelurosaurier. Die Hände trugen die drei Finger mit stark gekrümmten, jeweils ungefähr 8 cm langen Krallen. Das Tier ging aufrecht auf langen, schlanken Beinen; die dreizehigen Füße waren bekrallt. Für die nötige Balance sorgte der lange Schwanz.
Höchstwahrscheinlich ernährte *Oviraptor* sich von Eiern. Das erste Exemplar, das man 1924 entdeckte, wurde bei einem Gelege des Horndinosauriers *Protoceratops* (s. S. 165) gefunden. Man hält es für möglich, daß der »Eierdieb« von einem Sandsturm überrascht wurde, während er gerade das Nest ausraubte.

Familie Dromaeosauridae
Die Angehörigen dieser Familie müssen während der Kreidezeit in Nordamerika und Asien zu den wildesten Räubern gezählt haben. Sie bilden die einzigen Vertreter der Infraordnung *Deinonychosauria*, der »Echsen mit den schrecklichen Krallen«. Von ihrem Körperbau her gesehen nehmen sie eine Mittlerstellung ein: Sie hatten den leichten, auf Geschwindigkeit angelegten Körper der Coelurosaurier und den schweren Kopf der Carnosaurier.
Obwohl die Dromaeosauriden nicht größer waren als viele andere Fleischfresser zu jener Zeit, muß es sich bei ihnen um furchterregende Räuber gehandelt haben. In der großen, sichelförmigen Kralle an der zweiten Zehe besaßen sie eine tödliche Waffe. Hinzu kamen scharfe, zugespitzte Zähne und Greifhände mit Krallen. Die Dromaeosauriden hatten ein großes Gehirn und waren intelligent genug, um in Rudeln zu jagen.

NAME: ***Deinonychus***
ZEITLICHE VERBREITUNG: ***Unterkreide***
GEOGRAPHISCHE VERBREITUNG: ***Nordamerika (Montana)***
LÄNGE: ***3–4 m***
Die Entdeckung von *Deinonychus* im Jahr 1964 in Montana stellte einen der aufregendsten Funde in der Geschichte der Paläontologie dar. Die gut erhaltenen Skelette ließen auf einen schnellen, wendigen, intelligenten Dinosaurier schließen, der vorzüglich an das Leben eines räuberischen Jägers angepaßt war.
Deinonychus hatte den leichtgewichtigen Körper der Coelurosaurier, die vermutlich seine Vorfahren waren. Er war im Mittel 3 m lang, erreichte eine Körperhöhe von 1,8 m und wog um 68 kg. Die mit gekerbten Schneiden versehenen Zähne waren nach hinten gekrümmt, so daß die Tiere große Fleischstücke aus dem Körper ihrer Beute reißen konnten. Die Vordergliedmaßen waren verhältnismäßig lang für einen Theropoden – wenngleich nach wie vor viel kürzer als die Beine – und an einem kräftigen Schultergürtel befestigt. Die drei Greiffinger trugen lange, stark gekrümmte Krallen.
Die Beine waren schlank, mit langen Unterschenkeln, und an den Füßen waren vier Zehen vorhanden. Die erste Zehe war allerdings winzig klein und hatte keine bestimmte Aufgabe mehr. Die dritte und die vierte Zehe trugen das gesamte Körpergewicht.
Der bemerkenswerten Anpassung seiner zweiten Zehe verdankt *Deinonychus* seinen Namen, der wörtlich übersetzt »schreckerregende Kralle« bedeutet. Die zweite Zehe trug eine große, sichelförmige, 13 cm lange Klaue. Das Tier verwendete sie vermutlich wie einen Dolch: *Deinonychus* stand auf einem Bein und schlug mit dem zweiten auf das Beutetier ein.
Im schnellen Lauf konnte *Deinonychus* die Sichelkralle so weit zurückziehen, daß sie den Boden nicht berührte. Für das Gleichgewicht sorgte der lange, ausgestreckte Schwanz. Er wurde von gebündelten Knochenstäben versteift, die den Wirbeln entsprangen und eine Art zusätzliches Gerüst für den Schwanz bildeten. Auch wenn *Deinonychus* auf einem Bein stehend sein Beutetier angriff, sorgte der verstärkte Schwanz fürs Gleichgewicht. Das große Gehirn spiegelt die Tatsache wider, daß das Tier fein aufeinander abgestimmte, komplexe Bewegungen durchführen mußte.
Einer der Funde in Montana zeigte fünf vollständige Skelette von *Deinonychus* neben dem Körper eines ungefähr 7,3 m langen pflanzenfressenden *Tenontosaurus* (s. S. 141). Wahrscheinlich besteht zwischen diesen Kadavern jedoch kein direkter Zusammenhang. Sie wurden wahrscheinlich bei einem Hochwasser an die Fundstätte geschwemmt.

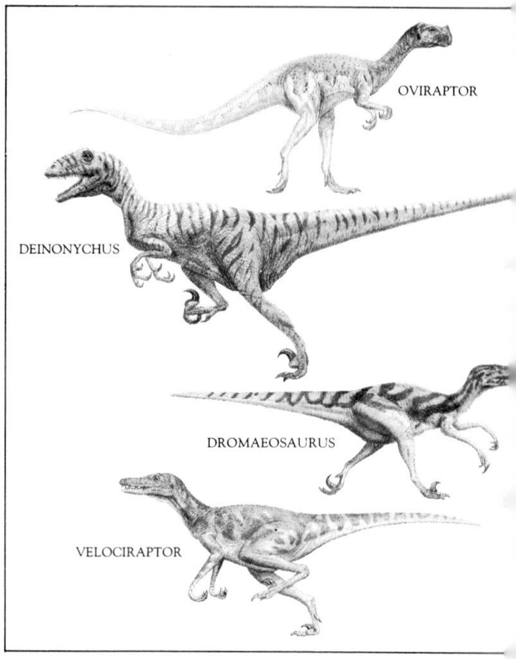

Denkbar ist allerdings auch die folgende Szene: Irgendwann vor zirka 140 Millionen Jahren umzingelte eine kleine *Deinonychus*-Gruppe den Pflanzenfresser. Einige Tiere sprangen ihm auf den Rükken, hielten sich mit den Krallen der Vordergliedmaßen fest und hieben mit den Dolchkrallen auf ihr Opfer ein. Dem Pflanzenfresser gelang es vielleicht, den einen oder anderen Angreifer zu töten, indem er mit seinem langen schweren Schwanz um sich schlug oder *Deinonychus* mit den Hinterfüßen zertrampelte, doch am Ende unterlag er und verblutete, während die Angreifer auf seinen Tod warteten.
Aus der räuberischen Lebensweise, die so deutlich aus der Anatomie von *Deinonychus* hervorgeht, schließen einige Paläontologen, das Tier müsse warmblütig gewesen sein und habe seine Körpertemperatur regeln können wie die heutigen Vögel und Säuger (s. S. 92–93).

NAME: ***Dromaeosaurus***
ZEITLICHE VERBREITUNG: **Oberkreide**
GEOGRAPHISCHE VERBREITUNG: ***Nordamerika (Alberta)***
LÄNGE: ***1,8 m***
Dromaeosaurus, der der Familie den Namen gab, wurde 1914 in Kanada entdeckt. Aber erst nach der Entdeckung von *Deinonychus* (s. o.) erkannte man seine wahre Natur und Bedeutung. Bis zu diesem Zeitpunkt betrachtete man ihn entweder als großen Coelurosaurier oder als kleinen Carnosaurier. Der neue Fund ließ erkennen, daß *Dromaeosaurus* zu einer Gruppe gehörte, die die Merkmale beider Theropodentypen auf sich vereinigte.
Von *Dromaeosaurus* kennt man nur den Schädel und einige Knochen. Trotz der Spärlichkeit des Fundes können sich die Paläontologen ein recht gutes Bild von diesem Dinosaurier machen, der kleiner war als *Deinonychus*, relativ intelligent und ziemlich behend. Die große Kralle an

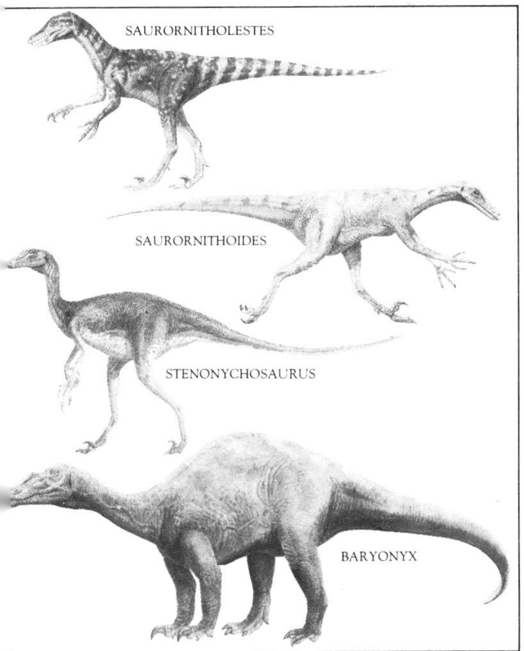

der zweiten Zehe war zwar nicht so groß wie bei *Deinonychus*, gilt aber dennoch als unerläßlicher Hinweis auf eine räuberische Lebensweise.

NAME: ***Velociraptor***
ZEITLICHE VERBREITUNG: ***Oberkreide***
GEOGRAPHISCHE VERBREITUNG: ***Asien (Mongolei und China)***
LÄNGE: ***1,8 m***
1971 fand man in der Mongolei zwei fossile Skelette, von denen eines *Velociraptor* und das andere dem Horndinosaurier *Protoceratops* (s. S. 165) gehörte. Die beiden Tiere waren ineinander verklammert und offensichtlich nach einem dramatischen Kampf verendet. *Velociraptor* hielt sich mit den Händen am Kopfschild von *Protoceratops* fest, während er mit seiner Sichelkralle den Bauch des Beutetieres aufschlitzte. *Protoceratops* war es wahrscheinlich gelungen, mit seinem Hornschnabel den Brustkorb von *Velociraptor* zu durchstoßen. Kein Fund illustrierte bisher besser die räuberische Lebensweise der Dromaeosauriden im allgemeinen und des *Velociraptor* im besonderen.
Der lange, niedrige, flachschnäuzige Kopf und die verhältnismäßig kleine Sichelkralle sind die Hauptmerkmale, die *Velociraptor* von anderen Dromaeosauriden unterscheiden.

NAME: ***Saurornitholestes***
ZEITLICHE VERBREITUNG: ***Oberkreide***
GEOGRAPHISCHE VERBREITUNG: ***Nordamerika (Alberta)***
LÄNGE: ***1,8 m***
1978 fand man den Schädel und einige Armknochen sowie Zähne dieses Dinosauriers. Man ist sich nicht sicher, ob er zu den Dromaeosauriden oder zu den Saurornithoididen gehört.
Die kärglichen Überreste deuten darauf hin, daß *Saurornitholestes* ein größeres Gehirn hatte als die Dromaeosauriden (aber nicht als die Saurornithoididen). Mit den kräftigen Vorderarmen konnte er gut zupacken. Aufgrund der spärlichen Reste ist die Rekonstruktion auf Seite 111 natürlich äußerst spekulativ.

Familie Saurornithoididae
Wie die Dromaeosauriden umfaßte auch diese Familie schnelle, intelligente und räuberische Coelurosaurier. Sie waren allerdings kleiner und leichter gebaut, doch trugen auch sie auf jedem Fuß eine Sichelkralle zum Töten ihrer Beute.
Den größten entwicklungsgeschichtlichen Fortschritt zeigt der Schädel der Saurornithoididen: Die Schädelhöhle war umfangreich: im Verhältnis zum Körpergewicht siebenmal so groß wie die der heutigen Krokodile. Im Zusammenhang mit diesem wohlentwickelten Nervensystem verfügten die Tiere über große Augen, die wahrscheinlich ein räumliches Sehen ermöglichten.
Die Saurornithoididen der Oberkreide – sie lebten in Nordamerika, Südeuropa und der Mongolei – gehörten dank dieser Vorteile zu den effizientesten Jägern unter den fleischfressenden Dinosauriern.

NAME: ***Saurornithoides***
ZEITLICHE VERBREITUNG: ***Oberkreide***
GEOGRAPHISCHE VERBREITUNG: ***Asien (Mongolei)***
LÄNGE: ***2 m***
Der vogelähnliche, lange, niedrige und leichtgebaute Schädel beherbergte ein großes Gehirn. Intelligenzmäßig muß das Tier daher den meisten anderen Dinosauriern jener Zeit weit überlegen gewesen sein. Soweit Rückschlüsse aus dem Durchmesser der Augenhöhlen möglich sind, waren die Augen im Vergleich zum Kopf ausgesprochen groß. Ihre Lage läßt vermuten, daß diese Dinosaurier imstande waren, räumlich zu sehen, was ihnen besonders bei der Einschätzung von Entfernungen zugute kam.
Große Augen weisen ferner auf eine nachtaktive Lebensweise hin, die *Saurornithoides* vermutlich mit anderen Mitgliedern der Familie teilte. Das Tier jagte in den Wäldern kleine Säuger und Reptilien.

NAME: ***Stenonychosaurus***
ZEITLICHE VERBREITUNG: ***Oberkreide***
GEOGRAPHISCHE VERBREITUNG: ***Nordamerika (Alberta)***
LÄNGE: ***2 m***
Von allen bisher bekannten Dinosauriern hatte *Stenonychosaurus* das größte Gehirn – es war größer als das eines heutigen Emus. Wissenschaftler vertreten die Ansicht, *Stenonychosaurus* sei ungefähr so intelligent gewesen wie ein Opossum, das zu den modernen Säugern mit relativ geringer Intelligenz zählt.
Allerdings wurden nur unvollständige Skelette von *Stenonychosaurus* gefunden. Im Bau bestehen nur geringe Unterschiede zu *Saurornithoides* (s. o.), weshalb manche Paläontologen die beiden Gattungen für synonym halten. Der Krallenfinger von *Stenonychosaurus* scheint aber länger und dünner zu sein als der von *Saurornithoides*. Auch der Körperbau insgesamt war wahrscheinlich leichter. Schätzungen sprechen von einem Gewicht zwischen 27 und 45 kg. *Stenonychosaurus* besaß große Augen; mit einem Durchmesser von 52 mm waren sie so groß wie die eines heutigen Straußes. Das Tier war ein behender Läufer und Nachtjäger mit gut entwickelten Sinnesorganen und schnellen Reflexen.

Familie Baryonychidae
Die Familie wurde 1986 für eine einzige Art geschaffen, welche aus dem Rahmen der übrigen Theropoden herausfällt. Sie beruht auf einem einzigen Skelettfund aus dem Jahr 1983 in Sussex, Südengland. Er wies einen eigentümlichen Schädel und merkwürdige Vordergliedmaßen auf, die sich deutlich von denen aller anderen Dinosaurier unterscheiden.

NAME: ***Baryonyx***
ZEITLICHE VERBREITUNG: ***Unterkreide***
GEOGRAPHISCHE VERBREITUNG: ***Europa (England)***
LÄNGE: ***6 m***
Zwei ungewöhnliche Merkmale unterscheiden diesen Theropoden von allen anderen Dinosauriern: Zunächst hatte er eine riesengroße, gekrümmte, ungefähr 30 cm lange Kralle. Auf sie bezieht sich auch der wissenschaftliche Name *Baryonyx*, der wörtlich übersetzt »schwere Kralle« bedeutet. Die Kralle war am Fundort leider nicht mehr am Skelett befestigt, weshalb man nicht weiß, ob sie zum Vorder- oder zum Hinterfuß gehörte. Nach Ansicht der Paläontologen spricht jedoch einiges dafür, daß die Klaue am Vorderfuß stand, denn die Vordergliedmaßen des Tieres waren ungewöhnlich dick und kräftig für einen Theropoden und daher ohne weiteres dazu befähigt, eine solche Waffe zu tragen.
Das zweite besondere Merkmal von *Baryonyx* war der lange, schmale Schädel, der dem eines Krokodils ähnelte. Die Kiefer trugen eine große Zahl kleiner, zugespitzter Zähne – doppelt soviel wie bei den Theropoden gemeinhin üblich. Der Hals war dagegen weniger flexibel und konnte nicht in charakteristischer S-Form gekrümmt werden. Hinweise auf die Lebensweise dieses mysteriösen Tiers erlauben vielleicht diverse Fischreste, die bei dem Skelett gefunden wurden. Es ist möglich, daß *Baryonyx*, vergleichbar mit den heutigen Grizzlybären, an Flußufern Fische jagte.

Große fleischfressende Dinosaurier

YANGCHUANOSAURUS
CERATOSAURUS
ALLOSAURUS
MEGALOSAURUS

Große fleischfressende Dinosaurier

Infraordnung Carnosauria
Einige der größten fleischfressenden Tiere, die jemals auf Erden lebten, gehören zu den »Fleischsauriern«, doch kann man darüber streiten, wie erfolgreich die Carnosaurier als Räuber tatsächlich waren. Die größten unter ihnen, etwa *Tyrannosaurus* und *Tarbosaurus*, könnten mindestens teilweise auch Aasfresser gewesen sein. Vielleicht spielten sie in der Dinosaurierwelt eher die Rolle der »Hyänen« als die der »Löwen«. Eine Jagd, die etwas Ausdauer erforderte, war ihnen aufgrund ihrer gewaltigen Masse kaum möglich. Es ist eher wahrscheinlich, daß sie Beutetieren auflauerten und sich, wie der heutige Tiger, auf kurze, schnelle Angriffe beschränkten.
Es gab allerdings auch andere, kleinere Carnosaurier; sie waren leichter gebaut und wendiger als ihre großen Brüder.

Familie Megalosauridae
Die ältesten bekannten Carnosaurier gehören dieser Familie der »Großechsen« an. Fossile Reste wurden in Nordamerika, Afrika und Europa gefunden. Die zeitliche Verbreitung erstreckte sich vom Unterjura bis zum Ende der Kreidezeit.
Alle Megalosauriden waren massiv gebaut und schwerknochig. Der große Kopf war hoch und schmal, und auf den Kiefern standen zahlreiche, scharfe Zähne mit gekerbten Schneiden. Die Arme waren kurz und kräftig, die Beine lang und massiv. Der Körper ruhte auf drei Zehen (daneben gab es eine winzige vierte Zehe). Wahrscheinlich konnten die Tiere trotz ihrer Größe verhältnismäßig schnell laufen.

NAME: ***Teratosaurus***
ZEITLICHE VERBREITUNG: ***Obertrias***
GEOGRAPHISCHE VERBREITUNG: ***Europa (Deutschland)***
LÄNGE: ***6 m***
Aus Skelettfragmenten (namentlich Zähnen) von *Teratosaurus* rekonstruierten die Paläontologen versuchsweise das Bild eines primitiven Carnosauriers.
Das große Tier lief auf zwei Beinen, hatte einen schweren Kopf und viele scharfe, gekrümmte Zähne. Auch der Körper war massig gebaut, mit kurzem Hals und einem langen, versteiften Schwanz. Die Hinterbeine endeten in drei kräftigen, bekrallten Zehen, mit denen die Tiere auch Fleischstücke aus dem Körper der Opfer reißen konnten. Die kurzen, kräftigen Arme trugen Finger mit gekrümmten Krallen.
Aus den Resten von *Teratosaurus* und aus Fragmenten verwandter südafrikanischer Arten schließen manche Paläontologen, daß es bereits im Unterjura eine Gruppe großer fleischfressender Theropoden gegeben haben mag – 60 Millionen Jahre vor dem Auftreten der eigentlichen Carnosaurier. *Teratosaurus* könnte damit der älteste bekannte Vertreter der Megalosauriden sein.
Andere Forscher meinen dagegen, es könne sich hier um ein frühes Mitglied der *Prosauropoda* (s. S. 122–125) oder sogar um einen großen Vertreter der Thecodontier (s. S. 94–97) handeln, aus denen die Vorfahren der Dinosaurier entstanden waren.

NAME: ***Proceratosaurus***
ZEITLICHE VERBREITUNG: ***Mitteljura***
GEOGRAPHISCHE VERBREITUNG: ***Europa (England)***
LÄNGE: ***5 m***
Der frühe Carnosaurier *Proceratosaurus* ist nur von einem einzigen Schädelfund bekannt, der trotz seiner überdurchschnittlichen Länge dieselben allgemeinen Kennzeichen wie die Schädel anderer primitiver Carnosaurier aufweist. Ein Merkmal ist allerdings atypisch: das kleine Horn auf der Schnauze. Es legt die Vermutung nahe, daß dieses Lebewesen der Vorfahre oder ein früher Vertreter der Ceratosauriden (s. S. 117) war.
Die Rekonstruktion auf S. 114 zeigt *Proceratosaurus* als typischen Carnosaurier: Kopf breit, Hals kurz, Körper massiv, Schwanz lang, Arme kurz und mit Krallen versehen, Laufbeine lang und dreizehig.

NAME: ***Dilophosaurus***
ZEITLICHE VERBREITUNG: ***Unterjura***
GEOGRAPHISCHE VERBREITUNG: ***Nordamerika (Arizona)***
LÄNGE: ***6 m***
Ein Expeditionsteam der University of California entdeckte 1942 diesen leichtgebauten Carnosaurier. Das mag wie ein Widerspruch klingen, doch vermittelte *Dilophosaurus* von seiner Anatomie her zwischen zwei Gruppen: Der Kopf war breit (ein typisches Carnosauriermerkmal), enthielt aber leichte Knochen; Hals, Schwanz und Arme waren lang und schlank (typische Merkmale der Coelurosaurier, s. S. 106–113).
Der Schädel von *Dilophosaurus* paßte schließlich zu keiner Dinosauriergruppe: Ein Paar halbkreisförmiger Knochenkämme erhoben sich senkrecht zu beiden Seiten des Schädels. Stellenweise nur scheibendünn, wurden sie von mehreren senkrechten, knöchernen Verstrebungen verstärkt. Am Hinterkopf verjüngten sich die Kämme zu einem Stachel.
Welche Aufgabe die Kopfkämme erfüllten, bleibt bis heute ein Geheimnis. Einige Paläontologen meinen, sie hätten bei der Brautwerbung eine Rolle gespielt und seien auf die männlichen Tiere beschränkt gewesen – eine Theorie, die von der Tatsache gestützt wird, daß nicht alle gefundenen Exemplare Kämme aufweisen. Den ersten gefundenen Skeletten fehlten sie zum Beispiel, so daß die Forscher eine *Megalosaurus*-Art vor sich zu haben glaubten. Man fand auch nie Kämme, die noch direkt am Schädel befestigt waren; sie lagen vielmehr stets irgendwo in der Nähe. Strenggenommen bleibt daher ihre genaue Lokalisierung am Körper der Tiere ein Gegenstand gelehrter Spekulationen.
Die Kiefer von *Dilophosaurus* verraten uns etwas über die Lebensweise der Tiere. Der Unterkiefer enthielt zahlreiche lange, scharfe und dünne Zähne. Die vorderen Zähne des Oberkiefers waren – ähnlich wie bei den heutigen Krokodilen – von den hinteren getrennt. Trotz seines großen Kopfes und der kräftigen Kiefer tötete *Dilophosaurus* seine Opfer wahrscheinlich nicht durch einen Biß. Die dünnen Zähne und die ziemlich fragilen Kämme auf dem Kopf wären bei einem Kampf rasch beschädigt worden. Wahrscheinlich fing *Dilophosaurus* seine Beutetiere mit den bekrallten Händen und Füßen – oder er ernährte sich wie viele seiner Verwandten als Aasfresser von toten Tieren, die kräftigeren Carnosauriern zum Opfer gefallen waren.

NAME: ***Eustreptospondylus***
ZEITLICHE VERBREITUNG: ***Mitteljura bis Oberkreide***
GEOGRAPHISCHE VERBREITUNG: ***Europa (England)***
LÄNGE: ***7 m***
Ein nahezu vollständiges Skelett dieses frühen Megalosauriden wurde in Südengland ausgegraben und 1964 beschrieben. Obwohl einige Teile des Schädels fehlen, handelte es sich um das bisher besterhaltene Exemplar eines europäischen Carnosauriers.
Eustreptospondylus steht der Gattung *Megalosaurus* so nahe, daß man die Unterschiede erst 1964 erkannte.

NAME: ***Megalosaurus***
ZEITLICHE VERBREITUNG: ***Unterjura bis Oberjura***
GEOGRAPHISCHE VERBREITUNG: ***Europa (England und Frankreich) und Afrika (Marokko)***
LÄNGE: ***9 m***
Megalosaurus ist weder der größte noch der schwerste Dinosaurier. Dennoch kann er eine Reihe von Rekorden für sich in Anspruch nehmen. Der erste Dinosaurierknochen, der nachweislich gefunden wurde – und zwar 1676 in England – gehörte wahrscheinlich zu einem *Megalosaurus*. Er war auch der erste Dinosaurier, der – in den zwanziger Jahren des vorigen Jahrhunderts – wissenschaftlich benannt und beschrieben wurde.
Mit einer Gesamtlänge von 9 m, einer Höhe von 3 m und einem geschätzten Lebendgewicht von 900 kg war *Megalosaurus* ein gewaltiges Tier mit dem Körperbau eines typischen Carnosauriers. Ein kurzer, muskulöser Hals trug den schweren Kopf, in dessen mächtigen Kiefern gekrümmte, sägeblattartig gezackte Zähne standen. Die Finger waren kräftig und trugen starke Krallen, mit denen *Megalosaurus* die großen, langhalsigen pflanzenfressenden Dinosaurier jener Zeit (s. S. 126–133) überwältigen konnte.
Megalosaurus hat in Südengland Spuren hinterlassen: Seine Fußabdrücke finden sich in Kalkgesteinen. Sie verraten, daß das mächtige Tier auf zwei Beinen ging.

Familie Allosauridae
Die Allosauriden waren den Megalosauriden ähnlich, dabei aber noch größer. Im Oberjura waren sie die größten Carnosaurier überhaupt und auf allen Kontinenten vertreten. Später erwuchs ihnen in den Tyrannosauriern der Kreidezeit (s. S. 118–121) eine noch gewaltigere Konkurrenz.

NAME: ***Yangchuanosaurus***
ZEITLICHE VERBREITUNG: ***Oberjura***
GEOGRAPHISCHE VERBREITUNG: ***Asien (China)***
LÄNGE: ***10 m***
Das Skelett dieses großen Carnosauriers wurde in ostchinesischen Provinz Szechwan gefunden und 1978 wissenschaftlich beschrieben. Es ist heute im Naturhistorischen Museum von Peking zu sehen.
Es handelte sich um einen typischen Allosauriden mit großem Kopf und mächtigen Kiefern. Die Zähne waren einwärts gebogen und auf den Schneiden gekerbt wie ein Steakmesser. Der Hals war kurz und dick, dabei aber recht beweglich. Der lange Schwanz machte ungefähr die Hälfte der Körperlänge aus; er war seitlich abgeplattet und wurde beim Gehen zur Wahrung des Gleichgewichts ausgestreckt. *Yangchuanosaurus* hatte große, säulenartige Beine. Das gesamte Körpergewicht ruhte auf drei großen bekrallten Zehen, die kleine vierte Zehe war wie üblich nach hinten gerichtet. An den kurzen Armen saßen drei Finger mit Krallen.
Der Schädel von *Yangchuanosaurus* unterscheidet sich von dem anderer Allosaurier durch die größere Zahl der Zähne im vorderen Teil des Kiefers sowie durch den Knochenhöcker auf der Schnauze.

NAME: ***Allosaurus***
ZEITLICHE VERBREITUNG: ***Oberjura bis Unterkreide***
GEOGRAPHISCHE VERBREITUNG: ***Nordamerika (Colorado, Utah und Wyoming), Afrika (Tansania) und Australien***
LÄNGE: ***bis 12 m***
Dieses riesenhafte Tier war der größte Allosaurier und der fürchterlichste Räuber des Oberjura. Er muß 1–2 t gewogen haben und erreichte eine Gesamthöhe von 4,6 m.
Von außen gesehen wirkte *Allosaurus* wie eine vergrößerte Ausgabe von *Megalosaurus*, unterschied sich aber auch noch durch einige andere Merkmale: Über den Augen standen zwei knöcherne Höcker, und auf der Mittellinie der Schnauze verlief ein schmaler, knöcherner Grat.
Der Schädel war groß, aber aufgrund mehrerer Öffnungen (»Schädelfenster«) nicht sehr schwer. Die Schädelknochen waren untereinander nur lose verbunden – ein Merkmal, dem man auch bei anderen großen Carnosauriern, wie beispielsweise *Ceratosaurus* (s. u.) begegnet. Durchzogen von einem Netz dünner Knochenverstrebungen war der Schädel also insgesamt in einer Art flexibler »Leichtbauweise« konstruiert.
Ob *Allosaurus* ein erfolgreicher Jäger war, ist umstritten. Einige Paläontologen vertreten die Ansicht, er sei zu schwer und zu unbeholfen gewesen, um Beutetieren nachzujagen, und habe sich deswegen vermutlich eher von Aas ernährt. Andere glauben, er sei für seine Größe ziemlich beweglich gewesen und habe in Rudeln die riesigen pflanzenfressenden Dinosaurier jener Tage gejagt, zum Beispiel *Apatosaurus* (= *Brontosaurus*) und *Diplodocus*. Tatsächlich hat man im westlichen Nordamerika Knochen von *Apatosaurus* mit Zahnabdrücken gefunden, die von *Allosaurus* stammen könnten. An anderer Stelle fand man in der Nähe von *Apatosaurus*-Fossilien abgebrochene *Allosaurus*-Zähne.

Familie Ceratosauridae
Diese Familie vom Megalosauridentyp war durch ein kleines Horn auf der Schnauze gekennzeichnet. Die Tiere lebten zur selben Zeit wie die übrigen großen Carnosaurier in Nordamerika und Ostafrika, doch sind von ihnen längst nicht so viele Fossilfunde bekannt.

NAME: ***Ceratosaurus***
ZEITLICHE VERBREITUNG: ***Oberjura***
GEOGRAPHISCHE VERBREITUNG: ***Nordamerika (Colorado und Wyoming)***
LÄNGE: ***6 m***
Weil er über den Augen ein Paar Knochenwülste und auf der Schnauze ein Horn oder einen kurzen Kamm trug, war der Schädel dieser »Hornechse« erheblich schwerer als der anderer Carnosaurier.
Die Funktion des Horns bleibt trotz mancher Erklärungsversuche bis auf weiteres ungeklärt. Vielleicht diente es der Verteidigung, doch scheint es dafür zu klein und auch nicht optimal plaziert gewesen zu sein. Vielleicht spielte es bei der Brautwerbung eine Rolle. In diesem Fall war es vermutlich auf die männlichen Tiere beschränkt und diente in ritualisierten Kämpfen um die Gruppenhierarchie dazu, den Widersacher mit Kopfstößen zu verdrängen.
Ceratosaurus war ohne Zweifel ein aktiver Jäger. Die massiven Kiefer trugen scharfe, gekrümmte Zähne. An den kurzen Armen saßen vier kräftige, bekrallte Finger. An den langen Hinterbeinen standen je drei Zehen. Ein ungewöhnliches Kennzeichen war die schmale Reihe von Knochenplatten auf Rücken und Schwanz, die wie ein gezackter Kamm aussah. Vielleicht gaben die Tiere damit überschüssige Wärme ab, ähnlich wie *Spinosaurus* mit seinem Rückensegel (s. S. 120), oder *Stegosaurus* (s. S. 156) mit seinen Rückenplatten. Angebliche Fußabdrücke von *Ceratosaurus* sind in den dinosaurierreichen Gesteinen der Morrison-Formation im Westen der Vereinigten Staaten erhalten geblieben. Sie lassen darauf schließen, daß die Tiere in Gruppen zusammenlebten und wahrscheinlich auch gemeinsam größere Dinosaurier jagten.

Große fleischfressende Dinosaurier

DASPLETOSAURUS
TARBOSAURUS
TYRANNOSAURUS

Große fleischfressende Dinosaurier

Familie Spinosauridae
Bei diesen Dinosauriern handelte es sich um eine spezialisierte Gruppe großer Theropoden, die während der Kreidezeit möglicherweise aus den Megalosauriden hervorgingen. Ihr charakteristisches Merkmal waren die verlängerten Rückenwirbel, die auf der Rückenlinie einen Kamm bildeten. Bei einigen Spinosauriden war dieser Kamm so stark entwickelt, daß man geradezu von einem »Segel« sprechen kann. Vielleicht regelten die Tiere damit ihre Körpertemperatur, ähnlich wie die Pelycosaurier (s. S. 186–189), bei denen entsprechende Bildungen auftraten.

Name: ***Acrocanthosaurus***
Zeitliche Verbreitung: ***Unterkreide***
Geographische Verbreitung: ***Nordamerika (Oklahoma)***
Länge: ***13 m***
Im Jahr 1950 wurden in Nordamerika mehrere Skelette dieses gewaltigen fleischfressenden Dinosauriers gefunden. Sein Name bedeutet »oben spitze Echse« und bezieht sich auf die Wirbelfortsätze (Länge bis 30 cm), die einen deutlich sichtbaren Kamm bildeten.
Im Vergleich mit diversen verwandten Arten, die jedoch in anderen Erdteilen lebten, war der Kamm von *Acrocanthosaurus* jedoch ausgesprochen niedrig. Bei *Altispinax* aus Westeuropa beispielsweise waren die Fortsätze viermal so lang wie die Wirbel selbst, und der afrikanische *Spinosaurus* trug auf dem Rücken sogar ein 1,8 m hohes Segel.

Name: ***Spinosaurus***
Zeitliche Verbreitung: ***Oberkreide***
Geographische Verbreitung: ***Afrika (Ägypten und Niger)***
Länge: ***12 m***
Der spektakulärste Vertreter der Familie, der namengebende *Spinosaurus*, war nicht nur einer der größten Carnosaurier, sondern trug auf dem Rücken auch ein üppiges Segel, das höher war als ein Mensch. Breite, keulenförmige, 2 m lange Fortsätze entsprangen den Rückenwirbeln. Sie waren vermutlich von Haut überzogen. Die Bildung erinnert stark an das Rückensegel des Pelycosauriers *Dimetrodon* (s. S. 188).
Man weiß nicht genau, wozu diese merkwürdige und sehr verletzliche Struktur diente. Einer Theorie zufolge regelten die Tiere damit ihre Körpertemperatur. Wenn der Dinosaurier sein Segel rechtwinklig der Sonne aussetzte, nahm die Oberfläche rasch Wärme auf, die dann von den Blutgefäßen im ganzen Körper verteilt wurde. Um sich abzukühlen, brauchte das Tier sein Segel nur in ähnlicher Weise dem Wind auszusetzen.
Mit einer solchen Temperaturregelung wäre es *Spinosaurus* möglich gewesen, sich am frühen Morgen schnell aufzuwärmen und unverzüglich auf die Jagd zu gehen, während die meisten anderen Reptilien noch kalt und unbeweglich waren und somit eine leichte Beute darstellten.
Einer anderen Theorie zufolge war das Segel lebhaft gefärbt und diente dem Männchen dazu, die Aufmerksamkeit des Weibchens auf sich zu lenken. Vielleicht bedrohten sich damit auch rivalisierende Männchen bei den ritualisierten Kämpfen um die Rangordnung.
Ungefähr zur selben Zeit wie *Spinosaurus* lebte in Westafrika der große pflanzenfressende Dinosaurier *Ouranosaurus*, der auf zwei Beinen ging. Auch er trug auf dem Rücken ein Segel (s. S. 145). Es besteht daher durchaus Grund zu der Annahme, daß ein umweltbedingter oder klimatischer Faktor die Ausbildung solcher Strukturen beeinflußte.
Das Knochensegel erhöhte das Gewicht von *Spinosaurus* beträchtlich. Sein Gesamtgewicht wird auf 6 t geschätzt und erreicht damit fast die Werte von *Tyrannosaurus*, dem größten Carnosaurier (siehe S. 121).
Die Vordergliedmaßen von *Spinosaurus* waren massiver gebaut als bei den anderen großen Theropoden. Möglicherweise lief das Tier gelegentlich auf allen vieren – eine ungewöhnliche Fortbewegungsart unter den ansonsten »zweibeinigen« Carnosauriern. Auch die Zähne unterschieden sich: Sie waren gerade anstatt gekrümmt.

Familie Tyrannosauridae
Zu dieser Familie der »Tyrannenechsen« gehörten die größten landbewohnenden Fleischfresser, die je auf Erden lebten. Die Familie war klein und umfaßte weniger als ein Dutzend spezialisierte Gattungen, doch prägte sie entscheidend das volkstümliche Bild vom fleischfressenden Dinosaurier.
Fossile Reste von Tyrannosauriden wurden in Asien und im westlichen Nordamerika gefunden. Insgesamt war die Gruppe relativ kurzlebig, denn sie trat erstmalig in der Oberkreide auf und verschwand am Ende jener Periode mit allen übrigen Dinosauriern. Ihre Lebensspanne erstreckte sich damit über weniger als 15 Millionen Jahre – nicht viel mehr als ein »Augenblick« in der Stammesgeschichte der Lebewesen.

Name: ***Albertosaurus***
Zeitliche Verbreitung: ***Oberkreide***
Geographische Verbreitung: ***Nordamerika (Alberta)***
Länge: ***8 m***
Dieser »kleine« Tyrannosaurier zeigt alle typischen Familienmerkmale: Er war massiv gebaut, mit großem Kopf und kurzem Rumpf. Für die Balance sorgte ein langer, starker Schwanz. Säulenartige Beine mit drei gespreizten Zehen trugen das enorme Körpergewicht.
Albertosaurus und die verwandten Arten waren spezialisierte Theropoden. Im Vergleich zur Körpergröße waren die Arme extrem klein. Sie reichten nicht einmal bis zum Maul und trugen nur zwei Finger, die kaum dazu getaugt haben dürften, Beutetiere festzuhalten. Obwohl die Kiefer weit geöffnet werden konnten, waren die Schädelknochen starr miteinander verbunden und bei weitem nicht so beweglich wie die Schädel der Allosaurier (s. S. 117). Die Tyrannosaurier hatten auf der Körperunterseite eine zweite Reihe voll entwickelter Rippen. Eine Erklärung für die Extrarippen und die kurzen Arme besagt, daß sich die *Tyrannosaurier*, wenn sie ruhen wollten, auf den Bauch legten. Die zusätzlichen Rippen schützten dann die Eingeweide, die sonst vom großen Körpergewicht zerdrückt worden wären. Wenn das Tier wieder aufstand, verhinderten die kleinen Arme, daß der massige Rumpf dauernd nach vorne glitt, während die Hinterbeine ihn aufzurichten versuchten.
Einige Forscher vertreten auch die Ansicht, die Männchen hätten sich mit den kleinen Armen während der Paarung an den Weibchen festgehalten.

Name: ***Alioramus***
Zeitliche Verbreitung: ***Oberkreide***
Geographische Verbreitung: ***Asien (Mongolei)***
Länge: ***6 m***
Eine Gruppe asiatischer Tyrannosaurier, hier vertreten von *Alioramus*, unterschied sich von den »typischen« Vertretern der Familie durch die Schädelform. Im allgemeinen waren die Schädel hoch und kurzschnäuzig, bei *Alioramus* und seinen Verwandten waren sie dagegen niedrig, und die Schnauze war verhältnismäßig lang. Zwischen den Augen und der Schnauzenspitze standen zudem einige Knochenhök-

ker oder Knochenzapfen. Vielleicht dienten sie der Unterscheidung der Geschlechter; es ist denkbar, daß sie bei den Männchen deutlicher ausgeprägt waren als bei den Weibchen.

Alioramus und seine Verwandten lebten während der Oberkreide in Asien und im westlichen Nordamerika. Zu jener Zeit waren die Kontinente Asien und Nordamerika miteinander verbunden. Die Beringstraße, die sie heute trennt, war damals trockenes Land (vgl. S. 10–11). Nordamerika hingegen war in Nord-Süd-Richtung von einem Flachmeer zweigeteilt – in Asiamerica im Westen und Euramerica im Osten. Viele Tiere, darunter die großen Tyrannosaurier, konnten ohne weiteres zwischen Asien und dem westlichen Nordamerika hin und her wandern, doch nur verhältnismäßig wenigen gelang es, die Barriere zwischen den beiden Teilen Nordamerikas zu überwinden. Immerhin wurden die Überreste eines *Albertosaurus* ähnelnden Tyrannosauriers auch im Osten der Vereinigten Staaten gefunden.

NAME: ***Daspletosaurus***
ZEITLICHE VERBREITUNG: ***Oberkreide***
GEOGRAPHISCHE VERBREITUNG: ***Nordamerika (Alberta)***
LÄNGE: ***8,5 m***

In den kurzen Kiefern dieses massiven Fleischfressers standen noch größere Zähne als bei den übrigen Tyrannosauriern; dafür war ihre Zahl geringer. Die Zähne waren scharf wie ein Dolch, gekrümmt und mit gezackten Schneiden versehen.

Ein mächtiger Kiefer, Krallen an den Beinen und ein Körpergewicht bis zu 3,6 t – das waren die Waffen, über die *Daspletosaurus* verfügte. Er war imstande, die großen pflanzenfressenden Horndinosaurier zu töten, die zu jener Zeit in den Wäldern Nordamerikas lebten.

NAME: ***Tarbosaurus***
ZEITLICHE VERBREITUNG: ***Oberkreide***
GEOGRAPHISCHE VERBREITUNG: ***Asien (Mongolei)***
LÄNGE: ***bis 14 m***

Dieser riesenhafte Carnosaurier durchstreifte die Länder Zentralasiens und fraß alles, was ihm in die Quere kam, ob tot oder lebendig. Es ist zweifelhaft, ob er bei seiner Körpermasse noch ein guter Jäger war. Vielleicht ernährte er sich von pflanzenfressenden Entenschnabel-Dinosauriern und gepanzerten Dinosauriern, die die gleichen Lebensräume besiedelten, und ergänzte seinen Speisezettel mit den Überbleibseln der Mahlzeiten anderer Carnosaurier. *Tarbosaurus* war so groß, daß er mit Ausnahme seines noch größeren Verwandten *Tyrannosaurus* (s. u.), der zur selben Zeit in Zentralasien lebte, keinen Räuber zu fürchten hatte.

In der Mongolei wurden viele *Tarbosaurus*-Skelette entdeckt, darunter auch einige vollständige. Anatomisch war er mit *Tyrannosaurus* fast identisch, insgesamt jedoch leichter gebaut, auch war der Schädel etwas länger. Der gute Zustand der Skelette erlaubte eine eingehende Untersuchung der Haltung und des Gangs dieses typischen Tyrannosauriers. Den Schwanz streckte das aufrecht gehende Tier fast waagrecht nach hinten, wobei der Drehpunkt in Höhe der Hüften lag. Der lange, bewegliche Hals erhob sich in einer steilen Kurve aus dem Rumpf, während der Kopf mit dem Hals einen annähernd rechten Winkel bildete. Diese Haltung erinnert ein wenig an die eines Vogels.

Bei den Fossilfunden fand sich der Kopf von *Tarbosaurus* oft weit zurückgebogen in der Nähe der Schultern. Zu dieser ungewöhnlichen Position kommt es, wenn nach dem Tod des Tieres die Bänder im Hals austrocknen und schrumpfen, so daß der Kopf automatisch nach hinten fällt.

NAME: ***Tyrannosaurus***
ZEITLICHE VERBREITUNG: ***Oberkreide***
GEOGRAPHISCHE VERBREITUNG: ***Nordamerika (Alberta, Montana, Saskatchewan, Texas und Wyoming) und Asien (Mongolei)***
LÄNGE: ***bis 15 m***

»Die schrecklichste Tötungsmaschine, die je die Erde besiedelte« – so ließe sich die populäre Vorstellung von diesem schreckenerregenden Theropoden zusammenfassen. Er war der größte Carnosaurier und nach dem bisherigen Stand der Erkenntnisse der größte landbewohnende Fleischfresser, der je auf unserer Erde lebte.

Im Mittel war *Tyrannosaurus* 12 m lang, bis 6 m hoch und an die 7 t schwer, das heißt schwerer als ein ausgewachsener männlicher Afrikanischer Elefant. Allein der Kopf war über 1,25 m lang. Die Zähne erreichten eine Länge von 15 cm.

Bisher wurde noch kein vollständiges Skelett von *Tyrannosaurus* gefunden, obwohl seit der Entdeckung der ersten Überreste im Jahr 1902 in den westlichen Vereinigten Staaten zahllose weitere Knochen und Zähne zutage gefördert worden sind. Frühere Rekonstruktionen waren oft ungenau. Erst seit dem Bekanntwerden kompletter Skelette nahverwandter Arten, wie beispielsweise des mongolischen *Tarbosaurus*, wissen wir Zuverlässiges über die Körperhaltung dieser Dinosaurier.

Weitverbreitet ist die Ansicht, *Tyrannosaurus* sei der schrecklichste Räuber der Kreidezeit gewesen. In den sechziger Jahren wurde diese These durch eingehende Untersuchungen des Beckengürtels und der Beine in Frage gestellt. Inzwischen deutet einiges darauf hin, daß *Tyrannosaurus* vielleicht nichts anderes war als ein langsamer Aasfresser, der sich nur mit relativ kleinen Schritten fortbewegen konnte und allenfalls imstande war, von anderen Räubern getötete Kadaver für sich zu beanspruchen.

Freilich blieb auch diese Theorie nicht unwidersprochen. Ihre Gegner glauben, das ungewöhnlich große Schädelgebiet hinter den Augen habe mächtigen Kiefermuskeln als Ansatzfläche gedient. Auch andere Merkmale sprechen nach wie vor dafür, daß *Tyrannosaurus* ein aktiver Räuber war – so die kräftigen, sägeblattartigen Zähne, der starke bewegliche Hals, der nicht auszuschließende Umstand, daß das Tier zum räumlichen Sehen befähigt war, sowie die großen Gehirnpartien, die dem Gesichts- und Geruchssinn zugeordnet waren.

Tyrannosaurus hat sich, so die Befürworter dieser These, hauptsächlich von Entenschnabel-Dinosauriern (Hadrosauriern, s. S. 146–153) ernährt, die zur damaligen Zeit die Wälder Nordamerikas durchstreiften. Diese Tiere lebten in Gruppen zusammen und waren stets auf der Hut. Bei Gefahr erhoben sie sich auf die Hinterbeine und rannten schnell davon. Wahrscheinlich versteckte sich *Tyrannosaurus* im Wald und lauerte gut getarnt seiner Beute auf, um sich im geeigneten Moment mit weit aufgerissenem Rachen auf das Opfer zu stürzen. Die Wucht des Aufpralls absorbierten die kräftigen Zähne, der gedrungene Schädel und der mächtige Hals.

Frühe pflanzenfressende Dinosaurier

MUSSAURUS
RIOJASAURUS
MASSOSPONDYLUS
THECODONTOSAURUS

Frühe pflanzenfressende Dinosaurier

Unterordnung Sauropodomorpha
Die Lebensweise der *Sauropodomorpha* unterschied sich grundsätzlich von der der zur gleichen Zeit existierenden Theropoden. Zwar zählten beide zu den *Saurischia* oder »Echsenbecken-Dinosauriern«, doch handelte es sich bei den Theropoden um zweifüßige Fleischfresser (s. S. 106–121), während die *Sauropodomorpha* auf allen vieren gingen und sich von Pflanzen ernährten. Da die Sauropodomorphen wahrscheinlich die Hauptbeute der größeren Theropoden darstellten, waren beide Gruppen im Leben und Sterben eng miteinander verbunden.

Infraordnung Prosauropoda
Wie die Theropoden kann man auch die Sauropodomorphen nach ihrer Größe in Gruppen einteilen. Es gab gigantische Formen mit langen Hälsen und Schwänzen; wir fassen sie in der Infraordnung *Sauropoda* (s. S. 126–133) zusammen. *Apatosaurus* (früher unter dem Namen *Brontosaurus* bekannt) ist der berühmteste Sauropode (s. S. 132). Die friedlichen pflanzenfressenden Riesen lebten im Jura und in der Kreide und starben gegen Ende dieser Periode zusammen mit allen übrigen Dinosauriern aus.
Es gab auch kleinere Sauropodomorphen, die man in der Infraordnung *Prosauropoda* zusammenfaßt. (Allerdings erreichen auch einige Vertreter dieser Gruppe Längen von über 9 m.) Wie ihr Name verrät, lebten sie »vor den Sauropoden«, das heißt in der Obertrias. Früher glaubte man, die Prosauropoden seien die direkten Vorfahren der Sauropoden gewesen, doch wird diese These heute nicht mehr akzeptiert. Sie gelten nun als ein Seitenzweig der Sauropodenlinie – ein Zweig, der im Unterjura ausstarb (s. S. 90–91).
Die Prosauropoden selbst entwickelten sich wahrscheinlich aus Vorfahren vom Theropodentyp. In Südamerika hat man die Reste von zwei möglichen Kandidaten gefunden: *Staurikosaurus* ist der einzige bekannte Dinosaurier aus der Mitteltrias; er erreichte eine Länge von ungefähr 2 m. *Herrerasaurus* aus der Obertrias war 3 m lang. In beiden Fällen handelte es sich um aktive Fleischfresser. Sie gingen auf zwei Beinen und hatten große Köpfe und lange Schwänze.

Familie Anchisauridae
Diese Familie umfaßt die ältesten Prosauropoden und damit einige der frühesten Dinosaurier überhaupt. Sie waren alle ziemlich klein (weniger als 3 m lang), hatten gestreckte, leicht gebaute Körper, schlanke Gliedmaßen, kleine Köpfe und lange Hälse und Schwänze.
Die Anchisauriden scheinen die ersten Dinosaurier gewesen zu sein, die sich an pflanzliche Kost gewöhnten. Die Ränder der zylindrischen stumpfen Zähne waren feilenähnlich gezackt wie die Zähne diverser heute noch lebender pflanzenfressender Echsen. Die Arme waren nur geringfügig kürzer als die Beine, was vermuten läßt, daß die Tiere einen großen Teil ihrer Zeit auf allen vieren verbrachten; sie konnten somit auch leichter an Pflanzen herankommen, die auf dem Boden wuchsen. Die kräftig entwickelten Fußwurzelgelenke deuten zudem darauf hin, daß das Tier sich auch auf die Hinterbeine aufrichten und mit seinen »Händen« Blätter und Zweige abreißen konnte.
Einige Paläontologen glauben, unter den Prosauropoden vom Anchisauriden-Typ seien die Vorfahren der *Ornithischia*, der »Vogelbecken-Dinosaurier« (s. S. 134 bis 169) zu suchen. Gewisse Merkmale von *Anchisaurus* (s. u.) legen dies nahe. Der lange, schlanke Hals, der Aufbau des Schultergürtels und der Vordergliedmaßen sowie Einzelheiten des Beckengürtels und des Fußgelenks ähneln in der Tat den entsprechenden Körperpartien einiger früher Ornithopoden, wie beispielsweise *Heterodontosaurus* (s. S. 136).

Name: ***Anchisaurus***
Zeitliche Verbreitung: ***Unterjura***
Geographische Verbreitung: ***Nordamerika (Connecticut) und Südafrika***
Länge: ***2,1 m***
Dieser frühe Dinosaurier war vermutlich ein ziemlich typischer Vertreter der kleinen Prosauropoden. Der Kopf war klein, der Hals lang und beweglich, der Rumpf schlank. Die Arme waren etwa um ein Drittel kürzer als die Beine. An jeder Hand standen fünf Finger, wobei die beiden äußeren jedoch ziemlich kurz waren. Der »Daumen« trug eine lange Kralle, mit der die Tiere vielleicht Pflanzen ausgruben und/oder sich verteidigten.
Die runden, stumpfen Zähne deuten darauf hin, daß *Anchisaurus* Pflanzen fraß. Zu jener Zeit wuchsen an feuchteren Stellen zahllose Farne und Schachtelhalme, während Nadelhölzer und Palmfarne eher trockenere, höhergelegene Gebiete bevorzugten. Bis heute brauchen Pflanzenfresser ein umfangreicheres Verdauungssystem als Fleischfresser, denn zähes, faseriges Pflanzenmaterial ist schwerer zu verdauen als Fleisch. Im langgestreckten Körper von *Anchisaurus* mußten deswegen oberhalb der Hüften ein großer Magen sowie ein langer Darm Platz finden. Ein zweibeiniges Tier hätte bei einer solchen Eingeweidemasse kaum das Gleichgewicht halten können. Manche Forscher meinen daher, *Anchisaurus* und seine Verwandten hätten aus Stabilitätsgründen überwiegend auf allen vieren stehen müssen.
Im Jura, vor ungefähr 200 Millionen Jahren, als *Anchisaurus* lebte, bildeten alle heutigen Kontinente eine einzige große Landmasse. Es überrascht deswegen nicht, daß Reste dieses Tieres an so unterschiedlichen Stellen wie der Ostküste Nordamerikas und in Südafrika gefunden worden sind. Man sieht in dieser Tatsache auch einen Beweis für die Kontinentalverschiebungstheorie (s. S. 10–11).

Name: ***Thecodontosaurus***
Zeitliche Verbreitung: ***Obertrias bis Unterjura***
Geographische Verbreitung: ***Europa (England) und Südafrika***
Länge: ***2,1 m***
Thecodontosaurus war ähnlich gebaut wie *Anchisaurus*, hatte aber einen kürzeren Hals und mehr Zähne. Die Beschreibung und Benennung erfolgte 1843 aufgrund von Fossilien, die in der Nähe von Bristol (Südwestengland) entdeckt worden waren. Die Knochen stammten aus triassischen Sedimenten und lagen in aus Kalksteinen des Karbon ausgewitterten Schluchten und Höhlen. Im wüstenähnlichen Klima, das während der Obertrias in Europa herrschte, bildeten diese Kalke trockene Hochebenen.
Wahrscheinlich lebte *Thecodontosaurus* in trockenen, hochgelegenen Gebieten, möglicherweise direkt in diesen Höhlen oder in ihrer unmittelbaren Nähe. Die Tiere wurden dann nach ihrem Tod von triassischen Sedimenten bedeckt. Es ist aber auch möglich, daß ihre Gebeine während der Regenzeit von Sturzbächen in die Höhlen und Schluchten geschwemmt wurden.

Name: ***Efraasia***
Zeitliche Verbreitung: ***Obertrias***
Geographische Verbreitung: ***Europa (Deutschland)***
Länge: ***2,4 m***
Efraasia wurde im Jahre 1909 von dem Stuttgarter Paläontologen Eberhard Fraas entdeckt und nach ihm benannt. Das Tier war etwas größer als seine Prosauropoden-Verwandten, ansonsten aber ähnlich gebaut. Die Vordergliedmaßen waren zum Beispiel nicht spezialisiert. Mit den lan-

gen Fingern konnte *Efraasia* kleine Pflanzen oder Blattbündel packen, wobei besonders der bewegliche Daumen sehr hilfreich war. Auch das Handgelenk war wohlentwickelt; *Efraasia* konnte also die Handflächen ohne weiteres auf den Boden legen und sich somit auch auf allen vieren fortbewegen.
Efraasia wies darüber hinaus auch noch ein primitives Merkmal auf: Nur zwei Kreuzbeinwirbel waren mit dem Beckengürtel verbunden, die Verbindung zwischen Vorder- und Hinterkörper also recht schmal. Bei allen übrigen »Echsenbecken-Dinosauriern« waren mindestens zwei Wirbel mit dem Becken verbunden.

Familie Plateosauridae
Diese großen schweren Prosauropoden waren größere Versionen der zeitgenössischen Anchisauriden (s. o.). In den Körperproportionen erinnern sie an die riesenhaften Sauropoden, die erst später, im Jura und in der Kreide, auf den Plan traten (s. S. 126–133).

Name: ***Massospondylus***
Zeitliche Verbreitung: ***Obertrias***
Geographische Verbreitung: ***Afrika (Südafrika und Zimbabwe) und Nordamerika (Arizona)***
Länge: ***4 m***
Massospondylus war der häufigste Prosauropode in Südafrika. Seinen Namen erhielt er 1854 von dem englischen Paläontologen Richard Owen nach der Entdekkung einzelner Wirbel, deren auffallende Größe für die Namenswahl bestimmend war: *Massospondylus* bedeutet »massiver Wirbel«.
Massospondylus hatte einen winzigen Kopf auf einem besonders langen, beweglichen Hals. Die fünffingrigen Hände waren recht groß und hatten auch eine große Spannweite. Die Tiere konnten sowohl mit ihnen Nahrung sammeln als auch auf ihnen gehen. Jeder Daumen trug eine große, gekrümmte Kralle.
In den Magenhöhlen einiger Skelette hat man polierte Steine gefunden. Wahrscheinlich waren sie von *Massospondylus* verschluckt worden, um mit ihrer Hilfe das Pflanzenmaterial besser aufschließen zu können. Aus demselben Grund haben auch heute noch viele Vögel Steine in ihren Muskelmägen. Da *Massospondylus* wahrscheinlich den größten Teil seiner Zeit mit Fressen zubrachte, um seinen gewaltigen Körper zu versorgen, waren die Oberflächen der Magensteine wahrscheinlich nach kurzer Zeit glattpoliert und nicht mehr weiter von Nutzen. Das Tier mußte sie dann wohl hochwürgen, ausspucken und durch neue Steine mit rauher Oberfläche ersetzen.

Name: ***Plateosaurus***
Zeitliche Verbreitung: ***Obertrias***
Geographische Verbreitung: ***Europa (England, Frankreich, Deutschland und Schweiz)***
Länge: ***7 m***
Plateosaurus ist der bestbekannte Prosauropode. In triassischen Sandsteinen aus verschiedenen Teilen Westeuropas hat man gut erhaltene Skelette gefunden. An einigen Stellen stieß man sogar auf zahlreiche vollständig erhaltene Individuen. Massengräber dieser Art deuten darauf hin, daß die Tiere in Herden zusammenlebten und die triassische Wüstenlandschaft Europas auf der Suche nach neuen Nahrungsgründen gemeinsam durchstreiften.
Es gibt jedoch auch noch eine andere Erklärung für diese Massengräber: Demnach lebten die Tiere einzeln auf den trockenen Hochebenen, wurden aber nach ihrem Tode von den periodischen Regenfluten, wie sie für Wüstengebiete typisch sind, fortgeschwemmt und am Ende der ausgewaschenen Flußbetten an ganz bestimmten Stellen abgelagert.
Plateosaurus war ein großes Tier mit einem langen Schwanz, der ungefähr die Hälfte der Körperlänge ausmachte. Der Kopf war stärker und höher als bei den meisten anderen Prosauropoden. Die zahlreichen blattförmigen Zähne und das niedrige Unterkiefergelenk, das den Muskeln einen größeren Hebelarm verlieh, deuten darauf hin, daß sich die Tiere ausschließlich von Pflanzen ernährten. Die meiste Zeit lief *Plateosaurus* auf allen vieren, erhob sich aber gelegentlich auf die Hinterbeine, um höher gelegene Pflanzen abzuweiden. Zu seiner Nahrung zählten unter anderem sicher Palmfarnblätter und verschiedene Koniferen, die in jener Zeit besonders vielfältig entwickelt waren.
In anderen Teilen der Welt lebten ähnliche pflanzenfressende Dinosaurier: In Südchina war es der 6 m lange *Lufengosaurus*, in Südamerika die kleinere, 4 m lange *Coloradia*. Das Auftreten von Tieren mit ähnlichem Körperbau und ähnlicher Lebensweise in derart weit entfernten Teilen der Welt ist ein weiterer Beweis für die Theorie, daß in jenen Tagen alle Kontinente eine einzige Landmasse bildeten.

Name: ***Mussaurus***
Zeitliche Verbreitung: ***Obertrias bis Unterjura***
Geographische Verbreitung: ***Südamerika (Argentinien)***
Länge: ***vielleicht 3 m***
Das Tier, das zu den kleinsten bekannten Dinosauriern zählt, erhielt 1979 den Namen »Mausechse«. Damals fand man in Südargentinien eine Gruppe winziger, aber bereits vollkommen entwickelter, frisch geschlüpfter Tiere in einem Nest. Zwei kleine, nahezu unbeschädigte Eier lagen in der Nähe. Sie waren nur 25 mm lang. Das größte *Mussaurus*-Skelett maß nur 20 cm. Der Kopf war groß, ebenso die Augen, der Hals kurz. Die Experten nehmen an, daß ein erwachsener *Mussaurus* bis 3 m lang werden konnte und die typischen Körperproportionen eines Prosauropoden aufwies.

Familie Melanorosauridae
Die Angehörigen dieser Familie waren die größten Prosauropoden. Einige Paläontologen meinen sogar, sie stellten frühe Vertreter der riesenhaften pflanzenfressenden Sauropoden dar.
Melanorosauriden gingen ausschließlich auf vier Beinen – ganz im Gegensatz zu den Anchisauriden (s. S. 124), die auch auf zwei Beinen gehen konnten.

Name: ***Riojasaurus***
Zeitliche Verbreitung: ***Obertrias bis Unterjura***
Geographische Verbreitung: ***Südamerika (Argentinien)***
Länge: ***bis 10 m***
Die Knochen der Gliedmaßen sowie des Schulter- und Beckengürtels waren viel massiver als bei den verwandten Plateosauriden (s. o.) – ein Hinweis darauf, daß *Riojasaurus* wegen seines enormen Gewichts immer auf vier Beinen gehen mußte.
Das Skelett war entsprechend umgebaut. Die Knochen der Gliedmaßen waren dick und kräftig und standen senkrecht unter dem Körper. Das Becken verschmolz mit drei Kreuzbeinwirbeln, so daß die Beine ein festes Widerlager hatten. Die Wirbel verfügten über zusätzliche Gelenkflächen zur Versteifung der Wirbelsäule.
Riojasaurus wurde nach seinem Fundort in der nordwestlichen argentinischen Provinz La Rioja benannt. Weitere, ähnlich gebaute Prosauropoden lebten ungefähr zur selben Zeit in Südafrika, zum Beispiel *Roccosaurus* und *Thotobolosaurus* (in der Obertrias) und *Vulcanodon* (im Unterjura).

Langhalsige pflanzenfressende Dinosaurier

CAMARASAURUS
BRACHIOSAURUS

Langhalsige pflanzenfressende Dinosaurier

Infraordnung Sauropoda
In der Zeitspanne, die vor 200 Millionen Jahren begann und vor 65 Millionen Jahren zu Ende ging, waren die riesenhaften langhalsigen vierfüßigen *Sauropoda* die größten Pflanzenfresser. Sie waren zudem die größten Tiere, die je auf dem Festland gelebt haben. Als Gruppe lebten sie wahrscheinlich 150 Millionen Jahre. Sie traten erstmals in der Obertrias oder im Unterjura auf, erreichten ihre Blütezeit im Oberjura und starben am Ende der Kreidezeit aus. Bereits in den frühen Stadien ihrer Evolution waren die meisten Sauropoden schon über 15 m lang.
Der Grundbauplan aller Sauropoden war ähnlich: ein kleiner Kopf auf einem extrem langen Hals; ein langer, voluminöser Körper zur Aufnahme des enormen Darmes; dicke säulenartige Beine mit fünf gespreizten Fingern und Zehen und ein langer dicker Schwanz, der am Ende spitz zulief.
Zwei besondere Anpassungen des Skeletts waren selbst bei den frühesten Formen deutlich ausgebildet: Zunächst zeigten die Wirbel große Hohlräume; dies verringerte das Gesamtgewicht, erhielt aber die Tragkraft des Skeletts. Im Verlauf der Evolution trat diese Tendenz immer deutlicher hervor. Knochenverstrebungen bildeten sich nur noch längs der Hauptbelastungslinien – vergleichbar mit dem Stahlgerüst eines Krans.
Ein zweites Sondermerkmal war der massive Beckengürtel: Er war fest mit vier (später sogar mit fünf) Kreuzbeinwirbeln verbunden und bildete eine feste Stütze für den schweren Körper.

Familie Cetiosauridae
Die ältesten Sauropoden lebten während des Jura und in der Kreide. Ihr Name bedeutet übersetzt »Walechsen« und bezieht sich auf die Größe der Tiere – nicht etwa auf ihre Lebensweise.
Zwei primitive Merkmale behielten die Mitglieder der Cetiosauriden bei: Die Wirbel waren nur teilweise ausgehöhlt, so daß das Körpergewicht noch sehr hoch war, und der Beckengürtel war nur mit vier Kreuzbeinwirbeln verschmolzen.

NAME: ***Barapasaurus***
ZEITLICHE VERBREITUNG: ***Unterjura***
GEOGRAPHISCHE VERBREITUNG: ***Asien (Indien)***
LÄNGE: ***15 m***
Ein Fund in Zentralasien erwies sich als bisher einziger Sauropodennachweis auf dem indischen Subkontinent und gleichzeitig als ältester Vertreter dieser Sauriergruppe.
Der Körperbau ähnelte dem der übrigen Sauropoden. Nur die Hals- und einige Rückenwirbel hatten Hohlräume und halfen Gewicht sparen. Die spatelförmigen, mit gekerbten Schneiden versehenen Zähne waren ideal für einen Pflanzenfresser.

NAME: ***Cetiosaurus***
ZEITLICHE VERBREITUNG: ***Mitteljura bis Oberjura***
GEOGRAPHISCHE VERBREITUNG: ***Europa (England) und Afrika (Marokko)***
LÄNGE: ***bis 18,3 m***
Knochen dieses riesenhaften Pflanzenfressers wurden 1809 in Oxfordshire, Südengland, gefunden, also 32 Jahre bevor Owen den Begriff »Dinosaurier« prägte. Die Paläontologen glaubten damals, die Knochen gehörten zu einem großen meeresbewohnenden Tier und gaben dem Fossil damit den Namen *Cetiosaurus* – »Walechse«.
Cetiosaurus war massiv gebaut, doch waren Hals und Schwanz kürzer als bei übrigen Sauropoden. Er wog um die 9 t.
Ein Skelett, das Forscher 1979 in Marokko ausgruben, verriet die Größe des Tiers: Allein der Oberschenkelknochen war über 1,8 m lang, und eines der Schulterblätter maß 1,5 m. Allein die Energie, die notwendig war, um solche Gliedmaßen überhaupt bewegen zu können, erforderte die Aufnahme ungeheurer Nahrungsmengen.

Familie Brachiosauridae
Die Angehörigen dieser Familie waren die Giganten unter den Sauropoden. Ihre geographische Verbreitung erstreckte sich über Nordamerika, Europa und Ostafrika, ihre Existenzspanne vom Mitteljura bis zur Unterkreide. Alle waren ähnlich gebaut: kleine Köpfe auf auffallend langen Hälsen, voluminöse Rümpfe und relativ kurze Schwänze. Sie unterschieden sich von allen übrigen Sauropoden dadurch, daß die Vorderbeine länger waren als die Hinterbeine. Die Rückenlinie war damit schräg geneigt, ähnlich wie bei einer modernen Giraffe.
Bis vor kurzem zählte zu den Brachiosauriern der größte bekannte Dinosaurier und damit das größte Landlebewesen aller Zeiten. Es war ein Tier aus der Gattung *Brachiosaurus* (s. u.).
Nordamerikanische Funde aus jüngster Zeit machen ihnen inzwischen diesen Rekord streitig und zeigen, daß es noch größere Sauropoden gab als *Brachiosaurus*: In den siebziger Jahren entdeckte man in Colorado die gewaltigen Knochen zweier Sauropoden, die – bisher noch inoffiziell – *Supersaurus* und *Ultrasaurus* heißen, und 1986 grub man in New Mexico sogar noch größere Knochen aus, die den provisorischen Namen *Seismosaurus* erhielten. Die unvollständigen Überreste lassen eine Gesamtlänge von über 30 m vermuten. So war zum Beispiel ein ausgegrabenes Schulterblatt 2,4 m und ein einzelner Wirbel 1,5 m lang.
Die wissenschaftliche Untersuchung und Klassifizierung dieser Funde ist noch nicht abgeschlossen, und es ist noch nicht absehbar, ob die Tiere zu den Brachiosauriden oder den Diplodociden (s. S. 132) gehörten. Man weiß noch nicht einmal, ob sie tatsächlich mehr als nur eine einzige neue Gattung repräsentieren.

NAME: ***Brachiosaurus***
ZEITLICHE VERBREITUNG: ***Oberjura***
GEOGRAPHISCHE VERBREITUNG: ***Nordamerika (Colorado) und Afrika (Tansania und Algerien)***
LÄNGE: ***23 m***
Unter allen Landtieren, von denen ein vollständiges Skelett existiert, ist *Brachiosaurus* das größte und massivste. Zwar wurden jüngst im westlichen Nordamerika größere Sauropodenknochen ausgegraben (s. o.), die nach vorläufigen »Forschungsergebnissen« zu Tieren mit 30 bis 40 m Körperlänge gehörten, doch sind ihre Reste unvollständig und ihre wissenschaftliche Überprüfung noch nicht beendet.
Ein vollständiges Exemplar von *Brachiosaurus* ist im Paläontologischen Museum der Humboldt-Universität in Berlin (DDR) ausgestellt. Es handelt sich um das größte montierte Skelett der Welt. Die Knochen wurden in den Jahren 1909 bis 1912 in Tansania, Ostafrika, bei einer Expedition der Humboldt-Universität ausgegraben.
Brachiosaurus war im Durchschnitt 23 m lang und 12,5 m groß. Die Schultern befanden sich in 6,4 m Höhe; allein der Oberarmknochen maß 2,1 m. *Brachiosaurus* wog unvorstellbare 80 t – fast das Dreifache des berühmten *Apatosaurus* (= *Brontosaurus*) oder das Zwölffache eines ausgewachsenen afrikanischen Elefantenbullen.
Wie konnte ein derartig großer Körper überhaupt aufrecht gehalten werden? Das Geheimnis lag im Bau der Wirbelsäule: An den Seiten jedes Wirbels befanden sich große Hohlräume, so daß der Knochen am Ende aus dünnen Knochenblättern und Knochenverstrebungen bestand.

Das Skelett war ein Meisterwerk der Ingenieurkunst, eine leichtgewichtige Konstruktion aus außergewöhnlich starken und doch biegsamen Wirbeln, die so gelenkig miteinander verbunden waren, daß sie der größten Belastung widerstehen konnten.
Brachiosaurus hatte einen gewölbten Kopf mit einer breiten, flachen Schnauze. Im Vergleich zum Körper waren Schädel und Schädelinhalt winzig. Auf den Kiefern standen zugespitzte, zapfenartige Zähne. Oben am Kopf, über den Augen, saßen wie bei allen anderen Sauropoden zwei große Nasenöffnungen. Ihre Lage verleitete die Paläontologen ursprünglich zu der Ansicht, *Brachiosaurus* und seine Verwandten hätten den größten Teil ihres Lebens im Wasser verbracht, sich von Wasserpflanzen ernährt und die Nasenöffnungen stets über dem Wasserspiegel gehalten, um atmen zu können. Inzwischen weiß man jedoch, daß in der Tiefe, in der das Tier hätte stehen müssen, um ganz von Wasser bedeckt zu sein, ein derart großer Druck geherrscht hätte, daß *Brachiosaurus* das Atmen schwierig, wenn nicht unmöglich geworden wäre.
Fleischige Nasenlöcher müssen nicht unbedingt in der Nähe der entsprechenden Schädelöffnungen liegen. Bei den heutigen Elefanten befinden sie sich zum Beispiel am Ende des Rüssels. So erhebt sich heute die Frage, ob die Sauropoden vielleicht Rüssel hatten (s. u. bei *Camarosaurus*). Eine weitere denkbare Funktion der großen Nasenöffnungen könnte die Wärmeregelung gewesen sein. Die Öffnungen waren vielleicht von gut durchbluteter Schleimhaut umgeben, die dafür sorgte, daß das Gehirn des Tieres bei heißem Wetter kühl blieb.
Der Hals von *Brachiosaurus* war außergewöhnlich lang und machte mehr als die Hälfte der Gesamthöhe aus. Die Zahl der Halswirbel war nicht größer als bei den anderen Sauropoden, wo sie gemeinhin zwischen 12 und 19 lag, doch war jeder einzelne Halswirbel dreimal so lang wie ein Rückenwirbel. Ungewöhnlich für die *Sauropoda* – aber familientypisch für die Brachiosauriden – war, daß die Vorderbeine die Hinterbeine an Länge übertrafen. Die Rückenlinie von den Schultern bis zum Schwanz verlief somit abschüssig wie bei einer heutigen Giraffe.

Familie Camarasauridae
Die Angehörigen dieser Familie waren viel kleiner als ihre Verwandten, die Brachiosaurier und die Diplodociden. Die Hälse und Schwänze waren kürzer, die Schädel höher, die Schnauzen flacher. Auch in der Zahnform unterschieden sie sich recht deutlich von den übrigen Sauropoden: Die Zähne waren lang, spatelförmig und nach vorne gerichtet.
Alle diese Merkmale deuten darauf hin, daß die Camarasaurier andere Pflanzen fraßen als die größeren Sauropoden und damit auch nicht als Nahrungskonkurrenten auftraten.

Name: ***Camarasaurus***
Zeitliche Verbreitung: **Oberjura**
Geographische Verbreitung: **Nordamerika (Colorado, Oklahoma, Utah und Wyoming)**
Länge: ***bis 18 m***
Dieser weitverbreitete Sauropode zog wahrscheinlich in Herden über die feuchten tropischen Ebenen, die während des Jura das westliche Nordamerika bedeckten. Die kräftigen, spatelförmigen Zähne dienten vermutlich zum Zerkleinern faserhaltiger Pflanzen wie Farnen und Schachtelhalmen. Die Tiere erreichten mit ihren Hälsen wohl auch die unteren Zweige von Bäumen und fraßen deren zähe nadelartige Blätter.
Camarasaurus hatte große äußere Nasenöffnungen oben am Schädel. Ihre Größe und das kurze Gesicht dieses Dinosauriers brachten einige Paläontologen auf den Gedanken, das Tier könne einen Rüssel wie der heutige Elefant gehabt haben. Andere Wissenschaftler vertreten jedoch die Ansicht, die großen Nasenöffnungen hätten als Kühlvorrichtung für das Gehirn gedient.
In der Morrison-Formation in den westlichen USA fand man neben Skeletten von erwachsenen Exemplaren auch Jungtiere, die demnach die Herde auf ihren langen Wanderungen begleitet hatten. Die wiederholten Dürrezeiten, die für dieses tropische Land während des Jura typisch waren, machten solche Wanderungen auf der Suche nach neuen Weidegründen wohl erforderlich.
Einen weiteren Hinweis auf die Lebensweise der Tiere geben uns vereinzelte Haufen polierter Kiesel, die sich in denselben Gesteinen fanden wie die Fossilien. Wahrscheinlich handelte es sich um ausgewürgte Steine, die *Camarasaurus* wie viele andere Sauropoden als Verdauungshilfe verschluckte. Sie zerrieben im Magen das zähe Pflanzenmaterial. Noch heute schlucken viele Vögel aus denselben Gründen Steine. Wenn sie abgeschliffen sind, werden sie ausgewürgt und durch neue ersetzt.

Name: ***Euhelopus***
Zeitliche Verbreitung: **Oberjura oder Unterkreide**
Geographische Verbreitung: **Asien (China)**
Länge: **15 m**
Obwohl *Euhelopus* und *Camarasaurus* an den entgegengesetzten Enden der damaligen Welt lebten, waren sie eng miteinander verwandt und zeigten einen ähnlichen Körperbau.
Es gab jedoch einige Unterschiede. *Euhelopus* beispielsweise hatte einen längeren Hals mit 17–19 Wirbeln; bei *Camarasaurus* war er kürzer und bestand nur aus 12 Wirbeln. *Euhelopus* hatte auch nicht die »Mopsnase« seines Verwandten. Der Kopf war länger, die Schnauze stärker zugespitzt. Die schweren, spatelförmigen Zähne waren aber mit denen von *Camarasaurus* identisch, und auch die Nasenöffnungen waren gleich groß.

Name: **Opisthocoelicaudia**
Zeitliche Verbreitung: **Oberkreide**
Geographische Verbreitung: **Asien (Mongolei)**
Länge: ***möglicherweise 12,2 m***
Die genaue Größe und das Aussehen dieses Sauropoden kann man nur unvollständig rekonstruieren, da dem einen Skelett, das man in der Wüste Gobi fand, Kopf und Hals fehlten. Der Rest des Körpers ist jedoch gut erhalten und scheint einem typischen, obwohl verhältnismäßig kleinen und stromlinienförmigen Camarasaurier zu gehören.
Einzigartig unter allen bekannten Sauropoden ist die Verbindung der einzelnen Schwanzwirbel. Normalerweise sind die Sauropodenwirbel an ihrem vorderen Ende ausgehöhlt (das heißt in Kopfrichtung konkav). Dafür bildet das hintere Ende des vorderen Wirbels einen passenden Fortsatz. Bei den Schwanzwirbeln von *Opisthocoelicaudia* ist das Gegenteil der Fall: Sie sind auf der Hinterseite konkav. Dieses Merkmal drückt sich auch im Gattungsnamen aus, der so viel wie »hinten ausgehöhlte Schwanzwirbel« bedeutet.
Die eigentümliche Gelenkung der Schwanzwirbel führte zu einer Kräftigung dieses Organs. Einige Paläontologen vertreten die Meinung, die Tiere hätten ihren Schwanz als Stütze verwendet, wenn sie sich auf die Hinterbeine erhoben, um höheres Geäst abzuweiden. Auch andere Sauropoden wie die Diplodociden und die Titanosauriden (s. S. 132–133) scheinen ihren Schwanz zu diesem Zweck eingesetzt zu haben.

Langhalsige pflanzenfressende Dinosaurier

DICRAEOSAURUS
APATOSAURUS
(=BRONTOSAURUS)
ALAMOSAURUS

Langhalsige pflanzenfressende Dinosaurier

Familie Diplodocidae

Die Diplodociden waren Sauropoden mit außergewöhnlich langen Hälsen und noch längeren Schwänzen. Rumpf und Gliedmaßen waren ziemlich schlank, die Köpfe sehr klein. Trotz ihrer enormen Länge waren diese Pflanzenfresser im Vergleich zu den mächtigen Brachiosauriden (s. S. 128–129) leichtgewichtig. Die Wirbel der Diplodociden waren auf ein kompliziert gebautes Gerüst aus knöchernen Verstrebungen reduziert. Damit sparten sie Gewicht bei größtmöglicher Belastbarkeit.

Vom Oberjura bis in die Kreide waren die Diplodociden auf der ganzen Welt verbreitet. Gegen Ende der Kreidezeit hatte jedoch bereits der Niedergang eingesetzt, denn es gab offensichtlich nur noch wenige, in ihrem Vorkommen auf Ostasien beschränkte Arten.

NAME: ***Diplodocus***
ZEITLICHE VERBREITUNG: ***Oberjura***
GEOGRAPHISCHE VERBREITUNG: ***Nordamerika (Colorado, Montana, Utah, Wyoming)***
LÄNGE: ***26 m***

Diplodocus war ein riesenhaftes Tier. Einzelne Exemplare erreichten eine Länge von 30 m, das Mittel lag bei 26 m. Den größten Teil davon machten der lange Hals (ungefähr 7,3 m) und der überlange Schwanz (ungefähr 14 m) aus. Der hohe, schmale Rumpf war nur ungefähr 4 m lang, und der winzige Kopf maß gerade 60 cm.

Trotz seiner riesenhafte Ausmaße war *Diplodocus* »nur« etwa 10 t schwer und erreichte damit gerade ein Achtel des Gewichts von *Brachiosaurus* (s. S. 128) und ein Drittel dessen von *Apatosaurus* (= *Brontosaurus*, s. u.), obwohl letzterer längst nicht so lang wurde wie *Diplodocus*. Der Grund dafür liegt in der leichten Bauweise der Wirbel, die nahezu hohl waren. Die übriggebliebenen Knochenverstrebungen waren jedoch so stark, daß sie das ganze Tier tragen konnten.

Der Name *Diplodocus* bedeutet »doppelter Balken« und bezieht sich auf ein Paar amboßähnlicher Knochen, die der Unterseite jedes Schwanzwirbels entspringen. Sie schützten vermutlich die zarten Blutgefäße und Gewebe auf der Unterseite des Schwanzes, wenn dieser über den rauhen Untergrund gezogen wurde.

Um die Jahrhundertwende fand eine Expedition, die vom amerikanischen Stahlkönig Carnegie finanziert wurde, ein gut erhaltenes Skelett von *Diplodocus* in Wyoming. Man fertigte mehrere Abgüsse von diesem Skelett an und verteilte sie auf acht Museen in verschiedenen Ländern. Unglücklicherweise war das Original aus Wyoming unvollständig, denn die Knochen der Vorderfüße wurden nie gefunden. Zur Komplettierung der Abgüsse zog man als Modell die Füße von *Camarasaurus* heran, einem Sauropoden, der zur selben Zeit wie *Diplodocus* in Wyoming lebte (s. S. 129). Dieser Fehler fand seinen Niederschlag sogar auf unserer Abbildung, denn *Diplodocus* hatte an den Vorderbeinen nur eine Zehe mit einer Kralle und nicht drei wie im Bild. Die Hinterbeine von *Diplodocus* waren, wie bei den Sauropoden mit Ausnahme der Brachiosauriden üblich, länger als die Vorderbeine. Die Rückenlinie fiel erst auf Höhe der Hüften ab. Mehrere Wirbel trugen große, senkrechte Fortsätze, die als Ansatzstellen für starke Muskeln dienten, mit deren Hilfe *Diplodocus* Hals und Schwanz bewegte.

Wahrscheinlich erhob sich *Diplodocus* öfter auf seine Hinterbeine und stützte sich dabei mit dem Schwanz ab. Mit seinem langen Hals kam das Tier damit an die hochsitzenden Zapfen und Zweige der Nadelbäume heran, die verstreut in der jurassischen Landschaft standen. In jenen Gebieten Afrikas, in denen Giraffenherden weiden, kann man noch heute beobachten, daß die Bäume bis zu einer bestimmten Höhe abgefressen sind. Die Grenze liegt heute bei 6 m Höhe – vor 150 Millionen Jahren, im Jura, lag sie bei 15 m!

Von den Räubern konnten es allenfalls *Allosaurus* und seine Verwandten (s. S. 117) wagen, *Diplodocus* anzugreifen. Die einzigen Waffen, die *Diplodocus* gegen die aktiven Fleischfresser einsetzen konnte, waren Schwanz und Vorderbeine sowie die schiere Masse seines Körpers. Der lange, biegsame und muskulöse Schwanz konnte eine große Fläche um das Tier herum freifegen und war im günstigsten Fall vermutlich dazu imstande, den Angreifer mit einem Schlag außer Gefecht zu setzen. Eine weitere Verteidigungsmöglichkeit bestand für *Diplodocus* wahrscheinlich darin, sich auf die Hinterbeine zu erheben und den Widersacher mit den Vorderbeinen zu zerstampfen.

NAME: ***Apatosaurus (= Brontosaurus)***
ZEITLICHE VERBREITUNG: ***Oberjura***
GEOGRAPHISCHE VERBREITUNG: ***Nordamerika (Colorado, Oklahoma, Utah und Wyoming)***
LÄNGE: ***bis 21,3 m***

Der riesenhafte pflanzenfressende Dinosaurier *Apatosaurus* war früher unter dem Namen *Brontosaurus* bekannt, der soviel wie »Donnerechse« bedeutet und sich vielleicht auf den Lärm bezieht, den der 30 t schwere Koloß auf seinen Streifzügen durch seine nordwestamerikanische Heimat erzeugte. *Brontosaurus* erwies sich aber als Synonym, als doppelte Benennung. Den wissenschaftlichen Regeln zufolge gilt immer nur der erste gültig veröffentlichte Name – in diesem Fall *Apatosaurus*.

Bis 1975 war der Schädel von *Apatosaurus* unbekannt, obwohl das übrige Skelett schon vor ungefähr 100 Jahren entdeckt worden war. Im Vergleich zur Gesamtkörperlänge von über 20 m erwies sich der Kopf schließlich mit 55 cm als ausgesprochen winzig.

Apatosaurus war nicht so lang wie *Diplodocus*, davon abgesehen jedoch einfach eine etwas massigere Version dieses Tiers. Beide Formen hatten lange, schlanke Zähne, die nur an der Vorderfront der Kiefer wuchsen. Wenn sie abgenutzt waren, stießen neue Zähne nach. Beide Tiere waren in der Lage, sich auf die Hinterbeine zu stellen, um hohe und höchste Bäume abzuweiden. Die Anstrengung muß allerdings für *Apatosaurus* viel größer gewesen sein, denn er wog dreimal soviel wie *Diplodocus*.

Apatosaurus konnte sein großes Gewicht vermutlich mit einigem Erfolg gegen Räuber wie *Allosaurus* (s. S. 117) einsetzen: Der harmlose Pflanzenfresser erhob sich dazu einfach auf die Hinterbeine und versuchte den Feind mit den Vorderbeinen zu zermalmen. Immer funktionierte diese Methode indes nicht, denn man fand viele Knochen von *Apatosaurus* mit Zahnabdrücken, die von *Allosaurus* stammen können. Dafür läßt sich allerdings auch eine andere Erklärung finden: Vielleicht hatte sich der Fleischfresser über einen Kadaver von *Apatosaurus* hergemacht und ernährte sich vom Aas.

Apatosaurus hatte einen längeren Schwanz als *Diplodocus*; er bestand aus nicht weniger als 82 gelenkig miteinander verbundenen Wirbeln (bei *Diplodocus* 73). Der Unterseite der Schwanzwirbel entsprangen wie bei *Diplodocus* Fortsätze, die die weicheren Gewebepartien des Schwanzes schützten. Wahrscheinlich konnte *Apatosaurus* mit peitschenartigen Schwanzschlägen Angreifer abwehren.

Wie *Diplodocus* hatte auch *Apatosaurus* an jedem Fuß fünf Zehen. Die Vorderbeine trugen eine Kralle am »Daumen«, während die Hinterbeine je drei Krallen auf-

wiesen. In den Fußgelenken befanden sich – wie heutzutage bei den Elefanten – dicke Knorpelkeile, die die Flexibilität erhöhten und für eine gleichmäßigere Gewichtsverteilung sorgten.

Name: ***Dicraeosaurus***
Zeitliche Verbreitung: ***Oberjura***
Geographische Verbreitung: ***Afrika (Tansania)***
Länge: ***12,6 m***
Nicht alle Diplodociden waren Riesen. Zur Gattung *Dicraeosaurus* beispielsweise gehören verhältnismäßig kleine Mitglieder der Familie. Auch in anderer Hinsicht unterschied sie sich von anderen *Diplodocidae*: durch den kürzeren Hals, den größeren Kopf und das Fehlen des geißelartigen Schwanzfortsatzes.
Die großen Dornen, die den Wirbeln entsprangen und als Muskelansatzstellen dienten, waren nicht gerade wie bei *Diplodocus* und *Apatosaurus*, sondern an der Spitze gegabelt wie ein Y. Dieses Merkmal spiegelt sich auch in den Gattungsnamen wider, denn *Dicraeosaurus* bedeutet »Gabelechse«. Die Fortsätze waren nicht wie bei anderen Diplodociden auf den unteren Teil des Rückens und den oberen Teil des Schwanzes beschränkt, sondern fanden sich auf dem gesamten Rücken und sogar am Hals. Vielleicht wurden sie von starken Bändern versteift, die mehrere Wirbel gleichzeitig verbanden.
Die Reste von *Dicraeosaurus* fand man in oberjurassischen Sedimenten des Tendaguruberglands in Tansania, die auch viele andere Dinosaurier preisgaben, darunter den riesenhaften Sauropoden *Brachiosaurus* (s. S. 128) und den gepanzerten Dinosaurier *Kentrosaurus*, einen Verwandten von *Stegosaurus* (s. S. 156). Alle diese Pflanzenfresser lebten in den tropischen Flußniederungen Ostafrikas friedlich zusammen. Sie ernährten sich von unterschiedlichen Pflanzenarten in unterschiedlichen Wuchshöhen und vermieden somit eine Nahrungskonkurrenz.

Name: ***Mamenchisaurus***
Zeitliche Verbreitung: ***Oberjura***
Geographische Verbreitung: ***Asien (Mongolei)***
Länge: ***22 m***
Dieses Tier hatte den längsten Hals aller Dinosaurier und damit aller Tiere überhaupt. Sein Bau ist derart ungewöhnlich, daß viele Paläontologen *Mamenchisaurus* in eine eigene Familie stellen.
Der Hals machte fast die Hälfte der gesamten Körperlänge aus. Er bestand aus 19 Wirbeln, von denen jeder einzelne mehr als doppelt so lang war wie einer der 12 Rückenwirbel. Schlanke Knochenverstrebungen entsprangen jedem Halswirbel, umfaßten den jeweils dahinterliegenden und verliehen dem Skelett auf diese Weise mehr Widerstandskraft.
Beim Gehen mußte das Tier seinen steifen Hals fast waagrecht vom Körper wegstrekken. Alle Bewegungen fanden nur im Gelenk zwischen Kopf und Hals statt; ansonsten war nur von der Schulter her noch eine schwingende Bewegung möglich.
Wahrscheinlich verlieh der überlange Hals *Mamenchisaurus* einen ganz bestimmten Vorteil gegenüber anderen langhalsigen Sauropoden: Stellte sich nämlich das Tier auf die Hinterbeine, so konnte es die frischen Triebe der obersten Zweige abweiden, die zuvor als Nahrungsquelle unerreichbar waren.
1986 fand man in oberjurassischen Sedimenten New Mexicos einen mächtigen Sauropoden, dessen wissenschaftliche Untersuchung zur Zeit noch nicht abgeschlossen ist. Der Eigentümer der Fossilien verlieh dem Tier den vorläufigen Namen *Seismosaurus*. Er bedeutet »Erdbebenechse« und bezieht sich auf das mögliche Lebendgewicht des Tiers. Nach ersten Berechnungen soll *Seismosaurus* 40 m lang gewesen sein. Wenn sich die vorläufigen Befunde bestätigen, wird *Seismosaurus* bis auf weiteres als das größte Landtier zu gelten haben, das je auf der Erde gelebt hat.

Familie Titanosauridae
Die Titanosauriden waren die letzte Familie der Sauropoden; sie überlebten bis zum Ende der Kreidezeit. Die Gruppe war auf der ganzen Welt weit verbreitet – besonders auf den Südkontinenten – und hielt sich ungefähr 80 Millionen Jahre lang.
Nicht alle Mitglieder dieser Familie waren Riesen, wie der an den mythischen Gestalten der griechischen Sagenwelt orientierte Name vermuten ließe. Die meisten waren im Durchschnitt 12,2 bis 15,2 m lang, also im Vergleich zu einigen Brachiosauriern und Diplodociden geradezu kurz.
Bis heute hat man nur bruchstückhafte Reste von Titanosauriden gefunden, kein vollständiges Skelett. Im Bau schienen die Tiere *Diplodocus* ähnlich, allerdings mit kürzerem Hals und höherem Schädel, der steiler zur Schnauze abfiel. Im Unterschied zu *Diplodocus* und anderen großen Sauropoden hatten die Titanosaurier massive, nicht ausgehöhlte Wirbel. Zusätzlich zu diesem festen Skelett trugen einige Arten sogar noch einen Knochenpanzer auf dem Rücken.

Name: ***Saltasaurus***
Zeitliche Verbreitung: ***Oberkreide***
Geographische Verbreitung: ***Südamerika (Argentinien)***
Länge: ***12 m***
Die Reste dieses mittelgroßen Sauropoden entdeckten Paläontologen 1970 unerwartet in der nordwestargentinischen Provinz Salta. Um eine Skelettgruppe herum lagen Tausende von Knochenplatten. Die meisten hatten nur einen Durchmesser von ungefähr 5 mm; andere waren an die 11 cm groß und trugen zum Teil Hornfortsätze.
Wahrscheinlich bedeckten diese Knochenplatten die dicke Haut auf dem Rücken und den Flanken des Tieres und bildeten einen Panzer, der den sonst verteidigungslosen Pflanzenfresser vor den gefräßigen Carnosauriern schützte (s. S. 116–121).
Daß diese einzigartigen gepanzerten Sauropoden auf Südamerika beschränkt blieben, mag ein Hinweis darauf sein, daß sich der Kontinent in der Mittelkreide bereits von der nördlichen Landmasse abgetrennt hatte, die damals Nordamerika und Eurasien umfaßte. Das heutige Mittelamerika lag zu jener Zeit unter Wasser. Die südamerikanische Fauna konnte sich somit isoliert weiterentwickeln.

Name: ***Alamosaurus***
Zeitliche Verbreitung: ***Oberkreide***
Geographische Verbreitung: ***Nordamerika (Montana, New Mexico, Texas und Utah)***
Länge: ***21 m***
Alamosaurus war einer der letzten Sauropoden vor dem Massenaussterben der Dinosaurier gegen Ende der Kreidezeit, vor 65 Millionen Jahren.
In der Oberkreide änderte sich das Klima in vielen Teilen der Welt. Tiefliegende Gebiete Nordamerikas waren zu einem sumpfigen Dschungel geworden, in dem Dinosaurier aus der Gruppe der Ornithopoden dominierten; sie gingen auf zwei vogelähnlichen Beinen (s. S. 134–153). Daneben gab es aber nach wie vor einige höhergelegene, trockene Gebiete, in denen die Sauropoden überleben konnten.
Nicht von ungefähr geht dieses Kapitel über die großen *Saurischia* mit *Alamosaurus* zu Ende. Die Gattung wurde – vielleicht rein zufällig – nach Alamo benannt, jener Festung in San Antonio, deren texanische Besatzung 1836 im Kampf gegen die Mexikaner umkam.

Fabrosauriden, Heterodontosauriden und Pachycephalosauriden

STEGOCERAS
PRENOCEPHALE
HOMALOCEPHALE
PACHYCEPHALOSAURUS

Fabrosauriden, Heterodontosauriden und Pachycephalosauriden

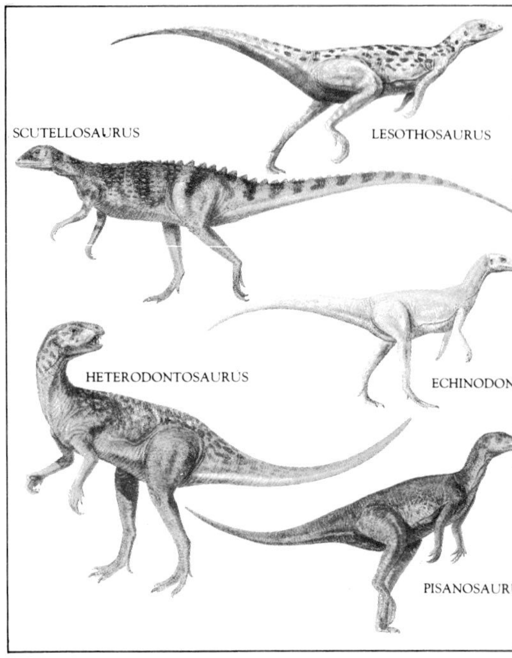

Unterordnung Ornithopoda

Die Angehörigen der großen Reptilienordnung der »Vogelbecken-Dinosaurier« *(Ornithischia)* ernährten sich ausschließlich von Pflanzen. Unter den *Saurischia* (s. S. 106–133) fanden sich Fleischfresser wie Pflanzenfresser.

Die Backenzähne der meisten *Ornithischia* waren leicht nach innen versetzt und wurden von fleischigen Wangen umschlossen. Hinweise dafür geben uns die leichten Einbuchtungen in der Wangengegend zu beiden Seiten des Schädels. Die Wangen verhinderten, daß während des ausgiebigen Kauvorgangs Nahrung aus dem Mund fiel. Sie erwiesen sich somit als höchst nützlich, und es kann durchaus sein, daß in ihnen das Erfolgsgeheimnis der kleinen bis mittelgroßen (maximale Länge: 10 m) pflanzenfressenden Dinosaurier des Jura und der Kreidezeit lag. Zur gleichen Zeit starben ihre wangenlosen Rivalen, die triassischen *Prosauropoda* aus der Gruppe der *Saurischia* (s. S. 122 bis 125), aus.

Die *Ornithischia* kann man in vier Unterordnungen einteilen, von denen sich drei aus vierfüßigen Tieren zusammensetzen, die auf die eine oder andere Weise gepanzert waren. Die Stegosaurier trugen auf dem Rücken große Knochenplatten (s. S. 154–157). Die Ankylosaurier hatten eine gepanzerte Haut und »Keulen« am Schwanzende (s. S. 157–161), und die Horndinosaurier trugen Hörner auf dem Kopf sowie knöcherne Nackenschilde (s. S. 162–169). Die vierte Unterordnung besteht aus den *Ornithopoda* oder »Vogelfüßern« (s. u.). Sie gingen auf zwei Beinen, und es ist durchaus möglich, daß sie die Gruppe waren, aus der die übrigen *Ornithischia* hervorgingen. In bezug auf Größe, Lebensweise und Verbreitung zeigt die Gruppe eine große Vielfalt, anatomisch dagegen waren die diversen Arten einander recht ähnlich. Insgesamt waren sie sehr erfolgreich, denn sie überlebten 148 Millionen Jahre.

Familie Fabrosauridae

Die ältesten *Ornithopoda* gehören zu dieser Familie und gehen auf das Unterjura zurück (Alter ungefähr 200 Millionen Jahre). Während ihrer Blütezeit breiteten sich die Fabrosauriden über die ganze Welt aus.

Die Tiere waren klein und echsenähnlich und liefen aufrecht auf langen, schlanken Hinterbeinen. Oberflächlich gesehen ähnelten sie den kleinen fleischfressenden Theropoden aus der Gruppe der Coelurosaurier (s. S. 106–109).

Name: ***Lesothosaurus***
Zeitliche Verbreitung: ***Unterjura***
Geographische Verbreitung: ***Afrika (Lesotho)***
Länge: ***1 m***

Das kleine, behende Tier war leicht gebaut und lief schnellfüßig über die trokkenheißen Ebenen des südlichen Afrikas. Mit seinen langen Beinen, den kurzen Armen, dem biegsamen Hals und dem schlanken Schwanz zeigte es bereits die allgemeinen Merkmale aller späteren Ornithopoden.

Der Schädel von *Lesothosaurus* war klein, kurz und flach und erinnert an den eines heutigen Leguans. Die spitzen Zähne waren wie kleine Pfeilspitzen geformt und hatten gekerbte Schneiden. Beim Kauen paßten die oberen Zähne genau zwischen die unteren und zerhackten auf diese Weise die Nahrung, die im wesentlichen aus zähem Pflanzenmaterial bestand.

In südafrikanischen Gesteinen fand man nebeneinander zwei *Lesothosaurus*-Skelette. Ihre Körper waren eingerollt und von abgenutzten abgeworfenen Zähnen umgeben, obwohl die Gebisse beider Tiere vollständig erhalten waren. Auf der Grundlage dieses Fundes vermuten einige Paläontologen, die kleinen Dinosaurier hätten die heißesten und trockensten Monate des Jahres schlafend unter der Erde zugebracht, so wie es auch heute noch von vielen Wüstentieren bekannt ist. Die abgenutzten Zähne wurden vielleicht während des Schlafes abgeworfen und durch neu heranwachsende ersetzt.

Ein weiterer Fund in Lesotho bestand aus einem Kieferknochen und einigen Zähnen. Diese dürftigen Reste wurden *Fabrosaurus* genannt. Möglicherweise handelte es sich jedoch bei diesem Tier und bei *Lesothosaurus* um ein und dasselbe Lebewesen, doch steht die endgültige Klärung dieser Frage noch aus.

Name: ***Scutellosaurus***
Zeitliche Verbreitung: ***Unterjura***
Geographische Verbreitung: ***Nordamerika (Arizona)***
Länge: ***1,2 m***

Scutellosaurus ist der einzige bisher bekannt gewordene gepanzerte Fabrosauride. Reihen knöcherner Warzen bedeckten den Rücken und die Seiten und bildeten eine Art Hautpanzerung. Vielleicht als Ausgleich für dieses Extragewicht war der Schwanz besonders lang und machte fast die Hälfte der gesamten Körperlänge aus. Das Tier streckte ihn vermutlich steif von sich, um das Gleichgewicht zu wahren, wenn es auf zwei Beinen vor einem Angreifer fliehen mußte. Auch die Vordergliedmaßen waren länger als bei anderen Fabrosauriden. *Scutellosaurus* ernährte sich wahrscheinlich grasend auf allen vieren und verließ sich zu seinem Schutz primär auf den Rückenpanzer.

Name: ***Echinodon***
Zeitliche Verbreitung: ***Oberjura oder Unterkreide***
Geographische Verbreitung: ***Europa (England)***
Länge: ***60 cm***

Von diesem kleinen Fabrosauriden wurden nur die Kieferknochen gefunden. Sie genügen, um dem Paläontologen zu verraten, daß *Echinodon* einen kürzeren Kopf hatte als *Lesothosaurus* und vorne im Mund ungewöhnliche Zähne trug. Es handelte sich um paarige, lange und scharfe, hundeartige Zähne, wie sie eigentlich für eine andere Ornithopodengruppe, die Heterodontosauriden, typisch waren.

Familie Heterodontosauridae

Die Angehörigen dieser Familie sahen äußerlich wie die Fabrosauriden aus, hatten aber völlig andere Zähne. Tatsächlich war das Gebiß einzigartig – nicht nur unter den Dinosauriern, sondern sogar unter den meisten anderen Reptilien.

Die Heterodontosauriden gehörten zu den ersten Dinosauriern, die Wangen entwikkelten. Damit konnten sie Nahrung im Mund zurückhalten. Sie hatten in ihren Kiefern drei Zahntypen, von denen jeder eine besondere Aufgabe erfüllte. Der Familienname spiegelt dieses Merkmal wieder, denn er bedeutet »Echsen mit vielfältigen Zähnen«.

Name: ***Heterodontosaurus***
Zeitliche Verbreitung: ***Unterjura***
Geographische Verbreitung: ***Afrika (Südafrika)***
Länge: ***90 cm***

Der kaninchengroße Schädel von *Heterodontosaurus* wurde 1962 in der südafrikanischen Kap-Provinz gefunden. Seither gelang es auch, ein vollständiges Skelett zu bergen. Im Körperbau war das Tier einem Fabrosauriden ähnlich; es war der

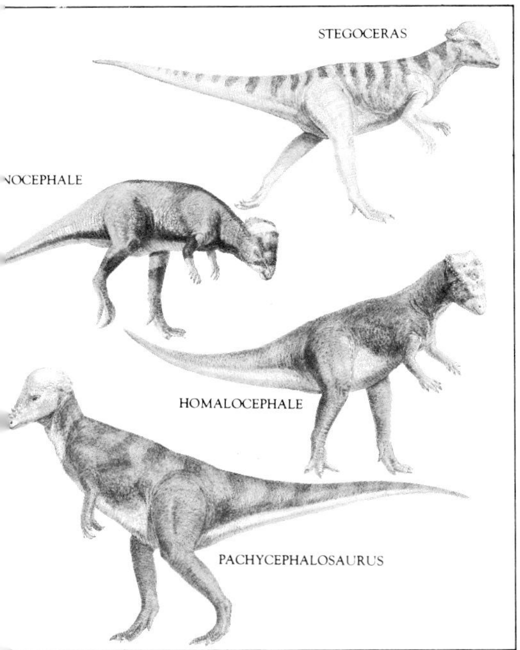

eines kleinen, leichtgewichtigen, zweifüßigen Pflanzenfressers.
Heterodontosaurus hatte jedoch höchst bemerkenswerte Zähne. Normalerweise sind Reptilienzähne in Form und Größe gleich. *Heterodontosaurus* hingegen besaß drei Zahntypen und damit ein an das der Säugetiere erinnerndes Gebiß, obwohl er entwicklungsgeschichtlich über keine Verbindung jener Linie verfügte, die zu den Säugern führte.
Vorne im Oberkiefer standen einige kleine, zugespitzte Zähne; sie ähnelten den Schneidezähnen der Säuger. An der entsprechenden Stelle des Unterkiefers trug der Knochen keine Zähne, sondern eine Hornleiste. Dieser Knochen, das Prädentale, war für die *Ornithischia* typisch, er fehlt bei allen anderen Wirbeltieren. Im Normalfall stoßen das linke und das rechte Dentale in der Mitte aufeinander und bilden das Kinn.
Hinter den »Schneidezähnen« und dem Unterschnabel besaß *Heterodontosaurus* zwei Paar große Eckzähne. Das untere Paar paßte in eine Tasche im Oberkiefer. Hinter den Eckzähnen standen große, meißelartige Zähne mit schneidenden Kanten.
Jeder Zahntyp verrichtete eine bestimmte Aufgabe. Mit den vorderen Zähnen und dem Schnabel kniff das Tier Blätter ab, und die rückwärtigen Zähne zerschnitten die Blätter wie eine Schere in kleine Stücke.
Unbekannt ist bis heute die Funktion der Eckzähne. Fleischfressende Säuger haben Eckzähne, um Beutestücke loszureißen – doch *Heterodontosaurus* war ein Pflanzenfresser. Einige der gefundenen Schädel hatten darüber hinaus gar keine solchen Eckzähne und auch keine entsprechenden Taschen im Kiefer, was einige Paläontologen zu der Vermutung kommen ließ, nur die Männchen hätten Eckzähne besessen und diese bei Revierkämpfen eingesetzt. Nach dieser Hypothese wären die eckzahnlosen Schädel dann weiblich.

NAME: ***Pisanosaurus***
ZEITLICHE VERBREITUNG: ***Obertrias***
GEOGRAPHISCHE VERBREITUNG: ***Südamerika (Argentinien)***
LÄNGE: ***90 cm***
Pisanosaurus ist der älteste bisher bekannte Ornithischier. Das Tier lebte in der Obertrias, einige Millionen Jahre vor dem Erscheinen anderer »Vogelbecken-Dinosaurier«.
Trotz der äußerst spärlichen fossilen Belege glaubt man, *Pisanosaurus* mit einiger Sicherheit der Familie der Heterodontosauriden zuordnen zu können. Die Tatsache, daß alle bisher entdeckten Angehörigen der Familie in Südafrika oder Südamerika lebten, gilt als Indiz dafür, daß die beiden Südkontinente in der Obertrias nach wie vor miteinander verbunden waren.

Familie Pachycephalosauridae
Die Schädel der sogenannten »Dickkopfechsen« waren kuppelförmig und verliehen den Tieren ein bizarres Aussehen. Die Schädelkalotten bestanden aus enorm verdickten Knochen. Einige Arten trugen hinten am Kopf und auf den Seiten, bisweilen sogar auf der Schnauze, knöcherne Halskrausen, Knubbel oder spitze Auswüchse.
Die meisten Paläontologen glauben, die Tiere hätten wie heutige Dickhornschafe gelebt. Sie bildeten kleine Verbände, in denen die Männchen um die Rangordnung kämpften, indem sie mit gesenkten Köpfen aufeinanderprallten.
In anderer Hinsicht unterschieden sich die Pachycephalosaurier kaum von den übrigen Ornithopoden. Insgesamt waren sie selten; Funde sind nur aus der Oberkreide in Nordamerika und Zentralasien bekannt – mit einer Ausnahme: ein »Dickkopf« mit der Bezeichnung *Yaverlandia* wurde in Südengland aus der Unterkreide geborgen.

NAME: ***Stegoceras***
ZEITLICHE VERBREITUNG: ***Oberkreide***
GEOGRAPHISCHE VERBREITUNG: ***Nordamerika (Alberta)***
LÄNGE: ***2 m***
Der gesamte Körper dieser »Dickkopfechse« scheint darauf ausgerichtet, den Rammschlägen mit dem Kopf die nötige Wucht zu verleihen. Griff ein Männchen einen Rivalen an, so senkte es wohl den Kopf im rechten Winkel. Hals, Rumpf und Schwanz bildeten eine waagrechte Linie, deren Drehpunkt bei den Hüften lag. Das Schädeldach formte eine dicke Knochenkuppel, die das kleine Gehirn gut schützte. Die Knochenbälkchen des Schädels waren senkrecht zur Oberfläche ausgerichtet, was darauf hindeutet, daß sie großen Erschütterungen widerstehen konnten.

NAME: ***Prenocephale***
ZEITLICHE VERBREITUNG: ***Oberkreide***
GEOGRAPHISCHE VERBREITUNG: ***Asien (Mongolei)***
LÄNGE: ***2,4 m***
Prenocephale trug auf dem Kopf eine richtige runde Kuppel, und eine Reihe knöcherner Dornen und Knubbel umgab den festen Schädel. Die Weibchen hatten wahrscheinlich kleinere und dünnere Schädel als die Männchen, genauso wie die Bighorn-Weibchen in den Rocky Mountains kleinere Hörner haben als ihre Männchen. Die Augen von *Prenocephale* waren vermutlich wie die anderer Familienmitglieder recht groß, zudem verfügte er über einen guten Geruchssinn. Das Tier lebte in Bergwäldern und ernährte sich von Blättern und Früchten.

NAME: ***Homalocephale***
ZEITLICHE VERBREITUNG: ***Oberkreide***
GEOGRAPHISCHE VERBREITUNG: ***Asien (Mongolei)***
LÄNGE: ***3 m***
Homalocephale bedeutet »ebener Kopf« und bezieht sich auf die Tatsache, daß dieser Pachycephalosaurier keine runde Schädelkalotte besaß. Der Kopf war ziemlich flach und keilförmig, doch waren auch bei ihm die Schädelknochen stark verdickt. Außerdem war er mit zahlreichen Gruben und knöchernen Erhebungen übersät, was einige Wissenschaftler zu der Annahme verleitete, rivalisierende Männchen von *Homalocephale* hätten ähnliche ritualisierende Kämpfe wie die heutigen Meerechsen auf den Galapagos-Inseln ausgetragen.
Homalocephale hatte ein außergewöhnlich breites Becken. Die Forscher haben dafür mehrere Erklärungen: Einige vertreten die Ansicht, es habe die Wucht des Aufpralls beim Kampf gedämpft; andere meinen, *Homalocephale* habe lebende Junge zur Welt gebracht.

NAME: ***Pachycephalosaurus***
ZEITLICHE VERBREITUNG: ***Oberkreide***
GEOGRAPHISCHE VERBREITUNG: ***Nordamerika (Alberta)***
LÄNGE: ***4,6 m***
Das Tier war ein Riese unter den Pachycephalosauriern, obwohl von ihm nur ein 60 cm langer Schädel bekannt ist. Die enorme Schädelkalotte bestand aus festem Knochen, war ungefähr 25 cm dick und konnte, einem Sturzhelm gleich, enorme Aufprallenergien absorbieren, wenn rivalisierende Männchen mit gesenkten Köpfen aufeinander losgingen.
Pachycephalosaurus war nicht nur das größte Mitglied der Familie, sondern auch das letzte. Am Ende der Kreidezeit starben alle pflanzen- und alle fleischfressenden Dinosaurier aus.

Hypsilophodontiden

PARKSOSAURUS
OTHNIELIA
THESCELOSAURUS
TENONTOSAURUS

Hypsilophodontiden

Familie Hypsilophodontidae

Die Hypsilophodontiden waren die »Gazellen« der Dinosaurierwelt. Wahrscheinlich lebten sie gesellig wie heutige Hirsche und waren dauernd auf der Hut. Bei Gefahr – es gab genügend fleischfressende Dinosaurier! – liefen sie mit hoher Geschwindigkeit davon. Ihr leichter Körperbau und die langen Laufbeine ermöglichten ihnen einen schnellen Rückzug.

Die Hypsilophodontiden gehörten zu den erfolgreichsten Dinosauriern. Die Blütezeit der Gruppe währte ungefähr 100 Millionen Jahre, vom Oberjura bis zum Ende der Kreidezeit. Die Tiere breiteten sich mit Ausnahme Asiens über alle Kontinente aus.

Die Hypsilophodontiden spielen auch eine bedeutende Rolle in der Evolution der Dinosaurier. Man nimmt an, daß aus ihnen zwei weitere größere Gruppen der Ornithopoden, die Iguanodons (s. S. 142 bis 145) und die Entenschnabel-Dinosaurier oder Hadrosaurier (s. S. 146–153) hervorgingen.

Die Ernährungsweise der Hypsilophodontiden entsprach weitgehend der der ebenfalls pflanzenfressenden Fabrosauriden, die ungefähr zu jener Zeit ausstarben, als der Aufstieg der Hypsilophodontiden begann (vgl. S. 136). Tatsächlich halten manche Paläontologen die Fabrosauriden für die unmittelbaren Vorfahren der Hypsilophodontiden.

Auch im Aussehen ähnelten sich die beiden Gruppen, wobei die Hypsilophodontiden allerdings mehrere anatomische Veränderungen zeigten. Sie hatten zum Beispiel Wangen entwickelt, die verhinderten, daß beim Kauen Nahrung aus dem Maul fiel. Die Zähne im Ober- und Unterkiefer bildeten regelmäßige Reihen und griffen nicht mehr auf Lücke ineinander wie bei den Fabrosauriden. Dank dieser Anordnung kam es zu einer Verbesserung der Kauflächen.

Auch der Beckengürtel der Hypsilophodontiden war weiterentwickelt. Ein Teil des Schambeins, die Präpubis, sorgte für eine zusätzliche Ansatzfläche für die Beinmuskeln (s. S. 92). Damit konnten die Tiere besser laufen. Der zusätzliche Knochen ließ genug Platz für den umfangreichen Darm, der wie üblich vor dem Becken lag.

Ein Fund aus der Oberkreide von Montana gibt uns möglicherweise Aufschluß über die Lebensweise der Hypsilophodontiden. 1979 grub man dort zehn Dinosauriernester aus. Jedes enthielt ungefähr 24 kleine, ellipsoide Eier, die zu einem Kreis angeordnet waren, wobei die spitzen Enden stets nach unten zeigten. Im selben Gebiet fand man die Reste junger Hypsilophodontiden. Die Paläontologen schließen daraus, daß die Jungen das Nest unmittelbar nach dem Schlüpfen verließen, sich aber noch eine Zeitlang in der nächsten Umgebung aufhielten und dort von ihren Eltern versorgt wurden. Die Tatsache, daß die Eier so genau angeordnet waren, deutet auf eine gewisse Brutfürsorge oder gar Brutpflege hin. Heutige Schildkröten und Alligatoren legen ihre Eier mit ähnlicher Sorgfalt in gut versteckte Nester, verlassen danach allerdings das Nistgebiet. Die bisher gefundenen Sauropodeneier lagen stets in einer Linie, als ob das Weibchen sie während des Gehens abgelegt hätte. Man kann daraus den Schluß ziehen, daß die Sauropodenjungen nach dem Schlüpfen für sich selber sorgen mußten.

NAME: ***Dryosaurus***
ZEITLICHE VERBREITUNG: ***Oberjura bis Unterkreide***
GEOGRAPHISCHE VERBREITUNG: ***Nordamerika (Colorado, Utah und Wyoming), Afrika (Tansania). Möglicherweise auch Australien und Europa (England und Rumänien)***
LÄNGE: ***bis 3 m***

Dryosaurus (auch unter dem Namen *Dysalotosaurus* bekannt) war einer der größten Hypsilophodontiden. Obwohl er auch einer der frühesten ist, zeigte er in mehrerer Hinsicht fortgeschrittene anatomische Merkmale. Die langen, schlanken Beine hatten zum Beispiel nur drei Zehen, und der Oberkiefer trug vorne keine Zähne. Der Hornschnabel vorne am Unterkiefer traf auf ein zähes, zahnloses Kissen im Oberkiefer – ein nützliches Werkzeug beim Abweiden von Pflanzenteilen.

Wie bei anderen Mitgliedern dieser Familie war der Unterschenkel von *Dryosaurus* viel länger als der Oberschenkel. Die schweren Beinmuskeln umgaben die kurzen Oberschenkelknochen, und der Unterschenkel und die langen Füße wurden von leichten, aber widerstandsfähigen Sehnen bewegt. Das machte *Dryosaurus* zu einem besonders schnellen Sprinter. Bei Hirschen und Gazellen finden wir heute genau dieselbe Anordnung.

Dryosaurus war offensichtlich weit verbreitet. Sein Lebensraum reichte vom westlichen Nordamerika bis nach Ostafrika. Im Jura waren diese Kontinente nur durch den schmalen Nordatlantik getrennt, der gerade im Entstehen begriffen war. Tiere konnten über Europa und über die Verbindung zwischen Sibirien und Alaska immer noch hin und her wandern. Das ist der Grund, warum die Dinosaurier der fossilreichen Morrison-Formation in den westlichen USA denen des Tendaguru-Hügellands in Tansania so ähnlich sehen.

Dryosaurus teilte sich den Lebensraum mit riesigen pflanzenfressenden Dinosauriern wie *Apatosaurus* (= *Brontosaurus*), mit *Diplodocus* und *Brachiosaurus*, mit kleinen, gefräßigen Fleischfressern wie den Coelurosauriern *Coelurus* und *Elaphrosaurus* sowie mit großen Carnosauriern wie *Allosaurus* und dem gehörnten *Ceratosaurus*.

NAME: ***Othnielia***
ZEITLICHE VERBREITUNG: ***Oberjura***
GEOGRAPHISCHE VERBREITUNG: ***Nordamerika (Utah und Wyoming)***
LÄNGE: ***1,4 m***

Dieser Dinosaurier wurde nach dem berühmten amerikanischen Fossiljäger und Professor an der Yale University, Othniel Charles Marsh (s. a. S. 92), benannt. Er hatte das Tier 1877 ursprünglich *Nanosaurus* genannt. Hundert Jahre später, 1977, erkannte man, daß die Gattungsbezeichnung nicht korrekt war. Man nannte das Tier fortan *Othnielia* – im Gedenken an Professor Marsh und seine bahnbrechenden Forschungen über die Dinosaurier.

Othnielia war ein typischer Hypsilophodontide mit langen Beinen und langem Schwanz, einem leicht gebauten Körper und kurzen Armen mit fünf Fingern. Nur die Zähne sind unterschiedlich: Sie sind kleiner als bei den anderen Hypsilophodontiden, aber dafür vollständig (und nicht nur auf den Kauflächen) mit Schmelz überzogen.

Vielleicht fraß *Othnielia* härteres Pflanzenmaterial als seine Verwandten. Das hätte bedeutet, daß das Tier seine Nahrung vor dem Herunterschlucken auch besser zerkleinern mußte. Dazu besaß *Othnielia* wie alle seine Verwandten Wangen, die verhinderten, daß die Nahrung während des Kauens aus dem Mund fiel.

NAME: ***Hypsilophodon***
ZEITLICHE VERBREITUNG: ***Unterkreide***
GEOGRAPHISCHE VERBREITUNG: ***Europa (England und Portugal) und Nordamerika (South Dakota)***
LÄNGE: ***1,5 m***

Ungefähr 20 vollkommen erhaltene Skelette dieses kleinen Hypsilophodontiden entdeckte man an einer Fundstelle auf der Insel Wight vor Südengland in Gesteinen der Unterkreide. Die Tiere gehörten vermutlich zu einer kleinen Herde und waren allem Anschein nach gemeinsam vom Tod überrascht worden – vielleicht bei einer Flutwelle, die den Wasserspiegel des Flachmeeres, das sich vor ungefähr 120 Millionen Jahren über den nördlichen Teil Europas erstreckte, unvermittelt hatte steigen lassen.

Hypsilophodon ist der klassische Vertreter der Familie. Der Name bedeutet, wörtlich übersetzt, »Zahn mit hohen Leisten« und bezieht sich auf die großen Backenzähne der Hypsilophodontiden. Die Zähne des Oberkiefers und des Unterkiefers trafen aufeinander, so daß Pflanzenmaterial zwischen ihnen zerrieben werden konnte.

Im Vergleich zu früheren Verwandten aus dem Oberjura (vgl. z. B. *Dryosaurus*, S. 140) besaß *Hypsilophodon* merkwürdigerweise noch gewisse primitive Merkmale. Die Füße hatten beispielsweise vier Zehen, und vorne in den Oberkiefern stand eine Art Schneidezähne. Wenn das Tier seine Kiefer schloß, bildeten diese Zähne mit dem zahnlosen Hornschnabel des Unterkiefers eine wirksame Vorrichtung zum Abweiden von Pflanzen.

Hypsilophodon trug möglicherweise auch eine Panzerung aus zwei Reihen dünner Knochenschuppen, die zu beiden Seiten der Rückenlinie verliefen, doch besteht in Fachkreisen noch keine einhellige Meinung über dieses Merkmal.

In der Interpretation von *Hypsilophodon* seit der Entdeckung der Tiere im 19. Jahrhundert spiegelt sich auch die Geschichte der Paläontologie wider. Als Thomas H. Huxley 1870 das Tier beschrieb, war man verblüfft über die Ähnlichkeit mit einem heutigen Baumkänguruh. Fast ein Jahrhundert lang stellten alle einschlägigen Illustrationen *Hypsilophodon* auf einem Baum sitzend dar, wobei drei seiner vier Zehen nach Vogelart den Ast umfaßten, während die vierte nach hinten gerichtet war. Diese Rekonstruktion, so schien es, besetzte eine ökologische Nische, die noch von keinem Dinosaurier beansprucht worden war, und förderte natürlich die Vorstellung von einem baumbewohnenden, pflanzenfressenden Ornithopoden.

Erst 1974 wurde das Skelett von *Hypsilophodon* erneut studiert. Die Wissenschaftler fanden nicht den geringsten Hinweis darauf, daß dieser Dinosaurier auf Bäumen lebte. In Wirklichkeit, so meinten sie, handelte es sich um ein perfekt angepaßtes, bodenbewohnendes Tier, das auf zwei Beinen laufen und dabei hohe Geschwindigkeiten erreichen konnte.

NAME: ***Tenontosaurus***
ZEITLICHE VERBREITUNG: ***Unterkreide***
GEOGRAPHISCHE VERBREITUNG: ***Nordamerika (Arizona, Montana, Oklahoma und Texas)***
LÄNGE: ***7,3 m***

Verglichen mit anderen Hypsilophodontiden ist dieser Dinosaurier ungewöhnlich groß. Einige Forscher stellen ihn daher zu den Iguanodons (s. S. 142–145), zumal auch die Schädel beträchtliche Ähnlichkeiten mit diesen Tieren aufweisen. Die Zähne und ihre Anordnung im Kiefer lassen allerdings kaum Zweifel an der Zugehörigkeit zu den Hypsilophodontiden.

Über die Hälfte der gesamten Körperlänge machte der Schwanz aus, der außerordentlich dick und schwer war. *Tenontosaurus* wog schätzungsweise 900 kg und verbrachte wohl die größte Zeit auf allen vieren. Die Arme waren viel länger und kräftiger gebaut als bei den übrigen Hypsilophodontiden.

Ein bemerkenswerter Fund in Montana bestand aus einem *Tenontosaurus*-Skelett, das von fünf vollständigen Exemplaren des Räubers *Deinonychus* (s. S. 112) umgeben war. Wahrscheinlich wurden die Kadaver zufällig an dieser Stelle angeschwemmt, doch ist auch nicht ganz auszuschließen, daß sich der massige Pflanzenfresser dort einen tödlichen Kampf mit einem Rudel attackierender Raubsaurier lieferte.

Deinonychus war zwar nur ungefähr 3 m lang, besaß aber äußerst scharfe Zähne und vor allem eine große, dolchartige Kralle. *Tenontosaurus* setzte sich nach Kräften zur Wehr, trat mit den Füßen um sich und peitschte mit dem Schwanz auf die Gegner ein. So mag es ihm gelungen sein, mehrere von ihnen zu töten, bis er am Ende doch der Übermacht der Angreifer unterlag.

NAME: ***Parksosaurus***
ZEITLICHE VERBREITUNG: ***Oberkreide***
GEOGRAPHISCHE VERBREITUNG: ***Nordamerika (Alberta)***
LÄNGE: ***2,4 m***

Parksosaurus war einer der letzten Vertreter der langlebigen Familie der Hypisolophodontiden. Er ging erst beim allgemeinen Massenaussterben der Dinosaurier am Ende der Kreidezeit zugrunde. Im Körperbau glich er, von geringfügigen Unterschieden wie den großen Augen abgesehen, den übrigen Hypsilophodontiden. *Parksosaurus* suchte seine Nahrung allem Anschein nach in Bodennähe. Er bahnte sich seinen Weg durchs Unterholz, schnüffelte herum und rupfte mit seinen schmalen Schnabelkiefern die von ihm bevorzugten Futterpflanzen ab.

NAME: ***Thescelosaurus***
ZEITLICHE VERBREITUNG: ***Oberkreide***
GEOGRAPHISCHE VERBREITUNG: ***Nordamerika (Alberta, Montana, Saskatchewan und Wyoming)***
LÄNGE: ***3,5 m***

Thescelosaurus wurde in den obersten Gesteinsschichten der Oberkreide im westlichen Nordamerika entdeckt. Im Vergleich zu seinen nächsten Verwandten, den eher leichtgewichtigen Hypsilophodontiden, war er kräftiger gebaut und hatte schwerere Knochen. Man könnte *Thescelosaurus* daher auch als Vertreter der Iguanodontiden auffassen.

Es gibt einige weitere Merkmale, die *Thescelosaurus* von den übrigen Hypsilophodontiden abgrenzen: Vorne im Oberkiefer standen Zähne. Jeder Fuß trug fünf Zehen (bei den Hypsilophodontiden drei oder vier), und die Oberschenkelknochen waren gerade so lang wie die des Unterschenkels. (Bei den behenden Hypsilophodontiden waren die Unterschenkel stets länger als die Oberschenkel.)

Der Bau der Beine deutet darauf hin, daß *Thescelosaurus* kein gazellenartiger Sprinter war wie seine Verwandten, sondern sich eher langsam voranbewegte. Vielleicht als Ausgleich dafür besaß er in der Haut knöcherne Höcker, die einen gewissen Schutz vor fleischfressenden Dinosauriern boten.

Iguanodons

VECTISAURUS
OURANOSAURUS
MUTTABURRASAURUS
PROBACTROSAURUS

Iguanodons

Familie Iguanodontidae
Iguanodon ist der berühmteste Vertreter dieser Familie großer, pflanzenfressender Dinosaurier aus der Gruppe der *Ornithopoda*. Die Iguanodons entstanden im Mitteljura, vor ungefähr 170 Millionen Jahren, und breiteten sich über die ganze Welt aus. Man fand sie sogar im Gebiet der heutigen Arktis, das zum damaligen Zeitpunkt natürlich eisfrei war. Die Iguanodons erreichten ihre höchste Arten- und Individuenzahl gegen Ende der Unterkreide. Danach gingen sie langsam zurück und starben am Ende der Kreidezeit völlig aus.
Im Gegensatz zu ihren Vorfahren, den gazellenähnlichen Hypsilophodontiden (s. S. 138–141), entwickelten sich die Iguanodons nicht zu schnellen Läufern. Der Körperbau war vielmehr massig und schwerknochig. Der Oberschenkelknochen war länger als der Unterschenkel (bei schnellen Läufern sind die Längenverhältnisse gerade umgekehrt). Die Vorder- und Hinterbeine trugen schwere, hufartige Krallen. Die Iguanodons bewegten sich wahrscheinlich ziemlich langsam, verbrachten den größten Teil der Zeit auf allen vieren und ernährten sich vorrangig von niedriger Vegetation, wie zum Beispiel Schachtelhalmen. Mit den schnabelartigen Kiefern rissen sie Blätter ab, die von den hochkronigen, reihigen Backenzähnen mit starken Leisten zu Brei zerrieben wurden. Allerdings waren die Tiere auch imstande, sich auf die Hinterbeine zu stellen, um höher gelegene Pflanzenteile abzuweiden und sich vor Räubern in Sicherheit zu bringen.

NAME: ***Callovosaurus***
ZEITLICHE VERBREITUNG: ***Mitteljura***
GEOGRAPHISCHE VERBREITUNG: ***Europa (England)***
LÄNGE: ***3,5 m***
Von diesem Dinosaurier ist nur ein einzelner Oberschenkelknochen bekannt, der allerdings schon zeitig, daß *Callovosaurus* anders aussah als seine Verwandten, die Hypsilophodontiden. Bei *Callovosaurus* handelt es sich um den ältesten bisher bekannten Vertreter der Iguanodons, und die Forscher gehen davon aus, daß er in Bau und Aussehen dem späteren *Camptosaurus* (s. u.) ähnelte.

NAME: ***Camptosaurus***
ZEITLICHE VERBREITUNG: ***Oberjura***
GEOGRAPHISCHE VERBREITUNG: ***Europa (England und Portugal) und Nordamerika (Colorado, South Dakota, Utah und Wyoming)***
LÄNGE: ***6 m***
Camptosaurus war wie *Callovosaurus* (s. o.) ein primitives Mitglied der Familie *Iguanodontidae*. Aus den vielen Skeletten unterschiedlicher Größen und Altersstufen, die besonders in der dinosaurierreichen Morrison-Formation in den westlichen USA gefunden wurden, geht hervor, daß *Camptosaurus* ein recht häufiges Tier war. Seine Entdeckung zu beiden Seiten des heutigen Atlantik stützt die Theorie, daß die Kontinente Nordamerika und Europa vor 150–140 Millionen Jahren noch miteinander verbunden waren.
Der Schädel von *Camptosaurus* war ganz anders gebaut als der seiner hypsilophodonten Vorfahren. Er war lang, niedrig und breit und dabei auch ziemlich schwer, da die Schädelfenster zwischen den Knochen geschlossen waren. Die Schnauze war stark verlängert, und die Kiefer bildeten an der Spitze einen ausgeprägten, zahnlosen Schnabel.
Wie viele andere pflanzenfressende Dinosaurier besaß *Camptosaurus* ein sekundäres Munddach, das die Nasenhöhle von der Mundhöhle trennte und es dem Tier erlaubte, gleichzeitig zu atmen und zu kauen. Es handelte sich hierbei um eine nahezu unumgängliche Entwicklung für jene Pflanzenfresser, mußten sie doch den größten Teil des Tages kauend und auf Nahrungssuche verbringen, um ihrem massigen Körper die benötigte Energie zuzuführen.
Die Beine waren lang und kräftig, die Füße mit je drei Zehen und hufartigen Krallen besetzt. Die massiven Oberschenkel waren leicht gebogen, die »Arme« deutlich kürzer als die Beine, doch ebenfalls mit hufähnlichen Krallen ausgestattet und somit auch zum Laufen geeignet.

NAME: ***Iguanodon***
ZEITLICHE VERBREITUNG: ***Unterkreide***
GEOGRAPHISCHE VERBREITUNG: ***Europa (zum Beispiel England, Belgien und Deutschland), Nordamerika (Utah), Afrika (Tunesien) und Asien (Mongolei)***
LÄNGE: ***9 m***
Iguanodon verdient seinen Platz in der Ruhmeshalle der Dinosaurier. Es war der zweite Dinosaurier, der entdeckt wurde, obwohl es zu jener Zeit die Bezeichnung »Dinosaurier« noch gar nicht gab (vgl. S. 117). Im Jahr 1809 fand man in Südengland den Teil seines großen Schienbeins. 1819 entdeckte man einige Zähne und andere Knochen. Die Wissenschaftler der damaligen Zeit glaubten, die Zähne gehörten ursprünglich einem riesi-

gen Säuger, vielleicht einem Nashorn. Erst der Geologe und eifrige Fossiliensammler Gideon Mantell erkannte, daß es sich bei den Zähnen um die eines Reptils handeln mußte, und bemerkte auch ihre Ähnlichkeit mit den Zähnen heutiger Iguanas aus Zentral- und Südamerika. Er nannte das Tier daher *Iguanodon* und veröffentlichte 1825 eine wissenschaftliche Beschreibung.
Mantell versuchte eine Rekonstruktion, die jedoch aufgrund der geringen Informationen, über die er verfügte, hoch spekulativ blieb. Er sah *Iguanodon* als vierfüßiges, drachenähnliches Tier mit langem Schwanz und echsenartigem Kopf. Auf die Schnauze des Tieres setzte er ein kurzes Horn, bei dem es sich, wie man später feststellte, um einen »Daumen« des Tieres handelte.
Erst um 1877 erkannte man die wahre Natur von *Iguanodon*. In jenem Jahr fanden Bergleute in einer Kohlenmine nahe der kleinen Stadt Bernissart in Belgien die massiven Knochen von insgesamt 31 Exemplaren. Die spektakulären Skelette wurden montiert und sind heute im Naturhistorischen Museum in Brüssel zu besichtigen.
Iguanodon war 5 m hoch, 9 m lang und wog ungefähr 4,5 t. *Iguanodon* streifte vermutlich in kleinen Trupps durch die tropische Kreidelandschaft und weidete vor allem Farne und Schachtelhalme im Uferbereich der Flüsse und Bäche ab. Den größten Teil ihrer Zeit verbrachten die Tiere auf vier Beinen, doch konnten sie auch aufrecht gehen und in dieser Haltung an höher gelegene Pflanzenteile herankommen. Dabei stützten sie sich zur Wahrung des Gleichgewichts auf ihre langen Schwänze.
Der Kopf dieses großen Dinosauriers endete in einer vorgezogenen Schnauze und mächtigen, schnabelähnlichen Kiefern. Dank speziell angepaßter Mundknochen konnte *Iguanodon* mit seinen Backenzähnen das Pflanzenmaterial fein zerreiben.

Die Beine waren lang und säulenartig. Die hinteren Gliedmaßen trugen an den Füßen je drei gedrungene Zehen, an deren Ende schwere, hufartige Nägel standen. Die fünf Finger der Vordergliedmaßen konnten stark abgespreizt werden. Beim Gehen auf allen vieren dienten die »Arme« als Laufbeine. Drei der fünf Finger waren mit hufartigen Nägeln versehen. Der »kleine Finger« war so beweglich, daß das Tier damit Blätter abrupfen und zum Mund führen konnte. Der »Daumen« war zu einem seitlich hervorwachsenden Dorn umgebaut.

Mantell hatte 1825 nur einen solchen Dorn gefunden. Er wußte nicht, um welchen Teil des Tieres es sich handelte, und setzte ihn fälschlicherweise *Iguanodon* auf die Schnauze.

Die Funktion der stachelähnlichen Daumen ist bisher nicht bekannt. Vielleicht holten die Tiere damit Blätter herunter, oder aber sie verteidigten sich mit ihnen gegen die Angriffe von Räubern wie *Megalosaurus* (s. S. 117). Vielleicht spielten die spitzen Daumen auch bei der Brautwerbung eine Rolle.

Wie *Megalosaurus* hinterließ auch *Iguanodon* Fußabdrücke in südenglischen Gesteinen. Die mächtigen Spuren deuten darauf hin, daß die Tiere gruppenweise durch die Landschaft zogen. Ähnliche Fußabdrücke, jedoch ohne Knochen, wurden auch in Südamerika und nördlich des Polarkreises auf Spitzbergen entdeckt und zeigen, wie weit *Iguanodon* vor 100 Millionen Jahren verbreitet war.

NAME: ***Vectisaurus***
ZEITLICHE VERBREITUNG: ***Unterkreide***
GEOGRAPHISCHE VERBREITUNG: ***Europa (England)***
LÄNGE: ***4 m***

Vectisaurus war ein naher Verwandter von *Iguanodon* und hielt sich zur selben Zeit in den gleichen Gebieten auf. Manche Paläontologen meinen daher, es handle sich um ein und dieselbe Gattung.

Die Insel Wight vor der südenglischen Küste gab nur kärgliche Reste von *Vectisaurus* preis. Der einzige Unterschied zu *Iguanodon* besteht in der Höhe der nach oben gerichteten Wirbelfortsätze. Sie waren so lang, daß sie auf dem Rücken eine Art Kiel bildeten. Aus dieser Tatsache rührt die These, *Vectisaurus* sei vielleicht ein Vorläufer der *Ornithischia* mit Rückensegel gewesen, etwa von *Ouranosaurus* (s. u.).

NAME: ***Ouranosaurus***
ZEITLICHE VERBREITUNG: ***Unterkreide***
GEOGRAPHISCHE VERBREITUNG: ***Afrika (Niger)***
LÄNGE: ***7 m***

1965 fand man im nordöstlichen Niger am Südrand der Sahara zwei vollständige Skelette von *Ouranosaurus*. Obwohl sich das Tier als Iguanodontide identifizieren läßt, weicht es im Aussehen erheblich von der Norm ab, trug es doch auf dem Rücken ein hohes Segel, das sich von den Schultern bis zur Mitte des Schwanzes erstreckte. Es überspannte lange Fortsätze der Rückenwirbel und war natürlich von einer Haut bedeckt.

Es gibt noch eine andere Dinosauriergruppe mit Rückensegel, die Spinosaurier (s. S. 120). Tatsächlich lebte einer von ihnen, der große, fleischfressende *Spinosaurus*, ungefähr zeitgleich mit *Ouranosaurus* im gleichen Gebiet.

Die genaue Funktion des Segels bei den *Saurischia* und *Ornithischia* kennen wir noch nicht. Manche Forscher meinen, es habe bei der Regelung der Körpertemperatur eine Rolle gespielt. Große Tiere wie *Spinosaurus* und *Ouranosaurus* konnten sich in dem heißen Klima, das während der Kreidezeit in Westafrika herrschte, leicht überhitzen. Wenn die Tiere ihr Segel von der Sonne abwendeten, gab es Wärme ab; setzten sie es dagegen rechtwinklig der Sonne aus, konnten sie sich schnell damit aufheizen.

Die langen Wirbelfortsätze bewirkten, daß Körper und Schwanz von *Ouranosaurus* ziemlich steif waren. Zum Ausgleich dafür besaß das Tier jedoch einen sehr flexiblen Hals.

Einige Paläontologen stellen zur Diskussion, ob die Wirbelfortsätze nicht einen muskulösen Höcker auf dem Rücken trugen, ähnlich dem eines amerikanischen Bisons.

Ouranosaurus hatte für einen Iguanodontiden auch einen ungewöhnlichen Schädel. Er war lang und flach, bildete eine breite, flache Schnauze aus und erinnerte darin an eine erst später auftretende Gruppe der *Ornithischia*, die Entenschnabel-Dinosaurier (Hadrosaurier, s. S. 146 bis 153) der Oberkreide. Die Ähnlichkeit wird noch auffälliger wegen der Knochenhöcker auf dem Schädel von *Ouranosaurus*, denn die Entenschnabel-Dinosaurier trugen auf ihren Köpfen flache Kämme. Andere Merkmale von *Ouranosaurus* entsprechen jedoch *Iguanodon*: Die Hände trugen fünf Finger, wenngleich diese auch kleiner und kürzer waren als bei *Iguanodon*. Nur der zweite und der dritte Finger verfügten über hufartige Nägel. Die Hinterbeine waren wie bei *Iguanodon*, der Hals war kurz, aber beweglich. Insgesamt lebte *Ouranosaurus* wie andere Vertreter der Familie: Er stand die meiste Zeit auf allen vieren, weidete Blätter ab und erntete mit seinem hornigen, entenartigen Schnabel Früchte und Samen.

NAME: ***Muttaburrasaurus***
ZEITLICHE VERBREITUNG: ***Unterkreide***
GEOGRAPHISCHE VERBREITUNG: ***Australien (Queensland)***
LÄNGE: ***7,3 m***

Muttaburrasaurus gehört zu den wenigen Dinosauriern, die bisher in Australien gefunden wurden. Man grub seine fossilen Reste 1981 in Zentralqueensland aus. Im Körperbau ähnelte er *Iguanodon*. Nur der Schädel zeigte einige kleine Unterschiede: Vor den Augen stand auf der Schnauze ein Knochenhöcker, der möglicherweise bei der Brautwerbung eine Rolle spielte. Er erinnert an die Kämme einiger späterer Entenschnabel-Dinosaurier, wie beispielsweise *Kritosaurus* (s. S. 148).

NAME: ***Probactrosaurus***
ZEITLICHE VERBREITUNG: ***Unterkreide***
GEOGRAPHISCHE VERBREITUNG: ***Asien (China)***
LÄNGE: ***6 m***

Am Ende der Unterkreide, vor ungefähr 100 Millionen Jahren, hatten die Iguanodons ihre höchste Arten- und Individuenzahl erreicht und sich über die ganze Welt ausgebreitet. In der Mittelkreide begann ein langsamer Niedergang, und in Gesteinen aus der Oberkreide fand man nur noch sehr wenige Exemplare. *Probactrosaurus* in Ostasien und *Muttaburrasaurus* in Australien gehörten zu den wenigen Gattungen, die bis zum Ende des Mesozoikums überlebten.

Der Niedergang der Iguanodons stand wahrscheinlich in ursächlichem Zusammenhang mit dem Auftreten einer anderen, sehr erfolgreichen Gruppe pflanzenfressender Ornithopoden. Gemeint sind die Entenschnabel-Dinosaurier oder Hadrosaurier, die in der Oberkreide sehr häufig waren (s. S. 146–153). Wie beim westafrikanischen *Ouranosaurus* (s. o.) weisen einige anatomische Merkmale von *Probactrosaurus* bereits auf die Hadrosaurier hin. Vielleicht stand das Tier dem direkten Vorfahren jener Gruppe nahe oder war selber ein früher Vertreter der Entenschnabel-Dinosaurier.

Entenschnabel-Dinosaurier

SHANTUNGOSAURUS
KRITOSAURUS
EDMONTOSAURUS

Entenschnabel-Dinosaurier

Familie Hadrosauridae
Die Hadrosaurier waren auf der Nordhalbkugel die am weitesten verbreitete, vielfältigste und bestangepaßte Gruppe der Ornithopoden. Ihre Ursprünge liegen wahrscheinlich in Zentralasien, doch breiteten sie sich bis zur Oberkreide über alle Festlandsgebiete der Nordhalbkugel aus. Sie wanderten über die Landbrücke, die damals existierte, nach Nordamerika und von dort ostwärts nach Europa.
In der Oberkreide war Gondwana schon in einzelne Kontinente zerfallen. Deswegen hat man bisher in Afrika, Indien und Australien keine Hadrosaurier gefunden. Einigen gelang es aber offensichtlich, Südamerika zu erreichen, denn dort fand man die fossilen Reste der primitiven, flachköpfigen Form *Secernosaurus*, und zwar in Gesteinen aus der Oberkreide Südargentiniens. Die Tiere waren vermutlich aus Nordamerika eingewandert und hatten dabei die Kette von Vulkaninseln, die damals auf dem Gebiet des heutigen Mittelamerika lag, als »Sprungbrett« benutzt.
Oberflächlich betrachtet sahen die Entenschnabel-Dinosaurier recht verschiedengestaltig aus. Viele trugen zum Beispiel Kämme und Höcker auf dem Kopf. Die Anatomie war aber bei allen Arten mehr oder weniger die gleiche. Das auffälligste gemeinsame Merkmal der Gruppe war die verlängerte, breite, abgeflachte Schnauze mit dem zahnlosen Schnabel, der einem Entenschnabel tatsächlich ziemlich ähnlich sah.
Die Hadrosaurier trugen vorne im Maul keine Zähne, wohl aber Reihen von Backenzähnen in Ober- und Unterkiefer. Abgeschliffene Zähne wurden dabei kontinuierlich durch neue ersetzt (vgl. Text zu *Edmontosaurus*, S. 149). Es handelte sich hierbei um ein einzigartiges Merkmal bei den Dinosauriern, das wahrscheinlich mit entscheidend für den Erfolg der Gruppe war.
Ein weiterer Faktor, der den Hadrosauriern wahrscheinlich zugute kam, war der, daß sich während der Kreidezeit die bedecktsamigen Blütenpflanzen (Angiospermen) entwickelten. Gegen Ende dieser Periode hatten sie sich über die ganze Erde ausgebreitet. Die Hadrosaurier konnten also neben Farnen, Schachtelhalmen, Palmfarnen und Nadelholztrieben nun auch Blütenpflanzen fressen. Ihr Erfolg kann im übrigen den Niedergang der anderen pflanzenfressenden Dinosaurier beschleunigt haben, vor allem den der Iguanodons und der riesengroßen Sauropoden. Sie konnten mit den anpassungsfähigen Neuankömmlingen nicht mehr konkurrieren.
Alle Hadrosaurier hatten lange Hinterbeine und kürzere Vorderbeine, beide mit hufartigen Nägeln. Wahrscheinlich verbrachten die Tiere den größten Teil ihrer Zeit auf allen vieren, richteten sich aber bei Gefahr auf und liefen auf den Hinterbeinen davon, wobei die langen Schwänze für das Gleichgewicht sorgten.
Die Familie der Hadrosauriden wird nach der Art des Kammes auf dem Kopf in zwei deutlich unterscheidbare Unterfamilien eingeteilt. Einige Tiere hatten flache Köpfe mit festen Knochenkämmen, anderen fehlten die Kämme ganz. Wir bezeichnen diese Gruppe als *Hadrosaurinae*. Sie war die erfolgreichere. Die ihr zuzurechnenden Arten hatten die größte geographische Verbreitung und gehörten zu den am längsten überlebenden Dinosauriern überhaupt.
Die zweite Gruppe der Hadrosaurier hatte hohe, gewölbte Köpfe mit merkwürdigen, hohlen Knochenkämmen. Man bezeichnet sie als *Lambeosaurinae* (s. S. 151 bis 153). Sie entstanden allem Anschein nach in Nordamerika und blieben auch weitgehend auf diesen Kontinent beschränkt.

NAME: ***Bactrosaurus***
ZEITLICHE VERBREITUNG: ***Oberkreide***
GEOGRAPHISCHE VERBREITUNG: ***Asien (Mongolei und China)***
LÄNGE: ***4 m***
Bactrosaurus ist der älteste bekannte Hadrosaurier und stellt von seiner Anatomie her anscheinend ein Bindeglied zwischen den beiden Unterfamilien dar. Er hatte einen langen, flachen Kopf ohne Kamm und einen schmalen Schnabel (Merkmale der *Hadrosaurinae*), der Körperbau jedoch glich eher einem Lambeosaurinen. Seine Vorfahren sind wohl unter den Iguanodons zu suchen; in Frage kommt zum Beispiel der chinesische *Probactrosaurus* (s. S. 145).

NAME: ***Kritosaurus***
ZEITLICHE VERBREITUNG: ***Oberkreide***
GEOGRAPHISCHE VERBREITUNG: ***Nordamerika (Alberta, Montana, New Mexico)***
LÄNGE: ***9 m***
Kritosaurus war ein typischer flachköpfiger Entenschnabel-Dinosaurier. Er trug zwar keinen richtigen Kamm, wohl aber auf der Schnauze vor den Augen einen großen, knöchernen Höcker.
Die Funktion dieses aus festem Knochen bestehenden Höckers ist unbekannt. Vielleicht war er auf die männlichen Tiere beschränkt und spielte eine Rolle bei der Partnerwahl. Vorstellbar ist auch, daß er wie die dicken Schädelkalotten der Pachycephalosaurier (s. S. 137) gleichsam als Stoßdämpfer diente, wenn zwei rivalisierende Männchen bei ihren ritualisierten Kämpfen mit gesenkten Köpfen aufeinander losgingen. Die Tiere setzten auf diese Weise zu Beginn der Brunftzeit die Rangordnung fest. Manche Paläontologen halten die Gattung *Kritosaurus* und *Hadrosaurus* für identisch.

NAME: ***Hadrosaurus***
ZEITLICHE VERBREITUNG: ***Oberkreide***
GEOGRAPHISCHE VERBREITUNG: ***Nordamerika (Montana, New Jersey, New Mexico und South Dakota)***
LÄNGE: ***9 m***
Hadrosaurus – wörtlich übersetzt »Große Echse« – war der erste Dinosaurier, der in Nordamerika entdeckt wurde. Man fand seine Knochen in New Jersey. Der amerikanische Anatomieprofessor Joseph Leidy von der University of Pennsylvania benannte und rekonstruierte das Tier im Jahr 1858. Er erkannte, daß *Hadrosaurus* im Aufbau ähnlich war wie *Iguanodon*, dessen Reste zuerst in Südengland gefunden und 1825 wissenschaftlich beschrieben worden waren.
Im Gegensatz zum Geologen Mantell, der in *Iguanodon* ein vierbeiniges, drachenähnliches Wesen zu erkennen glaubte, schloß der Anatom Leidy aus dem Knochenbau von *Hadrosaurus*, daß dieser sich auf die Hinterbeine erheben konnte. Leidy bildete das Tier beim Laufen auf zwei Beinen ab, die kurzen Arme herabhängend, den Körper waagrecht über dem Boden, den Schwanz ausgestreckt zur Wahrung des Gleichgewichts.
Hadrosaurus ist der typische Vertreter der Entenschnabel-Dinosaurier. Wie *Kritosaurus* (s. o.) trug er keinen Knochenkamm auf dem langen, flachen Schädel, dafür aber auf der Schnauze einen breiten Höcker aus festem Knochen, der wahrscheinlich von dicker, harter Haut überzogen war. Vorne am Kiefer standen keine Zähne, in den hinteren Partien des Maules jedoch Hunderte, die kontinuierlich ersetzt wurden.
Hadrosaurus konnte die Kiefer in vertikaler wie in horizontaler Richtung zueinander bewegen, wodurch es ihm möglich war, seine pflanzliche Nahrung vor dem Herunterschlucken gründlich zu zerkleinern.

Name: ***Maiasaura***
Zeitliche Verbreitung: ***Oberkreide***
Geographische Verbreitung: ***Nordamerika (Montana)***
Länge: ***9 m***

Durch die Entdeckung von *Maiasaura* im Jahre 1978 gewannen die Paläontologen neue Einsichten in das Familienleben der Dinosaurier. In jenem Jahr entdeckte man in Montana einen vollständigen, 75 Millionen Jahre alten Nistplatz, an dem die Entenschnabel-Dinosaurier ihre Eier ablegten und die Jungen sicher und geschützt aufwachsen konnten.

Der aufregende Fund bestand aus dem Skelett eines erwachsenen Tieres (wahrscheinlich der Mutter), mehreren Jungtieren (jedes ungefähr 1 m lang) sowie einer Gruppe frischgeschlüpfter Tiere (Länge ungefähr 50 cm) in einem fossilen Nest. Mehrere weitere Nester mit noch intakten Eiern und Schalenstücken lagen in der Umgebung verstreut.

Die Nester selbst bestanden ursprünglich aus Schlammhaufen. Jedes hatte einen Durchmesser von ungefähr 3 m und eine Höhe von 1,5 m. Der Krater in der Mitte war 2 m weit und 0,75 m tief. Die Nester waren ungefähr 7 m voneinander entfernt. Das bedeutete, daß die Mütter ziemlich nahe beieinander nisteten, denn die Durchschnittslänge von *Maiasaura* betrug ungefähr 8 m.

Die fossil erhaltenen Eier in den Nestern wurden offensichtlich mit großer Sorgfalt abgelegt. Sie waren kreisförmig im Krater angeordnet, Schicht auf Schicht. Die Mutter bedeckte wahrscheinlich jede Schicht und zum Schluß auch das gesamte Gelege mit Erde oder Sand. So blieben die Eier warm und zu einem gewissen Grade auch vor Nesträubern geschützt.

Der Nistplatz verrät, daß es sich bei diesen Sauriern um recht gesellige Lebewesen gehandelt haben muß. Vielleicht kehrten die Weibchen alljährlich zum selben Nistplatz zurück, wie es auch heute noch bei diversen Seevögeln, Meeresschildkröten und Fischen zu beobachten ist. Die Jungtiere blieben bei ihren Müttern, bis sie für sich selber sorgen konnten.

Name: ***Shantungosaurus***
Zeitliche Verbreitung: ***Oberkreide***
Geographische Verbreitung: ***Asien (China)***
Länge: ***13 m***

Dieses massige, flachköpfige Tier gehörte zu den größten Hadrosauriern. In den siebziger Jahren entdeckte man ein fast vollständiges Skelett in der ostchinesischen Provinz Shandong (früher Shantung). Das Skelett des Tieres befindet sich heute im Pekinger Naturhistorischen Museum.

Shantungosaurus hatte einen überlangen Schwanz, der fast die Hälfte der Körperlänge ausmachte. Er war notwendig, um das große Körpergewicht des Tieres – wahrscheinlich über 4,5 t – auszugleichen.

Der Schwanz von *Shantungosaurus* war wie der der übrigen Hadrosaurier hochrückig und seitlich abgeplattet, nicht unähnlich dem Schwanz eines heutigen Krokodils. Aufgrund dieser Form meinte man ursprünglich, die Entenschnabel-Dinosaurier hätten den größten Teil ihres Lebens im Wasser verbracht und sich mit Hilfe des Schwanzes vorwärtsbewegt. Da jedoch der Schwanz durch verknöcherte Sehnen zu einem ziemlich steifen Organ verstärkt war, kam er kaum als Paddel in Frage. Zudem waren die oberen und unteren Fortsätze der Schwanzwirbel nach hinten gerichtet, während sie bei echten Wassertieren senkrecht stehen, um Schwimmuskeln Ansatzflächen zu bieten. Dies alles soll nun keineswegs heißen, daß *Shantungosaurus* und seine Verwandten nicht gelegentlich doch ins Wasser gingen. Sehr wahrscheinlich entkamen sie auf diese Weise Räubern wie *Tarbosaurus* und *Alioramus* in Asien oder *Albertosaurus* und *Tyrannosaurus* in Nordamerika.

Name: ***Anatosaurus***
Zeitliche Verbreitung: ***Oberkreide***
Geographische Verbreitung: ***Nordamerika (Alberta)***
Länge: ***10 m***

Der populäre Name »Entenschnabelsaurier« wurde nach der Entdeckung des breiten flachen Schädels von *Anatosaurus* im westlichen Nordamerika geprägt. *Anatosaurus* bedeutet wörtlich übersetzt »Entenechse« und bezieht sich natürlich auf den zahnlosen Hornschnabel.

Es wurden mehrere gut erhaltene Skelette von *Anatosaurus* gefunden. Die Paläontologen wissen daher, daß dieses Tier über 9 m lang war, sich bis in eine Höhe von 4 m aufrichten konnte und wahrscheinlich ungefähr 3,5 t wog. Zwei »mumifizierte« Exemplare wurden ebenfalls gefunden – eine seltene Entdeckung. Sie zeigten noch die ausgetrockneten Sehnen und den Mageninhalt. Vor ihrem Tod hatten die Tiere Kiefernnadeln, Zweige, Samen und Früchte gefressen.

Es blieben auch Abdrücke von der Haut dieser Tiere im Gestein erhalten. Sie verraten uns, daß *Anatosaurus* eine dicke, ledrige Haut trug.

Die erwähnten mumifizierten Exemplare hatten offensichtlich zwischen den drei Fingern jeder Hand Schwimmhäute. Auf den ersten Blick mag diese Entdeckung die Theorie bestätigen, Entenschnabel-Dinosaurier hätten im Wasser gelebt. Bei genauerem Hinsehen zeigte sich jedoch, daß die Tiere ihre Finger nicht sehr weit abspreizen konnten und daß die Haut zwischen den Fingern eher als eine Art Fußballen wie bei heutigen Kamelen zu werten war. Für die Theorie, daß die Hadrosaurier echte Landtiere waren und auf allen vieren gingen, spricht auch das Vorhandensein zweier hufähnlicher Nägel an zwei Fingern der Vordergliedmaßen.

Name: ***Edmontosaurus***
Zeitliche Verbreitung: ***Oberkreide***
Geographische Verbreitung: ***Nordamerika (Alberta und Montana)***
Länge: ***13 m***

Von diesem großen, flachköpfigen Hadrosaurier wurden zahlreiche Schädel gefunden. Die Zähne blieben besonders gut erhalten. Hinter dem zahnlosen Schnabel standen in dichten Reihen unzählige Zähne, die im Ober- wie im Unterkiefer eine richtige Reibfläche bildeten. Abgenutzte Zähne wurden durch neue ersetzt. Ein lebender *Edmontosaurus* hatte stets über tausend solcher Zähne im Maul.

Die äußere Schneide jedes Zahnes war von hartem Schmelz überzogen; der Rest bestand aus weicherem Zahnbein, das viel schneller abgenutzt wurde. Da die Zähne im Kiefer so dicht standen, ergab sich insgesamt eine Oberfläche wie bei einer groben Feile. Da sich der Oberkiefer bei geschlossenem Maul auf dem Unterkiefer hin und her bewegen konnte, gelang es *Edmontosaurus*, ähnlich wie schon *Iguanodon* (s. S. 144), auch sehr zähe Pflanzenmaterialien fein zu zerreiben. Der fossile Mageninhalt von *Anatosaurus* gab näheren Aufschluß über die Zusammensetzung der Nahrung.

Entenschnabel-Dinosaurier

HYPACROSAURUS
LAMBEOSAURUS
CORYTHOSAURUS
PARASAUROLOPHUS

Entenschnabel-Dinosaurier

NAME: ***Prosaurolophus***
ZEITLICHE VERBREITUNG: **Oberkreide**
GEOGRAPHISCHE VERBREITUNG: **Nordamerika (Alberta)**
LÄNGE: **8 m**
Prosaurolophus war ein typisches Mitglied der Unterfamilie *Lambeosaurinae*, also jener Entenschnabel-Dinosaurier mit hohlen Knochenkämmen auf dem Kopf. Der Schädel ähnelte dem von *Anatosaurus* (s. S. 149) aus der Unterfamilie *Hadrosaurinae*, doch bildeten die Nasenknochen einen flachen Knochenkamm, der sich von der Spitze der breiten flachen Schnauze bis zum höchsten Punkt des Schädels erstreckte und dort in einem kleinen Knochenhöcker endete.
Da dieser Kamm bei verwandten Gattungen wie *Saurolophus* (s. u.) stärker ausgeprägt war, könnte der zeitlich früher anzusiedelnde *Prosaurolophus* deren Vorfahre gewesen sein.

NAME: ***Saurolophus***
ZEITLICHE VERBREITUNG: **Unterkreide**
GEOGRAPHISCHE VERBREITUNG: **Nordamerika (Alberta und Kalifornien) und Asien (Mongolei)**
LÄNGE: **9 m**
Die Kopffront dieses großen Entenschnabel-Dinosauriers bildete von der breiten, flachen Schnauze bis zum anderen Ende des Knochenkammes eine elegante Kurve. Die Größe des Kammes schwankte je nach Art; so wiesen die asiatischen Formen einen größeren Kamm auf als ihr nordamerikanischer Verwandter und erreichten auch mit ungefähr 12 m eine deutlich größere Körperlänge.
Der Kamm wurde von den Nasenknochen gebildet und von den Nasengängen durchzogen. Das brachte einige Paläontologen auf den Gedanken, ein Teil des Nasengewebes sei vielleicht aufblasbar gewesen und habe die Tiere dazu befähigt, bellende Laute von sich zu geben. Der Knochenkamm hätte in diesem Fall als Stütze des sackartigen Gebildes gedient und dessen Oberfläche vergrößert. Da die Hadrosaurier in Gruppen lebten, ist es durchaus vorstellbar, daß sie – besonders über größere Entfernungen – akustisch miteinander kommunizierten.

NAME: ***Tsintaosaurus***
ZEITLICHE VERBREITUNG: **Oberkreide**
GEOGRAPHISCHE VERBREITUNG: **Asien (China)**
LÄNGE: **10 m**
Ein Fortsatz, wie man ihn dem legendären Einhorn zuschreibt, stand auf der Kopfoberseite dieses chinesischen Hadrosauriers und verlieh ihm ein überaus bizarres Aussehen. Der Knochenzapfen begann zwischen den Augen und ragte senkrecht nach oben. Die Spitze war verbreitert, die Basis mit den Nasenlöchern verbunden. Die besondere Anatomie hat zu der Vermutung Anlaß gegeben, daß am Horn vielleicht ein Hautlappen befestigt war, der sich ebenfalls von der Hornspitze bis zur Schnauzenspitze erstreckte. Die Tiere konnten ihn vielleicht aufblasen wie einen Ballon und mit seiner Hilfe akustische Signale von sich geben. Vielleicht war der Hautsack auch auffällig gefärbt.
Es gibt indessen auch die These, das Horn des aus China stammenden Originalexemplars von *Tsintaosaurus* sei bei der Rekonstruktion des Tieres falsch montiert worden und in Wirklichkeit – wie bei *Saurolophus* (s. o.) – weiter nach hinten gerichtet gewesen.

NAME: ***Corythosaurus***
ZEITLICHE VERBREITUNG: **Oberkreide**
GEOGRAPHISCHE VERBREITUNG: **Nordamerika (Alberta und Montana)**
LÄNGE: **9 m**
Ein spektakulärer, halbkreisförmiger Kamm zierte den Kopf dieses großen nordamerikanischen Entenschnabel-Dinosauriers, der fast 4,5 t wog. Der Kamm entsprang dem Gebiet zwischen den Augen und bildete eine ungefähr 30 cm hohe, segelartige Struktur.
Bei den Ausgrabungen von *Corythosaurus* stellte man fest, daß die Kammgröße je nach Körpergröße schwankte. Möglicherweise handelte es sich dabei sogar um Hinweise auf verschiedene Arten, doch ist eher anzunehmen, daß verschiedene Wachstumsstadien ein und derselben Art vorlagen und daß die Kämme der Jungtiere viel kleiner waren als die ausgewachsener Exemplare. Auch zwischen den Geschlechtern sind Größenunterschiede denkbar. Die größten Kämme hatten wahrscheinlich erwachsene Männchen.
Corythosaurus war ein typischer Vertreter der *Lambeosaurinae* – also jener Entenschnabel-Dinosaurier mit hohlen Knochenkämmen auf dem Kopf (feste Knochenkämme hatten die *Hadrosaurinae*, s. S. 146–149, 150, 152). Als Gruppe scheinen sich die *Lambeosaurinae* in Nordamerika entwickelt zu haben. Sie blieben auch weitgehend auf den westlichen Teil dieses Kontinents beschränkt. Einige Arten wurden allerdings auch in Ostasien gefunden – ein Umstand, der die Theorie stützt, daß in der Oberkreide Nordamerika und Ostasien miteinander verbunden waren und eine von Flachmeeren umschlossene Landmasse, Asiamerica, bildeten.
Der Kopfkamm wurde von den stark vergrößerten Nasenbeinen gebildet. Die Höhlen im Innern des Kammes bildeten die Atemgänge; sie verliefen bis zur Kammspitze und kehrten dann zur Schnauze zurück. Zur Erklärung dieser merkwürdigen Anordnung wurden verschiedene Theorien aufgestellt. Die alte, inzwischen aufgegebene Vorstellung besagte, die Hadrosaurier hätten im Wasser gelebt, und der Knochenkamm mit seinen Hohlgängen sei eine Art Schnorchel gewesen. Er habe es dem Tier erlaubt, zu

atmen, während Mund und Nasenlöcher sich unter dem Wasserspiegel befanden. Einer anderen Theorie zufolge diente der Kamm als Luftreservoir, auf das der Dinosaurier beim Schwimmen und Fressen unter Wasser habe zurückgreifen können.
Heute weiß man, daß die Entenschnabel-Dinosaurier gut an das Leben auf dem Festland angepaßt waren. Sie lebten in Gruppen oder kleinen Herden und ernährten sich in den Wäldern von zähen Kiefernnadeln, Magnolienblättern sowie Samen und Früchten aller Art. Wenn sie von Räubern wie *Tyrannosaurus* bedroht wurden, konnten sie auf zwei Beinen schnell weglaufen und suchten vielleicht ein nahe gelegenes Gewässer auf.
Für den hohlen Knochenkamm gibt es jetzt einige plausiblere Erklärungen, und es ist sogar möglich, daß er nicht nur eine, sondern mehrere Funktionen erfüllte. Zunächst konnten die Tiere die hohlen Kämme mit dem verschlungenen Röhrensystem als Resonanzboden für Laute verwenden, die zu Kommunikationszwecken produziert wurden. Dafür gab es verschiedene Anlässe, zum Beispiel die Warnung vor Feinden, das Einschüchtern von Rivalen oder auch die Erkennung der eigenen Art.
Untersuchungen, die jüngst in den Vereinigten Staaten durchgeführt wurden, stützen anscheinend die letztgenannte Vermutung. Man stellte dort das exakte Modell eines solchen Lambeosaurinen-Kamms her. Experimente zeigten dann, daß die Saurier damit Töne erzeugen konnten, die wie ein Nebelhorn klangen und über weite Entfernungen hin zu hören waren. Die vorrangig in Wäldern lebenden Tiere konnten auf diese Weise miteinander in Kontakt treten, und zwar innerhalb der Herde wie auch von Herde zu Herde. Die angenommenen aufblasbaren Nasensäcke an der Schnauze der Hadrosaurier mit festen Knochenkämmen dienten wahrscheinlich demselben Zweck.
Einer weiteren Theorie zufolge dienten

die langen Luftröhren im hohlen Knochenkamm als Kühlsystem, dessen Oberfläche vermutlich von einer feuchten Membran ausgekleidet war. Die Wasserverdampfung führte in den umgebenden Geweben zu einem Temperaturrückgang und ermöglichte dem Tier beim Äsen in offenem, sonnenreichem Gelände oder nach der kräftezehrenden Flucht vor einem Räuber eine gewisse Abkühlung.
Eine dritte Theorie besagt, der hohle Kamm habe zu einer Verbesserung des Geruchssinns geführt, der dem Tier das Auffinden geeigneter Nahrung erleichterte, es rechtzeitig vor herannahenden Räubern warnte und näher bei der Herde hielt.

NAME: ***Hypacrosaurus***
ZEITLICHE VERBREITUNG: **Oberkreide**
GEOGRAPHISCHE VERBREITUNG: **Nordamerika (Alberta und Montana)**
LÄNGE: **9 m**
Hypacrosaurus war ein weiterer Entenschnabel-Dinosaurier mit einem großen, halbkreisförmigen Kamm auf dem Kopf. Er erinnerte an den von *Corythosaurus*, war aber nicht ganz so groß und weniger schmal. Auch fiel er nicht so steil ab. Da *Hypacrosaurus* in etwas späteren Gesteinsablagerungen als *Corythosaurus* gefunden wurde, handelte es sich vielleicht um die direkte Nachfolgeart.
Ein weiterer Unterschied zwischen den beiden ähnlichen Sauriern zeigte sich in den langen Wirbelfortsätzen bei *Hypacrosaurus*. Sie bildeten auf der gesamten Rücken- und Schwanzlinie einen von Haut bedeckten, hervortretenden Kiel, der möglicherweise bei der Temperaturregelung eine Rolle spielte, ähnlich wie man dies auch für andere Reptilien wie die Pelycosaurier mit ihren Segeln (s. S. 186 bis 189) oder die fleischfressenden Spinosaurier (s. S. 120) annimmt.

NAME: ***Lambeosaurus***
ZEITLICHE VERBREITUNG: **Oberkreide**
GEOGRAPHISCHE VERBREITUNG: **Nordamerika (Baja California, Montana und Saskatchewan)**
LÄNGE: **9 m**
Lambeosaurus fiel dadurch auf, daß er zwei Knochenstrukturen auf dem Kopf trug: Auf der Stirn stand ein großer, rechteckiger, hohler Kamm, der nach vorne gerichtet war, während vom Hinterkopf ein fester Knochenzapfen nach hinten ragte. Der V-förmige »Kopfschmuck« muß, zumal in Verbindung mit dem langen Hals, sehr merkwürdig ausgesehen haben.
Lambeosaurus bewegte sich wie alle Hadrosaurier beim Äsen auf allen vieren vorwärts. Der biegsame Hals ist wohl eine Anpassung an die Größe und die Ernährungsweise: Die Tiere konnten auf diese Weise in einem weiten Umkreis Pflanzen abweiden, ohne die Stellung des Körpers verändern zu müssen.
Die kalifornische Art von *Lambeosaurus* scheint ein wahrer Riese unter den Entenschnabel-Dinosauriern gewesen zu sein. Sie ist uns allerdings bisher nur durch äußerst fragmentarische Funde bekannt. Größe und Gewicht der Knochen deuten jedoch darauf hin, daß das Tier eine Gesamtlänge von 16,5 m erreichte. Damit wäre es der größte bisher bekannte Hadrosaurier.

NAME: ***Parasaurolophus***
ZEITLICHE VERBREITUNG: **Oberkreide**
GEOGRAPHISCHE VERBREITUNG: **Nordamerika (Alberta, New Mexico und Utah)**
LÄNGE: **10 m**
Wie *Saurolophus* (s. S. 152) hatte diese Form eine kürzere Schnauze als andere Hadrosaurier. Auf dem Kopf trug sie einen nach hinten gerichteten Knochenzapfen. Damit ist die Ähnlichkeit aber auch schon erschöpft, denn der Kamm des Lambeosaurinen *Parasaurolophus* war hohl und nicht ausgefüllt wie bei *Saurolophus*. Die hohle Röhre war auch um ein Vielfaches länger (bis 1,8 m). Im Innern zogen die Nasengänge bis zur Spitze des Knochenkammes und kehrten dann zur Schnauze zurück. Ein Schädel mit einem sehr viel kürzeren Knochenkamm und enger aneinanderliegenden Nasengängen wurde ursprünglich als besondere Art von *Parasaurolophus* beschrieben, doch ist man inzwischen der Ansicht, er habe zu einem Weibchen gehört. Einiges spricht dafür, daß die Knochenkämme auch bei anderen Arten bei männlichen und weiblichen Tieren unterschiedlich lang waren.
Der Rücken von *Parasaurolophus* zeigt eine eigenartige Einkerbung. Sie lag hinter den Schultern, genau an der Stelle, wo der Knochenkamm bei normaler Kopfhaltung den Rücken berühren mußte. Einige Paläontologen meinen, die Tiere hätten den Kamm beim Laufen in die Einkerbung gelegt und mit seiner Hilfe niedrig hängende Äste und Blattwerk im dichten Unterholz beiseite oder nach oben geschoben. Der Kasuar, ein australischer Laufvogel, benutzt seinen Kopfkamm auch heute noch in dieser Absicht.
Auch der Schwanz von *Parasaurolophus* war ungewöhnlich, da außergewöhnlich hochrückig. Verschiedene Forscher sehen darin Anlaß zu der Vermutung, der Schwanz sei auffällig gemustert gewesen und habe vielleicht bei der Balz oder als optisches Signal für die Gruppenzugehörigkeit gedient. Denkbar ist auch, daß ein möglicherweise ebenfalls bunter Hautlappen Knochenkamm und Nacken lose verband und Signalfunktionen übernahm.
Stimmt indessen die Theorie, daß die hohlen Knochenkämme als Resonanzböden dienten, so ist anzunehmen, daß *Parasaurolophus* mit seinem langgestreckten Knochenkamm einen ganz anderen Laut erzeugte als zum Beispiel *Lambeosaurus* mit seinem hohen, halbkreisförmigen Kamm. Es ist nicht auszuschließen, daß die einzelnen Vertreter der Lambeosaurinen mit ihren unterschiedlich geformten Kämmen artspezifische Laute erzeugten.
In den nordamerikanischen Wäldern der Oberkreide mußte es demnach recht geräuschvoll zugegangen sein – angefangen vom dumpfen, nebelhornartigen Gebell der Lambeosaurinen bis zu den Trompetentönen aus den Luftsäcken der mit ihnen verwandten Hadrosaurinen.

Gepanzerte Dinosaurier

WUERHOSAURUS
POLACANTHUS
HYLAEOSAURUS
SCELIDOSAURUS

Gepanzerte Dinosaurier

Unterordnung Stegosauria
Die Stegosaurier bildeten eine klar umrissene Gruppe der *Ornithischia* oder der »Vogelbecken-Dinosaurier«. Ihre Hauptmerkmale waren neben den kleinen Köpfen die massigen Rümpfe, die mit Doppelreihen aus großen Knochenplatten zu beiden Seiten der Rückenlinie geschmückt waren. Die mächtigen Schwänze trugen paarweise lange, scharfe Dornen.
Wie ihre Verwandten unter den *Ornithopoda*, etwa die Iguanodons (s. S. 142 bis 145) und die Entenschnabel-Dinosaurier (s. S. 146–153) waren die Stegosaurier Pflanzenfresser, die wahrscheinlich in kleinen Gruppen zusammenlebten. Doch im Gegensatz zu den behenden *Ornithopoda* konnten sie sich auf der Flucht nicht auf ihre Hinterbeine erheben, sondern sich immer nur auf allen vieren fortbewegen. Wenn sie angegriffen wurden, blieben sie daher vermutlich stehen, schlugen mit dem Dornenschwanz um sich und waren bis zu einem gewissen Grad durch die Knochenplatten auf dem Rücken geschützt.

Familie Stegosauridae
Alle uns vertrauten Stegosaurier gehören zu dieser Familie, darunter natürlich auch die Typusgattung *Stegosaurus*. Sie entwikkelten sich im Mitteljura, vor ungefähr 170 Millionen Jahren, und erreichten die höchste Artenvielfalt am Ende jener Periode. Ihre Verbreitung erstreckte sich über das westliche Nordamerika, über Westeuropa, Ostasien und Ostafrika. In der Unterkreide erfuhr die Gruppe einen Niedergang, obwohl einige Arten in isolierten Populationen bis zum Ende der Kreidezeit überlebt haben dürften.

NAME: ***Stegosaurus***
ZEITLICHE VERBREITUNG: ***Oberjura***
GEOGRAPHISCHE VERBREITUNG: ***Nordamerika (Colorado, Oklahoma, Utah und Wyoming)***
LÄNGE: ***bis 9 m***
Dieser gepanzerte Dinosaurier ist das Nationalfossil Colorados und sowohl der größte als auch der berühmteste Stegosaurier. Er trug eine doppelte Reihe breiter Knochenplatten, die in die Rückenhaut eingebettet und wie riesige Pfeilspitzen geformt waren. Sie begannen direkt hinter dem Kopf und endeten auf der vorderen Schwanzhälfte. Die größten Platten waren über 60 cm hoch.
Der gedrungene Schwanz war mit gefährlichen, 1 m langen Dornen besetzt. Ihre Zahl schwankte von Art zu Art: *Stegosaurus ungulatus* beispielsweise hatte vier Paar, *Stegosaurus stenops* nur deren zwei.
Niemand weiß genau, wie die Knochenplatten auf dem Rücken von *Stegosaurus* angeordnet waren. Man hat zwar viele gut erhaltene Skelette gefunden – eines der schönsten ist im Denver Museum of Natural History zu besichtigen –, doch bestand niemals eine direkte Verbindung mit den Knochenplatten. So meinen einige Paläontologen, die Platten seien flach in oder auf der Haut gelegen und hätten eine nahezu geschlossene Panzerung des Rückens und der oberen Flanken gebildet.
Verbreiteter ist in Fachkreisen allerdings die Ansicht, die Knochenplatten seien senkrecht gestanden, entweder in Zickzackform oder paarweise einander gegenüber. Demnach bildeten sie einen Dornenkamm, der ein guter Schutz war gegen Angriffe von Räubern.
Möglich ist auch, daß eine dünne, gut durchblutete Hautschicht über den Platten lag. In diesem Fall könnten sie eine ganz andere Funktion gehabt haben – nämlich die von Temperaturregulatoren. Die nahezu senkrechten Platten wären dann vermutlich alternierend angeordnet gewesen. Der Sonne zugewandt, nahmen sie rasch die Strahlungswärme auf und führten über das Blut zu einer raschen Erhöhung der Körpertemperatur. Im Schatten gaben die Platten dann wieder Wärme ab.
Die langen, spitzen Schwanzstacheln waren wahrscheinlich von Horn überzogen und dienten ohne Zweifel der Verteidigung. *Stegosaurus* konnte seinen Schwanz hin und her schlagen und jedem Angreifer schwere Wunden zufügen.
Im Mittel war *Stegosaurus* 6 m lang und wog bis zu 2 t. Die massiven Hinterbeine mit den kräftigen Nägeln waren mehr als doppelt so lang wie die Vorderbeine – ein auffälliges Merkmal für ein Tier, das stets auf allen vieren ging, denn es bedeutete, daß die Rückenlinie von der Hüftgegend an steil nach vorne abfiel.
Die Wirbel in der Beckengegend und an der Schwanzbasis trugen lange, nach oben gerichtete Fortsätze. Wahrscheinlich dienten sie als Ansatzstellen für starke Rückenmuskeln. Ihre Anordnung deutet darauf hin, daß *Stegosaurus* seine Vorderbeine vom Boden nehmen und sich aufrichten konnte, um etwas höher hängende Zweige zu erreichen.
Der Schädel dieses Dinosauriers war flach, schmal und, verglichen mit der Gesamtgröße, winzig – nur 40 cm lang. Auch das Gehirn war entsprechend klein (ungefähr so groß wie eine Walnuß). *Stegosaurus* war von seinem Gebiß her für das Zerkleinern von Pflanzennahrung nicht besonders gut ausgerüstet. Vorne trugen die Kiefer einen zahnlosen Schnabel, während die Zähne weiter hinten im Maul klein und schwach waren. Um seine Nahrung dennoch verdauen zu können, verschluckte *Stegosaurus* wahrscheinlich, wie viele andere pflanzenfressende Dinosaurier, Steine und behielt sie in seinem Magen. Sie halfen ihm, das zähe Pflanzenmaterial zu zerreiben.

Eine merkwürdige Höhlung in den Wirbeln der Beckengegend von *Stegosaurus* oberhalb der Hinterbeine (genau dort, wo das Rückenmark durchzog) verleitete einige Paläontologen zu der Spekulation, es habe sich dort vielleicht ein »zweites Gehirn« befunden, das die Bewegungen der hinteren Gliedmaßen kontrollierte. In Wirklichkeit handelte es sich dabei um eine Ansammlung von Nervengewebe, weil an jener Stelle die Beinnerven zusammentrafen.
Einer anderen Theorie zufolge beherbergte die Höhlung eine Drüse, die Glykogen produzierte. Dieses Polysaccharid diente in Gefahrenmomenten als Energiereservoir für die Hintergliedmaßen.

NAME: ***Kentrosaurus***
ZEITLICHE VERBREITUNG: ***Oberjura***
GEOGRAPHISCHE VERBREITUNG: ***Afrika (Tansania)***
LÄNGE: ***5 m***
Gut erhaltene Reste dieses ostafrikanischen Stegosauriers fand man im heutigen Tansania in den fossilreichen Ablagerungen von Tendaguru.
Kentrosaurus war nicht so groß wie sein amerikanischer Verwandter, aber mindestens ebenso gut gepanzert. Eine doppelte Reihe schmaler, dreieckiger Knochenplatten stand zu beiden Seiten der Rükkenlinie. Sie waren auf dem Hals, den Schultern und der vorderen Rückenhälfte paarweise angeordnet. Dahinter folgten, ebenfalls paarweise, scharfe Dornen, die teilweise eine Länge von 60 cm erreichten. Sie reichten von der hinteren Rükkenhälfte bis zur Schwanzspitze. Zusätzlich ragte in der Hüftgegend ein weiteres Hornpaar heraus.

NAME: ***Tuojiangosaurus***
ZEITLICHE VERBREITUNG: ***Oberjura***
GEOGRAPHISCHE VERBREITUNG: ***Asien (China)***
LÄNGE: ***7 m***
Tuojiangosaurus ist einer von mehreren gepanzerten Dinosauriern, die in China

gefunden wurden und zudem der erste Stegosaurier, den man in Asien entdeckte. Es existiert von ihm ein fast vollständiges Skelett. Im Aufbau ähnelte er *Stegosaurus*: Der Kopf war klein und schmal, die Zähne niedrigkronig, der Rumpf sehr massiv. Auf dem Rücken standen 15 Knochenplatten, die in der Hüftgegend länger und dornenähnlicher wurden. Wie bei *Stegosaurus stenops* befanden sich an der Schwanzspitze zwei Paar lange Dornen.
Im Gegensatz zu *Stegosaurus* konnte sich *Tuojiangosaurus* allem Anschein nach nicht auf die Hinterbeine erheben. Man schließt dies aus der Tatsache, daß weder *Tuojiangosaurus* noch *Kentrosaurus* (s. o.) über die langen Wirbelfortsätze von *Stegosaurus* verfügten, an denen Muskeln ansetzen konnten. Offenbar beschränkten sich die beiden Formen auf das Abweiden bodennaher Pflanzen.

NAME: ***Wuerhosaurus***
ZEITLICHE VERBREITUNG: **Unterkreide**
GEOGRAPHISCHE VERBREITUNG: **Asien (China)**
LÄNGE: **6 m**
Dieser chinesische Stegosaurier ist nur von bruchstückhaften Knochenresten und einzelnen Platten bekannt. Die Rekonstruktion auf S. 155 ist spekulativ.
Die Stegosaurier gingen am Ende des Jura merklich zurück. *Wuerhosaurus* ist eine der wenigen Formen, die bis in die Unterkreide hinein überlebten. In der Oberkreide Indiens fand man darüber hinaus Reste eines möglichen weiteren Stegosauriers, der den Namen *Dravidosaurus* erhielt. Vielleicht war Indien zu jener Zeit ein Inselkontinent, also bereits isoliert von den übrigen Landgebieten. Die Stegosaurier könnten sich dort länger gehalten haben als in anderen Teilen der Welt.

Unterordnung Ankylosauria

Der Niedergang der Stegosaurier gegen das Ende des Jura mag im Zusammenhang stehen mit dem Aufstieg einer weiteren Gruppe gepanzerter Dinosaurier, der Ankylosaurier. Sie breiteten sich in der Kreide über die Nordkontinente aus und waren besonders gegen Ende dieser Periode in Asiamerica häufig.
Die Ankylosaurier waren wie die Stegosaurier massiv gebaut, gingen auf vier Beinen und ernährten sich von Pflanzen. Die Panzerung war anders und effizienter als bei den Stegosauriern: Hals, Rücken, Flanken und Schwanz waren zur Gänze von einem Mosaik flacher Knochenplatten bedeckt. Diese waren in die dicke, ledrige Haut eingebettet und ihrerseits von Horn überzogen. Die Platten trugen Dornen und Höcker unterschiedlicher Größe.
Die Ankylosaurier umfaßten zwei deutlich unterscheidbare Familien. Die Nodosauriden hatten schmale Schädel, einen gepanzerten Rücken und lange Dornen an den Körperseiten.
Die Merkmale der Ankylosauriden waren breite Schädel und eine schwere »Keule« aus festem Knochen am Schwanzende (s. S. 158–161). Eine dritte Familie, die Scelidosauriden (s. u.), umfaßt vermutlich primitive Vertreter der Gruppe.

Familie Scelidosauridae

Die Stellung der Scelidosauriden im System der Dinosaurier ist umstritten. Einige Paläontologen halten sie für Vorfahren der Stegosaurier, andere für Vorläufer der Ankylosaurier. Wir schließen uns hier der letztgenannten Meinung an.

NAME: ***Scelidosaurus***
ZEITLICHE VERBREITUNG: **Unterjura**
GEOGRAPHISCHE VERBREITUNG: **Europa (England)**
LÄNGE: **4 m**
Bis heute fand man nur zwei Skelette von *Scelidosaurus*, beide in der Unterkreide von Dorset in Südengland. Das erste Exemplar wurde um 1860, das zweite 1955 entdeckt.
Scelidosaurus scheint einer der ältesten und primitivsten Dinosaurier aus der Gruppe der *Ornithischia* zu sein. Er hatte einen kleinen, nur ungefähr 20 cm langen Kopf, einen zahnlosen Schnabel und trug auf den schwachen Kiefern kleine, blattartig geformte Zähne. Der Körper war dagegen massiv gebaut und gut gepanzert, der Rücken bedeckt mit Knochenplatten, die ihrerseits vom Hals bis zur Schwanzspitze parallele Dornenreihen trugen. Die Anordnung der Knochenplatten deutet darauf hin, daß *Scelidosaurus* eine primitive Form der Ankylosaurier darstellt.

Familie Nodosauridae

Die Nodosauriden waren die ältere der beiden Ankylosaurierfamilien. Ihre zeitliche Verbreitung erstreckte sich über die gesamte Dauer der Kreidezeit. Einigen Paläontologen zufolge entwickelten sie sich vielleicht schon während des Oberjura in Europa und breiteten sich später über die anderen Nordkontinente aus. Einige Formen erreichten am Ende auch die Südhalbkugel, zum Beispiel der erst vor kurzem in Australien entdeckte *Minmi*.
Die Nodosauriden hatten schmale Schädel, die länger waren als breit. Vom Hals bis zum Schwanz bedeckten Knochenplatten den Körper, und lange Dornen schützten die Körperseiten.

NAME: ***Hylaeosaurus***
ZEITLICHE VERBREITUNG: **Unterkreide**
GEOGRAPHISCHE VERBREITUNG: **Europa (England)**
LÄNGE: **6 m**
Dies ist die älteste Form, die man definitiv als Nodosauriden ansprechen kann. Das erste Exemplar wurde in den späten zwanziger Jahren des 19. Jahrhunderts im südenglischen Sussex gefunden und 1832 von Gideon Mantell, einem Pionier der Paläontologie, beschrieben und benannt. Bis auf den heutigen Tag befinden sich die Knochen noch in jener Gesteinsplatte, in der sie entdeckt wurden. Nun ist aber geplant, sie mit Hilfe von Essigsäure herauszulösen, die den Kalk, der die Gesteinsteilchen miteinander verkittet hat, auflöst und somit die fossilen Knochen freigibt.
Bis auf weiteres muß also die Rekonstruktion von *Hylaeosaurus* auf S. 155 spekulativ bleiben. Der schmale Kopf, der gepanzerte Körper und Schwanz und die nach außen ragenden Dornen auf den Flanken waren aber typische Nodosauriden-Merkmale.

NAME: ***Polacanthus***
ZEITLICHE VERBREITUNG: **Unterkreide**
GEOGRAPHISCHE VERBREITUNG: **Europa (England)**
LÄNGE: **4 m**
Polacanthus war ein Zeitgenosse von *Hylaeosaurus*. Manche Paläontologen vermuten sogar, daß die beiden Gattungen synonym sind. Die Reste von *Polacanthus* umfassen nur die Knochen der gedrungenen Hinterbeine und einige Knochenplatten sowie Stacheln.
Man weiß nicht genau, wie die Panzerung über den Körper verteilt war. Die Rekonstruktion auf S. 155 entspricht der herkömmlichen Auffassung. Kräftige, senkrecht stehende Dornen standen demnach paarweise in der Schultergegend, und ein Knochenschild schützte den Hüftbereich. Zwei Reihen kleinerer, senkrecht stehender Dornen schmückten auf ganzer Länge den Schwanz.

Gepanzerte Dinosaurier

SAICHANIA
STRUTHIOSAURUS
PANOPLOSAURUS
NODOSAURUS
ANKYLOSAURUS

Gepanzerte Dinosaurier

NAME: ***Sauropelta***
ZEITLICHE VERBREITUNG: ***Unterkreide***
GEOGRAPHISCHE VERBREITUNG: ***Nordamerika (Montana)***
LÄNGE: ***7,6 m***

Sauropelta aus den westlichen USA ist der größte Vertreter der Nodosauriden (s. S. 157). Schätzungen zufolge wog er über 3 t.

Der massige Körper war rundherum von einem Knochenpanzer geschützt. Dieser bestand aus gekielten Platten, die sich in Reihen vom Hals bis hinab zum zugespitzten Schwanz erstreckten und mit Horn bedeckt waren. Die Platten waren in die Haut gebettet und bildeten einen starken, aber beweglichen Panzer über dem Rücken. Seitliche Angriffe hielt *Sauropelta* mit zahlreichen scharfen Dornen ab, die seitwärts aus dem Körper herausragten.

Der langsame Pflanzenfresser benötigte eine solche Panzerung, um sich der Angriffe fleischfressender Dinosaurier erwehren zu können.

NAME: ***Silvisaurus***
ZEITLICHE VERBREITUNG: ***Unterkreide***
GEOGRAPHISCHE VERBREITUNG: ***Nordamerika (Kansas)***
LÄNGE: ***3,4 m***

Silvisaurus trug den schweren Knochenpanzer, wie er für die Nodosauriden typisch ist. Dicke Platten umhüllten den Hals; auf Rücken und Schwanz lagen sie etwas lockerer. An den Körperseiten ragten starke Dornen hervor.

Silvisaurus gilt indessen als primitives Mitglied der Familie. Die meisten Nodosauriden hatten vorne im Kiefer keine Zähne, während *Silvisaurus* im Oberkiefer nach wie vor welche besaß. Aufgrund dieses Merkmals halten manche Forscher *Silvisaurus* für einen Vorläufer späterer Vertreter dieser Familie.

Wie bei den meisten Nodosauriden und späteren Ankylosauriern war die Knochenmasse des Schädels von *Silvisaurus* stark reduziert. Es handelte sich um eine Leichtbaukonstruktion voller Höhlungen und Luftkanäle, die vielleicht zur Erzeugung von Lauten und damit zur Kommunikation mit anderen Mitgliedern der Art taugten. Akustische Signale waren unter den Dinosauriern nicht unbekannt: Die in Herden lebenden Entenschnabel-Dinosaurier hatten zum Beispiel aufblasbare Nasensäcke oder trugen hohle Knochenkämme auf dem Kopf, mit denen sie wahrscheinlich nebelhornähnliche Töne hervorbringen konnten (vgl. S. 146–153).

NAME: ***Nodosaurus***
ZEITLICHE VERBREITUNG: ***Oberkreide***
GEOGRAPHISCHE VERBREITUNG: ***Nordamerika (Kansas und Wyoming)***
LÄNGE: ***5,5 m***

Nodosaurus ist der typische Vertreter der Familie und hat ihr auch seinen Namen gegeben (s. S. 157). Die Panzerung des Körpers verlief vom Hals bis zum Schwanz in Querreihen und bestand im einzelnen aus schmalen, rechteckigen Platten über den Rippen. Diese wechselten mit breiten Platten ab, welche die Zwischenräume ausfüllten. Hunderte von Knochenhöckern standen auf den breiten Platten; ihnen verdankt das Tier auch seinen Namen, denn *Nodosaurus* bedeutet »Knotenechse«.

Der Schädel von *Nodosaurus* war klein, lang und schmal und hatte nur schwache Zähne – all dies typische Familienmerkmale. Schulter- und Beckengürtel waren wie die gedrungenen Beine mit den breiten Füßen sehr kräftig entwickelt, denn sie mußten das große Gewicht der Körperpanzerung tragen. Die Knochen des Beckengürtels waren an die Aufgabe, diese Last zu tragen, so sehr angepaßt, daß sie nicht mehr den typischen Bauplan der *Ornithischia* oder »Vogelbecken-Dinosaurier« zeigten (s. S. 92–93). Ein ungewöhnlicher Fund in Kansas bestand aus den Skeletten mehrerer Nodosaurier, die allesamt auf dem Rücken lagen. Sie wurden in marinen Sedimenten der Oberkreide entdeckt. Vielleicht handelte es sich um eine kleine Herde, die gleichzeitig starb und nach dem Tode irgendwie ins Meer gelangt war. Ebenso ist aber auch denkbar, daß die Tiere rein zufällig nach ihrem Tode zusammenkamen.

In jedem Fall bildeten sich während des Transports im Fluß bei der Verwesung der Organe Gase, die den Körper aufblähten und im Verbund mit den schweren Rückenpanzern dafür sorgten, daß die Tiere mit dem Bauch nach oben flußabwärts trieben. Nachdem sich die Gase einen Ausweg ins Freie geschaffen hatten, sanken die Tiere, immer noch mit dem Bauch nach oben, auf den Meeresboden, wo sie schließlich fossil erhalten blieben.

NAME: ***Struthiosaurus***
ZEITLICHE VERBREITUNG: ***Oberkreide***
GEOGRAPHISCHE VERBREITUNG: ***Europa (Österreich, Frankreich, Ungarn und Rumänien)***
LÄNGE: ***2 m***

Struthiosaurus ist deswegen bemerkenswert, weil er der kleinste bisher bekannte Vertreter der Nodosauriden, ja sogar aller Ankylosaurier zu sein scheint. Diese Feststellung gab zu Spekulationen Anlaß, das Tier habe auf Inseln gelebt und sich dort entwickelt. Viele große Tiere neigen nämlich in isolierten Lebensräumen zur Ausbildung von Zwergarten – offensichtlich in Anpassung an die begrenzten Nahrungsressourcen. Im Tertiär beispielsweise entstanden auf den Inseln des Mittelmeers Zwergelefanten und zwergenhafte Nilpferde. Ein heutiges Beispiel bieten uns die Ponys der Shetland-Inseln von Nordschottland.

In der Oberkreide, vor ungefähr 80 Millionen Jahren, war der größte Teil des heutigen Europas von Flachmeeren bedeckt. Das Festland war in einzelne Inseln aufgelöst. Vielleicht gab es auf einigen dieser Inseln Gruppen von *Struthiosaurus*, aus denen nach und nach kleinere, eigenständige Arten hervorgingen. Möglicherweise entwickelte sich auf jeder größeren Insel eine separate Art. Die Evolution der Tierwelt auf den Galapagos-Inseln nahm bekanntlich einen ähnlichen Verlauf.

Trotz dieser möglichen isolierten Entwicklung verzichtete *Struthiosaurus* nicht auf seinen Körperpanzer. Er wies eine Vielzahl von Platten auf: Knochenplatten um den Hals, kleine Knochenhöcker auf dem Rücken und dem Schwanz und eine Reihe von Dornen auf den Körperflanken.

NAME: ***Panoplosaurus***
ZEITLICHE VERBREITUNG: ***Oberkreide***
GEOGRAPHISCHE VERBREITUNG: ***Nordamerika (Alberta, Montana, South Dakota und Texas)***
LÄNGE: ***4,4 m***

Panoplosaurus war der letzte Nodosauride, ein mittelgroßes Tier im Vergleich zu seinen Verwandten. Er war jedoch massiv gebaut und trug einen schweren Körperpanzer. Sein Gewicht dürfte bis zu 3,5 t betragen haben.

Die Panzerung bestand aus breiten, viereckigen, gekielten Platten, die auf Hals und Schultern in Querreihen angeordnet waren. Der Rest des Rückens war mit kleineren Knochenhöckern bedeckt. Derbe, zur Seite und nach vorne gerichtete Dornen beschützten die Körperflanken, besonders die Schultergegend.

Selbst der Kopf von *Panoplosaurus* war von dicken Knochenplatten bedeckt; sie waren mit dem darunterliegenden Schädelknochen so fest verwachsen, daß man die Nahtstellen nicht mehr erkennen kann. Das Innere dieser Knochenkapsel war mit Höhlungen und Luftkanälen durchzogen. Ein knöchernes Munddach trennte die Nasengänge vom Maul; das

Tier konnte also gleichzeitig fressen und atmen. Die Schnauze war schmal und keilförmig, so daß man annehmen kann, daß sich *Panoplosaurus* seine Nahrung in der bodennahen Vegetation suchte.
Panoplosaurus verteidigte sich wahrscheinlich aktiv gegen Angreifer – im Gegensatz zu vielen verwandten Formen, die sich vermutlich auf den Boden kauerten und ganz auf ihre Knochenpanzerung vertrauten. *Panoplosaurus* konnte den Spieß umdrehen, von sich aus auf den Angreifer losgehen und ihm mit seinen dornenbewehrten Schultern schwere Verletzungen zufügen. Die Vordergliedmaßen waren sehr kräftig und vor allem im Ellbogenbereich mit starken Muskeln versehen, was darauf hindeutet, daß das Tier recht beweglich war und mit dem Vorderkörper gegnerische Attacken parieren konnte. Das beste moderne Äquivalent von *Panoplosaurus* ist vermutlich das Nashorn, von dem man weiß, daß es sehr behende Attacken durchführen kann.

Familie Ankylosauridae
Diese Familie der gepanzerten Dinosaurier wurde gegen Ende der Kreidezeit häufig und verdrängte im westlichen Nordamerika und in Ostasien weitgehend ihre Verwandten, die Nodosauriden. Wie die Nodosauriden waren auch die Ankylosauriden schwer gepanzert und trugen auf dem Rücken dicke Knochenplatten und Dornen. Die Kopfpanzerung war allerdings stärker ausgeprägt, und die Schwanzspitze mit einer Keule aus miteinander verwachsenen Knochen versehen; eine einzigartige Waffe, mit der die Tiere angreifende Carnosaurier außer Gefecht setzen oder sogar töten konnten. Der Beckengürtel war mit mindestens acht Kreuzbeinwirbeln verschmolzen und bildete somit eine äußerst starke Verankerung für die hintere Körperhälfte. Die Beckenknochen selbst hatten sich zu einem scheinbar formlosen Gebilde entwickelt, das die charakteristische »Vogelbecken«-Struktur der Ornithischia nicht mehr erkennen ließ.

Name: ***Talarurus***
Zeitliche Verbreitung: ***Oberkreide***
Geographische Verbreitung: ***Asien (Mongolei)***
Länge: ***5 m***
Talarurus zeigt die typischen Merkmale der Familie. Der gepanzerte Schädel trug am hinteren Ende ein Paar knöcherne Dornen, die auf den ersten Blick wie große Ohren ausgesehen haben mögen. Auch an den Wangen standen spitze Fortsätze. Der Hornkiefer trug vorne keine Zähne.
Der tonnenförmige Rumpf war mit dicken Platten gepanzert und trug an den Seiten Dornen. Die schwere Keule am Schwanzende bestand aus drei verschmolzenen Knochen und war mit den Schwanzwirbeln über zwei Knochenspangen verbunden. Verknöcherte Sehnen verbanden die Wirbel miteinander, so daß der Schwanz beim Gehen vom Boden abgehoben wurde. Die Schwanzbasis war mit sehr starken Muskeln ausgestattet. Wurde *Talarurus* von einem Tyrannosaurier wie *Tarbosaurus* (s. S. 121) bedroht, verteidigte er sich mit heftigen Schwanzschlägen. Die Aufprallenergie der Keule wurde durch die stabartig-starre Struktur des Schwanzes noch erhöht.

Name: ***Euoplocephalus***
Zeitliche Verbreitung: ***Oberkreide***
Geographische Verbreitung: ***Nordamerika (Alberta)***
Länge: ***5,5 m***
Unser Wissen über die Ankylosaurier beruht zum Großteil auf Untersuchungen, die in den vergangenen zwei Jahrzehnten an *Euoplocephalus* durchgeführt wurden. Die gepanzerten Platten lagen reihig in der Rückenhaut versenkt und trugen mächtige knöcherne Fortsätze. Der Nakken wurde von schweren Platten geschützt, und breite dreieckige Dornen besetzten Schultern und Schwanzbasis.
Von außen gesehen war der Schädel eine schwere Knochenkapsel. Die Platten aus Hautknochen waren mit den Schädelknochen verwachsen. Das Innere der Schädelknochen war mit kompliziert angeordneten (aber für die Ankylosauriden und die Nodosauriden typischen) Kammern und Luftkanälen durchzogen. Zu beiden Seiten des Gesichts sorgte je ein fester Stachel für Schutz. Sogar die Augenlider waren gepanzert und bildeten eine Art Visier, das bei Gefahr die Augen schützte. (Die knöchernen Augenlider waren zusätzliche, akzessorische Organe; die richtigen Augenlider in Form zarter Membranen lagen unter ihnen.)
Euoplocephalus verfügte vorne an der Schnauze über einen zahnlosen Hornkiefer. Wahrscheinlich fraß er Pflanzen aller Art und weidete ab, was ihm unter die Augen kam. Die Nodosauriden dagegen hatten schmalere Schnauzen und waren vermutlich etwas wählerischer.

Name: ***Saichania***
Zeitliche Verbreitung: ***Oberkreide***
Geographische Verbreitung: ***Asien (Mongolei)***
Länge: ***7 m***
Der massive Kopf von *Saichania* war schwer gepanzert und trug große, hervortretende Knochenhöcker. Für den Schutz der Körperseiten sorgten abstehende Dornen, und der ganze Rücken war mit reihig angeordneten Knochenplatten besetzt, die spitze Fortsätze trugen.
Die Luftkanäle im Innern des Schädels waren noch komplexer als bei den übrigen Ankylosauriern. Sie kühlten und befeuchteten die Atemluft, bevor sie in die Lungen gelangte. Das sekundäre knöcherne Munddach, das die Nasengänge vom Mund trennt, war ebenfalls stärker ausgebildet und ermöglichte dem Tier allem Anschein nach, besonders zähes oder hartes Pflanzenmaterial zu fressen. Es gibt sogar einen Hinweis darauf, daß sich in der Nähe der Nasenlöcher eine salzausscheidende Drüse befand. Alle erwähnten Merkmale deuten darauf hin, daß *Saichania* in einer trocken-heißen Umwelt lebte, während heute in der Wüste Gobi, wo die fossilen Reste dieses Ankylosauriers gefunden wurden, eher kühle Temperaturen herrschen.

Name: ***Ankylosaurus***
Zeitliche Verbreitung: ***Oberkreide***
Geographische Verbreitung: ***Nordamerika (Alberta und Montana)***
Länge: ***bis 10 m***
Ankylosaurus ist der größte bisher bekannte Ankylosaurier und gleichzeitig einer der jüngsten, denn er kam noch am Ende der Kreidezeit vor. Das Tier wog gute 3,5 t, der Schädel war 76 cm lang, und der Körperumfang betrug an der breitesten Stelle 5 m.
Der Rücken war von der Schnauzenspitze bis zum Schwanzende mit reihig angeordneten, dicken und schweren Panzerplatten bedeckt. Am Schwanzende trug das Tier eine große, knöcherne Keule. Die Panzerung des Körpers bestand aus Hunderten ovaler, dicht nebeneinanderliegender Platten, die in die ledrige Haut eingebettet waren und auf diese Weise den Panzer sehr flexibel machten.
Bei einem Angriff rannte *Ankylosaurus* vermutlich nicht fort, sondern blieb an Ort und Stelle und verließ sich primär auf seinen Knochenpanzer. Kam der Angreifer in Reichweite, so verteidigte sich *Ankylosaurus* mit seitlichen Schlägen seines Keulenschwanzes und war imstande, dem Gegner schwere Wunden zuzufügen.

Horndinosaurier

MONTANOCERATOPS

CENTROSAURUS

PACHYRHINOSAURUS

Horndinosaurier

Unterordnung Ceratopia

Die Horndinosaurier waren die letzte Gruppe der *Ornithischia* oder »Vogelbeken-Dinosaurier«. Sie entwickelten sich erst spät in der Kreidezeit. Die Gruppe existierte nur 20 Millionen Jahre lang und starb dann aus, doch konnte sie sich innerhalb dieser verhältnismäßig kurzen Zeitspanne über ganz Nordamerika und Zentralasien ausbreiten.

Die Panzerung der Horndinosaurier beschränkte sich, so eindrucksvoll sie war, auf den Kopf; ein Rückenpanzer wie bei den Ankylosauriern (s. S. 157–161) trat bei ihnen nicht auf. Die höherentwickelten Formen hatten massige Köpfe mit scharfen, an einen Papageienschnabel erinnernden Kiefern, langen, zugespitzten Hörnern vorne auf der Schnauze und einem knöchernen Nackenschild, der am Hinterende des Schädels befestigt und aufwärts gebogen war. Oft schützte er auch die Schultern.

Der Erfolg der Horndinosaurier ist vermutlich unter anderem auf ihr gutes Gebiß und die mächtigen Kiefer zurückzuführen. Die Tiere konnten wahrscheinlich zäheste Pflanzennahrung bewältigen.

Familie Psittacosauridae

Die »Papageien-Dinosaurier« – so die wörtliche Übersetzung – sind eine seltene *Ornithischia*-Gruppe, die nur in Gesteinen der Unterkreide Ostasiens gefunden wurde. Ihre Schädel deuten darauf hin, daß sie die Vorfahren der Horndinosaurier waren. Im Körperbau ähnelten sie jedoch eher den gazellenähnlichen Hypsilophodontiden, aus denen sie sich wahrscheinlich auch entwickelt hatten (s. S. 138 bis 141).

Die Psittacosauriden konnten sich wie die Hypsilophodontiden bei der Flucht auf die Hinterbeine erheben und »zweibeinig« hohe Geschwindigkeiten erreichen. Es liegt daher die Vermutung nahe, daß die ältesten Horndinosaurier ebenfalls auf zwei Beinen gingen und erst in einem späteren Stadium ihrer Evolution wieder zur Fortbewegung auf allen vieren zurückkehrten.

Name: ***Psittacosaurus***
Zeitliche Verbreitung: ***Unterkreide***
Geographische Verbreitung: ***Asien (China, Mongolei und Sibirien)***
Länge: ***bis 2 m***

Ein viereckiger Schädel und zahnlose Hornkiefer sind die Merkmale, denen dieser asiatische Dinosaurier seinen Namen verdankt, denn *Psittacosaurus* bedeutet »Papageiensaurier«.

Ein dicker Knochenkamm zog quer über den Schädel und diente den Muskeln des mächtigen Unterkiefers als Ansatzstelle. Im Laufe von Jahrmillionen entwickelte er sich zum mächtigen knöchernen Nackenschild der späteren Horndinosaurier.

An den Wangen trug *Psittacosaurus* ein Paar hornähnliche Fortsätze. Hierbei handelte es sich um die Vorläufer jener Dornen, die bei späteren Horndinosauriern zu beiden Seiten des Nackenschilds entsprangen.

Man nimmt an, daß die direkten Vorfahren der Horndinosaurier unter den Psittacosauriden zu suchen sind. Es dürfte sich dabei aber kaum um *Psittacosaurus* selbst handeln, da dieses Tier an jeder Hand nur vier Finger hatte, während es bei den Horndinosauriern jeweils fünf waren. *Psittacosaurus* hatte auch keine Zähne mehr in seinen Hornkiefern, während die frühen *Ceratopia* im Oberkiefer noch Zähne besaßen.

Familie Protoceratopidae

Unter den Protoceratopiden faßt man die frühen primitiven Horndinosaurier zusammen. Der Name ist allerdings nicht immer berechtigt, denn nur einige unter ihnen trugen Hörner. Die Protoceratopiden entwickelten sich in Asien, im selben Gebiet wie die Psittacosauriden, welche vermutlich ihre Vorfahren waren. Die Protoceratopiden lebten allerdings viele Jahrmillionen Jahre später, in der Oberkreide; ihr Verbreitungsgebiet reichte bis ins westliche Nordamerika.

Die Protoceratopiden konnten, wie die Psittacosauriden, aufrecht gehen. Vermutlich verbrachten sie aber die meiste Zeit auf allen vieren und erhoben sich nur beim Davonlaufen auf die Hinterbeine.

Im übrigen waren sie viel kleiner als die späteren Ceratopiden. Ihr Oberkiefer war noch mit Zähnen bestückt – ein Merkmal, das als primitiv gilt und bei späteren Formen verlorenging. Auf dem Kopf trugen sie bestenfalls kleine Hörner. Deutlich zu erkennen ist dagegen ein beginnender Nackenschild, der sich bei den späteren Ceratopiden zu einer sehr auffälligen Erscheinung entwickelte.

Name: ***Microceratops***
Zeitliche Verbreitung: ***Oberkreide***
Geographische Verbreitung: ***Asien (China und Mongolei)***
Länge: ***60 cm***

Dieses Tier ist der kleinste bekannte Horndinosaurier. Wahrscheinlich handelte es sich nicht um einen direkten Vorfahren der späteren Ceratopiden, sondern um einen frühen, spezialisierten Seitenzweig der Hauptentwicklungslinie.

Microceratops war ein leicht gebautes Tier, das sich recht schnell auf zwei Beinen fortbewegte. Indiz dafür ist der Unterschenkel, der doppelt so lang war wie der Oberschenkel. Die Vorderbeine waren allerdings im Vergleich zu anderen zweibeinigen Dinosauriern verhältnismäßig lang

und lassen den Schluß zu, daß sich das Tier vornehmlich auf allen vieren fortbewegte und nur bei Gefahr auf zwei Beinen davonlief. In diesem Fluchtverhalten erinnerte *Microceratops* an die gazellenähnlichen Hypsilophodontiden Nordamerikas.

Name: ***Leptoceratops***
Zeitliche Verbreitung: ***Oberkreide***
Geographische Verbreitung: ***Nordamerika (Alberta und Wyoming) und Asien (Mongolei)***
Länge: ***2,1 m***

Einer der wenigen Protoceratopiden, die aus Nordamerika bekannt wurden. (Die meisten Angehörigen dieser Familie lebten in Asien.) Im Aussehen stand dieses Tier zwischen den leicht gebauten Psittacosauriden und den massigeren frühen Horndinosauriern. Wahrscheinlich konnte *Leptoceratops* auf zwei Beinen ebensogut gehen wie auf vier. Die Hinterbeine waren, wie die Länge des Unterschenkels beweist, für den schnellen Sprint gebaut. Mit den fünf bekrallten Fingern konnte der Saurier Blätter abreißen und zum Maule führen.

Die Knochen am Hinterkopf waren zu einem großen Schädelkragen verlängert, der ein Zwischenstadium in der Entwicklung vom Knochenkamm der Psittacosauriden (s. o.) zum mächtigen Nackenschild der eigentlichen Horndinosaurier darstellte.

Name: ***Bagaceratops***
Zeitliche Verbreitung: ***Oberkreide***
Geographische Verbreitung: ***Asien (Mongolei)***
Länge: ***1 m***

Dieser kleine Protoceratopide vertritt einen weiteren spezialisierten Seitenzweig am Stammbaum der Horndinosaurier. Der Rumpf war schwer, der Schwanz lang, die Beine kräftig. Die Vorderfüße trugen fünf, die Hinterfüße vier Zehen.

Bagaceratops besaß bereits einige jener

Merkmale, die dann bei den späteren Horndinosauriern deutlicher ausgeprägt wurden. Quer über den Hinterschädel verlief ein Knochenkamm (Vorläufer des Nackenschildes des Ceratopiden), ein Paar blattähnliche Fortsätze schmückten die Wangen (Teil des Kopfschildes der Ceratopiden), und mitten auf der Schnauze saß ein kurzes Horn.

Name: ***Protoceratops***
Zeitliche Verbreitung: **Oberkreide**
Geographische Verbreitung: **Asien (Mongolei)**
Länge: ***bis 2,7 m***
Ausgewachsene Exemplare dieses frühen Horndinosauriers waren im Durchschnitt 2 m lang und wogen an die 180 kg. Am Hinterende des breiten, schweren Schädels setzte ein großer Nackenschild an. Der Schädel bot der kräftigen Muskulatur der zahntragenden Hornkiefer breite Ansatzflächen.
Obwohl *Protoceratops* keine Hörner trug, war doch mitten auf der Schnauze ein Knochenhöcker zu erkennen – allerdings eher ein Kamm als ein Horn. Bei älteren Männchen scheint er größer gewesen zu sein, was vermuten läßt, daß er bei Rivalenkämpfen eine Rolle spielte.
Protoceratops verbrachte mit an Sicherheit grenzender Wahrscheinlichkeit den größten Teil seines Lebens auf allen vieren. Die Hinterbeine waren allerdings im Vergleich zu den Vorderbeinen noch recht lang, weshalb es nicht ausgeschlossen ist, daß das Tier bei bestimmten Gelegenheiten auf zwei Beinen lief.
In den zwanziger Jahren entdeckte man in der Mongolei die ersten Dinosauriereier und entsprechende Nester. Sie gehörten zu *Protoceratops*. Die Nester, die vor über 70 Millionen Jahren im Sand angelegt wurden, enthielten bis zu 18 Eier. Diese waren wurstförmig, ungefähr 20 cm lang und hatten eine dünne, faltige, nur wenige Millimeter dicke Schale. Die Eiablage erfolgt sehr sorgfältig in dreischichtigen Spiralen. Erstaunlicherweise waren einige Eier noch unbeschädigt, als man sie entdeckte. Man fand in ihrem Innern Bruchstücke fossiler Knochen von winzigen Embryonen.
Ein weiterer aufregender Fund aus der Mongolei war der von *Oviraptor*. Dieser kleine fleischfressende Dinosaurier kam ums Leben, als er gerade ein Nest von *Protoceratops* plünderte (vgl. S. 112).

Name: ***Montanoceratops***
Zeitliche Verbreitung: **Oberkreide**
Geographische Verbreitung: **Nordamerika (Montana)**
Länge: **3 m**
Der nordamerikanische *Montanoceratops* ähnelte dem asiatischen *Protoceratops* (s. o.), trug aber auf der Schnauze ein deutliches Horn. Manche Paläontologen vermuten daher, es handele sich bei dieser Gattung um ein frühes Glied der höherentwickelten Familie der Ceratopiden (s. u.). *Montanoceratops* zeigte aber die typischen primitiven Merkmale der Protoceratopiden: Zähne im Oberkiefer, an den Füßen Krallen statt Hufen.
Der Schwanz dieses mittelgroßen Horndinosauriers war ungewöhnlich hochrückig, weil alle Schwanzwirbel nach oben ragende Fortsätze trugen. Offensichtlich war der Schwanz äußerst beweglich und konnte schnell hin und her geschlagen werden. Es ist denkbar, daß er bunt gefärbt war und damit während der Brautwerbung Paarungsbereitschaft signalisierte oder zur Erkennung der eigenen Artgenossen diente.

Familie Ceratopidae
Die häufigsten großen Pflanzenfresser der Oberkreide im westlichen Nordamerika gehörten dieser Familie an, die sonst nirgendwo auf der Welt gefunden wurde. Die Tiere gingen stets auf allen vier Beinen. Vor Angriffen der zweifüßigen Carnosaurier wie *Tyrannosaurus* und *Albertosaurus* (s. S. 118–121) schützten sie sich durch scharfe Hörner und den knöchernen Nackenschild, einen Fortsatz des Hinterkopfes. Die säulenähnlichen Beine mit breiten Füßen und hufähnlichen Nägeln trugen einen mächtigen Körper, der von einer dicken Haut überzogen war. Eine gewisse Sicherheit für das Individuum bot auch die Herde. Die Horndinosaurier lebten in Waldgebieten höherer Lagen und weideten mit ihren scharfen, zahnlosen Kiefern Pflanzen und Pflanzenteile ab.
Die Familie der Ceratopiden wird in zwei Entwicklungslinien eingeteilt. Auf der einen Seite stehen die Formen mit kurzem Nackenschild und langen Hörnern auf der Schnauze, auf der anderen Seite die Formen mit langem Halsschild und großen Stirnhörnern.

Name: ***Centrosaurus***
Zeitliche Verbreitung: **Oberkreide**
Geographische Verbreitung: **Nordamerika (Alberta und Montana)**
Länge: **6 m**
Dieser Horndinosaurier, ein typischer Vertreter der Gruppe mit kurzem Nackenschild, war früher auch unter dem Namen *Monoclonius* bekannt. Das Tier trug auf der Schnauze ein langes, bei einigen Arten nach vorne gekrümmtes Horn. Oberhalb der Augen standen zwei weitere Stirnhörner.
Der Nackenschild trug am Rand ebenfalls Hörner und zu beiden Seiten zwei große Öffnungen. Sie waren beim lebenden Tier wie der gesamte Schild von Haut überzogen. Die Öffnungen verringerten das Gewicht dieser Knochenstruktur; an den Kanten befanden sich weitere Ansatzflächen für die Kaumuskulatur.
Ein mächtiges Kugelgelenk verband den Kopf mit dem Hals. Es befand sich weit vorne am Schädel, unterhalb der Augenregion, so daß das Gewicht des schweren Nackenschildes vom kräftigen Schnauzenhorn ausbalanciert wurde. Das Kugelgelenk sorgte dafür, daß *Centrosaurus* seinen plumpen Kopf leicht und schnell bewegen konnte – eine lebenswichtige Eigenschaft bei einem derart langsamen Tier, das sich bei der Verteidigung ausschließlich auf seine Kopfwaffen verlassen mußte. Einige Halswirbel waren miteinander verschmolzen und festigten so die Nackenpartie. Im übrigen war die gesamte Muskulatur des Vorderkörpers auffallend stark entwickelt.

Name: ***Pachyrhinosaurus***
Zeitliche Verbreitung: **Oberkreide**
Geographische Verbreitung: **Nordamerika (Alberta)**
Länge: **5,5 m**
Pachyrhinosaurus war ein recht ungewöhnlicher Horndinosaurier, der auf den ersten Blick gar kein Horn besaß. Statt dessen trug das Tier oberhalb der Augen anstelle der Stirnhörner dicke Knochenpolster.
Es gibt zwei Theorien, die diese merkwürdigen Bildungen erklären. Einige Paläontologen erkennen darin dieselbe Funktion wie in der verdickten Schädelkalotte der Pachycephalosauriden – Stoßdämpfung bei Kämpfen zwischen rivalisierenden Männchen. Andere Forscher meinen jedoch, es handele sich einfach um Narbengewebe an Stellen, wo einst Stirnhörner abgebrochen seien.
Bisher hat man erst zwei Schädel von *Pachyrhinosaurus* gefunden, beide ohne Hörner. Erst neue Funde werden diesen Streit entscheiden können.

Horndinosaurier

ARRHINOCERATOPS
ANCHICERATOPS
PENTACERATOPS
TOROSAURUS

Horndinosaurier

NAME: ***Styracosaurus***
ZEITLICHE VERBREITUNG: **Oberkreide**
GEOGRAPHISCHE VERBREITUNG: ***Nordamerika (Alberta und Montana)***
LÄNGE: **5,2 m**

Einer der spektakulärsten Vertreter der Horndinosaurier war der wohlgepanzerte *Styracosaurus*. Er trug auf der Schnauze ein gewaltiges, gerades Horn, das leicht nach vorne gerichtet war. Zwei kleinere Höcker entsprangen der Region zwischen den Augen. Der auffällige Nackenschild trug sechs strahlenförmig ausgerichtete Dornen, von denen einige so lang waren wie das Horn auf der Nase.

Wie bei zahlreichen verwandten Arten befanden sich im Nackenschild zwei große, hautbedeckte Fenster, die das Gewicht dieses großen knöchernen Gebildes erheblich verringerten.

Styracosaurus konnte sich sehr gut verteidigen. Wenn das Tier in Nashornmanier mit gesenktem Kopf und hoher Geschwindigkeit angriff, war es sehr wohl imstande, den weichen Bauch eines *Tyrannosaurus* aufzuschlitzen. Der dornenbewehrte Nackenschild war ein guter Schutz vor den mächtigen Kiefern des Räubers.

Die Halsschilddornen hatten darüber hinaus Abschreckungsfunktion: Wenn *Styracosaurus* mit gesenktem Kopf einem Feind oder einem Rivalen in der eigenen Herde gegenübertrat, bot er mit seinem Dornenkranz eine so furchterregende Erscheinung, daß sich der Angreifer in vielen Fällen lieber freiwillig zurückzog. Wenn Afrikanische Elefanten ihre Ohren abspreizen, verbirgt sich dahinter eine ähnliche Motivation: Sie wollen noch größer und bedrohlicher wirken.

NAME: ***Triceratops***
ZEITLICHE VERBREITUNG: **Oberkreide**
GEOGRAPHISCHE VERBREITUNG: ***Nordamerika (Alberta, Colorado, Montana, South Dakota, Saskatchewan und Wyoming)***
LÄNGE: **9 m**

Triceratops ist der bekannteste Horndinosaurier. Er war auch der häufigste, der größte und – mit einem Gewicht von 10 t – der schwerste Vertreter der Gruppe. Er war schwerer als ein ausgewachsener Afrikanischer Elefantenbulle. Allein der Schädel mit dem kurzen Nackenschild war über 2 m lang.

Große Herden dieses Horndinosauriers durchzogen gegen Ende der Oberkreide, vor 70 bis vor 65 Millionen Jahren, den Westteil Nordamerikas. Zeitlich gesehen waren sie die letzten Ceratopiden mit verhältnismäßig kurzem Nackenschild.

Der Name *Triceratops* bedeutet wörtlich übersetzt »Dreihorngesicht«. Die Gattung hatte ein kurzes, dickes Nasenhorn und zwei über 1 m lange Hörner oberhalb der Augen. Bei einigen Arten reichten diese Hörner sogar über die Schnauzenspitze hinaus.

Der Nackenschild von *Triceratops* bestand aus solidem Knochen ohne Fenster, was darauf hindeutet, daß er primär der Verteidigung und nicht als Ansatzfläche der Kaumuskulatur diente. Einige Arten trugen am Rand des Nackenschildes zugespitzte Knochenhöcker, die wie große Seepocken aussahen.

Der Schädel von *Triceratops* blieb wegen seines massiven Baus eher fossil erhalten als andere, weniger robuste Dinosaurierschädel. Im Laufe der Jahre fand man im Westen Nordamerikas Hunderte gut erhaltener Exemplare. Der berühmte amerikanische Fossilienexperte Othniel C. Marsh gab dem Tier 1889 den auch heute noch gültigen Namen. Um die Jahrhundertwende entdeckte Barnum Brown, ein anderer amerikanischer Fossiljäger, angeblich über 500 *Triceratops*-Schädel.

Heute werden aufgrund ihres unterschiedlichen Schädelbaus mehr als 15 *Triceratops*-Arten unterschieden, bei denen es sich allerdings in einigen Fällen lediglich um verschiedene Geschlechter oder Wachstumsstadien handelt. Die tatsächliche Artenzahl dürfte daher nicht so hoch sein.

Die meisten Schädel, Hörner und Nackenschilde, die man fand, waren in irgendeiner Form beschädigt. Man führt die Schäden darauf zurück, daß die Tiere oft miteinander kämpften, zum Beispiel indem sie sich mit den Kopfschilden abzudrängen versuchten. Zu ernsthaften Verwundungen durch die spitzen Hörner kam es vermutlich selten, waren diese Waffen doch für die Auseinandersetzung mit wirklichen Feinden wie *Tyrannosaurus* oder *Albertosaurus* bestimmt.

NAME: ***Chasmosaurus***
ZEITLICHE VERBREITUNG: **Oberkreide**
GEOGRAPHISCHE VERBREITUNG: ***Nordamerika (Alberta)***
LÄNGE: **5,2 m**

Chasmosaurus war ein typischer Vertreter der Horndinosaurier mit langem Nackenschild. Der Schädel war relativ schmal und trug ein Paar schräg aufwärts gekrümmte Hörner auf der Stirn sowie ein kürzeres Horn auf der Schnauze. Der große Nackenschild erstreckte sich vom Hinterende des Schädels über den Hals bis auf den vorderen Teil des Rückens. Seine Ränder waren mit knöchernen Dornen und Höckern gesäumt. Die Fenster auf beiden Seiten des Nackenschildes waren so groß, daß der Schild selbst nicht viel mehr als ein Rahmen war. Trotz seiner Größe war er daher relativ leicht.

Der spektakuläre Nackenschild diente ohne Zweifel dem Imponierverhalten. Angreifer und/oder rivalisierende Männchen wurden gewarnt, den Weibchen möglicherweise Paarungsbereitschaft signalisiert. Denkbar ist auch, daß die männlichen Tiere einer Herde im Falle eines Angriffs einen geschlossenen Ring um die Jungtiere bildeten und den Feind abzuschrecken versuchten, indem sie die großen Köpfe mit den imposanten Nackenschilden hin und her schwenkten.

Einige Paläontologen vertreten die Ansicht, die Horndinosaurier aus diesem Verwandtschaftskreis hätten im Bedarfsfall recht schnell laufen können. Gewisse anatomische Merkmale deuten darauf hin: So sind zum Beispiel die Schulterblätter nicht fest mit dem übrigen Skelett verbunden, weshalb sich der ganze Schultergürtel mit den Vorderbeinen vor und zurück bewegte. Mit diesen Eigenschaften waren die Voraussetzungen für eine schnelle Fortbewegung gegeben.

Der Beckengürtel war indessen mit acht Kreuzbeinwirbeln verbunden und bildete somit eine solide Ansatzfläche für die kräftige Muskulatur des Hinterkörpers.

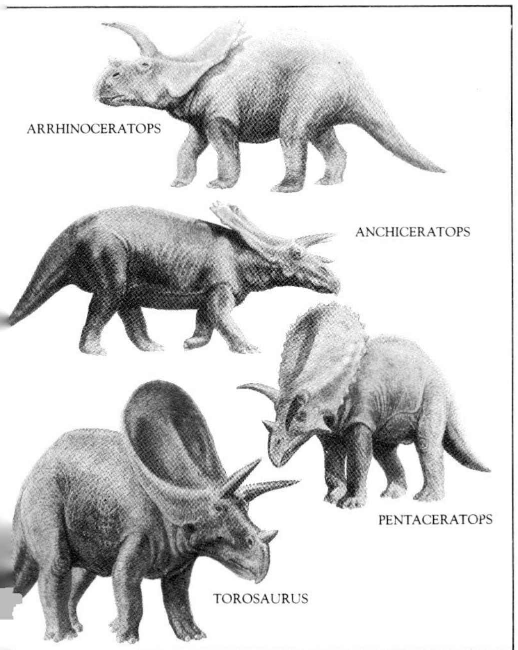

NAME: ***Arrhinoceratops***
ZEITLICHE VERBREITUNG: **Oberkreide**
GEOGRAPHISCHE VERBREITUNG: **Nordamerika (Alberta und Utah)**
LÄNGE: **5,5 m**

Arrhinoceratops war ein naher Verwandter von *Chasmosaurus* (s. o.), ähnelte aber aufgrund der nach vorne gekrümmten, über die Schnauzenspitze hinausreichenden Stirnhörner eher *Triceratops* aus der Gruppe der Horndinosaurier mit kurzen Nackenschilden. Auch ein kleines Nasenhorn war ausgebildet.

Im muschelförmigen Nackenschild von *Arrhinoceratops* waren kreisrunde Öffnungen zur Gewichtsersparnis angelegt. Der Rand war in ziemlich weiten Abständen mit großen knöchernen Höckern geschmückt.

Arrhinoceratops-Fossilien werden längst nicht so häufig gefunden wie die fossilen Reste anderer Arten der Familie. Vielleicht war das Tier in der Tat seltener, vielleicht aber bewohnte es auch nur trokkene, höhergelegene Gebiete, in denen eine Fossilüberlieferung seltener ist.

NAME: ***Anchiceratops***
ZEITLICHE VERBREITUNG: **Oberkreide**
GEOGRAPHISCHE VERBREITUNG: **Nordamerika (Alberta)**
LÄNGE: **6 m**

Anchiceratops lebte gegen Ende der Oberkreide, später noch als der verwandte *Chasmosaurus*, und stammte möglicherweise sogar von diesem ab.

Obwohl *Anchiceratops* größer war als *Chasmosaurus*, war sein Körper stärker stromlinienförmig gebaut. Der Rumpf war länger, der Schwanz kürzer, der große Nackenschild beträchtlich schmaler. Zwei lange, schmale Hörner entsprangen oberhalb der Augen und waren – ebenso wie das kurze Nasenhorn – nach vorne gerichtet.

Der Nackenschild wurde im Zentrum von einem starken Kamm zweigeteilt; auf beiden Seiten befanden sich im Knochen mittelgroße Öffnungen. Am oberen Rand des Nackenschildes stand ein Paar hornähnlicher, nach vorne gerichteter Fortsätze.

Die Reste von *Anchiceratops* fand man in den Ablagerungen früherer Deltagebiete zusammen mit Kohleflözen, die aus den obersten Gesteinen der Oberkreide stammen. Wahrscheinlich lebte *Anchiceratops* in Sümpfen oder in deren Nähe und ernährte sich in diesem feuchten Lebensraum von Sumpfzypressen, Farnen, Mammutbäumen und Palmfarnen.

NAME: ***Pentaceratops***
ZEITLICHE VERBREITUNG: **Oberkreide**
GEOGRAPHISCHE VERBREITUNG: **Nordamerika (New Mexico)**
LÄNGE: **6 m**

Wie *Anchiceratops* kann auch *Pentaceratops* ein Nachkomme von *Chasmosaurus* gewesen sein, der während einer früheren Epoche der Oberkreide lebte. Auch *Pentaceratops* besaß einen mächtigen, mit kleinen Dornen gesäumten Nackenschild. Bei einigen Arten reichte der breite Schild bis zur Rückenmitte und war zur Gewichtsersparnis mit vier großen Öffnungen versehen.

Als *Pentaceratops* entdeckt wurde, gingen die Wissenschaftler zunächst davon aus, daß sie einen höchst ungewöhnlichen Dinosaurier mit fünf Hörnern auf dem Kopf entdeckt hatten (*Pentaceratops* bedeutet in wörtlicher Übersetzung »Fünfhorngesicht«).

In Wirklichkeit trug das Tier aber nur drei Hörner: ein kurzes, gedrungenes Horn auf der Schnauze und zwei lange, nach vorne gerichtete Hörner, oberhalb der Augen. Die zwei restlichen Hörner ragen in Höhe der Wangen nach außen. Bei ihnen handelt es sich jedoch nicht um echte Hörner, sondern um Auswüchse der Wangenknochen – eine bei den Ceratopiden mit langem Halsschild nicht ungewöhnliche Erscheinung.

NAME: ***Torosaurus***
ZEITLICHE VERBREITUNG: **Oberkreide**
GEOGRAPHISCHE VERBREITUNG: **Nordamerika (Montana, South Dakota, Texas, Utah und Wyoming)**
LÄNGE: **7,6 m**

Der wissenschaftliche Name dieses Horndinosauriers ist ein spanisch-griechisches Mischwort und bedeutet soviel wie »Stiersaurier«. Die fossilen Knochen wurden in den obersten Schichten der Oberkreide gefunden. *Torosaurus* war der größte und letzte Vertreter der Horndinosaurier mit langem Halsschild, während sein Zeitgenosse *Triceratops* der größte Horndinosaurier überhaupt und der letzte aus der Gruppe mit kurzem Nackenschild war. Herden beider Arten bevölkerten vor ungefähr 70 Millionen Jahren das heutige Nordamerika.

Der Schädel von *Torosaurus* erreichte eine Länge von 2,6 m und übertrifft damit alle anderen bisher bekannten, ausgestorbenen oder lebenden Landtiere. Mehr als die Hälfte davon nimmt allerdings der gewaltige Nackenschild ein. Er entsprang dem Hinterhaupt und besaß die typischen paarigen Knochenfenster. Der Rand des Nackenschildes war glatt; die bei vielen anderen Arten auftretenden knöchernen Verdickungen fehlten.

Oberhalb der Augen entsprangen zwei große Hörner. Ein kürzeres Horn stand in der Nasengegend gleich oberhalb des massiven scharfen Hornkiefers. Alle drei Hörner waren gerade und nach vorne gerichtet.

So wie heutzutage Nashörner und Elefanten kaum von Raubtieren attackiert werden, dürfte zur damaligen Zeit ein so imposantes Tier wie *Torosaurus* weitgehend von Angriffen verschont geblieben sein. Trotz seines Gewichtes von ungefähr 8 t konnte es sich auf seinen muskulösen Beinen ziemlich rasch fortbewegen. Der gepanzerte Kopf, die dicke, schwartige Haut und der riesige Nackenschild mit seinen spitzen Hörnern gaben *Torosaurus* im Notfall auch eine Chance im Kampf gegen die großen Fleischfresser unter den Dinosauriern.

Allerdings waren die Tage der pflanzenfressenden Dinosaurier und ihrer fleischfressenden Cousins gegen Ende der Kreidezeit gezählt. Die Dinosaurier starben vor 65 Millionen Jahren überall auf der Welt aus. Mit ihnen verschwanden einige andere Tiergruppen wie die Plesiosaurier, die Fischsaurier und die Ammoniten im Meer sowie die Flugsaurier in der Luft. In den Gesteinen des darauffolgenden Tertiärs fand man nicht mehr die geringste Spur von ihnen.

Zur Erklärung des mysteriösen Massenaussterbens am Ende des Mesozoikums wurden schon Dutzende von Theorien aufgestellt. Alle möglichen Faktoren und Ereignisse zogen die Wissenschaftler heran: Bewegungen der Erdkruste, Hunger, Parasiten, Gifte, Klimaveränderungen, Meteoriteneinschläge, extraterrestrische Jäger. Keine dieser Theorien kann jedoch die Frage, warum damals so viele unterschiedliche Tiere in ebenso unterschiedlichen Lebensräumen dasselbe Schicksal ereilte, zufriedenstellend beantworten (vgl. S. 92–93).

Vögel: Herrscher der Lüfte

Die Eroberung des Weltraums war für die Menschheit die letzte große Herausforderung. In ähnlicher Weise bot die Eroberung der Luft eine letzte große Chance für die Wirbeltiere. Und so wie Reisen in den Weltraum die Entwicklung neuer Treibstoffe und Techniken erforderten, so bedingte die Flugfähigkeit grundlegende Veränderungen im Körperbau und in der Physiologie der Wirbeltiere.

Der Flug als Technik

Die Vögel beherrschen den Lebensraum Luft. Ihre Formen- und Artenvielfalt in Vergangenheit und Gegenwart – zur Zeit existieren noch ungefähr 166 Familien – übertrifft die aller anderen fliegenden Wirbeltiere. Der Erfolg der Vögel basiert auf der Entwicklung eines Organs, das einzigartig ist in der Tierwelt: der Feder. Dieses aerodynamische Gebilde, das aus Reptilienschuppen entstanden ist, war die entscheidende Innovation, die ideale Voraussetzung für den Flug. Im Gegensatz zu den verwundbaren Flügelhäuten der Flugsaurier und Fledermäuse sind Federn leicht und können nach Beschädigung ersetzt werden.

Die Vögel wandelten die Vordergliedmaßen ihrer Reptilienvorfahren in befiederte Flügel um und gewannen dadurch jene große Oberfläche, derer es bedarf, um den Körper in der Luft zu halten. Nach dem Landen konnten die Flügel zusammengefaltet werden; der ruhende Körper war somit kompakt. Die Hintergliedmaßen wurden dergestalt umgeformt, daß das Tier sich auch zu Lande fortbewegen konnte.

Den Antrieb für den aktiven Ruderflug besorgen große Muskeln, die 15–30 Prozent des gesamten Körpergewichts ausmachen. Sie ziehen von den Flügeln zum Schultergürtel. Das Brustbein ist stark vergrößert und trägt in der Mitte einen hohen Kamm; beide Oberflächen bieten ausgedehnte Ansatzflächen für die Flugmuskeln (s. S. 173). Diese sind zudem mit den beiden verwachsenen Schlüsselbei-

Archaeopteryx erschien im Oberjura und ist damit der älteste bekannte Vogel. In der Kreidezeit kam es zu einer explosionsartigen Entwicklung der Vögel, und am Ende dieser Periode (spätestens jedoch im Eozän) existierten bereits die meisten modernen Gruppen. Da Vögel nur in seltenen Fällen fossil erhalten blieben, beruht dieser Stammbaum auf einer anderen Grundlage, nämlich dem genetischen Material heute existierender Formen (Untersuchungen von C. G. Sibley und Mitarbeitern). Von den ungefähr 27 Ordnungen, die gegenwärtig Anerkennung finden, wurde nur ein Teil übernommen. In der Stammesgeschichte, die über 140 Millionen Jahre währte, sind nur verhältnismäßig wenige Gruppen ausgestorben. (Schlüssel für die Silhouetten s. S. 312).

Ausgezogene Balken bedeuten bekannte Fossilnachweise. Unterbrochene Linien zeigen mögliche stammesgeschichtliche

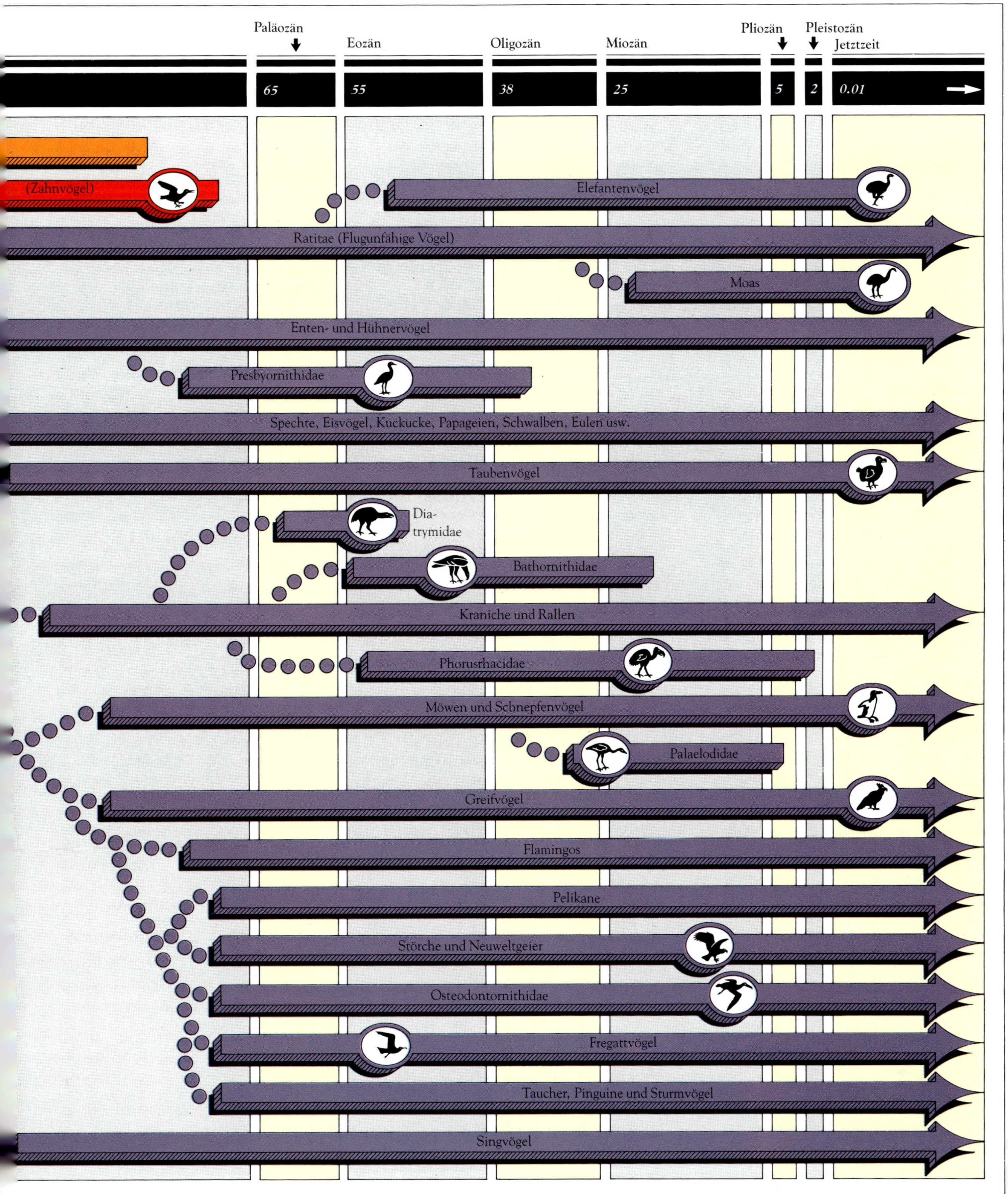

eziehungen zwischen den einzelnen Gruppen.

Vögel: Herrscher der Lüfte

nen (Gabelbein) und einer Membran verbunden, die vom Gabelbein zum Brustbein zieht.
Um genügend Platz für die Muskeln zu schaffen, ist das Schultergelenk zu beiden Seiten des Körpers bis auf die Höhe der Wirbelsäule nach oben gewandert. Das Brustbein wird vorne durch die vergrößerten Rabenschnabelbeine *(Coracoide)* in Distanz zum Schultergelenk gehalten und ist über starke Rippen mit der Wirbelsäule verbunden. Diese stabile Konstruktion kann den enormen Kräften, die beim Zusammenziehen der Flugmuskulatur entstehen, standhalten.
Ein Vogel, der auf zwei Beinen geht und sich vom Boden aus in die Luft katapultiert, muß über lange und kräftige Hinterbeine verfügen. Diese Eigenschaft entwickelte sich im Laufe der Evolution durch die Verlängerung des Unterschenkels und die Herausbildung eines zusätzlichen Knochens, des Laufbeins *(Tarso-Metatarsus)*, das aus der Verschmelzung einiger Mittelfuß- und Fußwurzelknochen entstand.
Die kräftigen Muskeln, die für die Vorwärts- und Rückwärtsbewegung der Beine sorgen, sind am umgebauten Becken befestigt, dessen Knochen eine starke Verlängerung erfuhren. Das Darmbein erstreckt sich vom Hüftgelenk weit nach vorne und ist mit 11–23 Wirbeln fest verbunden (bei den Reptilien nur mit 2 oder 3). Sitzbein und Schambein erstrecken sich vom Hüftgelenk nach hinten. Um zu verhindern, daß der Vogel beim Gehen vornüberkippt, mußte der Körper verkürzt und nach hinten zwischen die Beine verlagert werden, so daß der Schwerpunkt über den Füßen zu liegen kam. Das vergrößerte Brustbein geriet infolgedessen zwischen die Knie.
Da die kräftigen, flexiblen Flügel für die Fortbewegung und die Steuerung sorgen, erübrigt sich die stabilisierende Funktion eines langen Schwanzes. Dessen Knochen wurden daher auf ein kurzes Pygostyl reduziert. Die Schwanzfedern können fächerförmig aufgestellt werden und dienen bei der Landung als Bremse.

Innere Veränderungen
Nicht nur das Skelett, sondern die gesamte Physiologie des Vogels mußte der Flugfähigkeit angepaßt werden. Ein Beispiel dafür bietet der hohe Energiebedarf: Er förderte die Entwicklung eines erheblich leistungsfähigeren Atmungssystems. Die einzigartige Verteilung zahlreicher Luftsäcke auch abseits der eigentlichen Atemwege führt dazu, daß die Luft kontinuierlich durch die Vogellunge strömt und nicht stoßweise die Lungenflügel aufbläst wie bei anderen Wirbeltieren.
Die Vögel sind wie die Säuger warmblütig (vgl. S. 60). Die körpereigene Energieproduktion ist damit nicht von der Temperatur der Umwelt abhängig. Eine derartige Physiologie erfordert eine Wärmeisolation, die bei den Vögeln von den weichen Daunenfedern besorgt wird; sie liegen unter den größeren Konturfedern, die dem Vogel seine äußere Gestalt verleihen.

***Archaeopteryx*, der erste Vogel**
Ein Vogel- und ein Reptilienskelett haben heute nicht mehr viel miteinander gemein. Wäre nicht dank eines großen Glückszufalls *Archaeopteryx* entdeckt worden, so ließe sich die Abstammung der Vögel nicht mit Sicherheit ableiten. *Archaeopteryx*, dessen Überreste in Kalkgesteinen des Oberjura erhalten blieben, erwies sich sowohl in zeitlicher wie in anatomischer Hinsicht als ideales Bindeglied zwischen den Reptilien und den Vögeln.
Ein besonders glücklicher Umstand war, daß die Sedimente, in denen man *Archaeopteryx* fand, so feinkörnig waren, daß rund um das Skelett Abdrücke der Federn erhalten blieben. Der Aufbau der Federn und die Form der Flügel lassen keinen Unterschied zu den flugfähigen Vögeln unserer Tage erkennen. Es ist daher anzunehmen, daß *Archaeopteryx* nicht nur den passiven Gleitflug kannte. Für den aktiven Ruderflug spricht unter anderem das Gabelbein, das heute zu den Ansatzflächen für die Flugmuskulatur gehört.
Archaeopteryx zeigt darüber hinaus einige primitive Merkmale, die bei späteren Vögeln verlorengingen (s. S. 173). So trug er beispielsweise in beiden Kiefern kleine, scharfe Zähne. Spätere Vögel ersetzten sie durch einen zahnlosen Hornschnabel. An den Vordergliedmaßen befanden sich noch drei Finger mit Krallen, wobei jeder Finger deutlich vom nächsten getrennt war (im Gegensatz zu den Knochenverschmelzungen bei modernen Vögeln). Schließlich besaß *Archaeopteryx* noch einen langen, knöchernen Schwanz. Die Abdrücke im Gestein zeigen, daß er zu beiden Seiten noch eine Reihe langer Federn trug.
Vielleicht sorgten sie für einen Auftrieb von hinten, der den durch die Vorderflügel hervorgerufenen Auftrieb ausglich.
Man geht in Fachkreisen heute davon aus, daß *Archaeopteryx* vorwiegend in Bäumen lebte, Insekten fraß und im Ruder- und Gleitflug von Baum zu Baum segelte, wobei es sich nicht vermeiden ließ, daß er gelegentlich auf dem Boden landete. Er kletterte dann mit seinen scharfen, bekrallten Fingern wieder die Bäume hoch.
Abgesehen von den Proportionen seiner Flügel ähnelt das Skelett von *Archaeopteryx* dem eines kleinen, leicht gebauten, schnellaufenden Coelurosauriers wie *Compsognathus* (s. S. 106, 108). Diese Tiere lebten ebenfalls im Oberjura in Europa. Die meisten Forscher vertreten die Ansicht, *Archaeopteryx* sei aus ihnen oder ähnlichen zweifüßigen Dinosauriern hervorgegangen. Vielleicht waren die jungen Dinosaurier mehr an Insektennahrung interessiert als die ausgewachsenen und erstiegen auf der Suche danach Bäume und Büsche. Denkbar ist auch, daß die kleinen Körper der jungen Dinosaurier mit einer warmhaltenden Hautschicht überzogen waren, aus der sich im Laufe der Zeit die Federn entwickelten.
Eine andere These besagt, *Archaeopteryx* sei aus einem den frühen Krokodilen nahestehenden Reptil hervorgegangen. Spezialmerkmale, die *Archaeopteryx* mit diesen Krokodilen gemeinsam hätte, lassen sich aber nur mit Mühe feststellen; außerdem fehlt ein fossiles Bindeglied zu diesen triassischen Formen.

Die Kontroverse um das »missing link«
Archaeopteryx verkörpert ein ideales Bindeglied zwischen Reptilien und Vögeln und gilt damit als eines der wichtigsten Beweisstücke für die Evolutionstheorie. Das erste Exemplar wurde 1861 gefunden, also nur wenige Jahre, nachdem Charles Darwin seine Theorie der Evolution durch natürliche Auslese veröffentlicht hatte.
Seit jeher ist *Archaeopteryx* ein ausgemachtes Ziel für die Angriffe jener, die die Theorie, alle lebenden Organismen hätten eine schrittweise Evolution durchgemacht, nicht akzeptieren. 1985 entwickelten zum Beispiel die britischen Astronomen Fred Hoyle und N. C. Wickramasinghe die Vorstellung, viele evolutive Neuerungen seien auf eine regelrechte Virendusche zurückzuführen, die auf die Erde niedergegangen sei und die Tierwelt mit neuen Merkmalen infiziert habe. Auch das Aussterben der Dinosaurier sowie die Entstehung der Vögel und der Säuger ist nach Ansicht der beiden Autoren auf eine solche Virendusche gegen Ende der Kreidezeit zurückzuführen.
Die Existenz von *Archaeopteryx*, der aus oberjurassischen Gesteinen stammt und mithin mehr als 80 Millionen Jahre älter ist als die Lebewesen der Oberkreide, erweist sich als entscheidender Schwachpunkt der Virentheorie. Hoyle und Wickramasinghe behaupten daher, bei den vorliegenden Exemplaren von *Archaeopteryx* handele es sich um Fälschungen: Irgend jemand habe in einer Art Zement Federabdrücke moderner Vögel angefertigt und diese dann sorgfältig um ein kleines Dinosaurierskelett drapiert. Anhand identischer Sprünge und Markierungen auf beiden Seiten der Kalkplatten, in die die *Archaeopteryx*-Skelette eingebettet waren, ließ sich jedoch deren Echtheit beweisen: Wäre ein Teil der Gesteine nachträglich mit einer Zementschicht bedeckt worden, so hätte es keine derartigen Übereinstimmungen geben können.

Vom Reptil zum Vogel

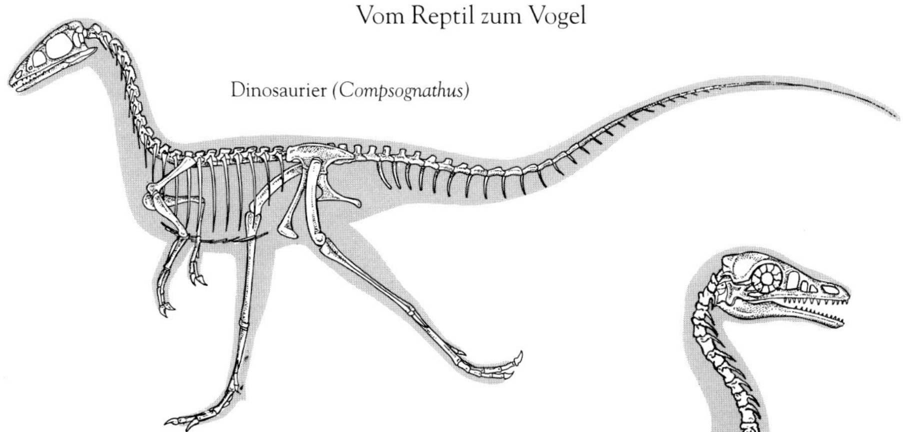

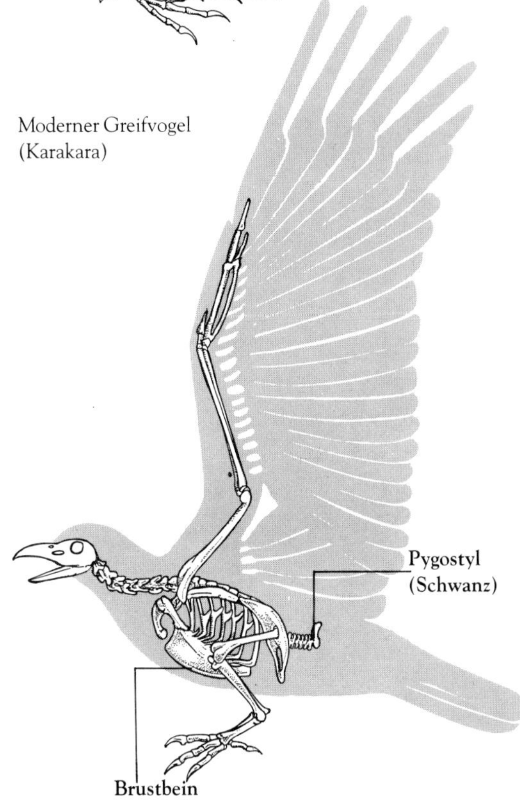

Die Paläontologen sind heute davon überzeugt, daß die Vögel aus kleinen fleischfressenden Dinosauriern hervorgingen, die auf ihren langen, schlanken Hintergliedmaßen aufrecht laufen konnten. Das Skelett des Dinosauriers *Compsognathus* (s. o.) sieht dem des ältesten Vogels (*Archaeopteryx*, Mitte) auffallend ähnlich. Beide Tiere hatten lange Laufbeine, einen langen knöchernen Schwanz, vogelähnliche Füße, Krallen an den Fingern und scharfe, zugespitzte Zähne. *Archaeopteryx* verfügte jedoch über Federn – ein unverkennbares Vogelmerkmal. Ihre Abdrücke blieben im Gestein erhalten. Auch das Schlüsselbein zeigte den für Vögel typischen Aufbau (Gabelbein).
Ein moderner flugfähiger Vogel (rechts) hat einen kurzen, kompakten Rumpf, dessen Schwerpunkt aus Gleichgewichtsgründen oberhalb der Beine liegt. Das Brustbein entwickelte einen hohen Kamm, an dem die Flugmuskulatur ansetzt. Der Schwanz ist zum Pygostyl reduziert, und die Kiefer tragen keine Zähne mehr.

Die Evolution der Vögel

Zwischen *Archaeopteryx* und der so vielfältigen modernen Vogelwelt existieren in der Kreidezeit zwei ungewöhnliche Vogelgruppen (Unterklassen, s. S. 170–171). Die eine Gruppe – *Enantiornithes* – wurde in Argentinien entdeckt und 1981 beschrieben. Man weiß nur wenig über sie. Von allen anderen Vögel unterscheidet sie sich durch bestimmte Merkmale an den Beinen, den Oberarmknochen und am Schultergürtel.
Eine weitere Gruppe kreidezeitlicher Vögel, die *Odontornithes* oder »Zahnvögel«, eröffnet uns weitere Einblicke in die Vogelevolution. Wie ihre Vorfahren trugen diese frühen Meeresvögel Zähne auf den Kiefern, um glitschige Fische festhalten zu können. Einige darunter, etwa die haubentaucherähnlichen Hesperornithiden, hatten ihre Flugfähigkeit eingebüßt, während andere – wie die Ichthyornithiden – immer noch über Flügel verfügten und wahrscheinlich heutigen Seeschwalben ähnlich sahen.
Eine Reihe von Vogeltypen hat ihre Flugfähigkeit verloren. Dazu kommt es anscheinend vor allem in solchen Gebieten, wo keine aktiven Raubtiere im Lebensraum des betreffenden Vogels leben und der energieaufwendige Flug nicht länger benötigt wird – so beispielsweise gegen Ende der Kreidezeit, als die räuberischen Dinosaurier verschwunden waren und die Raubtiere unter den Säugern noch nicht existierten oder gewisse Gebiete noch nicht erreicht hatten.
Die heutigen Vögel sowie die fossilen Vertreter dieser Tiergruppe zählen zur Unterklasse *Neornithes*. Allen gemeinsam ist der komplizierte Aufbau des knöchernen Munddachs, was zu der These führte, daß alle diese Vögel von einem gemeinsamen Ahnen abstammen.
Während ihrer gesamten Stammesgeschichte haben die Vögel im wesentlichen ein und denselben Skelettaufbau beibehalten. Allerdings sind die zerbrechlichen Vogelknochen nur in seltenen Fällen gut erhalten geblieben. Die Rekonstruktion der Verwandtschaftsverhältnisse (S. 170–171) beruht auf den kürzlich veröffentlichten Untersuchungen von C. G. Sibley und Mitarbeitern über die Kompatibilität von DNS-Strängen aus Zellen lebender Vögel.
Da Vogelknochen meist unvollständig und Abdrücke von Federn nur sehr selten fossil erhalten blieben, lassen sich nur ungenaue Aussagen über die äußere Gestalt der Urzeitvögel machen. Schließlich sind es im wesentlichen die Federn, die die äußere Erscheinung eines Vogels bestimmen; man denke nur an die langen Unterschwanzdecken und die Federhaube des Pfaus.

Frühe und flugunfähige Vögel

DINORNIS
MAXIMUS
EMEUS CRASSUS
RAPHUS
CUCULLATUS
HARPAGORNIS MOOREI

Frühe und flugunfähige Vögel

Unterklasse Archaeornithes
Die Gruppe der »alten Vögel« enthält bis heute nur eine Gattung – *Archaeopteryx* – und vielleicht auch nur eine einzige Art. *Archaeopteryx* ist der älteste Vogel und nimmt eine Sonderstellung in der Stammesgeschichte ein, da er von seiner Anatomie her ein Bindeglied zwischen den Reptilien und den Vögeln darstellt.

Name: ***Archaeopteryx lithographica***
Zeitliche Verbreitung: ***Oberjura***
Geographische Verbreitung: ***Europa (Deutschland)***
Länge: ***35 cm***
Die Entdeckung von *Archaeopteryx* ist ein Klassiker in der Geschichte der Paläontologie. Im Jahre 1861 wurden – wie schon seit vielen Jahren – aus den feinkörnigen lithographischen Plattenkalken in Solnhofen Blöcke geschnitten. Die Gesteine stammen aus dem Oberjura und sind ungefähr 150 Millionen Jahre alt. Eine Platte enthielt das fast vollkommen erhaltene Skelett von *Archaeopteryx*. Und es waren nicht nur die feinen Knochen erhalten geblieben, sondern das Gestein zeigte sogar die Abdrücke der Federn in ihrer natürlichen Lage auf den Flügeln und dem Schwanz.
Ein zweites, noch vollständigeres Skelett wurde 1877 unweit des ersten Fundortes entdeckt. Das Original dieses Stückes befindet sich heute im Naturhistorischen Museum der Humboldt-Universität in Berlin (DDR). In der Zwischenzeit sind vier weitere Exemplare bekannt geworden.
Archaeopteryx war ungefähr taubengroß, hatte einen kleinen Kopf und große Augen, zugespitzte Zähne im Ober- und Unterkiefer und einen langen, knöchernen Schwanz. Die Gliedmaßen waren lang und schlank; an der Hand befanden sich drei bekrallte Finger, und die Hinterbeine waren typisch vogelartig ausgebildet. Die Unterschenkelknochen waren lang, was darauf hindeutet, daß das Tier gut laufen konnte (vgl. S. 173).
Eine solche Beschreibung paßt nicht genau zu dem Bild, das die Vögel der Gegenwart bieten. *Archaeopteryx* besaß jedoch zwei unverkennbar vogeltypische Merkmale: zum einen ein Gabelbein, das aus der Verschmelzung zweier Schlüsselbeine hervorgegangen war, und zum anderen typische Federn an den Armen und am Schwanz.
Ohne diese vogeltypischen Merkmale könnte man *Archaeopteryx* ohne weiteres für einen kleinen, zweifüßigen fleischfressenden Coelurosaurier (s. S. 106–109) halten. Tatsächlich wurde der jüngste Funde von *Archaeopteryx* aus dem Jahr 1951 zunächst als *Compsognathus* bestimmt, bis man in den frühen siebziger Jahren Federabdrücke erkannte und den Irrtum bemerkte.
Die meisten Paläontologen gehen heute davon aus, daß *Archaeopteryx* in offenem Waldland lebte, sich von Insekten ernährte und von Baum zu Baum geflogen oder gesegelt ist. Vielleicht schnappte er im Flug nach seinen Beutetieren, doch kann es auch sein, daß er sich aus der Luft auf am Boden befindliche Opfer stürzte. Mit den bekrallten Fingern und Zehen konnte er danach wieder auf einen Baum klettern, um von dort aus den nächsten Flug vorzubereiten.
Das Brustbein von *Archaeopteryx* war sehr klein und sah ganz anders aus als das Brustbein heutiger Vögel, das einen großen Kiel aufweist, der den kraftvollen Flugmuskeln Ansatzfläche bietet. Einige Forscher glauben, die Federn von *Archaeopteryx* hätten mehr der Wärmeisolierung als dem Flug gedient. Das Tier war mit großer Wahrscheinlichkeit warmblütig wie seine heutigen Verwandten. Die Federn von *Archaeopteryx* sind im Aufbau und in ihrer Anordnung auf den Flügeln denen moderner Vögel sehr ähnlich.

Unterklasse Odontornithes
Die »Zahnvögel« lebten während der Kreidezeit. Sie ähnelten den heutigen Vögeln, besaßen aber kleine Zähne.
Die Angehörigen dieser Gruppe verfügten bereits über eine der wichtigsten anatomischen Voraussetzungen für einen ausdauernden Flug: ein breites Brustbein mit einem Kiel, die kräftigen Flugmuskeln Ansatzfläche boten. Bei einigen Formen war dieses Merkmal allerdings sekundär schon wieder verlorengegangen. Auch der lange, knöcherne Schwanz ihrer Vorfahren fehlte den *Odontornithes* bereits.

Ordnung Ichthyornithiformes
Fossilfunde dieser wahrscheinlich fischfressenden Meeresvögel sind in marinen Ablagerungen der Oberkreide in Nordamerika weit verbreitet. Der Form des Brustbeins mit dem hohen Kiel nach zu schließen, konnten sie gut fliegen.

Name: ***Ichthyornis dispar***
Zeitliche Verbreitung: ***Oberkreide***
Geographische Verbreitung: ***Nordamerika (Kansas und Texas)***
Höhe: ***20 cm***
Als *Ichthyornis* in den siebziger Jahren des vergangenen Jahrhunderts entdeckt wurde, glaubte man aufgrund der Zähne zunächst, es handele sich bei diesem Vogel um einen Mosasaurier, also eine fischfressende Meeresechse (s. S. 88). Dieses Reptil, das zudem im selben Gestein zweifelsfrei nachgewiesen war, hatte ähnliche Kiefer und Zähne wie *Ichthyornis*. *Ichthyornis dispar* und verwandte Arten sahen aber eher wie eine große Seeschwalbe aus, nur waren Kopf und Schnabel im Verhältnis größer. Das große Brustbein deutet auf gut entwickelte Flugfähigkeit hin.

Ordnung Hesperornithiformes
Diese Vogelgruppe aus der Kreide hatte sich auf eine tauchende Lebensweise spezialisiert und die Flugfähigkeit sekundär verloren. Das Brustbein war zwar noch gut entwickelt, der Kiel hingegen reduziert, die Flügel zurückgebildet. Diese Vögel fischten offensichtlich in den Flachmeeren, die während der Kreidezeit einen großen Teil des zentralen Nordamerika bedeckten, und nisteten vermutlich an der Küste.

Name: ***Hesperornis regalis***
Zeitliche Verbreitung: ***Oberkreide***
Geographische Verbreitung: ***Nordamerika (Kansas)***
Höhe: ***1,8 m***
Dieser große, flugunfähige Vogel unterschied sich von anderen bezahnten Meeresvögeln dadurch, daß seine Flügel fast vollständig zurückgebildet waren. Er schwamm mit mächtigen Schlägen seiner breiten, weit hinten am Körper ansetzenden Schwimmfüße. Der Bewegungsablauf entsprach ungefähr dem eines heutigen Eis- oder Haubentauchers.
Hesperornis regalis jagte wahrscheinlich schnelle Fische und Tintenfische unter Wasser. Seine glitschige Beute packte er mit dem langen Schnabel, der scharfe, zugespitzte Zähne trug. Wahrscheinlich nistete das Tier wie die heutigen Taucher in der Nähe des Wassers und war wie diese an Land unbeholfen und leicht verwundbar.

Unterklasse Neornithes
Zu den *Neornithes* oder »neuen Vögeln« gehören alle heutigen Arten. Sie begannen sich während der Unterkreide an die unterschiedlichen Lebensräume anzupassen. Im Unteren Eozän, vor ungefähr 50 Millionen Jahren (s. S. 170–171), waren fast alle modernen Gruppen bereits ausgebildet.

Ordnung Struthiornithiformes
Zu dieser Ordnung zählen die großen, langbeinigen, flugunfähigen Vögel, die auch unter dem Namen Ratiten bekannt sind. Sie haben alle kleine oder winzige Flügel, und das Brustbein hat den zentralen Kiel verloren.
Die Ratiten oder Laufvögel traten während der Kreide oder im Alttertiär auf und entwickelten je nach Kontinent unterschiedliche Typen. Die einzigen Überlebenden dieser Gruppe sind die Emus und die Kasuare Australiens und Neuguineas, die Kiwis Neuseelands, die Nandus Südamerikas und die Strauße Afrikas (früher auch Eurasiens).

NAME: ***Aepyornis titan***
ZEITLICHE VERBREITUNG: ***Pleistozän bis Jetztzeit***
GEOGRAPHISCHE VERBREITUNG: ***Madagaskar***
HÖHE: ***3 m***
Die ausgestorbenen, flugunfähigen Arten der Gattung *Aepyornis*, von denen die hier dargestellte die größte war, waren schwer gebaut und erreichten wahrscheinlich ein Gewicht von 500 kg. Ihre volkstümliche Bezeichnung – Elefantenvögel – geht auf die arabischen Erzählungen vom Vogel Rock zurück, der angeblich einen Elefanten packen und in die Luft heben konnte. So ist *Aepyornis* wahrscheinlich der legendäre Vogel Rock von Sindbad dem Seefahrer in den Erzählungen aus Tausendundeiner Nacht.
Die elefantenähnlichen Beine von *Aepyornis* endeten in drei Zehen, die sich weit abspreizen ließen, um das Körpergewicht besser zu verteilen. Die dicken Oberschenkelknochen waren stark verlängert, was darauf hindeutet, daß das Tier nicht allzu schnell laufen konnte – ganz im Gegensatz zum verwandten Strauß, dem schnellsten Lebewesen auf zwei Beinen.
Aepyornis legte riesige Eier. Sie waren über 30 cm lang, hatten einen Inhalt von ungefähr 9 l und wogen frisch wahrscheinlich an die 10 kg.
Abgesehen von seiner Größe und seiner Kraft verfügte der Elefantenvogel über keine besonderen Mittel zur Verteidigung: keine Zähne auf den Kiefern, keine Klauen an den Füßen, keine Flügel zum Davonfliegen. Die einzigen großen Räuber auf seiner Heimatinsel waren Krokodile, und denen konnte er aus dem Weg gehen. Als der Mensch vor weniger als 1500 Jahren Madagaskar besiedelte, lebten dort immer noch Elefantenvögel. Die abgebildete Art ist wahrscheinlich erst im 17. Jahrhundert ausgestorben.

NAME: ***Dinornis maximus***
ZEITLICHE VERBREITUNG: ***Pleistozän bis Jetztzeit***
GEOGRAPHISCHE VERBREITUNG: ***Neuseeland***
HÖHE: ***3,5 m***
Dinornis maximus war der größte Vogel, der jemals existiert hat, größer noch als der Elefantenvogel Madagaskars. Es handelte sich um eine von ungefähr einem Dutzend Moa-Arten, die auf Neuseeland bis in historische Zeit überlebten.
Ungefähr im 10. Jahrhundert gelangte der Mensch auf die Inseln. In den darauffolgenden 800 Jahren zerstörte er den größten Teil der Wälder durch Brandrodung. Die Moas wurden erbarmungslos gejagt, bis sie um 1800 endgültig ausstarben.
Alle Moas waren eindrucksvolle, große und ziemlich langsame Vögel mit langen Hälsen und kräftigen Beinen. Da es in ihrer Heimat keine großen Fleisch- und Pflanzenfresser gab, übernahmen sie mit der Zeit die Rolle von Weidetieren.

NAME: ***Emeus crassus***
ZEITLICHE VERBREITUNG: ***Pleistozän bis Jetztzeit***
GEOGRAPHISCHE VERBREITUNG: ***Neuseeland***
HÖHE: ***1,5 m***
Dieser Moa war nur halb so groß wie *Dinornis*, fiel aber durch die überaus mächtigen Beine mit sehr breiten Zehen auf. Es muß sich um ein äußerst unbeholfenes Tier gehandelt haben – eine leichte Beute für die Moa-Jäger.
Den heutigen Kiwi, das Wappentier Neuseelands, betrachten einige Paläontologen als hochspezialisierten Moa. Die drei Arten, die überlebt haben, sind winzig im Vergleich zu ihren ausgestorbenen Verwandten, denn sie erreichen kaum 60 cm Höhe.

Ordnung Columbiformes
Diese Ordnung umfaßt die Tauben und hat sich seit ihrem ersten Auftreten in der Oberkreide oder im Alttertiär kaum weiterentwickelt. Auf tropischen Inseln entstanden in Abwesenheit von Räubern besonders große Formen, vor allem während des Pleistozäns.

NAME: ***Raphus cucullatus***
ZEITLICHE VERBREITUNG: ***Pleistozän bis Jetztzeit***
GEOGRAPHISCHE VERBREITUNG: ***Insel Mauritius***
HÖHE: ***1 m***
Die Dronte – andere Völker nennen das Tier auch Dodo – war eine riesenhafte, bodenbewohnende Taube, deren Ausrottung der Mensch zu verantworten hat. Das flugunfähige, langsame Tier fiel Seefahrern zum Opfer, die auf Inseln im Indischen Ozean ihre Nahrungsmittelvorräte ergänzten.
Die Dronte war ungefähr truthahngroß, von weichen Daunenfedern bedeckt und hatte einen plumpen Körper von annähernd 23 kg Gewicht. Der Kopf war groß, das Gesicht nackt, der massive Schnabel gekrümmt, der Schwanz gebauscht. Die Flügel hatten ihre Funktion verloren.
Auf der Insel gab es keine natürlichen Feinde, welche die langsame Evolution gestört hätten. Der Mensch rottete zusammen mit von ihm eingeschleppten Schweinen und Hunden die Dronte im 17. Jahrhundert aus – weniger als 200 Jahre nach ihrer Entdeckung.

Ordnung Ciconiiformes
Diese große Ordnung umfaßt viele Meeresvögel und die typischen Greifvögel. Gegen Ende der Kreide fand eine stürmische Entwicklung statt, in deren Verlauf viele ökologische Nischen erobert wurden.

NAME: ***Harpagornis moorei***
ZEITLICHE VERBREITUNG: ***Pleistozän bis Jetztzeit***
GEOGRAPHISCHE VERBREITUNG: ***Neuseeland***
HÖHE: ***1,1 m***
Dieser Adler war zwar kaum größer als die Mehrzahl der modernen Adler und Altweltgeier, doch wies er einen kräftigeren und viel schwereren Körperbau auf. Die Beine waren gedrungen und trugen mächtige Krallen, der Schnabel war hoch und scharf gekrümmt, und die Flügelspannweite betrug 2,1 m.
Harpagornis moorei lebte mit den Moas zusammen und wurde ungefähr zur selben Zeit ausgerottet, wahrscheinlich also erst im 17. Jahrhundert. Möglicherweise ernährte er sich von den kleineren Moa-Arten wie *Emeus crassus* (s. o.) und anderen Vögeln wie den (inzwischen eben falls ausgestorbenen) flugunfähigen Gänsen.
Die Moas wiesen zwar eine mächtige Körpermasse auf, waren aber gegenüber Angriffen von der Luft her wegen ihrer Langsamkeit und ihrer langen Hälse mit den kleinen Köpfen sehr verwundbar. Ihre Küken waren daher für *Harpagornis* vermutlich eine leichte Beute.

Wasser- und Landvögel

PINGUINUS
IMPENNIS
ARGENTAVIS
MAGNIFICENS
OSTEODONTORNIS ORRI
LIMNOFREGATA AZYGOSTERNUM

Wasser- und Landvögel

Name: ***Palaelodus ambiguus***
Zeitliche Verbreitung: ***Oberes Oligozän bis Unteres Miozän***
Geographische Verbreitung: ***Europa (Frankreich)***
Höhe: ***60 cm***
Dieser mittelgroße, langbeinige Küstenbewohner ist mit den heutigen Störchen und Greifvögeln (zusammengefaßt in der Ordnung *Ciconiiformes*, s. S. 177) verwandt.
Man hört oft die Ansicht, *Palaelodus* und seine Verwandten stellten Frühformen der Flamingos dar. Neuere Untersuchungen deuten indes eher auf eine Verwandtschaft mit den Störchen hin. Demnach spaltete sich die Gruppe sogar erst verhältnismäßig spät von der Hauptlinie der Storchenverwandten ab und lebte vom Oberen Oligozän bis zum Unteren Pliozän in Europa, Nordafrika und Nordamerika.

Name: ***Pinguinus impennis***
Zeitliche Verbreitung: ***Pleistozän bis Jetztzeit***
Geographische Verbreitung: ***Kleine Inseln vor Westeuropa (Britische Inseln), Grönland, Island und Nordamerika (von Maine bis Labrador)***
Höhe: ***50 cm***
Ein weiterer Angehöriger der storchartigen Vögel, der Riesenalk *(Pinguinus impennis)*, verlor den Überlebenskampf endgültig im Jahr 1844 auf einer kleinen Insel vor Island. Jahrelang hatten Seeleute diesem Vogel wegen seines Fleisches, seiner Eier und der isolierenden Fettschicht unter der Haut, die Öl für ihre Lampen lieferte, nachgestellt.
Trotz der deutschen Bezeichnung handelte es sich nicht um einen besonders großen Vogel. Er war nur ungefähr um die Hälfte größer als der Tordalk, sein heute noch lebender nächster Verwandter, von dem er sich hauptsächlich durch seine Flugunfähigkeit unterschied. Er war wie alle Alken an das Leben im Meer gut angepaßt: Auf der Oberfläche schwamm er mit seinen Schwimmfüßen, unter Wasser, auf der Jagd nach Fischen, dienten ihm seine Stummelflügel als Antrieb.
Die Beine des Riesenalks waren weit hinten am Körper befestigt und erlaubten einen aufrechten, wenngleich nur langsamen und unbeholfenen Gang. Der Riesenalk nistete in Kolonien auf Inseln mit leicht zugänglicher Küste. Das einzige Ei lag während des Brutvorgangs auf dem nackten Boden. Die Brutkolonien waren sehr verwundbar. Die Seeleute töteten die Vögel entweder gleich an Ort und Stelle oder trieben sie lebendig in die Boote.
Trotz seines lateinischen Namens, des ähnlichen Aussehens und der ähnlichen Lebensweise besteht zwischen dem Riesenalk und den heutigen Pinguinen der Südhalbkugel keinerlei verwandtschaftliche Beziehung.

Name: ***Argentavis magnificens***
Zeitliche Verbreitung: ***Oberes Miozän***
Geographische Verbreitung: ***Südamerika (Argentinien)***
Höhe: ***1,5 m***
Argentavis magnificens war ein Geier mit unverhältnismäßig langen Flügeln. Obwohl nur einige wenige Knochen gefunden wurden, sind Schätzungen möglich, denen zufolge die Spannweite um 7,3 m betragen haben muß – also doppelt so groß war wie beim Wanderalbatros, dem größten flugfähigen Vogel der Gegenwart.
Ein Vogel mit diesen Dimensionen war nicht mehr zum Ruderflug befähigt. Wie die heutigen Geier reduzierte er den Energieverbrauch, indem er unter größtmöglicher Vermeidung von Flügelschlägen von einer Nahrungsquelle zur anderen segelte. Am günstigsten für ihn war, wenn er sich von erhöhten Standorten einfach in die Luft werfen und danach auf thermische Aufwinde verlassen konnte. Das Abheben vom Boden dagegen dürfte mit erheblichen Anstrengungen verbunden gewesen sein.
Argentavis war höchstwahrscheinlich wie seine modernen Verwandten ein Aasfresser. Der Hakenschnabel diente daher eher dazu, Fleischbrocken aus der zähen Körperdecke toter Tiere zu reißen, als zum Angriff auf lebende Beutetiere. Die großen pflanzenfressenden Säuger, die im Miozän die weiten, offenen Ebenen Argentiniens durchstreiften, boten eine reiche Nahrungsquelle. Andererseits mußten Klimaänderungen und Änderungen im Nahrungsangebot einen derart großen Vogel empfindlich treffen. Wahrscheinlich stand das Schicksal von *Argentavis* in engem Zusammenhang mit dem der frühen Säuger Südamerikas (s. S. 202–205).

Name: ***Limnofregata azygosternum***
Zeitliche Verbreitung: ***Unteres Eozän***
Geographische Verbreitung: ***Nordamerika (Wyoming)***
Höhe: ***30 cm***
Limnofregata azygosternum ist offensichtlich ein Vorfahre der heutigen Fregattvögel, spezialisierter Meeresbewohner, die mit den Pelikanen verwandt sind. Die Fregattvögel haben sich fast völlig an das Leben in der Luft angepaßt. Vor 50 Millionen Jahren, als die Gruppe entstand, kann *Limnofregata* ein Bindeglied in dieser Stammesgeschichte gewesen sein.
Die Anatomie von *Limnofregata* ähnelt bereits der des Fregattvogels, ist allerdings noch nicht so ausgeprägt und extrem. So waren die Beine und Füße zwar schon verkleinert, insgesamt aber sowohl größer als auch länger als die der heutigen Arten. Auch die Flügel waren noch verhältnismäßig kurz und mit einer Spannweite von 1 m deutlich kleiner als bei der größten Fregattvogelart, deren Spannweite 2,5 m beträgt. Der Schnabel war kürzer, stärker verjüngt und hatte an der Spitze einen noch nicht so deutlich ausgeprägten Haken.
Im Gegensatz zu den heutigen Fregattvögeln ließ *Limnofregta azygosternum* sich nicht im Segelflug von den über dem Ozean aufsteigenden Luftströmungen tragen. Das Tier kannte vielmehr den normalen Ruderflug und bewohnte die Küstengebiete großer Binnenseen weitab vom offenen Meer. Im Aussehen und in der Ernährungsweise erinnerte *Limnofregata* wohl eher an eine Möwe. Es ließ sich vermutlich auch sehr viel häufiger auf der Wasseroberfläche nieder als seine heutigen Verwandten.

Name: ***Osteodontornis orri***
Zeitliche Verbreitung: ***Oberes Miozän***
Geographische Verbreitung: ***Nordamerika (Kalifornien)***
Höhe: ***1,2 m***
Osteodontornis orri ist einer der größeren und halbwegs vollständig bekannten Arten der Osteodontornithiden oder »Knochenzahn«-Vögel. Die Tiere verbanden Merkmale der Pelikane mit denen der Sturmschwalben und Albatrosse. Im Oberen Paläozän hatten sie schon eine bedeutende Entwicklung durchgemacht. Während des Tertiär waren sie die größten Meeresvögel, und möglicherweise waren sie es, die die Entwicklung noch größerer Albatrosse verhinderten.
Osteodontornis hatte einen kräftig gebauten Körper. Beine und Füße entsprachen denen einer überdimensionalen Sturmschwalbe. Die langen, schlanken Füße verrieten die Befähigung zum Segelflug. Größere Arten wie *O. orri* erreichten eine Flügelspannweite von 6 m. Während des Segelfluges hielten die Tiere ihre Flügel steif nach außen gestreckt. Schnelligkeit und Kraft erfordernde Flugmanöver waren nicht ihre Sache. Der lange, pelikanartige Schnabel sorgte für zusätzliches Gewicht, so daß der Kopf während des Fluges wahrscheinlich wie bei heutigen Reihern und Pelikanen auf den Schultern ruhen mußte.

Der Schnabel dieser Vögel war einzigartig. Er war so lang wie der eines heutigen Pelikans, dabei aber gedrungener und stärker gerundet und an der Spitze mit einem deutlichen Haken versehen. An den Kanten beider Kieferknochen standen zahnähnliche Auswüchse unterschiedlicher Größe. Wenn der Vogel seinen Schnabel schloß, paßten die Zähne des Unterkiefers in tiefe Furchen im Munddach des Oberkiefers.
Wovon sich *Osteodontornis* im einzelnen ernährte, ist schwer zu sagen. Der Aufbau der Flügel deutet darauf hin, daß er Beutetiere von der Wasseroberfläche oder oberflächennahen Schichten aufnahm. Die Knochendornen an den Schnabelrändern eigneten sich hervorragend zum Ergreifen glitschiger Fische oder Kalmare. Anatomische Merkmale deuten darauf hin, daß *Osteodontornis* in der Halsgegend über eine elastische Tasche zum Transport von Beutetieren verfügte – ein weiteres Merkmal, das auch bei den Pelikanen auftritt.
Die Fossilfunde verraten uns bisher nichts über die Nistgewohnheiten dieser Vögel. Wahrscheinlich bewohnten sie Inseln mit hochgelegenen Plateaus, die ihnen den Start erleichterten. Kontinuierliche, aber nicht zu starke Winde waren lebenswichtig für diesen Segelflieger. Vielleicht nahm der Niedergang der Gruppe seinen Anfang, als zu Beginn des Pleistozäns, vor ungefähr 2 Millionen Jahren, das Wetter stürmischer und abwechslungsreicher wurde.

Ordnung Gruiformes
Die Kranichartigen Vögel entwickelten sich in der Oberkreide, vor ungefähr 90 Millionen Jahren, und brachten es ziemlich schnell zu einer großen Formenvielfalt, angefangen von kleinen, ausgezeichneten Fliegern bis hin zu flugunfähigen Riesenformen.
Die meisten Kranichartigen Vögel unserer Tage sind an das Wasser gebunden, etwa die langbeinigen Kraniche, die Rallen, die Teich- und Bläßhühner. Es gibt aber auch einige bodenbewohnende Formen, wie zum Beispiel die Trappen und die Trompetervögel.

Name: ***Phorusrhacus inflatus***
Zeitliche Verbreitung: ***Unteres bis Mittleres Miozän***
Geographische Verbreitung: ***Südamerika (Patagonien)***
Höhe: ***1,5 m***
Phorusrhacus inflatus war ein mittelgroßer Vertreter einer Familie flugunfähiger Vögel, die während des Tertiärs zu den beherrschenden Räubern in Südamerika wurden. Alle Phorusrhaciden hatten überaus kräftige Laufbeine, kleine, funktionslose Flügel und große Köpfe mit mächtigen adlerartigen Schnäbeln. Einige Arten erreichten Höhen bis zu 3 m; der Kopf maß über 50 cm.
Im Alttertiär war Südamerika zu einem Inselkontinent geworden. Die fleischfressenden Dinosaurier waren ausgestorben, und es hatten sich noch keine großen Raubsäuger entwickelt. Die pflanzenfressenden Säuger, die die Ebenen bevölkerten, blieben ungestört, bis *Phorusrhacus* und seine Verwandten die freistehende ökologische Nische besetzten.
Einige Paläontologen vertreten die Ansicht, die Phorusrhaciden seien auch Aasfresser gewesen. Mit ihren kräftigen Hakenschnäbeln hätten sie nicht nur lebendige Beutetiere packen, sondern auch Kadaver in Stücke schneiden können.
Die nächsten modernen Verwandten sind vielleicht die beiden *Seriema*-Arten, die heute in den Grasgebieten Südamerikas vorkommen. Obwohl diese kleinen bodenbewohnenden Vögel durchaus fliegen können, ziehen sie es vor, auf ihren langen Beinen umherzulaufen.

Name: ***Neocathartes grallator***
Zeitliche Verbreitung: ***Oberes Eozän bis Unteres Miozän***
Geographische Verbreitung: ***Nordamerika (Wyoming)***
Höhe: ***45 cm***
Zunächst hielt man *Neocathartes* für einen Neuweltgeier, der sich einer laufenden Lebensweise angepaßt hat. Inzwischen faßt man ihn jedoch als fleischfressenden Vertreter der kranichartigen, bodenbewohnenden *Bathornithidae* auf. Der Vogel war schlank gebaut und flugfähig, obwohl aus seinem Körperbau deutlich wird, daß er den größten Teil seines Lebens laufend und jagend auf dem Boden verbrachte. In dieser Lebensweise erinnerte er an den Sekretär *(Sagittarius serpentarius)*. Mit seinen Greifkrallen und dem Hakenschnabel konnte *Neocathartes* auch kleine Nagetiere und Reptilien erlegen.

Name: ***Diatryma gigantea***
Zeitliche Verbreitung: ***Unteres Eozän***
Geographische Verbreitung: ***Europa (Belgien, England und Frankreich), und Nordamerika (New Jersey, New Mexico und Wyoming)***
Höhe: ***2,1 m***
Diatryma gigantea gehörte zu einer Familie flugunfähiger Riesenvögel, die während des Paläozäns und des Eozäns in Nordamerika und Westeuropa vorkamen. In jener Zeit waren die beiden Kontinente noch miteinander verbunden.
Wie auch andere Angehörige der Familie war *Diatryma gigantea* kräftig gebaut und hatte winzige Flügel. Die gedrungenen Beine trugen kräftige Krallen, und der große Kopf mit seinem massiven Hakenschnabel war fast so lang wie der eines heutigen Pferdes.
Oft wird die These vertreten, die Diatrymiden seien seinerzeit die dominierenden Räuber auf der Nordhalbkugel gewesen, weil es damals keine anderen großen Fleischfresser gab. Möglicherweise besetzten die Diatrymiden also dieselbe ökologische Nische wie die Phorusrhaciden in Südamerika (s. o.).
Einer anderen Theorie zufolge waren die Diatrymiden Pflanzenfresser und rupften mit ihren scharfen Schnäbeln Grasbüschel, Binsen und andere Gewächse ab.

Ordnung Anseriformes
Diese Ordnung umfaßt die Vorfahren der heutigen Enten, Gänse und Schwäne und entstand bereits recht früh in der Kreidezeit. Eine Familie, die Presbyornithiden, entwickelten sich zu langbeinigen Watvögeln.

Name: ***Presbyornis pervetus***
Zeitliche Verbreitung: ***Oberkreide bis Unteres Eozän***
Geographische Verbreitung: ***Europa (England), Nordamerika (Utah und Wyoming) und Südamerika (Patagonien)***
Höhe: ***1 m***
Presbyornis war mit seinen langen Beinen und dem langen Hals so schlank gebaut, daß die Paläontologen anfänglich meinten, sie hätten es mit einem Flamingo zu tun. Erst später fand man den fossilen Kopf und den Schnabel und erkannte verblüffende Ähnlichkeiten mit den heutigen Enten.
Inzwischen liegen von diesem Tier zahlreiche Knochen- und Eierfunde vor, die darauf hindeuten, daß *Presbyornis pervetus* an flachen Seeufern sehr gesellig vorkam. Die Tiere nisteten in großen, offenen Kolonien und filtrierten mit ihren breiten, flachen Schnäbeln tierische und pflanzliche Kleinorganismen aus dem Wasser. Auf dieselbe Weise ernährt sich heute noch die gemeine Stockente.

Säugerähnliche Reptilien

In den feuchtwarmen tropischen Wäldern, die vor über 300 Millionen Jahren Neuschottland bedeckten, lebten zwei Typen von Reptilien. Beide sahen ungefähr gleich aus: Sie waren klein und echsenähnlich und hatten Gliedmaßen, die seitlich am Körper befestigt waren. Die eine Form, *Hylonomus*, jagte Insekten und suchte es tunlichst zu vermeiden, von der anderen, dem größeren, räuberischen *Archaeothyris* mit seinen mächtigen Schnappkiefern, erwischt zu werden.

Archaeothyris ist die älteste bekannte Form einer langen Reihe von Reptilien, die in den darauffolgenden 80 Millionen Jahren während des Perm und im größten Teil der Trias, dominierten. Es waren dies die sogenannten »Säugerähnlichen Reptilien«, deren Name darauf zurückzuführen ist, daß ihre Stammesgeschichte in letzter Konsequenz zu den Säugern führte, der heutzutage vielgestaltigsten und erfolgreichsten Wirbeltiergruppe überhaupt (s. S. 194–297).

Die frühen Säugerähnlichen Reptilien boten zunächst kaum Hinweise auf außergewöhnliche Entwicklungsmöglichkeiten. Nur ihre Schädel verrieten die Verwandtschaft mit den Säugern: ein tiefgelegenes Schläfenfenster hinter der Augenhöhle unterschied die Tiere von allen anderen Reptilien. Denselben synapsiden Zustand beobachten wir auch bei den Säugern, allerdings in modifizierter Form (vgl. S. 61). Alle anderen Reptilien zählen zu den *Anapsida* oder den *Diapsida*; ihre heute noch existierenden Nachfahren sind die Schildkröten beziehungsweise die Eidechsen, Schlangen und Krokodile (vgl. S. 58–59).

Daß die Säugerähnlichen Reptilien und ihre Nachkommen, die Säuger, kräftige Kiefer herausbildeten, war möglicherweise die direkte Folge der Entwicklung des synapsiden Schädels. Auch die Entwicklung eines neuen Gebißtyps ist in diesem Zusammenhang zu sehen. Es kam zur Entstehung von Zähnen unterschied-

Die Säugerähnlichen Reptilien traten erstmals in Form der Pelycosaurier im Oberkarbon auf. Alle waren sie gut an das Leben auf dem Festland angepaßt. Einige Formen – zum Beispiel die Edaphosaurier – regelten ihre Körpertemperatur wahrscheinlich mit Hilfe eines großen »Segels« auf dem Rücken.
Die Sphenacodontiden waren die Vorfahren der höheren Säugerähnlichen Reptilien oder Therapsiden. Unter ihnen gab es zahlreiche Räuber, die im Oberperm auf dem Festland eine beherrschende Position einnahmen. Die Dicynodontier hingegen waren große Pflanzenfresser.
Unter den Cynodontiern ist jenes Tier zu suchen, aus dem in der Trias schließlich die Säuger hervorgingen (Schlüssel zu den Silhouetten s. S. 312).

Ausgezogene Balken bedeuten bekannte Fossilnachweise. Unterbrochene Linien zeigen mögliche stammesgeschichtliche

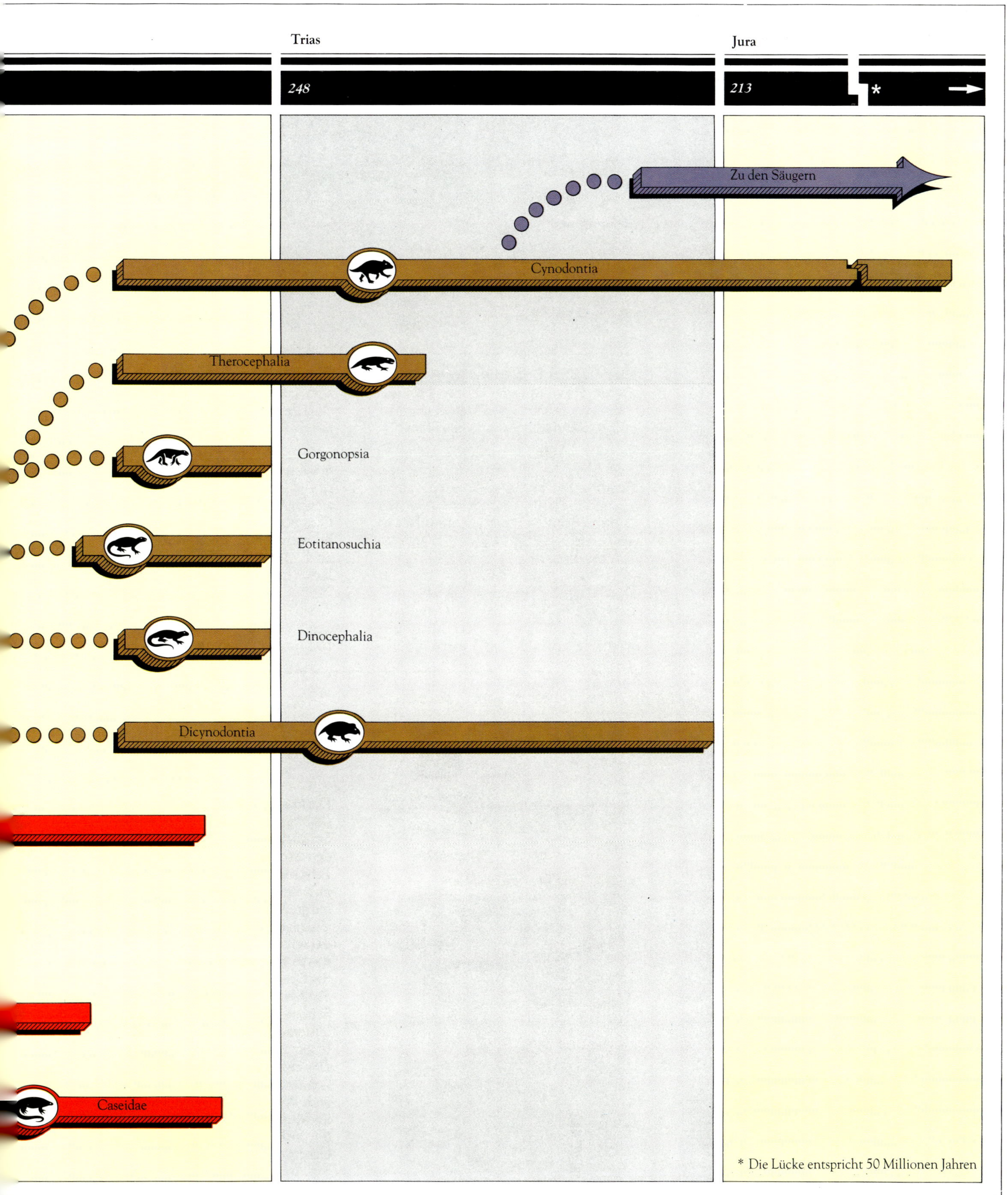

ziehungen zwischen den einzelnen Gruppen.

Säugerähnliche Reptilien

licher Größe und Form zum Schneiden (Schneidezähne), zum Reißen (Eckzähne) und zum Kauen (Backenzähne).

Der Aufstieg der Säugerähnlichen Reptilien

Die ältesten synapsiden Reptilien waren die Pelycosaurier (s. S. 186, 188). Aus kleinen Lebewesen wie *Archaeothyris* entwickelte sich eine Vielfalt großer Arten, und zwar sowohl Pflanzen- als auch Fleischfresser. Ihre Blütezeit hatten sie im Unterperm, als sie ungefähr 70 Prozent der Landfauna ausmachten. Besonders reiche Fossilienfunde wurden aus Texas bekannt: Vor ungefähr 280 Millionen Jahren waren die feuchtwarmen Flußdeltas dieser Region voller Amphibien und Fische, die den Pelycosauriern als den dominanten Räubern jener Zeit reiche Nahrung boten.

Im Mittelperm entwickelte sich aus den Pelycosauriern eine andere Gruppe Säugerähnlicher Reptilien und ersetzte sie mit der Zeit. Es handelte sich um die *Therapsida*, die direkten Vorfahren der Säuger. Die ersten Fossilbelege stammen aus dem europäischen Teil der Sowjetunion. Das plötzliche Auftreten der *Therapsida* im Fossilnachweis deutet darauf hin, daß die Entwicklung möglicherweise in höhergelegenen Gebieten begonnen hatte, wo eine Fossilierung weniger wahrscheinlich ist.

Während des Oberperm breiteten sich die Therapsiden über den Südkontinent Gondwana aus. Viele Arten finden sich in der Karroo-Formation im südlichen Afrika. Andere treten im europäischen Teil der Sowjetunion auf, in Sedimenten, die im neugebildeten Ural freigelegt wurden. Noch später, in der Untertrias, breiteten sie sich über Asien, Südamerika, Indien und sogar Antarctica aus. Alle diese Kontinente waren damals noch im Urkontinent Pangaea verbunden (vgl. S. 10–11).

Auf dem Land dominierten die Therapsiden bis zur Mitteltrias; sie paßten sich erfolgreich an ihre Umwelt an und lebten als Pflanzen-, Fleisch- und Insektenfresser, bis sie von zwei neuen Gruppen landbewohnender Reptilien aus ihren Nischen verdrängt wurden: den frühen fleischfressenden Dinosauriern (s. S. 94 bis 97) und den pflanzenfressenden Rhynchosauriern (s. S. 89).

Danach begann der langsame Niedergang der Therapsiden. 55 Millionen Jahre später, im Mitteljura, starb mit den *Tritylodontioidea* aus der Unterordnung *Cynodontia* (s. S. 192) die letzte Gruppe aus. Zuvor jedoch hatten sich aus den Therapsiden noch die ersten echten Säuger entwickelt – kleine, spitzmausähnliche Geschöpfe. Es dauerte jedoch weitere 150 Millionen Jahre, bevor sie die Wirbeltiergeschichte zu dominieren begannen.

So gelang es den synapsiden Reptilien am Ende doch noch, über ihre Widersacher, die Dinosaurier, zu triumphieren. Diese starben nämlich am Ende der Kreidezeit aus, während die Säugerähnlichen Reptilien in ihren Nachfahren, den Säugetieren, weiterlebten.

Auf dem Weg zur Warmblütigkeit

Der Hauptvorteil der Säuger im Vergleich zu den Reptilien liegt in ihrer Fähigkeit, die Körpertemperatur auf einem gleichmäßigen Niveau zu halten. Die Säuger sind warmblütig, die Reptilien hingegen wechselwarm und von der Temperatur der Umgebung abhängig (vgl. S. 93). Es herrscht heute kaum Zweifel darüber, daß auch die frühen Säugerähnlichen Reptilien noch wechselwarm waren; ihre Hauptenergiequelle war die Sonne. Wichtige Hinweise dafür finden wir unter den frühen Synapsiden, etwa den sphenacodonten Pelycosauriern. Einige dieser

Ein höheres Säugerähnliches Reptil (*Thrinaxodon*)

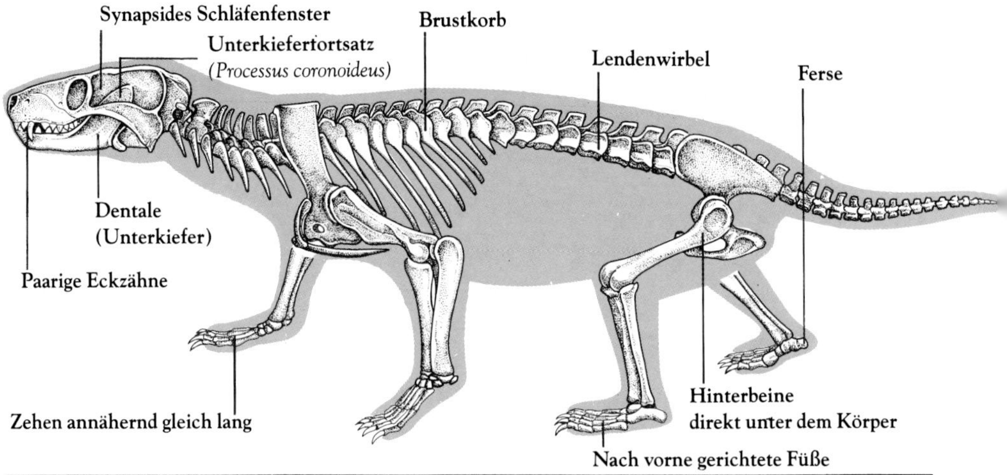

Thrinaxodon ging wie ein Säuger, denn seine Beine waren direkt unter dem Körper befestigt. Gebiß und Kiefer waren kräftig, der Fortsatz des Dentale als Ansatzstelle für die Kaumuskulatur stark ausgeprägt. Der Brustkorb wurde wahrscheinlich von einem Zwerchfell begrenzt, wodurch das Lungenvolumen vergrößert wurde.

Vom Säugerähnlichen Reptil zum Säuger

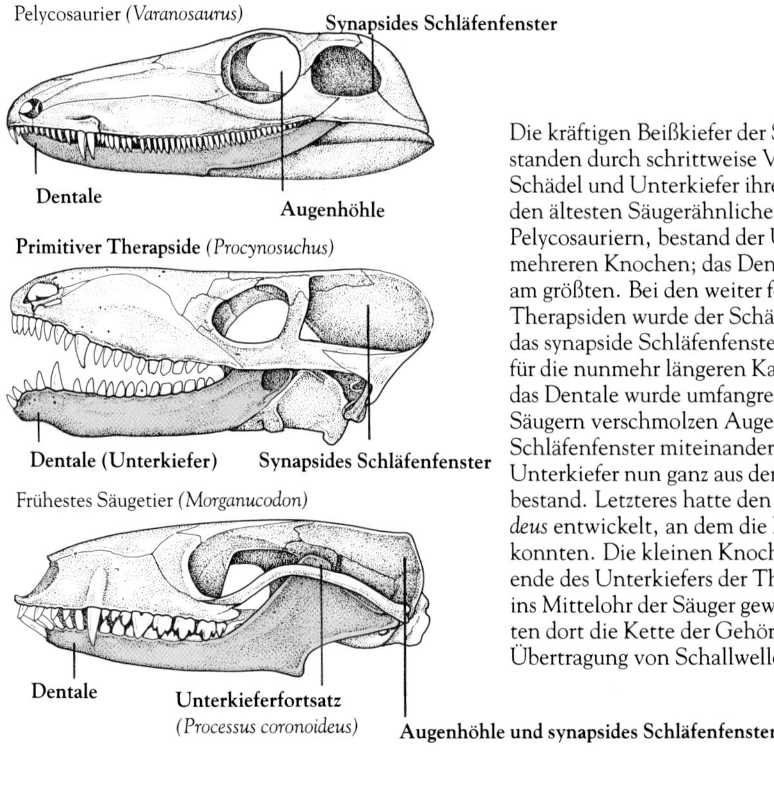

Die kräftigen Beißkiefer der Säugetiere entstanden durch schrittweise Veränderungen in Schädel und Unterkiefer ihrer Vorfahren. Bei den ältesten Säugerähnlichen Reptilien, den Pelycosauriern, bestand der Unterkiefer aus mehreren Knochen; das Dentale war dabei am größten. Bei den weiter fortgeschrittenen Therapsiden wurde der Schädel höher, und das synapside Schläfenfenster vergrößerte sich für die nunmehr längeren Kaumuskeln. Auch das Dentale wurde umfangreicher. Bei den Säugern verschmolzen Augenhöhle und Schläfenfenster miteinander, während der Unterkiefer nun ganz aus dem Dentale bestand. Letzteres hatte den *Processus coronoideus* entwickelt, an dem die Muskeln ansetzen konnten. Die kleinen Knochen am Hinterende des Unterkiefers der Therapsiden waren ins Mittelohr der Säuger gewandert und bildeten dort die Kette der Gehörknöchelchen zur Übertragung von Schallwellen.

Tiere besaßen Hautsegel auf dem Rücken, denen offensichtlich die Aufgabe zufiel, die Körpertemperatur zu kontrollieren: bei Kälte absorbierten sie Wärme, bei Hitze strahlten sie sie ab (vgl. *Dimetrodon*, S. 188).
Pelycosaurier ohne solche Organe und frühe Therapsiden wie die *Dinocephalia* regelten ihre Körpertemperatur wahrscheinlich einfach durch Vergrößerung des Körpers. Je größer das Volumen des Körpers, um so mehr Wärme hält er im Vergleich zu einem kleinen Körper zurück. Der thermische Speicher verringert die Auswirkungen natürlicher Temperaturschwankungen.
Die späteren Therapsiden entwickelten dann Eigenschaften, die letztlich die unmittelbare Abhängigkeit von der Sonne beendeten. Die Tiere fraßen mehr und verdauten schneller; so konnten sie schließlich die Nahrung als Energiequelle nutzen.
Die neue Methode zur Regelung der Körpertemperatur erforderte zahlreiche Veränderungen, darunter funktionelle Verbesserungen an den Kiefern und Zähnen, eine bessere Fortbewegung, eine verfeinerte Atemkontrolle sowie eine effizientere Isolierung nach außen.

Die Entwicklung des Gebisses

Die Evolution von Zähnen unterschiedlicher Größe und Form war eine bedeutende Neuerung. Die Experten sprechen in diesem Zusammenhang von einem »heterodonten Gebiß«. Selbst die frühesten Pelycosaurier verfügten bereits über drei Zahntypen. Zwischen den Schneidezähnen vorne, mit denen die Tiere ihre Nahrung packten, und den dem Kauen dienenden Backenzähnen befanden sich mehrere lange, spitze Eckzähne. Wie bei anderen Reptilien wurden die Zähne in regelmäßigen Schüben erneuert. Die höherentwickelten Therapsiden ersetzten dagegen die Zähne nur noch wenige Male im Verlaufe ihres Lebens. Jeder Zahn verblieb demnach längere Zeit im Kiefer, was dazu führte, daß sich die Kronen der Zähne im Ober- und Unterkiefer durch ein kompliziertes Muster aus Leisten und Furchen aufeinander abstimmen konnten. Diese gegenseitige Ergänzung ermöglichte es den Tieren, ihre Nahrung vor dem Verschlucken zu zerschneiden, zu zerkleinern und zu zerreiben. Gut gekaute Nahrung aber wird schneller verdaut, so daß es auch zu einer rascheren Freisetzung der energieliefernden Nährstoffe kommt.
Auch die Kiefer- und die Schädelform veränderte sich. Zunächst wurde das synapside Schläfenfenster größer, und es konnten sich längere Kiefermuskeln entwickeln. Dann verlängerte sich der Hinterschädel und entwickelte beidseitig je eine Einbuchtung, durch die den Muskeln mehr Platz verschafft wurde.
Schließlich verbesserte sich auch die Anatomie des Unterkiefers. Hatten zuvor einige Kiefermuskeln am großen Dentale vorne am Kiefer angesetzt, während andere Muskeln an verschiedenen kleineren Knochen weiter hinten befestigt waren, so kam es bei den Therapsiden nach und nach zu einer Reduzierung der kleineren Knochen und damit zu einer Eliminierung potentieller Schwachstellen. Bei den Säugern gingen diese kleineren Knochen schließlich völlig verloren. Das Dentale entwickelte einen Fortsatz (*Processus coronoideus*), an dem die größeren Kiefermuskeln ansetzen konnten (s. S. 184).
Eine kleine, aber spektakuläre Veränderung verbesserte später die Hörfähigkeit der Säuger: Die beiden Knochen, die bei Säugerähnlichen Reptilien noch das Gelenk zwischen dem Schädel und dem Unterkiefer gebildet hatten, zogen sich bei den Säugern ins Mittelohr zurück. Hier verbanden sie sich mit dem bereits vorhandenen Steigbügel zur Reihe der drei Gehörknöchelchen (Hammer, Amboß und Steigbügel), die eintreffende Schallwellen vom Trommelfell auf die flüssigkeitsgefüllte Schnecke des Innenohrs übertragen.
Die Integration der drei kleinen Gehörknöchelchen in das Ohr erfolgte schrittweise und läßt sich bis zu den Therapsiden aus der Trias zurückverfolgen. Man kann die Veränderungen bis heute noch in der Entwicklung der Säugerembryos nachvollziehen; sie sind ein hervorragender Beweis für die Abstammung der Säuger von den Reptilien.

Veränderungen an den Gliedmaßen

Die primitiven Pelycosaurier des Oberkarbons, etwa *Archaeothyris*, bewegten sich nach herkömmlicher Reptilienart, das heißt im Kreuzgang. Sie bewegten bei waagrecht vom Rumpf abstehenden Gliedmaßen den Körper seitwärts hin und her. Im Unterperm hatten Sphenacodontiden wie *Dimetrodon* dann eine neue Fortbewegungsart entwickelt. Die Form der Knochen des Beckengürtels und der Hintergliedmaßen sowie der Gelenke an den Wirbeln zeigt, daß jeder Schritt der Hintergliedmaßen mit einer Auf- und Abbewegung der Wirbelsäule verbunden war.
Die Bewegung der Gliedmaßen und des Rumpfes in der Senkrechten läßt sich von *Dimetrodon* an bei den Säugerähnlichen Reptilien immer häufiger beobachten, während die »altmodische« Seitwärtsbewegung in der Waagrechten von immer weniger Arten bevorzugt wurde. Auch die Füße veränderten ihre Position: Sie waren nicht mehr seitwärts, sondern nach vorne gerichtet.

Verbesserung der Atmung

Einige Merkmale der höheren Therapsiden deuten darauf hin, daß sie wie ihre Nachkommen, die Säuger, warmblütig waren. So läßt zum Beispiel die abrupte Verkleinerung der Rippen bei Cynodontiern wie *Thrinaxodon* vermuten, daß der gesamte vordere Teil der Körperhöhle mit Herz und Lungen durch einen flachen Muskel, das Zwerchfell, abgegrenzt wurde. Diese Entwicklung begünstigte eine ganze Reihe anderer Veränderungen wie die Vergrößerung des Lungenvolumens und, damit verbunden, die Beschleunigung des Atemvorgangs und die Aufnahme größerer Luftmengen. Dies wiederum hatte zur Folge, daß mehr Sauerstoff ins Blut gelangte und somit die Gewebe in die Lage versetzt wurden, den Sauerstoff schneller aufzuzehren – sei es zur Beschleunigung der Verdauung oder aber zur Erhöhung der Muskelleistung bei der Jagd oder auf der Flucht.
Da die Gewebe eines Warmblüters der regelmäßigen Sauerstoffversorgung bedürfen, kann das betreffende Lebewesen nur kurze Zeit den Atem anhalten. Dies war bei den frühen Formen nicht ganz unproblematisch, konnten sie doch wegen des notwendigen Luftholens die Nahrung nicht so lange im Mund behalten, wie es ihnen eigentlich zuträglich gewesen wäre. Einige der höheren Therapsiden (die *Therocephalia* und die *Cynodontia*), überwanden das Problem, indem sie ein sekundäres Munddach entwickelten. Ein knöcherner Gaumen trennte bei ihnen die Atemwege vom Mund ab. Auch dieses Merkmal gilt als Beweis für die Theorie, daß die höheren Säugerähnlichen Reptilien bereits warmblütig waren.

Wärmeisolierung als Überlebensstrategie

Ob die Säugerähnlichen Reptilien ein Fell trugen oder nicht, läßt sich nicht mehr feststellen. Bei größeren Tieren – und viele Therapsiden waren sehr groß – erübrigt sich eine solche Wärmeisolierung, da bei ihnen die Oberfläche, durch die sie Wärme verlieren können, proportional viel kleiner ist als bei einem kleinen Tier. Auffallend ist jedoch, daß der endgültige Übergang von den Säugerähnlichen Reptilien zu den Säugetieren am Ende der Trias mit einer oftmals recht markanten Verringerung der Körpergröße einherging.
Die ersten Säuger wie *Megazostrodon* (s. S. 198, 200) waren kleine, spitzmausähnliche Geschöpfe. Sie trugen ohne Zweifel ein Fell, welches ihnen als Nachttieren besonders zugute kam. Es ist nicht auszuschließen, daß das Fell der entscheidende Vorteil war, der die Säuger dazu befähigte, jene Katastrophe zu überleben, die zum Aussterben der Dinosaurier führte (vgl. S. 93).

Pelycosaurier und Therapsiden

TITANOSUCHUS
MOSCHOPS
PHTHINOSUCHUS
LYCAENOPS
GALECHIRUS

Pelycosaurier und Therapsiden

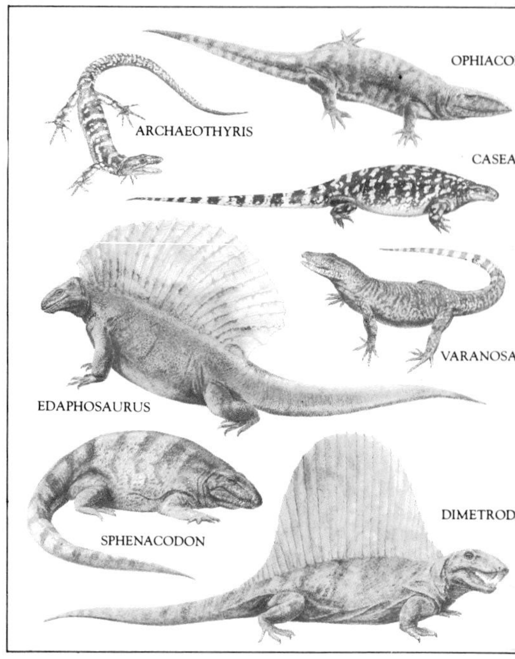

Unterklasse Synapsida
Die reptilischen Vorfahren der Säuger, die Pelycosaurier und die Therapsiden sowie die Säuger selbst haben alle den synapsiden Schädel gemeinsam (vgl. S. 61). Die große Öffnung hinter den Augenhöhlen erlaubte die Entwicklung langer Kiefermuskeln. Dadurch konnten die Kiefer weiter aufgesperrt und mit größerer Kraft geschlossen werden.

Ordnung Pelycosauria
Die Pelycosaurier waren die ältesten synapsiden oder Säugerähnlichen Reptilien. Sie traten während der Oberkreide, vor ungefähr 300 Millionen Jahren auf, kurz nachdem die ersten Reptilien das Land erobert hatten (vgl. S. 62–65).
Wir unterscheiden unter den Pelycosauriern vier Familien (s. S. 182–183). Die ursprünglichsten und primitivsten waren die *Ophiacodontidae*, aus denen auch die drei anderen Familien hervorgingen.
Vom stammesgeschichtlichen Standpunkt aus gesehen, waren die fleischfressenden *Sphenacodontidae* am bedeutendsten, handelte es sich bei ihnen doch um die direkten Vorfahren der Therapsiden und damit indirekt auch der Säuger.
Die dritte Familie, die *Edaphosauridae*, bestand aus großen Pflanzenfressern und war – trotz unterschiedlicher Schädel und Gebisse – mit den *Sphenacodontidae* verwandt.

Name: ***Archaeothyris***
Zeitliche Verbreitung: ***Oberkarbon***
Geographische Verbreitung: ***Nordamerika (Neuschottland)***
Länge: **50 cm**
Dieses kleine, eidechsenartige Tier ist der älteste Pelycosaurier und gehört zur Familie *Ophiacodontidae*. Seine fossilen Reste wurden am selben Fundort aus dem Oberkarbon entdeckt, an dem auch das erste bekannte Reptil, der anapside *Hylonomus* (s. S. 64) ausgegraben wurde. Die Gesteine weisen auf ein warmes, tropisches, feuchtes Klima mit ausgedehnten Koniferenwäldern und einem reichen Unterwuchs aus Farnen und Bärlappen hin. In dem tiefgelegenen Sumpfland sammelten sich große Mengen verrottenden Pflanzenmaterials an (die heutigen Kohleflöze) und bildeten für Insekten und andere Wirbellose ein üppiges Nahrungsangebot sowie geeignete Brutplätze.
Insektenfressende Reptilien wie *Hylonomus* wurden dadurch angelockt und fielen ihrerseits dem »neuen« synapsiden Reptil *Archaeothyris* zum Opfer.
Archaeothyris war in der Entwicklung weiter fortgeschritten als die übrigen frühen synapsiden Reptilien. Die Kiefer waren sehr kräftig und konnten weit geöffnet werden. Obwohl alle Zähne noch dieselbe Form aufwiesen – scharf und zugespitzt –, zeigten sie doch schon Größenunterschiede. Auffallend war ein Paar großer Eckzähne im vorderen Teil des Kiefers. Das Gebiß läßt vermuten, daß *Archaeothyris* Allesfresser war.

Name: ***Ophiacodon***
Zeitliche Verbreitung: ***Unterperm***
Geographische Verbreitung: ***Nordamerika (Texas)***
Länge: ***bis 3,6 m***
Ophiacodon zeigt, wie schnell sich bestimmte Merkmale bei den Pelycosauriern entwickelten. Der Schädel war nicht mehr klein und flach wie bei seinem früheren Verwandten *Archaeothyris* (s. o.), sondern hoch und schmal, so daß mehr Raum für die Entwicklung langer Kiefermuskeln vorhanden war. Die Hintergliedmaßen waren länger als die Vordergliedmaßen und saßen bereits etwas weiter unten am Körper an. Damit konnte *Ophiacodon* wahrscheinlich schneller laufen als *Archaeothyris*, obwohl es immer noch den reptilientypischen Kreuzgang aufwies.
Ophiacodon war deutlich größer als frühe Pelycosaurier, was dem Tier wahrscheinlich bei der Regelung der Körpertemperatur zustatten kam (vgl. S. 184). Schätzungen zufolge wog es zwischen 30 und 50 kg.

Name: ***Varanosaurus***
Zeitliche Verbreitung: ***Unterperm***
Geographische Verbreitung: ***Nordamerika (Texas)***
Länge: ***1,5 m***
Varanosaurus gehörte vermutlich zu den Ophiacodontiden. Das Tier lebte mit großer Wahrscheinlichkeit zur selben Zeit an denselben Stellen wie *Ophiacodon* (s. o.) und machte jenem beim Fischfang Konkurrenz. Auch der Schädel von *Varanosaurus* war schmal und hoch, die Kiefer ziemlich verlängert, mit kleinen spitzen Zähnen.

Name: ***Sphenacodon***
Zeitliche Verbreitung: ***Unterperm***
Geographische Verbreitung: ***Nordamerika (New Mexico)***
Länge: ***3 m***
Dieser große Vertreter der *Sphenacodontidae* zeigt die typischen Merkmale seiner Familie: Schädel tief und schmal, Kiefer massiv mit zahlreichen Zähnen, langen Eckzähnen, dolchartigen Schneidezähnen und kleinen, schneidenden Backenzähnen. Die Sphenacodontiden waren die ersten Tiere, von denen uns bekannt ist, daß ihre Zähne sich in dieser Form spezialisierten. Zu ihrer Zeit waren sie die ersten großen Fleischfresser auf dem Festland.
Sphenacodon trug auf dem Rücken lange Wirbelfortsätze, die als Ansatzstellen für die gut entwickelte Rückenmuskulatur dienten. Sie erlaubten dem Tier schnelle, kraftvolle Angriffe. Bei anderen Angehörigen der Familie waren diese Fortsätze stark verlängert und spannten ein mächtiges Rückensegel aus, das wahrscheinlich bei der Regelung der Körpertemperatur eine Rolle spielte.

Name: ***Dimetrodon***
Zeitliche Verbreitung: ***Unterperm***
Geographische Verbreitung: ***Nordamerika (Oklahoma und Texas)***
Länge: ***3 m***
Mit seinem spektakulären Rückensegel ist *Dimetrodon* eines der populärsten fossilen Reptilien. Man geht heute davon aus, daß das Segel zur Regelung der Körpertemperatur diente. Die Stützelemente für das Rückensegel bestanden in Wirbelfortsätzen, die in der Mitte bis 1 m lang wurden. Beim lebenden Tier waren diese Fortsätze vermutlich von einer kräftig durchbluteten Haut überzogen.
Am frühen Morgen, so nimmt man an, richtete *Dimetrodon* sein Rückensegel auf die Sonnenstrahlen aus. Es nahm dabei Wärme auf und gab sie über das Blut an den Körper weiter. Der rasche Temperaturanstieg ermöglichte es dem Tier, schon vergleichsweise früh am Tage auf Beutefang zu gehen. Zur Abkühlung wandte *Dimetrodon* das Segel von den einfallenden Sonnenstrahlen ab oder setzte es dem Wind aus.
Ein interessantes Beispiel für die konvergente Evolution liefern die synapsiden Sphenacodontiden und die mit ihnen nicht einmal entfernt verwandten diapsiden Dinosaurier. Zwei Dinosaurier, *Spinosaurus* (s. S. 118, 120) und *Ouranosaurus* (s. S. 143, 145), die beide während der Kreidezeit in Westafrika lebten, hatten ebenfalls solarbeheizte Rückensegel entwickelt.
Berechnungen zufolge benötigte ein *Dimetrodon* von ungefähr 200 kg Gewicht zirka 1½ Stunden, um seine Körpertemperatur von 26 auf 32 °C zu erhöhen. Ohne das Segel hätte sich das Tier, um den gleichen Effekt zu erzielen, über 3½ Stunden lang in die Sonne legen müssen.

Die massiven Eckzähne und die gut entwickelten Reißzähne verraten uns, daß *Dimetrodon* ein recht erfolgreicher Räuber war. Der wissenschaftliche Name bedeutet wörtlich übersetzt »zwei Größen von Zähnen«.

NAME: ***Edaphosaurus***
ZEITLICHE VERBREITUNG: ***Oberkarbon bis Unterperm***
GEOGRAPHISCHE VERBREITUNG: ***Europa (Deutschland und Tschechoslowakei) und Nordamerika (Texas)***
LÄNGE: ***3 m***
Edaphosaurus war der älteste Vertreter der pflanzenfressenden Edaphosauriden. Er trug ein großes Rückensegel, das wahrscheinlich dieselben Aufgaben erfüllte wie bei *Dimetrodon* (s. o.). Der einzige Unterschied bestand darin, daß die Wirbelfortsätze von *Edaphosaurus* auf ganzer Länge noch Querverstrebungen trugen.
Denkbar ist auch, daß das Segel bei *Edaphosaurus* bunt gefärbt war und bei der Balz und der Arterkennung eine Rolle spielte.
Ein besonders aktives Leben kann dieser massige Pelycosaurier nicht geführt haben. Der Körper war lang und faßartig, um den umfangreichen Darm aufnehmen zu können; die Gliedmaßen waren kurz und gedrungen. Die Zähne hatten sich der Ernährungsweise angepaßt: Die Kiefer waren mit engen, ziemlich spitzen Zähnen gesäumt. Daneben trug auch der Gaumen ganze Batterien von Zähnen, die zusammen eine breite, hervorragend zum Zerkleinern von pflanzlicher Nahrung geeignete Kaufläche bildeten.

NAME: ***Casea***
ZEITLICHE VERBREITUNG: ***Unterperm***
GEOGRAPHISCHE VERBREITUNG: ***Europa (Frankreich) und Nordamerika (Texas)***
LÄNGE: ***1,2 m***
Die *Caseidae* mit ihrem Hauptvertreter *Casea* entstanden als letzte Familie der Pelycosaurier im Unterperm. Sie entwickelten sich zur artenreichsten Pflanzenfressergruppe unter den Pelycosauriern und starben gegen Ende des Perm aus.
Verglichen mit einigen verwandten Arten, die eine Länge von 3 m und ein Gewicht von über 600 kg erreichen konnten, war *Casea* klein. Alle Formen hatten dicke Rümpfe mit außergewöhnlich umfangreichen Rippen zum Schutz des langen und dicken Pflanzenfresserdarms. Die viereckigen Köpfe nahmen sich dagegen winzig aus. Am Hinterschädel befanden sich große synapside Schläfenfenster, im vorderen Teil weite Nasenöffnungen.
Die Caseiden waren die einzigen Pelycosaurier mit zahnlosem Unterkiefer. Die Zähne des Oberkiefers waren dick und stumpf mit gewellten Kanten, vergleichbar denen der heute noch existierenden pflanzenfressenden Echsen. Auch auf dem Munddach standen zahlreiche kleine Zähne. Ein Gebiß dieser Art läßt den Schluß zu, daß die Tiere sich von Farnen und Schachtelhalmen ernährten.

Ordnung Therapsida

Die Therapsiden, höherentwickelte synapside Reptilien, waren die direkten Vorfahren der Säuger. Obwohl die frühesten bisher bekanntgewordenen Therapsiden aus dem Oberperm stammen, muß die Abspaltung von den Sphenacodontiden mehr als 20 Millionen Jahre früher erfolgt sein, wahrscheinlich im Unterperm. Die Therapsiden breiteten sich rasch über die ganze Welt aus.

NAME: ***Phthinosuchus***
ZEITLICHE VERBREITUNG: ***Frühes Oberperm***
GEOGRAPHISCHE VERBREITUNG: ***Europa (UdSSR)***
LÄNGE: ***1,5 m***
Von diesem primitiven Therapsiden ist nur der Schädel bekannt. Er erinnert stark an einen Sphenacodontidenschädel, doch sind die synapsiden Schläfenfenster hinter den Augen größer, und die Eckzähne treten stärker hervor. Die Fachleuten halten *Phthinosuchus* für ein Bindeglied zwischen den Pelycosauriern und den Therapsiden.

NAME: ***Titanosuchus***
ZEITLICHE VERBREITUNG: ***Oberperm***
GEOGRAPHISCHE VERBREITUNG: ***Afrika (Südafrika)***
LÄNGE: ***2,5 m***
Titanosuchus war ein Vertreter der *Dinocephalia* – der »schrecklichen Köpfe«, eine Bezeichnung, die auf die Größe des Schädels Bezug nimmt. Die scharfen Schneidezähne, die dolchartigen Eckzähne vorne an den Kiefern und die Reißzähne weiter hinten verraten uns, daß das Tier räuberisch lebte. Sein Hauptbeutetier waren vermutlich pflanzenfressende Verwandte wie *Moschops* (s. u.).

NAME: ***Moschops***
ZEITLICHE VERBREITUNG: ***Oberperm***
GEOGRAPHISCHE VERBREITUNG: ***Afrika (Südafrika)***
LÄNGE: ***5 m***
In der südafrikanischen Karroo-Formation wurden zahlreiche Therapsiden freigelegt, darunter auch dieser große, pflanzenfressende Angehörige der *Dinocephalia*. Der mächtige Schädel saß einem tonnenförmigen Rumpf auf. Die Knochen des Vorderkopfes waren stark verdickt, was darauf hindeutet, daß die Tiere zur Festlegung der Rangordnung in der Herde Rivalenkämpfe durchführten, indem sie mit gesenkten Köpfen aufeinander losgingen. Auch die Pachycephalosauriden (s. S. 137) scheinen ähnliche Kämpfe ausgetragen zu haben. Unter den heute existierenden Tieren treten solche Verhaltensweisen bei Ziegen und Bighorn-Schafen auf.
Moschops hatte gedrungene Vorderbeine, die noch an den Körperseiten befestigt waren, während die Hinterbeine direkt unter den Hüften ansetzten. Die kurzen Kiefer trugen zahlreiche meißelförmige Zähne, die zum Abweiden pflanzlicher Nahrung hervorragend geeignet waren.

NAME: ***Lycaenops***
ZEITLICHE VERBREITUNG: ***Oberperm***
GEOGRAPHISCHE VERBREITUNG: ***Afrika (Südafrika)***
LÄNGE: ***1 m***
Lycaenops, das »Wolfsgesicht«, war ein kleiner, leichtgebauter Räuber mit langen Laufbeinen. Die Gattung gehört zur Unterordnung der *Gorgonopsia*, den dominanten Räubern des Oberperm in Südafrika und im europäischen Rußland. Die Tiere jagten möglicherweise im Rudel und erbeuteten große pflanzenfressende Therapsiden wie *Moschops* (s. o.). Die Eckzähne waren besonders lang, die vordere Schädelpartie dementsprechend höher.

NAME: ***Galechirus***
ZEITLICHE VERBREITUNG: ***Oberperm***
GEOGRAPHISCHE VERBREITUNG: ***Afrika (Südafrika)***
LÄNGE: ***30 cm***
Dieses eidechsenähnliche, kleine Reptil gilt als früher Vertreter der *Dicynodontia* – der arten- und individuenreichsten Gruppe der pflanzenfressenden Therapsiden (s. S. 190–193). Die Zähne von *Galechirus* waren jedoch die eines Insektenfressers. Nach Ansicht von Fachleuten ist *Galechirus* möglicherweise nur die Jugendform eines anderen Therapsiden.

Therapsiden

ERICIOLACERTA
PROCYNOSUCHUS
THRINAXODON
MASSETOGNATHUS
CYNOGNATHUS
OLIGOKYPHUS

Therapsiden

Unterordnung Dicynodontia

Die *Dicynodontia* waren die erfolgreichste und am weitesten verbreitete Gruppe pflanzenfressender Therapsiden. Sie entstanden im Oberperm und lebten bis zum Ende der Trias, hatten damit also eine Existenzzeit von fast 50 Millionen Jahren. Als einzige Therapsidengruppe überlebten sie die *Cynodontia*, die direkten Vorfahren der Säuger (s. u.). Ihr Erfolg war im wesentlichen auf die Weiterentwicklung ihrer Schädel und Kiefer zurückzuführen. Die synapsiden Schläfenfenster am Schädelende (s. S. 61) wurden stark vergrößert, so daß an den Kiefern längere und stärkere Muskeln ansetzen konnten. Das Gelenk zwischen dem Unterkiefer und dem Schädel erlaubte auch eine Vor- und Zurückbewegung der Kiefer und damit eine Schneidewirkung.

Name: ***Robertia***
Zeitliche Verbreitung: ***Oberperm***
Geographische Verbreitung: ***Afrika (Südafrika)***
Länge: ***45 cm***

Obwohl *Robertia* zu den frühesten Cynodontiern gehörte, wies die Gattung schon das spezialisierte Gebiß späterer Vertreter auf. Die Kiefer verfügten (ähnlich wie bei den Schildkröten) über Hornschneiden. Die einzigen Zähne, die noch übrigblieben, waren ein Paar Eckzähne im Oberkiefer. Auf sie bezieht sich auch der wissenschaftliche Name, denn *Dicynodontia* bedeutet »zwei Hundezähne«.
Robertia besaß vor den Eckzähnen einen Einschnitt, in den das Tier wahrscheinlich Zweige und Wurzeln einpaßte.

Name: ***Cistecephalus***
Zeitliche Verbreitung: ***Oberperm***
Geographische Verbreitung: ***Afrika (Südafrika)***
Länge: ***33 cm***

Die Dicynodontier besiedelten unterschiedliche Lebensräume. Einige lebten semiaquatisch, während andere Koniferenwälder bevorzugten. *Cistecephalus* lebte unterirdisch.
Das Tier hatte einen keilförmigen, abgeflachten Kopf, einen kurzen Rumpf und kräftige, gedrungene Vordergliedmaßen mit breiten Zehen, nicht unähnlich denen eines Maulwurfs. Wahrscheinlich wühlte es auf der Suche nach Würmern, Schnecken und Insekten im Erdboden herum.

Name: ***Dicynodon***
Zeitliche Verbreitung: ***Oberperm***
Geographische Verbreitung: ***Afrika (Südafrika und Tansania)***
Länge: ***1,2 m***

Dicynodon verfügte über das charakteristische Paar Eckzähne im Oberkiefer, das der gesamten Gruppe ihren Namen verlieh: »zwei Hundezähne«. Möglicherweise gruben die Tiere damit Pflanzenwurzeln aus. Zur gleichen Zeit wie *Dicynodon* lebte auch eine weitere Gruppe pflanzenfressender Reptilien, die Pareiasauriden (s. S. 62–65). Einige darunter wurden elefantengroß, waren schwer gepanzert und trugen lange Zahnreihen im Maul. Die beiden Reptilgruppen vermieden eine Nahrungskonkurrenz, da sie sich offensichtlich auf unterschiedliche Pflanzensorten spezialisiert hatten.

Name: ***Kannemeyeria***
Zeitliche Verbreitung: ***Untertrias***
Geographische Verbreitung: ***Afrika (Südafrika), Asien (Indien) und Südamerika (Argentinien)***
Länge: ***bis 3 m***

Dieser ochsengroße Dicynodontier war ein gut an das Leben auf dem Festland angepaßter Pflanzenfresser. Schulter- und Beckengürtel bestanden aus massiven Knochenplatten.
Ein Schädelknochen von *Kannemeyeria* oder einer nahverwandten Form wurde 1985 auch in Australien gefunden und stellt einen weiteren biologischen Beweis für die Existenz Gondwanalands dar.

Name: ***Lystrosaurus***
Zeitliche Verbreitung: ***Untertrias***
Geographische Verbreitung: ***Afrika (Südafrika), Antarctica, Asien (China und Indien) und Europa (UdSSR)***
Länge: ***1 m***

In den späten sechziger Jahren fand man fossile Reste von *Lystrosaurus* in Antarctica. Die weite geographische Verbreitung dieses plumpen pflanzenfressenden Dicynodontiers ist ein weiteres Indiz dafür, daß die Südkontinente zusammen mit Indien im Oberperm und in der Trias eine einzige Landmasse – Gondwanaland – bildeten (vgl. S. 11).
Lystrosaurus war eine Art »Flußpferd« unter den Reptilien. Es lebte wahrscheinlich in flachen, stehenden Gewässern und fraß Wasserpflanzen. Die Nasenlöcher befanden sich an hervorgehobener Stelle. Die Tiere konnten also noch sehen und atmen, während sich der größte Teil des Körpers unter Wasser befand.

Unterordnung Therocephalia

In den Gesteinen des Oberperm im europäischen Teil der Sowjetunion und in Südafrika fand man die Reste höher entwickelter Säugerähnlicher Reptilien, der *Therocephalia*. Sie sind auch von Ostasien und Ostafrika her bekannt und lebten bis zur Mitteltrias.

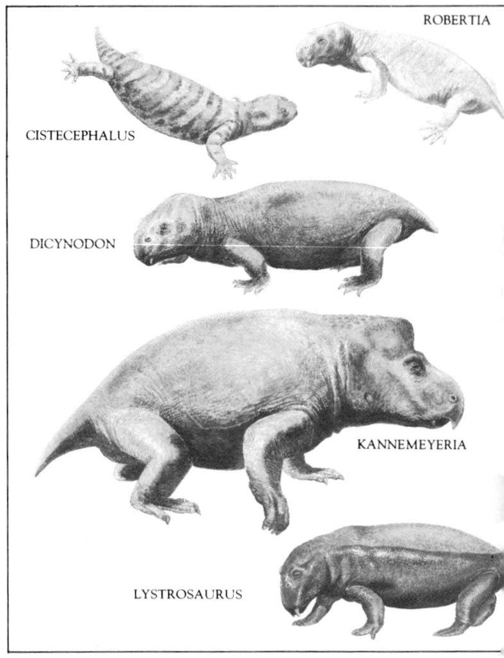

Name: ***Ericiolacerta***
Zeitliche Verbreitung: ***Untertrias***
Geographische Verbreitung: ***Afrika (Südafrika)***
Länge: ***20 cm***

Die üppige Pflanzendecke aus Schachtelhalmen, Farnen, Koniferen und frühen Palmfarnen, die umfangreichen Populationen von Dicynodontiern (s. o.) als Nahrung diente, bot auch vielen Insekten und anderen Wirbellosen Unterschlupf und Futter. Sie wiederum fielen kleinen Therocephaliern wie *Ericiolacerta* zum Opfer. Die kleinen Zähne und die langen, schlanken Gliedmaßen deuten darauf hin, daß das echsenähnliche Tier aktiv auf Insektenfang ging.

Unterordnung Cynodontia

Die *Cynodontia* – wörtlich übersetzt »Hundezähner« – waren die erfolgreichste Gruppe der Therapsiden. Sie existierten 80 Millionen Jahre lang, vom Oberperm bis zum Mitteljura, und stellten damit die längstlebige Therapsidengruppe dar. Zudem handelte es sich bei ihnen um die direkten Vorfahren der Säuger, der erfolgreichsten modernen Tiergruppe.
Die ersten fossilen Cynodontier fand man in Gesteinen des Oberperm im europäischen Teil Rußlands und in Südafrika. Sie wiesen bereits zahlreiche Säugermerkmale auf. Die Zahl der Unterkieferknochen war zum Beispiel bereits reduziert, und die Kronen der Backenzähne zeigten schon eine komplexe Struktur.
Derart fortgeschrittene Eigenschaften lassen den Schluß zu, daß die Entstehung dieser Reptilien schon viel weiter zurückliegt. Wahrscheinlich gingen sie im Unterperm aus den fleischfressenden Sphenacodontiden (und damit den Pelycosauriern) hervor, die bereits eine Methode zur Regelung der Körpertemperatur entwickelt hatten (s. S. 188).

NAME: ***Procynosuchus***
ZEITLICHE VERBREITUNG: ***Oberperm***
GEOGRAPHISCHE VERBREITUNG: ***Afrika (Südafrika)***
LÄNGE: ***60 cm***

Procynosuchus war kein typischer Cynodontier und zudem ein recht primitiver Angehöriger der Gruppe. Dennoch beansprucht er unser Interesse, weil er sich bereits an das Leben im Wasser angepaßt hatte.

Der rückwärtige Teil des Körpers und des Schwanzes war bei *Procynosuchus* beweglicher als bei den anderen Cynodontiern. Insbesondere konnte er seitlich hin und her bewegt werden wie der eines schwimmenden Krokodils. Die Schwanzwirbel waren zur Oberflächenvergrößerung seitlich abgeplattet. Der Schwanz wurde auf diese Weise zu einem leistungsfähigen Schwimmorgan, das von den mit Schwimmhäuten versehenen, otterähnlichen Gliedmaßen noch unterstützt wurde.

Trotz dieser Sondermerkmale vermutet man, daß *Procynosuchus* dem gemeinsamen Vorfahren der Cynodontier sehr nahestand.

NAME: ***Thrinaxodon***
ZEITLICHE VERBREITUNG: ***Untertrias***
GEOGRAPHISCHE VERBREITUNG: ***Afrika (Südafrika) und Antarctica***
LÄNGE: ***50 cm***

Thrinaxodon stand den Säugern bereits viel näher als sein früher Verwandter *Procynosuchus* (s. o.). Es handelte sich um einen kleinen gedrungenen Räuber, der, wie man aus der Position der kräftigen Hinterbeine schließen kann, offensichtlich ziemlich schnell laufen konnte. Der Körper war – wie nie zuvor bei einem Wirbeltier – deutlich in Brust- und Lendenregion unterteilt. Die Grenze wurde durch die Rippen markiert, die sich auf die Brustwirbel beschränkten und dort die lebenswichtigen Organe Herz und Lunge schützten.

Thrinaxodon verfügte wahrscheinlich schon über ein Zwerchfell, das den Brustkorb nach unten abschloß. Durch die Bewegung des Zwerchfells konnten die Lungen innerhalb kurzer Zeit mit Luft gefüllt und entleert werden – eine Entwicklung, die eine entscheidende Rolle bei der Regelung der Körpertemperatur spielt (vgl. S. 185). Einen weiteren Hinweis darauf, daß *Thrinaxodon* warmblütig gewesen sein dürfte, stellt das Vorhandensein eines sekundären Munddaches dar, das die Atemwege vom Mund trennte. Dadurch konnte das Tier gleichzeitig atmen und kauen und somit die Nahrung vor dem Hinunterschlucken weitgehend zerkleinern. Die Verdauung wurde auf diese Weise erheblich beschleunigt.

Im Skelett von *Thrinaxodon* lassen sich noch zahlreiche andere Veränderungen konstatieren. Einer der Fußwurzelknochen bildete zum Beispiel eine Ferse aus, an der eine starke Sehne ansetzte. Mit diesem Hebel konnte das Tier den Fuß bei jedem Schritt vom Boden abheben.

Einen weiteren Evolutionsschritt auf dem Weg zu den Säugern zeigt der Unterkiefer: Das Dentale hatte sich zu Lasten einer Reihe von kleineren Knochen erweitert und trug nun alle Zähne. Der Trend zu einem einzigen Unterkieferknochen, der allgemein bei den Cynodontiern zu beobachten ist, verlieh langfristig dem gesamten Kiefer mehr Kraft.

NAME: ***Cynognathus***
ZEITLICHE VERBREITUNG: ***Untertrias***
GEOGRAPHISCHE VERBREITUNG: ***Afrika (Südafrika) und Südamerika (Argentinien)***
LÄNGE: ***1 m***

Die Kiefer von *Cynognathus* verraten den Räuber. Das kräftige Tier gehörte zu den größten Cynodontiern. Die Hinterbeine standen senkrecht unter dem Körper, der Kopf war über 30 cm lang.

Fast der gesamte Unterkiefer von *Cynognathus* bestand nur mehr aus einem einzigen Knochen, dem Dentale, das auch sämtliche Zähne trug: Schneidezähne, Eckzähne und Reißzähne. Das Dentale war über einen Fortsatz, den *Processus coronoideus*, gelenkig mit dem Schädel verbunden; die Kiefer konnten daher weit geöffnet werden. Der *Processus coronoideus* bot zudem eine breite Ansatzfläche für kräftige Kaumuskeln und schuf somit die Voraussetzung für eine beträchtliche Erhöhung der Beißkraft.

NAME: ***Massetognathus***
ZEITLICHE VERBREITUNG: ***Mitteltrias***
GEOGRAPHISCHE VERBREITUNG: ***Südamerika (Argentinien)***
LÄNGE: ***48 cm***

Unter den rund zwölf Familien der Cynodontier befanden sich nur drei, die auch pflanzenfressende Tiere umfaßten. Zu ihnen gehörten die *Traversodontidae* mit *Massetognathus*. Den Pflanzenfresser verrät das unverkennbare Gebiß: die Backenzähne waren stark vergrößert, und ihre Kronen trugen eine Reihe von Leisten und Furchen. Die Zähne des Oberkiefers waren denen des Unterkiefers angepaßt. Zwischen den Backenzähnen und den kleinen Eckzähnen vorne an den Kiefern befand sich eine Lücke, die vermutlich dieselbe Aufgabe erfüllte wie bei den heutigen Nagetieren. Diese nutzen die Lücken dazu, ihre Wangen einzuziehen, so daß die Nahrung im hinteren Teil der Mundhöhle gekaut wird. Im Verbund mit den genau aufeinander abgestimmten Backenzähnen versetzte diese anatomische Besonderheit *Massetognathus* in die Lage, seine pflanzliche Nahrung erheblich rascher und effektiver zu verarbeiten als andere Tiere.

NAME: ***Oligokyphus***
ZEITLICHE VERBREITUNG: ***Unterjura***
GEOGRAPHISCHE VERBREITUNG: ***Europa (England)***
LÄNGE: ***50 cm***

Der kleine und unscheinbare *Oligokyphus* gehörte zusammen mit anderen Vertretern der pflanzenfressenden *Tritylodontidae* zur entwicklungsgeschichtlich jüngsten Cynodontiergruppe. Sie trat erstmals in der Obertrias auf und überlebte als einzige Familie der Säugerähnlichen Reptilien bis in den Jura. Keine andere Therapsidengruppe hatte eine vergleichbar lange Lebensspanne.

Oligokyphus ähnelte äußerlich mit seinem langen, schlanken Rumpf und Schwanz dem heutigen Wiesel. Die Gliedmaßen saßen direkt unter dem Körper, genauso wie bei den Säugern. Der kleine Cynodontier hatte damit die typische Körperhaltung der Säuger erreicht.

Das Gebiß des pflanzenfressenden *Oligokyphus* unterschied sich deutlich von dem anderer Cynodontier. Er hatte keine Eckzähne mehr, und das vordere Schneidezahnpaar war, ähnlich wie bei einem Biber, stark vergrößert.

Jeder Backenzahn des Oberkiefers verfügte über drei in Längsrichtung angeordnete Höckerreihen, die durch Furchen voneinander getrennt waren. Die Zähne des Unterkiefers verfügten dementsprechend über zwei Höckerreihen, die genau in die Furchen der Oberkieferzähne paßten. Der Biß der Tiere war damit geradezu perfektioniert.

Oligokyphus steht den Säugern so nahe, daß viele Paläontologen ihn tatsächlich bereits zu den Säugetieren rechneten. Die kleinen Knochen hinten am Unterkiefer verraten aber nach wie vor die Reptilienverwandtschaft.

Säugetiere: Die Evolution der Vielseitigkeit

Die Bezeichnung *Mammalia* oder »Säugetiere« nimmt Bezug auf das wichtigste Merkmal, das alle Vertreter dieser Wirbeltierklasse einschließlich des Menschen teilen. Gemeint sind die der Brutpflege dienenden Milchdrüsen der Weibchen. Sie sind selbst bei eierlegenden Säugern – dem Ameisenigel und dem Schnabeltier – vorhanden.

Die stammesgeschichtlichen Konsequenzen der Milchfütterung sind enorm. Die Mutter kann ihre Nachkommen in einem Nest zurücklassen, während sie selber auf Nahrungssuche geht. Sie produziert die Milch in ihrem Körper und hält so eine stete Nahrungsquelle für ihre Jungen bereit. Alle notwendigen Nährstoffe sind in der Milch enthalten. Jungtiere, die nichts anderes zu tun haben, als zu schlafen und Milch zu saugen, können sehr schnell wachsen.

Das zweitwichtigste Merkmal der Säugetiere ist die Körperbehaarung, die normalerweise ein dichtes Fell bildet. Ursprünglich bestand ihre Aufgabe darin, Körperwärme zu binden, denn alle Säugetiere sind warmblütig. Die meisten Formen verfügen über eine konstante Körpertemperatur, die im Normalfall deutlich höher ist als die Temperatur der Umgebung. Beim Menschen beispielsweise beträgt sie knapp unter 37 °C. Liegt die Lufttemperatur niedriger, so schlottern wir und müssen uns warm anziehen; liegt sie höher, so schwitzen wir, um überflüssige Wärme loszuwerden.

Dank ihrer konstanten Körpertemperatur sind die Säuger in ihren Aktivitäten von den äußeren Bedingungen weitgehend unabhängig. Allerdings zahlen sie dafür einen hohen Preis: Säugetiere müssen viel fressen, denn sie beziehen die Energie für ihre hohe Aktivität aus der Nahrung.

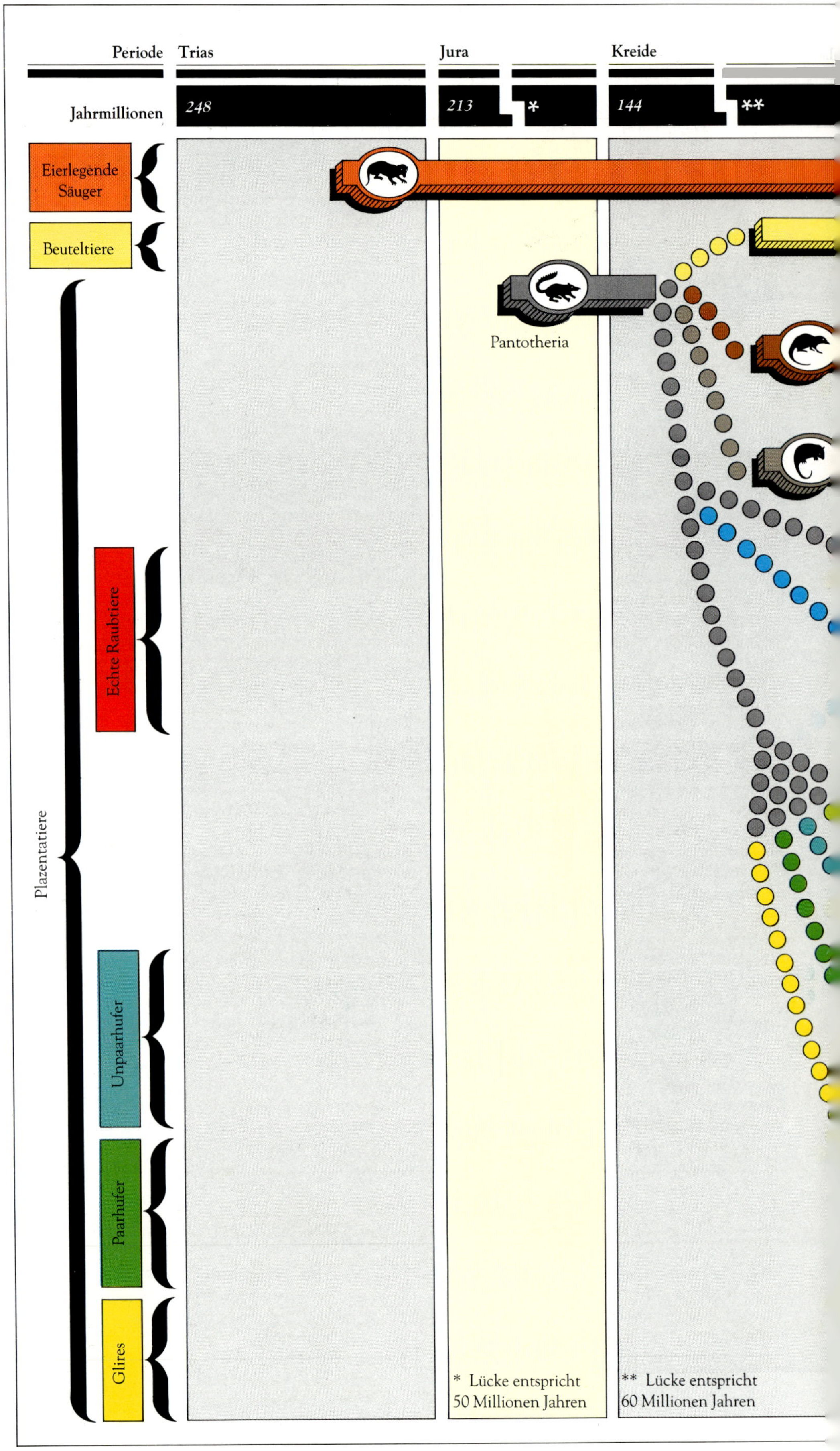

Die Säuger entstanden in der Obertrias. Primitive Formen, etwa der Ameisenigel und das Schnabeltier, verraten ihre reptilische Herkunft bis heute dadurch, daß sie Eier legen. Der Vorfahre aller späteren Säugetiere ist wahrscheinlich unter den *Pantotheria* zu suchen. Es entstanden zwei große Gruppen, die Beuteltiere und die Plazentatiere. Verschiedene Gruppen sind, wie auch die gleichfarbigen Balken im nebenstehenden Stammbaum zeigen, eng miteinander verwandt. Die Fledermäuse entwickelten sich zum Beispiel aus den Insektenfressern. Die fleischfressenden *Creodonta* und die echten Raubtiere hatten einen gemeinsamen Vorfahren. Und die Seekühe sind mit den Elefanten verwandt. Die Primaten reichen bis in die Oberkreide zurück. Vor 4 Millionen Jahren traten in Afrika frühe Menschenformen auf (Schlüssel zu den Silhouetten s. S. 312).

Ausgezogene Balken bedeuten bekannte Fossilnachweise. Unterbrochene Linien zeigen mögliche stammesgeschichtliche

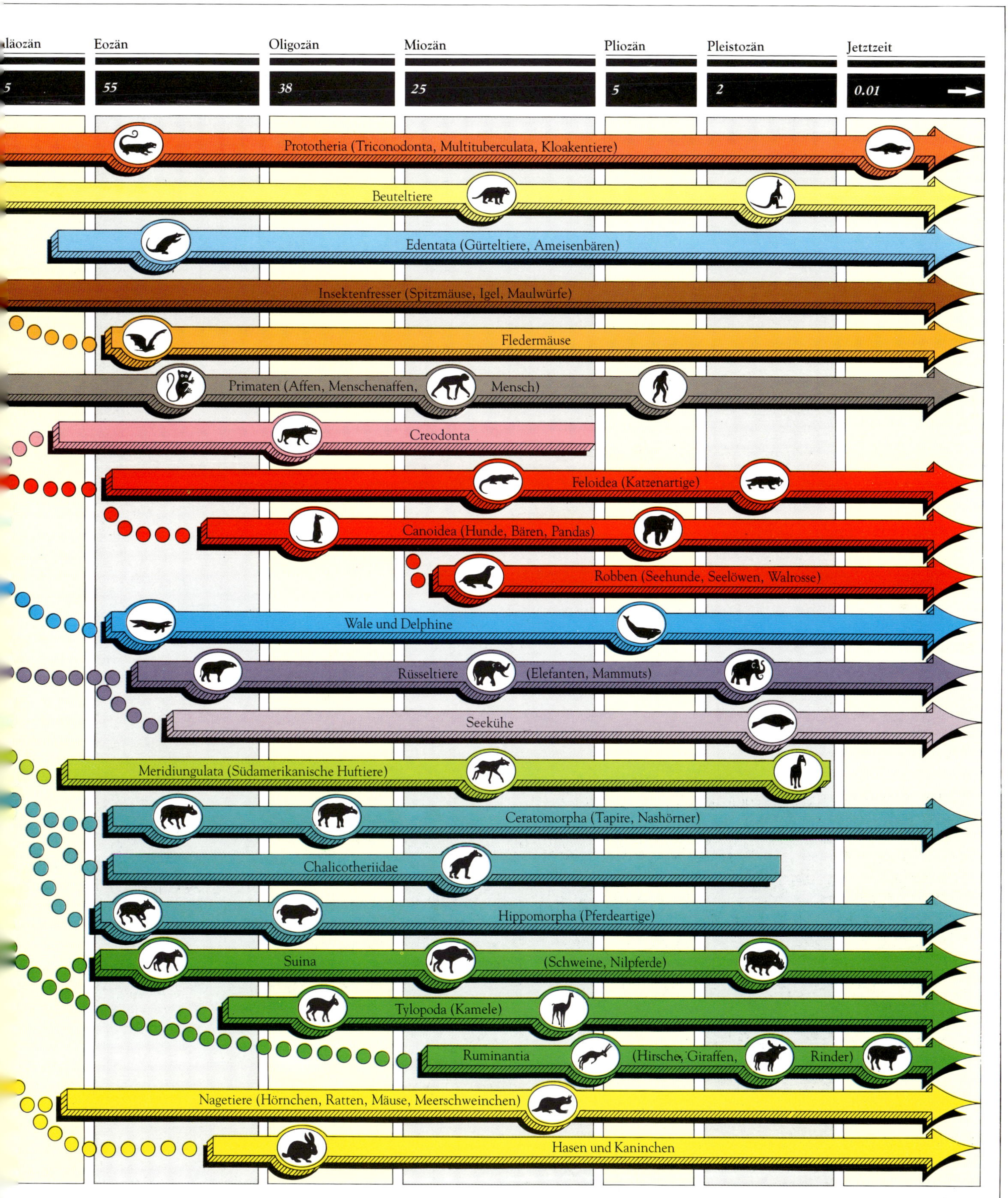

iehungen zwischen den einzelnen Gruppen.

Säugetiere: Die Evolution der Vielseitigkeit

Die ältesten Säuger, von denen wir heute wissen, traten in der Obertrias auf, vor ungefähr 220 Millionen Jahren. Den ganzen Jura und die Kreide hindurch spielten Säugetiere nur eine untergeordnete Rolle in den Landfaunen der Kontinente; es dominierten die Reptilien und unter ihnen die Dinosaurier. Die mesozoischen Säuger waren klein und ähnelten Spitz- oder Wühlmäusen. Sie fraßen Kleintiere wie Insektenpuppen, Raupen und Käfer. Andere frühe Säuger wie die Multituberkulaten lebten wahrscheinlich wie die heutigen Wühlmäuse von pflanzlicher Nahrung.

Gegen Ende des Mesozoikums veränderte sich die Welt. Markantestes Indiz für diesen Wandel war das Verschwinden der Dinosaurier. Das darauffolgende Känozoikum nahm vor 65 Millionen Jahren seinen Anfang. Seit jener Zeit dominieren auf dem Festland die Blütenpflanzen, Insekten, Vögel und Säuger.

Der Aufstieg der Säugetiere

In jener Zeit entstanden tropische Regenwälder, ausgedehnte Waldungen in den gemäßigten Breiten, Savannen und Prärien – kurz: eine Fülle neuer Lebensräume. Heutzutage ist Antarctica, sieht man von den die Küstengebiete frequentierenden Robben und See-Elefanten ab, die einzige größere Landmasse der Erde ohne einheimische Säugetiere. Noch im Eozän jedoch, vor ungefähr 50 Millionen Jahren, war Antarctica dicht bewaldet und beherbergte eine Beuteltierfauna.

Ihre größte Artenvielfalt erreichten die Säuger vor 15 Millionen Jahren, im Miozän. Seit jener Zeit verschlechterten sich die Klimabedingungen kontinuierlich bis hin zu den Eiszeiten im Pleistozän, die vor ungefähr 2 Millionen Jahren ihren Anfang nahmen. Die Artenvielfalt ist in den Tropen stets am höchsten, weshalb der Rückgang tropischer Lebensräume auch weitgehend für den Artenschwund verantwortlich ist. Die abwechselnden Kalt- und Warmzeiten im Pleistozän begünstigten andererseits die Entwicklung einer Reihe auffallend großer Säuger. So traten nun Wollnashörner, Mammuts, Riesenhirsche und bodenbewohnende Faultiere auf. Sie alle verschwanden innerhalb der letzten 12 000 Jahre.

Das aktive Leben der Säuger setzte eine hochentwickelte Kontrolle über das Nervensystem voraus. Die Säuger haben deswegen große, komplexe Gehirne, die die von Augen, Ohren und dem Geruchssinn gelieferten Informationen schnell verarbeiten können.

Anpassungen der Gliedmaßen

Die Entwicklung größerer Formen aus ursprünglich spitzmausähnlichen Vorfahren ging einher mit der Besiedlung neuer Lebensräume. Die Säuger ergriffen Besitz von den Wipfelregionen der Bäume, von Gebüschsteppen, vom Wasser und sogar von der Luft.

Das Leben in so unterschiedlichen Lebensräumen erforderte jeweils eine entsprechende anatomische Anpassung. Die Gliedmaßen der Spitzmäuse mit je fünf Fingern oder Zehen zeigen immer noch einen eher primitiven Aufbau. Zu schnellem Lauf befähigte Raubtiere, wie die Hauskatzen, weisen bei veränderten Größenverhältnissen im wesentlichen den gleichen Aufbau auf, haben allerdings die innere Zehe verloren. Kletternde und hangelnde Säuger entwickelten lange Arme und Beine mit langen Fingern.

Säugetiere, die in Prärien und tropischen Savannen grasen, haben lange, schlanke Beine mit Hufen, deren einzige Aufgabe darin besteht, dem Tier die schnelle oder langsame Fortbewegung auf dem Erdboden zu ermöglichen. Eine Seitwärtsdrehung der Beine ist nicht mehr möglich, die Zehenzahl verringerte sich, bis schließlich nur noch zwei Zehen (wie beim Rind) oder eine einzige (wie beim Pferd) übrigblieben. Den Raubtieren steht eine solch ökonomische Spezialisierung nicht offen, da sie ihre Gliedmaßen zu verschiedenen Zwecken benötigen: zum langsamen Gehen, zum schnellen Laufen, zum Kriechen, Graben, Klettern und Schwimmen, zum Packen, Festhalten und Zerfleischen ihrer Beutetiere. Vorder- und Hinterbeine behielten daher die für unterschiedliche Verwendungszwecke besser geeignete »primitive« Form bei.

Robben und Seehunde schwimmen mit stark modifizierten Gliedmaßen; ihr oberer Teil ist kurz, der Fuß hingegen zu einem Paddel verlängert. Bei den Walen hingegen sorgt die Schwanzflosse durch Auf- und Abbewegungen für den Hauptantrieb. Die Vordergliedmaßen sind zu Paddeln umgewandelt und dienen hauptsächlich der Steuerung, während die Hintergliedmaßen zurückgebildet wurden.

Fledermäuse haben ihre Vordergliedmaßen zu »Flügeln« umgebildet: Vier Finger erfuhren zu diesem Zweck eine starke Verlängerung und spannen eine Flughaut *(Patagium)* aus.

Die Säuger können an Zehen und Fingern im Prinzip drei verschiedene verhornte Auswüchse tragen: Nägel, Krallen oder Hufe. Nägel finden wir bei den Primaten, den Elefanten und Nashörnern. Die Krallen sind bei den Raubtieren am besten entwickelt, aber auch bei grabenden Formen wie Ameisenbären und Faultieren anzutreffen. Hufe sind für jene Säuger charakteristisch, die in Savannen und Steppen leben.

Die Zähne der Säuger

Säugetiere sind imstande, sich in einer Vielzahl von Lebensräumen fortzubewegen und können daher auch die unterschiedlichsten Nahrungsquellen nutzen. Dies allerdings erfordert entsprechende Anpassungen des Gebisses. Zunächst muß das Tier die Nahrung erreichen und abpflücken oder abreißen können. Der nächste Schritt ist die Verarbeitung zu einem verschluckbaren Nahrungsbissen *(Bolus)*. Darüber hinaus brauchen Säugetiere leistungsfähige Verdauungssysteme, um der Nahrung die größtmögliche Menge an Nährstoffen zu entziehen.

Man unterteilt die Säuger hauptsächlich nach dem Bau ihrer Gliedmaßen und ihrer Zähne. Entscheidend ist demnach, wie sich ein Tier bewegt und wie es sich ernährt. Da die Nahrungssuche Bewegung voraussetzt, sind beide Funktionen eng miteinander verknüpft.

Zähne bestehen aus äußerst widerstandsfähigem Kalziumphosphat. Sie bleiben fossil gut erhalten und überleben alle anderen Teile des Säugerkörpers, sogar die Knochen. Angesichts dieser Tatsache erscheint es wie eine Ironie des Schicksals, daß kein Teil des *lebenden* Körpers so hinfällig ist wie gerade die Zähne und daß wir soviel Zeit beim Zahnarzt verbringen müssen. Nach dem Tod können unsere Zähne Jahrhunderte, ja sogar Jahrtausende überdauern.

Im Laufe seines Lebens bekommt ein Säugetier zwei Gebisse. Das Milchgebiß bricht nach der Entwöhnung durch, hält sich nur verhältnismäßig kurze Zeit – während der schnellsten Wachstumsphase – und wird danach vom Dauergebiß ersetzt. Bei einem nichtspezialisierten primitiven Säuger umfaßt es 44 Zähne. Dabei unterscheidet man mehrere Zahntypen mit unterschiedlichen Formen und Aufgaben: 3 Schneidezähne, 1 Eckzahn, 4 Vorbackenzähne (Prämolaren) und 3 Backenzähne (Molaren), insgesamt also 11 Zähne in jeder Kieferhälfte. Es gibt allerdings nur wenige Säugetiere, die diesen unveränderten, »primitiven« Zustand aufweisen. Bei den meisten Arten gingen einige Zähne verloren, während die verbliebenen unterschiedliche Formen der Spezialisierung durchmachten.

Die Schneidezähne stehen vorne im Kiefer. Sie sind normalerweise meißelförmig und werden zum Festhalten und Schneiden verwendet. Durch Spezialisierung können zwei Schneidezähne verlorengehen. Bei manchen Gruppen kommt es dabei zur Entwicklung von Stoßzähnen wie beim Elefanten oder zu Schneidewerkzeugen wie bei den Nagetieren.

Mit den Eckzähnen halten Raubtiere ihre Beute fest und durchbohren sie. Bei einigen Formen ist er zu einem Säbelzahn verlängert. Bei den meisten Pflanzenfressern, darunter Hasen, Rindern und Pferden, ist der Eckzahn verlorengegangen oder allenfalls noch kümmerlich ausgebildet.

Besonders bei Pflanzenfressern befindet sich zwischen den Schneide- und Eckzähnen einerseits sowie den Backen- und

Vorbackenzähnen andererseits oft eine Lücke, das sogenannte Diastema.
Die Vorbackenzähne (Prämolaren) sind wie die Schneide- und Eckzähne oft einfach aufgebaut und weisen auf der Beißfläche nur einen Höcker auf. Dafür haben sie aber zwei Wurzeln anstatt nur einer. Die Anzahl der Prämolaren ist oft verringert, ihre Form unterschiedlich spezialisiert.
Die Backenzähne oder Molaren zeigen im Normalfall den komplexesten Aufbau. Sie haben keine Vorläufer im Milchgebiß und brechen als letzte durch. Die Molaren haben im allgemeinen eine vielhöckrige Oberfläche und mehrere Wurzeln. Die Anordnung der Höcker ist bei jeder Säugerfamilie und -gattung konstant, weshalb ihr große Bedeutung bei der Klassifikation und Bestimmung zugemessen wird. Bei primitiven Säugern sind die Höcker in entgegengesetzten Dreiecken angeordnet. Wenn sich die Kiefer schließen, greifen sie ineinander und bilden eine Schneide, mit denen die Tiere weiche Nahrung wie Würmer oder Insekten zerteilen können.
Bei den Raubtieren wird dieser Effekt durch die Reißzähne verbessert, mit denen das Fleisch der Beutetiere wie mit einer Schere zerteilt wird. Die Pflanzenfresser bildeten einen vierten Höcker aus. Dadurch entstand eine solide Plattform, auf der die Nahrung beim Kauen zerrieben wird. Die Tiere bewegen ihren Kiefer dazu vor und zurück, seitwärts oder sogar kreisförmig.

Fortpflanzung und Klassifikation

Auch die Fortpflanzung der Säuger ist äußerst komplex. Sie bildet zunächst die Basis für die Einteilung in zwei Unterklassen: die eierlegenden *Prototheria* und die lebendgebärenden *Theria*.
Die *Prototheria* sind die ältere Gruppe. Sie umfassen neben den ausgestorbenen *Multituberculata* und *Triconodonta* die Kloakentiere *(Monotremata)*, die in Gestalt der auf Australasien beschränkten Ameisenigel und Schnabeltiere bis heute überleben.
Die *Theria* unterteilt man in drei weitere Gruppen: die ausgestorbenen *Trituberculata*, die *Metatheria* und die *Eutheria*. Die zuletzt genannte Gruppe ist die artenreichste.
Die *Metatheria* oder Beuteltiere haben keine oder nur eine ganz kleine Plazenta. Die Jungen werden in einem viel früheren Stadium geboren als bei den *Eutheria* und vollenden, an eine Zitze angeschlossen, im mütterlichen Beutel ihre Entwicklung. Bei den *Eutheria* entwickelt sich der Embryo im Innern der Gebärmutter *(Uterus)* und wird vom mütterlichen Blutkreislauf über die Plazenta ernährt.

Anpassungen von Säugern

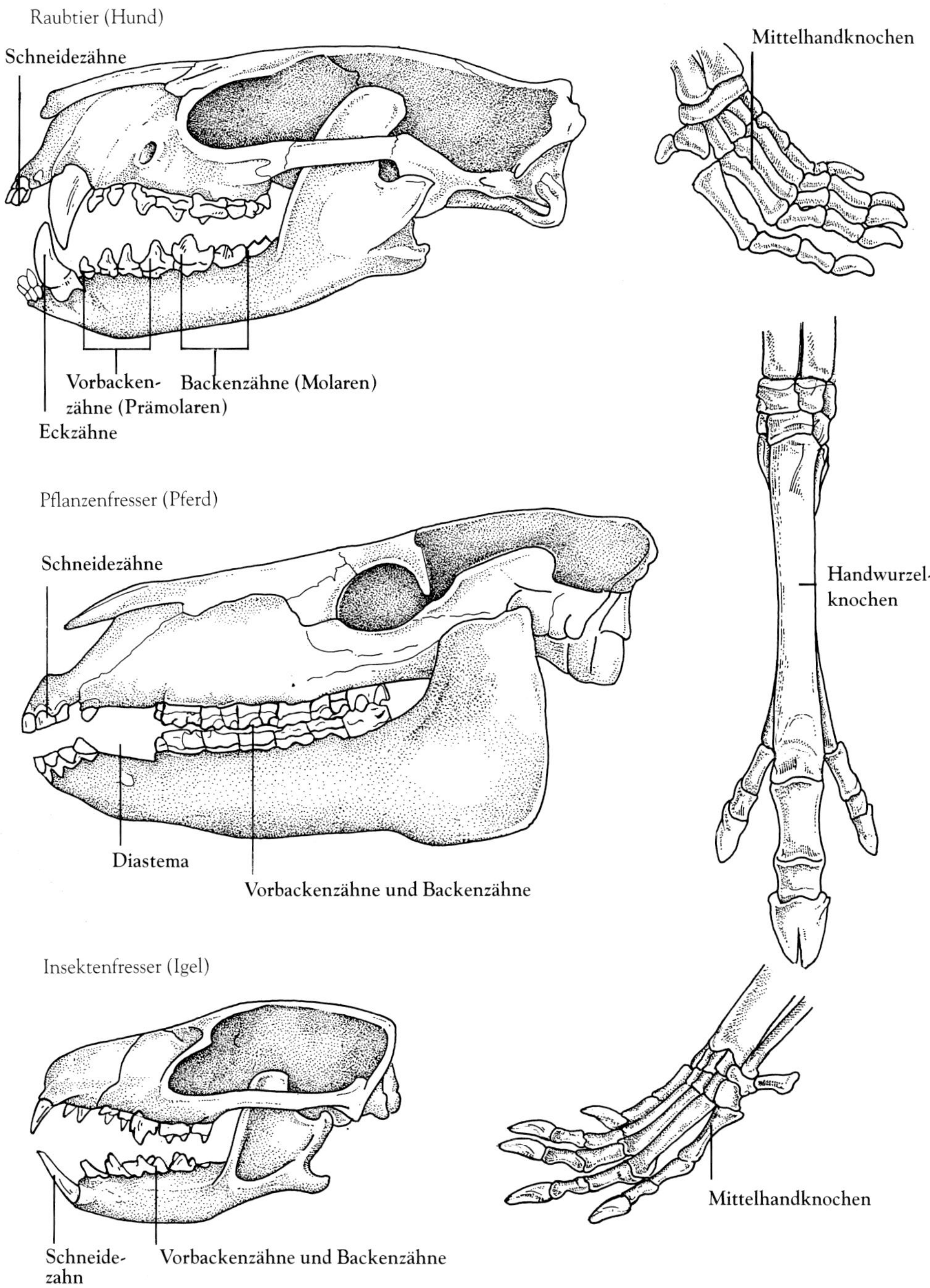

Die meisten Säuger haben vier Zahntypen – Schneidezähne, Eckzähne, Vorbackenzähne (Prämolaren) und Backenzähne (Molaren) –, deren Aufgabe je nach Ernährungsweise variiert. Raubtiere wie der Hund töten ihre Beute mit den Eckzähnen und enthäuten sie mit den Schneidezähnen. Die Vorbackenzähne und Backenzähne schneiden Fleischteile ab. Ein Pflanzenfresser wie das Pferd schneidet mit den kräftigen Schneidezähnen Grasbüschel ab und zerreibt sie mit den Backen- und Vorbackenzähnen; die Eckzähne sind ganz klein oder zur Gänze verlorengegangen. Die Lücke *(Diastema)* zwischen den vorderen und den hinteren Zähnen trennt auch die beiden Funktionen des Kiefers, das Abweiden und das Zerkleinern. Ein Insektenfresser packt seine Beute mit den Schneidezähnen und zerschneidet das Fleisch mit den Backenzähnen. Raubtiere verwenden ihre Gliedmaßen sowohl zum Laufen als auch zum Ergreifen der Beute. Eine Spezialisierung ist daher nicht möglich. Die Beine der Pflanzenfresser hingegen dienen nur der Fortbewegung. Die seitlichen Finger und Zehen sind reduziert wie hier bei *Parahippus* (s. o.). Die Insektenfresser haben fünfzehige, leichtgebaute Füße zum Graben, Greifen, Klettern und Laufen.

Primitive Säuger

CRUSAFONTIA
ZALAMBDALESTES
HARAMIYA
PURGATORIUS

Primitive Säuger

Unterklasse Prototheria

Zu den *Prototheria* (wörtlich übersetzt: »erste Säuger«) gehören die primitivsten Säugetiere. Sie entwickelten sich in der Obertrias, vor ungefähr 220 Millionen Jahren, aus den Cynodontiern, einer Gruppe synapsider Reptilien (s. S. 192). Die einzigen überlebenden *Prototheria* sind die Kloakentiere, die Ameisenigel und das Schnabeltier, deren natürliches Vorkommen auf Australasien beschränkt ist. Die Fortpflanzung der Kloakentiere beweist ihre Abstammung von den Reptilien, denn sie legen allesamt Eier. Die Jungtiere trinken jedoch, wie alle anderen Säugetiere, Milch aus den Milchdrüsen der Muttertiere.

Ordnung Triconodonta

Die ältesten bisher bekannten Säuger gehören zu den *Triconodonta*. Sie besiedelten in der Obertrias wüstenartige Lebensräume und zogen sich während des Jura in bewaldete Gebiete mit dichter Bodenvegetation zurück. Einige wenige Arten lebten bis in die Unterkreide. Mit ungefähr 12 cm Länge gehörten die *Triconodonta* zu den kleinsten Säugern. Sie ähnelten äußerlich heutigen Spitzmäusen, hatten aber auch noch eine Reihe von Ähnlichkeiten mit ihren Vorfahren, den Säugerähnlichen Reptilien oder Therapsiden (s. S. 190–193).
Das Gebiß der Triconodonten war im wesentlichen säugertypisch und setzte sich im vorderen Teil aus Schneide-, Eck- und schneidenden Vorbackenzähnen sowie im hinteren aus Backenzähnen zusammen. Die Kronen der rückwärtigen Zähne besaßen drei Höcker – daher auch die Bezeichnung *Triconodonta* (»Dreihökkerzähne«). Das Schließen der Kiefer war mit einer Seitwärtsbewegung verbunden, die dazu führte, daß die Nahrung von den Zähnen des Ober- und Unterkiefers wie mit einer Schere abgeschnitten wurde. Das Tier konnte auf diese Art und Weise schneller verdauen und gewann dadurch die für eine hohe Stoffwechselrate und eine räuberische Lebensweise notwendige Energie.
Die Triconodonten verbrachten – darin unseren heutigen Kleinsäugern nicht unähnlich – den größten Teil ihres Lebens beim Fressen und bei der Suche nach Nahrung, die vorrangig aus Insekten und kleinen Reptilien bestand.
Die Fortpflanzung erfolgte wahrscheinlich nach Art der heutigen Kloakentiere, das heißt, die noch wenig entwickelten Jungen schlüpften aus Eiern mit ledriger Schale.
Die bestbekannte Familie stellen die *Morganucodontidae* dar, deren Fossilien in Europa, Südafrika und Ostasien gefunden wurden.

NAME: ***Megazostrodon***
ZEITLICHE VERBREITUNG: **Obertrias bis Unterjura**
GEOGRAPHISCHE VERBREITUNG: ***Afrika (Lesotho)***
LÄNGE: ***12 cm***
Megazostrodon aus der Familie *Morganucodontidae* ähnelte einer heutigen Spitzmaus und verhielt sich wahrscheinlich auch entsprechend. Das Tier jagte vermutlich im Unterholz Insekten und andere kleine Wirbellose. Wahrscheinlich war es nachtaktiv, da während der Dunkelheit die Gefahr, einem fleischfressenden Dinosaurier zum Opfer zu fallen, geringer war als am Tag.
Der Körperbau von *Megazostrodon* ist aufgrund eines fast vollständig erhaltenen Skelettfundes aus Lesotho recht gut bekannt. Fossile Reste nahverwandter Arten wurden auch in China und Großbritannien gefunden.

Ordnung Multituberculata

Die *Multituberculata* waren die ersten pflanzenfressenden Säuger. Sie entwikkelten sich im Oberjura und in der Unterkreide; einige Gruppen überlebten bis ins Eozän. Ihre Dimensionen variierten zwischen Maus- und Bibergröße, waren also für ein primitives Säugetier zum Teil schon recht beachtlich. Im Aussehen erinnerten sie an Nagetiere, ohne indessen mit ihnen verwandt zu sein. Die Ähnlichkeit, besonders im Gebiß, beruhte vielmehr auf einer Anpassung an ähnliche Lebens- und Ernährungsweisen.
Wie die Nagetiere trugen auch die Multituberculaten vorne im Kiefer große Schneidezähne. Die Backen- und Vorbackenzähne dienten zum Zerkleinern der Nahrung. Zwischen den beiden Zahnformen befand sich eine Lücke, das Diastema, die es möglich machte, daß beide Zahntypen gleichzeitig verwendet werden konnten. Mit den vielhöckrigen Backenzähnen waren die Tiere in der Lage, auch zähes Pflanzenmaterial zu zermalmen. Die Kiefer arbeiteten ohne die seitliche Bewegung der frühen insektenfressenden Säuger wie *Megazostrodon* (s. o.)
Die Multituberculaten weisen keine engen Verwandtschaftsbeziehungen zu anderen Säugergruppen auf. Es ist durchaus möglich, daß ihre Entwicklung aus den Säugerähnlichen Reptilien unabhängig vonstatten ging.
Die Familie *Haramiyidae* ist eine wenig bekannte Säugergruppe aus dem Unterjura mit breiten Backenzähnen. Ihre Angehörigen sind vielleicht mit den Vorfahren der Multituberculaten verwandt.
Die Familie *Ptilodontidae* setzt sich zusammen aus Tieren mit langen Greifschwänzen. Sie dienten beim Klettern durch das Geäst als fünfte Gliedmaße. Auch die Füße sind der kletternden Fortbewegung angepaßt. Dank eines sehr beweglichen Fersengelenks konnten die Ptilodontiden wie die Hörnchen ihre Zehen nach hinten richten, wodurch es ihnen zum Beispiel möglich war, Kopf voran einen Baumstamm hinaufzulaufen. Zur Erhöhung der Griffsicherheit konnten sie ihre Zehen weit spreizen und hatten zudem scharfe Krallen. Fossilien aus diesem Verwandtschaftskreis wurden vor allem in Nordamerika gefunden.

NAME: ***Haramiya***
ZEITLICHE VERBREITUNG: **Obertrias bis Unterjura**
GEOGRAPHISCHE VERBREITUNG: ***Europa (England und Deutschland)***
LÄNGE: **12 cm**
Haramiya ist nur aufgrund weniger isolierter Zahnfunde bekannt. Der fragmentarische Nachweis läßt vermuten, daß es sich um eine Art Miniatur-Wühlmaus handelte, die ihre Nahrung mit Hilfe der breiten Backenzähne zerkleinerte. Wahrscheinlich ernährte sich das Tier von niedriger Vegetation, vielleicht auch von den Früchten palmfarnähnlicher Gewächse.

NAME: ***Ptilodus***
ZEITLICHE VERBREITUNG: **Unteres bis Oberes Paläozän**
GEOGRAPHISCHE VERBREITUNG: ***Nordamerika (Rocky Mountains, von New Mexico bis Saskatchewan)***
LÄNGE: **50 cm**
Sieht man von dem langen Greifschwanz ab, so sah *Ptilodus* einem modernen Eichhörnchen ähnlich. Wahrscheinlich besiedelte es auch den gleichen Lebensraum, die Wipfel der Bäume. Die Vorbakkenzähne des Unterkiefers waren sehr groß und schneidenähnlich. Vielleicht dienten sie *Ptilodus* dazu, die harten Schalen von Früchten und Samen zu entfernen.

Unterklasse Theria
Diese große Gruppe umfaßt die Mehrzahl aller fossilen und rezenten Säuger. Man teilt sie in drei größere Ordnungen ein: die *Pantotheria*, die auf das Mesozoikum beschränkt blieben, die Beuteltiere, von denen heute noch zahlreiche Arten in Australasien und Amerika existieren, und die *Eutheria* oder Plazentatiere, die alle übrigen lebenden Säuger und viele ausgestorbene Formen umfassen.

Ordnung Pantotheria
Bei den *Pantotheria* handelt es sich höchstwahrscheinlich um die gemeinsamen Vorfahren aller modernen Säuger mit Ausnahme der Kloakentiere (s. S. 194–195). Sie besaßen sehr differenzierte Backenzähne mit zu Dreiecken angeordneten Höckern, wie sie in ähnlicher Form auch bei vielen heute noch existierenden Säugern anzutreffen sind. Zähne dieser Art haben die Aufgabe, Nahrung zu zerschneiden und zu zerquetschen; sie waren zur Verarbeitung von Früchten ebenso gut geeignet wie zum Zerkleinern von Insekten.
Die Familie *Dryolestidae* stellt wahrscheinlich eine Seitenlinie von *Pantotheria* dar, die sich von der zu den modernen Säugern führenden Linie abspaltete. Sie ist nur aufgrund einiger Zähne und Kieferknochen bekannt, aus denen hervorgeht, daß in dieser Gruppe das für Säuger typische Kiefergelenk voll entwickelt war (vgl. S. 184). Die drei Knochen, die bei den Reptilienvorfahren noch zum Unterkiefer gehört hatten, waren ins Mittelohr gewandert und hatten dort als Hammer, Amboß und Steigbügel die Übertragung von Schallwellen zum Innenohr übernommen (vgl. S. 185).

NAME: ***Crusafontia***
ZEITLICHE VERBREITUNG: ***Unterkreide***
GEOGRAPHISCHE VERBREITUNG: ***Europa (Portugal)***
LÄNGE: ***10 cm***
Die Dryolestidengattung *Crusafontia* ist nur von einigen Zähnen bekannt. Die Rekonstruktion auf S. 199 beruht auf dem relativ vollständigen Skelettfund eines anderen Mitglieds der Familie. Wahrscheinlich ähnelte das Tier einem kleinen Eichhörnchen. Es lebte in Baumkronen und ernährte sich von Früchten, Nüssen und Samen. Der lange Schwanz war möglicherweise als Greifschwanz ausgebildet. Die Knochen des Beckengürtels deuten auf eine Fortpflanzung nach Art der Beuteltiere hin. Demnach wäre das in einem sehr frühen Entwicklungsstadium geborene Jungtier während der ersten Lebenswochen in einem Beutel ausgetragen und gesäugt worden.

Infraklasse Metatheria
Die beiden größeren Untergruppen der Unterklasse *Theria*, die *Metatheria* und die *Eutheria*, entwickelten sich in der Unterkreide aus einem gemeinsamen Vorfahren. Die *Metatheria* umfaßten eine einzige Ordnung, die *Marsupialia* oder Beuteltiere, die wir im Detail auf S. 202–205 vorstellen. Im folgenden beschreiben wir zum Vergleich mit den anderen frühen Säugern lediglich einen primitiven Vertreter dieser Gruppe.

NAME: ***Alphadon***
ZEITLICHE VERBREITUNG: ***Oberkreide***
GEOGRAPHISCHE VERBREITUNG: ***Nordamerika (von Alberta bis New Mexico)***
LÄNGE: ***30 cm***
Primitive Beuteltiere wie *Alphadon* ähnelten wahrscheinlich den heutigen Opossums. Es handelte sich um Allesfresser, die sich von Insekten ebenso wie von kleinen Wirbeltieren und Früchten ernährten. Sie lebten vermutlich auf Bäumen und konnten gut klettern. Die Zehen ließen sich einander gegenüberstellen und sorgten für einen guten Griff. Als zusätzliche Stütze diente ein Greifschwanz. Aufgrund ihrer Kleinheit und ihrer auf die Baumkronen beschränkten Lebensweise waren die Tiere keine unmittelbaren Nahrungskonkurrenten für die Dinosaurier der Oberkreide.

Infraklasse Eutheria
Die Plazentatiere oder *Eutheria* bringen Jungtiere zur Welt, die sich bereits eine Zeitlang im Innern der Gebärmutter entwickeln konnten. Die Plazentatiere umfassen die große Mehrheit der heutigen Säuger. Man unterscheidet 24 Ordnungen (vgl. S. 194–195). Bei einer der ältesten Familien, den *Zalambdalestidae* (s. u.), handelt es sich vermutlich um einen Seitenzweig der Hauptentwicklungslinie.

NAME: ***Zalambdalestes***
ZEITLICHE VERBREITUNG: ***Oberkreide***
GEOGRAPHISCHE VERBREITUNG: ***Asien (Mongolei)***
LÄNGE: ***20 cm***
Zalambdalestes sah einem heutigen Rüsselspringer sehr ähnlich. Die Schnauze war aufwärts gebogen, die Beine waren trotz ihrer geringen Größe recht kräftig. Die Hinterbeine waren länger als die Vorderbeine, die einen wie die anderen jedoch mit verlängerten Fußknochen versehen.
Das Tier konnte Finger und Zehen nicht einander gegenüberstellen, weshalb es sich höchstwahrscheinlich nicht um einen Baumbewohner handelte. Das Gehirn war ziemlich klein, die Augen waren groß. *Zalambdalestes* kann durchaus auch eine an die Rüsselspringer erinnernde Verhaltensweise an den Tag gelegt haben. Teils laufend, teils springend jagte es im Unterholz Insekten.

Ordnung Primates
Die Primaten sind eine sehr alte Säugergruppe, denn man kennt sie schon aus der Oberkreide, also aus einem Zeitraum, der ungefähr 70 Millionen Jahre zurückliegt. Die höher entwickelten Angehörigen dieser Gruppe werden auf S. 286–297 behandelt.
Die Familie *Paromomyidae* bestand aus kleinen Lebewesen, die den Spitzhörnchen ähnlich sahen. Möglicherweise handelte es sich um die Vorfahren der späteren Halbaffen, Affen und Menschenaffen. Einige Paläontologen betrachten die *Paromomyidae* jedoch nicht als Primaten, sondern als Vertreter einer eigenen Ordnung.

NAME: ***Purgatorius***
ZEITLICHE VERBREITUNG: ***Oberkreide bis Unteres Paläozän***
GEOGRAPHISCHE VERBREITUNG: ***Nordamerika (Montana)***
LÄNGE: ***wahrscheinlich 10 cm***
Von diesem kleinen Tier ist nur bekannt, was sich von einem einzigen Backenzahn aus der Oberen Kreide ableiten läßt. Die Bedeutung dieses Fundes liegt darin, daß er zu dem ältesten bisher bekannten Primaten gehörte.
Die etwas aufschlußreicheren Zahnfunde von einem verwandten Lebewesen aus dem Unteren Paläozän deuten darauf hin, daß *Purgatorius* vermutlich Allesfresser war. Sein geringes Gewicht – wahrscheinlich nicht mehr als 20 g – läßt allerdings darauf schließen, daß er sich überwiegend von Insekten ernährte.

Beuteltiere

THYLACOLEO
DIPROTODON
PROCOPTODON
PALORCHESTES

Beuteltiere

Ordnung Marsupialia

Die *Marsupialia* oder Beuteltiere gehören zu den ältesten Säugerordnungen. Sie umfassen so bekannte Tierarten wie die Känguruhs und Koalas in Australien sowie das Opossum in Amerika. Die Beuteltiere entstanden in der Oberkreide, einer Zeitspanne, die vor 100 Millionen Jahren begann und vor 65 Millionen Jahren zu Ende ging.

Einzigartig ist die Fortpflanzung der Beuteltiere. Die Plazentatiere, zu denen der weitaus größte Teil der Säuger einschließlich des Menschen zählt, ernähren ihren Nachwuchs zunächst über eine Plazenta im Innern der Gebärmutter. Sie bringen verhältnismäßig weitentwickelte Junge zur Welt. Die Beuteltierjungen hingegen werden sehr früh geboren; sie sind kaum dem Embryonenstadium entwachsen. In einem Beutel, der sich zumeist auf der Bauchseite des Muttertiers befindet, bekommen sie Milch zu trinken und reifen heran.

Die Beuteltiere entwickelten sich anscheinend in Nord- oder Südamerika. Eine Gruppe wanderte über Antarctica, wo zu jener Zeit unvergleichlich wärmere Temperaturen herrschten als heute, nach Australien; eine weitere Gruppe gelangte über Nordamerika nach Europa. Dies war möglich, weil sich die auseinanderdriftenden Kontinente in der Oberkreide noch nicht sehr weit voneinander entfernt hatten (vgl. S. 11). Die Beuteltiere erlebten während des Tertiärs im isolierten Südamerika sowie in Australien eine Blütezeit und sind in beiden Kontinenten auch heute noch vertreten.

Die nach Europa eingewanderten Beuteltiere erreichten im Oligozän Nordafrika und Zentralasien. Es handelte sich um die Didelphiden, die heute von den Opossums vertreten werden. Man hält sie für die primitivsten Beuteltiere, da zu dieser Familie auch die ältesten Fossilfunde zählen.

Im Unteren Miozän starben die Didelphiden in Nordamerika, im Mittleren Miozän auch in Europa aus. Die moderne Gattung *Didelphis* (Opossum) gelangte jedoch vor ungefähr 3 Millionen Jahren über die Landbrücke von Panama wieder in den Norden des Doppelkontinents. Nach Europa kehrten die Beuteltiere nie zurück.

Die südamerikanischen Beuteltiere sind inzwischen fast alle ausgestorben. Sie konnten der Invasion der Plazentatiere aus Nordamerika nicht widerstehen, zu der es kam, als während des Pliozäns eine zentralamerikanische Landbrücke die beiden Kontinente miteinander verband. Es handelte sich dabei im übrigen um eine relativ kurzfristige Brücke vor der Entstehung der Landverbindung über Panama.

Die australischen Beuteltiere dominieren heute noch, obwohl auch sie sich einer Konkurrenz von seiten der Plazentatiere gegenübersehen. Der Grund dafür liegt vielleicht darin, daß sich Australien im Rahmen der Kontinentalverschiebung während des Tertiär nordwärts bewegte. Diese Veränderung ging verhältnismäßig rasch vonstatten und brachte einen entsprechenden Klimawandel mit sich. Innerhalb weniger Dutzend Jahrmillionen bedeckte sich das ehemals von gemäßigtem Klima und entsprechender Vegetation beherrschte Land mit tropischem Regenwald. Um mit diesen Veränderungen Schritt halten zu können, mußten sich die Beuteltiere ständig anpassen.

Im Gegensatz zu Australien blieb Südamerika in der betreffenden Zeitspanne stationär. Die Tiere entwickelten sich daher auch kaum weiter. Die Invasoren unter den Plazentatieren trafen somit auf eine primitive, genetisch schwache Fauna, die sich leicht verdrängen ließ.

Familie Borhyaenidae

Diese Familie entwickelte sich aus Didelphiden und besteht aus mittlerweile ausgestorbenen, fleischfressenden Beuteltieren aus Südamerika. Obwohl keinerlei verwandtschaftliche Beziehungen zu den Plazentatieren anderer Kontinente bestehen, entwickelten die Borhyaeniden Körperformen und Anpassungen, wie sie in ähnlicher Weise bei Katzen, Hunden, Bären und anderen echten Raubtieren auftreten. Es handelt sich lediglich um ein weiteres Beispiel für eine konvergente Evolution.

Name: ***Cladosictis***
Zeitliche Verbreitung: ***Oberes Oligozän bis Unteres Miozän***
Geographische Verbreitung: ***Südamerika (Patagonien)***
Länge: ***80 cm***

Cladosictis war ein primitives fleischfressendes Beuteltier, das in Größe und Gestalt vermutlich einem Otter ähnlich sah. Es hatte einen gestreckten Rumpf, einen langen Schwanz und kurze Gliedmaßen. Das Gebiß erinnerte an ein Raubtiergebiß. Es bestand aus Schneidezähnen zum Festhalten der Beute, aus zugespitzten Eckzähnen zum Töten derselben sowie aus weiter hinten sitzenden Vorbacken- und Backenzähnen.

Name: ***Borhyaena***
Zeitliche Verbreitung: ***Oberes Oligozän bis Unteres Miozän***
Geographische Verbreitung: ***Südamerika (Patagonien)***
Länge: ***1,5 m***

Einige Borhyaeniden ähnelten mit ihren kräftigen Rümpfen und flachen Füßen modernen Bärenarten. Die wolfsgroße *Borhyaena* war eine typische Vertreterin der Gruppe. Neben nur fuchsgroßen Arten gab es auch solche von echtem Bärenformat.

Borhyaena-Arten waren die wichtigsten Raubtiere jener Zeit. Zu ihren bevorzugten Beutetieren zählten die pflanzenfressenden südamerikanischen Huftiere (siehe S. 246 bis 253). Die kurzen Gliedmaßen deuten darauf hin, daß *Borhyaena* ihren Beutetieren nicht hinterherrannte, sondern ihnen auflauerte. Vielleicht lebte das Tier auch als Aasfresser.

Familie Thylacosmilidae

Die großen räuberischen Beuteltiere aus dieser Familie verloren die Schneidezähne und entwickelten statt dessen kontinuierlich nachwachsende, außergewöhnlich lange Eckzähne.

Name: ***Thylacosmilus***
Zeitliche Verbreitung: ***Oberes Miozän bis Unteres Pliozän***
Geographische Verbreitung: ***Südamerika (Argentinien)***
Länge: ***1,2 m***

Thylacosmilus trug wie die Säbelzahntiger Nordamerikas und Europas (s. S. 222 bis 225) im Oberkiefer ein Paar Eckzähne, die weit über die Mundlinie hinaus nach unten ragten. Bei beiden Tiergruppen, die nicht einmal entfernt miteinander verwandt waren, erlaubten Hals- und Kiefermuskulatur eine ungeheuer kraftvolle Abwärtsbewegung.

Im Gegensatz zu den Säbelzahntigern besaß *Thylacosmilus* keine Schneidezähne. Die Eckzähne wuchsen kontinuierlich nach.

Familie Argyrolagidae

Die *Argyrolagidae* setzten sich aus Tieren zusammen, die den heutigen Taschenspringern und Springmäusen ähnlich sahen, obwohl zwischen den Gruppen keinerlei Verwandtschaft besteht. Auch sie

lebten wahrscheinlich in Wüstengebieten und waren überwiegend nachtaktiv.

NAME: ***Argyrolagus***
ZEITLICHE VERBREITUNG: ***Oberes Miozän bis Oberes Pliozän***
GEOGRAPHISCHE VERBREITUNG: ***Südamerika (Patagonien)***
LÄNGE: ***40 cm***
Ähnlich wie die heutigen Taschenspringer hüpfte *Argyrolagus* auf seinen langen, zweizehigen Hinterbeinen flink und gewandt über die Ebenen. Der lange Schwanz wahrte dabei das Gleichgewicht. Der Kopf des Tieres war nagerähnlich, hatte aber eine spitze Schnauze. Die großen, weit zurückversetzten Augenhöhlen verraten, daß das Tier nur nachts auf Nahrungssuche ging. Die Form der Zähne deutet auf einen Pflanzenfresser hin.

Familie Necrolestidae
Die Familie bestand aus einer einzigen Gattung, *Necrolestes*. Sie war so spezialisiert, daß man sie mit keiner anderen Tiergruppe in nähere Verbindung bringen kann. Die Kiefer und Zähne weisen verschiedene Parallelen zu den heute noch lebenden afrikanischen Goldmullen auf.

NAME: ***Necrolestes***
ZEITLICHE VERBREITUNG: ***Unteres Miozän***
GEOGRAPHISCHE VERBREITUNG: ***Südamerika (Patagonien)***
LÄNGE: ***wahrscheinlich 15 cm***
Alles, was von diesem kleinen Lebewesen bekannt ist, besteht aus einer Kieferspitze mit eigentümlich aufwärts gebogener Schnauze. Möglicherweise endete sie in fleischigen Falten, mit deren Hilfe sich das Tier Freßbares ertastete. Die zahlreichen kleinen Zähne legen den Schluß nahe, *Necrolestes* habe sich von Insekten oder Würmern ernährt. Vielleicht grub sich das Tier auch Gänge durch das Erdreich. Von dieser potentiellen Eigenschaft leitet sich auch der wissenschaftliche Name ab, der wörtlich übersetzt »Totenräuber« bedeutet.

Familie Thylacoleonidae
Diese Familie löwenartiger Beuteltiere lebte während des Pliozäns und des Pleistozäns in Australien. Die Tiere jagten wahrscheinlich in offenen Savannengebieten.

NAME: ***Thylacoleo***
ZEITLICHE VERBREITUNG: ***Pleistozän***
GEOGRAPHISCHE VERBREITUNG: ***Australien (New South Wales, Queensland, West- und Südaustralien)***
LÄNGE: ***1,7 m***
Dieser »Beutellöwe« hatte ein kurzes katzenartiges Gesicht. Die stark hervortretenden Schneidezähne waren zu tödlichen Waffen umgebaut und sahen aus wie die Eckzähne bei den Plazentatieren. Die eigentlichen Eckzähne waren unbedeutend, die Backenzähne zu mächtigen Reißzähnen umgebildet.
Früher vermutete man, *Thylacoleo* habe mit seinen ungewöhnlichen Vorderzähnen Nüsse und Früchte geöffnet. Erst kürzlich bewiesen Untersuchungen, daß die Abnutzungsspuren auf den Zähnen eher auf einen Fleischfresser hindeuten. Wahrscheinlich jagte *Thylacoleo* die Riesenkänguruhs und Riesenwombats jener Epoche.

Familie Diprotodontidae
Diese Hauptgruppe australischer Beuteltiere umfaßt im wesentlichen Pflanzenfresser. Die Diprotodontiden haben nur ein Paar untere, nach vorne gerichtete Schneidezähne, dafür aber ein bis drei Paar obere Schneidezähne. Eckzähne fehlen. Zwischen den Schneidezähnen und den Backenzähnen klafft wie bei den Nagern eine Lücke *(Diastema)*.
Zu den heute noch existierenden Verwandten der Diprotodontiden gehören der Koala, die Känguruhs, die Kletterbeutler und die Wombats.

NAME: ***Diprotodon***
ZEITLICHE VERBREITUNG: ***Pleistozän***
GEOGRAPHISCHE VERBREITUNG: ***Australien (Südaustralien)***
LÄNGE: ***3 m***
Die äsenden Beuteltiere erreichten mit *Diprotodon* und dessen Verwandten ihre Maximalgröße. Das Tier sah ein bißchen aus wie ein Wombat im Rhinozerosformat. Wahrscheinlich ernährte es sich von einer bestimmten Strauchart, die es mit den Pfoten aus dem Boden rupfte. Überreste dieses Strauches fanden sich in den Magenhöhlen mehrerer *Diprotodon*-Exemplare.
Kopf, Rumpf, Hals und Gliedmaßen waren massiv gebaut. Das Tier ging auf den Sohlen, die wie bei den Bären das gesamte Körpergewicht trugen. Anders als bei den übrigen Säugern war die äußerste – oder »kleine« – Zehe dieses Tieres die längste – ein eigentümliches Merkmal, dessen Funktion bisher ungeklärt ist.
Vollständige *Diprotodon*-Skelette wurden in Binnenseeablagerungen entdeckt. Im trockenen Klima jener Zeit kam es über den Gewässern vermutlich des öfteren zur Bildung von Salzkrusten. Das schwere *Diprotodon* brach darin ein und wurde von Schlamm begraben.

Familie Palorchestidae
Die großen Pflanzenfresser lebten vom Miozän bis zum Pleistozän in Australien. Sie stellen in gewisser Hinsicht ein Pendant zu den großen bodenbewohnenden Faultieren (s. S. 206–209) dar.

NAME: ***Palorchestes***
ZEITLICHE VERBREITUNG: ***Miozän bis Pleistozän***
GEOGRAPHISCHE VERBREITUNG: ***Australien***
LÄNGE: ***2,5 m***
Die Anordnung der Nasenknochen im Schädel dieses Tieres deutet darauf hin, daß es über eine Art Rüssel verfügt haben muß und daher wohl wie ein riesenhafter Beuteltapir aussah. Die Vorderbeine waren sehr kräftig, die Finger trugen mächtige Krallen. *Palorchestes* zog wahrscheinlich tiefhängende Zweige zu sich herab und weidete deren Blätter ab.

Familie Macropodidae
Die bekanntesten Beuteltiere unserer Zeit, die Känguruhs, gehören zur Familie *Macropodidae*.

NAME: ***Procoptodon***
ZEITLICHE VERBREITUNG: ***Pleistozän***
GEOGRAPHISCHE VERBREITUNG: ***Australien***
LÄNGE: ***3 m***
Die ausgestorbenen Känguruharten waren generell größer als die heutigen Formen und wiesen darüber hinaus auch noch andere Besonderheiten auf. *Procoptodon* war die größte Form, die zudem durch das kurze Gesicht und die überproportional starke Ausbildung der vierten Zehe an den Hinterbeinen charakterisiert war. Die übrigen Zehen waren auf nagellose Stümpfe reduziert.
Procoptodon fraß Gras und andere bodenbewohnende Pflanzen wie die meisten heutigen Arten. Andere ausgestorbene Formen ernährten sich auch von Blättern tiefhängender Zweige.

Glyptodons, Faultiere, Gürteltiere und Ameisenbären

DOEDICURUS
PELTEPHILUS
EUROTAMANDUA
EOMANIS

Glyptodons, Faultiere, Gürteltiere und Ameisenbären

Kohorte Edentata

Unter Kohorte versteht man einen systematischen Begriff, der mehrere Ordnungen umfaßt. Die Kohorte *Edentata* (Zahnarme) umfaßt die Ameisenbären, die Faultiere und die Gürteltiere. Wörtlich übersetzt bedeutet *Edentata* »Zahnlose«, doch trifft die Bezeichnung im Wortsinne nur auf die Ameisenbären zu. Die anderen Gruppen haben durchaus noch Zähne, wenngleich diese nur rudimentär entwickelt sind und oft weder Wurzeln noch Schmelz haben.

Zu den Zahnarmen gehören einige der merkwürdigsten Säugetiere der Welt: die Ameisenbären mit ihrer stark verlängerten Schnauze, die Gürteltiere mit ihrer Plattenpanzerung und die sprichwörtlich langsamen Faultiere. Auch bei den inzwischen nicht mehr existierenden Gruppen handelte es sich um höchst sonderbare Lebewesen: Da gab es zum Beispiel die Glyptodons mit ihrem rundlichen, unbeweglichen Körperpanzer und bodenbewohnende, bis 1,8 m hohe Riesenfaultiere.

Die Ameisenbären und die Gürteltiere spezialisierten sich auf Ameisen- und Termitennahrung. Die Glyptodons und die Faultiere waren – beziehungsweise sind – reine Vegetarier.

Die Abstammung der Zahnarmen und ihre Verwandtschaftsbeziehungen zu anderen Säugern sind bis auf den heutigen Tag noch unbekannt, was sich auch in der isolierten Stellung der Zahnarmen-Linie im Stammbaum auf S. 194–195 widerspiegelt.

Familie Metacheiromyidae

Die Familie umfaßt die ältesten und primitivsten Zahnarmen; die Beziehungen zu anderen verwandten Gruppen sind nicht klar.

NAME: ***Metacheiromys***
ZEITLICHE VERBREITUNG: ***Mittleres Eozän***
GEOGRAPHISCHE VERBREITUNG: ***Nordamerika (Wyoming)***
LÄNGE: **45 cm**

Mit seinen kurzen Beinen, den scharfen Krallen und dem langen, kräftigen Schwanz ähnelte *Metacheiromys* wohl am ehesten einem heutigen Ichneumon. Der lange, schmale Kopf war jedoch gürteltierähnlich. Im Kiefer trug das Tier kräftige Eckzähne, hatte aber ansonsten fast alle Backenzähne verloren. An deren Stelle waren Hornplatten getreten, mit denen *Metacheiromys* seine Beute zermalmte.

Metacheiromys bewohnte dichte subtropische Wälder, die im Eozän weite Teile des westlichen Nordamerika bedeckten. Die Krallen an den Vorderbeinen waren viel länger als die an den Hinterbeinen. Mit ihrer Hilfe grub *Metacheiromys* wahrscheinlich Ameisen, Käfer und Maden aus dem Boden.

Ordnung Xenarthra

Die Bezeichnung *Xenarthra* – wörtlich übersetzt »Fremdgelenker« – bezieht sich auf Extragelenke zwischen den Wirbeln, die ein Hauptmerkmal dieser Gruppe darstellen. Sie ermöglichen es so unterschiedlichen Tieren wie den Glyptodons und den Gürteltieren, das Gewicht ihrer schweren Panzerung zu tragen, und gestatteten es den bodenbewohnenden Riesenfaultieren, sich fast senkrecht aufzurichten, um an höhergelegene Vegetation heranzukommen.

Die *Xenarthra* entwickelten sich im Paläozän, also vor ungefähr 60 Millionen Jahren, im damaligen Inselkontinent Südamerika. Die isolierte Lage und das Fehlen größerer Raubtiere bescherten ihnen eine lange Existenzdauer ohne wesentliche stammesgeschichtliche Veränderungen. Dann bildete sich im Unteren Pliozän, vor ungefähr 5 Millionen Jahren, die Landbrücke aus, wie sie schon im Alttertiär die beiden amerikanischen Kontinente miteinander verbunden hatte. Auf dieser Landbrücke wanderten die Glyptodons, die Riesenfaultiere und die Gürteltiere nordwärts.

Familien Mylodontidae, Megatheriidae und Megalonychidae

Die heutigen baumbewohnenden Faultiere Mittel- und Südamerikas sehen ganz anders aus als ihre Vorfahren, die ausgestorbenen bodenbewohnenden Faultiere, und unterscheiden sich auch im Verhalten. Viele dieser frühen Lebewesen waren so groß, daß sie niemals imstande gewesen wären, Bäume zu erklettern. Eine der größten Arten, *Megatherium*, war ungefähr zehnmal so groß wie seine heute noch lebenden Verwandten.

Bodenbewohnende Faultiere bewegten sich langsam und waren strikte Vegetarier. Sie traten im Unteren Oligozän, vor ungefähr 35 Millionen Jahren, auf und überlebten fast bis in die Jetztzeit.

NAME: ***Hapalops***
ZEITLICHE VERBREITUNG: ***Unteres bis Mittleres Miozän***
GEOGRAPHISCHE VERBREITUNG: ***Südamerika (Patagonien)***
LÄNGE: ***1 m***

Im Miozän, vor ungefähr 20 Millionen Jahren, waren die bodenbewohnenden Faultiere in Südamerika weit verbreitet. *Hapalops* stammt aus dem frühen Miozän und war noch klein im Vergleich zu seinen späteren Verwandten. Der Kopf war kurz, der Rumpf gedrungen, der Schwanz lang, die Vorderbeine waren lang und schlank, die Hinterbeine noch länger und kräftiger gebaut. Die langen, gekrümmten Klauen an allen Fingern und Zehen zwangen das Tier wahrscheinlich dazu, auf den Knöcheln der Vorderfüße zu laufen, ähnlich wie heute der Gorilla. *Hapalops* war jedoch so leicht gebaut, daß er vermutlich einen Teil seiner Zeit auch auf Bäumen verbrachte. Mit den gekrümmten Krallen hielt er sich an Ästen fest und spießte damit auch sukkulente Blätter und Früchte auf.

Wie die meisten Zahnarmen besaß *Hapalops* nur sehr wenige Zähne; lediglich 4 bis 5 Backenzahnpaare verblieben in seinem Kiefer.

NAME: ***Megatherium***
ZEITLICHE VERBREITUNG: ***Pleistozän***
GEOGRAPHISCHE VERBREITUNG: ***Südamerika (Patagonien, Bolivien und Peru)***
LÄNGE: ***6 m***

Dieses gigantische Lebewesen ist das größte bekannte bodenbewohnende Faultier. Es wog wahrscheinlich an die 3 t. Der hohe, bärenartige Kopf war mit muskulösen Kiefern ausgestattet, die es dem Tier ermöglichten, große Mengen pflanzlicher Nahrung zu verarbeiten.

Obwohl das Riesenfaultier so groß wie ein heutiger Elefant war, konnte es sich auf seine Hinterbeine erheben, wobei es seinen Schwanz als Stütze gebrauchte. (Die Haltung erinnert an große pflanzenfressende Dinosaurier wie *Apatosaurus*, siehe S. 131, 132.) In dieser Stellung konnte *Megatherium* Zweige und andere in größerer Höhe gedeihende Pflanzenteile mit seinen drei Krallen an den Vorderfüßen zu sich herabziehen und abweiden.

NAME: ***Glossotherium***
ZEITLICHE VERBREITUNG: ***Pliozän bis Pleistozän***
GEOGRAPHISCHE VERBREITUNG: ***Nordamerika (Kalifornien)***
LÄNGE: ***4 m***

Die Asphaltgruben von Rancho La Brea bei Los Angeles enthielten vorzüglich erhaltene Exemplare dieser Gattung, die vor ungefähr 3 Millionen Jahren über die neugebildete Landbrücke von Südamerika her eingewandert war.

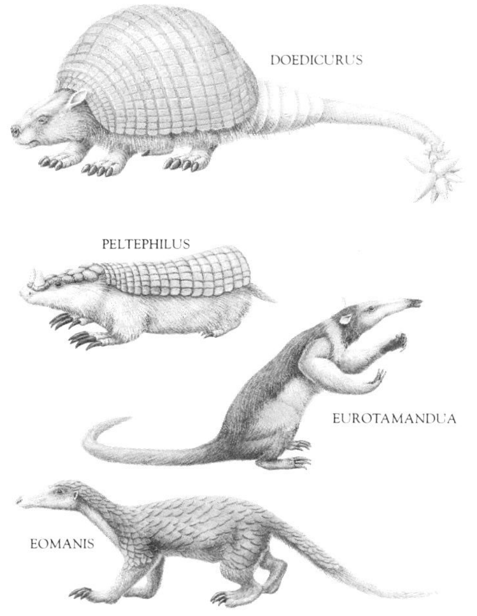

Glossotherium war ein massiges Tier mit breitem Kopf und kräftigem Schwanz. Die krallenbewehrten Füße waren einwärts gekrümmt, so daß die Tiere sich wie ihre Verwandten nach Gorillaart auf die Knöchel stützten.

Familie Glyptodontidae
Die Glyptodons waren riesige gürteltierähnliche Lebewesen. Man kann sie als Pendants zu den schwergepanzerten Ankylosauriern (s. S. 155–161) auffassen. Vom Unteren Miozän an, vor ungefähr 20 Millionen Jahren, entwickelten sich rund 50 Gattungen. Einige lebten bis in historische Zeiten und tauchen in den Legenden patagonischer Indianer auf.
Die Glyptodons fraßen Gras. Vorne im Mund hatten sie keine Zähne mehr, dafür aber mächtige Reibzähne in den Backen. Die massiven Kiefer waren sehr kräftig.
Am Ende des Pliozäns, vor ungefähr 2 Millionen Jahren, verschmolzen die Panzergürtel miteinander und bildeten eine starre, knöcherne, kuppelförmige Schale, die sich aus einem Mosaik vieleckiger Knochenplatten zusammensetzte. Der Panzer bedeckte den gesamten Rücken des Tieres und diente als Helm für den Kopf. Auch um die Schwanzbasis lag noch eine Reihe von Knochenringen oder eine knöcherne Röhre. Der Panzer machte 20 Prozent des Gesamtgewichts aus. Zum Vergleich: Das Gewicht der Stoßzähne eines Elefanten beträgt nur 3 Prozent des Gesamtgewichts.

NAME: ***Doedicurus***
ZEITLICHE VERBREITUNG: ***Pleistozän***
GEOGRAPHISCHE VERBREITUNG: ***Südamerika (Patagonien)***
LÄNGE: ***4 m***
Doedicurus trug nicht nur einen Schutzpanzer, sondern besaß obendrein am Schwanzende eine knöcherne Keule mit spitzen Stacheln. *Doedicurus* verteidigte sich damit zum Beispiel gegen die Angriffe von Borhyaeniden (s. S. 218–221).

Familie Dasypodidae
Die Gürteltiere traten zuerst im Oberen Paläozän, vor ungefähr 60 Millionen Jahren, in Argentinien auf. Im Oberen Oligozän, vor ungefähr 30 Millionen Jahren, hatten mehrere Formen bereits den charakteristisch gegliederten Panzer entwikkelt. Die Gürteltiere blieben stets auf Amerika beschränkt. Die 20 modernen Arten kommen primär in Süd- und Mittelamerika vor.

NAME: ***Peltephilus***
ZEITLICHE VERBREITUNG: ***Oligozän bis Miozän***
GEOGRAPHISCHE VERBREITUNG: ***Südamerika (Patagonien)***
LÄNGE: ***6 m***
Beim Panzer von *Peltephilus* handelt es sich wie bei dem aller übrigen Gürteltiere um eine Hautverknöcherung, die von Horn bedeckt wird. Die Knochenplatten sind zu gürtelartigen Ringen angeordnet und untereinander durch Hautfalten verbunden, so daß die Außenschale einigermaßen beweglich ist.
Auf der Schnauze von *Peltephilus* war ein Paar Knochenplatten zu Hörnern umgewandelt, die zu Lebzeiten des Tieres auch von Horn bedeckt waren. Im Gegensatz zu den echten Hörnern der Rinder, Schafe oder Antilopen handelte es sich bei diesem Knochenzapfen nicht um einen Auswuchs der Schädelknochen. *Peltephilus* wies möglicherweise sogar noch ein zweites, kleineres Hornpaar weiter vorn auf der Schnauze auf. Ungewöhnlich für einen Zahnarmen waren die großen Eckzähne, die auf einen Fleisch- oder Aasfresser hindeuten.

Familie Myrmecophagidae
Diese Familie umfaßt alle Ameisenbären. Sie tragen ihren Namen zu Recht, ernähren sie sich doch ausschließlich von Ameisen und Termiten. Über ihre stammesgeschichtliche Entwicklung weiß man wenig. Eine frühe Form aus dem Unteren Miozän, *Protamandua*, war bereits an diese Ernährungsweise angepaßt.

NAME: ***Eurotamandua***
ZEITLICHE VERBREITUNG: ***Mittleres Eozän***
GEOGRAPHISCHE VERBREITUNG: ***Europa (Deutschland)***
LÄNGE: ***90 cm***
Bis vor kurzem glaubten die Paläontologen, die Ameisenbären seien in ihrer Verbreitung auf Südamerika beschränkt gewesen. Doch dann entdeckte man in den Ölschiefern der Grube Messel bei Darmstadt eine bisher unbekannte fossile Form. Aufgrund der langen, röhrenförmigen Schnauze, der schwachen, zahnlosen Kiefer sowie der mächtigen, mit langen Krallen versehenen Vorderbeine handelte es sich bei dem Fund ohne Zweifel um einen Ameisenbären. Das Tier ähnelte sehr dem heutigen Tamandua. In den Ölschiefern der Grube Messel sind übrigens auch riesenhafte Ameisen, die typischen Beutetiere, erhalten geblieben.

Familie Manidae
Die einzige Familie der Ordnung *Pholidota*, der Schuppentiere, sind die *Manidae*. Es handelt sich um eigentümliche Säuger, deren Körper von breiten Schuppen bedeckt ist, die aus miteinander verschmolzenen Haaren entstehen. Die Tiere sehen wie belebte Tannenzapfen aus. Die gedrungenen Gliedmaßen sind an die Grabtätigkeit des Tieres angepaßt. Aufgrund ihrer Lebensweise stellt man die Schuppentiere oft zu den Ameisenbären und den Gürteltieren, die sich ebenfalls von Ameisen und Termiten ernähren, doch haben die beiden Gruppen, stammesgeschichtlich gesehen, nichts miteinander zu tun.
Die extreme Spezialisierung aller dieser Lebewesen macht es schwierig, die wahren Verwandtschaftsverhältnisse zu entschlüsseln. Alle sieben rezenten Schuppentierarten gehören zur Gattung *Manis*. Die Tiere kommen im tropischen Afrika und in Südostasien vor.

NAME: ***Eomanis***
ZEITLICHE VERBREITUNG: ***Mittleres Eozän***
GEOGRAPHISCHE VERBREITUNG: ***Europa (Deutschland)***
LÄNGE: ***50 cm***
Das älteste Schuppentier, das bisher bekanntgeworden ist, *Eomanis*, stammt wie *Eurotamandua* aus den Ölschiefern der Grube Messel bei Darmstadt. Selbst die Schuppen blieben erhalten, und so weiß man, daß *Eomanis* den heutigen Schuppentieren sehr ähnlich sah. Das Tier konnte vermutlich Augen, Ohren und Nasenlöcher zum Schutz gegen Ameisenbisse verschließen – auch dies eine Eigenschaft, die auch die heutigen Arten kennzeichnet. Der Mageninhalt von *Eomanis* verrät uns, daß das Tier gleichermaßen von pflanzlicher Nahrung wie von Insekten lebte.

Insektenfresser und Creodonten

PALAEORYCTES

SARKASTODON

HYAENODON

Insektenfresser und Creodonten

Als Insektenfresser bezeichnen wir Tiere aus verschiedenen Ordnungen. Die Anagaliden beispielsweise stehen eher den Hasen und Nagetieren (Überordnung *Anagalida*) nahe als den Angehörigen der Überordnung *Insectivora* (Igel, Spitzmäuse und Maulwürfe). Und beide unterscheiden sich deutlich von den Pelzflatterern oder Flattermakis *(Dermoptera)* und den Fledermäusen, welche zur Überordnung *Archonta* gezählt werden.

Ordnung Anagalida

Bei den Anagaliden handelte es sich um kaninchenähnliche, grabende Säuger aus dem Alttertiär Ostasiens. Früher glaubte man, sie seien mit den Rüsselspringern verwandt, während man sie heute eher in die Verwandtschaft der Nager und der Hasentiere stellt.

Name: ***Anagale***
Zeitliche Verbreitung: ***Unteres Oligozän***
Geographische Verbreitung: ***Asien (Mongolei)***
Länge: **30 cm**
Anagale sah möglicherweise einem Kaninchen ähnlich, hatte jedoch einen langen Schwanz und – wahrscheinlich – kurze Ohren. Aus den Längenverhältnissen der Knochen in den Hinterbeinen schließt man, daß sich das Tier auch eher im herkömmlichen Sinne laufend (also nicht hoppelnd wie ein Hase) fortbewegte.
Die Hinterbeine von *Anagale* waren etwas länger als die Vorderbeine. Die Füße trugen schaufelartige Krallen. *Anagale* grub wahrscheinlich im Boden nach Käfern, Würmern und anderen Wirbellosen.

Ordnung Dermoptera

Zu den *Dermoptera* zählen die Pelzflatterer oder Flattermakis. Der Name führt allerdings in die Irre, denn es handelte sich weder um Makis noch um Halbaffen. Und richtig fliegen können die Tiere auch nicht. Heute gibt es lediglich noch zwei Arten in Südostasien, beides strikte Vegetarier. Sie sind weniger als 30 cm lang und können auf einer ausgespannten Haut bis 140 m weit von Baum zu Baum durch die Luft gleiten. Man nimmt an, daß auch die Arten aus dem Mittleren Paläozän und dem Unteren Eozän dazu imstande waren, obwohl es dafür keinen direkten Beweis gibt. Einige Hinweise sprechen für eine enge Verwandtschaft und möglicherweise gemeinsame Vorfahren mit den Fledermäusen, den Spitzhörnchen und den Primaten. Man ist sich aber auch in diesem Punkt keineswegs sicher, denn die Ähnlichkeiten können auch auf konvergenter Evolution nicht miteinander verwandter Gruppen beruhen.

Name: ***Planetetherium***
Zeitliche Verbreitung: ***Oberes Paläozän***
Geographische Verbreitung: ***Nordamerika (Montana)***
Länge: **25 cm**
Die Reste von *Planetetherium* fand man in Kohleflözen, die aus den Überresten eines dichten Zypressenwaldes an einem Seeufer entstanden waren. Wie bei den Pelzflatterern oder Riesengleitfliegern war jeder Schneidezahn kammartig ausgezackt und trug ungefähr fünf Spitzen. Die Funktion dieser merkwürdigen Zähne ist nicht bekannt.

Ordnung Chiroptera

Diese Ordnung umfaßt die Fledermäuse und damit die einzigen Säuger, die zu einem aktiven Ruderflug befähigt sind. Die Tiere erreichten dies, indem sie ihre Vordergliedmaßen zu Flügeln umbauten: Vier stark verlängerte Finger spannen eine dünne Flughaut *(Patagium)* aus.
Die meisten heutigen Fledermäuse lokalisieren Hindernisse, Beutetiere und Räuber in der Dunkelheit der Nacht mit Hilfe einer Echoortung. Sie geben hochfrequente Töne ab, die teilweise zurückgeworfen werden.
Die Entwicklung dieses außergewöhnlichen natürlichen Radarsystems erforderte starke Veränderungen des Kehlkopfes, der Nase, der Ohren und des Gehirns. Wie dies stammesgeschichtlich vor sich ging, läßt sich nicht nachvollziehen, da von den entsprechenden Körperteilen keine fossilen Belege existieren.
Wir unterscheiden zwei Unterordnungen. Die *Microchiroptera* oder eigentlichen Fledermäuse sind mit 780 rezenten Arten die bei weitem größere. Die meisten Formen sind nachtaktiv, haben winzige Augen und große, oft komplex gebaute, äußerst sensible Ohren. Viele Arten tragen Auswüchse auf der Nase, die bei der Echoortung eine Rolle spielen.
Form und Anordnung der Zähne hängen weitgehend von der Ernährungsweise ab. Die große Mehrheit der Fledermäuse fängt jedoch im Flug Insekten und weist Backenzähne mit scharfkantigen Kronen oder Schneiden auf, mit denen die Chitinpanzer zertrümmert werden. Einige wenige Arten sind echte Fleischfresser.
Bei der zweiten Unterordnung handelt es sich um die *Megachiroptera* oder Flederhunde. Man kennt ungefähr 170 rezente Arten. Sie ernähren sich von Früchten und sind auf die altweltlichen Tropen beschränkt. Die Tiere können recht groß werden und haben hundeähnliche Gesichter (daher auch ihre deutsche Bezeichnung »Flughunde«). Die Nasen und Ohren sind weniger kompliziert aufgebaut als bei den eigentlichen Fledermäusen.

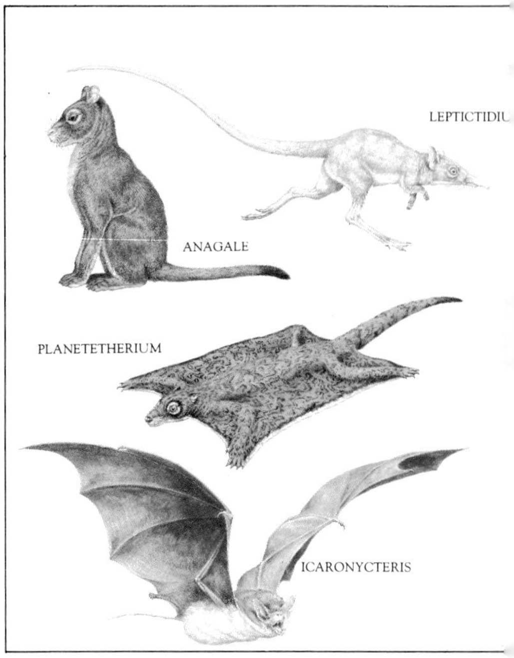

Name: ***Icaronycteris***
Zeitliche Verbreitung: ***Unteres Eozän***
Geographische Verbreitung: ***Nordamerika (Wyoming)***
Länge: **14 cm, Flügelspannweite 37 cm**
Icaronycteris muß praktisch wie eine heutige Fledermaus ausgesehen haben, zeigt aber noch einige sehr primitive anatomische Merkmale. Die Flügel waren verhältnismäßig kurz und breit, und im Mund standen zahlreiche Zähne, deren Anordnung an das Gebiß eines Insektenfressers (s. S. 196) erinnerte. Der Körper war noch nicht so steif wie der einer heutigen Fledermaus, der Schwanz noch lang und noch nicht über eine Flughaut mit den Hinterbeinen verbunden. Am Daumen und am ersten Finger befand sich jeweils noch eine Kralle. Heutige Fledermäuse haben nur noch an den Daumen Krallen, mit deren Hilfe sie sich kopfüber an Höhlenwänden aufhängen. Die charakteristische Ruhestellung mit dem Kopf nach unten war bereits für frühe Formen wie *Icaronycteris* bezeichnend.
Icaronycteris lebte auch sonst wie eine heutige Fledermaus. Das Tier fing Insekten im Flug, wahrscheinlich überwiegend zur Nachtzeit, wenn nur wenige Vögel aktiv waren.
In den Ölschiefern der Grube Messel bei Darmstadt fand man einige bemerkenswert gut erhaltene Fledermäuse. Selbst ihre Flughäute sind noch zu sehen. Reste des Mageninhalts bestätigen, daß die Tiere schon damals von Insekten lebten.

Überordnung Insectivora

Die ältesten fossilen Formen der *Insectivora* sind aus der Mittelkreide bekannt und damit ungefähr 100 Millionen Jahre alt. Sie waren damit die frühesten Vertreter der Plazentatiere (s. S. 198–201). Obwohl der Fossilnachweis recht lückenhaft ist, umfaßt er doch ungefähr 150 Gattungen. Ihre Verbreitung erstreckt sich wie bei den rezenten Formen über die Nordhalbkugel, über Afrika, Südostasien und

Zentralamerika. In Südamerika lebt eine einzige Spitzmausart.
Fast alle Insektenfresser sind sehr klein und nachts oder in der Dämmerung aktiv. Sie sehen im allgemeinen nicht besonders gut, haben aber einen scharfen Geruchs- und Gehörsinn. Viele Spitzmäuse bedienen sich wie die Fledermäuse einer Echoortung bei der Jagd und zur Orientierung. Wegen ihrer geringen Größe und der hohen Stoffwechselrate müssen die Tiere praktisch ununterbrochen fressen.
Die Insektenfresser sind eine erfolgreiche Säugergruppe: Sie eroberten eine Vielfalt von Lebensräumen und paßten sich den unterschiedlichsten Lebensbedingungen an. Es gibt grabende Formen ebenso wie solche, die teils im Wasser und teils auf dem Land leben. Auch ihre Ernährung ist vielfältig. Sie fressen nicht nur Insekten, sondern auch Würmer, Mollusken und andere Wirbellose, dazu kleine Fische, Amphibien, Reptilien, Vögel und Säuger sowie nebenbei sogar etwas pflanzliches Futter.
Aufgrund der nichtspezialisierten Ernährungsweise verfügen die fossilen wie die rezenten Formen meistens über ein ziemlich vollständiges Gebiß (s. S. 196). Das Skelett weist bei den meisten Arten und Gruppen nur geringfügige Abweichungen vom Grundbauplan der Säugetiere auf. An den Füßen befinden sich fünf Finger oder Zehen, und die Tiere gehen auf den Sohlen. Nur die Maulwürfe und die Goldmulle haben ihre Vordergliedmaßen der grabenden Lebensweise angepaßt.

Ordnung Leptictida

Die *Leptictida* waren eine von vielen primitiven spitzmausähnlichen Gruppen aus der Oberkreide. Ihr Alter beträgt damit ungefähr 70 Millionen Jahre. Die Tiere breiteten sich im Alttertiär aus und erreichten Nordamerika, Asien, Afrika und Europa.

NAME: ***Leptictidium***
ZEITLICHE VERBREITUNG: ***Mittleres Eozän***
GEOGRAPHISCHE VERBREITUNG: ***Europa (Deutschland)***
LÄNGE: ***75 cm***
Leptictidium ähnelte wahrscheinlich den heutigen Rüsselspringern (abgesehen von den längeren Hinterbeinen und dem längeren Schwanz). Die Tiere liefen auf den Hinterbeinen, ähnlich wie wir Menschen und die kleineren, fleischfressenden Dinosaurier. Die Hinterbeine waren lang, leicht und vogelähnlich gebaut. Die meisten Muskeln konzentrierten sich auf den Oberschenkelbereich. Die Vorderbeine waren nur halb so lang wie die Hintergliedmaßen; mit ihnen konnte das Tier seine Nahrung ergreifen und festhalten. Der Körper war sehr kurz, der lange Schwanz diente zur Wahrung des Gleichgewichts.
Leptictidium fraß nicht nur Insekten. Bei einigen Exemplaren, bei denen auch der Mageninhalt fossil erhalten blieb, konnten die Paläontologen auch kleine Knochen von Säugern und Eidechsen sowie pflanzliche Reste identifizieren.

Ordnung Lipotyphla

Die *Lipotyphla* umfassen fünf fossile und sieben rezente Familien. Zu diesen gehören die allseits bekannten Igel, die Spitzmäuse und die Maulwürfe, aber auch die Schlitzrüßler der Westindischen Inseln, die afrikanischen Goldmulle, die madegassischen Tenreks und die zentralafrikanischen Otterspitzmäuse.

NAME: ***Palaeoryctes***
ZEITLICHE VERBREITUNG: ***Unteres Paläozän bis Unteres Eozän***
GEOGRAPHISCHE VERBREITUNG: ***Nordamerika (New Mexico)***
LÄNGE: ***12,5 cm***
Ein gut erhaltener Schädel zeigt uns, daß *Palaeoryctes* einer heutigen Spitzmaus sehr ähnlich gesehen haben muß. Das Tier hatte einen schlanken Rumpf und eine spitze Schnauze mit kleinen Zähnen, die mühelos die Chitinpanzer der Insekten zerkleinerten. Wahrscheinlich fraß das Tier überwiegend Käfer und Raupen, verachtete aber auch anderes Futter nicht und überwältigte sogar kleine Wirbeltiere. Es ist gut möglich, daß sich aus einem wenig spezialisierten Allesfresser wie *Palaeoryctes* stärker spezialisierte Formen entwickelten – darunter, so verblüffend es auf den ersten Blick scheinen mag, auch die großen fleischfressenden Creodonten des Alttertiärs (s. u.).

Ordnung Creodonta

Im Alttertiär, der Zeit vor 60 bis vor 30 Millionen Jahren, dominierten unter den Säugern in großen Teilen der Welt die fleischfressenden Creodonten. Sie fehlten lediglich in Südamerika und Australien. Im Oberen Miozän, vor ungefähr 7 Millionen Jahren, waren sie indessen schon wieder verschwunden. Bis dahin hatten sie eine große Formenvielfalt entwickelt, die in mancherlei Hinsicht das Artenspektrum der späteren eigentlichen Raubtiere (Ordnung *Carnivora*) vorwegnahm.
Zwischen den Creodonten und den Raubtieren gibt es eine Reihe anatomischer Unterschiede: Die Creodonten hatten kleinere Gehirne, und ihr Mittelohr war nicht von einem Knochen umschlossen. Des weiteren gab es Unterschiede im Bau der Fußknochen und im Gebiß.
Die ungefähr 50 Gattungen der Creodonten werden zwei Familien zugewiesen, den *Oxyaenidae* und den *Hyaenodontidae*.

NAME: ***Sarkastodon***
ZEITLICHE VERBREITUNG: ***Oberes Eozän***
GEOGRAPHISCHE VERBREITUNG: ***Asien (Mongolei)***
LÄNGE: ***3 m***
Vor ungefähr 35 Millionen Jahren, im Oberen Eozän, lebten in Mittelasien einige riesenhafte Säuger, vor allem Brontotheriiden, Chalicotheriiden und Nashörner (s. S. 258–265). Um es mit Beutetieren dieser Größenordnung aufnehmen zu können, mußten auch die Creodonten entsprechende Dimensionen entwickeln. *Sarkastodon* war eine der größten Formen – größer als der mächtigste Bär. Die Zähne waren breit und dick wie bei einem modernen Grizzly. *Sarkastodon* war wahrscheinlich wie die heutigen Bären ein Allesfresser.

NAME: ***Hyaenodon***
ZEITLICHE VERBREITUNG: ***Oberes Eozän bis Unteres Miozän***
GEOGRAPHISCHE VERBREITUNG: ***Weit verbreitet über Nordamerika, Europa (Frankreich, Deutschland), Asien (China) und Afrika (Kenia)***
LÄNGE: ***1,2 m***
Die Hyaenodontiden traten später auf als die Oxyaeniden und waren sehr viel artenreicher. Sie entwickelten sich im Eozän und hielten sich bis ins Obere Miozän. Die geographische Verbreitung umfaßte Nordamerika, Asien, Europa und Afrika.
Artenreich und weit verbreitet war auch die Gattung *Hyaenodon*. Zu ihr gehörten wieselgroße bis hyänengroße Tiere. Die Gattung entwickelte sich wahrscheinlich in Europa oder Asien und wanderte später in Nordamerika und Afrika ein. Die langen, schlanken Beine und der Zehengang deuten darauf hin, daß *Hyaenodon* gut laufen konnte, obgleich es, wie uns die gespreizten Zehen verraten, noch keine hohen Geschwindigkeiten erreichte.

Marder und Bären

CHAPALMALANIA

HEMICYON

AGRIOTHERIUM

URSUS SPELAEUS

Marder und Bären

Ordnung Carnivora
Katzen, Mungos und Ichneumons, Hunde, Bären und Pandas, Marder und Wiesel, Otter, Robben, Seelöwen und Walrosse – alle diese Säuger gehören zur Ordnung *Carnivora*, den Raubtieren. Fast alle fressen Fleisch und haben als gemeinsames Merkmal ein Paar Reißzähne, mit denen sie Fleischstücke zerteilen können. Einige Raubtiere allerdings, zum Beispiel die Robben, haben im Laufe der Evolution diese Zähne verloren, da sie sie als Fischfresser nicht länger brauchten.
Längst nicht alle Fleischfresser gehören zu den *Carnivora*. Die Zahnwale beispielsweise sind schreckerregende Räuber, haben aber mit den Raubtieren im engeren Sinn nichts zu tun. Eine ausgestorbene Gruppe räuberischer Tiere, die Creodonten (s. S. 211, 213), gehörte ebensowenig zu den Raubtieren wie die fleischfressenden Dinosaurier. Umgekehrt fressen auch nicht alle Raubtiere ausschließlich Fleisch: Die Bären und Dachse beispielsweise sind Allesfresser.
Neben den Reißzähnen haben echte fleischfressende Raubtiere vorne an den Kiefern auch kleine, scharfe Schneidezähne. Damit halten sie ihre Beute fest.
Die Ordnung der Raubtiere wird in zwei Unterordnungen eingeteilt: Die *Fissipedia* oder »Spaltfüßer« umfassen die ausgestorbenen Miaciden, ferner die Marder und Bären (s. u.), die Hunde und Hyänen (s. S. 218–221) sowie die Katzen und Ichneumons (s. S. 222–225). Bei der zweiten Unterordnung handelt es sich um die *Pinnipedia*, die »Flossenfüßer«; sie besteht aus den Robben, den Seelöwen und Walrossen (s. S. 226–229).
Die Raubtiere traten in der Oberkreide oder im Unteren Paläozän auf und sind damit 70 bis 65 Millionen Jahre alt. Sie entwickelten sich aus denselben Vorfahren wie die Insektenfresser (s. S. 210 bis 213). Bis zum Oligozän, also bis in die Zeit vor 35 Millionen Jahren, blieben die Raubtiere jedoch verhältnismäßig unbedeutend. Erst danach begannen sie die Creodonten (das heißt die bis zu jener Zeit dominierenden Landraubtiere) zu verdrängen.

Familie Miacidae
Die Miaciden waren die ersten echten Raubtiere. Sie traten während des Paläozäns, vor ungefähr 60 Millionen Jahren, auf. Es handelt sich bei ihnen um eine »künstliche Gruppe«, die eine Reihe nicht näher miteinander verwandter Tiere umfaßt. Als systematische Einheit bietet sie sich an, weil sie die frühen Raubtiere von den späteren Typen unterscheiden hilft.
Die Miaciden waren überwiegend kleinere Bewohner des Waldes, wo die Wahrscheinlichkeit einer Fossilisation sehr gering ist. Die spärlichen Reste, die uns bekannt sind, deuten darauf hin, daß die Miaciden in vielerlei Hinsicht den Creodonten ähnelten. Wahrscheinlich waren sie aber intelligenter und verfügten über noch leistungsfähigere Gebisse.

NAME: ***Miacis***
ZEITLICHE VERBREITUNG: ***Paläozän bis Mittleres Eozän***
GEOGRAPHISCHE VERBREITUNG: ***Europa (Deutschland)***
LÄNGE: ***20 cm***
Miacis muß ähnlich ausgesehen haben wie ein Baummarder. Denkbar, daß es auf der Suche nach Nahrung von Baum zu Baum und von Ast zu Ast sprang. Die Form seiner Gliedmaßen und die biegsamen Schulter- und Ellbogengelenke lassen vermuten, daß es sich an das Leben in der Wipfelregion der tropischen Sumpfwälder gut angepaßt hatte.
Wie der Baummarder stellte *Miacis* auf dem Boden und in den Bäumen vermutlich kleinen Säugern und Vögeln nach, verschmähte aber auch Insekten, Vogeleier und Früchte nicht. Ein primitives Merkmal war das vollständige, 44 Zähne umfassende Gebiß. Bei den höher entwickelten Raubtieren gingen im Laufe der Evolution mit zunehmender Spezialisierung diverse Zähne verloren.

Familie Mustelidae
Die Musteliden oder Marder entwickelten sich wahrscheinlich im Alttertiär aus den Miaciden (s. o.). Heute umfaßt diese Familie Wiesel, Hermelin, Dachs, Skunk und Otter. Sie alle sind schlanke Jäger mit relativ gestrecktem Körperbau und bewohnen vorrangig die gemäßigten Breiten. In den Tropen übernehmen Schleichkatzen und Ichneumons (*Viverridae*, s. S. 225) ihre Stellung.

NAME: ***Potamotherium***
ZEITLICHE VERBREITUNG: ***Unteres Miozän***
GEOGRAPHISCHE VERBREITUNG: ***Europa (Frankreich)***
LÄNGE: ***1,5 m***
Potamotherium ist der älteste Otter. Wie sein heute noch lebender Verwandter hatte das Tier einen langen, geschmeidigen Körper und kurze Beine. Es lebte wahrscheinlich in unterholzreichen Auwäldern und bewegte sich in weiten Sätzen vorwärts, den Kopf nahe am Boden. Sein Geruchssinn war nicht sehr gut entwickelt; dafür sah und hörte es um so schärfer, was ihm beim Fischfang im Wasser zugute kam. *Potamotherium* war ohne Zweifel ein hervorragender Schwimmer. Indizien dafür sind die Stromlinienform des Körpers und die biegsame Wirbelsäule.
Die Otter sind die einzigen Musteliden mit ausreichendem Fossilnachweis. Der Grund liegt vermutlich darin, daß sie nahe am Wasser lebten. Die Chance, nach dem Tod von Sedimenten bedeckt und fossilisiert zu werden, war in solchen Gegenden relativ groß. Man nimmt im übrigen an, daß die echten Seehunde (*Phocidae*, s. S. 228) aus einem marderartigen Ahnen hervorgegangen sind.

Familie Procyonidae
Die *Procyonidae* umfassen die heutigen Kleinbären, also den Waschbär, die Pandas und die Nasenbären. Die Familie trat erstmals im Unteren Oligozän, vor ungefähr 35 Millionen Jahren, auf und zeigte damals die typischen Reißzähne der Raubtiere. Die heutigen Arten haben dieses Merkmal allerdings verloren; ihre Vorbacken- und Backenzähne kehrten zur ursprünglichen Funktion zurück, dem Zerreiben und Zerkleinern. Ein solcher Gebißtyp paßt auch gut zur Lebensweise der Kleinbären, die Allesfresser sind. Der Große Panda (*Ailuropoda melanoleuca*) frißt allerdings fast ausschließlich Bambusschößlinge.

NAME: ***Plesictis***
ZEITLICHE VERBREITUNG: ***Unteres Oligozän bis Unteres Miozän***
GEOGRAPHISCHE VERBREITUNG: ***Asien (China), Europa (Frankreich) und Nordamerika (USA)***
LÄNGE: ***75 cm***
Der baumbewohnende Jäger *Plesictis* hatte große Augen – möglicherweise, weil er nachtaktiv war – sowie einen langen Balancierschwanz. Das Tier sah dem heutigen mittelamerikanischen Katzenfrett (*Bassaricus sumichrasti*) ähnlich und war vielleicht dessen direkter Vorfahre.
Die Zahnhöcker waren wie bei den übrigen Procyoniden ziemlich stumpf, die Backenzähne zeigten einen viereckigen Querschnitt. *Plesictis* war demnach vermutlich Allesfresser und ernährte sich

wahrscheinlich primär von Insekten, Vogeleiern, kleinen Säugern, Vögeln und pflanzlichem Futter.

NAME: ***Chapalmalania***
ZEITLICHE VERBREITUNG: ***Oberes Pliozän***
GEOGRAPHISCHE VERBREITUNG: ***Südamerika (Argentinien)***
LÄNGE: ***1,5 m***
Die Procyoniden gehörten zu jenen Säugern, die von Amerika über die mittelamerikanische Landbrücke nach Südamerika einwanderten und dort eine Reihe spezialisierter Formen entwickelten.
Chapalmalania war ein riesenhafter Waschbär, der äußerlich allerdings eher einem Großen Panda geähnelt haben muß. Aufgrund seiner Größe hielt man ihn anfänglich für einen echten Bären. Ohne Zweifel war er wie der Panda ein Ernährungsspezialist, dessen Wohl und Wehe möglicherweise weitgehend von einer ganz bestimmten Pflanze mit sehr beschränktem Verbreitungsgebiet abhing.

Familie Amphicyonidae
Die Amphicyoniden lebten vom Eozän bis zum Miozän, also in der Zeitspanne, die vor 50 Millionen Jahren begann und vor 5 Millionen Jahren zu Ende ging. Es handelte sich um eine vielgestaltige erfolgreiche Gruppe großer Räuber, die sich über Europa, Asien, Afrika und Nordamerika ausbreitete. Nach dem Niedergang der Creodonten trat sie an deren Stelle, bevor sie selbst im Pliozän den echten Hunden weichen mußte.
Die Amphicyoniden werden auch als »Bärenhunde« bezeichnet, weil sie Ähnlichkeiten mit beiden Tierarten aufweisen. In seiner äußeren Form und Wuchtigkeit wirkte der Körper bärenartig, und die Tiere traten mit der ganzen Sohle auf, anstatt nur mit den Zehen wie die Katzen und ihre Verwandten. Die Kopfform und die Anordnung der Zähne erinnerte jedoch an Hunde.

NAME: ***Amphicyon***
ZEITLICHE VERBREITUNG: ***Mittleres Oligozän bis Unteres Miozän***
GEOGRAPHISCHE VERBREITUNG: ***Europa (Frankreich und Deutschland) und Nordamerika (Nebraska)***
LÄNGE: ***2 m***
Amphicyon war der typische Vertreter seiner Familie. Das Tier sah wahrscheinlich wie ein großer Bär aus, hatte allerdings kräftige, scharfe Wolfszähne. Der Hals von *Amphicyon* war dick, die Beine waren gedrungen, der Schwanz kräftig. Die Lebensweise dürfte mehr oder weniger der eines heutigen Braunbären entsprochen haben; *Amphicyon* fraß nämlich ebenfalls sowohl pflanzliche als auch tierische Nahrung und tötete seine Beute mit kräftigen Prankenschlägen.

Familie Ursidae
Die echten Bären treten im Fossilnachweis später auf als viele andere Raubtiere. Sie erschienen zuerst in Europa im Oligozän und verbreiteten sich dann über den größten Teil der Erde. Afrika hat heute allerdings keinen eigenen Bären, obwohl es für die Vergangenheit zwei getrennte Fossilnachweise aus diesem Kontinent gibt. Der primitive Bär *Agriotherium* (s. u.) lebte im Pliozän, vor ungefähr 5 Millionen Jahren, in Südwestafrika. Braunbären lebten noch im Pleistozän im Atlasgebirge Nordafrikas und hielten sich sogar bis zur Jetztzeit.
Bären sind Allesfresser; sie ernähren sich von kleinen Säugern, Fischen und Insekten, Eiern, Früchten und Nüssen und natürlich auch von Honig. Die Schneidezähne sind dementsprechend nicht spezialisiert, die Eckzähne lang, die Vorbakkenzähne reduziert oder ganz fehlend (keine Reißzähne), die Backenzähne flach und breit mit gerundeten Höckern. Die Backenzähne werden vermutlich am meisten strapaziert, denn der größte Teil der Bärennahrung besteht aus zähem Pflanzenmaterial.
Der nordamerikanische Kodiakbär (*Ursus arctos middendorffi*) ist das größte heute noch existierende Landraubtier.

NAME: ***Agriotherium***
ZEITLICHE VERBREITUNG: ***Oberes Miozän bis Pleistozän***
GEOGRAPHISCHE VERBREITUNG: ***Afrika (Namibia), Asien (China) und Europa (Frankreich)***
LÄNGE: ***2 m***
Obwohl heute in Afrika keine Bären mehr leben, gab es sie dort in der Vergangenheit. *Agriotherium* wohnte in Südwestafrika, einen ganzen Kontinent von seinem Hauptverbreitungsgebiet in Europa und Asien entfernt.
Agriotherium war sehr groß – größer noch als der heutige Kodiakbär. Entwicklungsgeschichtlich gilt es als noch recht primitive Form, die in mancher Hinsicht eher an einen Hund erinnerte. Aufgrund seines bärentypischen Gebisses nimmt man an, daß *Agriotherium* bereits Allesfresser war.

NAME: ***Hemicyon***
ZEITLICHE VERBREITUNG: ***Unteres bis Oberes Miozän***
GEOGRAPHISCHE VERBREITUNG: ***Asien (Mongolei), Europa (Frankreich, Deutschland und Spanien) und Nordamerika (USA)***
LÄNGE: ***1,5 m***
Trotz seiner beträchtlichen Größe war *Hemicyon* für einen Bären leicht gebaut. Äußerlich sah er eher wie ein kräftiger Hund aus. (Der wissenschaftliche Name bedeutet »Halbhund«.)
Mehr als die meisten anderen Bären zog *Hemicyon* fleischliche Nahrung vor und war daher aller Wahrscheinlichkeit nach ein aktiver Jäger. Die Beine des Tieres waren kräftig, und der Aufbau seiner Fußknochen verrät, daß er nicht, wie die übrigen Bären, auf den Sohlen, sondern auf den Zehen ging und damit hohe Laufgeschwindigkeiten erreichen konnte. Man kann daraus schließen, daß *Hemicyon* offenes Gelände bewohnte und möglicherweise im Rudel jagte.

NAME: ***Ursus spelaeus***
ZEITLICHE VERBREITUNG: ***Pleistozän bis Jetztzeit***
GEOGRAPHISCHE VERBREITUNG: ***Europa (Österreich, Deutschland, Niederlande, Spanien, Großbritannien und UdSSR)***
LÄNGE: ***2 m***
Zur Gattung *Ursus* gehören heute unter anderem der Braunbär, der Eisbär und der amerikanische Baribal.
Der eindrucksvolle Höhlenbär (*Ursus spelaeus*) war im Pleistozän weit verbreitet. In Europa lebte der Höhlenbär zu einer Zeit, da die Vereisung ihren Höhepunkt erreicht hatte. Zur Winterruhe zogen sich die Bären in Berghöhlen zurück – und zwar allem Anschein nach in großer Zahl. Dafür spricht zumindest die Vielzahl fossiler Knochen an den einzelnen Fundorten. Die Drachenhöhle in Österreich, nördlich von Graz, enthält zum Beispiel die Reste von mehr als 30000 Höhlenbären. Viele von ihnen scheinen im Schlaf ums Leben gekommen zu sein.
Trotz seiner Größe und seines Aussehens war der Höhlenbär wahrscheinlich ein Vegetarier. Der Neandertaler jagte ihn und verwendete seine Knochen bei Ritualen (vgl. S. 295, 297).

Hunde und Hyänen

OSTEOBORUS
CANIS DIRUS
ICTITHERIUM
PERCROCUTA

Hunde und Hyänen

Familie Canidae

Die Familie *Canidae* umfaßt die heutigen Füchse, die Schakale, die Kojoten, die Wölfe und die Hunde. Es handelte sich um eine Gruppe erfolgreicher »Allrounder« mit einer rund 40 Millionen Jahre langen Stammesgeschichte. Die Hundeartigen paßten sich den verschiedensten Lebensräumen und Ernährungsweisen an. Als Mitglieder der Ordnung *Carnivora* (s. S. 216) sind sie mit den Ottern und Mardern, den Katzen und Ichneumons, den Robben, Seelöwen und Walrossen verwandt.

Die ersten Fossilfunde hundeartiger Tiere stammen aus dem Oberen Eozän und sind damit ungefähr 40 Millionen Jahre alt. Es handelte sich um verhältnismäßig kurzbeinige Tiere, die eher Ichneumons und Schleichkatzen ähnelten als heutigen Hunden. Die Verbreitung der Tiere beschränkte sich fast ausschließlich auf Nordamerika, das Zentrum der Caniden-Evolution. Erst vor ungefähr 6 Millionen Jahren wurden auch andere Kontinente besiedelt.

Im Oberen Oligozän (vor 35 Millionen Jahren) waren nur fünf Gattungen bekannt. Im Oberen Miozän (vor 10 bis vor 6 Millionen Jahren) erreichte die Gruppe mit 42 Gattungen ihre höchste Artenvielfalt. Seit jener Zeit ist sie im Niedergang begriffen. Heute weist sie noch zwölf Gattungen auf, zu denen auch der Haushund zählt.

Das Gebiß der Caniden trug maßgeblich zur ökologischen Vielseitigkeit der Gruppe bei. Die Tiere haben große, zugespitzte Eckzähne und wohlentwickelte Reißzähne, daneben aber auch kräftige Backenzähne, mit deren Hilfe sie Nahrung zerreiben können. Die Tiere fraßen demnach alles – von Knochen, Fleisch und Insekten bis hin zu Früchten.

Geruchssinn und Gehör sind bei den Hundeartigen besonders stark entwickelt, doch sehen sie auch recht gut. Mit ihren langen Beinen und ihrer großen Ausdauer sind sie imstande, auch schnelle Beutetiere über beträchtliche Entfernungen hin zu jagen. Die Caniden sind natürliche Zehengänger. Die hohe Intelligenz und das stark ausgeprägte Sozialleben, wie wir es etwa bei Wölfen und Hyänen beobachten, erleichtern den Caniden die Jagd, helfen ihnen dabei, größeren Räubern aus dem Weg zu gehen, und kommen ihnen auch bei der Aufzucht der Jungen und der Besiedlung neuer Lebensräume zupaß.

NAME: ***Hesperocyon***
ZEITLICHE VERBREITUNG: ***Unteres Oligozän bis Oberes Miozän***
GEOGRAPHISCHE VERBREITUNG: **Nordamerika *(Nebraska)***
LÄNGE: ***80 cm***

Hesperocyon war einer der ältesten Vertreter der Caniden. Das kleine, aktive Tier ähnelte mit seinem langen, geschmeidigen Körper, dem langen Schwanz und den kurzen, nicht sehr kräftigen Beinen mit fünfzehigen Füßen eher einem Ichneumon oder einer Schleichkatze als einem Hund. Der Aufbau der Ohrknöchelchen und das Gebiß beweisen jedoch, daß es sich um einen primitiven Caniden handelte.

Aus Schädelfunden geht hervor, daß Teile des Innenohrs von Knochen und nicht von Knorpel umgeben waren. Dieses hundeartige Merkmal unterscheidet *Hesperocyon* deutlich von primitiveren Raubtieren wie *Miacis* (s. S. 214, 216).

Der Gattung *Hesperocyon* fehlte der letzte Backenzahn im Oberkiefer. Damit hatten die Tiere 42 anstatt der sonst üblichen 44 Zähne. Der letzte obere Vorbackenzahn und der erste untere Backenzahn waren beidseitig zu Reißzähnen umgebaut, mit denen die Tiere Fleisch zerteilen konnten. Reißzähne sind typisch für die Hundeartigen und die meisten anderen echten Raubtiere der Ordnung *Carnivora.*

NAME: ***Phlaocyon***
ZEITLICHE VERBREITUNG: ***Unteres Miozän***
GEOGRAPHISCHE VERBREITUNG: **Nordamerika *(Nebraska)***
LÄNGE: ***80 cm***

Sah *Hesperocyon* oberflächlich einer Schleichkatze ähnlich, so ähnelte *Phlaocyon* eher einem Waschbär (*Procyonidae*, s. S. 216). Diverse Schädelmerkmale deuten jedoch darauf hin, daß *Phlaocyon* zu den *Canidae* gehörte, auch wenn es sich um ein sehr primitives Mitglied dieser Familie gehandelt haben muß.

Der Unterkiefer war gebogen wie bei einem Waschbär. Die Prämolaren und Molaren zerrieben die Nahrung; die für Hunde typischen Reißzähne fehlten. Der Gebißstruktur läßt sich entnehmen, daß *Phlaocyon* sich von allem Möglichen ernährte – von Samen, Früchten, Insekten und Vogeleiern, von kleinen Säugern und Vögeln.

NAME: ***Cynodesmus***
ZEITLICHE VERBREITUNG: ***Oberes Oligozän bis Unteres Miozän***
GEOGRAPHISCHE VERBREITUNG: **Nordamerika *(Nebraska)***
LÄNGE: ***1 m***

Cynodesmus war einer der ersten Caniden, die ungefähr wie ein heutiger Hund aussahen. Er ähnelte einem amerikanischen Kojoten *(Canis latrans)*, hatte jedoch ein viel kürzeres Gesicht (die lange Schnauze der Hundeartigen entwickelte

sich erst viel später). Der Rumpf war noch ziemlich lang, der Schwanz recht buschig. Die Beine von *Cynodesmus* waren noch nicht so leistungsfähig wie die der rezenten Hunde. Zur damaligen Zeit gab es in Nordamerika noch keine offenen Prärien. Erst mit ihrem Aufkommen kam es auch zur Entwicklung schneller Weidetiere, die ihrerseits die Evolution behender Jäger wie der Hunde und Wölfe beschleunigten. *Cynodesmus* trug an den Füßen noch fünf Zehen, wobei die jeweils erste deutlich kleiner war als die übrigen. Die schmalen Krallen konnten teilweise zurückgezogen werden wie bei einer Katze, unterschieden sich also merklich von den dicken, stumpfen, nicht zurückziehbaren Krallen der späteren Hunde. Wahrscheinlich lauerte *Cynodesmus* nach Katzenart seiner Beute auf anstatt sie nach Art der heutigen Hunde zu hetzen.

NAME: **Cerdocyon**
ZEITLICHE VERBREITUNG: ***Pleistozän***
GEOGRAPHISCHE VERBREITUNG: ***Südamerika (Argentinien)***
LÄNGE: ***80 cm***

Während des Tertiärs entfaltete sich in Nordamerika die Familie der Hundeartigen. Die Angehörigen dieser Gruppe konnten nicht nach Südamerika einwandern, weil damals die beiden Kontinente noch durch einen Meeresarm getrennt waren. Erst gegen Ende des Tertiärs, im Pliozän (vor ungefähr 5 Millionen Jahren), entstand die mittelamerikanische Landbrücke. Die Hunde gelangten im Unteren Pleistozän, vor ungefähr 2 Millionen Jahren, nach Südamerika. Zu den ersten Einwanderern zählte auch die frühe Fuchsgattung *Cerdocyon.*

2 Millionen Jahre später lebte die Gattung *Cerdocyon* in Form des häufigen Waldfuchses *(Cerdocyon thous)* weiter, dessen Verbreitung sich von Kolumbien bis nach Nordargentinien erstreckt. Es handelt sich um einen nachtaktiven Allesfresser, der sich von Krebsen, Ratten, Mäusen,

Fröschen und Insekten, von Früchten, Aas und Eiern aller Art ernährt. Wahrscheinlich unterscheidet sich seine opportunistische Lebensweise kaum von der seiner Vorfahren aus dem Pleistozän.

NAME: **Osteoborus**
ZEITLICHE VERBREITUNG: ***Oberes Miozän bis Unteres Pleistozän***
GEOGRAPHISCHE VERBREITUNG: ***Nordamerika (Nebraska)***
LÄNGE: **80 cm**
Osteoborus war ein Vertreter der Borophaginen, der »Urgroßhunde«, die vor allem Aas fraßen und im Oberen Miozän, vor ungefähr 8 Millionen Jahren, zum erstenmal auftraten. Der mächtige Körperbau und der gedrungene Vorderkopf verliehen dem Tier ein bärenartiges Aussehen, während in den großen Vorbackenzähnen, mit denen die Tiere Knochen aufknacken konnten, hyänenartige Merkmale zum Ausdruck kamen. Der Schädel war verkürzt, um Platz für die derben Kaumuskeln zu schaffen, ohne die es dem Tier nie gelungen wäre, größere Röhrenknochen zu öffnen und an das nahrhafte Mark zu gelangen.
Osteoborus war in Nordamerika weit verbreitet und besetzte dort dieselbe ökologische Nische wie die Hyänen in Europa, Asien und Afrika. Die Tiere lebten von Kadavern und jagten nicht selten anderen Raubtieren ihre Beute ab. Die Rolle der Aasfresser übernahmen in Nordamerika später typische Hunde, wie beispielsweise *Canis dirus* (s. u.).

NAME: **Canis dirus**
ZEITLICHE VERBREITUNG: ***Pleistozän bis Jetztzeit***
GEOGRAPHISCHE VERBREITUNG: ***Nordamerika (Kalifornien)***
LÄNGE: **2 m**
Die Gattung der Wolfsartigen, *Canis*, umfaßt heute neun Arten, darunter die Wölfe, Kojoten, Schakale, Wildhunde und Haushunde, von der dänischen Dogge bis zum Chihuahua. In der Vergangenheit gab es noch viel mehr Arten. Der Direwolf *(Canis dirus)* gehört zu den bekanntesten ausgestorbenen Vertretern der Gattung und ähnelte sehr den heute noch existierenden Wölfen. Allerdings war er schwerer gebaut und ernährte sich vorrangig von Aas. Der Direwolf war vermutlich in die ökologische Nische vorgestoßen, die die Borophaginen wie *Osteoborus* (s. o.) nach ihrem Aussterben im Unteren Pleistozän hinterlassen hatten.
Fossile Reste von über 2000 Direwölfen wurden in den Asphaltgruben von Rancho La Brea bei Los Angeles ausgegraben. Vor ungefähr 25 000 Jahren gelangte an jener Stelle Rohöl an die Erdoberfläche. Nachdem die flüchtigen Komponenten verdampft waren, blieben Tümpel aus klebrigem Asphalt zurück, die alsbald von einer trügerischen Wasserschicht bedeckt wurden. Das Wasser zog zahlreiche Lebewesen an, darunter Riesenfaultiere und Elefanten, die beim Trinken im Asphalt steckenblieben und sich nicht mehr befreien konnten. Ihr Todeskampf lockte Raubtiere wie den Direwolf und den Säbelzahntiger *(Smilodon)* an, die dann ebenfalls im Asphalt versanken. Dank der besonderen Bedingungen an jener Fundstelle blieb eine Fülle von Einzelheiten erhalten, die der Wissenschaft zahlreiche Erkenntnisse über das Leben im Pleistozän vermittelten. Offensichtlich lieferten sich die Direwölfe und die Säbelzahntiger wilde Kämpfe: Auf ihren Knochen sind oft Abdrücke oder Verletzungen zu erkennen, die auf die jeweils andere Art zurückzuführen sind.
Aktivere Jäger wie die damaligen Löwen und Hunde blieben nur selten im Asphalt stecken. Sie waren offensichtlich intelligent genug, um die Gefahr zu erkennen, die ihnen drohte, wenn sie den Beutetieren in jene Tümpel folgten.

Familie Hyaenidae
Die Hyänen gehören ebenfalls zur Ordnung der Raubtiere. Sie entwickelten sich erst vor relativ kurzer Zeit, im Mittleren Miozän, also vor ungefähr 15 Millionen Jahren. Wahrscheinlich entstanden sie auf dem afrikanischen Kontinent und breiteten sich von dort über die gesamte Alte Welt aus.
Die einzige neuweltliche Hyäne ist *Chasmaporthetes*, die während des Pleistozäns Nordamerika bewohnte, aber auch überall in Afrika, Asien und Europa auftrat. Es handelte sich bei diesem Tier eher um einen schnellen Jäger als um einen Aasfresser. Die Beine und Zähne von *Chasmaporthetes* erinnerten an die eines heutigen Gepards. Tatsächlich konkurrierten die beiden Arten miteinander, denn Geparden gab es in Afrika während des Pleistozäns bereits.
Die Rolle des Aasfressers in Nordamerika übernahmen zur Hauptsache die Borophaginen, wie *Osteoborus* mit seinem mächtigen Gebiß (s. o.). Ihre Ernährungs- und Lebensweise erinnerte stark an die altweltlichen Hyänen.
Heute beschränkt sich die Verbreitung der Hyänen auf die wärmeren Gebiete Afrikas und Asiens. Obwohl überwiegend Aasfresser, können die behenden und intelligenten Tiere auch im Rudel jagen und sind dabei imstande, auch den schnellsten Pflanzenfresser zur Strecke zu bringen. Die Hyänen haben starke Reißzähne, mit denen sie Knochen aufknacken können. Ihr robustes Verdauungssystem entzieht gefressenen Knochen die organische Materie. Unverdauliche Stoffe wie Hufe, Hörner, Sehnen und Haare, würgen die Hyänen wieder aus.

NAME: **Ictitherium**
ZEITLICHE VERBREITUNG: ***Mittleres Miozän bis Unteres Pliozän***
GEOGRAPHISCHE VERBREITUNG: ***Afrika (Marokko) und Europa (Griechenland)***
LÄNGE: **1,2 m**
Ictitherium und verwandte Arten gehörten zu den am weitesten verbreiteten Jägern ihrer Zeit. Für einen bestimmten Zeitraum im Pliozän liegen mehr Fossilfunde von dieser Gattung vor als von allen anderen Raubtieren zusammengenommen. Die Tatsache, daß man oft zahlreiche fossile Exemplare an ein und derselben Stelle findet, legt den Schluß nahe, daß die Tiere bei Überflutungen am gleichen Ort angeschwemmt wurden. Darüber hinaus hatte diese frühe Hyäne vermutlich bereits eine ziemlich fortgeschrittene Sozialordnung entwickelt und jagte wie ihre heutigen Verwandten im Rudel.

NAME: **Percrocuta**
ZEITLICHE VERBREITUNG: ***Mittleres bis Oberes Miozän***
GEOGRAPHISCHE VERBREITUNG: ***Afrika, Asien und Europa***
LÄNGE: **1,5 m**
Die Arten der Gattung *Percrocuta* waren die größten Hyänen, die jemals gelebt hatten. Eine chinesische Art erreichte die Länge eines heutigen Löwen.
Abgesehen von ihrer Größe ähnelte *Percrocuta* sehr der afrikanischen Tüpfelhyäne *(Crocuta crocuta)*, einer Art, die im Pleistozän viel weiter verbreitet war als heute. Fossile Knochen wurden in ganz Afrika, Europa und Asien gefunden.
Wie ihre modernen Verwandten hatte *Percrocuta* einen großen Kopf und außergewöhnlich mächtige Kiefer mit großen Reißzähnen.

Katzen und Ichneumons

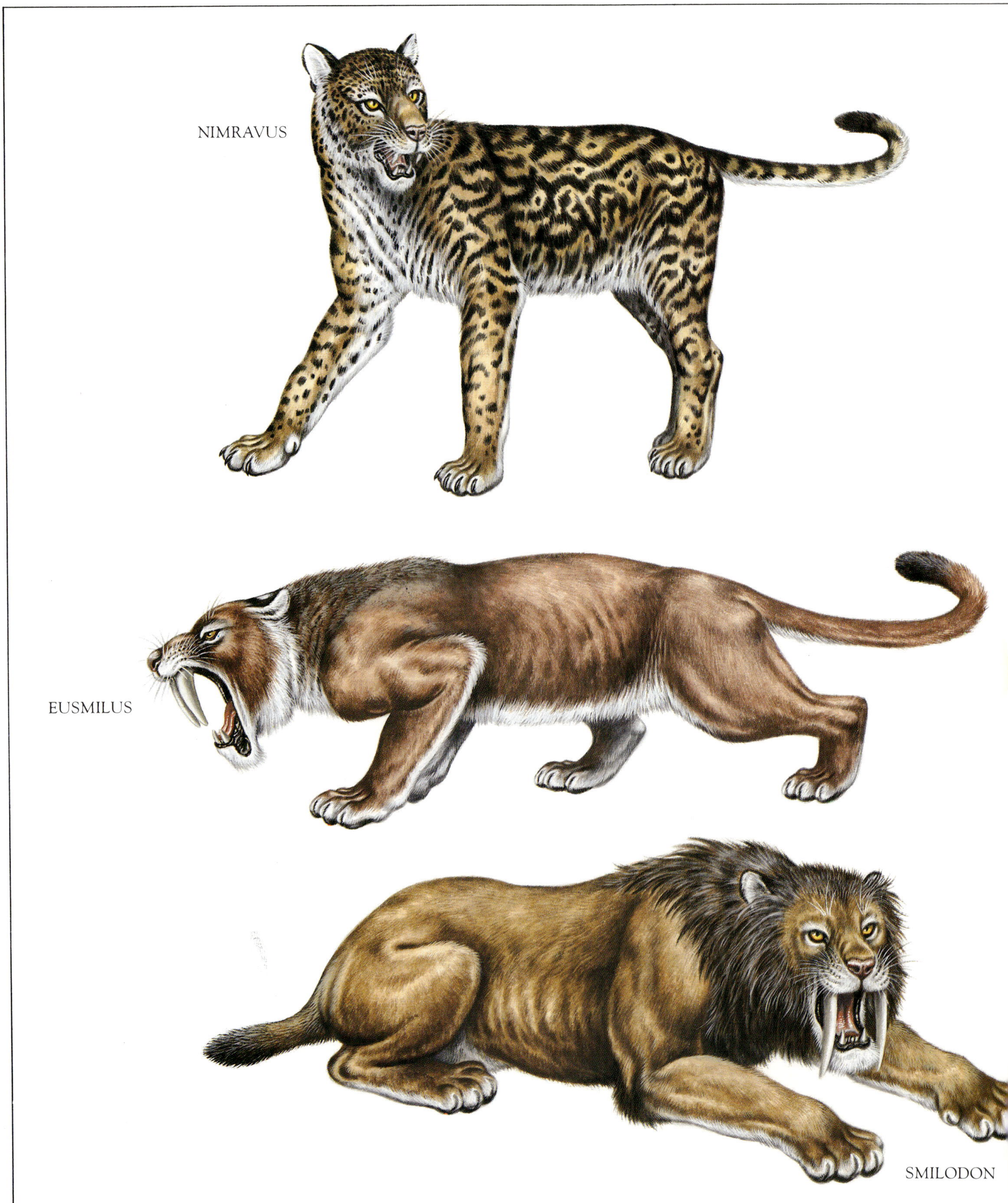

MEGANTEREON
HOMOTHERIUM
PANTHERA
DINOFELIS
KANUITES

Katzen und Ichneumons

Familie Nimravidae

Die Nimraviden waren die ersten Katzen. Sie entwickelten sich im Unteren Oligozän, also vor ungefähr 35 Millionen Jahren, und überlebten bis ins Obere Miozän, das vor rund 8 Millionen Jahren zu Ende ging. Bisweilen spricht man auch von »Scheinsäbelzahntigern«, um sie von den echten Säbelzahntigern aus der Familie der *Felidae* (s. u.) zu unterscheiden.
Die Nimraviden hatten einen langen schlanken Rumpf und lange Schwänze. Ihre oberen Eckzähne waren länger als bei den heutigen Katzen, doch kürzer als bei den echten Säbelzahntigern. Die unteren Eckzähne waren dagegen proportional länger.

NAME: ***Nimravus***
ZEITLICHE VERBREITUNG: ***Unteres Oligozän bis Unteres Miozän***
GEOGRAPHISCHE VERBREITUNG: ***Europa (Frankreich) und Nordamerika (Colorado, Nebraska, North und South Dakota und Wyoming)***
LÄNGE: ***1,2 m***
Schon im Unteren Oligozän war dieser Scheinsäbelzahntiger ein direkter Konkurrent der echten Säbelzahntiger, wie beispielsweise *Eusmilus. Nimravus* ähnelte mit seinem schlanken Rumpf wahrscheinlich einem heutigen Wüstenluchs *(Caracal caracal)*; der Rücken war allerdings länger, und die Füße waren eher hundeähnlich ausgebildet. Der Kopf war kurz und die Augen waren so ausgerichtet, daß das Tier räumlich sehen konnte – eine Eigenschaft, die für einen Jäger von großer Bedeutung ist. Die Krallen waren dünn und sehr scharf und konnten bis zu einem gewissen Grad eingezogen werden, so daß sie sich beim Laufen nicht dauernd abwetzten.
Wahrscheinlich jagte *Nimravus* kleine Säuger und Vögel, denen er nach Katzenart auflauerte.

Familie Felidae

Die Familie der Katzenartigen umfaßt so vertraute Gestalten wie Löwen, Tiger, Leoparden, Geparden und die Hauskatze. Die *Felidae* sind die am stärksten spezialisierten Jäger unter den Säugetieren. Als vor ungefähr 15 Millionen Jahren langsam die großen Grasgebiete entstanden, paßten sich die Katzen und die Hunde den Jagdbedingungen auf den großen Ebenen an. In einer offenen Landschaft kann jedes Beutetier die Gefahr schon von weitem herannahen sehen. Ein Räuber muß sich also entweder mit großem Geschick anschleichen oder aber sehr schnell laufen können. Die Katzen verfahren nach der ersten Methode, während die Hunde das zweite Verfahren anwenden.
Einige Katzenarten, wie die Tiger, entwickelten sich zu Einzelgängern, die ihre Beutetiere anschlichen oder ihnen auflauerten. Andere Formen, wie die Löwen, gingen zu einem sozialen Leben über und jagten ihre Beute in gut koordinierten Rudeln.
Alle heutigen Katzenarten töten ihre Beutetiere, indem sie ihnen mit einem kräftigen Biß der Eckzähne das Genick brechen. Die Säbelzahntiger hingegen, die inzwischen alle ausgestorben sind, fügten ihren Opfern tiefe Wunden zu und warteten dann, bis sie verblutet waren.
Neben den echten Säbelzahntigern entwickelte noch eine weitere Felidengruppe säbelartige Zähne (die ja auch schon bei den primitiven Nimraviden – s. o. – aufgetreten waren). Die Bezeichnung »Säbelzahntiger« ist im übrigen irreführend, da die betreffenden Formen mit den Tigern nicht näher verwandt sind. Die Experten sprechen deswegen lieber von »Säbelzahnkatzen«.

NAME: ***Eusmilus***
ZEITLICHE VERBREITUNG: ***Oligozän***
GEOGRAPHISCHE VERBREITUNG: ***Europa (Frankreich) und Nordamerika (Colorado, Nebraska, North und South Dakota und Wyoming)***
LÄNGE: ***2,5 m***
Diese leopardengroße Katze hatte, verglichen mit den modernen Katzenarten, einen ziemlich langen Körper und kurze Beine. *Eusmilus* trat in Europa gegen Ende des Eozäns, vor ungefähr 40 Millionen Jahren, auf und breitete sich im Oligozän über die Landbrücke im heutigen Beringmeer ostwärts nach Nordamerika aus.
Eusmilus war ein typischer Vertreter jener zweiten Säbelzahn-Felidengruppe. Die oberen Eckzähne waren enorm verlängert, die unteren Eckzähne hingegen waren ziemlich bedeutungslos. Viele andere Zähne waren ganz verlorengegangen. *Eusmilus* verfügte insgesamt nur noch über 26 Zähne, während andere Raubtiere bis maximal 44 Zähne aufwiesen.
Das Kiefergelenk war so weit modifiziert, daß es eine Öffnung im rechten Winkel zuließ. Erst damit konnten die Säbelzähne ihre volle Wirksamkeit entfalten. Im Unterkiefer befanden sich Knochenscheiden, welche die Säbelzähne bei geschlossenem Mund schützten. Eine ähnliche Erscheinung findet sich beim Säbelzahn-Beuteltier *Thylacosmilus* (s. S. 202, 204), obwohl die beiden Säuger nicht näher miteinander verwandt waren. Ihre Ähnlichkeit ist vielmehr ein Beispiel für konvergente Evolution.
Eusmilus und andere Scheinsäbelzahntiger bewohnten zur selben Zeit dasselbe Gebiet, und es gibt sogar fossile Nachweise dafür, daß sich ihre Pfade kreuzten. Ein Schädelfund von *Nimravus* (s. o.) aus Nordamerika weist im Vorderkopf ein Loch auf, das genau mit den Dimensionen eines Säbelzahns von *Eusmilus* übereinstimmt. Die Wunde war allerdings nicht tödlich, denn das betroffene Exemplar von *Nimravus* überlebte den Kampf immerhin so lange, daß die Wunde ausheilen konnte.

NAME: ***Megantereon***
ZEITLICHE VERBREITUNG: ***Oberes Miozän bis Unteres Pleistozän***
GEOGRAPHISCHE VERBREITUNG: ***Afrika (Südafrika), Asien (Indien), Europa (Frankreich) und Nordamerika (Texas)***
LÄNGE: ***1,2 m***
Megantereon war ein früher echter Säbelzahntiger, aus dem wahrscheinlich die anderen Formen hervorgingen. Die Zähne waren noch nicht ganz so lang wie die der Nachfolgearten, vermochten aber problemlos die dickhäutigen Pflanzenfresser zu töten, die in den gleichen Lebensräumen wie *Megantereon* vorkamen.
Megantereon lebte im Mittelmeergebiet und hatte seine Blütezeit im Oberen Pliozän bis zum Unteren Pleistozän, also vor 3 bis vor 2 Millionen Jahren. Die Gattung breitete sich im Oberen Miozän von ihrem Ursprungszentrum in Nordindien über Afrika und Nordamerika aus.

NAME: ***Smilodon***
ZEITLICHE VERBREITUNG: ***Oberes Pleistozän***
GEOGRAPHISCHE VERBREITUNG: ***Nordamerika (Kalifornien) und Südamerika (Argentinien)***
LÄNGE: ***1,2 m***
Smilodon war der »klassische« Säbelzahntiger. Im Gegensatz zu den meisten anderen Katzen hatte er, ähnlich wie der heutige Rotluchs, einen kurzen Schwanz. Der ganze Körper war ungemein kräftig gebaut, die Schulter- und Halsmuskulatur nicht minder, der Kopf war groß und massiv. Der Öffnungswinkel der Kiefer betrug bei aufgerissenem Rachen mehr als 120°. Nur so war es möglich, die Säbel-

zähne tief in das Fleisch des Beutetiers zu versenken.
Der ovale Querschnitt der Säbelzähne diente der Kraftersparnis und erleichterte das Eindringen ins Fleisch des Opfers.
Smilodon jagte wahrscheinlich mit Vorliebe große, langsame Tiere mit dicker Haut, zum Beispiel Mammuts und Bisons. Der Säbelzahntiger konnte diese Beutetiere nicht mit einem schnellen Nackenbiß töten, sondern mußte warten, bis die Beute verblutet war.
In den pleistozänen Asphaltgruben von Rancho La Brea bei Los Angeles fand man über 2000 Skelette von *Smilodon*. Auch andere Raubtiere wie der Direwolf (*Canis dirus*, s. S. 219, 221) waren in großer Zahl vertreten. Ihnen fehlte noch die Intelligenz der modernen Raubtiere: Angelockt von bereits im Asphalt festsitzenden Beutetieren, folgten sie ihnen blindlings in den Tod. Die *Smilodon*-Art der Asphaltgruben ist *Smilodon californicus*, das Nationalfossil Kaliforniens.

NAME: ***Homotherium***
GEOGRAPHISCHE VERBREITUNG: ***Unteres bis Oberes Pleistozän***
GEOGRAPHISCHE VERBREITUNG: ***Afrika (Äthiopien), Asien (China und Java), Europa (Großbritannien) und Nordamerika (Tennessee und Texas)***
LÄNGE: ***1,2 m***
Auch *Homotherium* hatte verlängerte, dolchartige, nach hinten gekrümmte obere Eckzähne. Dahinter standen kräftige Reißzähne zum Zerteilen von Fleisch. Im Profil betrachtet, hatte *Homotherium* wie eine Hyäne einen abfallenden Rükken, denn die Vorderbeine waren länger als die Hinterbeine. Beim Gehen setzte das Tier die ganze Fußsohle auf dem Boden auf, war also »Sohlengänger« wie ein Bär oder der Mensch. Die meisten übrigen Katzen sind allerdings Zehengänger.
Homotherium überlebte bis zum Ende der letzten pleistozänen Eiszeit, also bis vor ungefähr 14000 Jahren. Die Tiere jagten wahrscheinlich Mammuts, denn in Texas fand man die Reste junger Mammuts zusammen mit den Knochen eines Familienverbands von *Homotherium*.

NAME: ***Dinofelis***
ZEITLICHE VERBREITUNG: ***Oberes Pliozän bis Mittleres Pleistozän***
GEOGRAPHISCHE VERBREITUNG: ***Afrika (Südafrika), Asien (China und Indien), Europa (Frankreich) und Nordamerika (Texas)***
LÄNGE: ***1,2 m***
Dinofelis war panthergroß und hatte abgeflachte Eckzähne, die allerdings bedeutend kürzer waren als bei den Säbelzahntigern und verwandten oder ähnlichen Formen. Immerhin waren sie aber noch länger als bei den heutigen Katzen, die ihre Beute mit einem schnellen Biß in den Nacken töten. In Paläontologenkreisen ist daher bis heute umstritten, in welche Unterfamilie der *Felidae Dinofelis* gehört. *Dinofelis* starb in Eurasien und Nordamerika während des Unteren Pleistozäns aus, überlebte aber in Afrika noch bis zum Mittleren Pleistozän. Die chinesische Art *Dinofelis abeli* ist die größte Form. *Dinofelis* bedeutet übrigens »schreckliche Katze«, während der Artname den berühmten österreichischen Paläontologen Othenio Abel ehrt.

NAME: ***Panthera***
ZEITLICHE VERBREITUNG: ***Pleistozän bis Jetztzeit***
GEOGRAPHISCHE VERBREITUNG: ***Afrika (Südafrika), Asien (Indien), Europa (England) und Nordamerika (Kalifornien)***
LÄNGE: ***bis 3,5 m***
Panthera leo, der heutige Löwe, kommt in Afrika und im westindischen Gir-Wald vor. Er hat im Vergleich zur Mehrzahl der ausgestorbenen Katzen kurze Eckzähne und tötet seine Beutetiere mit einem Biß, der Knochen und Sehnen des Halses durchtrennt. Die Krallen sind lang und scharf und können über Sehnen ganz in den Fuß zurückgezogen werden. Jede Kralle wird von einer Hautscheide geschützt, die eine vorzeitige Abstumpfung verhindert. Zwei ausgestorbene Unterarten des Löwen sind besonders bemerkenswert: Der europäische Höhlenlöwe *(Panthera leo spelaea)* war wahrscheinlich die größte Katzenart, die je gelebt hat. Er war um ein Viertel größer als der heutige Löwe und sogar noch deutlich größer als der Sibirische Tiger *(Panthera tigris altaica)*, der als größte rezente Katzenart gilt. Höhlenmalereien und andere archäologische Funde deuten darauf hin, daß der Höhlenlöwe in Südosteuropa bis in historische Zeiten hinein überlebte: Noch vor 2000 Jahren gab es ihn offensichtlich im Balkan, seiner letzten Bastion.
Die andere ausgestorbene Löwenrasse war *Panthera leo atrox*. Sie war über Nordamerika und das nördliche Südamerika verbreitet. Möglicherweise handelte es sich auch um einen Riesenjaguar. Offensichtlich war diese Unterart über die Landbrücke in der Beringsee während der letzten Eiszeit – also vor 35000 bis vor 20000 Jahren, nach Nordamerika gelangt. Zu jener Zeit war der Meeresspiegel deutlich gefallen und hatte über weite Strecken den Meeresboden freigelegt.
Reste dieses Löwen wurden sogar in Alaska gefunden. Die berühmtesten Funde stammen aber aus den Asphaltgruben von Rancho La Brea bei Los Angeles, obgleich sie dort zahlenmäßig nicht so häufig sind wie die Reste anderer Raubtiere. Offensichtlich war das Tier so intelligent, daß es die Heimtücke dieser natürlichen Fallen erkannte.

Familie Viverridae
Diese Familie umfaßt kleine Raubtiere, vor allem die Schleichkatzen, Ginsterkatzen und die Ichneumons sowie die Mungos. Die Viverriden gehören zu den ältesten Raubtieren. Ihre Vorfahren lassen sich bis ins Mittlere Paläozän zurückverfolgen und sind damit ungefähr 60 Millionen Jahre alt.
Generell haben diese Tiere einen langen Körper und kurze Beine. Viele Arten sind opportunistische Allesfresser, die mit einer großen Nahrungsvielfalt zurechtkommen – angefangen von Regenwürmern über Weichtiere, Krabben, Fische, Vögel und Reptilien bis hin zu Eiern, Kadavern und Früchten.
Trotz der gegenwärtig weiten Verbreitung über die gesamten altweltlichen Tropen – die Viverriden haben zum Beispiel als einzige Raubtiere Madagaskar besiedelt – fällt der fossile Nachweis ziemlich spärlich aus.

NAME: ***Kanuites***
ZEITLICHE VERBREITUNG: ***Miozän***
GEOGRAPHISCHE VERBREITUNG: ***Afrika (Kenia)***
LÄNGE: ***90 cm***
Die Viverriden haben sich im Verlauf ihrer langen Evolution bemerkenswert wenig verändert: *Kanuites* ist ohne Zweifel den heutigen Ginsterkatzen *(Genetta)* sehr ähnlich. Das Tier hatte einen langen Schwanz und konnte wahrscheinlich wie eine Katze seine Krallen zurückziehen. Vermutlich handelte es sich um einen Allesfresser, der sich ebenso von Früchten wie von Insekten, kleinen Säugern und Reptilien ernährte und auf dem Boden ebenso geschickt agierte wie im Geäst der Bäume.

Robben und Seekühe

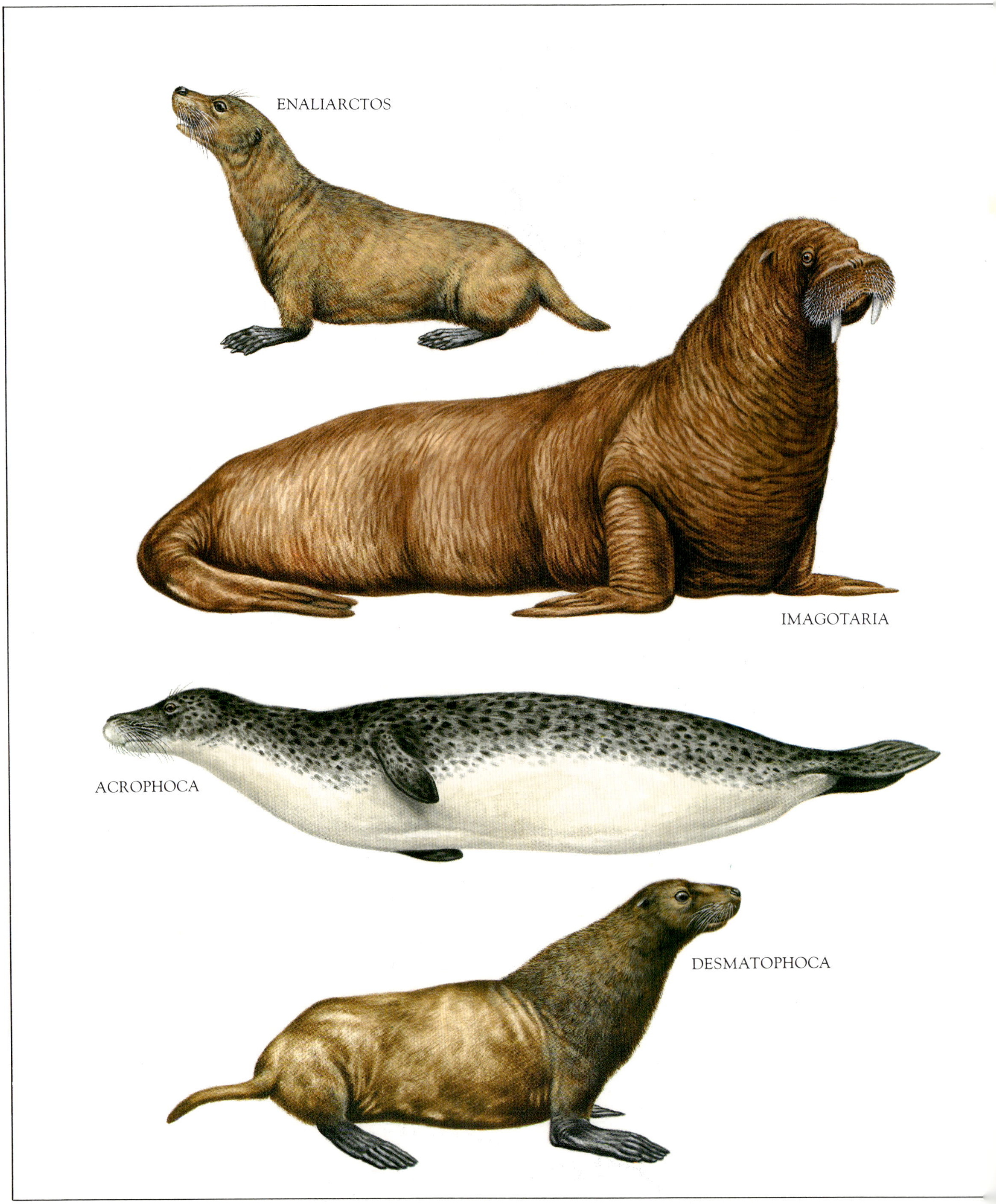

DESMOSTYLUS

PRORASTOMUS

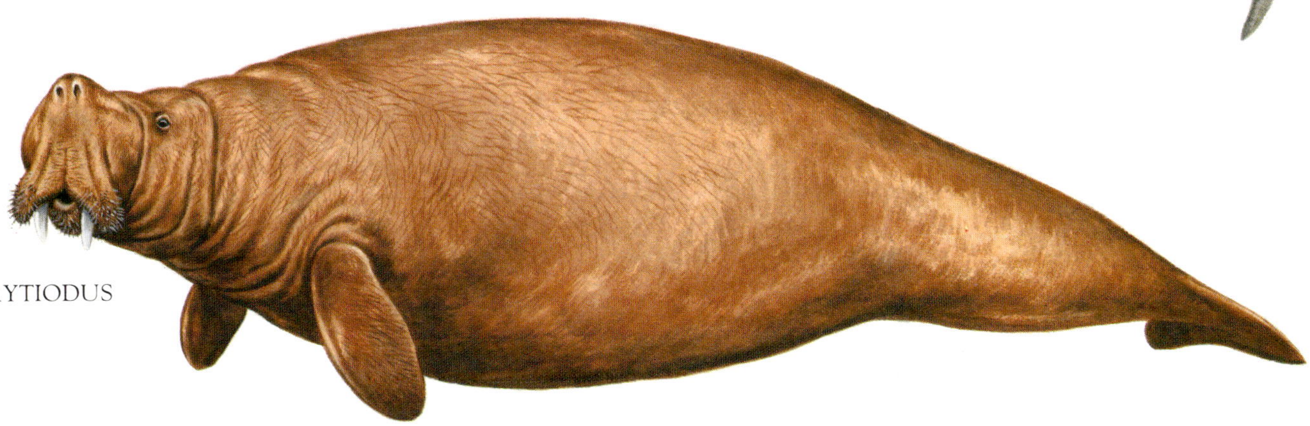

RYTIODUS

HYDRODAMALIS

Robben und Seekühe

Unterordnung Pinnipedia
Zur Ordnung der Raubtiere *(Carnivora)* gehören nicht nur die uns bekannten Formen des Festlandes, wie die Katzen, Hunde und Bären, sondern auch meeresbewohnende Tiere, die man in der Unterordnung *Pinnipedia* zusammenfaßt. Sie umfaßt die Ohrenrobben, Seebären und Seelöwen *(Otariidae)*, die Walrosse *(Odobenidae)* sowie die Hundsrobben und Seehunde *(Phocidae)*. Bei all diesen Tieren sind die Gliedmaßen zu Flossen umgewandelt. Die *Pinnipedia* oder Wasserraubtiere entwickelten sich wahrscheinlich während des Oberen Oligozäns, also vor ungefähr 30 Millionen Jahren, auf der Nordhalbkugel. Erst im Miozän, vor zirka 10 Millionen Jahren, drangen sie auch auf die Südhalbkugel vor. Früher glaubte man, die Ohrenrobben und die Walrosse seien aus bärenartigen Vorfahren, die echten Seehunde hingegen aus otterähnlichen Tieren hervorgegangen. Heute nimmt man indessen an, alle Formen dieser Gruppe stammten von einem gemeinsamen Ahnen ab, der unter den Mardern zu suchen ist (s. S. 214, 216).

Familie Phocidae
Obwohl die Seehunde äußerlich trotz ihres Namens mit den Hundeartigen nicht viel gemein haben, gehören sie ebenfalls der Ordnung *Carnivora* an. Sie entwickelten sich wahrscheinlich im Oberen Oligozän, vor ungefähr 30 Millionen Jahren, aus einem otterähnlichen Tier wie *Potamotherium* (s. S. 214, 216). Die Seehunde traten zuerst in europäischen Gewässern auf, verbreiteten sich dann aber rasch über die Weltmeere bis in die arktischen, antarktischen und pazifischen Regionen. Dabei paßten sie sich verhältnismäßig schnell an das Leben im Meer und die Fischnahrung an.
Die Familie der Hundsrobben und Seehunde *(Phocidae)* ist heute arten- und formenreicher als die der Ohrenrobben und der Walrosse. Der fossile Nachweis fällt allerdings äußerst spärlich aus.

NAME: ***Acrophoca***
ZEITLICHE VERBREITUNG: ***Unteres Pliozän***
GEOGRAPHISCHE VERBREITUNG: ***Südamerika (Peru)***
LÄNGE: ***1,5 m***
Acrophoca war möglicherweise der Vorfahre unseres heutigen Seeleoparden *(Hydrurga leptonyx)*. Wie dieser fraß sie Fische, war aber anscheinend noch nicht so stark an das Leben im Wasser angepaßt und verbrachte daher einen großen Teil ihres Lebens an oder nahe der Küste. Die Flossen waren weniger gut entwickelt, der Hals länger und weniger stromlinienförmig als bei einer modernen Robbe. Die Schnauze war auffallend zugespitzt.

Familie Enaliarctidae
Die Enaliarctiden waren die ersten Ohrenrobben. Aus ihnen entwickelten sich die heutigen Seelöwen, die Seebären und die Walrosse. Die Enaliarctiden lebten während des Unteren Miozäns, also vor ungefähr 23 Millionen Jahren, und waren ihrerseits wahrscheinlich wie die Phociden (s. o.) aus marderartigen Tieren hervorgegangen.
Im Verlauf des Miozäns, vor ungefähr 18 Millionen Jahren, entstand aus den Enaliarctiden eine weitere inzwischen ausgestorbene Robbenfamilie, die Desmatophociden (s. u.). Noch später, vor ungefähr 15 Millionen Jahren, gingen aus bestimmten Enaliarctiden die Odobeniden oder Walrosse hervor. Ein weiterer Seitenzweig führte zu den Ohrenrobben, den Seelöwen und Seebären.

NAME: ***Enaliarctos***
ZEITLICHE VERBREITUNG: ***Unteres Miozän***
GEOGRAPHISCHE VERBREITUNG: ***Nordamerika (Pazifikküste)***
LÄNGE: ***1,5 m***
Enaliarctos steht ungefähr auf halbem Weg zwischen einem Otter und einem Seelöwen. Hinten in den Kiefern standen noch Reißzähne wie bei einem Hund. Der Körper war stromlinienförmig und sah noch recht otterähnlich aus. Beine und Schwanz waren gut entwickelt, während die Füße bereits zu Paddeln umgewandelt waren.
Die Lebensweise von *Enaliarctos* dürfte mehr oder weniger der des heutigen Seeotters entsprochen haben. Er war ebenso auf dem Land zu Hause wie auf dem Wasser und fraß eine große Vielzahl meeresbewohnender Tiere, darunter Fische, Schnecken und Muscheln. Einige Seelöwenmerkmale hatten sich bereits entwickelt: die großen Augen, ein mit den Spürhaaren im Gesicht verbundener feiner Tastsinn sowie ein spezialisiertes Innenohr, das imstande war, Schallwellen unter Wasser wahrzunehmen und ihre Richtung orten.

Familie Desmatophocidae
Die Desmatophociden kann man als primitive Seelöwen betrachten. Sie ähneln den eigentlichen Seehunden (*Phocidae*, s. o.) und zeigen parallele Anpassungen an dieselbe Lebensweise. Der Unterschied zwischen den beiden Gruppen liegt im Bau der Hinterbeine. Seelöwen, Seebären und Walrosse können ihre Hinterflossen nach vorne richten und sich mit deren Hilfe auch auf dem Festland einigermaßen fortbewegen. Den echten Seehunden ist dies verwehrt.

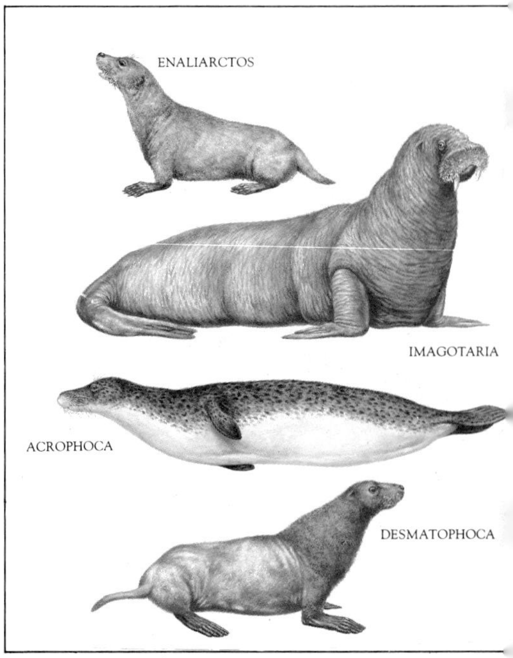

NAME: ***Desmatophoca***
ZEITLICHE VERBREITUNG: ***Mittleres Miozän***
GEOGRAPHISCHE VERBREITUNG: ***Asien (Japan) und Nordamerika (Kalifornien und Oregon)***
LÄNGE: ***1,7 m***
Die typische Stromlinienform des heutigen Seelöwen tritt zum erstenmal bei der Gattung *Desmatophoca* in Erscheinung. Wie bei den rezenten Verwandten waren die Vordergliedmaßen kräftiger als die Hintergliedmaßen, die Füße zu Paddeln umgewandelt und deren Finger verlängert sowie zur Oberflächenvergrößerung mit einer Schwimmhaut verbunden. Alle Knochen in den Gliedmaßen waren verkürzt und damit kräftiger.
Obwohl *Desmatophoca* im Gegensatz zu den Seelöwen noch einen Schwanz hatte, war dieser doch bereits stark reduziert und kaum noch länger als der Schädel des Tieres. Wie beim Vorgänger *Enaliarctos* (s. o.) waren die Augen enorm groß, was darauf hindeutet, daß dem Gesichtssinn bei der Jagd die Hauptrolle zufiel. Der Gehörsinn war möglicherweise noch nicht vollständig an die unter Wasser herrschenden Bedingungen angepaßt, taugte aber mit Sicherheit an Land.

Familie Odobenidae
Die Odobeniden oder Walrosse unterscheiden sich von den Seelöwen und Seebären durch ihre Ernährungsweise: Sie fressen eher Muscheln als Fische und sind dementsprechend ausgestattet. Die oberen Eckzähne sind bei beiden Geschlechtern zu langen Stoßzähnen verlängert, mit denen die Tiere im Meeresboden nach ihrer Beute stochern.
Im Unteren Pliozän, vor ungefähr 5 Millionen Jahren, lebten an der Nordpazifikküste mindestens fünf Walroßgattungen. Einige dieser frühen Formen, von denen viele eher den Seelöwen ähnelten, durchquerten im Oberen Miozän, also vor ungefähr 8 Millionen Jahren, den Meeres-

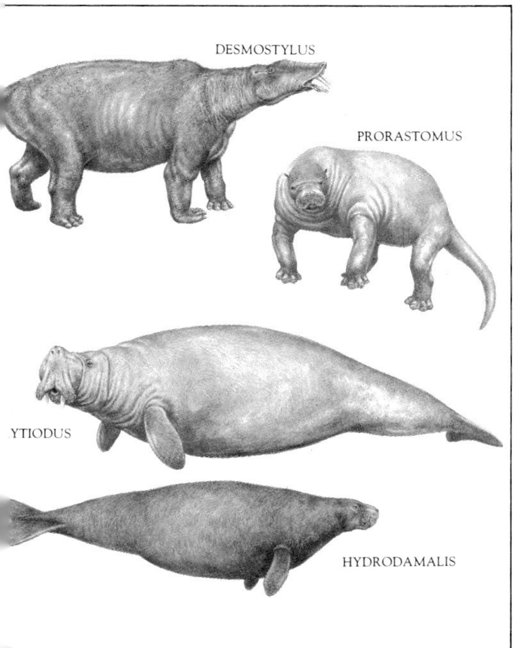

arm, der damals Nordamerika von Südamerika trennte. Im Unteren Pliozän, vor ungefähr 3 Millionen Jahren, hatten die Walrosse die amerikanische und die europäische Nordatlantikküste erreicht. In ihrer Urheimat, dem Pazifik, starben sie im weiteren Verlauf des Pliozäns gänzlich aus. Die Populationen im Nordatlantik erlebten jedoch eine Blütezeit und wanderten am Ende, vor ungefähr 1 Million Jahren, über das arktische Eismeer wieder in den Nordpazifik zurück.

Name: ***Imagotaria***
Zeitliche Verbreitung: ***Oberes Miozän***
Geographische Verbreitung: ***Nordamerika (Pazifikküste)***
Länge: ***1,8 m***
Obwohl *Imagotaria* als Walroß gilt, sah das Tier wahrscheinlich eher wie ein Seelöwe aus und verhielt sich auch entsprechend. Vermutlich handelte es sich um ein Übergangsstadium in der Evolution der Walrosse.
Die Eckzähne, mit denen die Seelöwen Fische fangen, hatten bei *Imagotaria* bereits begonnen, sich zu vergrößern, aber noch nicht die Länge der Stoßzähne heutiger Walrosse erreicht. Auch die rückwärtigen Zähne hatten noch nicht jene breiten Flächen entwickelt, die so hervorragend zum Aufbrechen von Muscheln geeignet sind. Wahrscheinlich fraß das Tier sowohl Fische als auch Muscheln.

Ordnung Desmostylia
Die Desmostylier waren merkwürdige Wasserbewohner, die von angelsächsischen Autoren auch *Sea horses* (»Seepferde«) genannt werden. Die Tiere waren ungefähr ponygroß und lebten im Miozän, also in der Zeitspanne von vor 25 bis vor 5 Millionen Jahren, an den Küsten des Nordpazifiks. Ein einzelner Fossilfund aus dem Küstengebiet Floridas zeigt uns, daß die *Desmostylia* die schmale Meeresstraße überwunden hatten, die bis zum Pliozän (vor 5 Millionen Jahren) Nord- und Südamerika voneinander trennte. Die Herkunft, die Verwandtschaftsbeziehungen und die Ernährungsweise der Desmostylier bleiben jedoch bis heute ein Rätsel.

Name: ***Desmostylus***
Zeitliche Verbreitung: ***Miozän***
Geographische Verbreitung: ***Asien (Japan) und Nordamerika (Pazifikküste)***
Länge: ***1,8 m***
Desmostylus war der typische Vertreter seiner Gruppe. Er war wie ein Nilpferd gebaut und verhielt sich vielleicht auch entsprechend. Körper und Beine waren gedrungen, die Füße breit. Jede der vier Zehen oder Finger trug Hufe. Die Unterarmknochen waren zu einer festen Säule verwachsen, was zur Folge hatte, daß der Fuß nur zusammen mit dem gesamten Vorderbein gedreht werden konnte.
Der Ober- und der Unterkiefer waren vorne verlängert und trugen nach vorne gerichtete, verlängerte Schneide- und Eckzähne. Insgesamt muß der Kopf ähnlich ausgesehen haben wie der diverser Elefantenarten, die zur selben Zeit lebten und schaufelartig verbreiterte Stoßzähne aufwiesen (s. S. 238–241). Die ungewöhnlichen Backenzähne bildeten Gruppen aufrecht stehender Zylinder.
Desmostylus lebte wahrscheinlich amphibisch, paddelte in flachen Küstengewässern und löste mit seinen Stoßzähnen Muscheln von den Klippen. Vielleicht ließ er sich bei der Nahrungssuche auch auf den Meeresboden absinken.

Ordnung Sirenia
Die Seekühe oder Sirenen sind die einzige pflanzenfressende Säugergruppe, die sich ganz dem Leben im Wasser angepaßt hat. Heute unterscheidet man drei Manati-Arten *(Trichechus)* sowie eine Dugong-Art *(Dugong dugong)*. Beide Gattungen haben einen walzenartigen Körper, zu Paddeln umgebaute Vordergliedmaßen, keine Hintergliedmaßen und – ähnlich wie die Wale – einen waagrecht stehenden, flachen Schwanz, mit dessen Hilfe die Tiere gemächlich durch das Wasser gleiten.
Seekühe sind aus dem Unteren Eozän Ungarns bekannt. Ihre Herkunft ist nach wie vor rätselhaft, doch nehmen viele Paläontologen an, ein gemeinsamer Vorfahre verbinde sie mit den Elefanten. Im Eozän herrschte ein verhältnismäßig warmes Klima, das in den flachen tropischen Gewässern des Mittelmeers und der Karibik die Entstehung riesiger Wasserpflanzenteppiche begünstigte. Sie bildeten die Hauptnahrungsquelle der Seekühe.

Name: ***Prorastomus***
Zeitliche Verbreitung: ***Mittleres Eozän***
Geographische Verbreitung: ***Westindien (Jamaika)***
Länge: ***möglicherweise 1,5 m***
Prorastomus ist die primitivste Seekuh. Bisher entdeckte man nur den Schädel sowie einen Teil der Wirbelsäule und der Rippen; die Rekonstruktion auf S. 227 ist daher höchst spekulativ. Der Schädelform läßt sich entnehmen, daß das Tier noch nicht an das Leben im Wasser adaptiert war. Wahrscheinlich lebte *Prorastomus* sogar noch vorwiegend an Land.

Name: ***Rytiodus***
Zeitliche Verbreitung: ***Miozän***
Geographische Verbreitung: ***Europa (Frankreich)***
Länge: ***6 m***
Im Oberen Eozän, vor ungefähr 40 Jahrmillionen, hatten sich die Dugongs bereits etabliert. Die damaligen Formen sahen der einzigen heute noch existierenden Art schon recht ähnlich. *Rytiodus* war allerdings riesenhaft – gut doppelt so lang wie der heutige Dugong. Das Tier zeigte die typischen Merkmale der Seekühe: Der Rumpf war massig und glatt, die Hintergliedmaßen waren verschwunden, die Vordergliedmaßen zu Paddeln umgewandelt. Die Knochen, besonders die Rippen, waren dick und dichtstehend. Sie dienten als Ballast, und ermöglichten es *Rytiodus*, sich ohne Anstrengung unter Wasser aufzuhalten.

Name: ***Hydrodamalis gigas***
Zeitliche Verbreitung: ***Pliozän bis Jetztzeit***
Geographische Verbreitung: ***Arktisches Eismeer und Nordpazifik***
Länge: ***8 m***
Diese riesenhafte Seekuhart wurde 1741 von Georg Wilhelm Steller, dem Schiffsarzt der Bering-Expedition, entdeckt und später nach ihm benannt. Die Art hatte sich gegen Ende des Pleistozäns, also vor ungefähr 200 000 Jahren, entwickelt und wurde 1768 von Seefahrern ausgerottet. Die gewaltigen Dimensionen waren wahrscheinlich eine Anpassung an das kalte Wasser ihres nördlichen Verbreitungsgebiets. (Ein großes Tier verliert wegen seiner proportional geringeren Oberfläche weniger Wärme als ein kleineres.)
Die Stellersche Seekuh besaß nicht mehr die verdickten Rippen der übrigen Seekühe, sondern hatte an ihrer Statt eine dicke Fettschicht entwickelt, die von einer eigentümlich borkigen Haut bedeckt war. Beide dienten als Isolierung gegen die Kälte. Damit war das Tier aber wahrscheinlich zu leicht, um noch untertauchen zu können. Die Stellersche Seekuh hatte keinerlei Zähne mehr und ernährte sich von treibenden Algen – eine unter den Säugetieren einzigartige Ernährungsweise.

Wale und Delphine

PROSQUALODON
EURHINODELPHIS
CETOTHERIUM

Wale und Delphine

Ordnung Cetacea
Die eindrucksvollen Wale und die intelligenten Delphine sind die einzigen Säuger, die sich so geschickt dem Wasser angepaßt haben, daß sie ihr gesamtes Leben dort verbringen können. Damit haben sie sich unter allen Säugern am stärksten spezialisiert. Mit ihren fischähnlichen, stromlinienförmigen Körpern sind sie gute Schwimmer; an Land haben sie dagegen keine Überlebenschance. Dennoch behielten sie grundlegende Säugermerkmale bei: die Temperaturregelung und damit die Warmblütigkeit, das Säugen der Jungtiere und die Luftatmung.
Man kennt ungefähr 140 Gattungen fossiler Wale. Die 40 heute noch existierenden Gattungen sind über alle Weltmeere verbreitet. Daneben gibt es in den Flußsystemen Südamerikas, Indiens und Chinas auch Süßwasserdelphine. Viele Walarten sind gegenwärtig vom Aussterben bedroht.
Die Wale entstanden wahrscheinlich zu Beginn des Tertiärs, vor ungefähr 65 Millionen Jahren, aus landbewohnenden frühen Huftieren (s. S. 234–237). Man unterscheidet drei Unterordnungen: Die primitiven *Archaeoceti* sind ausgestorben. Zu den *Odontoceti* oder Zahnwalen gehören zum Beispiel der Pottwal und die Delphine; zu den *Mysticeti* oder Bartenwalen das größte Tier, das jemals gelebt hat – der mächtige Blauwal *(Balaenoptera musculus)*, der eine Länge von 30 m und ein Gewicht von 130 t erreichen kann.

Unterordnung Archaeoceti
Die *Archaeoceti* waren die ersten Wale. Sie traten erstmals in den Meeren des Unteren Eozäns, also vor ungefähr 45 Millionen Jahren, auf und waren aus amphibisch lebenden Säugern hervorgegangen. Anfangs waren sie noch recht klein (nicht über 3 m lang), hatten vier Beine und erinnerten entfernt an Seehunde. An das Leben im Wasser waren sie noch wenig angepaßt. Am Ende des Eozäns jedoch, ungefähr 15 Millionen Jahre später, waren aus ihnen große, seeschlangenartige, völlig an das Leben im Wasser adaptierte Tiere entstanden.

NAME: ***Pakicetus***
ZEITLICHE VERBREITUNG: ***Unteres Eozän***
GEOGRAPHISCHE VERBREITUNG: ***Asien (Pakistan)***
LÄNGE: ***1,8 m***
Pakicetus ist der älteste Wal. Zwar wurde nur ein Teil des Schädels gefunden, doch erlauben die an ihm zu beobachtenden Merkmale den Schluß, daß auch der Rest des Körpers noch wenig an das Leben im Wasser angepaßt gewesen ist.
Pakicetus hatte äußerlich noch nicht allzuviel mit den heutigen Walen gemeinsam. Die Zähne ähnelten denen der Mesonychiden wie beispielsweise *Andrewsarchus* (s. S. 236). So wiesen die Höcker der Backenzähne dieselbe dreieckige Anordnung auf, was darauf hindeutet, daß sich *Pakicetus* vielleicht erst kurze Zeit zuvor von fleischfressenden landbewohnenden Huftieren abgespalten hatte.
Die Ohren waren nicht besonders gut an die Verhältnisse unter Wasser angepaßt. Daß *Pakicetus* wahrscheinlich einen großen Teil seines Lebens an Land verbrachte, geht auch daraus hervor, daß in denselben Ablagerungen, aus denen die Fossilien stammen, eine Vielzahl anderer Tiere entdeckt wurde, die zweifelsfrei auf dem Festland lebten.
Die Gliedmaßen von *Pakicetus* waren vermutlich paddelförmig. Damit konnten sich die Tiere an Land nur unbeholfen fortbewegen. Zu Hause fühlten sie sich in den Flüssen und Mündungsgebieten am Ostufer der Tethys. Dieses Meer begrenzte noch im Alttertiär – vor ungefähr 50 Millionen Jahren – die Südküste Asiens.

NAME: ***Protocetus***
ZEITLICHE VERBREITUNG: ***Mittleres Eozän***
GEOGRAPHISCHE VERBREITUNG: ***Afrika und Asien (Mittelmeergebiet)***
LÄNGE: ***2,5 m***
Obwohl *Protocetus* nur 8 Millionen Jahre nach *Pakicetus* (s. o.) lebte, sah das Tier schon erheblich walähnlicher aus. Der Körper war stärker stromlinienförmig, die Vorderbeine waren flach und paddelähnlich, die Hinterbeine stark reduziert und beim Schwimmen kaum mehr nützlich, auch wenn sie wahrscheinlich von außen immer noch zu erkennen waren. Am Schwanzende hatte *Protocetus* vermutlich schon eine waagrechte Flosse, die Fluke, entwickelt – dafür spricht vor allem der Bau der Wirbel. Mit der Auf- und Abbewegung der Schwanzflosse sorgte das Tier für den Vortrieb.
Der Schädel von *Protocetus* war ziemlich lang, die Schnauze schmal. Die Zähne waren zugespitzt und bildeten vorne auf den Kiefern eine Zickzacklinie. Mit ihnen hielt *Protocetus* das Beutetier fest, während die weiter hinten gelegenen Zähne es zerfleischten. Die Hauptnahrung von *Protocetus* und anderen frühen Walen bildeten zweifellos Fische.
Die Nasenlöcher hatten sich bei *Protocetus* nach hinten verlagert; bei den älteren Formen befanden sie sich noch vorne an der Schnauzenspitze. *Protocetus* verfügte auch über einen guten Geruchssinn, doch war der Gesichtssinn bei der Jagd wahrscheinlich noch wichtiger. Im Gegensatz zu *Pakicetus* waren die Ohren schon an die Wahrnehmung von Unterwasserschall angepaßt; es ist jedoch unwahrscheinlich, daß die Tiere bereits das Echoortungssystem heutiger Wale besaßen.

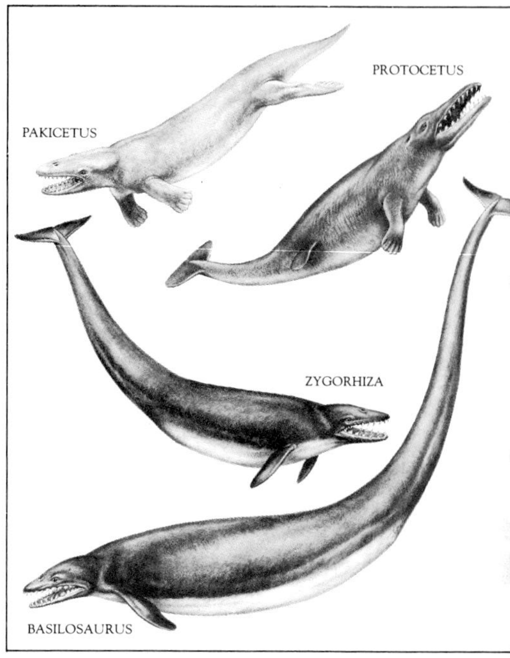

NAME: ***Zygorhiza***
ZEITLICHE VERBREITUNG: ***Oberes Eozän***
GEOGRAPHISCHE VERBREITUNG: ***Nordamerika (Atlantikküste)***
LÄNGE: ***6 m***
Zygorhiza gehörte zu einer Familie früher Wale, die extrem lange, aalartige Körperformen entwickelt hatten. Einem Wal nach heutiger Vorstellung sah in diesem Verwandtschaftskreis *Zygorhiza* noch am ähnlichsten. Der Körper war ungefähr sechsmal so lang wie der Schädel – was ungefähr den Proportionen heutiger Wale entspricht. Allerdings waren Kopf und Rumpf noch über einen kurzen Hals verbunden, der sich aus den üblichen sieben Halswirbeln der Säuger zusammensetzte.
Die Vorderbeine waren paddelförmig und konnten wahrscheinlich vom Ellbogen aus bewegt werden, während bei den modernen Walen die Unterarm- mit den Oberarmknochen verschmolzen sind. Es ist denkbar, daß *Zygorhiza* und nahestehende Arten sich noch wie ihre amphibisch lebenden Vorfahren an Land paarten und fortpflanzten. Mit Hilfe der Gelenke in den Vorderbeinen stemmten sie den Körper aus dem Wasser und zogen ihn über den Strand.

NAME: ***Basilosaurus***
ZEITLICHE VERBREITUNG: ***Oberes Eozän***
GEOGRAPHISCHE VERBREITUNG: ***Nordamerika (Atlantikküste)***
LÄNGE: ***bis 25 m***
Als in den dreißiger Jahren des vergangenen Jahrhunderts die Reste dieses bemerkenswerten frühen Wals gefunden wurden, glaubte man zunächst, sie gehörten zu einem Dinosaurier. *Basilosaurus*, der zur selben Familie wie *Zygorhiza* (s. o.) gehört, muß wie ein Meeresungeheuer ausgesehen haben. Tatsächlich wurden die Knochen vor rund einem Jahrhundert für eine berühmte Seeschlangenfälschung zweckentfremdet.
Der schlangenähnliche Körper von *Basilosaurus* wurde von einer Wirbelsäule ge-

stützt, deren Wirbel stark verlängert waren. Die Rippen waren kurz und blieben auf den vorderen Teil des Körpers beschränkt. Die Beckenknochen waren noch vorhanden und befanden sich ungefähr am Ende des zweiten Körperdrittels. Die Knochen der Hinterbeine waren dem Becken gelenkig eingefügt, dabei aber so klein, daß sie kaum noch eine sinnvolle Funktion besessen haben können.
Basilosaurus schwamm in den eozänen Meeren mit schlängelnden Körperbewegungen. Um im Wasser einigermaßen zügig und ohne zu großen Kraftaufwand voranzukommen zu können, muß der zylindrische Körper mit einer Schwanzflosse ausgestattet gewesen sein.
Der Kopf war typisch für die frühen Wale und im Verhältnis zum Körper sehr klein. Die Nasenlöcher standen weit vorne an der Schnauze, und die Zähne zeigten unterschiedliche Formen und Größen. Die Frontzähne waren zugespitzt und konisch, die Zähne weiter hinten hatten dagegen gekerbte Schneiden. Wahrscheinlich jagten die Tiere Fische und Tintenfische der Tiefsee, wie es heute noch die größeren Zahnwale tun, zum Beispiel der Pottwal.

Unterordnung Odontoceti

Die *Odontoceti* oder Zahnwale entwickelten sich wahrscheinlich aus den *Archaeoceti* im Oberen Eozän, vor ungefähr 40 Millionen Jahren. Die Zahnwale umfassen die Mehrzahl der heutigen Wale, darunter Pottwal, Schnabelwal, Schweinswal, Tümmler, Narwal und die Delphine.
Verglichen mit denen der *Archaeoceti* sind die Zähne der Zahnwale einfacher, denn sie tragen keine Höcker mehr und stellen nur mehr abgerundete Kegel dar. Einige Zahnwale hatten mehrere hundert Zähne in den Kiefern, während andere nahezu zahnlos waren.

Name: ***Prosqualodon***
Zeitliche Verbreitung: ***Oligozän bis Unteres Miozän***
Geographische Verbreitung: ***Australien, Neuseeland und Südamerika***
Länge: ***2,3 m***
Prosqualodon und seine nächsten Verwandten waren möglicherweise die Vorfahren aller übrigen Zahnwale. Wahrscheinlich sah er wie ein kleiner heutiger Delphin mit einer langen, schmalen Schnauze und zugespitzten Zähnen aus. Das Gebiß war allerdings noch primitiv, da das Tier vorne auf den Kiefern immer noch dreieckige Zähne wie die *Archaeoceti* (s. o.) trug.
Aufgrund mehrerer Veränderungen im Vorderkörper entwickelte der Schädel von *Prosqualodon* eine leichte Konstruktion. Zum einen wurde der Hals stark verkürzt; der Kopf verschwand gleichsam im Rumpf und brauchte damit weniger Stütz- und Schutzstrukturen. Zum anderen wurde die komplexe Kieferstruktur früherer Walformen stark vereinfacht, wohl infolge der reinen Fischdiät. Und da der Geruchssinn bei der Beutesuche nicht mehr entscheidend war (an seine Stelle war der Gehörsinn getreten), wurde auch der entsprechend komplexe olfaktorische Apparat reduziert. Die Nasenlöcher standen bei *Prosqualodon* am Schädeldach, zwischen den Augenhöhlen, wo sie ein Spritzloch bildeten, wie wir es auch von den modernen Formen kennen. Wenn das Tier nach einem langen Tauchgang zur Wasseroberfläche gelangte, stieß es die verbrauchte Luft explosionsartig aus.

Name: ***Eurhinodelphis***
Zeitliche Verbreitung: ***Mittleres bis Oberes Miozän***
Geographische Verbreitung: ***Asien und Nordamerika (Pazifikküsten)***
Länge: ***2 m***
Im Oligozän, vor ungefähr 30 Millionen Jahren, spalteten sich die Zahnwale in eine Reihe von Gruppen auf. *Eurhinodelphis* war ein typischer Vertreter der Langschnabeldelphine. Verglichen mit den ersten Zahnwalen waren die Ohren jetzt sehr viel komplexer entwickelt. Es ist daher anzunehmen, daß dieser Wal bereits über die Echoortung der heutigen Zahnwale verfügte.
Die heutigen Formen verwenden einen Ultraschallsonar. Sie geben hochfrequente Klicklaute ab, die von Gegenständen zurückgeworfen werden. Die Tiere analysieren diese Echos mit ihren großen Gehirnen und gewinnen daraus erstaunlich genaue Angaben über Größe, Form, Entfernung, Geschwindigkeit und die potentielle Genießbarkeit der Objekte.
Der Schädel von *Eurhinodelphis* war leicht asymmetrisch wie bei einem modernen Delphin; das heißt, die Strukturen auf der einen Seite unterscheiden sich von denen auf der anderen. Die Gründe dafür mögen im Zusammenhang mit diversen neuerworbenen Eigenschaften stehen – darunter beispielsweise eine verbesserte Navigation und die Fähigkeit, erheblich schnellere Beutetiere zu fangen.
Das auffälligste Merkmal von *Eurhinodelphis* war jedoch die verlängerte Schnauze. Das Tier verwendete sie vielleicht wie der Schwertfisch sein Schwert, das heißt zu seitlichen Schlägen, mit denen die Beute vor dem Zupacken betäubt wird.

Unterordnung Mysticeti

Die *Mysticeti* oder Bartenwale sind aus neuseeländischen marinen Sedimenten bereits aus dem Unteren Oligozän, also aus der Zeit vor ungefähr 35 Millionen Jahren, bekannt. Heute gibt es nur noch acht Gattungen, und die meisten Arten sind stark gefährdet.
Die Bartenwale haben ein einzigartiges Verfahren entwickelt, welches sie dazu befähigt, sich von kleinen garnelenartigen Tieren im Plankton (Krill) zu ernähren. In ihren Kiefern stehen statt der Zähne sogenannte Barten – Platten aus einer faserigen, hornigen Substanz, die zu beiden Seiten vom Oberkiefer herabhängen. Sie bilden ein riesenhaftes, natürliches Sieb, mit dessen Hilfe der Wal große Mengen von Planktonorganismen aus dem Wasser seiht.
Die Evolution der Bartenwale wurde möglicherweise von der allgemeinen Abkühlung der Südozeane während des Unteren Oligozäns ausgelöst, die zu einem verstärkten Wachstum mikroskopisch kleiner Lebewesen im Plankton führte und mittelbar auch jene Tiere vermehrte, die sich vom Plankton ernähren.

Name: **Cetotherium**
Zeitliche Verbreitung: ***Mittleres bis Oberes Miozän***
Geographische Verbreitung: ***Europa (Belgien und UdSSR)***
Länge: ***4 m***
Cetotherium gehörte zu einer frühen Bartenwalfamilie, die im Oberen Oligozän entstanden war und ihren Höhepunkt im Miozän, vor ungefähr 15 Millionen Jahren, erreichte. Die Tiere sahen dem heutigen Grauwal aus dem Nordpazifik sehr ähnlich, erreichten aber nur ein Drittel seiner Länge.
Die Barten waren wahrscheinlich noch recht kurz. Da Hornstrukturen wie Haare nur in den seltensten Fällen fossil erhalten bleiben, ist die Frage allerdings noch nicht endgültig geklärt. Immerhin zeigen die Schädel noch die Abdrücke von Blutgefäßen, welche die Barten einst mit Nährstoffen versorgten.
Cetotherium und verwandten Arten wurde wahrscheinlich von einem großen Weißhai der Gattung *Carcharodon* nachgestellt.

Frühe Huftierverwandte

CORYPHODON
STYLINODON
TROGOSUS
ARSINOITHERIUM
KVABEBIHYRAX

Frühe Huftierverwandte

Die meisten *Ungulata* oder Huftiere sind große Pflanzenfresser, die entweder Blätter abweiden oder Grasbüschel abäsen. Die frühen Formen lebten von Blättern, Schößlingen und Wurzeln; einige entwikkelten sich auch zu Aasfressern.
In späterer Zeit entstanden aus diesen frühen Huftieren spezialisierte Pflanzenfresser wie die Pferde, Rinder und Hirsche (s. S. 254–281). Im Miozän entwickelten sie ihre dominante Stellung, verließen den Wald und breiteten sich über die Grasgebiete aus, die in jener Zeit gerade im Entstehen begriffen waren.

Ordnung Arctocyonia
Die äußerst erfolgreiche, arten- und individuenreiche Ordnung *Arctocyonia* bestand überwiegend aus kleinen Säugern, die kaum größer wurden als ein heutiger Haushund. Sie hatten lange, flache Schädel und ein vollständiges Gebiß aus ziemlich gleichförmigen Zähnen, die sich eher zum Zerreiben als zum Zerbeißen der Nahrung eigneten.

Familie Arctocyonidae
Die älteste und primitivste Familie der Ordnung steht möglicherweise den Vorfahren der späteren Huftiere nahe. Die Arctocyoniden hatten ziemlich kurze Gliedmaßen, waren eher gedrungen gebaut und ungefähr so groß wie Kleinbären.

Name: ***Chriacus***
Zeitliche Verbreitung: ***Unteres Paläozän bis Unteres Eozän***
Geographische Verbreitung: ***Nordamerika (Wyoming)***
Länge: ***1 m***
Dieses agile Klettertier durchstreifte die tropischen Wälder des nordamerikanischen Alttertiärs und machte mit dem Geruchssinn Insekten, andere Kleintiere und Früchte ausfindig. Die Gliedmaßen waren kräftig gebaut und sehr gelenkig; der Schwanz konnte bestimmte Greiffunktionen ausüben.
Chriacus war ein Sohlengänger, das heißt, beim Gehen berührte der gesamte Fuß den Boden. Die Füße waren zudem mit langen Krallen versehen. Mit den Vorderbeinen konnte das Tier vermutlich auch graben, während die Hinterbeine eindeutig für einen Kletterer sprechen.

Familie Mesonychidae
Als pflanzenfressende Säuger (mit Ausnahme der Multituberculaten) zu Beginn des Paläozäns ihre erste Blütezeit erfuhren, gab es keine Räuber, die sich von ihnen hätten ernähren können. Im Mittleren Paläozän jedoch, vor ungefähr 60 Millionen Jahren, war eine neue Ordnung entstanden, die *Acreodi*. Zu ihnen zählen die Mesonychiden – wolf-, hyänen- oder bärenähnliche Allesfresser, welche die neue Nahrungsquelle nutzen konnten. Viele Arten waren etwa fuchsgroß, doch gab es unter den Mesonychiden auch Riesen wie *Andrewsarchus*.
Die Mesonychiden erreichten im Unteren Oligozän, vor ungefähr 35 Millionen Jahren, den Höhepunkt ihrer Entwicklung. Nach ihnen wurden die Creodonten und später die echten Raubtiere zu den dominierenden Fleischfressern.
Ähnlichkeiten in der Knochenstruktur der Schädelbasis und in den Zähnen deuten darauf hin, daß aus den Mesonychiden die Wale und Delphine entstanden sein könnten (s. S. 230–233) – trotz völlig unterschiedlicher Lebensräume und Lebensweisen.

Name: ***Andrewsarchus***
Zeitliche Verbreitung: ***Oberes Eozän***
Geographische Verbreitung: ***Asien (Mongolei)***
Länge: ***4 m***
Mit seinem riesenhaften Schädel von fast 1 m Länge war *Andrewsarchus* das größte fleischfressende Säugetier des Festlands. Die Zähne waren sehr groß und an das Zerreißen und Zerreiben von Nahrung angepaßt.
Über die Lebensweise von *Andrewsarchus* wissen wir noch sehr wenig, da vollständige Skelette nie gefunden wurden. Vergleiche mit verwandten Formen deuten darauf hin, daß es sich nicht um einen aktiven Jäger, sondern um einen Aasfresser gehandelt haben dürfte.

Familie Coryphodontidae
Die Coryphodonten gehören zur Ordnung der *Pantodonta*. Sie lebten im Paläozän und im Eozän, also in der Zeitspanne, die vor 60 Millionen Jahren begann und vor 40 Millionen Jahren zu Ende ging. In Asien starben einige wenige Pantodonten erst im Unteren Oligozän, vor ungefähr 35 Millionen Jahren, aus. Einige Formen waren nur ratten-, andere nashorngroß. Die Tiere lebten »semiaquatisch«, das heißt teils im Wasser und teils auf dem Land. Sie ernährten sich von pflanzlicher Kost.

Name: ***Coryphodon***
Zeitliche Verbreitung: ***Oberes Paläozän bis Mittleres Eozän***
Geographische Verbreitung: ***Weit verbreitet in Nordamerika, Europa und Ostasien***
Länge: ***2,25 m***
Coryphodon war ein großes Tier, dessen Eckzähne denen eines Nilpferds ähnelten. Beim Männchen waren sie besonders kräftig entwickelt. Und wie das Nilpferd lebte *Coryphodon* wahrscheinlich in Sümpfen, wo es mit seinen Hauern Pflanzen ausgrub.
Die Oberarm- beziehungsweise Oberschenkelknochen waren länger als die von Unterarm und Unterschenkel. Dies verlieh ihnen die zum Tragen des schweren Körpers erforderliche Stärke.
Das Gehirn von *Coryphodon* war sehr klein: Bei einem Körpergewicht von insgesamt zirka 500 kg wog es nur 90 g. Damit war es, relativ gesehen, möglicherweise das kleinste Säugerhirn überhaupt.

Ordnung Dinocerata
Der Name *Dinocerata* bedeutet »schreckliche Hörner« und bezieht sich auf die drei paarigen Knochenfortsätze auf dem Schädel dieser Tiere. Zumindest die Männchen besaßen auch ein Paar dolchähnlich hervorragende obere Eckzähne.
Die Dinoceraten waren große, nashornähnliche Tiere aus dem Oberen Paläozän und dem Eozän Nordamerikas und Asiens. Über ihre Lebensweise ist bis heute kaum etwas bekannt.

Familie Uintatheriidae
Mit Ausnahme einer mongolischen Gattung, die über keinerlei Schädelfortsätze oder dolchähnliche Eckzähne verfügte, gehören alle Arten der Ordnung *Dinocerata* in diese Familie.
Die Uintatherien waren die größten Landsäuger ihrer Zeit. Massive Knochen, schwere Gliedmaßen und breite Füße zeichneten sie aus. Ihre Gehirne waren allerdings sehr klein – im Verhältnis zum Körpergewicht oft nicht größer als bei vielen Dinosauriern. Die Uintatherien starben im Oligozän, vor ungefähr 35 Millionen Jahren, aus. In die ökologische Nische der großen Pflanzenfresser drangen danach die Brontotheriiden vor (s. S. 258–260).

Name: ***Eobasileus***
Zeitliche Verbreitung: ***Oberes Eozän***
Geographische Verbreitung: ***Nordamerika (Wyoming)***
Länge: ***3 m, Schulterhöhe 1,5 m***
Der groteske *Eobasileus* sah aus wie ein Rhinozeros mit einem Paar dolchähnlicher Eckzähne im Oberkiefer und knöchernen Fortsätzen auf dem Kopf. Diese »Hörner« waren stumpf und wahrscheinlich von Fell oder Haut bedeckt. Wahrscheinlich trug nur das vorderste Hornpaar wie bei den Nashörnern eine Hornscheide aus miteinander verfilzten Haaren (s. S. 262–265). Vielleicht gingen die Männchen bei Rangordnungskämpfen mit gesenkten Köpfen aufeinander los.
Die Schneidezähne im Unterkiefer waren sehr klein; im Oberkiefer fehlten sie ganz. Man kann daraus schließen, daß Zunge und Eckzähne die bei der Futtersuche wichtigsten Organe waren.

Familie Esthonychidae
Die Esthonychiden stellen die einzige Familie der Ordnung *Tillodontia* dar. Sie waren im Paläozän und im Eozän über Nordamerika, Ostasien und Europa verbreitet. Die *Tillodontia* waren möglicherweise mit den *Pantodontia* oder den *Arctocyonidae* verwandt, doch ist weder über ihre Stammesgeschichte noch über ihre Lebensweise viel bekannt.

Name: ***Trogosus***
Zeitliche Verbreitung: ***Unteres bis Mittleres Eozän***
Geographische Verbreitung: ***Nordamerika (Wyoming)***
Länge: ***1,2 m***
Von weitem gesehen erinnerten der plumpe Rumpf, der kurze Kopf und die flachen Füße dieses großen Tiers an einen Bären. Wenn es jedoch sein Maul öffnete, kamen meißelartige Schneidezähne zum Vorschein, die *Trogosus* eher wie eine riesige Ratte erscheinen ließen. Die das ganze Leben über kontinuierlich nachwachsenden Schneidezähne entsprachen denen der Nager. Die Vorderfläche war mit Schmelz überzogen. Die Kauflächen der rückwärtigen Zähne waren bei allen Funden abgenutzt, was darauf hindeutet, daß *Trogosus* hartes oder sehr zähes Pflanzenmaterial fraß – vielleicht Wurzeln und Knollen, die es mit seinen Krallen aus der Erde grub.

Familie Stylinodontidae
Die Stylinodontiden bilden die einzige Familie der Ordnung *Taeniodonta*. Ihre Evolution vollzog sich schneller als bei allen anderen bisher bekannten Säugergruppen. Die ratten- bis bärengroßen Tiere entstanden im Paläozän und spezialisierten sich auf eine grabende Lebensweise.

Name: ***Stylinodon***
Zeitliche Verbreitung: ***Unteres bis Oberes Eozän***
Geographische Verbreitung: ***Nordamerika (Wyoming, Colorado und Utah)***
Länge: ***1,3 m***
Mit den kurzen, kräftigen vorderen Grabbeinen und den mächtigen Krallen war *Stylinodon* ungefähr so groß wie ein Bär, hatte den Körper eines Erdferkels und den Kopf eines Schweins. Die Schneidezähne waren verlorengegangen; dafür hatten sich die Eckzähne zu kräftigen, wurzellosen Meißelzähnen umgewandelt. Die zapfenartigen Backenzähne trugen auf der Oberseite ein schmales Band aus Schmelz (*Taeniodonta* bedeutet eigentlich »Bandzähner«) und wuchsen während des ganzen Lebens nach, was vermuten läßt, daß *Stylinodon* vornehmlich harte Pflanzenteile wie Wurzeln und Knollen fraß.

Ordnung Hyracoidea
Diese Ordnung pflanzenfressender Säuger war im Unteren Oligozän, vor ungefähr 35 Millionen Jahren, sehr arten- und individuenreich vertreten. Sie war im Eozän entstanden und hatte sich dann an zahlreiche ökologische Nischen angepaßt. Einige Hyracoideen sahen wie Tapire aus, andere waren Pferden ähnlich, und wiederum andere ähnelten Kaninchen, darunter auch die heute noch existierenden Schliefer. Einige Formen wurden so groß wie Hausschweine, die meisten jedoch blieben deutlich kleiner. Der Niedergang der *Hyracoidea* erfolgte offensichtlich parallel zum Aufstieg der großen Weidetiere. Heute leben in Afrika und in Teilen des Mittleren Ostens nur noch sieben Arten, die unter der Bezeichnung »Schliefer« oder »Klippschliefer« bekannt sind.

Familie Pliohyracidae
Man stellt alle ausgestorbenen Formen des Alttertiärs in diese Familie. Die späteren fossilen Vertreter und alle heutigen Arten zählen zu den *Procaviidae*.

Name: ***Kvabebihyrax***
Zeitliche Verbreitung: ***Oberes Pliozän***
Geographische Verbreitung: ***Europa (Kaukasus)***
Länge: ***1,6 m***
Den entscheidenden Unterschied zwischen den fossilen und den heutigen Schliefern kann man bei *Kvabebihyrax* erkennen. Mit seinem gedrungenen Körper und den kleinen Augen hoch oben am Schädel sah *Kvabebihyrax* eher wie ein kleines Nilpferd denn wie ein Schliefer aus. Die Schnauze war kurz und mit einem Paar auffallend großer, nach unten gerichteter Schneidezähne versehen.

Familie Arsinoitheriidae
Die nashornähnlichen Arsinoitheriiden bilden die einzige Familie der Ordnung *Embrithopoda*. Diese Tiere lassen sich in die Stammesgeschichte der Säuger, soweit sie uns bisher bekannt ist, kaum einordnen. Wir kennen keine Arten, die man als ihre Vorläufer ansprechen könnte. Ebensowenig scheinen sie Nachfahren zu haben. Vielleicht besteht eine entfernte Verwandtschaft mit den Elefanten (s. S. 238–245), den Schliefern (s. o.) oder sogar mit den Seekühen (s. S. 228–229).

Name: ***Arsinoitherium***
Zeitliche Verbreitung: ***Unteres Oligozän***
Geographische Verbreitung: ***Afrika (Ägypten)***
Länge: ***3,5 m, Schulterhöhe 1,8 m***
Die charakteristischen Merkmale von *Arsinoitherium* waren die beiden massiven konischen Schädelhöcker, die an der Basis miteinander verwachsen waren. Allerdings ähnelte *Arsinoitherium* einem Nashorn nur äußerlich. Die Hörner waren hohl, und Abdrücke von Blutgefäßen auf ihrer Oberfläche deuten darauf hin, daß sie von Haut überzogen waren, zumindest bei Jungtieren. Hinter den Hörnern standen zudem zwei kleinere, knotenartige Auswüchse, die an die Knochenzapfen heutiger Giraffen erinnern.
Arsinoitherium verfügte über den vollständigen Satz von 44 nichtspezialisierten Zähnen, angefangen von den Schneidezähnen bis hin zu den Molaren. Offensichtlich handelte es sich um einen Pflanzenfresser, der in Auwäldern lebte. Die hochkronigen Backenzähne lassen vermuten, daß das Tier auch zähere Pflanzenteile fressen konnte.

Frühe Elefanten und Mastodons

DEINOTHERIUM

ANANCUS

CUVIERONIUS

Frühe Elefanten und Mastodons

Ordnung Proboscidea
Der Afrikanische und der Asiatische Elefant sind die beiden einzigen überlebenden Arten der Rüsseltiere, einer Gruppe, die einst weit verbreitet und sehr vielgestaltig war.
Die Rüsseltiere entstanden vermutlich während des Eozäns in Nordindien aus primitiven Huftieren, auf die auch die heutigen Schliefer (s. S. 237) und die wasserbewohnenden Seekühe (s. S. 226–229) zurückgehen. Die Rüsseltiere waren anfangs nicht mehr als schweinegroß und hatten noch keine Stoßzähne. Im Pliozän, ungefähr 50 Millionen Jahre später, waren aus ihnen wahre Riesen geworden, die sich mit Ausnahme von Australien und Antarctica über alle Kontinente verbreitet hatten.
Im Verlauf der Evolution nahm also die Körpergröße zu. Es entstanden die langen, säulenartigen Beine, um das immense Körpergewicht zu tragen; der Rüssel bildete sich und wurde immer länger, der Kopf wurde breiter und der Hals kürzer. Das Gebiß reduzierte sich mit Ausnahme des einen oder der beiden Stoßzahnpaare auf einige flache Molaren. Rüssel und Stoßzähne waren ursprünglich Anpassungen an die Futtersuche. Mit ihrer Hilfe konnten die kurzhalsigen Tiere pflanzliche Nahrung vom Boden heben oder aus den Baumkronen pflücken. Natürlich spielten beide Strukturen auch beim Imponier- und Balzverhalten eine Rolle.
Im Pleistozän, vor ungefähr 2 Millionen Jahren, erlebten die Mammuts und die Mastodons auf der Nordhalbkugel ihre Blütezeit. Als aber das Eis vorrückte, kam es zu einem Massenaussterben. In Sibirien fand man im Eis eingefrorene Exemplare, deren Fleisch und Fell vollkommen erhalten geblieben war. Die *Elephantidae*, die einzige überlebende Familie, waren währenddessen in wärmeren, südlicher gelegenen Klimazonen einer schnellen Evolution unterworfen. Es sind vier Unterordnungen der Rüsseltiere bekannt.

Unterordnung Moeritherioidea
Der Name *Moeritherium* leitet sich von »Moeris« ab, der altgriechischen Bezeichnung für jenen See in der ägyptischen Provinz Fayum, in dessen Nähe die entsprechenden Fossilien gefunden wurden. Im Eozän und im Oligozän stellte dieses Gebiet eine fruchtbare, bewaldete Küstenebene dar.

NAME: ***Moeritherium***
ZEITLICHE VERBREITUNG: ***Oberes Eozän bis Unteres Oligozän***
GEOGRAPHISCHE VERBREITUNG: ***Afrika (Ägypten, Mali und Senegal)***
HÖHE: ***60 cm***
Das schweinegroße, niedrig gebaute Tier ähnelte eher einem Tapir oder einem Zwergflußpferd als einem Elefanten. Die Nasenlöcher befanden sich vorne am Schädel, woraus sich schließen läßt, daß das Tier noch nicht über einen Rüssel verfügte. Vielleicht besaß es dafür eine breite, dicke Oberlippe, mit deren Hilfe es in der Sumpfvegetation herumwühlen konnte.
Moeritherium wog ungefähr 200 kg. Wahrscheinlich lebte es teilweise im Wasser wie die heutigen Flußpferde. Wie bei diesen standen Augen und Ohren weit oben am Kopf, so daß das Tier selbst dann noch die Wasseroberfläche überblicken konnte, wenn der Körper zum allergrößten Teil mit Wasser bedeckt war. Einige Merkmale weisen indessen unzweideutig auf die Entwicklung einer elefantentypischen Anatomie hin: Der Schädel war lang und flach und bot im hinteren Teil große Ansatzflächen für die starke Halsmuskulatur. Der Unterkiefer war ziemlich tief, das Gebiß noch recht primitiv und fast vollständig; allerdings fehlten die unteren Eckzähne. Zwei Schneidezähne waren bereits stoßzahnartig ausgebildet.
Obwohl *Moeritherium* zahlreiche primitive Merkmale aufwies, war es vermutlich nicht der direkte Ahne der späteren Rüsseltiere. Die Gattung lebte bis ins Oligozän hinein, wo es bereits mehrere höher entwickelte Elefantenformen gab.

Unterordnung Deinotherioidea
Die Deinotherien waren sehr große Elefanten mit abwärts gebogenen Unterkieferstoßzähnen. Sie entstanden wahrscheinlich im Unteren Miozän in Afrika, breiteten sich dann aber bald über Mittel- und Südeuropa sowie Südasien aus.
Die Deinotherien überlebten fast unverändert das Pliozän, zogen sich schließlich aber nach Afrika zurück und starben vor ungefähr 2 Millionen Jahren endgültig aus.

NAME: ***Deinotherium***
ZEITLICHE VERBREITUNG: ***Miozän bis Pleistozän***
GEOGRAPHISCHE VERBREITUNG: ***Europa (Deutschland und Böhmen), Asien (Indien) und Afrika (Kenia)***
HÖHE: ***4 m***
Das bemerkenswerteste Kennzeichen dieses Elefanten waren die Stoßzähne, deren Funktion bis heute umstritten ist. Der Oberkiefer trug keine Stoßzähne, während die des Unterkiefers rechtwinklig nach unten gebogen waren. Ihre Form erschien in den zwanziger Jahren des 19. Jahrhunderts den Forschern so unwahrscheinlich, daß sie bei den ersten Rekonstruktionen von *Deinotherium* den Unterkiefer andersherum montierten. *Deinotherium* schälte mit seinen Stoßzähnen möglicherweise Bäume oder grub

Knollen aus. Es überlebte fast unverändert 20 Millionen Jahre und war damit ein sehr erfolgreiches Tier.

Unterordnung Elephantoidea
Diese Unterordnung enthält drei Familien: zwei *Mastodon*-Familien (*Gomphotheriidae* und *Mammutidae*) sowie die *Elephantidae*, welche die Mammuts und die echten Elefanten umfassen.
Die Gomphotheriiden sind die primitivere der beiden *Mastodon*-Familien. Sie traten erstmals im Unteren Oligozän, vor ungefähr 35 Millionen Jahren, auf.
Ober- und Unterkiefer waren bei diesen frühen Formen ziemlich lang. Höher entwickelte Formen zeigten entweder eine Verkürzung des Oberkiefers und eine extreme Verlängerung des Unterkiefers in schaufelartige Stoßzähne – oder aber eine starke Verkürzung des Unterkiefers, die dazu führte, daß die Tiere unseren heutigen Elefanten ähnlich sahen.
Die Gomphotheriiden waren die dominierenden Großsäuger des Miozäns. Je nach Region und Epoche gab es unterschiedliche Arten, was im Einzelfall die Bestimmung sehr erschwert. Von Afrika aus breiteten sich die Tiere während des Unteren Miozäns nach Südeuropa und über den indischen Subkontinent aus und erreichten im Mittleren Miozän, vor ungefähr 15 Millionen Jahren, auch Nordamerika. Erst kurz vor ihrem Aussterben im Pleistozän, also vor ungefähr 2 Millionen Jahren, gelangten sie nach Südamerika. Vor ungefähr 5 Millionen Jahren begannen die Elefanten die Gomphotheriiden graduell zu ersetzen.

NAME: ***Phiomia***
ZEITLICHE VERBREITUNG: ***Unteres Oligozän***
GEOGRAPHISCHE VERBREITUNG: ***Afrika (Ägypten)***
HÖHE: ***2,5 m***
Phiomia entwickelte sich parallel zu ihrem kleineren entfernten Verwandten *Moeritherium*. Wahrscheinlich konkurrierten beide Arten aber nicht um dieselbe Nahrung. *Phiomia* war vermutlich Waldbewohner, während *Moeritherium* das Leben in Sumpfgebieten vorzog. Der Name *Moeritherium* bedeutet »Lebewesen der Seeprovinz« und bezieht sich auf den Fundort der Fossilien in der ägyptischen Region Fayum.
Die Ober- und Unterkiefer waren auffallend lang. Die flachen Stoßzähne des Unterkiefers bildeten einen spachtelartigen Fortsatz, der den Tieren bei der Futtersuche sehr hilfreich war. Wahrscheinlich bildete die Oberlippe einen kleinen Rüssel, der mit dem merkwürdig geformten Unterkiefer zusammenarbeitete. Kürzere Stoßzähne der Oberkiefer dienten vielleicht als Verteidigungswaffen.

NAME: ***Gomphotherium***
ZEITLICHE VERBREITUNG: ***Unteres Miozän bis Unteres Pliozän***
GEOGRAPHISCHE VERBREITUNG: ***Europa (Frankreich), Afrika (Kenia), Asien (Pakistan) und Nordamerika (Nebraska)***
HÖHE: ***3 m***
Von dieser Mastodonart mit den vier Stoßzähnen wurden auf vier Kontinenten fossile Reste gefunden. Daher wurde sie auch mit einer Reihe unterschiedlicher Gattungsnamen belegt, darunter *Trilophodon* und *Tetrabelodon*.
Der Unterkiefer mit den parallelen, aufwärts gebogenen Stoßzähnen war sehr lang und diente vermutlich im Verbund mit dem ungefähr gleich langen Rüssel dem Nahrungserwerb.
Die Anzahl der Zähne wurde nach und nach reduziert. Die übriggebliebenen wiesen eine Reihe von Querjochen oder -höckern zur Vergrößerung der Reibfläche auf. Da die Tiere wegen ihrer gewaltigen Größe riesige Mengen an Pflanzennahrung aufzunehmen gezwungen waren, war ein entsprechend leistungsfähiges Gebiß unerläßlich.
Die meisten Arten der Gattung *Gomphotherium* fraßen Blätter von Büschen und Bäumen. Es gab allerdings auch eine in Sümpfen lebende Art, die sich von Wasserpflanzen ernährte.

NAME: ***Amebelodon***
ZEITLICHE VERBREITUNG: ***Oberes Miozän***
GEOGRAPHISCHE VERBREITUNG: ***Nordamerika (Colorado, Nebraska)***
LÄNGE: ***3 m***
Amebelodon war ein typischer großer »Schaufelzähner« aus der Familie der Gomphotheriiden, die im Oberen Miozän die nordamerikanischen Prärien durchstreiften. Vor ungefähr 10 Millionen Jahren begannen dort die Wälder zurückzuweichen und wurden durch ausgedehnte, ziemlich trockene Grasfluren ersetzt. Schnelle Huftiere wie die Pferde fanden hier ideale Lebensräume (s. S. 254–257). Entlang der zahlreichen Flüsse, die die Ebenen durchzogen, gab es auch noch große Feuchtgebiete, in denen eine üppige Wasserpflanzenflora gedieh. In dieser ökologischen Nische konnte *Amebelodon* sich entwickeln.
In Gestalt und Aussehen ähnelte *Amebelodon* den heutigen Elefanten, obgleich der Bau des Schädels und der Stoßzähne recht unterschiedlich waren. Die flachen Stoßzähne der verlängerten Unterkiefer lagen nebeneinander und bildeten zusammen eine über 1 m lange Schaufel, die in einer gemeinsamen Schneide endete.
Amebelodon zwängte die Wasserpflanzen, von denen es sich ernährte, zwischen Rüssel und Stoßzähne ein und riß sie aus dem Bodenschlamm der Gewässer. Mit dem Rüssel stopfte es sich dann das Futter ins Maul.

NAME: ***Platybelodon***
ZEITLICHE VERBREITUNG: ***Oberes Miozän***
GEOGRAPHISCHE VERBREITUNG: ***Europa (Kaukasus), Asien (Mongolei) und Afrika (Kenia)***
HÖHE: ***3 m***
Platybelodon war ein weiterer »Schaufelzähner«. Das Tier sah *Amebelodon* ähnlich, bewohnte allerdings Europa und Asien. Die Unterkieferstoßzähne waren kürzer und breiter und trugen beiderseits Einbuchtungen, die für die Stoßzähne des Oberkiefers Platz schufen.
Die Lebensweise von *Platybelodon* entsprach anscheinend der von *Amebelodon*: Das Tier hielt sich vorwiegend in flachen Gewässern auf und ernährte sich von Wasserpflanzen.
Die Tatsache, daß zur gleichen Zeit in Eurasien und Nordamerika verwandte Rüsseltiertypen lebten, deutet auf einen Austausch zwischen den beiden Kontinenten hin – über eine Landbrücke in Höhe der heutigen Beringsee.
Die »Schaufelzähner« zeigen eine extreme Spezialisierung an eine ganz bestimmte Ernährungsweise. Wie auch andere hochspezialisierte Tiere waren sie extrem empfindlich gegenüber Umweltveränderungen, so daß ihnen keine sehr lange Lebensspanne beschieden war.

NAME: ***Anancus***
ZEITLICHE VERBREITUNG: ***Oberes Miozän bis Unteres Pleistozän***
GEOGRAPHISCHE VERBREITUNG: ***Weit verbreitet in Europa und Asien***
HÖHE: ***3 m***
Mit seinem kurzen Unterkiefer und dem langen Greifrüssel sah *Anancus* wie ein heutiger Elefant aus. Die Beine waren allerdings kürzer und die Stoßzähne extrem verlängert. Die Unterkieferstoßzähne waren nahezu horizontal nach vorne gerichtet und 3 bis 4 m lang, also fast halb so lang wie das gesamte Tier.
Anancus war offenbar an das Waldleben angepaßt. Es fraß Baumblätter, soweit es sie erreichen konnte, und wühlte aus der Streuschicht des Bodens Knollen und Wurzeln aus. Als Grasland die Wälder mehr und mehr verdrängte, starb *Anancus* aus.

NAME: ***Cuvieronius***
ZEITLICHE VERBREITUNG: ***Pliozän bis Jetztzeit***
GEOGRAPHISCHE VERBREITUNG: ***Nordamerika (Arizona, Florida) und Südamerika (Argentinien)***
HÖHE: ***2,7 m***
Cuvieronius, ein verhältnismäßig kleiner Vertreter der Gomphotheriiden, wurde nach dem großen vergleichenden Anatomen und Begründer der Paläontologie, Baron George Cuvier (1769–1832), benannt. Das auffälligste Merkmal von *Cuvieronius* waren die Stoßzähne, die spiralig verdreht waren wie die eines Narwals.
Normalerweise assoziieren wir den südamerikanischen Kontinent nicht mit Elefanten. Fossile Reste von *Cuvieronius* wurden jedoch in gebirgigen Gegenden Nord- *und* Südamerikas gefunden. Auch das Synonym *Cordillerion* nimmt darauf Bezug.
Cuvieronius entstand gegen Ende des Miozäns im westlichen Nordamerika und wanderte während des Pleistozäns, also vor rund 2 Millionen Jahren, nach Südamerika ein. Es breitete sich von den Grasgebieten der Pampas im Osten bis in die Anden aus und erreichte im Süden das heutige Argentinien. *Cuvieronius* wurde durch Bejagung ausgerottet – und zwar wahrscheinlich erst um 400 n. Chr.

Mastodons, Mammuts und moderne Elefanten

MAMMUTHUS TROGONTHERII

MAMMUTHUS MERIDIONALIS

MAMMUTHUS PRIMIGENIUS

MAMMUTHUS COLUMBI

Mastodons, Mammuts und moderne Elefanten

Name: ***Stegomastodon***
Zeitliche Verbreitung: ***Oberes Pliozän bis Pleistozän***
Geographische Verbreitung: ***Nordamerika (Nebraska) und Südamerika (Venezuela)***
Höhe: **2,7 m**
Stegomastodon muß wie eine kürzere, gedrungenere Version des modernen Elefanten ausgesehen haben: Der Unterkiefer war kurz und trug keine Stoßzähne, die oberen Stoßzähne waren aufwärts gekrümmt. Die Backenzähne von *Stegomastodon* waren komplizierter aufgebaut als die seiner Vorfahren. Die Schmelzleisten sorgten für eine leistungsfähige Reibefläche; es ist daher denkbar, daß *Stegomastodon* bereits Gras fraß.
Stegomastodon war eines der wenigen Rüsseltiere, die nach Südamerika gelangten. Nach Entstehung der mittelamerikanischen Landbrücke war das Tier vor ungefähr 3 Millionen Jahren dort eingewandert. Während des Pleistozäns entstand und verschwand diese Landbrücke mehrfach, bevor sie ihre heutige Gestalt annahm. Jedesmal wenn Gebirgsfaltungen oder Vulkanketten für eine Verbindung sorgten, war der Weg frei für eine neue Einwanderungswelle.
Stegomastodon starb in Nordamerika vor ungefähr einer Million Jahren aus, überlebte aber in Venezuela bis in die Zeit der frühesten Menschen.

Familie Mammutidae
Trotz des lateinischen Namens umfaßt diese Familie nicht Mammuts, sondern Mastodons. Die Backenzähne waren gekennzeichnet durch niedrige Höcker mit abgeflachten Seiten, die sich zu durch »Täler« getrennten Querjochen vereinigten. Die Gomphotheriidenzähne dagegen hatten erheblich komplizierter gebaute Höcker, zu denen auch noch eine Vielzahl kleinerer Höcker in den »Tälern« kam.

Name: ***Mammut***
Zeitliche Verbreitung: ***Oberes Miozän bis Oberes Pleistozän***
Geographische Verbreitung: ***Nordamerika (Alaska, New York, Missouri)***
Höhe: **3 m**
Das amerikanische Mastodon *(Mammut americanum)* war eines der häufigsten nordamerikanischen Rüsseltiere. Wie das Wollmammut (s. S. 245) besiedelte es kalte Klimabereiche und war daher mit einem dicken, zottigen Fell bedeckt. Zusammen mit den Skeletten sind auch einige behaarte Hautreste erhalten geblieben. Fossilien von *Mammut americanum* wurden in Alaska ebenso gefunden wie im südlichen Florida.
Der Kopf war ziemlich lang und flach und trug ein Paar massive, aufwärts gekrümmte Stoßzähne. Das amerikanische Mastodon äste herdenweise in Nadelholzwäldern. Zur gleichen Zeit gab es auch bereits Menschen, doch fehlt bisher der archäologische Hinweis für eine direkte Assoziation zwischen *Mastodon* und Mensch. Wie das Wollhaarmammut starb auch das amerikanische Mastodon erst vor ungefähr 10000 Jahren aus.
Andere Mastodons sind aus Afrika, Europa und Asien bekannt, doch besaßen sie eine nackte Haut.

Familie Elephantidae
Zu dieser Familie gehören auch die beiden heute noch existierenden Elefantenarten. Die *Elephantidae* unterscheiden sich von ihren früheren Verwandten, den Mastodons, hauptsächlich durch die Form der Zähne. Die echten Elefanten verloren die Stoßzähne des Unterkiefers, was zu einer Veränderung der Kautechnik führte. Die Mastodons zerrieben ihre Nahrung mit einer komplizierten Drehbewegung, während die Elefanten das Futter zerschneiden. Auch die Zähne selbst waren von der Veränderung betroffen und entwickelten komplizierte, schmelzüberzogene Oberflächen. Bei vielen Arten trugen Ober- und Unterkiefer beidseitig nur noch einen einzigen Zahn, von denen jeder jeweils bis zu 20 Querjoche aus Schmelz aufwies. Diese waren mit weicherem Zahnbein ausgefüllt und untereinander durch dünne Bänder aus Zahnzement getrennt. Die Oberseite bildete somit eine fast ebene Fläche, die aus sehr hartem Phosphat bestand und den Abrieb durch silikathaltige Gräser verlangsamte. Erst der gänzlich abgeschliffene Zahn wurde durch einen neuen ersetzt.
Eine Reihe von *Elephantidae*-Arten überlebte das Ende der Eiszeit, starb aber kurz danach aus, möglicherweise weil der Mensch ihnen zu sehr nachstellte. Zu den ausgestorbenen Arten gehören der Eurasische Waldelefant *(Elephas antiquus)*, Zwergformen wie der auf Mittelmeerinseln beheimatete *Elephas falconeri* sowie die Mammuts *Mammuthus primigenius* und *Mammuthus jeffersoni*. Das amerikanische Mastodon mit dem irreführenden wissenschaftlichen Namen *Mammut americanum* starb ungefähr zur gleichen Zeit aus.
Heute existieren nur noch zwei Arten, der Afrikanische und der Asiatische oder Indische Elefant.

Name: ***Elephas antiquus***
Zeitliche Verbreitung: ***Mittleres bis Oberes Pleistozän***
Geographische Verbreitung: ***Europa***
Höhe: **3,7 m**
Elephas antiquus war ein sehr großer, langbeiniger Elefant mit geraden Stoßzähnen. Seine Knochen treten in Ablagerungen des europäischen Pleistozäns verhältnismäßig häufig auf. Während der Eiszeiten im Pleistozän bedeckten Gletscher große Gebiete der Nordhalbkugel. Während der Zwischeneiszeiten erwärmte sich das Klima aber derart, daß sogar in England subtropische Bedingungen Einzug hielten.
Elephas antiquus war an ein warmes Klima angepaßt und lebte in den dichten, üppigen Wäldern jener Zeit. Die Stoßzähne waren lang und leicht aufwärts gekrümmt. Näherte sich eine Zwischeneiszeit ihrem Ende, und rückten die Gletscher wieder südwärts vor, so wich auch *Elephas antiquus* in südlicher Richtung aus. Im Norden traten dann die an die Kälte angepaßten Mammuts (s. u.) an ihre Stelle.

Name: ***Elephas falconeri***
Zeitliche Verbreitung: ***Oberes Pleistozän***
Geographische Verbreitung: ***Mittelmeerinseln (Zypern, Kreta, Malta, Sizilien, Südkalabrien und einige der kleineren griechischen Inseln)***
Höhe: **90 cm**
Zur Gattung *Elephas* gehört auch der heutige Asiatische oder Indische Elefant *(Elephas maximus)*. Die ersten Angehörigen der Gattung entstanden in Afrika im Unteren Pleistozän, also vor ungefähr 5 Millionen Jahren, und breiteten sich im Laufe der Zeit nach Europa und Asien aus. Dabei entwickelten sich im Mittelmeergebiet einige interessante Zwergformen, bei denen es sich möglicherweise auch nur um Variationen ein und derselben Art handelte.
Elephas falconeri hatte eine Schulterhöhe von weniger als 1 m und lebte auf Mittel-

meerinseln. Seine Vorfahren verließen im Unteren Pleistozän Afrika und breiteten sich bis nach Mitteleuropa sowie ostwärts bis Indien, China und sogar Japan aus.
Aufgrund des während der Eiszeiten niedrigeren Meeresspiegels konnte dieser Elefant auch Malta, Zypern, Kreta und Sardinien erreichen. Wenn die Gletscher in den wärmeren Zwischeneiszeiten abschmolzen, stieg der Meeresspiegel wieder, und die genannten Gebiete wurden zu Inseln. In der Abgeschiedenheit der Insellage entstand die Zwergform *Elephas falconeri*. Ähnliche Zwergelefanten entwickelten sich auch auf den Inseln um Sulawesi (Celebes) in Südostasien.
Die natürliche Auslese begünstigte in der geographischen Isolation Tiere, die mit geringeren Nahrungsmengen auskamen. Dies war ein Grund für die Entstehung von Zwergformen und Zwergarten. Ein modernes Beispiel für eine solche Entwicklung bilden die kleinen Shetland-Ponys der nordschottischen Inseln. Unter den Dinosauriern läßt sich möglicherweise der kleine Ankylosaurier *Struthiosaurus* (s. S. 160) als Beispiel aufführen. Bei sehr kleinen Tieren wie den Nagern machte man allerdings gerade die gegenteilige Erfahrung: Die Nagetiere der Mittelmeerinseln waren oft größer als anderswo. Da dort natürliche Räuber fehlten, bestand nur geringe Veranlassung zur Beibehaltung eines gedrungenen, schlanken Körperbaus, der eine rasche Flucht in kleine Löcher und Felsspalten ermöglichte.

NAME: ***Mammuthus meridionalis***
ZEITLICHE VERBREITUNG: ***Unteres Pleistozän***
GEOGRAPHISCHE VERBREITUNG: ***Europa (Spanien)***
HÖHE: ***bis 4,5 m***
Die Mammuts hatten sich den Bedingungen kühler und kalter Klimazonen angepaßt. Im Unteren Pleistozän erstreckte sich ihr Verbreitungsgebiet von Afrika über Eurasien bis nach Nordamerika.
Mammuthus meridionalis war eine der ersten Mammutarten. Sie entwickelte sich in offenen Waldgebieten Südeuropas, wo vor ungefähr 2 Millionen Jahren ein verhältnismäßig mildes Klima herrschte. Die Vorfahren stammten entweder aus Afrika oder aus weiter östlich gelegenen Teilen der eurasischen Landmasse.
Mammuthus meridionalis ähnelte dem heutigen Asiatischen Elefanten, hatte aber viel längere Stoßzähne. Vielleicht war die Art die Ahnin anderer spezialisierter Mammuts, darunter des Wollhaarmammuts (*Mammuthus primigenius*, s. u.) und des Nordamerikanischen Mammuts (*Mammuthus imperator*).

NAME: ***Mammuthus trogontherii***
ZEITLICHE VERBREITUNG: **Mittleres Pleistozän**
GEOGRAPHISCHE VERBREITUNG: ***Europa (England, Deutschland)***
HÖHE: ***4,5 m***
Mammuthus trogontherii war das Steppenmammut. Es lebte unter erheblich strengeren klimatischen Bedingungen als seine Vorfahren im Mittleren Pleistozän und entwickelte wahrscheinlich als erste Art das typische Fell des Mammuts. Vermutlich lebten die Tiere in Herden zusammen und zogen gemeinsam über die Tundren und Kältesteppen, deren spärliche Vegetation ihre Nahrung bildete.
Mammuthus trogontherii war eine der größten Mammutarten. Die spiralig verdrehten Stoßzähne waren beim Männchen dicker als beim Weibchen und erreichten in Einzelfällen bis 5,2 m Länge.

NAME: ***Mammuthus columbi***
ZEITLICHE VERBREITUNG: ***Oberes Pleistozän***
GEOGRAPHISCHE VERBREITUNG: ***Nordamerika (Carolina, Georgia, Louisiana, Florida)***
HÖHE: ***3,7 m***
Mammuthus columbi war eine jener Mammutarten, die im Oberen Pleistozän während einer milden Klimaphase von Asien nach Nordamerika gewandert waren. Zu jener Zeit war es möglich, trockenen Fußes über die heutige Beringsee zu ziehen, weil jeweils zu Beginn und gegen Ende einer Zwischeneiszeit große Süßwassermengen in Gletschern gebunden waren und der Meeresspiegel entsprechend absank. In der Beringsee pflegte während dieser Epochen eine Reihe von Inseln aus dem Meer zu tauchen. Noch niedriger war der Meeresspiegel auf dem jeweiligen Höhepunkt einer Eiszeit. Dann allerdings herrschten auch extrem niedrige Temperaturen, wodurch größere Wanderungsbewegungen erschwert und das Nahrungsangebot reduziert wurden.
Mammuthus columbi lebte in warmen Grasgebieten im südöstlichen Teil Nordamerikas und erreichte im Süden sogar das heutige Mexiko.
Mammuthus columbi hatte stark einwärts gebogene Stoßzähne und unterschied sich dadurch schon äußerlich von einer zweiten amerikanischen Mammutart, *Mammuthus imperator*, deren lange Stoßzähne in einer gleichförmigen Kurve nach hinten gekrümmt waren. Die Art – oder Unterart – hatte ein mehr westliches Verbreitungsgebiet; man fand ihre Reste unter anderem in den Asphaltgruben von Rancho La Brea bei Los Angeles.

NAME: ***Mammuthus primigenius***
ZEITLICHE VERBREITUNG: ***Oberes Pleistozän***
GEOGRAPHISCHE VERBREITUNG: ***Europa, Asien und Nordamerika***
HÖHE: ***2,7 m***
Das Wollhaarmammut (*Mammuthus primigenius*) gilt bei vielen Menschen als typische Mammutart. Es war verhältnismäßig klein, lebte in der kalten Tundra, und trug ein dickes Fellkleid sowie einen Fetthöcker.
Die Weichteilanatomie und das Aussehen dieses Tieres sind recht gut bekannt, da man im Dauerfrostboden Sibiriens und Alaskas mehrere gut erhaltene Exemplare fand. Wir verfügen zudem über Augenzeugenberichte früher Menschen, die Mammutdarstellungen auf Höhlenwände malten oder in diese einritzten. Berühmt sind vor allem die Höhlenmalereien aus Spanien und Frankreich.
Das Fell des Tiers war schwarz – und nicht rot oder rotbraun wie auf den meisten Rekonstruktionen. Die rote Farbe der erhalten gebliebenen Fellteile geht auf eine postume chemische Reaktion des Haares zurück.
Für den Wärmeschutz sorgten eine Unterwolle aus feinen Haaren sowie eine dicke Fettschicht. Hinter dem kuppelförmigen Kopf befand sich ein Fetthöcker. Er diente offensichtlich während des harten Winters als Nährstoffspeicher.
Kratzspuren auf dem Elfenbein deuten darauf hin, daß das Tier seine charakteristischen Stoßzähne dazu verwendete, Schnee und Eis von der niedrigen Tundrenvegetation zu kratzen, von der sich das Mammut ernährte.
Mammuthus primigenius starb vor ungefähr 10000 Jahren aus. Die allgemeine Erwärmung, die auf das Ende der letzten Eiszeit folgte, reduzierte möglicherweise bereits die Individuenzahl, doch wurde das Ende der Mammuts infolge der intensiven Bejagung durch unsere Vorfahren höchstwahrscheinlich noch beschleunigt.

Südamerikanische Huftiere

ASTRAPOTHERIUM

TRIGONOSTYLOPS

PYROTHERIUM

Südamerikanische Huftiere

Während des Tertiär beherbergte Südamerika eine merkwürdige, einzigartige Säugerfauna – wie in unserer Zeit Australien und vielfach aus denselben Gründen: Nach dem Aufbrechen von Pangaea führten die Kontinentaldrift und der steigende Meeresspiegel dazu, daß Südamerika sich zunächst von Nordamerika und dann auch von Afrika und Antarctica abtrennte. Im Alttertiär, vor rund 50 bis 60 Millionen Jahren, lag zwischen Nord- und Südamerika offenes Meer.
Südamerika besaß zu jener Zeit drei Säugergruppen, an denen die Evolution ansetzen konnte: Beuteltiere (s. S. 202 bis 205), primitive Zahnarme (Ameisenbären, Faultiere und Gürteltiere, s. S. 206 bis 209) sowie einige frühe Huftierformen (s. S. 234–237). Während Nordamerika in der Folgezeit dank seiner Landverbindung mit der Alten Welt alle neuentstandenen Säugergruppen übernahm, gelangten nach Südamerika nur die Nager und die Primaten.
Ungefähr 50 Millionen Jahre lang, vom Paläozän bis zum Pliozän, lebten die südamerikanischen Säuger demnach auf einem Inselkontinent, der keine fleischfressenden Plazentatiere beherbergte. Sie konnten somit zahlreiche ökologische Nischen besetzen, die anderswo von anderen Tieren eingenommen wurden.
Die Tiere, die auf den folgenden Seiten beschrieben werden, gehören zu den *Meridiungulata*, den Südamerikanischen Huftieren oder Südhuftieren. Es handelt sich um die Nachkommen der ersten frühen Huftiere, die sich von Wurzeln und anderer pflanzlicher Kost ernährten.

Ordnung Litopterna
Bei den *Litopterna* handelt es sich mehrheitlich um pferde- und kamelähnliche Tiere. Ihre Zähne sind im allgemeinen einfacher als die der übrigen Huftiere; das Gebiß blieb mehr oder minder vollständig, und die Lücke *(Diastema)* zwischen den vorderen und den hinteren Zähnen war nie besonders stark entwickelt.
Die Beine und Füße ähneln bisweilen erstaunlich denen der Unpaarhufer, zum Beispiel der Pferde, Tapire und Nashörner (s. S. 254–265). Es besteht dieselbe Tendenz zur Längenreduktion von Oberschenkel und Oberarm sowie zur Verlängerung des Unterarms und des Unterschenkels. Die Zehen mit Hufen werden von drei auf eins reduziert, wobei die dritte Zehe das Körpergewicht trägt.
Es gibt jedoch auch Unterschiede: Elle und Speiche sowie Schienbein und Wadenbein verschmolzen nicht miteinander wie zum Beispiel beim Pferd; auch sind die Knochen des Fußgelenks weniger komplex, was im übrigen auch im Ordnungsnamen *Litopterna* (»einfache Ferse«) seinen Ausdruck findet.

Familie Didolodontidae
Es ist noch umstritten, wie diese langlebige Familie einzuordnen ist. Einige Forscher stellen sie zu den frühen Huftieren der Ordnung *Arctocyonia* (s. S. 234 bis 237), andere betrachten sie als den *Litopterna* zugehörig. Am besten faßt man sie wohl als Bindeglied zwischen den beiden genannten Gruppen auf.
Die ältesten Fossilfunde stammen aus dem Paläozän und sind damit rund 60 Millionen Jahre alt, doch sind auch noch Exemplare aus dem Mittleren Miozän mit einem Alter von nur 10 Millionen Jahren bekanntgeworden.

NAME: ***Didolodus***
ZEITLICHE VERBREITUNG: ***Unteres Eozän***
GEOGRAPHISCHE VERBREITUNG: ***Südamerika (Argentinien)***
LÄNGE: ***Möglicherweise 60 cm***
Die Zähne von *Didolodus* waren denen der ersten Huftiere (s. S. 234–237) sehr ähnlich. Man schließt daraus auch auf eine äußerliche Ähnlichkeit mit jenen früheren Lebewesen.
Als Sohlengänger zog *Didolodus* wohl im Unterholz der Wälder umher und ernährte sich von Blättern niedriger Bäume und Büsche. Möglicherweise war die Art (oder eine nahverwandte Form) Vorfahrin der meisten anderen südamerikanischen Huftiere.

Familie Proterotheriidae
Als auf dem südamerikanischen Kontinent offene Graslandschaften die Wälder verdrängten, beschleunigte sich die Evolution leicht gebauter Tiere, die schnell laufen konnten.
Die Proterotheriiden (»erste Tiere«) ähnelten den Pferden und waren vom Oberen Paläozän bis zum Oberen Pliozän vertreten. Sie waren offensichtlich denselben adaptiven Veränderungen wie die frühen Pferde Nordamerikas unterworfen und nahmen bisweilen sogar Entwicklungen vorweg, die sich in anderen Teilen der Welt erst später vollzogen. Daß die Tiere bereits Gras fressen konnten, ist allerdings unwahrscheinlich, da ihr Gebiß nach wie vor die typischen Merkmale blätterfressender Arten zeigte.

NAME: ***Diadiaphorus***
ZEITLICHE VERBREITUNG: ***Unteres Miozän***
GEOGRAPHISCHE VERBREITUNG: ***Südamerika (Argentinien)***
LÄNGE: ***1,2 m***
Das zierliche Tier sah wahrscheinlich einer kurzhalsigen Antilope oder einem Pony sehr ähnlich.
Obwohl die paar Knochen des Unterarms und des Unterschenkels (Elle/Speiche und Schienbein/Wadenbein) nie miteinander verschmolzen wie später bei den echten Pferden, waren die Beine lang und schlank. Das mittlere dritte Zehenglied war sehr groß und trug das gesamte Gewicht des Tieres, während die Seitenzehen verkümmert waren.
Die niederkronigen Zähne hatten mit denen eines Pferdes kaum etwas gemein und lassen vermuten, daß sich *Diadiaphorus* von weichem Pflanzenmaterial wie den Blättern diverser Sträucher und Bäume ernährte, die zu jener Zeit in den Ebenen Patagoniens gediehen.

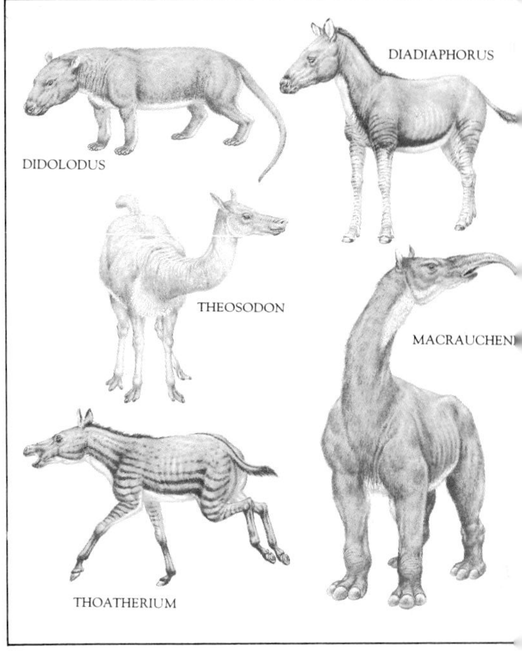

NAME: ***Thoatherium***
ZEITLICHE VERBREITUNG: ***Unteres Miozän***
GEOGRAPHISCHE VERBREITUNG: ***Südamerika (Argentinien)***
LÄNGE: ***70 cm***
Thoatherium ist die kleinste Form der *Litopterna* und glich wahrscheinlich einer kleinen Gazelle. Beine und Füße waren im Vergleich zur Körpergröße sehr lang.
Die paarigen Knochen von Unterschenkel und Unterarm waren zwar reduziert, aber nicht miteinander verschmolzen. Die Reduktion der Seitenzehen, die bei den echten Pferden und bei *Diadiaphorus* zu beobachten ist, erreichte hier das Extrem und war noch stärker ausgeprägt als bei den heutigen Pferden.

Familie Macraucheniidae
Diese merkwürdigen *Litopterna* mit rhinozerosartigen Füßen, langem Hals und einem Rüssel galten früher einmal als ausgestorbene Kamele, eine Annahme, die gar nicht so abwegig war, weil heute die zur Familie der Kamele gehörigen Lamas und ihre Verwandten (s. S. 274–277) in den gleichen Gegenden Südamerikas vorkommen. In Wirklichkeit sind beide Gruppen jedoch grundverschieden, und alle Ähnlichkeiten beruhen auf konvergenter Evolution.

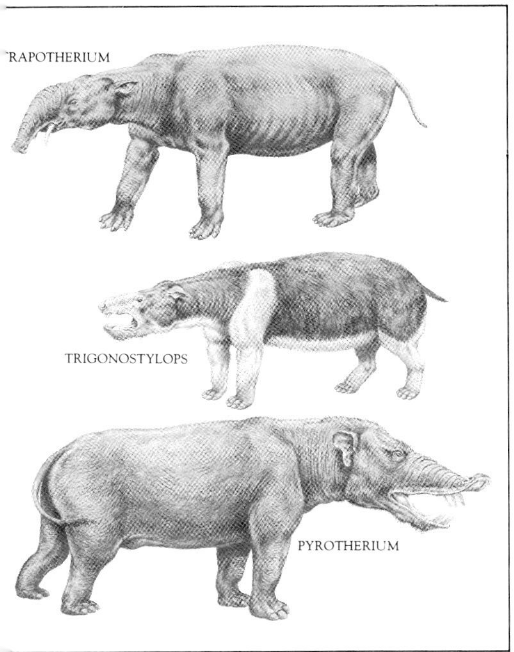

NAME: ***Theosodon***
ZEITLICHE VERBREITUNG: ***Unteres Miozän***
GEOGRAPHISCHE VERBREITUNG: ***Südamerika (Argentinien)***
LÄNGE: ***2 m***
Das gras- und blätterfressende Huftier *Theosodon* durchstreifte die Pampas und erinnerte äußerlich an ein heutiges Guanako. Der Hauptunterschied betraf die Füße, die bei *Theosodon* drei Zehen aufwiesen und damit erheblich schwerer waren. Die Stellung der Nasenöffnungen im Schädel deutet darauf hin, daß auch ein Rüssel vorhanden war, dessen Länge jedoch die des Rüssels der heutigen Saiga-Antilope kaum übertroffen haben dürfte. Der Unterkiefer war sehr schlank, und das Gebiß trug die für ein Plazentatier maximale Zahl von 44 Zähnen, was zu diesem Zeitpunkt im Tertiär bereits recht ungewöhnlich war.

NAME: ***Macrauchenia***
ZEITLICHE VERBREITUNG: ***Pleistozän***
GEOGRAPHISCHE VERBREITUNG: ***Südamerika (Argentinien)***
LÄNGE: ***3 m***
Macrauchenia war eine spätere und größere Version von *Theosodon*, aus dem die Art vermutlich hervorging. Die Lebensweise von *Macrauchenia* (»Langhals«) bleibt ein Rätsel. Es besaß einige Merkmale, die auch auf die Kamele zutreffen, darunter die Körpergröße und den Habitus, den kleinen Kopf und den langen Hals. Die dreizehigen, mit Hufen versehenen Füße erinnerten jedoch eher an die eines Nashorns. *Macrauchenia* besaß vermutlich einen etwas längeren Rüssel, da die Nasenöffnungen hoch oben am Schädel zwischen den Augen liegen.
Einige Paläontologen mutmaßen, ein Rüssel sei ein Hinweis auf eine semiaquatische Lebensweise. Andere Experten gehen davon aus, daß die Nasenlöcher von Lippen umgeben waren, die das Tier zum Schutz gegen Staub verschließen konnte. Das Vorhandensein eines Rüssels in Verbindung mit hochkronigen Zähnen deutet ferner darauf hin, daß *Macrauchenia* sowohl Blätter abgeweidet als auch Gras gefressen hat.

Ordnung Astrapotheria
Zu dieser kleinen, aber im Fossilnachweis gut vertretenen Ordnung gehörten Pflanzenfresser mit relativ niedrigem Körperbau. Sie existierten vom Oberen Paläozän bis zum Mittleren Miozän. Einige wurden nashorngroß, hatten Stoßzähne und einen kurzen Rüssel.

Familie Astrapotheriidae
Da viele Tiere aus dieser Gruppe eingebettet in Vulkanasche gefunden wurden, konnte man vollständige Skelette rekonstruieren. Die Lebensweise der *Astrapotheriidae* und ihre Beziehungen zu den übrigen südamerikanischen Huftieren ist aber nach wie vor ein Rätsel.

NAME: ***Astrapotherium***
ZEITLICHE VERBREITUNG: ***Oberes Oligozän bis Mittleres Miozän***
GEOGRAPHISCHE VERBREITUNG: ***Südamerika (Argentinien)***
LÄNGE: ***2,5 m***
Abgesehen von der beträchtlichen Größe war *Astrapotherium* ein typischer Vertreter seiner Familie. Der Kopf war ziemlich kurz, und im vorderen Teil aufgrund luftgefüllter Knochenhöhlen möglicherweise kuppelartig gewölbt.
Die Eckzähne wuchsen zeitlebens nach und formten vier Hauer. Wie beim Flußpferd bildete das längere obere Hauerpaar mit dem unteren Paar eine Art Schere. Die breiten unteren Schneidezähne ragten hervor und trafen wahrscheinlich auf eine Hornplatte im Oberkiefer.
Die Hinweise für die Existenz eines Rüssels sind nicht ganz eindeutig. Die Nasenknochen waren sicher sehr kurz und trugen hoch oben am Kopf eine Öffnung – alles Merkmale, die auf einen Rüssel hindeuten. Allerdings scheint es keinen einleuchtenden Grund für die Existenz eines Rüssels gegeben zu haben: Weder war der Hals von *Astrapotherium* besonders kurz, noch hatte das Tier Schwierigkeiten, mit dem Kopf den Boden zu erreichen. Möglicherweise war der »Rüssel« lediglich einen aufgeblähte Nase.
Astrapotherium hatte einen langen, niedrigen Rumpf und verhältnismäßig schwache Beine, wobei die hinteren weniger kräftig ausgebildet waren als die vorderen. Das Tier ging auf den Fußsohlen und verteilte damit sein Gewicht gleichmäßig. In ihrer Gesamtheit deuten die Merkmale darauf hin, daß das Tier einen Großteil seiner Zeit im Wasser verbrachte. Es suhlte sich vermutlich gerne in seichten Tümpeln und wühlte mit Rüssel und Hauern Wasserpflanzen aus dem Schlamm.

Familie Trigonostylopidae
Die Familie *Trigonostylopidae* gehört entweder zur Ordnung *Astrapotheria* oder stellt eine eigenständige Ordnung dar. Ihr wichtigstes gemeinsames Merkmal mit den Astrapotherien sind die hervortretenden Eckzähne.

NAME: ***Trigonostylops***
ZEITLICHE VERBREITUNG: ***Oberes Paläozän bis Unteres Eozän***
GEOGRAPHISCHE VERBREITUNG: ***Südamerika (Argentinien)***
LÄNGE: ***möglicherweise 1,5 m***
Von *Trigonostylops* hat man bisher nur den Schädel gefunden. Es fällt daher nicht leicht, Aussehen und Lebensweise zu rekonstruieren. Die Zähne sind sehr primitiv. Wenn *Trigonostylops* tatsächlich zu den Astrapotherien gehört – diese Vermutung stützt sich vor allem auf das Vorhandensein großer unterer Eckzähne –, dann erinnerten wahrscheinlich auch andere anatomische Merkmale an die Gattung *Astrapotherium* (s. o.).

Ordnung Pyrotheria
Die Säuger Südamerikas liefern uns hervorragende Beispiele für das Phänomen der konvergenten Evolution, das heißt die durch gleichartige Umweltbedingungen hervorgerufene Entwicklung ähnlicher Strukturen und Merkmale bei Tieren, die nicht näher miteinander verwandt sind. Die *Pyrotheria* waren die südamerikanischen Pendants der Elefanten.

Familie Pyrotheriidae
Dies war die Hauptfamilie der Ordnung. Die geographische Verbreitung reichte von Argentinien bis nach Brasilien, Venezuela und Kolumbien, die zeitliche vom Eozän bis zum Unteren Oligozän.

NAME: ***Pyrotherium***
ZEITLICHE VERBREITUNG: ***Unteres Oligozän***
GEOGRAPHISCHE VERBREITUNG: ***Südamerika (Argentinien)***
LÄNGE: ***3 m***
Die ersten Reste von *Pyrotherium* fand man in den Ablagerungen vulkanischer Asche von Deseado, Argentinien. Auch der Name des Tieres (»Feuertier«) ist darauf zurückzuführen. Seit jener Zeit wurden fossile Exemplare der Art auch in vielen anderen Teilen Südamerikas gefunden.
Pyrotherium sah wahrscheinlich wie der frühe Elefant *Barytherium* aus, der zur selben Zeit in Afrika lebte. Das Tier hatte einen massigen Körper mit säulenartigen Beinen, kurze, breite Zehen und einen kurzen, dicken Hals. Der Kopf trug einen kurzen Rüssel, und die Schneidezähne waren zu Hauern verbreitert.

Südamerikanische Huftiere

SCARRITTIA
TOXODON
HOMALODOTHERIUM
ADINOTHERIUM

Südamerikanische Huftiere

Ordnung Notoungulata
Die *Notoungulata* – wörtlich »Südhuftiere« – bildeten die größte Ordnung der südamerikanischen Huftiere. Es handelt sich um ungefähr 100 Gattungen, die in vier Unterordnungen eingeteilt werden. Letztere existierten möglicherweise bereits, als sich Südamerika am Ende des Paläozäns von Nordamerika trennte.
Die Isolation Südamerikas erlaubte den dort vorhandenen Säugergruppen eine separate Evolution. Viele besetzten ökologische Nischen, die anderswo auf der Welt von anderen Gruppen eingenommen wurden.
Viele *Notoungulata* waren klein, sahen Kaninchen oder Bibern ähnlich und lebten auch wie diese. Andere, größere Arten ähnelten Schafen, Warzenschweinen, Pferden, Nashörnern und Flußpferden. Die gemeinsame Verwandtschaft bestätigten die besondere Anordnung der Höcker auf den Zähnen sowie die eigentümlichen Gehörknöchelchen der Ordnung.
Obwohl die meisten Arten südamerikanischen Ursprungs sind, kennt man einige wenige Arten auch aus dem Oberen Paläozän und dem Unteren Eozän Nordamerikas.
Die *Notoungulata* erreichten ihre größte Formenvielfalt im Oligozän, waren aber auch im Unteren Miozän noch häufig. Danach begann ihr Niedergang. Es gibt keine überlebenden Formen. Die letzten *Notoungulata* starben im Pleistozän aus, also vor ungefähr einer Million Jahren, kurz nachdem sich der Isthmus von Panama gebildet hatte. Diese Landbrücke öffnete Südamerika für die Invasion von Säugetieren aus dem Norden.

Unterordnung Notoprogonia
Hierbei handelt es sich um die primitivsten *Notoungulata.* Die frühesten Fossilnachweise lassen noch bei allen Unterordnungen primitive Merkmale erkennen. Dazu gehörte unter anderem ein vollständiges Gebiß aus 44 niederkronigen, wenig spezialisierten Zähnen. Die Lücke *(Diastema)* zwischen den Eckzähnen und den Vorbackenzähnen fehlte.
Die *Notoprogonia* blieben auf das Paläozän und das Eozän beschränkt und starben vor ungefähr 45 Millionen Jahren aus.

Familie Notostylopidae
Das Gebiß der *Notostylopidae* verrät eine frühe Spezialisierung. Die meißelförmig hervortretenden, nagerartigen Schneidezähne waren durch eine Lücke *(Diastema)* von den Vorbacken- beziehungsweise Backenzähnen getrennt. Sie hatten Wurzeln und wuchsen nicht kontinuierlich nach wie bei den Nagern.

Name: ***Notostylops***
Zeitliche Verbreitung: ***Unteres Eozän***
Geographische Verbreitung: ***Südamerika (Argentinien)***
Länge: ***möglicherweise 75 cm***
Notostylops war ein kaninchenartiges Tier, das im Unterwuchs lebte und krautige Pflanzen fraß. Insgesamt gesehen läßt seine Anatomie kaum Rückschlüsse auf Anpassungen an eine bestimmte ökologische Nische zu.
Notostylops hatte ein kurzes, hohes Gesicht, das dem familientypischen, nagerähnlichen Gebiß Raum bot.

Unterordnung Typotheria
Die *Typotheria* haben mit den Nagern vieles gemeinsam. Selbst ihre Zähne waren ähnlich: Die Schneide- und Backenzähne höherentwickelter Vertreter beider Gruppen sind an die Nagetätigkeit angepaßt und wachsen zeitlebens nach, um mit der raschen Abnutzung Schritt halten zu können. Einige *Typotheria* wurden bärengroß; die meisten Arten blieben jedoch erheblich kleiner.

Familie Interatheriidae
Bei den meisten Interatheriiden handelte es sich um ziemlich kleine, nagerähnliche Säuger. Die Gruppe existierte recht lang, reichen doch die Fossilfunde vom Oberen Paläozän bis zum Oberen Miozän.

Name: ***Protypotherium***
Zeitliche Verbreitung: ***Unteres Miozän***
Geographische Verbreitung: ***Südamerika (Argentinien)***
Länge: **40 cm**
Protypotherium war ungefähr kaninchengroß, hatte aber einen langen Schwanz und lange Beine. Der Kopf erinnerte entfernt an eine Ratte und endete in einer verjüngten Schnauze. Sämtliche 44 Zähne waren noch vorhanden und verrieten keine Spezialisierung auf eine bestimmte Ernährungsweise. Der Hals war kurz, der Körper lang, der Schwanz zudem relativ dick. Die langen, schlanken Beine endeten in bekrallten Pfoten.

Unterordnung Hegetotheria
Die *Hegetotheria* umfassen kaninchen- und nagerartige Formen mit entsprechender Lebensweise. Sie ähneln darin sehr den *Typotheria* und werden auch gelegentlich mit diesen vereinigt. Spätere Vertreter der *Hegetotheria* hatten eine Lücke *(Diastema)* zwischen den Schneide- und den Vorbackenzähnen. Alle Zähne wuchsen zeitlebens nach.
Die *Hegetotheria* traten erstmals während des Mittleren Eozäns – also etwas später als die Interatheriiden – in Erscheinung und starben erst vor ungefähr 3 Millionen Jahren, im Pliozän, aus.

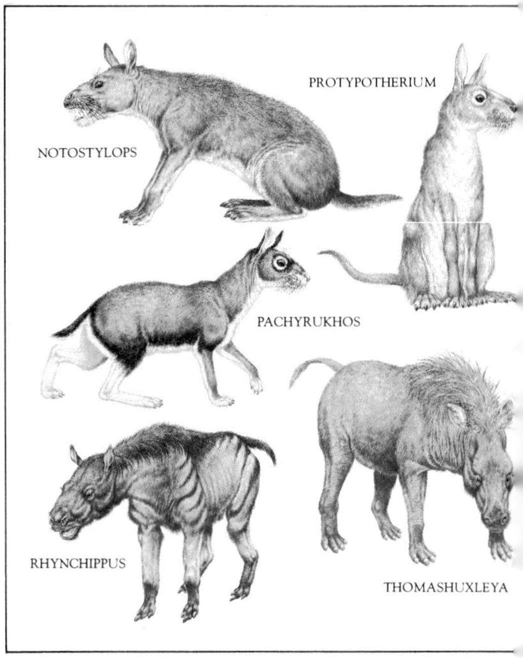

Familie Hegetotheriidae
Zu den *Hegetotheriidae* gehören Tiere, die nach Aussehen, Fortbewegung und Lebensweise an Kaninchen und Hasen erinnern. Viele besaßen lange Hintergliedmaßen, mit denen sie die charakteristischen Hoppelsprünge vollführen konnten.

Name: ***Pachyrukhos***
Zeitliche Verbreitung: ***Oberes Oligozän bis Mittleres Miozän***
Geographische Verbreitung: ***Südamerika (Argentinien)***
Länge: **30 cm**
Pachyrukhos zeigte eine gewisse Ähnlichkeit mit dem Kaninchen und besiedelte in Südamerika auch dessen ökologische Nische. Der Schwanz war kurz, und die Hinterbeine waren bedeutend länger als die Vorderbeine, weshalb sich das Tier vermutlich hoppelnd fortbewegte.
Auch der Kopf erinnerte an ein Kaninchen und verjüngte sich vorne zu einer schmalen Schnauze. Die Zähne eigneten sich zum Aufknacken oder Aufbrechen von Nüssen und anderen harten oder zähen Pflanzenteilen. *Pachyrukhos'* innere Gehörorgane waren sehr gut entwickelt und wurden vermutlich durch lange Lauscher ergänzt. Der auffallend große Durchmesser der Augenöffnungen läßt den Schluß zu, daß die Tiere nachtaktiv waren.

Unterordnung Toxodonta
Die Unterordnung *Toxodonta* war im Eozän, Oligozän und Miozän weit verbreitet und sehr vielgestaltig. Im Miozän erreichten einige Formen die Größe von Pferden oder sogar Nashörnern. Diese Tiere starben erst nach Entstehung der mittelamerikanischen Landbrücke aus.
Toxodonta bedeutet, wörtlich übersetzt, »Bogenzähner« und bezieht sich auf die für die Unterordnung typische seitliche Krümmung der Backenzähne. Im übrigen

war das Gebiß wie bei anderen Unterordnungen der *Notoungulata* bei frühen Gattungen niederkronig und noch vollständig ausgebildet.

Familie Isotemnidae
Die *Isotemnidae* entwickelten sich früh und stellen die primitivste Familie der *Toxodonta* dar.

NAME: ***Thomashuxleya***
ZEITLICHE VERBREITUNG: ***Unteres Eozän***
GEOGRAPHISCHE VERBREITUNG: ***Südamerika (Argentinien)***
LÄNGE: ***1,3 m***
Thomashuxleya hat seinen Namen nach dem britischen Naturforscher und Paläontologen Thomas Huxley, der im 19. Jahrhundert zu den bekanntesten Verfechtern der Theorien von Charles Darwin zählte.
Das Tier war kräftig gebaut, ungefähr schafgroß und sehr wenig spezialisiert, das heißt, es zeigte wenig Anpassungen an eine bestimmte Lebensweise. Der Kopf war ziemlich groß im Verhältnis zur Gesamtgröße, und die Kiefer trugen ein vollständiges Gebiß mit 44 Zähnen. Die Eckzähne waren zu Hauern verlängert, mit denen das Tier möglicherweise wie ein Warzenschwein im Boden wühlen konnte.
Die kräftigen Gliedmaßen erinnerten an die eines primitiven Huftieres. *Thomashuxleya* war jedoch ein Zehengänger, das heißt, die Zehen trugen das gesamte Gewicht des Tieres. Der Körperbau kann daher nicht allzu schwer gewesen sein und erinnerte möglicherweise an den eines Nabelschweins.

Familie Notohippidae
Die Bezeichnung *Notohippidae* bedeutet »Südpferde«. Früher glaubte man einmal, es habe sich bei dieser Gruppe um Vorläufer der echten Pferde gehandelt. Die Ähnlichkeiten, vor allem in der Schädelform und im Bau der Schneidezähne, sind jedoch nur das Ergebnis einer konvergenten Evolution. Die Grundmerkmale weisen die Tiere eindeutig als Angehörige der *Notoungulata* aus.

NAME: ***Rhynchippus***
ZEITLICHE VERBREITUNG: ***Unteres Oligozän***
GEOGRAPHISCHE VERBREITUNG: ***Südamerika (Argentinien)***
LÄNGE: ***1 m***
Rhynchippus (»Schnauzenpferd«) ist das klassische Beispiel einer Konvergenzerscheinung zwischen südamerikanischen Huftieren und den Pferden, mit denen es nicht verwandt ist. Das Skelett mit den bekrallten Füßen hatte mit einem Pferdeskelett kaum etwas gemein. Das Gebiß erinnerte im Aufbau jedoch an das eines grasfressenden Tieres.
Die Eckzähne bildeten keine Hauer wie bei den meisten übrigen *Toxodonta*, sondern waren ebenso groß und ebenso geformt wie die Schneidezähne, die ihrerseits optimal zum Abrupfen von Grasbüscheln geeignet waren.

Familie Leontiniidae
Die verwandtschaftlichen Beziehungen dieser Familie zu anderen Gruppen sind bis heute ungeklärt. Aufgrund der Fußanatomie spricht jedoch einiges dafür, sie bei den *Toxodonta* unterzubringen. Einige Leontiniiden besaßen ein rhinozerosähnliches Horn auf der Nase.

NAME: ***Scarrittia***
ZEITLICHE VERBREITUNG: ***Unteres Oligozän***
GEOGRAPHISCHE VERBREITUNG: ***Südamerika (Argentinien)***
LÄNGE: ***2 m***
Scarrittia ist die einzige Art der Leontiniiden, von der bisher ein vollständiger Skelettfund vorliegt. Im Leben ähnelte das Tier vermutlich einem schwerfälligen, plattfüßigen Rhinozeros.
Scarrittia war ziemlich kräftig gebaut, mit langem Körper und Hals, gedrungenen Beinen, dreizehigen Füßen mit Hufen und einem sehr kurzen Schwanz. Schienbein und Wadenbein waren im oberen Bereich teilweise miteinander verschmolzen, so daß das Tier seine Füße nicht mehr seitwärts drehen konnte.

Familie Homalodotheriidae
Ein charakteristisches Merkmal der Homalodotheriiden sind die bekrallten Zehen, die in hohem Maße an die Chalicotheriiden der Alten Welt und Nordamerikas (s. S. 259–261) erinnern.

NAME: ***Homalodotherium***
ZEITLICHE VERBREITUNG: ***Unteres und Mittleres Miozän***
GEOGRAPHISCHE VERBREITUNG: ***Südamerika (Argentinien)***
LÄNGE: ***2 m***
Homalodotherium stellt die einzige gut bekannte Gattung der Familie dar.
Im Gegensatz zu den übrigen *Notoungulata* besaß *Homalodotherium* an den vier Fingern jeder »Hand« eine Kralle anstelle eines Hufs. Die Vorderbeine waren länger und schwerer gebaut als die Hinterbeine. Auf den Vorderbeinen war *Homalodotherium* ein Zehen-, auf den Hinterbeinen dagegen ein Sohlengänger. Dadurch waren die Schultern höher als die Beckenregion. Aufgrund dieser Merkmalskombination ist anzunehmen, daß *Homalodotherium* sich zeitweilig auf die Hinterbeine erheben konnte.

Familie Toxodontidae
Die *Toxodontidae* umfassen Tiere mit außergewöhnlich hochkronigen, gekrümmten Zähnen, die zeitlebens nachwuchsen, um den starken Abrieb auszugleichen, der durch die aus harten Pampasgräsern bestehende Nahrung hervorgerufen wurde. Die Tiere selbst sahen wie Nashörner aus; einige Arten trugen tatsächlich ein Horn auf der Schnauze.

NAME: ***Toxodon***
ZEITLICHE VERBREITUNG: ***Pliozän und Pleistozän***
GEOGRAPHISCHE VERBREITUNG: ***Südamerika (Argentinien)***
LÄNGE: ***2,7 m***
Toxodon war ein Sohlengänger. Da die Hinterbeine länger waren als die Vorderbeine, fiel die Rückenlinie nach vorne etwas ab.
Der Vorderkopf war ziemlich breit; vielleicht war eine fleischige Greiflippe ausgebildet. Unmittelbar hinter der Schnauze wurde der Schädel wie bei einem Nashorn schmaler, um sich gleich danach wieder zu verbreitern.

NAME: ***Adinotherium***
ZEITLICHE VERBREITUNG: ***Unteres bis Mittleres Miozän***
GEOGRAPHISCHE VERBREITUNG: ***Südamerika (Argentinien)***
LÄNGE: ***1,5 m***
Adinotherium sah wie eine nur schafgroße und etwas weniger plumpe Version von *Toxodon* aus. Die Vorderbeine waren verhältnismäßig lang, so daß die Schulterpartie ungefähr dieselbe Höhe aufwies wie die Beckenregion.
Adinotherium trug auf dem Schädel ein kleines Horn, das vermutlich beim Imponier- und Balzverhalten eine Rolle spielte.

Pferde

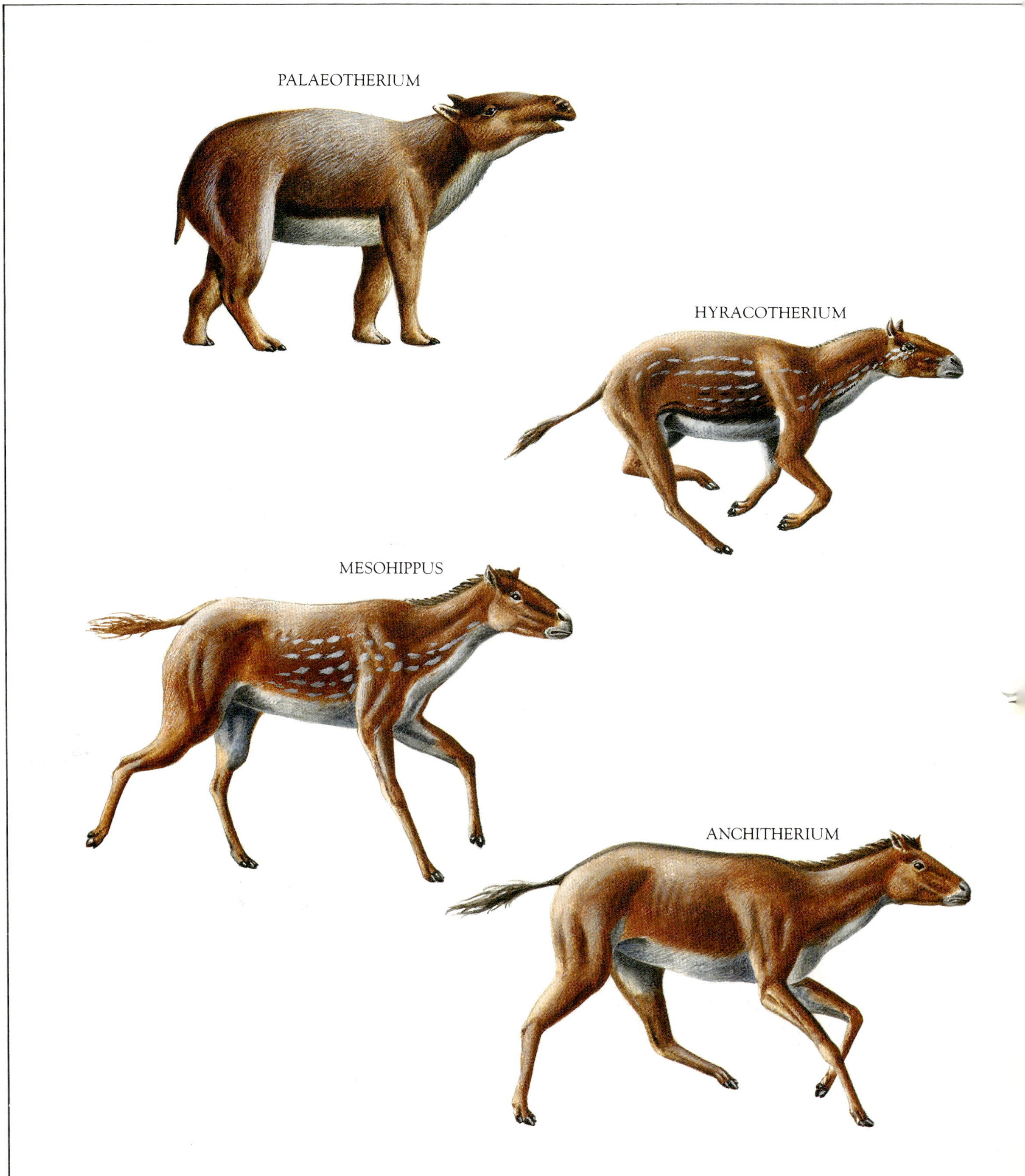

PARAHIPPUS
MERYCHIPPUS
HIPPARION
HIPPIDION

Pferde

Die Huftiere oder *Ungulata* nehmen heute unter den großen pflanzenfressenden Landsäugern eine dominierende Position ein. Eine ähnlich bedeutende Rolle spielten im Paläozän und Eozän, also vor ungefähr 50 bis 60 Millionen Jahren, ihre frühesten Repräsentanten, die sich von Wurzeln, Knollen und Blättern ernährten (s. S. 234–237). Als sich im trockeneren Miozän, vor zirka 20 Millionen Jahren, weite, offene Graslandschaften bildeten, nutzten viele Arten die sich dadurch bietende evolutionäre Chance.

Sieht man von den primitiven Ordnungen ab, so lassen sich Huftiere in zwei Hauptgruppen unterteilen. Die *Perissodactyla* oder Unpaarhufer (s. u.) umfaßten im Alttertiär zahlreiche Gattungen und sind heute noch durch Pferde, Nashörner und Tapire vertreten. Weit artenreicher sind die *Artiodactyla* oder Paarhufer (s. S. 266–281), zu denen heute die Hirsche, Schafe, Ziegen, Rinder, Schweine und Nabelschweine, Flußpferde, Giraffen, Kamele und Lamas gehören.

Im Gegensatz zu ihren frühen Vorfahren sind die meisten Huftiere an eine schnelle Fortbewegungsweise angepaßt. Für kleine und mittelgroße Tiere, die von Räubern bedroht werden, liegt hierin oft die einzige Überlebenschance. Die Oberschenkel und Oberarmknochen tendieren aus diesem Grund zur Verkürzung, während die Knochen der unteren Beinhälfte lang und dünn sind und miteinander verschmelzen, so daß das Tier galoppieren kann, ohne sich dabei Verrenkungen zuzuziehen. Die Muskeln konzentrieren sich auf den Oberschenkelbereich, und die Kraftübertragung erfolgt über starke Sehnenstränge. Die Fußgelenke sind oft versteift, und die Tiere gehen auf ihren Zehen. Die Zehen selbst sind im allgemeinen verlängert und – eine weitere gewichtsparende Eigenschaft – in der Zahl verringert. Der Huf ist nichts weiter als ein enorm vergrößerter Zehnagel.

Bei den Unpaarhufern sind meist ein oder drei Zehen vorhanden, wobei sich die Hauptlast auf die mittlere Zehe konzentriert. Bei den Paarhufern verteilt sich das Gewicht auf die zumeist vier vorhandenen Zehen.

Die Huftiere ernähren sich von Gras und haben sich dementsprechend angepaßt – unter anderem durch große Reibflächen an den Zähnen, einen kompliziert aufgebauten Magen, der auch schwer aufschließbare Zellulose verdauen kann, sowie durch das Zusammenleben in großen Herden. Einige Gruppen entwickelten auch Auswüchse auf dem Schädel, sei es aus Knochen, Horn oder aus miteinander verschmolzenen Haaren. Die Funktion dieser Hörner oder Geweihe ist unterschiedlich; sie dienten in den meisten Fällen wohl der Verteidigung und/oder hatten eine bestimmte Aufgabe bei der Brunft.

Ordnung Perissodactyla

Die Unpaarhufer entstanden wahrscheinlich im Oberen Paläozän, vor ungefähr 55 Millionen Jahren. Man unterscheidet drei Unterordnungen. Die *Hippomorpha* umfassen die Pferde und die Brontotheriiden (s. S. 254–260), die *Ancylopoda* (s. S. 258–261) die Tapire und die *Ceratomorpha* die Nashörner (s. S. 262–265).

NAME: ***Palaeotherium***
ZEITLICHE VERBREITUNG: ***Oberes Eozän bis Unteres Oligozän***
GEOGRAPHISCHE VERBREITUNG: ***Europa***
GRÖSSE: ***75 cm Schulterhöhe***

Das tapirähnliche *Palaeotherium* lebte in untertertiären tropischen Wäldern Europas. Sein Körperbau zeigte, daß es sich überwiegend von Blättern ernährt haben muß; entsprechende Anpassungen entwickelten sich in verschiedenen Epochen auch bei diversen anderen Säugergruppen. Der relativ lange Hals und der kurze Rüssel erlaubten es dem Tier, Sträucher und tiefhängende Baumäste abzuweiden. Dank des schmalen Körpers und der langen Beine war es auch im dichten Unterholz recht mobil.

Im Gegensatz zu den Pferden reduzierten die Palaeotheriiden im Verlauf der Evolution die Zahl ihrer Zehen nicht. Alle Angehörigen der Familie besaßen vorne vier und hinten drei Zehen. Dies erlaubte es ihnen, auch sumpfige Wälder zu durchwandern, ohne dabei einzusinken. Die Palaeotheriiden bildeten vermutlich Herden, denn man fand mehrfach die Fossilien vieler Exemplare unmittelbar nebeneinander. Einige Formen wurden so groß wie Nashörner.

Familie Equidae

Die *Equidae* oder Pferde entstanden aus kleinen Tieren, die nicht größer als Terrier waren und sich in den Wäldern des Unteren Eozäns von Blättern ernährten. Als im Miozän, vor ungefähr 20 Millionen Jahren, das Klima trockener wurde, verschwanden die feuchten Wälder und machten offeneren Landschaftstypen Platz. In einigen Teilen der Welt, vor allem in Nordamerika, entstanden weite, grasbestandene Prärien. An diese Lebensräume sind die heutigen Pferdeartigen, das heißt die eigentlichen Pferde, die Zebras und die Esel, sehr gut angepaßt.

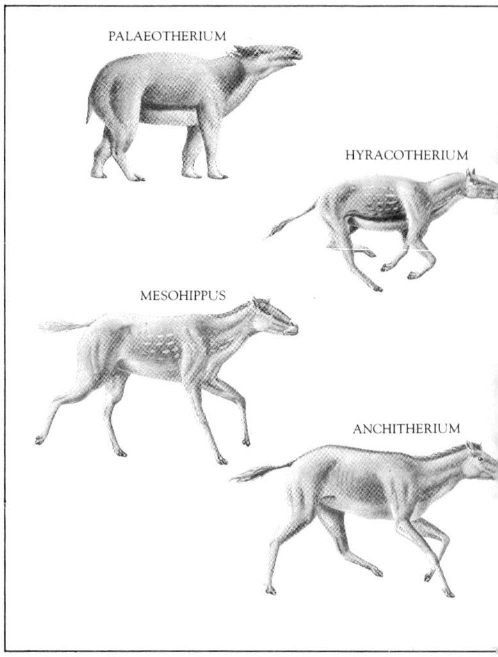

NAME: ***Hyracotherium***
ZEITLICHE VERBREITUNG: ***Unteres Eozän***
GEOGRAPHISCHE VERBREITUNG: ***Weit verbreitet in Asien, Europa und Nordamerika***
GRÖSSE: ***20 cm Schulterhöhe***

Trotz seines Namens ist *Hyracotherium* kein naher Verwandter der Schliefer (*Hyracoidea*, s. S. 235, 237). Der Name basiert vielmehr auf einer Fehlinterpretation aus dem vorigen Jahrhundert. Später wurde ein sehr viel treffenderer Name vorgeschlagen – *Eohippus* (»Pferd der Morgenröte«) –, doch hat der Name *Hyracotherium* Priorität und kann nicht geändert werden.

Hyracotherium ist das älteste pferdeartige Tier und gilt als Stammform der Pferde und vielleicht auch der Palaeotheriiden. Im Vergleich zu den heutigen Pferden war das Tier geradezu winzig; es erreichte nur eine Länge von ungefähr 60 cm. Der Schädel war verlängert, das Maul wies ein vollständiges Gebiß von 44 Zähnen auf – ein deutlicher Hinweis darauf, wie »alt« das Tier stammesgeschichtlich noch war. Die Zähne waren niederkronig und konnten kaum etwas anderes als weiche Blätter verarbeiten.

Hyracotherium hatte ebenso viele Zehen wie *Palaeotherium*: vier vorne und drei hinten. Damit wirkten die Füße recht breit und sahen ganz und gar nicht pferdeähnlich aus. Den größten Teil des Gewichts trug die dritte Zehe. Der Körper war lang, die Rückenlinie geschwungen. Die relative Größe und Komplexität des Gehirns deuten darauf hin, daß *Hyracotherium* ein behendes und intelligentes Tier war. Ihre Schnelligkeit und Intelligenz waren sicherlich mit dafür verantwortlich, daß die *Equidae* bis in die Jetztzeit überlebten.

Hyracotherium war im Eozän weit verbreitet. Während die Linie der Pferde in Europa und Asien im Unteren Oligozän vor ungefähr 35 Millionen Jahren ausstarb, setzte sich ihre Evolution auf dem nordamerikanischen Kontinent fort.

NAME: ***Mesohippus***
ZEITLICHE VERBREITUNG: ***Mittleres Oligozän***
GEOGRAPHISCHE VERBREITUNG: ***Nordamerika***
GRÖSSE: ***60 cm Schulterhöhe***
Mesohippus war größer als seine Vorfahren und erreichte ungefähr die Schulterhöhe eines Windhunds mit einer Körperlänge von annähernd 1,2 m. Dennoch waren die dreizehigen Füße leichter gebaut. Die mittlere Zehe war größer als die übrigen. Im Gebiß begannen sich die Prämolaren in der Form den Molaren anzugleichen, das heißt, die Reibflächen vergrößerten sich und erhöhten damit die Leistungsfähigkeit der Zähne. Sie blieben jedoch nach wie vor niederkronig. Da ein derartiges Gebiß nur einen flachen Kiefer benötigte, war der Kopf ziemlich lang und im vorderen Teil zugespitzt.

NAME: ***Anchitherium***
ZEITLICHE VERBREITUNG: ***Unteres bis Oberes Miozän***
GEOGRAPHISCHE VERBREITUNG: ***Nordamerika und später Asien und Europa***
GRÖSSE: ***60 cm Schulterhöhe***
Die Evolution des Pferdes verlief nicht geradlinig. Es entstand eine Reihe von Seitenzweigen, die inzwischen keine Nachkommen mehr aufweisen. *Anchitherium* stellt einen zu seiner Zeit sehr erfolgreichen, aber konservativen Seitenzweig dar. Es entstand im Unteren Miozän, vor ungefähr 25 Millionen Jahren, in Nordamerika. Das dreizehige, blätterfressende Pferd sah *Mesohippus* in Größe und Gestalt sehr ähnlich. Es überquerte die Landbrücke, die sich in jener Zeit zwischen Alaska und Sibirien gebildet hatte, und breitete sich über Asien und Europa aus. Hier überlebte es noch lange Zeit, obwohl es in Nordamerika bereits im Mittleren Miozän, vor ungefähr 15 Millionen Jahren, von den ersten grasfressenden Pferden verdrängt worden war. *Anchitherium* starb erst gegen Ende des Miozäns, vor ungefähr 5 Millionen Jahren, aus. Die jüngsten Fossilfunde stammen aus China.

NAME: ***Parahippus***
ZEITLICHE VERBREITUNG: ***Unteres Miozän***
GEOGRAPHISCHE VERBREITUNG: ***Nordamerika***
GRÖSSE: ***1 m Schulterhöhe***
Parahippus stellt ein Zwischenstadium in der Evolution des Pferdes dar. Es besaß nach wie vor drei Zehen und sah seinem Vorfahren *Mesohippus* noch sehr ähnlich. Der Körper war allerdings größer, ebenso die Molaren, die nun an Mühlsteine erinnerten. Gerade diese letztgenannte Veränderung war hochsignifikant. Die Gräser, die mittlerweile aufgekommen waren, enthielten in ihren Zellwänden Kieselsäure, die es den Tieren schwermachte, die Pflanzen abzureißen und zu kauen. Die Zähne hätten sich viel zu schnell abgenutzt, wäre es den Tieren nicht gelungen, einen Zement zu entwickeln, der die Schmelzleisten und die Außenseiten der Zähne überzog. Vermutlich verließ *Parahippus* die Waldungen und erschloß sich die neue Nahrungsquelle Gras, die in den Prärien so reichhaltig verfügbar war.

NAME: ***Merychippus***
ZEITLICHE VERBREITUNG: ***Mittleres bis Oberes Miozän***
GEOGRAPHISCHE VERBREITUNG: ***Nordamerika (Nebraska)***
GRÖSSE: ***1 m Schulterhöhe***
Merychippus war das erste Pferd, das sich ausschließlich von Gras ernährte. Die Herden bewohnten einst die Prärien des heutigen Nebraska. Die Zähne waren hochkronig und mit Zement verstärkt. Die Entwicklung der Prämolaren, die bei *Mesohippus* ihren Anfang genommen hatte, kam nun zum Abschluß: Sie sahen bei *Merychippus* genauso aus wie die Molaren. Die hochkronigen Zähne beanspruchten im Kiefer recht viel Platz. Aus diesem Grund entstand die typische Kopfform der Pferde mit der ausladenden Kieferpartie.
Merychippus besaß einen längeren Hals als seine Vorfahren, die sich noch von Blättern ernährt hatten, denn es verbrachte den größten Teil seines Lebens äsend, das heißt mit zum Boden geneigtem Kopf. Es entwickelte zudem ein kräftiges Band, das vom Schädel über den Hals bis zu den Schultern reichte. Durch die Elastizität dieses Bandes war es möglich, den schweren Kopf mit nur geringer Anstrengung hochzuheben. *Merychippus* war daher imstande, schnell auf mögliche Angriffe früher Katzen und hundeartiger Raubtiere zu reagieren.
Merychippus besaß zwar noch drei Zehen, doch trug allein die mittlere Zehe das gesamte Körpergewicht. Die beiden seitlichen Zehen reichten nicht mehr bis auf den Boden. Eine elastische Sehne im Bein funktionierte wie eine Springfeder und verbesserte die Effizienz der Fortbewegung. Die Unterschenkel und die Füße konnten somit immer leichter werden.

NAME: ***Hipparion***
ZEITLICHE VERBREITUNG: ***Mittleres Miozän bis Pleistozän***
GEOGRAPHISCHE VERBREITUNG: ***Weit verbreitet in Nordamerika, Europa, Asien und Afrika***
GRÖSSE: ***1,4 m Schulterhöhe***
Nachdem sich die grasfressenden Pferde entwickelt hatten, kam es zu einer adaptiven Radiation. Von den zahlreichen unterschiedlichen Formen, die dabei entstanden, sind alle bis auf die Gattung *Equus* heute ausgestorben.
Hipparion war eine jener Arten, die im Miozän, vor ungefähr 15 Millionen Jahren, entstanden. Das Tier war recht erfolgreich, breitete sich im Eozän von Nordamerika über Asien und Europa bis hin nach Afrika aus und überlebte hier bis ins Pleistozän. Vor ungefähr 2 Millionen Jahren starb es aus. Das Tier ähnelte dem heutigen Pferd, hatte aber wie *Merychippus* noch drei Zehen, von denen allerdings zwei stark verkleinert waren und den Boden nicht mehr berührten.

NAME: ***Hippidion***
ZEITLICHE VERBREITUNG: ***Pleistozän***
GEOGRAPHISCHE VERBREITUNG: ***Südamerika***
GRÖSSE: ***1,4 m Schulterhöhe***
In Südamerika gab es allem Anschein nach während des Tertiär keine Pferde. An der Umwelt kann es nicht gelegen haben, da es unter den dort herrschenden Bedingungen zur Entwicklung der pferdeähnlichen *Litopterna* wie *Diadiaphorus* (s. S. 246–249) kam. Erst als im Unteren Pliozän die Landverbindung zwischen Nord- und Südamerika wiederhergestellt wurde, breiteten sich die Pferde auch auf dem ehemaligen Inselkontinent aus.
Hippidion – wahrscheinlich ein Nachkomme von *Merychippus* – gehörte zu jenen Pferdearten, die sich in Südamerika herausbildeten. Die langen, zarten Nasenknochen unterschieden sich aber beträchtlich von denen anderer Pferde und weisen darauf hin, daß sich *Hippidion* weitgehend isoliert von der Hauptlinie der Pferdeevolution in Nordamerika entwickelte. *Hippidion* starb erst vor ungefähr 8000 Jahren aus.
Die heutige Gattung *Equus*, welche sämtliche Pferde, Zebras und Esel umfaßt, entstand anscheinend vor ungefähr 4 Millionen Jahren in Nordamerika und breitete sich von dort über Asien, Afrika und Europa aus. Merkwürdigerweise starben alle Pferde in Nord- und Südamerika vor ungefähr 8000 Jahren aus. Erst vor 400 Jahren gelangten sie wieder dorthin – bewußt importiert durch den Menschen. Man hat viel darüber spekuliert, warum die Pferde aus Nordamerika verschwunden waren. Möglicherweise hatte sie eine mit der Myxomatose vergleichbare Epidemie dahingerafft.

Tapire und Brontotheriiden

BRONTOTHERIUM
MOROPUS
HEPTODON
MIOTAPIRUS

Tapire und Brontotheriiden

Familie Brontotheriidae

Die dritte Familie der Unterordnung *Hippomorpha* besteht aus den »Donnertieren«. Diese Gruppe nashornähnlicher Säuger entwickelte sich im Unteren Eozän, vor ungefähr 50 Millionen Jahren, in Nordamerika und Ostasien. Die Stammformen waren kleine Tiere, die den frühen Pferdeformen ähnelten. Obwohl die Brontotheriiden sich nur ungefähr 15 Millionen Jahre lang hielten, wurden an die 40 verschiedene Typen beschrieben.

In gewisser Hinsicht weist die Stammesgeschichte der Brontotheriiden Parallelen zu der der *Uintatheriidae* und der *Arsinoitheriidae* (s. S. 234–237) auf. Alle Brontotheriiden ernährten sich von weichen Waldpflanzen. Einige Formen entwickelten massive Hörner und große Eckzähne. Insgesamt herrschte eine auffallende Tendenz zur kontinuierlichen Vergrößerung der Körpermasse. Die größten Formen werden gelegentlich unter der Bezeichnung Titanotherien geführt – ein weiterer Hinweis auf die Körpergröße.

Obwohl die Kopfauswüchse der Brontotheriiden oft als »Hörner« bezeichnet werden, bestanden sie nicht aus Horn und waren nicht einmal von Horn überzogen. Sie waren auch nicht den Hörnern der Rhinozerosse vergleichbar, die aus kompakten Haaren zusammengesetzt sind. In Wirklichkeit standen sie eher den Knochenzapfen der Giraffen nahe, bei denen es sich um mit einer dicken Haut überzogene Knochenstrukturen handelt. Da diese zum Teil grotesk wirkenden Fortsätze bei den Männchen größer waren als bei den Weibchen, spielten sie möglicherweise beim Imponierverhalten sowie bei Rangordnungskämpfen in der Herde eine Rolle.

Kurz nachdem die Brontotheriiden den Höhepunkt ihrer monströsen Entwicklung erreicht hatten, wurde das Klima trockener, und es breiteten sich offenere Waldgebiete aus. Die Evolution begünstigte unter diesen Bedingungen leichter gebaute Tiere, die auf den Ebenen leben und Gräser fressen konnten. Die Brontotheriiden starben im Mittleren Oligozän aus und wurden durch die Nashörner ersetzt.

NAME: ***Eotitanops***
ZEITLICHE VERBREITUNG: ***Unteres bis Mittleres Eozän***
GEOGRAPHISCHE VERBREITUNG: ***Nordamerika und Asien***
GRÖSSE: ***45 cm Schulterhöhe***

Könnten wir einen Blick zurück in die Vergangenheit werfen und eine Herde von *Eotitanops* beobachten, die langsam durch einen Wald des Unteren Eozäns zieht, so wäre es nicht möglich, sofort mit Sicherheit zu sagen, ob es sich tatsächlich um *Eotitanops* oder aber um den entfernten Verwandten *Hyracotherium* handelt. Beide waren kleine Säuger, die sich von Blättern ernährten, beide besaßen sie vier Zehen an den Vorderbeinen und drei an den Hinterbeinen. Doch während aus *Hyracotherium* die eleganten und intelligenten Pferde der großen Steppenlandschaften wurden, gingen aus *Eotitanops* die riesenhaften, schwerfälligen Brontotheriiden hervor. Sie hatten ein kleines Gehirn und starben bereits im Oligozän aus. *Eotitanops* lebte im Unteren Eozän in Nordamerika und überlebte in Asien bis ins Mittlere Eozän.

NAME: ***Dolichorhinus***
ZEITLICHE VERBREITUNG: ***Oberes Eozän***
GEOGRAPHISCHE VERBREITUNG: ***Nordamerika***
GRÖSSE: ***1,2 m Schulterhöhe***

Äußerlich erinnerte *Dolichorhinus* an ein kleines, hornloses Rhinozeros mit auffällig langem Kopf. Es hatte ausschließlich niederkronige Zähne und lebte ganz ähnlich wie ein modernes Nashorn. Im übrigen behielt es die vierzehigen Vorder- und dreizehigen Hinterbeine bei. Bei keinem Tier in der gesamten Brontotheriidenlinie entwickelte sich jemals eine an das schnelle Laufen angepaßte Beinstruktur mit verringerter Zehenzahl, wie sie für die Pferde und Antilopen typisch ist.

NAME: ***Brontops***
ZEITLICHE VERBREITUNG: ***Unteres Oligozän***
GEOGRAPHISCHE VERBREITUNG: ***Nordamerika***
GRÖSSE: ***2,5 m Schulterhöhe***

Als das Eozän ins Oligozän überging, wurden die Brontotheriiden sehr groß – größer als alle heute noch existierenden Nashornarten. Parallel dazu entstanden die typischen Knochenfortsätze auf der Schnauze.

Es wurden Skelette von *Brontops* entdeckt, die partiell geheilte Rippenbrüche aufwiesen. Dieser Umstand stützt die Theorie, daß die Schädelauswüchse bei Rangordnungskämpfen rivalisierender Männchen eine Rolle spielten. Die Knochenbrüche sind wohl so zu deuten, daß das betroffene Tier von einem Rivalen einen kräftigen Stoß in die Flanken erhielt. Kein anderes Tier hätte *Brontops* zu jener Zeit solche Verletzungen zufügen können. Da sich der Brustkorb während des Atmens dauernd bewegte, konnten die gebrochenen Knochen nicht mehr in der alten Form zusammenwachsen.

NAME: ***Embolotherium***
ZEITLICHE VERBREITUNG: ***Unteres Oligozän***
GEOGRAPHISCHE VERBREITUNG: ***Asien (Mongolei)***
GRÖSSE: ***2,5 m Schulterhöhe***

Der Kopf von *Embolotherium* ist ein typisches Beispiel für jene grotesken Formen, die späte Brontotheriiden entwickelten. Der Fortsatz begann am hinteren Ende des Schädels, bildete weiter vorne eine tiefe Ausbuchtung und endete schließlich in einem massiven, verbreiterten »Horn« auf der Nase. Der flache Schädel ließ nur wenig Raum für das Gehirn: Es war – wie bei anderen großen Brontotheriiden – gerade faustgroß.

NAME: ***Brontotherium***
ZEITLICHE VERBREITUNG: ***Unteres Oligozän***
GEOGRAPHISCHE VERBREITUNG: ***Nordamerika***
GRÖSSE: ***2,5 m Schulterhöhe***

Die Knochen dieses riesenhaften Säugers sind in den Badlands von South Dakota und Nebraska ziemlich häufig anzutreffen. Die dort ansässigen Sioux-Indianer brachten sie von jeher mit Fabelwesen in Verbindung und interpretierten sie als die großen Pferde, die über den Himmel galoppieren und dabei Gewitterstürme hervorrufen. Auch die wissenschaftliche Bezeichnung *Brontotherium* – »Donnertiere« – beruht darauf. *Brontotherium* selbst war größer als alle heute noch existierenden Nashörner. Das Horn auf der Nase war Y-förmig.

Die Schulterwirbel hatten gewaltige, nach oben gerichtete Fortsätze. Sie dienten offensichtlich als Ansatzstellen für mächtige Halsmuskeln, die den schweren Kopf mit dem eigentümlichen Schmuckhorn tragen mußten. Vielleicht besaß *Brontotherium* auch fleischige Lippen und eine Greifzunge.

Brontotherium zog in Herden durch die buschreichen Graslandschaften am Fuße der Rocky Mountains, die in jener Zeit gerade in Entstehung begriffen waren. Viele Vulkane waren demnach in jenem Gebiet aktiv, und es kam immer wieder vor, daß *Brontotherium*-Herden unter einer Ascheschicht begraben wurden. In eben diesen vulkanischen Ablagerungen findet man heute die Skelette.

Unterordnung Ancylopoda

Die zweite Unterordnung der Unpaarhufer umfaßt einige recht bizarre Tiere, welche die Paläontologen vor manche Rätsel stellen. Man unterscheidet zwei Familien. Die *Eomoropidae* entwickelten sich als erste und ähnelten im allgemeinen anderen ursprünglichen Unpaarhufern. Sie lebten während des Eozäns und des Unteren Oligozäns in Ostasien und Nordamerika. Die zweite Familie der *Ancylopoda* sind die *Chalicotheriidae*. Sie entstanden wahrscheinlich in Eurasien und breiteten sich im Miozän nach Afrika und Nordamerika aus. In Ostasien und in Zentralasien überlebten sie mit geringen stammesgeschichtlichen Veränderungen bis vor ungefähr 2 Millionen Jahren.

Familie Chalicotheriidae

Während die übrigen Huftiere Hufe an ihren Zehen hatten, entwickelten die *Chalicotheriidae* große Krallen und konnten daher allem Anschein nach nicht sehr schnell laufen. Das Gebiß und andere Merkmale höherentwickelter Chalicotheriiden deuten darauf hin, daß die Tiere im Wald lebten und Blätter fraßen.

Obwohl der Fossilnachweis spärlich ist, handelte es sich bei den *Chalicotheriidae* offensichtlich um eine bemerkenswert erfolgreiche Gruppe, denn sie hielten sich über einen Zeitraum von fast 50 Millionen Jahren. Tiergestalten, die an Chalicotheriiden erinnern, schmücken sibirische Gräber aus dem 5. vorchristlichen Jahrhundert. Und aus den Wäldern Kenias wird immer wieder von Sichtungen des sogenannten Nandi-Bären berichtet. Es heißt, das Tier habe längere Vorder- als Hintergliedmaßen, große bärenartige Krallen und dazu einen Pferdekopf. Kein Wunder, daß es Stimmen gibt, denen zufolge die *Chalicotheriidae* bis auf den heutigen Tag überlebt haben.

Name: ***Moropus***
Zeitliche Verbreitung: ***Unteres bis Mittleres Miozän***
Geographische Verbreitung: ***Nordamerika***
Länge: ***3 m***

Die Chalicotheriiden wurden oft als »Pferde mit Krallen« beschrieben. Der Vergleich ist sicher nicht sehr glücklich gewählt, obgleich man sagen muß, daß Kopf und Körper tatsächlich entfernt an ein Pferd erinnern. Dagegen sind die schweren Beine keinesfalls für den schnellen Lauf geeignet. Die Zähne waren niederkronig, was andeutet, daß die Tiere eher weiche Blätter als harte Gräser fraßen.

Der Rücken von *Moropus* fiel zur Beckenregion hin ab. Die Vordergliedmaßen waren lang und trugen drei lange, gespaltene Krallen. Ihre Funktion bleibt ein Rätsel. Vielleicht gruben die Tiere damit Wurzeln und Knollen aus, doch fehlen dem Gebiß entsprechend starke Abnützungserscheinungen.

Vielleicht richtete sich *Moropus* auf die Hinterbeine auf und angelte sich mit den Krallen Geäst herunter. Die Ellbogengelenke scheinen aber nicht sehr beweglich gewesen zu sein; es ist daher anzunehmen, daß diese Art des Futtererwerbs eher die Ausnahme denn die Regel gewesen ist. Vielleicht ernährte sich *Moropus* auf beiderlei Weise und benutzte die Krallen möglicherweise auch zur Verteidigung.

Unterordnung Ceratomorpha

Die letzte Unterordnung der Unpaarhufer umfaßt die Tapire und die Nashörner (s. S. 262–265).

Die Tapire gehörten zu den ersten Unpaarhufern und entstanden bereits im Unteren Eozän, vor ungefähr 55 Millionen Jahren, also zur selben Zeit wie die ersten Chalicotheriiden (s. o.) und Pferde (s. S. 254–257). Die Tapire sind kräftig gebaute Pflanzenfresser tropischer Regionen. Sie hatten eine weite Verbreitung in Europa, Asien und Nordamerika und überschritten erst vor verhältnismäßig kurzer Zeit den Äquator. Tapire überlebten in den wärmeren Gebieten Europas, Asiens und Nordamerikas bis zum Oberen Pleistozän, also bis vor ungefähr 10000 Jahren.

Die Tapire gehören, stammesgeschichtlich gesehen, zu den »konservativsten« Säugern: Im Laufe von 55 Millionen Jahren veränderten sie sich bemerkenswert wenig. Die Tapire entwickelten wie die Palaeotheriiden (s. S. 254–257) eine Körperform, die sich in den dichten tropischen Wäldern geradezu als ideal erwies. Diese Anpassung war so erfolgreich, daß sie sich unabhängig voneinander in ganz unterschiedlichen Gruppen entwickelte – zum Beispiel auch bei den Nabelschweinen (s. S. 266–269) und den Wasserschweinen (s. S. 282–285).

Familie Helaletidae

Die Helaletiden waren eine der ersten Tapirfamilien. Die Tiere sahen aus wie die heutigen Arten, waren aber kleiner und leichter gebaut.

Name: ***Heptodon***
Zeitliche Verbreitung: ***Unteres Eozän***
Geographische Verbreitung: ***Nordamerika (Wyoming)***
Länge: ***1 m***

Heptodon war ein früher Vertreter der *Helaletidae*, hatte aber bereits die charakteristische Tapirgestalt entwickelt. Allerdings fehlte ihm noch der Rüssel. Der kurze Rüssel, der die modernen Tapire so eindeutig charakterisiert, zeigt sich in einer Art Vorform bei der Gattung *Helaletes* als fleischiger Auswuchs der Oberlippe. *Helaletes* war mit *Heptodon* verwandt und lebte im Mittleren und Oberen Eozän Nordamerikas und Asiens. Der Rüssel ist ein sehr nützliches Organ, mit dessen Hilfe sich die Tapire Zweige und Blätter heranholen.

Familie Tapiridae

Die Familie, zu der auch die modernen Tapire gehören, kann bis ins Untere Oligozän zurückverfolgt werden und ist damit ungefähr 40 Millionen Jahre alt. Die vier rezenten Tapirarten gehören alle zur Gattung *Tapirus*. Zwei von ihnen kommen in Mittelamerika und im nördlichen Südamerika, die zwei anderen in Südostasien vor. In ihren ursprünglichen Entstehungsgebieten auf der Nordhalbkugel konnte sich keine Art mehr halten. Die reliktartige Verbreitung wird oft als Beweis für die Existenz des Südkontinents Gondwana angeführt. Man nimmt an, daß die Tiere ihre jetzigen Verbreitungsgebiete okkupierten, bevor die Kontinente langsam auseinanderzudriften begannen.

Name: ***Miotapirus***
Zeitliche Verbreitung: ***Unteres Miozän***
Geographische Verbreitung: ***Nordamerika***
Länge: ***2 m***

Die charakteristischen Tapirmerkmale – massiger Körper, kurze Beine, kurzer Schwanz, breiter Kopf mit kurzer beweglicher Schnauze, kurzer Hals – traten schon früh in der Stammesgeschichte der Unpaarhufer auf und blieben seither unverändert. *Miotapirus* war wahrscheinlich wie die heutigen Tapirarten nachtaktiv und ebenso anpassungsfähig: Man fand fossile Überreste der Art von Meereshöhe bis in 4500 m Höhe.

Nashörner

INDRICOTHERIUM
COELODONTA
ELASMOTHERIUM

Nashörner

Die Nashörner und ihre nächsten Verwandten gehören zu den Unpaarhufern *(Perissodactyla)*. Im Gegensatz zu den Pferden, die nur noch über eine einzige Zehe verfügen, besitzen die Nashörner drei Zehen. Die mittlere oder dritte Zehe trägt das Körpergewicht.

Familie Hyrachyidae

Bei den Hyrachyiden handelt es sich um Übergangsformen zwischen den Tapiren (s. S. 258–261) und den Nashörnern. Letztere entwickelten sich im Oberen Eozän, vor ungefähr 40 Millionen Jahren, aus einem *Hyrachyus* nahestehenden Tapir.

Name: ***Hyrachyus***
Zeitliche Verbreitung: **Unteres bis Oberes Eozän**
Geographische Verbreitung: **Nordamerika (Wyoming), Asien (China) und Europa (Frankreich)**
Länge: **1,5 m**
Hyrachyus ähnelte insgesamt *Heptodon* (s. S. 259, 261), war jedoch etwas größer und kräftiger gebaut. Die Gattung war weit verbreitet und sehr artenreich. Die Dimensionen schwankten zwischen Fuchs- und Tapirgröße. *Hyrachyus* scheint der Vorfahre sowohl der späteren Tapire als auch der Nashörner gewesen zu sein. Aufgrund seiner verblüffenden Ähnlichkeit mit einer frühen Nashornform wird er trotz seines relativ leichten Baus oft zu den Nashörnern gestellt.

Überfamilie Rhinoceratoidea

Die *Rhinoceratoidea* bilden die größte Überfamilie der Unterordnung *Ceratomorpha*. Nur eine Familie darunter, die *Rhinocerotidae*, entwickelten Hörner, die allerdings nicht aus Knochen, sondern strenggenommen aus stark komprimiertem Haar bestehen.
Die *Rhinoceratoidea* entwickelten sich im Mittleren Eozän und paßten sich, als die Wälder weltweit offenen Grasgebieten Platz machten, den veränderten Umweltbedingungen an. Den Brontotheriiden (s. S. 258–261) gelang dies nicht; sie starben daher aus. Inzwischen haben die Nashörner ihren Höhepunkt längst überschritten, denn es überleben nur noch fünf Arten. Die Stammesgeschichte der *Rhinoceratoidea* ist ziemlich komplex. Man unterscheidet drei Familien.

Familie Hyracodontidae

Die hornlosen *Hyracodontidae* umfassen ungefähr ein Dutzend Gattungen und stellen die älteste und primitivste Familie der Gruppe dar. Wahrscheinlich entwickelten sie sich aus einem tapirähnlichen Tier wie beispielsweise *Hyrachyus*.
Die großen, leistungsfähigen Backenzähne waren denen der Tapire ähnlich, während die Schneide- und Eckzähne unterschiedliche Modifikationen aufwiesen. Die ersten Hyracodontiden erinnerten mit ihren langen Gliedmaßen sogar an Pferde. Erst spätere Vertreter der Familie entwickelten einen kompakteren Körperbau.

Name: ***Hyracodon***
Zeitliche Verbreitung: **Unteres Oligozän bis Unteres Miozän**
Geographische Verbreitung: **Nordamerika (Saskatchewan, Dakota, Nebraska)**
Länge: **1,5 m**
Hyracodon war ein leicht gebautes, schnelles Tier, das ein bißchen wie ein Pony aussah. Wie bei den Pferden war die Zehenzahl reduziert; dadurch verlor der Fuß Gewicht und das Tier konnte ihn schneller bewegen. Alle Beinmuskeln konzentrierten sich im oberen Teil.
Der mächtige Kopf erschien überproportional groß. Das Tier verfügte noch nicht über ein Horn, und der einzige Schutz gegen Fleischfresser wie *Hyaenodon* (s. S. 211–213), den letzten Creodonten, oder frühe hundeartige Tiere (siehe S. 218–221) lag in der Flucht. Die rückwärtigen Zähne zeigten einen typischen nashornähnlichen Aufbau; sie waren niederkronig und an das Zerreiben von Blättern angepaßt.

Name: ***Indricotherium***
Zeitliche Verbreitung: **Oligozän**
Geographische Verbreitung: **Asien (Pakistan und China)**
Länge: **8 m**
Es erscheint fast unmöglich, daß ein so leichtes, leichtgewichtiges und leichtfüßiges Tier wie *Hyracodon* sich zum größten bekannten Landsäuger aller Zeiten entwickeln konnte, doch sprechen alle Hinweise dafür.
Indricotherium war ein riesenhaftes Tier. Wir kennen es auch unter der Bezeichnung *Baluchitherium* (nach einer pakistanischen Provinz, in der bedeutende Exemplare gefunden wurden). Mit einem geschätzten Gewicht von 30 t wog *Indricotherium* doppelt soviel wie das größte bekannte Mammut und über viermal soviel wie der schwerste rezente Elefant. Der Schädel allein war 1,30 m lang und dabei noch verhältnismäßig klein im Vergleich zur gesamten Körpergröße.
Die Rücken- und Halswirbel enthielten viele Hohlräume und bestanden wie bei den größten Dinosauriern eigentlich nur noch aus Verstrebungen. Damit konnte das Gewicht verringert werden, ohne daß die Stabilität darunter litt. Die Beine waren elefantenähnlich, doch das gesamte Gewicht trugen – wie bei den Nashörnern – nur drei Zehen. Auch *Indricotherium* trug kein Horn, ja die Nasenknochen waren sogar ziemlich schwach.

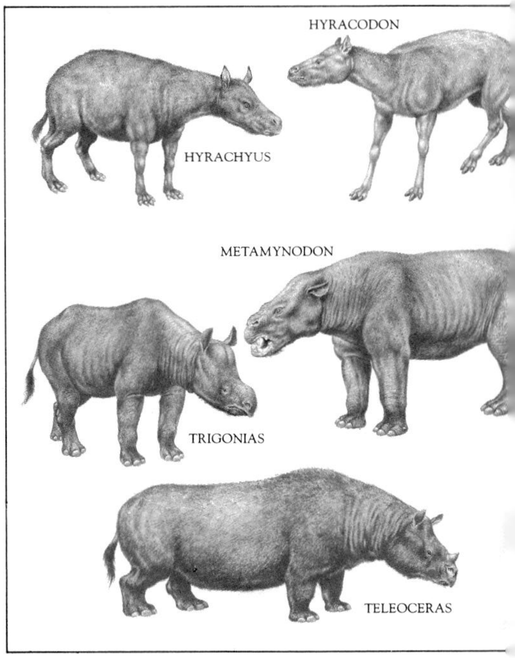

Die Vorderzähne fossiler Nashörner zeigen eine große Variationsbreite. Dennoch fallen die Zähne von *Indricotherium* völlig aus dem Rahmen: Es war nur je ein Paar ausgebildet; das obere Paar war wie Hauer nach unten, das untere Paar dagegen nach vorne gerichtet.
Indricotherium lebte wahrscheinlich in kleinen Familienverbänden zusammen und bewohnte offene Savannengebiete mit einzeln stehenden Bäumen.
Ein Skelett wurde in Gesteinen entdeckt, die aus ehemaligen Sümpfen entstanden waren. Man kann sich unschwer vorstellen, welche Schwierigkeiten ein derart großes Tier auf sumpfigem Boden gehabt haben muß.

Familie Amynodontidae

Bei den Amynodontiden handelt es sich um eine kurzlebige, ungefähr zehn Gattungen umfassende Tiergruppe aus dem Eozän und dem Oligozän. Die Tiere erinnerten an Flußpferde und lebten wahrscheinlich amphibisch.
Zu den Merkmalen, die auf eine semiaquatische Lebensweise hindeuten, zählen bei einigen Gattungen die beweglichen Lippen und die Hauer. Bei den übrigen beiden Nashornfamilien waren die Eckzähne kurz oder fehlten ganz. Bei den Amynodontiden hingegen waren sie auffallend stark entwickelt und gekrümmt und wuchsen kontinuierlich nach.
Wahrscheinlich übernahmen die Amynodontiden die ökologische Nische, die zuvor wasserbewohnende *Pantodonta* wie *Coryphodon* (s. S. 234–237) innegehabt hatten. Sie selbst mußten später den wasserbewohnenden Nashörnern aus der höher entwickelten Familie *Rhinocerotidae* wie beispielsweise *Teleoceras* (s. u.) weichen.

NAME: ***Metamynodon***
ZEITLICHE VERBREITUNG: ***Oberes Eozän bis Unteres Miozän***
GEOGRAPHISCHE VERBREITUNG: ***Nordamerika (Nebraska, South Dakota) und Asien (Mongolei)***
LÄNGE: ***4 m***

Die Reste von *Metamynodon* und seinen Verwandten fand man in Gesteinen, die sich aus Flußablagerungen gebildet hatten. Das deutet darauf hin, daß die Tiere vorwiegend im Wasser lebten.
Metamynodon ähnelte einem Flußpferd. Es hatte einen breiten, flachen Kopf, einen kurzen Hals, einen massiven, tonnenartigen Körper und kurze Beine. Die Vorderbeine waren unter den Nashörnern insofern einzigartig, als sie vier Zehen aufwiesen.
Metamynodon trug eine Art Kamm mitten auf dem Schädel. Obwohl dieses Merkmal normalerweise mit fleischfressenden Säugern assoziiert wird, lebte *Metamynodon* ohne Zweifel von Pflanzen. Vielleicht diente der Kamm als Ansatzfläche für kräftige Kaumuskeln, die zähe, verholzte Nahrung verarbeiten mußten.
Flußpferdartig waren auch die vergrößerten Eckzähne. *Metamynodon* wühlte mit ihnen vielleicht im Boden der Gewässer. Wahrscheinlich besaß *Metamynodon* auch sehr bewegliche Lippen zum Greifen.
Eine weitere Anpassung an das Leben im Wasser zeigte sich bei den Augen. Sie standen hoch oben am Schädel und erlaubten es dem Tier noch, die Umgebung zu mustern, wenn der Körper nahezu völlig untergetaucht war.

Familie Rhinocerotidae

Zu dieser Familie zählen die heutigen Nashörner. Die *Rhinocerotidae* entstanden im Oberen Eozän oder Unteren Oligozän und bewohnten Nordamerika, Asien, Europa und Afrika. Im Pliozän gingen die Nashörner jedoch zurück und waren am Ende des Miozäns, vor 5 Millionen Jahren, aus Nordamerika völlig verschwunden. Da dies ungefähr 2 Millionen Jahre vor der Bildung der Landbrücke von Panama geschah, konnten die Nashörner Südamerika nicht mehr besiedeln. Ebensowenig wanderte das Wollnashorn *Coelodonta* (s. u.), das einst in ganz Eurasien verbreitet war, über die Landbrücke im Gebiet der heutigen Beringsee nach Nordamerika ein.
Die *Rhinocerotidae* paßten sich den verschiedenen Nahrungsangeboten und Lebensräumen an. Viele fraßen weiche Blätter, andere spezialisierten sich auf hartfaserige Gräser. Einige entwickelten eine dichte Körperbehaarung, die es ihnen ermöglichte, selbst während der pleistozänen Eiszeiten in nördlichen Regionen zu überleben. Und manche Arten entwickelten Hörner aus »verklebten« Haaren, die jedoch nicht fossil erhalten blieben.
Der kontinuierliche Rückgang dieser Tiere, zu denen heute die größten Landsäuger nach den Elefanten gehören, ist vermutlich zum Teil auf Klimaveränderungen, gewiß aber auch auf das Auftreten des Menschen zurückzuführen. Von einstmals an die 50 Gattungen leben gegenwärtig nur mehr 5 Arten.

NAME: ***Trigonias***
ZEITLICHE VERBREITUNG: ***Unteres Oligozän***
GEOGRAPHISCHE VERBREITUNG: ***Nordamerika (Montana) und Europa (Frankreich)***
LÄNGE: ***2,5 m***

Der älteste wohlerhaltene Rhinocerotide ist *Trigonias*. Äußerlich sah er bereits den heutigen Nashörnern ähnlich, doch trug er noch kein Horn auf der Nase. *Trigonias* besaß auch noch mehr Zähne im Kiefer als die spätere Form, wenngleich die Zahl von Art zu Art unterschiedlich gewesen zu sein scheint.
Die Vorderbeine hatten fünf Zehen, obwohl die fünfte klein war und nicht mehr den Boden berührte.

NAME: ***Teleoceras***
ZEITLICHE VERBREITUNG: ***Mittleres bis Oberes Miozän***
GEOGRAPHISCHE VERBREITUNG: ***Nordamerika (Nebraska)***
LÄNGE: ***4 m***

Die Rhinocerotiden entwickelten wie die Amynodontiden auch flußpferdähnliche Formen. *Teleoceras* ist ein typisches Beispiel dafür. Das Tier hatte einen langen, massiven Rumpf mit gedrungenen Beinen, die derart kurz waren, daß der Bauch gelegentlich auf dem Boden geschleift haben dürfte.
Ein ganz und gar nicht flußpferdähnliches Merkmal war das kurze, konische Horn auf der Nase. Möglicherweise wiesen nur Männchen dieses Merkmal auf und verwendeten es zum Imponieren und zur Verteidigung.

NAME: ***Elasmotherium***
ZEITLICHE VERBREITUNG: ***Pleistozän***
GEOGRAPHISCHE VERBREITUNG: ***Europa (Südrußland) und Asien (Sibirien)***
LÄNGE: ***5 m***

Als die Wälder des Alttertiär den Grasgebieten des Jungtertiär Platz machten, paßten sich viele Tiergruppen entsprechend an. Unter den Nashörnern ist *Elasmotherium* ein Beispiel für diese Entwicklung.
Elasmotherium hatte keine Schneidezähne mehr und riß mit seinen Lippen Grasbüschel aus. Die Backenzähne sahen aus wie bei einem überdimensionalen Pferd: hochkronig, mit Zement verstärkt und mit gefalteten Schmelzleisten. Zähne dieser Art verraten die Anpassung an Grasnahrung. Je mehr die Zähne abgenutzt wurden, desto mehr traten die Schmelzleisten hervor und sorgten für zusätzliche Reibflächen. Die Zähne hatten keine Wurzeln und wuchsen kontinuierlich weiter, um die Abnutzung auszugleichen.
Ein Tier, das in offenen Grasgebieten lebt, muß Räubern entweder schnell entkommen können oder so groß und so gut gepanzert sein, daß sie ihm nichts anhaben können. *Elasmotherium* befolgte die zweite Strategie; es war die größte bekannte Art der *Rhinocerotidae* und beinahe so groß wie ein heutiger Elefant.
Das Horn von *Elasmotherium* war ein bemerkenswertes, 2 m langes Gebilde, dessen Basis sich über den gesamten Vorderkopf erstreckte. Eine große knöcherne Vorwölbung darunter sorgte für eine bessere Verankerung.

NAME: ***Coelodonta***
ZEITLICHE VERBREITUNG: ***Pleistozän***
GEOGRAPHISCHE VERBREITUNG: ***Europa (Großbritannien) und Asien (Ostsibirien)***
LÄNGE: ***3,5 m***

Coelodonta entstand im Pliozän Ostasiens und wanderte von dort nach Europa (aber nicht nach Nordamerika). Hier wurde es zum bekannten Wollnashorn der Eiszeit.
Coelodonta trug auf der Schnauze ein Paar große Hörner, wobei das vordere bei alten Männchen eine Länge von über 1 m erreichte.
Ähnlich wie das Wollhaarige Mammut (s. S. 243, 245) war auch der Körper von *Coelodonta* von einem zottigen Fell überzogen, das dem Tier unter den harschen Klimaverhältnissen auf der Tundra und den Steppengebieten unweit der großen Gletscher der Nordhalbkugel als Wärmeschutz diente. Im sibirischen Dauerfrostboden sind fellbedeckte Kadaver von Wollnashörnern erhalten geblieben.
Und schließlich gibt es auch Augenzeugen. Frühe Menschen jagten das große Tier und stellten es vor 30000 Jahren auf Wandmalereien in französischen Höhlen dar.

Schweine und Flußpferde

HIPPOPOTAMUS GORGOPS
PLATYGONUS
METRIDIOCHOERUS

Schweine und Flußpferde

Ordnung Artiodactyla
Die *Artiodactyla* sind die Paarhufer und damit die am weitesten verbreiteten und formenreichsten Grasfresser der Jetztzeit. Sie unterscheiden sich von ihren entfernten Verwandten, den Unpaarhufern, dadurch, daß im Normalfall zwei oder vier und nicht drei oder eine Zehe pro Fuß das Körpergewicht tragen. Da diese Zehen halbkreisförmig angeordnet und von einer Nagelscheide umgeben sind, ergibt sich das für Schweine, Hirsche und Rinder typische Bild eines gespaltenen Hufs.
Die Paarhufer traten zuerst im Eozän, vor ungefähr 50 Millionen Jahren, auf und entwickelten sich langsamer als die Unpaarhufer (s. S. 254–265). Gegen Ende des Eozäns, vor zirka 37 Millionen Jahren, existierten die meisten Gruppen bereits. In der Folgezeit überholten sie ihre Rivalen rasch.
Mit Ausnahme der schweineartigen Tiere (Schweine, Nabelschweine und Flußpferde, s. u.) sind die Paarhufer allesamt Wiederkäuer. Sie kauen die vorverdaute Nahrung noch einmal durch, um die Effizienz der Verdauung zu steigern.
Der Magen der Wiederkäuer ist in drei oder vier Kammern unterteilt. Die erste ist der Pansen *(Rumen)*. Die Tiere verschlucken das Futter und vergären es mit Hilfe von Bakterien im Pansen und im zweiten Magen, dem Netzmagen. Anschließend wird die Nahrung wieder hochgewürgt und noch einmal gekaut. Schließlich wird sie erneut verschluckt und wandert nun durch den gesamten Verdauungskanal.
Durch das Wiederkäuen wurde die Nährstoffausbeute enorm gesteigert. Dies gilt vor allem für jene hartfaserigen Pflanzen, die unter den trockenen klimatischen Bedingungen des Miozäns heranwuchsen. Die Paarhufer konnten infolge dieser Entwicklung Lebensräume besiedeln, die ihnen sonst verschlossen geblieben wären.
Die Bedeutung der Huftiere (und unter ihnen besonders die der Paarhufer) für die Evolution und die soziale Entwicklung des Menschen ist nicht zu leugnen. Paarhufer waren für unsere frühen Vorfahren lebenswichtig; sie wurden gejagt und lieferten Nahrung, Werkzeuge, Leder und Felle. Später begann der Mensch diverse Arten zu domestizieren und erschloß sich dadurch neue Ressourcen wie Milch, Wolle, Transportmöglichkeiten und Arbeitskraft. Paarhufer zogen Pflüge, betrieben Bewässerungsanlagen und Mühlen und trugen somit entscheidend zur Entwicklung eines leistungsfähigen Ackerbaus bei. Bis auf den heutigen Tag ist der Mensch von den Paarhufern abhängig.

Unterordnung Suina
Das Wort *Suina* ist abgeleitet vom lateinischen Wort *sus* (Schwein) und bedeutet »Schweineartige«. Die Unterordnung umfaßt die nicht wiederkäuenden Paarhufer, das heißt die Flußpferde, die Schweine und die Nabelschweine nebst einer Reihe ausgestorbener Gruppen.
Die Schweineartigen gelten allgemein als die primitivste Unterordnung der Paarhufer. Die meisten zeigen ein ganz einfaches, nahezu vollständiges Gebiß, und ihr Verdauungsapparat ist am wenigsten spezialisiert. Obwohl der Magen in zwei oder drei Kammern unterteilt sein mag, kennen die Schweineartigen kein Wiederkäuen.

Familie Dichobunidae
Die Dichobuniden sind eine Familie kleiner, primitiver Säuger, die vermutlich eher Kaninchen als Huftieren ähnelten. Ihre Eingliederung bei den Paarhufern mag unangemessen erscheinen, da viele Arten über fünfzehige Füße verfügten. Aus bestimmten Skelettmerkmalen geht jedoch hervor, daß sich alle übrigen Gruppen aus dieser Familie entwickelten.

Name: ***Diacodexis***
Zeitliche Verbreitung: ***Unteres Eozän***
Geographische Verbreitung: ***Europa (Frankreich), Nordamerika (Wyoming) und Asien (Pakistan)***
Länge: ***50 cm einschließlich des Schwanzes***
Diacodexis gilt als der älteste Paarhufer. Das Tier hatte einfache Zähne, und es waren nach wie vor fünf Finger oder Zehen vorhanden – obwohl, wie bei den meisten Paarhufern, die dritte und die vierte Zehe am längsten waren. Vielleicht trug *Diacodexis* auch schon kleine Hufe an den Zehen. Offensichtlich lebte das Tier im dichten Unterwuchs der Wälder und ernährte sich von Blättern.
Diacodexis ähnelte äußerlich einem Muntiak, hatte aber kurze Ohren und einen langen Schwanz. Auch die Beine waren in der Relation länger als die eines Kaninchens. Zudem waren Vorder- und Hinterbeine gleich lang, woraus man schließen kann, daß *Diacodexis* eher lief als hoppelte oder hüpfte. In der Tat war das Tier besser als alle uns bekannten Zeitgenossen aus dem Eozän an eine laufende Fortbewegung angepaßt: Die Gelenke zwangen den Fuß zu einer Auf- und Abbewegung, und die Fuß- und Unterschenkelknochen waren länger als die der Oberschenkel.

Familie Entelodontidae
Diese großen, schweineähnlichen Tiere entstanden wahrscheinlich im Oberen Eozän in Asien. Sie bevölkerten Europa und Asien und breiteten sich auch über Nordamerika aus. Ihre Blütezeit hatte die Familie im Oligozän. Einige Formen überlebten in Nordamerika bis ins Untere Miozän, also bis vor ungefähr 20 Millionen Jahren. Manche Arten zeichneten sich durch einen schweren Körperbau aus und erreichten die Größe eines Flußpferdes.
Ein auffälliges Merkmal der Entelodontiden waren zwei Paar Knochenhöcker auf beiden Seiten des Unterkiefers.

Name: ***Archaeotherium***
Zeitliche Verbreitung: ***Unteres Oligozän bis Unteres Miozän***
Geographische Verbreitung: ***Nordamerika (Colorado) und Asien (China, Mongolei)***
Länge: ***1,2 m***
Archaeotherium sah mit seinem schmalen, krokodilähnlichen Kopf wie ein Warzenschwein aus. Der Schädel war beträchtlich verlängert und trug unter den Augen und am Unterkiefer auffallende Knochenhöcker, die möglicherweise als Ansatzflächen für besonders kräftige Kiefermuskeln dienten. Das Tier wäre dann imstande gewesen, Knollen und zähe Wurzeln zu zerkleinern. Die Anordnung und Form der Zähne deutet darauf hin, daß *Archaeotherium* wie das Wildschwein nahezu alles fressen konnte und selbst vor den Kadavern verendeter Tiere nicht zurückscheute.
Die Schultern waren aufgrund einer Reihe langer Wirbelfortsätze, an denen zur Stützung des schweren Kopfes starke Halsmuskeln ansetzten, ziemlich hoch.
Das Gehirn selbst war winzig, verfügte aber über große Riechlappen, die mit dem Geruchssinn assoziiert waren. *Archaeotherium* schnüffelte mit gesenktem Kopf in der oligozänen Strauchlandschaft herum und verließ sich bei der Nahrungssuche wohl hauptsächlich auf seine Nase.

Name: ***Dinohyus***
Zeitliche Verbreitung: ***Unteres bis Oberes Miozän***
Geographische Verbreitung: ***Nordamerika (Nebraska und South Dakota)***
Länge: **3 m**
Die Entelodontiden erreichten ihre Maximalgröße im nordamerikanischen Allesfresser *Dinohyus*. Das Tier sah *Archaeotherium* sehr ähnlich.
Obwohl die Körperproportionen an ein Schwein erinnerten, dürfte das Gesicht des Tieres ziemlich unterschiedlich ausgesehen haben. Die Nase beispielsweise war nicht platt, und die Nasenlöcher standen an der Seite und nicht vorne an der Schnauze.

Familie Anthracotheriidae

Die Anthracotheriiden oder »Kohlentiere« sind vermutlich mit den Flußpferden verwandt. Ihr wissenschaftlicher Name geht auf die Gesteine zurück, in denen zahlreiche Arten aus dieser Familie gefunden wurden. Es handelte sich um eine im wesentlichen altweltliche, artenreiche Gruppe, die vom Eozän bis zum Pleistozän in Asien lebte, sich aber auch nach Nordamerika ausbreitete.
Die Anthracotheriiden waren wie die Flußpferde wohl überwiegend wasserbewohnende Tiere, und es ist durchaus möglich, daß in dieser ökologischen Nische die eine Familie die andere ablöste.

Name: ***Elomeryx***
Zeitliche Verbreitung: ***Oberes Eozän bis Oberes Oligozän***
Geographische Verbreitung: ***Europa (Frankreich) und Nordamerika (Dakota)***
Länge: **1,5 m**
Der flußpferdähnliche *Elomeryx* hatte einen langen Körper und kurze, gedrungene Beine. Auch der Kopf war lang und erinnerte oberflächlich an den eines Pferdes. Das Gebiß zeigte allerdings deutliche Unterschiede: Mit den verlängerten Eckzähnen konnte das Tier Wasserpflanzen entwurzeln, mit den spachtelartigen Schneidezähnen den Gewässerboden aufwühlen.
Im Gegensatz zu anderen Paarhufern, bei denen die Zehenzahl zumeist auf zwei reduziert war, besaß *Elomeryx* an den Vorderbeinen fünf Zehen (die erste als sogenannte Afterklaue) und an den Hinterbeinen vier. Derart verbreiterte Füße erleichterten das Gehen auf Sumpfboden.

Familie Hippopotamidae

Die Hippopotamiden sind eine verhältnismäßig junge Gruppe, die in das Obere Miozän zurückreicht. Vielleicht entwickelten sie sich aus den Anthracotheriiden (s. o.), deren ökologische Nische als sumpfbewohnende Pflanzenfresser sie wahrscheinlich übernahmen. Als Vorfahren kommen aber auch fossile Nabelschweine (s. u.) in Frage.
Der Name der Familie bedeutet, wörtlich aus dem Griechischen übersetzt, »Flußpferde«. Die meisten Arten lebten semiaquatisch, also teils auf dem Wasser und teils auf dem Land; einige kamen beziehungsweise kommen auch in Wäldern vor wie das rezente Zwergflußpferd. Die zweite heute noch existierende Art der Gruppe ist das fast vollständig im Wasser lebende Fluß- oder Nilpferd *(Hippopotamus amphibius)*.

Name: ***Hippopotamus***
Zeitliche Verbreitung: ***Oberes Miozän bis Jetztzeit***
Geographische Verbreitung: ***Asien, Afrika und Europa***
Länge: **4,3 m**
Die einzigen eindeutigen Unterschiede zwischen *Hippopotamus gorgops* aus dem ostafrikanischen Pleistozän und der rezenten Art *Hippopotamus amphibius* sind die ungeheure Größe und die besonders hervortretenden Augen der erstgenannten Art. Die Augen saßen ähnlich wie Periskope auf Stielen. Das Tier konnte somit selbst dann noch die Umgebung überblikken, wenn sich der Körper fast völlig unter Wasser befand.

Familie Tayassuidae

Die *Tayassuidae* (Nabelschweine oder Pekaris) ähneln ihren nächsten Verwandten, den echten Schweinen, so sehr, daß eine Unterscheidung anhand der Fossilfunde schwerfällt. Am lebenden Tier ist die Unterscheidung einfacher, weil die Eckzähne der Nabelschweine bei geschlossenem Maul nicht herausragen. Auch die Füße sind unterschiedlich, weil nur zwei Zehen vorhanden sind (seitliche Zehen reduziert). Das Schwein hingegen weist vier Zehen auf, wobei die seitlichen Zehen nur geringfügig kleiner sind.
Die rezenten Nabelschweine sind auf Südamerika und die südwestlichen Staaten Nordamerikas beschränkt. Die meisten fossilen Formen findet man in Nordamerika, wo die Familie sich im Oligozän auch entwickelte. Nabelschweine lebten früher aber auch in Eurasien und Afrika. Es waren – und sind heute noch – sehr anpassungsfähige Tiere, die in den unterschiedlichsten Lebensräumen vorkommen – von der Wüste bis in den tropischen Regenwald.

Name: ***Platygonus***
Zeitliche Verbreitung: ***Pliozän bis Oberes Pleistozän***
Geographische Verbreitung: ***Nordamerika (Great Plains) und Südamerika***
Länge: **1 m**
Platygonus war größer als rezente Nabelschweine und hatte auch längere Beine. Das Tier lebte vornehmlich im Wald, kam aber auch in der offeneren Landschaft der Great Plains vor.
Die Nase war schweineähnlich wie bei modernen Formen und bestand aus einer flachen Scheibe mit nach vorne gerichteten Nasenlöchern. Sie eignete sich hervorragend zur Nahrungssuche in Bodennähe.
Platygonus war ein Pflanzenfresser und besaß ein recht kompliziert aufgebautes Verdauungssystem, das eher dem eines Wiederkäuers ähnelte. Die geraden, nadelspitzen Eckzähne erinnerten, der vegetarischen Lebensweise zum Trotz, an ein Raubtiergebiß und dienten wahrscheinlich zur Verteidigung gegen große Katzen.

Familie Suidae

Die *Suidae* oder Echten Schweine entstanden im Oligozän in der Alten Welt, vermutlich in Asien. Im Miozän traten sie auch in Europa auf.
Obwohl die Schweine eher Allesfresser als Pflanzenfresser sind, besetzten sie dieselben Nischen wie die Nabelschweine in Süd- und Nordamerika.

Name: ***Metridiochoerus***
Zeitliche Verbreitung: ***Oberes Pliozän bis Unteres Pleistozän***
Geographische Verbreitung: ***Afrika (Tansania)***
Länge: **1,5 m**
Metridiochoerus, ein Zeitgenosse der frühen Menschen, war ein riesiges Warzenschwein mit auffallend schwerem Kopf. Die Eckzähne von Ober- und Unterkiefer ragten hervor und waren aufwärts gekrümmt. Die hochkronigen Backenzähne zeigten ein kompliziertes Muster von Höckern, das auf eine Allesfresserernährung schließen läßt.

Merycoidodontiden und erste Hornträger

PROTOCERAS

BLASTOMERYX

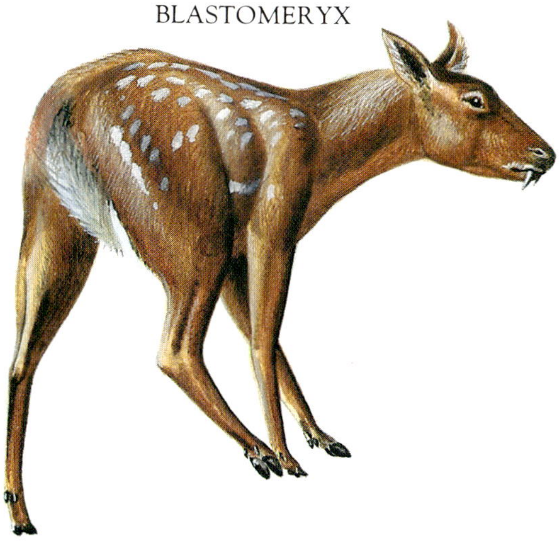

SYNTHETOCERAS

SYNDYOCERAS

Mercoidodontiden und erste Hornträger

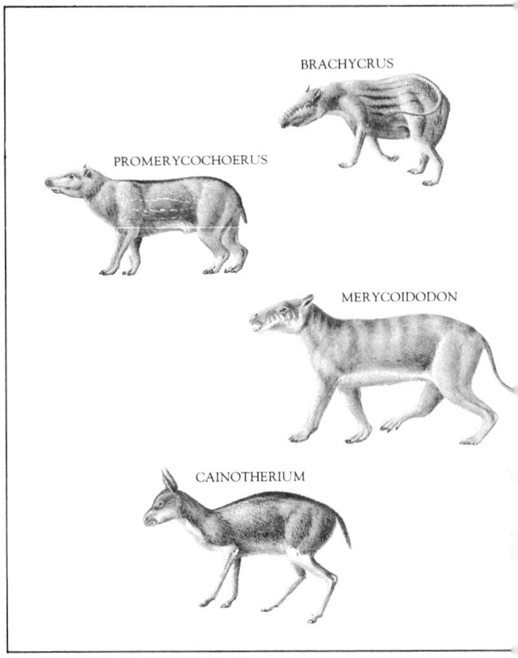

Unterordnung Tylopoda
Die *Tylopoda* – das Wort bedeutet »Schwielenfüße« oder »Schwielensohler« – stellen eine große Paarhufergruppe dar. Sie umfaßt die altweltlichen kaninchenähnlichen Cainotheriiden, die neuweltlichen schweineähnlichen Merycoidodontiden sowie die kamelartigen Tiere. In vielerlei Hinsicht stehen die *Tylopoda* zwischen den *Suina* (Schweine, Nabelschweine und Flußpferde, s. S. 266–269) und den *Ruminantia* (Giraffen, Hirsche und Rinder, s. S. 278–281). Die *Tylopoda* traten zuerst im Oberen Eozän auf, vor rund 40 Millionen Jahren, und waren bis zum Oberen Miozän hinauf häufig. Heute leben nur noch die Angehörigen der Familie *Camelidae*, nämlich die Kamele, die Lamas und ihre nächsten Verwandten (s. S. 274–277).

Familie Cainotheriidae
Bei den *Cainotheriidae* handelt es sich um eine primitive Familie der Unterordnung *Tylopoda*. Es waren weitgehend nichtspezialisierte Formen, und nur wenige Merkmale wiesen auf künftige, stärker spezialisierte Arten hin. Die meisten Angehörigen der Familie ähnelten in Größe, Aussehen und Fortbewegungsart den Kaninchen.

Name: ***Cainotherium***
Zeitliche Verbreitung: ***Oberes Oligozän bis Unteres Miozän***
Geographische Verbreitung: ***Europa (Spanien)***
Länge: **30 cm**
Cainotherium war ein kleines, kaninchenartiges Tier, dessen Hinterbeine länger waren als die Vorderbeine. Jene Teile des Gehirns, in denen Gehörs- und Geruchsinformationen verarbeitet wurden, waren wohlentwickelt, weshalb *Cainotherium* vermutlich auch lange, kaninchenartige Ohren besaß. Auch die Lebensweise dürfte ähnlich gewesen sein: *Cainotherium* hoppelte durch das Unterholz und ernährte sich von verhältnismäßig weichen Pflanzen.
Trotz dieser Parallelen handelte es sich ohne Zweifel um einen Paarhufer. Schon in jenem frühen Stadium der Evolution waren die Gliedmaßen schlank, und die vier Zehen (von denen die beiden äußeren reduziert waren) endeten in Hufen.
Im Gegensatz zum Kaninchen wies *Cainotherium* auch kein besonders spezialisiertes Gebiß auf. Es hatte noch die ursprüngliche Zahl von 44 Zähnen, die zwischen den Eckzähnen und den Vorbackenzähnen eine nahezu kontinuierliche Reihe ohne Lücke *(Diastema)* bildeten. Die Backenzähne waren allerdings ziemlich breit und wiesen fünf Höcker auf, die als Reibfläche dienten.
Cainotherium und verwandte Formen konkurrierten möglicherweise mit frühen Kaninchen- und Hasenarten um dieselbe ökologische Nische (s. S. 282–285) und verloren letztlich diesen Wettkampf. *Cainotherium* war auf Europa beschränkt und starb nach dem Unteren Miozän aus.

Familie Merycoidodontidae
Die Unterordnung *Tylopoda* hat sich vielleicht aus der Unterordnung *Suina* entwickelt. Einen Hinweis darauf geben uns die Angehörigen der *Merycoidodontidae*, die offensichtlich schweineähnliche und kamelähnliche Merkmale miteinander kombinierten.
Die Merycoidodontiden waren eine sehr erfolgreiche Gruppe und lebten als Pflanzenfresser im Wald und in Grasgebieten. Entstanden war die Familie im Oberen Eozän, vor ungefähr 35 Millionen Jahren, in Nordamerika. Besonders häufig vertreten war sie im Oligozän und im Miozän. Die Merycoidodontiden starben vor ungefähr 5 Millionen Jahren aus.
Viele Arten spezialisierten sich vermutlich auf bestimmte Lebensräume. Man hat zum Beispiel fossile Formen mit langen Schwänzen und bekrallten Zehen gefunden, die an kletternde Säugerarten erinnerten. Bei anderen standen nach Flußpferdmanier die Augen weit oben am Kopf, was vermuten läßt, daß die Tiere an eine semiaquatische Lebensweise angepaßt waren.

Name: ***Merycoidodon***
Zeitliche Verbreitung: ***Unteres bis Oberes Oligozän***
Geographische Verbreitung: ***Nordamerika (South Dakota)***
Länge: ***1,4 m***
Merycoidodon, ein typischer Vertreter seiner Familie, sah wahrscheinlich wie ein Schwein oder wie ein Pekari aus. Der Körper war allerdings länger, und die Beine waren kürzer. Da die Knochen der Gliedmaßen nicht miteinander verschmolzen waren, konnte das Tier allerdings nicht besonders schnell laufen. Die Unterschenkel waren ungefähr gleich lang wie die Oberschenkel; die Füße trugen vier Zehen.
Der ebenfalls schweineartige Kopf besaß noch das vollständige Gebiß mit 44 Zähnen. Interessant ist, daß die unteren Eckzähne wie Schneidezähne aussahen – ein Merkmal, das später wieder bei den Hirschen und Kamelen auftaucht.
Ein weiteres eigenartiges Merkmal ist eine Grube im Schädel unmittelbar vor den Augen, die vermutlich eine Drüse enthielt. Auch die heutigen Hirsche verfügen über Drüsen unter den Augen, welche dazu dienen, die Territorien mit Geruchsspuren zu markieren. *Merycoidodon* zeigte wahrscheinlich ein ähnliches Territorialverhalten.
Eine große Zahl von *Merycoidodon*-Fossilien findet sich in oligozänen Ablagerungen der Badlands in South Dakota. Offensichtlich zogen die Tiere in großen Herden durch die Wälder und Prärien jener Zeit.

Name: ***Brachycrus***
Zeitliche Verbreitung: ***Unteres und Mittleres Miozän***
Geographische Verbreitung: ***Nordamerika (Great Plains)***
Länge: ***1 m***
Brachycrus trat erst ziemlich spät in Nordamerika auf. Die Tiere waren etwas kleiner als *Merycoidodon* und wesentlich stärker spezialisiert.
Der Schädel und die Kiefer waren fast affenartig kurz, die Augenhöhlen nach vorne gerichtet. Die Nasenöffnungen befanden sich dagegen weit hinten, was darauf hindeutet, daß das Tier über einen tapirähnlichen Rüssel verfügte. Vermutlich diente er *Brachycrus* zum Aufspüren und Aufnehmen der Nahrung.

Name: ***Promerycochoerus***
Zeitliche Verbreitung: ***Unteres Miozän***
Geographische Verbreitung: ***Nordamerika (Oregon)***
Länge: ***1 m***
Es gibt Hinweise darauf, daß einige Merycoidodontiden amphibisch wie Flußpferde in Sümpfen und Flüssen lebten. *Promerycochoerus* gehörte vielleicht zu diesen semiaquatischen Formen, denn der Körper war auffallend lang und hatte kurze, gedrungene Gliedmaßen – eine Merkmalskombination, die für Tiere, die teils im Wasser und teils auf dem Festland leben, typisch ist.
Man unterscheidet zwei Hauptarten: *Promerycochoerus superbus* mit einem langen, tapirartigen Gesicht und *Promerycochoerus carrikeri* mit einem kurzen, schweineartigen Gesicht.

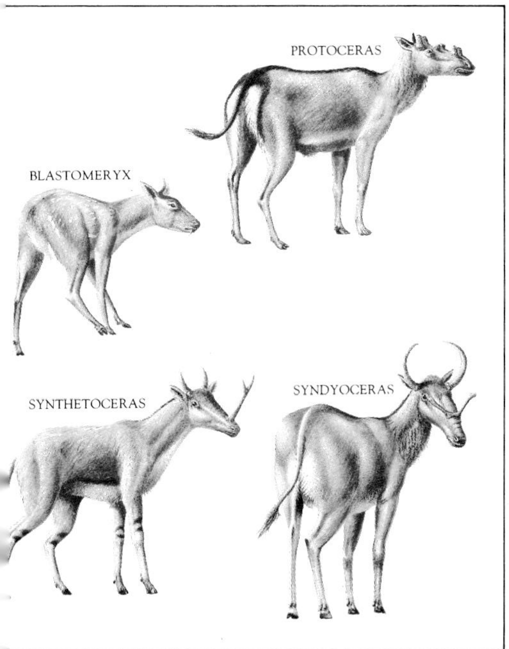

Familie Protoceratidae
Die Protoceratiden – wörtlich übersetzt »erste Hörner« – umfaßten ungefähr zehn Gattungen, die äußerlich den Hirschen ähnelten, vom Bau her aber näher mit den Kamelen verwandt waren. Sie bewohnten ungefähr 35 Millionen Jahre lang, vom Oberen Eozän bis zum Unteren Pliozän, die klimatisch begünstigten Wälder Nordamerikas.
Ein außergewöhnliches Merkmal dieser Tiere waren ihre »Hörner«, bei denen es sich allerdings eher um knöcherne Auswüchse handelte. Sie waren bei den Männchen sehr gut entwickelt, während sie bei den Weibchen fehlten oder reduziert waren. Einige Arten wiesen nur Knoten und Höcker auf, andere hingegen komplexe, gegabelte Strukturen.
Die Evolution der Schädelauswüchse bei den Paarhufern ist stets im Zusammenhang mit Veränderungen der Körpergröße, sozialen Verhaltensweisen und der Struktur des Territoriums zu sehen.
Die ersten Wiederkäuer waren klein und fraßen weiche Pflanzenteile. Um genügend Nahrung zu finden, mußten sie weit umherziehen. Zur Verteidigung setzten sie ihre vergrößerten Eckzähne ein.
Die Wiederkäuer verließen die Wälder und drangen in die neuentstandenen Buschsteppen und Prärien vor, wo sie sich mit der Zeit an härteres Futter gewöhnten. Die Territorien, die für die Nahrungsbeschaffung erforderlich waren, wurden dadurch kleiner. Je enger jedoch die Grenze gezogen wurde, desto mehr kam es darauf an, sie auch erfolgreich zu verteidigen. Die Unterschiede zwischen den Geschlechtern gewannen an Konturen: Die Männchen wurden größer und entwickelten Geweihe oder Hörner, um ihren Harem und die Nachkommenschaft besser verteidigen zu können. Die Protoceratiden zeigen die Anfangsstadien dieser Entwicklung.

Name: ***Protoceras***
Zeitliche Verbreitung: ***Oberes Oligozän bis Unteres Miozän***
Geographische Verbreitung: ***Nordamerika (South Dakota)***
Länge: ***1 m***
Dieses grazile, hirschähnliche Tier bewohnte höher gelegene Waldgebiete des westlichen Nordamerika. *Protoceras* war ein früher Vertreter der Familie und besaß an beiden Beinen nach wie vor vier Zehen.
Das auffallendste Merkmal an *Protoceras* (wie überhaupt aller Protoceratiden) war die Anordnung der Hörner auf dem Kopf. Es handelte sich bei ihnen nicht – wie bei den Hirschen – um Geweihe, die jährlich abgeworfen werden. Die Bezeichnung »Hörner« trifft nicht ganz zu, da die Gebilde nicht von einer Hornscheide überzogen waren. In Wirklichkeit handelte es sich um knöcherne Auswüchse, die wahrscheinlich sogar ein Fell trugen – vergleichbar den Knochenzapfen der Giraffen.
Protoceras besaß drei Paar solcher Auswüchse: ein Paar direkt hinter den Nasenlöchern, ein zweites oberhalb der Augen und ein drittes ganz oben am Schädel. Nur die Männchen zeigten diesen Schmuck. Die Weibchen besaßen nur die obersten Knochenzapfen, und auch diese waren reduziert. Offensichtlich spielten die Gebilde eine Rolle beim Imponierverhalten und bei der Brunft. Von der Seite waren sie wahrscheinlich besser zu erkennen als von vorne.
Die ersten Protoceratiden besaßen noch die oberen Schneidezähne, doch waren sie bereits bei *Protoceras* verlorengegangen, so daß die unteren Schneidezähne wie bei den heutigen Hirschen und Rindern gegen ein knöchernes Polster im Oberkiefer arbeiteten.

Name: ***Syndyoceras***
Zeitliche Verbreitung: ***Unteres Miozän***
Geographische Verbreitung: ***Nordamerika (Nebraska)***
Länge: ***1,5 m***
Syndyoceras sah einem Hirsch ähnlicher als sein Vorgänger *Protoceras*, weil die eleganten Laufbeine nur noch zwei Zehen besaßen. Beide trugen einen schmalen, zugespitzten Huf.
Die Form der Nasenknochen läßt vermuten, daß das Tier eine aufgeblähte Nase hatte wie die heutige Saiga-Antilope. Wie bei den übrigen höherentwickelten Protoceratiden befanden sich im Oberkiefer keine Schneidezähne mehr. Dafür war ein Paar hauerähnliche Eckzähne ausgebildet, mit denen das Tier auf der Suche nach Nahrung im Boden wühlte.
Das Tier besaß zwei Paar Hörner: eines mitten auf der Schnauze und ein zweites, längeres oberhalb der Augen. Die Hörner auf der Schnauze strebten von einer gemeinsamen Basis aus V-förmig auseinander. Das rückwärtige Hornpaar war ähnlich wie beim Rind ausgebildet. Allerdings fehlten wahrscheinlich die Hornscheiden; die Hörner waren statt dessen mit Haut oder Fell überzogen.

Name: ***Synthetoceras***
Zeitliche Verbreitung: ***Oberes Miozän bis Unteres Pliozän***
Geographische Verbreitung: ***Nordamerika (Texas)***
Länge: ***2 m***
Der Kopfschmuck der Protoceratiden war bei *Synthetoceras*, dem letzten und größten Vertreter der Familie, am bizarrsten ausgeprägt. Der lange, flache Schädel trug oberhalb der Augen wie bei *Syndyoceras* ein Paar gebogene Hörner. Das Horn vorne auf der Schnauze war dagegen lang und Y-förmig; es wuchs schräg nach oben, hatte einen kräftigen, dicken Schaft und gabelte sich unterhalb der Spitze in zwei Äste. Die Hörner waren den Männchen vorbehalten und wurden offensichtlich bei Rivalenkämpfen eingesetzt.

Familie Tragulidae
Diese Familie scheint das Bindeglied zwischen der Unterordnung *Tylopoda* und der Unterordnung *Ruminantia* (Hirsche, Giraffen, Rinder, s. S. 278–281) zu sein. Über ihre systematische Stellung sind sich die Wissenschaftler allerdings nicht einig. Die Traguliden waren nie sehr häufig und bestanden aus kleinen hirschähnlichen Tieren ohne Geweihe. Heute existieren nur noch zwei Gattungen, *Hyemoschus* mit dem afrikanischen Hirschferkel und die drei asiatischen Kantschil-Arten (*Tragulus*).

Name: ***Blastomeryx***
Zeitliche Verbreitung: ***Unteres Miozän bis Oberes Pliozän***
Geographische Verbreitung: ***Nordamerika (Nebraska)***
Länge: ***75 cm***
Dieses hirschähnliche Tier, das nicht viel größer als ein großes Kaninchen wurde, sah wahrscheinlich wie die heutigen Hirschferkel aus. Es lebte vermutlich im Wald und fraß Blätter. Seine Eckzähne hatten sich zu scharfen, säbelähnlichen Hauern verlängert, mit denen das Tier sich verteidigte und im Boden nach Nahrung wühlte.
Blastomeryx hatte keine Hörner. Eine späte Art aus dem Oberen Miozän besaß jedoch knöcherne Höcker auf der Schädeloberseite – ein Anzeichen dafür, daß sich zu jener Zeit Hörner entwickelten. Gleichzeitig wurden die Hauer kleiner. Die Entwicklung stimmt mit der heutigen Regel überein, daß Hirsche mit Hauern keine Hörner haben und umgekehrt.

Kamele

AEPYCAMELUS
CAMELOPS
TITANOTYLOPUS
OXYDACTYLUS

Kamele

Familie Camelidae

Die heutigen Kamele kommen nur in Gebieten mit extremen Umweltbedingungen vor. Kamele gelten als »Wüstenschiffe«, die auf schwierigstem Gelände und im unwirtlichsten Klima gewaltige Entfernungen zurücklegen können. Dank ihrer außergewöhnlichen Physiologie können sie bis zu zwei Monate nur von hartfaserigen Pflanzen leben, ohne zusätzliches Wasser aufnehmen zu müssen. Sie halten zudem enorme Temperaturschwankungen aus. Auch die südamerikanischen Kamele – die Lamas und ihre Verwandten – bewohnen rauhe und abweisende Gebiete bis weit hinauf in die höchsten Lagen der Anden.

Die Kamele haben eine ganze Reihe von Anpassungen entwickelt, um in trockenheißen Gebieten überleben zu können. Die meisten warmblütigen Lebewesen, darunter auch der Mensch, verlieren bei trockenheißem Wetter durch Schwitzen, Hecheln und Atmen Wasser. In der Folge wird das Blut dicker, bis es am Ende zu langsam zirkuliert, um die überschüssige Körperwärme noch über die Haut abgeben zu können. Die Körpertemperatur steigt dann unvermittelt dramatisch an und führt zum schnellen Tod. Die Kamele umgehen diese Gefahr, weil ihr Blut nicht dicker wird und weil sie den Wasserverlust auf verschiedene Weisen stark reduzieren. Das dicke Fell schützt die Tiere gegen eine Überhitzung und begrenzt gleichzeitig den Wasserverlust durch Verdunstung über die Haut. Die Körpertemperatur kann, je nach Außentemperatur, schwanken. Damit wird der Wasserverlust durch Schwitzen auf ein Minimum verringert. Die Kamele geben zudem einen sehr konzentrierten Urin und trockenen Kot ab, die sehr wenig Wasser enthalten. In ihren Höckern speichern sie große Mengen Fett, auf das sie in Hungerzeiten zurückgreifen können. Bei der Verarbeitung des Fettes entsteht Wasser. Schließlich können Kamele auch bemerkenswert schnell trinken und bis zu 115 l Wasser auf einmal zu sich nehmen.

Aus heutiger Sicht gelten Kamele als hochspezialisierte Tiere, die nur in extremen Lebensräumen existieren können. Allerdings sind die heutigen Arten nur die letzten Überlebenden einer früher weit verbreiteten und artenreichen Gruppe, die erstmals im Oberen Eozän, vor ungefähr 40 Millionen Jahren, auftauchte – und zwar nicht etwa in Asien oder Afrika, sondern in Nordamerika. Ihre Blütezeit erlebte die Gruppe im Oberen Miozän, vor ungefähr 10 Millionen Jahren. Erst im Pliozän, vor 5 Millionen Jahren, wanderten Kamele nach Eurasien und Afrika ein, während die Lamas Südamerika erreichten.

Im Pleistozän und damit während der Eiszeit, vor ungefähr 2 Millionen Jahren, waren die Kamele über ganz Nordamerika, von Alaska bis nach Florida verbreitet. Über den Isthmus von Panama hatten sie sich nach Südamerika und über die Landbrücke im Bereich der heutigen Beringsee nach Asien ausgebreitet.

Später erging es den Kamelen wie einigen anderen Tiergruppen, die in Nordamerika entstanden waren (etwa den Pferden, s. S. 254–257): Sie überlebten nur auf anderen Kontinenten. Die Kamele starben in Nordamerika gegen Ende des Pleistozäns, vor ungefähr 12 000 Jahren, gänzlich aus.

Wir unterscheiden gegenwärtig zwei Kamelarten, das Zweihöckrige Kamel oder Trampeltier sowie das Einhöckrige Kamel oder Dromedar. Wilde Zweihöckrige Kamele leben heute noch in der Wüste Gobi. Das Einhöckrige Kamel Afrikas und Vorderasiens wurde bereits vor 2500 Jahren vom Menschen domestiziert. Verwildert lebt es heute auch in Australien, wo es vor einem Jahrhundert eingeführt wurde. In Südamerika leben Lama, Alpaka, Vikunja und Guanako, die einzigen heute noch existierenden Vertreter der zweiten überlebenden Gruppe.

Cameliden haben weder Hörner noch Hauer, und die Zahl der oberen Schneidezähne ist reduziert. Die unteren Schneidezähne sind abgeflacht und ragen waagrecht nach vorne. Kamele haben lange Gesichtsknochen, so daß zwischen den Schneidezähnen und den hinteren Zähnen eine größere Lücke *(Diastema)* klafft. Die Backenzähne sind sehr groß und hypsodont, das heißt, sie haben kurze Wurzeln und eine hohe Krone wie die Zähne der Pferde. Mit den Frontzähnen reißen die Kamele zähes Pflanzenmaterial los, während die Backenzähne das bereits vorgekaute und vorverdaute Futtergut wiederkäuen.

Im Gegensatz zu den höher entwickelten Wiederkäuern, wie den Hirschen oder Schafen, haben die Kamele keinen vierkammerigen, sondern einen dreikammerigen Magen. Die Unterschiede im Aufbau des Verdauungssystems lassen vermuten, daß sie die wiederkäuende Lebensweise unabhängig von den anderen Wiederkäuern entwickelt haben.

Die Cameliden reduzierten anscheinend die Zahl ihrer Zehen viel früher als die meisten anderen Huftiere. Bei den ersten Cameliden hatten die Vorderbeine vier Zehen, die alle den Boden berührten. Die zweite und die fünfte Zehe der Hinterbeine waren aber bereits extrem reduziert und hatten jede Bedeutung verloren. Die Gattung *Procamelus* (s. u.) aus dem Oberen Miozän hatte Beine, die mit denen der heutigen Formen nahezu identisch gewesen sein dürften. Die Unterschenkel waren lang und dünn, an jedem Fuß standen zwei gespreizte Zehen, und der dritte und vierte Mittelhand- beziehungsweise Mittelfußknochen waren bis auf die gespreizten unteren Enden verschmolzen und bildeten das Kanonbein. Die späteren Cameliden entwickelten einen charakteristischen Gang. Sie waren nämlich Zehengänger, welche die gesamte Unterfläche der Zehen auf dem Boden aufsetzten. Ganz unten befand sich eine zähe Schwiele. Die meisten Paarhufer hingegen gehören zu den Zehenspitzengängern. Die Entwicklung zum Zehengänger erleichterte den Kamelen die Fortbewegung auf weichem Sandboden.

NAME: ***Protylopus***
ZEITLICHE VERBREITUNG: **Oberes Eozän**
GEOGRAPHISCHE VERBREITUNG: **Nordamerika (Utah und Colorado)**
LÄNGE: **50 cm**

Wie bei den meisten Huftiergruppen waren auch hier die ersten Vertreter nur ungefähr kaninchengroß. Die einfachen, niederkronigen Zähne standen lückenlos im Kiefer nebeneinander; sie sind ein primitives Merkmal, das darauf hindeutet, daß das Tier weiche Blätter aus der Waldvegetation fraß.

Die Vorderbeine waren kürzer als die Hinterbeine und wiesen vier Zehen auf, von denen alle den Boden erreichten. Auch die Hinterbeine hatten vier Zehen. Das Körpergewicht verteilte sich allerdings nur auf die dritte und die vierte Zehe. Die zweite und fünfte Zehe waren als rudimentäre »Afterklauen« ausgebildet. Die funktionalen Zehen waren zugespitzt, was den Schluß zuläßt, daß die frühen Cameliden schmale Hufe und noch keine breiten Sohlen trugen.

Protylopus ist vermutlich nicht der direkte Vorfahre der späteren Cameliden, doch war er der Urform wahrscheinlich sehr ähnlich und lebte zur gleichen Zeit wie sie.

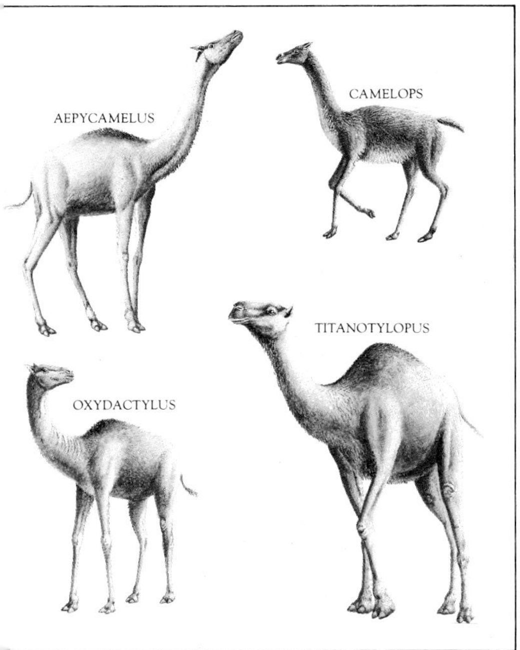

NAME: ***Poebrotherium***
ZEITLICHE VERBREITUNG: ***Oligozän***
GEOGRAPHISCHE VERBREITUNG: ***Nordamerika (South Dakota)***
LÄNGE: **90 cm**
Im Oligozän, vor ungefähr 35 Millionen Jahren, hatten die dichten Wälder, die einst Dakota bedeckt hatten, einer offeneren Landschaft Platz gemacht. In jener Zeit breiteten sich die Cameliden mehr und mehr aus und begannen eine Körperform zu entwickeln, die der der heutigen Kamele bereits sehr nahe kam.
Poebrotherium war ungefähr schafgroß und damit größer als *Protylopus*. Der Kopf mit der typisch abgeflachten Schnauze erinnerte stark an ein Lama. Vielleicht besaß das Tier auch die hervorstehenden Ohren der Lamas.
Bei *Poebrotherium* waren die Hinterbeine immer noch etwas länger als die Vorderbeine, doch zeigten sie klare Anpassungen an höhere Laufgeschwindigkeiten. Die seitlichen Zehen waren verlorengegangen, und die beiden zentralen Zehen, die das Gewicht trugen, begannen sich abzuspreizen. Auch das Gebiß von *Poebrotherium* zeigte im Vergleich zu *Protylopus* Fortschritte. Es war zwar nach wie vor vollständig, doch hatten sich zwischen den Zähnen Abstände gebildet. Wahrscheinlich war *Poebrotherium* die Stammform einer ganzen Reihe von Entwicklungslinien.

NAME: ***Procamelus***
ZEITLICHE VERBREITUNG: ***Oberes Miozän bis Unteres Pliozän***
GEOGRAPHISCHE VERBREITUNG: ***Nordamerika (Colorado)***
LÄNGE: ***1,5 m***
Procamelus war entweder der direkte Vorfahre der heutigen Kamele oder aber stand diesem zumindest sehr nahe. Das Tier war viel größer als die früheren Formen und erreichte die Dimensionen eines heutigen Lamas. Der Kopf war sehr lang, der Schädelinhalt aber ziemlich gering.
Procamelus besaß im Oberkiefer noch Schneidezähne, wenn auch nur ein einziges, bereits verkleinertes Paar. Eine weite Lücke trennte die vorderen Zähne (ein Paar Schneidezähne, Eckzähne und das erste Prämolarenpaar) von den hinteren Zähnen, welche im übrigen so hohe Kronen besaßen, daß man sie als hypsodont (s. o.) bezeichnen muß.
Die Beine von *Procamelus* waren beinahe schon so ausgebildet wie die der heutigen Arten. Die Mittelfußknochen waren teilweise miteinander verschmolzen und bildeten das verlängerte Kanonbein. Die beiden Zehen waren gespreizt; *Procamelus* hatte also vielleicht die Schwielensohlen entwickelt, die für die heutigen Formen typisch sind und den Tieren das Gehen auf weichem Untergrund erleichtern.

NAME: ***Titanotylopus***
ZEITLICHE VERBREITUNG: ***Pliozän bis Pleistozän***
GEOGRAPHISCHE VERBREITUNG: ***Nordamerika (Nebraska)***
GRÖSSE: ***3,5 m Schulterhöhe***
Im Pliozän, das vor 5 Millionen Jahren begann und vor 2 Millionen Jahren zu Ende ging, entwickelte sich in Nordamerika eine Reihe sehr großer Kamele. Sie waren mit Sicherheit alle eng verwandt mit *Procamelus* und vielleicht sogar unmittelbar aus dieser Gattung hervorgegangen. Unter diesen Riesenformen befand sich die Gattung *Titanotylopus*, die größer gewesen sein muß als die Elefanten jener Zeit (s. S. 238–245). Abgesehen von der Größe sah die Gattung den heutigen Kamelen sehr ähnlich: Die oberen Schneidezähne fehlten, der Hals war sehr lang, und die Füße wiesen zwei abgespreizte Zehen auf.
Ein typisches Merkmal der heutigen Kamele fehlte möglicherweise: der Fetthöcker. Es handelt sich bei ihm um eine Anpassung an die unregelmäßige Nahrungsmittel- und Wasserversorgung in besonders trockenen Lebensräumen. Zwar wurde das Klima während des Tertiär in Nordamerika immer kühler und trockener, weshalb die Wälder zuerst einer offenen Buschsteppe und dann den Prärien weichen mußten. Es fand sich aber immer noch genügend Nahrung für zahlreiche Säugerarten. Nährstoffspeicher waren noch nicht erforderlich.

NAME: ***Camelops***
ZEITLICHE VERBREITUNG: ***Pleistozän***
GEOGRAPHISCHE VERBREITUNG: ***Nordamerika (Kalifornien und Utah)***
GRÖSSE: ***2 m Schulterhöhe***
Camelops war eine weitere Riesenform des Oberen Känozoikums und das letzte Kamel des nordamerikanischen Kontinents. Einige Teile seiner Anatomie deuten darauf hin, daß es den südamerikanischen Lamas nahestand.

NAME: ***Stenomylus***
ZEITLICHE VERBREITUNG: ***Unteres Miozän***
GEOGRAPHISCHE VERBREITUNG: ***Nordamerika (Nebraska)***
LÄNGE: ***90 cm***
Im Miozän entstanden mehrere Seitenzweige der Cameliden, die sich jedoch als verhältnismäßig kurzlebig erwiesen. *Stenomylus* und verwandte Formen waren klein und gazellenähnlich. Sie weideten in Herden niedrige Vegetation ab und flüchteten bei Gefahr im schnellen Sprint. Die Zähne des Unterkiefers waren insofern einzigartig, als die Eckzähne und die ersten Prämolaren die Form von Schneidezähnen angenommen hatten, so daß das Tier im Unterkiefer scheinbar über zehn Schneidezähne verfügte. Der Hals war lang und leicht gebaut, die Beine waren schlank. Die beiden Zehen an jedem Fuß trugen kleine, hirschartige Hufe.

NAME: ***Oxydactylus***
ZEITLICHE VERBREITUNG: ***Unteres Miozän***
GEOGRAPHISCHE VERBREITUNG: ***Nordamerika (South Dakota und Nebraska)***
LÄNGE: ***2,3 m***
Ein weiterer Seitenzweig, der von *Poebrotherium* (s. o.) ausging, führte zur Entwicklung von giraffenähnlichen Kamelen mit sehr langen Hälsen und Beinen, die es den Tieren gestatteten, in größeren Höhen nach Futter zu suchen. Die Landschaft des Unteren Miozäns bestand im zentralen Teil Nordamerikas aus weiten Prärien mit vereinzelten Bäumen und Sträuchern und erwies sich als geradezu ideal für die Entwicklung eines solchen Tieres. Die Zehen waren sehr schlank und trugen anstelle der breiten Schwielensohlen der heutigen Kamele antilopenähnliche Hufe.

NAME: ***Aepycamelus***
ZEITLICHE VERBREITUNG: ***Mittleres und Oberes Miozän***
GEOGRAPHISCHE VERBREITUNG: ***Nordamerika (Colorado)***
KOPFHÖHE: ***3 m***
Der Seitenzweig der giraffenähnlichen Kamele erreichte seinen Höhepunkt bei *Aepycamelus*. Früher war diese Gattung auch unter dem Namen *Alticamelus* bekannt. Die Beine waren lang und stelzenartig, und die beiden Zehen wiesen sehr kleine Hufe auf. *Aepycamelus* hatte also anstelle der großen Hufe seiner Vorfahren schon die breiten Schwielensohlen der modernen Kamelarten.
Das heutige Kamel bewegt jeweils die Beine einer Körperseite gleichzeitig. Man nennt diese Gangart Paßgang; sie kommt nur bei Kamelen und Giraffen vor. Der Paßgang ist sehr effizient, wenn es darum geht, in offenem Gelände weite Strecken zurückzulegen. Ein extrem langbeiniges Tier wie *Aepycamelus* muß sich ebenfalls auf diese Weise fortbewegt haben.

Giraffen, Hirsche und Rinder

ILINGOCEROS

HAYOCEROS

PELOROVIS

BOS PRIMIGENIUS

Giraffen, Hirsche und Rinder

Familie Giraffidae
Die Giraffen sind wie alle anderen Paarhufer mit Ausnahme der Schweine und der Flußpferde (s. S. 266–269) Wiederkäuer. Im Oberkiefer stehen keine Schneidezähne; statt dessen arbeiten die unteren Schneidezähne gegen ein Knochenpolster vorne oben im Mund. Giraffen reißen Blätter von Büschen und Bäumen ab, kauen sie durch und verschlucken sie dann. Die Nahrung gelangt in den Pansen, die erste Kammer des vierkammerigen Wiederkäuermagens. Bakterien bauen dort zunächst die Zellulose ab. Ist die Nahrung teilweise verdaut, so kehrt sie in das Maul zurück, wird ein zweitesmal gekaut und zur endgültigen Verdauung schließlich auch ein zweitesmal verschluckt.
Zur Verarbeitung faserigen Pflanzenmaterials ist eine solche Verdauung hervorragend geeignet. Der Wiederkäuer zahlt aber seinen Preis dafür, weil die Nahrung lange Zeit braucht, um durch den Darm zu wandern. Außerdem verlieren die Tiere sehr viel Zeit beim Wiederkäuen.
Heute leben nur noch zwei Giraffenarten, beide in Afrika südlich der Sahara. Uns allen vertraut ist die große Giraffe der afrikanischen Savanne mit ihrem langen Hals und den langen Beinen (Gattung *Giraffa*). Die andere Giraffenart ist das kleinere und dunklere Okapi (Gattung *Okapia*), das seine Heimat im tropischen Regenwald hat.
Mit Ausnahme der Kamele haben die Wiederkäuer im typischen Fall paarige Aufsätze auf dem Kopf. Bei den Giraffen handelt es sich um Knochenzapfen, die von Fell überzogen sind.
Die Giraffe und das Okapi fressen weiche Blätter. Die *Giraffidae* entstanden nämlich, bevor die Huftiere zur Grasnahrung übergingen. Fossil sind einige unterschiedliche Formen erhalten geblieben, wobei allerdings die meisten den beiden modernen Vertretern der Familie noch nicht besonders ähnlich sahen.

NAME: ***Prolibytherium***
ZEITLICHE VERBREITUNG: ***Unteres Miozän***
GEOGRAPHISCHE VERBREITUNG: ***Nordafrika (Libyen)***
LÄNGE: ***1,8 m***
Im Gegensatz zur heutigen Giraffe und zum Okapi trug *Prolibytherium* breite, blattartige Knochenzapfen mit einer Spannweite von ungefähr 35 cm. Wahrscheinlich verwendete es diese Bildungen beim Imponierverhalten und bei ritualisierten Wettkämpfen mit rivalisierenden Artgenossen. Möglicherweise fegte das Tier die Hautbedeckung jedes Jahr ab. Abgesehen von seinem merkwürdigen Kopfschmuck sah *Prolibytherium* wahrscheinlich einem heutigen Okapi recht ähnlich.

NAME: ***Sivatherium***
ZEITLICHE VERBREITUNG: ***Pliozän bis Oberes Pleistozän***
GEOGRAPHISCHE VERBREITUNG: ***Indien (Himalaja-Gebiet) und Nordafrika (Libyen)***
GRÖSSE: ***2,2 m Schulterhöhe***
Sivatherium wurde nach dem hinduistischen Gott Siva, dem Beschützer der Tiere, benannt. *Sivatherium* erinnerte eher an einen Elch denn an eine Giraffe. Zumindest das Männchen trug auf dem Kopf ein Paar große, verzweigte Knochenzapfen und zwischen den Augen zwei weitere konische Zapfen. Der Körper war ziemlich gedrungen gebaut, besonders in der Schultergegend, wo kräftige Muskeln ansetzen mußten, um den schweren Kopf aufrecht zu halten.
Libytherium war ein naher Verwandter von *Sivatherium* und lebte zur gleichen Zeit in Nordafrika. Prähistorische Felszeichnungen aus der Sahara zeigen ein Tier, das *Libytherium* stark ähnelt. Es ist demnach durchaus denkbar, daß Sivatheriinen oder Rindergiraffen noch vor 8000 Jahren mit frühen Menschen zusammenlebten.

Familie Cervidae
Obwohl die *Cervidae* oder eigentlichen Hirsche sich erst sehr spät entwickelten, wurden sie rasch zu den bedeutendsten Pflanzenfressern der Nordhalbkugel und Südamerikas. Ihre Nahrung besteht aus Blättern, Gräsern, Zweigen, Rinden und Moosen.
Ein charakteristisches Merkmal aller heutigen Hirsche sind die Geweihe der männlichen Tiere (bei Rentieren trägt auch das Weibchen ein Geweih). Ausnahmen bilden nur das Moschustier *(Moschus)* und das chinesische Wasserreh *(Hydropotes)*. Geweihe unterscheiden sich von den Hörnern der übrigen Wiederkäuer dadurch, daß sie jedes Jahr abgeworfen werden und wieder nachwachsen. Sie erheben sich auf den Knochenzapfen der Stirnbeine, den sogenannten Rosenstöcken. Die Geweihe verzweigen sich in den folgenden Jahren immer stärker, bis ein arttypisches Maximum erreicht ist.
Die Hirsche setzen ihre Geweihe beim Imponierverhalten oder bei ritualisierten Kämpfen ein. Als Waffen spielen sie kaum eine Rolle. Den Höhepunkt der Geweihentwicklung zeigt der pleistozäne Hirsch *Megaloceros* (s. u.).

NAME: ***Eucladoceros***
ZEITLICHE VERBREITUNG: ***Pliozän bis Pleistozän***
GEOGRAPHISCHE VERBREITUNG: ***Europa (Italien)***
LÄNGE: ***2,5 m***
Einige Hirsche entwickelten große flammenähnliche Geweihe. Eines der spektakulärsten Beispiele dafür ist *Eucladoceros*. Jedes Geweih hatte ein Dutzend Enden, und die Gesamtspannweite betrug 1,7 m. Ein derart umfangreiches Gebilde muß zwischen niedrig hängenden Zweigen im Wald recht unbequem gewesen sein. Wie im Falle von *Megaloceros* (s. u.), der ein noch größeres Geweih aufwies, war diese Entwicklung durch die geschlechtliche Zuchtwahl ausgelöst und aufrechterhalten worden: Das Männchen mit dem größten Geweih war beim Kampf um die Weibchen im Vorteil und konnte so seine Gene an die nächste Generation weiterreichen.

NAME: ***Megaloceros***
ZEITLICHE VERBREITUNG: ***Oberes Pleistozän***
GEOGRAPHISCHE VERBREITUNG: ***Weit verbreitet in Europa und Asien***
LÄNGE: ***2,5 m***
Megaloceros wird oft auch »Europäischer Riesenhirsch« genannt. Besonders viele Exemplare wurden in Irland ausgegraben – so zum Beispiel mehr als 80 in einem einzigen Moor bei Dublin. *Megaloceros* zeigte insgesamt eine viel weitere Verbreitung über die nördlichen Teile der Alten Welt, angefangen bei den Britischen Inseln bis hin nach Sibirien und China.
Megaloceros war der größte Hirsch, der jemals lebte. Besonders berühmt wurde er allerdings durch sein Geweih, das eine Spannweite von 3,7 m und ein Gewicht von über 50 kg erreichte – das entsprach einem Siebtel des Gesamtgewichts. Noch bemerkenswerter war, daß die Tiere – wie alle echten Hirsche – ihr Riesengeweih alljährlich abwarfen, worauf es dann neu heranwuchs. Ein *Megaloceros*-Männchen muß einen großen Teil seiner Energie auf den Aufbau seines Geweihs verwendet haben.
Die *Megaloceros*-Herden erreichten ihren Höhepunkt in der letzten Zwischeneiszeit des Pleistozäns und gingen dann vor ungefähr 12 000 Jahren zurück. In Irland starben sie vor ungefähr 11 000 Jahren aus, in

Mitteleuropa möglicherweise erst vor ungefähr 2500 Jahren.
Beweise dafür, daß frühe Menschen *Megaloceros* kannten und jagten, liefern uns Höhlenmalereien. Sie zeigen Tiere, die europäischen *Megaloceros*-Arten sehr ähnlich sehen. Eine Höhlenmalerei in Frankreich stellt den Riesenhirsch mit einem kleinen dreieckigen Höcker auf dem Rücken dar, ähnlich dem eines heutigen Zebus. Möglicherweise handelte es sich dabei um einen Fettspeicher wie beim Kamelhöcker, der im Winter als Nahrungsreserve gedient haben dürfte.

Familie Antilocapridae
Die nordamerikanische Gabelantilope (*Antilocapra*) ist die einzige überlebende Gattung dieser Familie. Im Miozän und im Pliozän hingegen entwickelten sich viele unterschiedliche Antilocapriden-Typen. Während sich die Kamele und Pferde, die ebenfalls in Nordamerika entstanden waren, bis nach Asien und Südamerika ausbreiteten, aber in ihrem Heimatkontinent ausstarben, blieben die Antilocapriden auf Nordamerika beschränkt – und dies, obwohl sie im Pliozän und Pleistozän äußerst erfolgreich waren.
Der Kopfschmuck der Antilocapriden bestand aus einer im Normalfall verzweigten Hornscheide, die einen unverzweigten Knochenzapfen umgab. Die Scheide wurde jedes Jahr abgestoßen, während die Knochenzapfen an Ort und Stelle verblieben. Die meisten Arten hatten ein einzelnes Hornpaar, doch gab es auch solche mit fünf oder sechs Paaren und zum Teil höchst bizarren Formen. Bei der rezenten Gabelantilope haben die Männchen längere Hörner mit nach vorne gerichteter Gabelung.
Die meisten Paarhufer weisen zwei funktionale Zehen auf, während die anderen stark reduziert sind und nicht mehr den Boden berühren. Nur bei den Gabelantilopen sind die Seitenzehen völlig verschwunden, nicht einmal ein Knochenfortsatz erinnert daran.. Die schmalen, zugespitzten Hufe am Ende der langen, schlanken Beine erlauben Fluchtgeschwindigkeiten von bis zu 85 km/h. Die Tiere sind zu 8 m weiten Sprüngen imstande, weshalb ihre Hufe entsprechende »Stoßdämpfer« in Form von Kissen aufweisen.

Name: ***Ilingoceros***
Zeitliche Verbreitung: ***Oberes Miozän***
Geographische Verbreitung: ***Nordamerika (Nevada)***
Länge: ***1,8 m***
Die verschiedenen Antilocapriden unterscheiden sich hinsichtlich der Anordnung und Form ihrer Hörner. *Ilingoceros* war eine Spur höher als die rezente Gabelantilope und besaß ein Paar spiralförmig gedrehte Hörner, die gerade nach oben wuchsen und am Ende eine Gabelung aufwiesen. Zu den übrigen Formen gehört *Osbornoceros* mit glatten, leicht gebogenen Hörnern. Bei *Paracosoryx* waren die Hörner abgeflacht und erweiterten sich in eine Gabelspitze. Bei *Ramoceros* zeigten die Hörner eine außergewöhnlich vertikale Fächerform.

Name: ***Hayoceros***
Zeitliche Verbreitung: ***Mittleres Pleistozän***
Geographische Verbreitung: ***Nordamerika (Nebraska)***
Länge: ***1,8 m***
Hayoceros hatte vier Hörner: ein Paar breite, gegabelte Hörner oberhalb der Augen, die an den Kopfschmuck der rezenten Gabelantilope erinnerten, sowie ein weiteres, längeres und schlankeres Hornpaar weiter oben am Schädel. Wenn zwei Männchen um ein Weibchen kämpften, verhielten sie sich vermutlich ähnlich wie die rezenten Gabelantilopen: Sie verhakten ihre Hörner ineinander und versuchten, den jeweiligen Rivalen abzudrängen. Zum Schluß zog der Schwächere sich zurück. Nur in seltenen Fällen führen solche ritualisierten Kämpfe zu ernsthaften Verwundungen.

Familie Bovidae
Zu dieser Familie zählt man die echten Antilopen und die Rinder. Der Kopfschmuck der Männchen wie der Weibchen besteht aus Hörnern, das heißt aus einem Knochenzapfen und einer Hornscheide, die nicht abgestoßen wird.
Die Boviden entwickelten sich im Miozän, vor ungefähr 20 Millionen Jahren, in der Alten Welt. Die ältesten Fossilien – es handelte sich um gazellenähnliche Tiere – wurden in Frankreich, der Sahara und in der Mongolei gefunden. Im Oberen Miozän, vor ungefähr 10 Millionen Jahren, nahm die Formenvielfalt der Boviden stark zu, und es traten ungefähr 70 neue Gattungen auf. Im Pleistozän gab es über 100 Gattungen – ungefähr doppelt so viele wie heute.
Die Boviden fressen überwiegend Gras und haben aus diesem Grund hochkronige Zähne. Ihre Lebensweise unterscheidet sich daher deutlich von der der meisten übrigen Paarhufer, die vorwiegend weiche Blätter fressen. Bis vor ungefähr einer Million Jahren blieben die Boviden auf die Alte Welt beschränkt; danach wanderten sie über die Landbrücke im Bereich der heutigen Beringsee nach Nordamerika ein.

Name: ***Pelorovis***
Zeitliche Verbreitung: ***Mittleres bis Oberes Pleistozän***
Geographische Verbreitung: ***Ostafrika***
Länge: ***3 m***
Das gewichtige Tier war ein naher Verwandter des Kaffernbüffels. Der Hauptunterschied lag in den riesenhaften Hörnern. Allein die Knochenzapfen wiesen eine Spannweite von 2 m auf. Mit den Hornscheiden erreichten die Hörner vermutlich sogar die doppelte Größe (wir sind hier allerdings auf Schätzungen angewiesen, da Horn nach dem Tod sehr schnell zerfällt). *Pelorovis* starb erst vor ungefähr 12 000 Jahren aus.

Name: ***Bos***
Zeitliche Verbreitung: ***Pleistozän bis Jetztzeit***
Geographische Verbreitung: ***Europa (Großbritannien, Polen), Asien (Indien) und Nordafrika***
Länge: ***3 m***
Zur Gattung *Bos* gehört auch unser heutiges Hausrind. Sein Vorfahre war der Ur oder Auerochse (*Bos primigenius*). Er war etwas größer als die meisten heutigen Rassen und wurde vor ungefähr 6000 Jahren domestiziert. Die Menschen kannten und jagten das Tier allerdings schon erheblich früher. Zu den berühmten Höhlenmalereien von Lascaux in Zentralfrankreich gehören wundervolle Auerochsendarstellungen von großer innerer Dramatik.
Der Auerochse erweiterte im Pleistozän, ausgehend von seiner asiatischen Heimat, sein Verbreitungsgebiet. Am Ende der letzten Eiszeit kam er in großen Teilen der Alten Welt vor – vom äußersten Westen Europas bis nach Ostasien, von den arktischen Tundren bis nach Nordafrika und Indien.
Trotz seines Erfolgs starb der Auerochse aus – wahrscheinlich weil der Mensch ihm zu sehr nachstellte. In Großbritannien verschwand er bereits im 10. Jahrhundert n. Chr. Die letzten Überlebenden verendeten 1627 in Polen.

Nager, Hasen und Kaninchen

EOCARDIA

TELICOMYS

PALAEOLAGUS

Nager, Hasen und Kaninchen

Früher wurden in der Systematik die Hasen und Kaninchen, die zwei Paar obere Schneidezähne aufweisen, mit den Nagern zusammengefaßt, die, wie zum Beispiel die Hörnchen, Ratten und Meerschweinchen, nur ein Schneidezahnpaar besitzen. Auch hinsichtlich ihrer Lebensweise und ihrer Anatomie ähneln sich die beiden Gruppen. Es handelt sich um Vegetarier und Nager, von denen viele Arten an das Leben auf oder unter dem Erdboden angepaßt sind.
Später wurden die beiden Gruppen getrennt, weil man glaubte, daß es sich bei den Ähnlichkeiten zwischen ihnen im wesentlichen bloß um die Folgen einer außergewöhnlichen konvergenten Evolution handelte.

Ordnung Rodentia
Die ältesten Nager sahen kleinen Hörnchen ähnlich. Sie traten erstmals im Oberen Paläozän, vor ungefähr 60 Millionen Jahren, in Nordamerika in Erscheinung. Kurz danach fand eine adaptive Radiation statt, und die Nager übernahmen im Laufe der Zeit jene ökologischen Nischen, die von den aussterbenden Multituberculaten (s. S. 198–201) verwaist zurückgelassen wurden. Es entwickelten sich mehrere Haupttypen, darunter Hörnchen, Biber, Ratten, Meerschweinchen und Stachelschweine.
Heute stellen die Nager die bei weitem artenreichste Säugergruppe dar. Sie umfassen ungefähr 1600 Arten in 35 Familien, das sind 40 Prozent aller bekannten rezenten Säugetierarten. Die Zahl der fossilen Gattungen ist annähernd doppelt so groß; außerdem sind weitere zwölf fossile Familien bekannt.
Die Nagetiere eroberten eine Vielzahl von Lebensräumen – von den tropischen Regenwäldern bis in die arktische Tundra, von der heißesten Wüste bis hinauf in die höchsten Gebirgsregionen. Das Meer blieb ihnen verschlossen, doch gibt es einige Nagetiere im Süßwasser.
Angesichts ihrer Vielseitigkeit und ihrer eindrucksvollen Vermehrungsrate überrascht es nicht, daß die Nagetiere auch die Geschichte des Menschen stark beeinflußt haben. Einige Arten sind gefährliche Schädlinge von Kulturpflanzen, andere übertragen Krankheiten. So haben die Ratten indirekt wahrscheinlich mehr Menschen getötet als alle Kriege zusammengenommen: Allein im Mittelalter tötete die Pest, die von der Hausratte verbreitet wurde, ungefähr 25 Millionen Menschen – mehr als ein Viertel der damaligen Gesamtbevölkerung Europas.
Viel von dem, was wir über die Nagetiere wissen, beruht auf dem Studium winziger fossiler Zähnchen. Die Nager waren das ganze Tertiär über häufig. Ihre charakteristischen Zähne lassen sich als Leitfossilien zur Datierung und Korrelierung kontinentaler Sedimente heranziehen – ähnlich wie man anhand der Schalen wirbelloser Tiere Meeressedimente unterscheiden und ihr Alter bestimmen kann.
Die Bezeichnung »Nagetiere« verrät bereits die wichtigste Eigenschaft dieser Tiere: Sie nagen. Zu diesem Zweck besitzen sie je ein Paar entsprechend angepaßte, große, gebogene Schneidezähne im Ober- und Unterkiefer. Durch den Gebrauch werden sie abgenutzt, doch wachsen sie aus tiefen Wurzeln im Schädel und im Unterkiefer kontinuierlich nach. Frühe Vertreter der Gruppe besaßen zylindrische Nagezähne, die zur Gänze von Schmelz überzogen waren. Spätere Formen entwickelten dreieckige Zähne, bei denen Schmelz nur noch die Vorderseite bedeckte.
Eckzähne sind keine vorhanden, und es können sogar einige Prämolaren fehlen. Dadurch ergibt sich eine weite Lücke *(Diastema)* zwischen den vorderen und den hinteren Zähnen. Die hinteren Zähne weisen Reibflächen auf, die hervorragend zum Zerkleinern pflanzlicher Nahrung geeignet sind.
Die meisten Nager sind klein. So ist zum Beispiel die Zwergmaus mit einem Gewicht von 5 g eines der kleinsten Säugetiere überhaupt. Es gibt aber auch Ausnahmen: Das größte rezente Nagetier ist das südamerikanische Wasserschwein oder Capybara mit 50 kg Körpergewicht. Einige ausgestorbene Formen erreichten sogar die Ausmaße eines Nashorns.
Einen interessanten Fall von Riesenwuchs unter den Nagern finden wir beim pleistozänen Bilch der Gattung *Leithia*, der auf mehreren Mittelmeerinseln lebte, darunter auch auf Malta und Sardinien. Abgesehen von der Größe (Länge 25 cm ohne Schwanz) kann man *Leithia* nicht von der heutigen Haselmaus *(Muscardinus)* unterscheiden.
Als der Atlantik ins mediterrane Becken vordrang, vielleicht aber auch infolge der Temperaturveränderungen während der Eiszeit im Pleistozän, kam es zu einem Anstieg des Meeresspiegels. Die nun isolierten Bewohner diverser Mittelmeerinseln paßten sich den veränderten Umweltbedingungen an. Elefanten und Nashörner reagierten auf das eingeschränkte Nahrungsangebot, indem sie kleinere Formen entwickelten. Nagetiere wie *Leithia* wurden dagegen größer. Da es auf den Inseln keine Räuber gab, die ihnen hätten gefährlich werden können, bestand für sie keine Veranlassung mehr, in Felsspalten und Erdhöhlen Zuflucht zu suchen.
Die heutige Systematik unterteilt die Nagetiere nach der Anordnung der Knochen und der entsprechenden Muskeln des Unterkiefers in zwei Unterordnungen.

Unterordnung Sciurognathi
Die *Sciurognathi* (»Hörnchenkiefer«) haben einen tiefen Unterkiefer, an dem der Kaumuskel befestigt ist. Die Unterordnung ist die bei weitem größere und wahrscheinlich auch die primitivere; zu ihr zählen die Hörnchen, Biber, Taschenratten, Hamster, Ratten und Mäuse.
Die Familien der *Sciurognathi* scheinen schon zu einem frühen Zeitpunkt der Nagerevolution getrennte Wege eingeschlagen zu haben, denn abgesehen von ihrer Kiefer- und Zahnstruktur haben sie nur wenig miteinander gemein. Die meisten leben vegetarisch, manche sind Allesfresser, und es gibt auch einige wenige Insektenjäger. Ein Viertel der gegenwärtig existierenden Säugerarten zählt zu den Ratten und Mäusen. Der Siegeszug dieser ungeheuer erfolgreichen Gruppe begann allerdings erst zu Beginn des Pliozäns.

Name: ***Ischyromys***
Zeitliche Verbreitung: ***Unteres Eozän***
Geographische Verbreitung: ***Nordamerika***
Länge: **60 cm**
Ischyromys gehört zu den ältesten Nagetieren. Im Aussehen erinnerte es an eine Maus. Der Schädel wies verschiedene typische Nagermerkmale auf, darunter auch das charakteristische Paar obere Schneidezähne. Auch der Körperbau war nagertypisch: Die vielseitig verwendbaren Vorder- und die kräftigen Hinterbeine trugen je fünf bekrallte Zehen an den Füßen.
Während viele frühtertiäre Säuger ökologische Nischen am Boden besetzten, deutet alles darauf hin, daß *Ischyromys* und seine mehr hörnchenähnlichen Verwandten (wie zum Beispiel *Paramys*) auf Bäumen lebten. Sie waren zu ihrer Zeit die höchstentwickelten Kletterer und verdrängten möglicherweise die primitiven nagerähnlichen Primaten, die diesen Lebensraum seit dem Paläozän für sich beansprucht hatten.

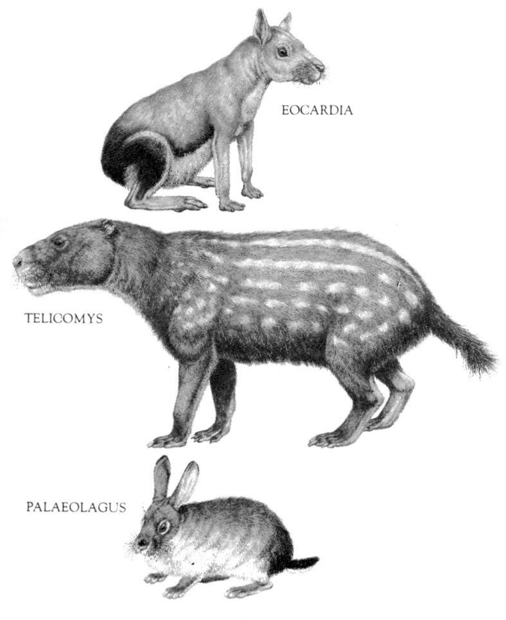

NAME: ***Epigaulus***
ZEITLICHE VERBREITUNG: ***Miozän***
GEOGRAPHISCHE VERBREITUNG: ***Nordamerika (Great Basin)***
LÄNGE: ***30 cm***
Epigaulus muß einem heutigen Murmeltier ähnlich gesehen haben, von dem es sich allerdings durch ein Paar stumpfe Hörner auf dem Schädel und die langen, kräftigen Krallen an den Vorderbeinen unterschied. Die Krallen sind seitlich abgeflacht und stellen eine Anpassung an die grabende Lebensweise des Tieres dar. Kein weiteres Nagetier besaß je solche Hörner. Ihre Funktion bleibt angesichts der Lebensweise von *Epigaulus* ein Rätsel. *Epigaulus* und seine nächsten Verwandten starben aus, als im Oberen Miozän, vor ungefähr 5 Millionen Jahren, die Wälder verschwanden und offenen Grasgebieten Platz machten.

NAME: ***Steneofiber***
ZEITLICHE VERBREITUNG: ***Unteres Miozän***
GEOGRAPHISCHE VERBREITUNG: ***Europa (Frankreich, Deutschland)***
LÄNGE: ***30 cm***
Biber sind im Fossilnachweis gut vertreten und reichen bis ins Untere Oligozän zurück, also bis in die Zeit vor ungefähr 35 Millionen Jahren.
Der Biber *Steneofiber* aus dem Unteren Miozän war klein und lebte wie seine heute noch existierenden Nachfahren in oder in der Nähe von Süßwasserseen. Wahrscheinlich war er aber nicht dazu imstande, große Bäume zu fällen.
Viele frühe Biberarten lebten am Boden, und einige gruben sogar Gänge. Die miozänen Ablagerungen von Nebraska sind stellenweise von merkwürdigen, korkenzieherartigen Gängen durchzogen, die 2,5 m senkrecht in die Tiefe reichen. Man hat ihnen den wissenschaftlichen Namen *Daimonelix* gegeben – »des Teufels Korkenzieher«. Sie gehen auf den taschenrattenähnlichen Biber *Palaeocastor* zurück, einen nahen Verwandten von *Steneofiber*.

Unterordnung Hystricognathi
Diese Unterordnung gilt als die höher entwickelte, obwohl ihr wahrscheinlich die ältesten bekannten Nager zuzurechnen sind. Die *Hystricognathi* oder »Stachelschweinkiefer« haben am Unterkiefer ein knöchernes Seitenstück, an dem der Kaumuskel *(Masseter)* ansetzt.
Obwohl die *Hystricognathi* auch altweltliche Arten umfassen – wie die Stachelschweine, die Gundis und die Rohrratten –, liegt ihr Hauptverbreitungsgebiet in Südamerika.
Die ersten Nagetiere Südamerikas, von denen Fossilfunde vorliegen, stammen aus dem Unteren Oligozän im Süden Patagoniens.
Die südamerikanischen *Hystricognathi* umfassen Stachelschweinartige, Meerschweinchen, Wasserschweine, Pakaranas, Chinchillas, Agutis und Sumpfbiber.

NAME: ***Birbalomys***
ZEITLICHE VERBREITUNG: ***Unteres Eozän***
GEOGRAPHISCHE VERBREITUNG: ***Asien (Pakistan)***
LÄNGE: ***30 cm***
Einige Paläontologen halten *Birbalomys* für das primitivste Nagetier, das wahrscheinlich der Stammform der gesamten Gruppe nahesteht. Allerdings ist über die Gattung so wenig bekannt, daß die Rekonstruktion auf S. 282 als spekulativ anzusehen ist. Vielleicht ähnelte *Birbalomys* den nordafrikanischen Gundis.

NAME: ***Eocardia***
ZEITLICHE VERBREITUNG: ***Miozän***
GEOGRAPHISCHE VERBREITUNG: ***Südamerika***
LÄNGE: ***30 cm***
Die Meerschweinchenartigen sind die typischsten südamerikanischen Nager. Sie sind nahe verwandt mit dem Wasserschwein oder Capybara.
Einige Formen wurden recht groß. *Protohydrochoerus* beispielsweise erreichte die Größe eines Tapirs. *Eocardia* hingegen blieb kleiner und ähnelte dem heutigen Meerschweinchen.

NAME: ***Telicomys***
ZEITLICHE VERBREITUNG: ***Oberes Miozän bis Unteres Pliozän***
GEOGRAPHISCHE VERBREITUNG: ***Südamerika***
LÄNGE: ***2 m***
Nahe verwandt mit den Meerschweinchen und den Wasserschweinen waren die kurzschwänzigen *Dinomyidae* (wörtlich übersetzt »schreckliche Mäuse«), die heutigen Pakaranas. Ihr größter Vertreter – und wahrscheinlich das größte Nagetier überhaupt – war *Telicomys*.
Telicomys wurde so groß wie ein kleines Nashorn, sah aber wohl eher wie ein behaartes Flußpferd oder ein riesenhaftes Wasserschwein aus.

Ordnung Lagomorpha
Die Lagomorpha oder Hasentiere umfassen die eigentlichen Hasen, die Pfeifhasen und die Kaninchen. Früher wurden sie zu den Nagetieren gestellt. Tatsächlich gibt es eine Reihe von Gemeinsamkeiten, zum Beispiel die geringe Größe und vor allem die kontinuierlich nachwachsenden Nagezähne.
Der Hauptunterschied zwischen den beiden Gruppen liegt darin, daß die Hasentiere über zwei Paar obere Schneidezähne verfügen, die Nagetiere hingegen nur über eines. Auch sind bei den Hasen und ihren Verwandten die Schneidezähne, ähnlich wie bei den ältesten Nagetieren, rundum mit Schmelz bedeckt, während sie bei den höher entwickelten Nagern nur noch an den Frontseiten Schmelz aufweisen. Die *Lagomorpha* haben zudem mehr Backenzähne als die Nager, nämlich fünf oder sechs, anstatt maximal fünf.
Auch beim Kauen zeigen sich Unterschiede: Die Hasenartigen kauen mit seitlichen Bewegungen, während die Nager eine vor- und rückwärts gerichtete Bewegung durchführen.
Heute überleben ungefähr zwölf Gattungen der *Lagomorpha*, wobei man sich allerdings vor Augen halten muß, daß es insgesamt seit dem ersten Auftreten dieser Ordnung viermal so viele gegeben hat.
Die ersten fossilen Vertreter traten im Oberen Paläozän oder im Unteren Eozän wahrscheinlich in Ostasien auf.
Die Hasentiere breiteten sich schnell aus. Sie leben vorrangig in offenen Grasgebieten sowie zwischen strauchiger Vegetation in Fels- und Wüstenlandschaften.

NAME: ***Palaeolagus***
ZEITLICHE VERBREITUNG: ***Oligozän***
GEOGRAPHISCHE VERBREITUNG: ***Nordamerika***
LÄNGE: ***25 cm***
Das älteste Hasentier ist *Eurymulus* aus dem Oberen Paläozän der Mongolei. Die Unterteilung der Ordnung in die Pfeifhasen auf der einen und die Echten Hasen auf der anderen Seite hatte bereits im Unteren Oligozän stattgefunden. Die Pfeifhasen entwickelten sich zu kompakten Tieren mit kurzen Beinen und kurzen Ohren; die Hasen und Kaninchen hingegen bildeten längere Beine aus, die sie zu einer laufenden und später springenden oder hoppelnden Fortbewegung befähigten.
Das Skelett von *Palaeolagus* ähnelt dem eines heutigen Kaninchens. Die Hinterbeine waren allerdings etwas kürzer und deuten darauf hin, daß das Tier noch nicht so hüpfen konnte wie die heutigen Hasen.

Halbaffen und Affen

BRANISELLA

TREMACEBUS

MESOPITHECUS

THEROPITHECUS

Halbaffen und Affen

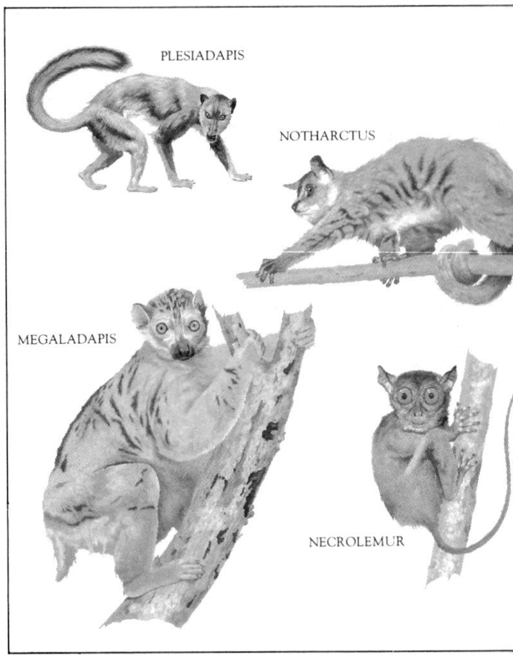

Ordnung Primates

Die Primaten umfassen die Halbaffen, die Affen, die Menschenaffen und schließlich auch die Menschen. Sie entstanden wahrscheinlich im Paläozän, vor 60 Millionen Jahren; der Vorfahre war vermutlich ein primitiver Insektenfresser. In der Tat sahen die ersten Primaten den Insektenfressern so ähnlich, daß eine Grenzlinie zwischen den beiden Ordnungen nur willkürlich gezogen werden kann (vgl. *Purgatorius*, S. 201).

Die Primaten entwickelten sich offensichtlich in bewaldeten Lebensräumen. Viele Arten zeigen spezifische Anpassungen an das tagaktive Leben auf Bäumen; dazu gehören die Vergrößerung und die zunehmende Komplexität der Gehirne und der Sinne sowie Veränderungen an den Gliedmaßen und den Fingern. Unverkennbar ist auch die wachsende Tendenz zum Gehen auf zwei Beinen: Der Körper richtete sich auf, die Hinterbeine spezialisierten sich auf die Fortbewegung, die Vorderbeine beziehungsweise Arme auf das Greifen und Festhalten. Gleichgewichts- und Tastsinn verbesserten sich, und der Gesichtssinn erfuhr gleich zwei entscheidende Fortschritte: Das räumliche Sehen und die Fähigkeit zum Erkennen von Farben bildeten sich heraus.

Eine weitere entscheidende Entwicklung betraf die Fortpflanzung: Mit zunehmender Brutpflege durch die Eltern konnte, da die Überlebenschancen des einzelnen Tiers wuchsen, die Zahl der Nachkommen verringert werden.

Wir unterscheiden zwei Unterordnungen der Primaten, die *Prosimii* und die *Anthropoidea*.

Unterordnung Prosimii

Die *Prosimii* oder Halbaffen bilden eine vielgestaltige Gruppe, zu der die frühen insektenfressenden Primaten, die fossilen und modernen Lemuren, die Loris und Makis gehören.

Bei den rezenten Arten ist das Gesicht mit Ausnahme der sich bis zur Oberlippe erstreckenden Nase noch von Haaren bedeckt.

Ein weiteres Schlüsselmerkmal zeigt sich darin, daß Daumen und große Zehe den übrigen Fingern gegenübergestellt werden können. Dadurch wurde die Griffsicherheit enorm gesteigert.

Familie Plesiadapidae

Diese Gruppe ist die bekannteste der fünf Familien der *Plesiadapiformes*. Es ist denkbar, daß sich die Plesiadapiden von Nordamerika über Grönland nach Europa ausbreiteten (Grönland bildete im Paläozän und Eozän eine warme, bewaldete Landbrücke). Die Tiere hatten einen langen Schwanz und bewegliche Gliedmaßen; die Hände und Füße waren mit Krallen versehen; sie hatten eine lange Schnauze mit nagerartigen Kiefern und Zähnen und Augen, die seitlich am Kopf standen.

NAME: ***Plesiadapis***
ZEITLICHE VERBREITUNG: ***Oberes Paläozän bis Unteres Eozän***
GEOGRAPHISCHE VERBREITUNG: ***Nordamerika (Rocky Mountains) und Europa (Frankreich)***
LÄNGE: ***80 cm***

Plesiadapis-Fossilien wurden unweit von Cernay in Nordostfrankreich in sehr großer Zahl gefunden. Man kann also davon ausgehen, daß es zu seiner Zeit in jener Gegend sehr häufig gewesen ist.

Plesiadapis erinnerte im Bau an ein Hörnchen, in der Körpergröße jedoch an einen Biber. Einen großen Teil der Zeit verbrachte es wohl auf dem Boden, obwohl es auch gut an das Leben auf den Bäumen angepaßt war. Mit Händen und Füßen konnte es sich an den Ästen festklammern. Die langen Finger und Zehen waren mit Krallen ausgerüstet.

Der Kopf von *Plesiadapis* entsprach indessen nicht einem typischen Primaten. Das Gebiß erinnerte an einen Nager: Vorne im Kiefer standen lange Schneidezähne und zwischen diesen und den Backenzähnen klaffte eine breite Lücke *(Diastema)*. Man hält es daher nicht für ausgeschlossen, daß Nagetiere und Primaten im frühen Tertiär einen gemeinsamen Ahnen hatten.

Familie Adapidae

Die lemurenähnlichen Adapiden waren im Eozän häufig, wurden dann aber seltener und starben im Oberen Miozän, also vor ungefähr 10 Millionen Jahren, aus.

Die Adapiden besaßen einige Merkmale, die im Vergleich zu den Plesiadapiden einen deutlichen Fortschritt darstellten: Der Rücken war geschmeidiger, die Gliedmaßen länger und biegsamer, die Daumen und Großzehen konnten den übrigen Fingern beziehungsweise Zehen gegenübergestellt werden: All dies erhöhte die Mobilität der Tiere. Die Adapiden hatten zudem eine kürzere Schnauze. Auch waren die Augen näher zusammengerückt und standen nun vorne an der Stirn. Das Gehirnvolumen war überproportional gewachsen. Möglicherweise konnten die Adapiden nur klettern, hangeln und springen, doch spricht einiges dafür, daß sie sogar schon in der Lage waren, auf Ästen zu laufen.

Die lemurenähnlichen Adapiden und die Lemuriden (s. u.) werden gelegentlich unter der Bezeichnung *Strepsirhini* (»verdrehte Nasen«) zusammengefaßt, die auf die waagrechte und senkrechte Unterteilung der Nasen Bezug nimmt.

NAME: ***Notharctus***
ZEITLICHE VERBREITUNG: ***Unteres bis Mittleres Eozän***
GEOGRAPHISCHE VERBREITUNG: ***Nordamerika (Wyoming)***
LÄNGE: ***40 cm***

Notharctus war nach unserem gegenwärtigen Kenntnisstand der letzte Primate Nordamerikas. Wahrscheinlich ähnelte er einem heutigen Lemuren und war sehr gut an das Leben auf den Bäumen angepaßt. Die Augen schauten nach vorn und erlaubten ein räumliches Sehen, so daß die Tiere Entfernungen genau abschätzen konnten. Mit den langen Hinterbeinen sprangen sie von Ast zu Ast, während der Schwanz bei diesen Bewegungsabläufen als Gleichgewichtsorgan diente.

Familie Lemuridae

Die *Lemuridae* sind den *Adapidae* ähnlich, verfügen aber über einen langen »Kamm«, der zur Fellpflege herangezogen wird und aus den vorderen Zähnen des Unterkiefers besteht.

Vor ungefähr 50 Millionen Jahren kamen *Lemuridae* und ihre nahen Verwandten in Afrika, Europa und Nordamerika vor. Heute umfaßt die Familie die Lemuren, die Indris, einige Makis, den Katta sowie das Fingertier, die allesamt auf Madagaskar beschränkt sind.

NAME: ***Megaladapis***
ZEITLICHE VERBREITUNG: ***Jetztzeit***
GEOGRAPHISCHE VERBREITUNG: ***Madagaskar***
LÄNGE: ***1,5 m***

Megaladapis war, soweit bekannt, der größte Lemur. Er hatte einen relativ schweren Körper, kurze Gliedmaßen und wog an die 50 kg. Im Gegensatz zu seinen kleineren Verwandten handelte es sich bei ihm vermutlich um ein langsames Klettertier, dessen Verschwinden vermutlich auf zu intensive Bejagung durch den Menschen zurückzuführen ist.

Familie Omomyidae
Die *Omomyidae* sind die größte Familie der Koboldmakiartigen, von denen heute noch einige wenige Arten auf südostasiatischen Inseln wie Sumatra und Borneo existieren. Die Omomyiden waren im Eozän reichlich vertreten, starben aber zu Beginn des Miozäns aus.
Die Koboldmakis und ihre Verwandten faßt man auch unter der Bezeichnung *Haplorhini* (»Ganznasen«) zusammen.
Einige Paläontologen haben die Möglichkeit in Betracht gezogen, daß die Koboldmakis die gemeinsamen Ahnen der Affen und der Menschenaffen waren. Angesichts ihrer extremen Spezialisierung erscheint dies jedoch kaum wahrscheinlich.

NAME: ***Necrolemur***
ZEITLICHE VERBREITUNG: ***Mittleres bis Oberes Eozän***
GEOGRAPHISCHE VERBREITUNG: ***Westeuropa***
LÄNGE: ***25 cm***
Von *Necrolemur* besitzen wir die besterhaltenen Fossilien aller Koboldmakis. Das Tier hatte große Augen und Ohren, die es ihm ermöglichten, nachts auf Jagd zu gehen. Die kleinen, scharfen Zähne waren hervorragend dazu geeignet, harte Insektenpanzer aufzuknacken. Im Körperbau ähnelte *Necrolemur* vermutlich den heutigen Arten.

Unterordnung Anthropoidea
Die Unterordnung *Anthropoidea* (Affen im engeren Sinn) umfaßt zwei Infraordnungen: die *Platyrrhina* (Breitnasenaffen oder Neuweltaffen) und die *Catarrhina* (Schmalnasenaffen oder Altweltaffen mit den Menschenaffen und Hominiden). Die *Anthropoidea* entstanden vor rund 40 Millionen Jahren in Nordamerika oder Eurasien. Die beiden Entwicklungslinien spalteten sich voneinander ab, als die Landbrücke zwischen Nord- und Südamerika einmal mehr verschwand.

Neuweltaffen
Die Neuweltaffen unterscheiden sich von den Altweltaffen durch ihre Nasenlöcher, die weiter auseinander stehen und eher nach außen als nach unten gerichtet sind. Hinzu kommen einige anatomische Merkmale, wie zum Beispiel die Schädelnähte oder das zusätzliche Prämolarenpaar der Neuweltaffen. Einige Arten verfügen über eine »fünfte Gliedmaße« in Form eines Greifschwanzes, der sich um Äste wickeln läßt und imstande ist, das ganze Körpergewicht zu tragen. Die Altweltaffen haben dieses Merkmal merkwürdigerweise nie entwickelt.
Die Gruppe umfaßt heute die Marmosetten und Tamarins, die Brüllaffen, Klammeraffen und Kapuzineraffen. Insgesamt schließen sie ungefähr rund ein Drittel der rezenten Anthropoiden-Gattungen ein.

NAME: ***Branisella***
ZEITLICHE VERBREITUNG: ***Unteres Oligozän***
GEOGRAPHISCHE VERBREITUNG: ***Südamerika (Bolivien)***
LÄNGE: ***40 cm***
Branisella ist, soweit bekannt, der erste Affe des südamerikanischen Kontinents. Über seine Lebensweise und die systematische Stellung läßt sich aber nur sehr wenig Sicheres sagen, da nur einige Bruchstücke des Unterkiefers gefunden wurden. Die Zähne waren ziemlich primitiv und wiesen zahlreiche Merkmale der Koboldmakiartigen auf, was auf eine Abstammung von den mehr nördlich verbreiteten Omomyiden schließen läßt. Andere Merkmale sprechen dagegen eher für eine engere Verwandtschaft mit afrikanischen Affen jener Zeit. Vielleicht hatten die Vorfahren den Atlantik auf schwimmenden Vegetationsinseln überquert.

NAME: ***Tremacebus***
ZEITLICHE VERBREITUNG: ***Oberes Oligozän***
GEOGRAPHISCHE VERBREITUNG: ***Südamerika (Argentinien)***
LÄNGE: ***1 m***
Am Ende des Oligozäns sahen die Neuweltaffen den heutigen Formen bereits sehr ähnlich. *Tremacebus*, der wegen seines menschenähnlichen Aussehens gelegentlich auch *Homunculus* genannt wird, sah vermutlich dem heutigen Nachtaffen ähnlich, einem Früchte- und Insektenfresser, der als einziger Affe der Welt nachtaktiv ist.
Tremacebus ist nur von einigen wenigen Funden aus Patagonien bekannt, darunter auch einem Schädel. Die spärlichen Reste lassen vermuten, daß die patagonischen Ebenen damals ebenso baumlos waren wie heute. Offensichtlich war bei so geringen Waldbeständen eine größere Affenvielfalt gar nicht möglich.

Altweltaffen
Die Altweltaffen unterscheiden sich von ihren neuweltlichen Verwandten durch die nahe beieinanderstehenden und nach unten gerichteten Nasenlöcher, die schmale Nasenscheidewand, den langen Gehörgang und zwei Molaren (statt drei). Eine große Familie der Altweltaffen bilden die *Cercopithecidae* oder Hundsaffen. Sie stellten die primitivste Gruppe der *Catarrhina* dar und umfassen als heutige Vertreter die Meerkatzen, Makaken, Paviane, Dscheladas und Schlankaffen. Die heutigen Formen haben meistens Gesäßschwielen, die vermutlich auch schon bei den fossilen Arten vorhanden waren.
Der Schwanz der Altweltaffen ist nie zu einem Greiforgan umgebildet worden; er kann stark reduziert sein oder gar fehlen, besonders bei bodenlebenden Tieren. Affen, die in Bäumen leben, brauchen den Schwanz zur Wahrung des Gleichgewichts. Manche Arten können mit Hilfe des Schwanzes während des Sprungs noch die Richtung ändern.

NAME: ***Mesopithecus***
ZEITLICHE VERBREITUNG: ***Oberes Miozän bis Oberes Pliozän***
GEOGRAPHISCHE VERBREITUNG: ***Europa (Griechenland) und Asien (Kleinasien)***
LÄNGE: ***40 cm***
Mesopithecus, wörtlich übersetzt der »mittlere Affe«, war ein typischer früher Vertreter der Cercopitheciden. Er sah einem heutigen Makaken ähnlich und war vermutlich ein Vorfahre der Languren. Der Affe war schlank, hatte lange, muskulöse Arme und Beine sowie lange, gewandte Finger und Zehen. Er kam wie ein heutiger Makak auf dem Boden ebensogut voran wie im Astwerk der Bäume, weshalb er vermutlich in einer relativ offenen Landschaft lebte. *Mesopithecus* war allem Anschein nach tagaktiv und ernährte sich von Blättern und weichen Früchten.

NAME: ***Theropithecus***
ZEITLICHE VERBREITUNG: ***Mittleres Pliozän bis Jetztzeit***
GEOGRAPHISCHE VERBREITUNG: ***Süd- und Ostafrika***
LÄNGE: ***1,2 m***
Die Paviane sind weitgehend Bodenbewohner, die in Familienverbänden durch offene Landschaften ziehen. Obwohl sie sich vorwiegend auf allen vieren fortbewegen, sind sie – vor allem in felsigem Gelände – auch geschickte Kletterer. *Theropithecus* war ein großer Pavian, dessen fossile Reste in der Olduvai-Schlucht in Tansania entdeckt wurden. Er ernährte sich vermutlich von trockenheitsresistenten, hartfaserigen Pflanzen.

Menschenaffen

DRYOPITHECUS
SIVAPITHECUS
GIGANTOPITHECUS
RAMAPITHECUS

Menschenaffen

Familie Oreopithecidae

Die Klassifikation der Oreopitheciden ist problematisch. Einige Paläontologen halten sie für altweltliche Affen, die mit *Mesopithecus* (s. S. 289) verwandt waren. Andere bewerten die menschenaffen- und sogar hominidenähnlichen Eigenschaften wie beispielsweise die Fähigkeit, sich von Ast zu Ast zu schwingen und aufrecht zu gehen, höher. Höchstwahrscheinlich handelt es sich jedoch um eine Sackgasse. Die hochentwickelten Merkmale entstanden vermutlich durch Konvergenz. Es gibt nur eine Gattung.

NAME: ***Oreopithecus***
ZEITLICHE VERBREITUNG: ***Oberes Miozän***
GEOGRAPHISCHE VERBREITUNG: ***Europa (Italien)***
HÖHE: ***1,2 m***

Die fossilen Reste des »Bergaffen« *Oreopithecus* wurden in Braunkohlelagern der Toskana gefunden und sind ungefähr 14 Millionen Jahre alt. Einige Merkmale dieses Tieres erinnern fast schon an den Menschen.
Oreopithecus hatte das Gesicht eines Affen, die Überaugenwülste eines Menschenaffen und affenähnliche Fußwurzelknochen. Das Gesicht war flach und klein, die Eckzähne konisch, die Molaren ähnelten denen der Hominiden. Die Kombination aus Affen- und Menschenmerkmalen erklärt sich noch am ehesten, wenn man die Oreopitheciden als unabhängigen Seitenzweig ansieht.
Da die Reste von *Oreopithecus* in weicher Braunkohle gefunden wurden, lebte das Tier vermutlich in Sumpf- und Auwäldern. Wahrscheinlich fraß *Oreopithecus* Blätter, Schößlinge und Früchte.

Überfamilie Hominoidea

Die einzigen Angehörigen der *Hominoidea* (»Menschenähnliche«) sind die Menschenaffen *(Pongidae)* und der Mensch *(Homo sapiens)*. Von den Altweltaffen unterscheiden sich die *Hominoidea* dadurch, daß ihnen die Schwänze fehlen und daß Arme und Schultergürtel an das Hangeln im Geäst angepaßt sind. Zusätzlich zu den *Pongidae* und den *Hominidae* umfaßt die Gruppe eine weitere ausgestorbene Familie, die *Pliopithecidae*.

Familie Pliopithecidae

Obwohl die *Pliopithecidae* einige primitive Merkmale aufwiesen, darunter eine verlängerte Schnauze, eine kleine Schädelkapsel und in einigen Fällen auch einen Schwanz, handelt es sich bei ihnen um die früheste klar abgegrenzte Familie echter Menschenaffen. Zu den fortgeschrittenen Merkmalen gehörten das Gebiß, die Kiefer und das räumliche Sehen.
Die Pliopitheciden entstanden wahrscheinlich im Unteren Oligozän, vor ungefähr 35 Millionen Jahren, in Afrika. Im Miozän, vor zirka 10 Millionen Jahren, starben sie aus.

NAME: ***Propliopithecus***
ZEITLICHE VERBREITUNG: ***Mittleres Oligozän***
GEOGRAPHISCHE VERBREITUNG: ***Afrika (Ägypten)***
LÄNGE: ***40 cm***

Im Mittleren Oligozän, vor ungefähr 27 Millionen Jahren, war die Region Fayum im Osten von Kairo noch nicht – wie heute – eine Staubwüste. Der Ur-Nil baute hier, unweit der Küstenlinie des heute verschwundenen Tethys-Meeres, ein sumpfiges Delta auf. In den Wäldern dieses Gebiets lebten viele tropische Tiertypen, darunter einige primitive Menschenaffen. *Propliopithecus* bewegte sich im Geäst wie die heutigen Makaken auf allen vieren fort und war ungefähr so groß wie ein kleiner Gibbon.

NAME: ***Pliopithecus***
ZEITLICHE VERBREITUNG: ***Mittleres bis Oberes Miozän***
GEOGRAPHISCHE VERBREITUNG: ***Europa (Frankreich und Tschechoslowakei)***
HÖHE: ***1,2 m***

Obwohl das letzte Wort in dieser Angelegenheit noch nicht gesprochen ist, erscheint die in Paläontologenkreisen früher weit verbreitete Ansicht, daß aus *Pliopithecus* die Gibbons hervorgegangen sind, nach neueren Erkenntnissen eher unwahrscheinlich. Dabei steht außer Zweifel, daß zwischen den beiden Gruppen auffällige Ähnlichkeiten bestehen. *Pliopithecus* war so groß wie ein Gibbon, hatte ein kurzes Gesicht, große Augen und scharfe Eckzähne. Der Körper war langgestreckt, und die Gliedmaßen trugen lange, schlanke Hände und Füße, die es *Pliopithecus* vermutlich ermöglichten, von Ast zu Ast zu hangeln.
Während aber bei *Pliopithecus* Arme und Beine ungefähr gleich lang waren, sind die Arme der Gibbons erheblich länger als die Beine. Im Fossilnachweis ist zudem ein kurzer Schwanz erhalten geblieben, der mindestens zehn Wirbel besessen haben muß. Das räumliche Sehen war vermutlich noch nicht perfekt ausgebildet, da die Augenhöhlen nicht genau nach vorne schauten.

NAME: ***Dendropithecus***
ZEITLICHE VERBREITUNG: ***Unteres bis Mittleres Miozän***
GEOGRAPHISCHE VERBREITUNG: ***Ostafrika (Kenia)***
HÖHE: ***60 cm***

Heute nimmt man an, nicht *Pliopithecus*, sondern sein älterer Verwandter, der schlank gebaute *Dendropithecus* (»Baumaffe«), sei der Vorfahre der Gibbons gewesen. Das Alter der Fossilreste von *Dendropithecus* liegt bei 15 bis 20 Millionen Jahren.

Obwohl *Dendropithecus* kürzere Arme und einen längeren Schwanz als *Pliopithecus* aufwies und deswegen wahrscheinlich auch nicht besser hangeln konnte, erinnerte er in anderen Merkmalen, wie beispielsweise der Ernährungsweise, an einen Gibbon. *Dendropithecus* bewohnte mit an Sicherheit grenzender Wahrscheinlichkeit dicht bewaldete Gebiete und ernährte sich wie die heute noch existierenden Gibbons von Früchten, Blättern und Blüten.

Familie Pongidae

Die *Pongidae* umfassen sowohl die fossilen als auch die heute noch lebenden Menschenaffen. Sie gehen teils auf vier, teils auf zwei Beinen und haben keinen Schwanz mehr. Ihr Verbreitungsgebiet ist heute auf das tropische Afrika und Südostasien beschränkt, wo vier Gattungen mit insgesamt acht Arten leben. Es handelt sich um die Gibbons, zwei Schimpansenarten sowie den Gorilla und den Orang-Utan.
Die ältesten Vertreter der früher sehr viel artenreicheren und weiter verbreiteten Gruppe stammen aus dem Unteren Miozän und sind damit ungefähr 25 Millionen Jahre alt.
Früher stellte man fast jeden neuen Hominoidenfund in eine eigene Gattung, für die dann sogleich ein neuer Name erfunden wurde. Das wurde am Ende so verwirrend, daß die großen Linien der Hominoidenevolution überhaupt nicht mehr zu erkennen waren. Heute setzt sich mehr und mehr die Überzeugung durch, daß trotz subtiler anatomischer Unterschiede viele dieser menschenähnlichen Tiere nahe miteinander verwandt waren. Vielleicht sollte man sie alle als Angehörige derselben Gattung betrachten. (Schließlich gibt es unter den Menschen ebenfalls ziemlich große anatomische Unter-

schiede, obwohl wir mit Sicherheit alle ein und derselben Art angehören.)
Bis vor kurzem ging man allgemein davon aus, die Menschenaffen hätten sich vor ungefähr 15 bis 20 Millionen Jahren von der Entwicklungslinie abgespalten, die zu den Australopithecinen und Menschen (s. S. 296–297) führte. Neuere Erkenntnisse aus der Biochemie deuten jedoch darauf hin, daß diese Trennung erheblich später stattgefunden haben muß. Die spezifischen Immunreaktionen sowie die Unterschiede in Aufbau der DNA (das heißt des in jeder Zelle enthaltenen Trägers der genetischen Information) und einiger komplexer Proteinmoleküle, wie beispielsweise des Hämoglobins in den roten Blutkörperchen, wurden eingehend untersucht. Nimmt man eine bestimmte Rate spontaner Veränderungen dieser Moleküle in der Zeit als gegeben, so kann man aufgrund der Ergebnisse dieser Untersuchungen heute davon ausgehen, daß sich die Gibbons erst vor etwa 10 Millionen Jahren von der gemeinsamen Entwicklungslinie trennten, der Orang Utan sogar noch etwas später.
Die größten Überraschungen boten diese Untersuchungen jedoch im Hinblick auf unsere Verwandtschaft mit den Schimpansen und Gorillas. Bei aller äußerlichen Verschiedenheit sind wir uns biochemisch so ähnlich, daß die Trennung der Entwicklungslinien nicht weiter als 5 bis 8 Millionen Jahre zurückliegen kann.
Die Theorie ist allerdings noch umstritten – nicht zuletzt deswegen, weil die fossilen Australopithecinen ein Alter von 3,5 bis 5 Millionen Jahren aufweisen. Sie stehen aber dem Menschen zu nahe und den Menschenaffen zu fern, um das Ergebnis einer nur wenige Millionen Jahre währenden Evolution sein zu können.

NAME: ***Dryopithecus***
ZEITLICHE VERBREITUNG: ***Unteres bis Oberes Miozän***
GEOGRAPHISCHE VERBREITUNG: ***Europa (Frankreich und Griechenland), Asien (Kaukasus) und Afrika (Kenia)***
LÄNGE: ***60 cm***
Die stammesgeschichtliche Linie, die zu den modernen Menschenaffen und zu *Homo sapiens* führte, begann möglicherweise mit dem weitverbreiteten *Dryopithecus* (»Baumaffe«), der vor ungefähr 12 bis vor ungefähr 9 Millionen Jahren lebte.
Dryopithecus entwickelte sich in Ostafrika, wo auch die ältesten fossilen Reste gefunden wurden, und wanderte, als sich der afrikanische Kontinent an Eurasien anschloß, nach Europa und Asien (vor allem in die Gebiete östlich des Mittelmeers) ein.
Die schimpansenähnlichen Gliedmaßen zeigen, daß *Dryopithecus* wohl meistens auf allen vieren ging, obwohl er sich auch auf die Hinterbeine aufrichten konnte. Auch der Kopf war eher schimpansenähnlich, wenngleich ihm die schweren Überaugenwülste fehlten.
Dryopithecus lebte gesellig in Bäumen, war sehr klettergewandt und ernährte sich von Früchten. (Die Schmelzschicht seiner Backenzähne war für zähere Nahrung wie Wurzeln oder Gräser zu dünn.)

NAME: ***Sivapithecus***
ZEITLICHE VERBREITUNG: ***Mittleres bis Oberes Miozän***
GEOGRAPHISCHE VERBREITUNG: ***Südosteuropa, Asien und Afrika (Kenia)***
HÖHE: ***1,5 m***
Sivapithecus war mit seinem orang-utanähnlichen Gesicht, den schimpansenähnlichen Füßen und den drehbaren Handgelenken möglicherweise ein Tier in der Übergangsphase vom Leben auf den Bäumen zum Leben auf dem Boden.
Die wichtigsten Indizien dafür liefert uns das Gebiß. Die Eckzähne waren groß, und die Backenzähne trugen eine dicke Schmelzschicht. Ein solches Gebiß ist eher an die Ernährung in der Savanne – mit Samen, Zweigen und Wurzeln – als an das Nahrungsangebot des Waldes – weiche Blätter und Früchte – angepaßt. Ohne Zweifel ernährte sich *Sivapithecus* von trockenerer, robusterer Pflanzennahrung als *Dryopithecus*. Tatsächlich änderte sich das Klima in jener Zeitspanne (vor 15 bis vor 7 Millionen Jahren). Die Wälder verschwanden, und Grasgebiete breiteten sich aus. Es liegt nahe, daß die Evolution jene Tiere begünstigte, die sich den neuen Bedingungen am schnellsten anpassen konnten.
Bedeutende Fossilien dieser Gattung wurden in Indien entdeckt, und so ist *Sivapithecus* nach Siva, einem der wichtigsten Hindugötter, benannt, der gelegentlich auch als der »Herr der Tiere« bezeichnet wird.

NAME: ***Gigantopithecus***
ZEITLICHE VERBREITUNG: ***Oberes Miozän bis Mittleres Pleistozän***
GEOGRAPHISCHE VERBREITUNG: ***Asien (China, Pakistan, Indien)***
HÖHE: ***3 m***
Dieses gewaltige Tier wog ungefähr 300 kg. Er war nahe mit *Sivapithecus* verwandt und ist vor allem durch Kiefer- und Zahnfragmente bekannt. Die Zähne waren ungefähr doppelt so breit wie die eines heutigen Gorillas. Die ersten Exemplare – vier einzelne Backenzähne – entdeckte ein Paläontologe in den dreißiger Jahren in einer chinesischen Apotheke. In den fünfziger Jahren wurden vollständige Unterkiefer gefunden.
Gigantopithecus lebte auf dem Boden und erinnerte äußerlich an einen Gorilla. Der Kiefer war jedoch kürzer, die Schneidezähne und die Eckzähne waren verhältnismäßig klein.
Gigantopithecus überlebte mit Sicherheit bis ins Pleistozän, existierte also noch vor einer Million Jahren, wenn nicht sogar noch länger. Ja, es gibt eine These, derzufolge *Gigantopithecus* bis heute noch im Himalaja überlebt und gelegentlich auch gesichtet wird – als »Yeti«.

NAME: ***Ramapithecus***
ZEITLICHE VERBREITUNG: ***Mittleres bis Oberes Miozän***
GEOGRAPHISCHE VERBREITUNG: ***Asien (Pakistan) und Afrika (Kenia)***
HÖHE: ***1,2 m***
Ramapithecus wurde nach Rama, dem hinduistischen Gott für Ritterlichkeit und Tugend, benannt. Es handelte sich ebenfalls um einen engen Verwandten von *Sivapithecus*. (Einige Paläontologen halten die beiden Gattungen sogar für identisch.) *Ramapithecus* war etwas kleiner und lebte mehr auf dem Boden. Die robusten Zähne hatten eine große Oberfläche, der Unterkiefer war hoch und kurz. All diese Merkmale deuten darauf hin, daß sich das Tier von den hartfaserigen Pflanzen der Savanne ernährte.
Ramapithecus konnte wie die Schimpansen aufrecht gehen. Dies bedeutete, daß er das Gräsermeer überblicken und seichte Flüsse durchwaten konnte. Der aufrechte Gang »befreite« darüber hinaus die Hände, so daß sie sich anderen Aufgaben zuwenden konnten. Es gibt sogar Hinweise darauf, daß *Ramapithecus* schon Werkzeuge verwendete.
Das Gebiß zeigte neben einigen Merkmalen der heutigen Menschenaffen auch unzweideutig menschenähnliche Eigenschaften, weshalb man lange davon ausging, *Ramapithecus* sei der gemeinsame Vorfahre sowohl der Menschenaffen als auch der Menschen. Die beiden Linien hätten sich demnach vor 15 Millionen Jahren getrennt. Genetische Untersuchungen lassen jedoch vermuten, daß die Trennung erst viel später erfolgte.

Menschen

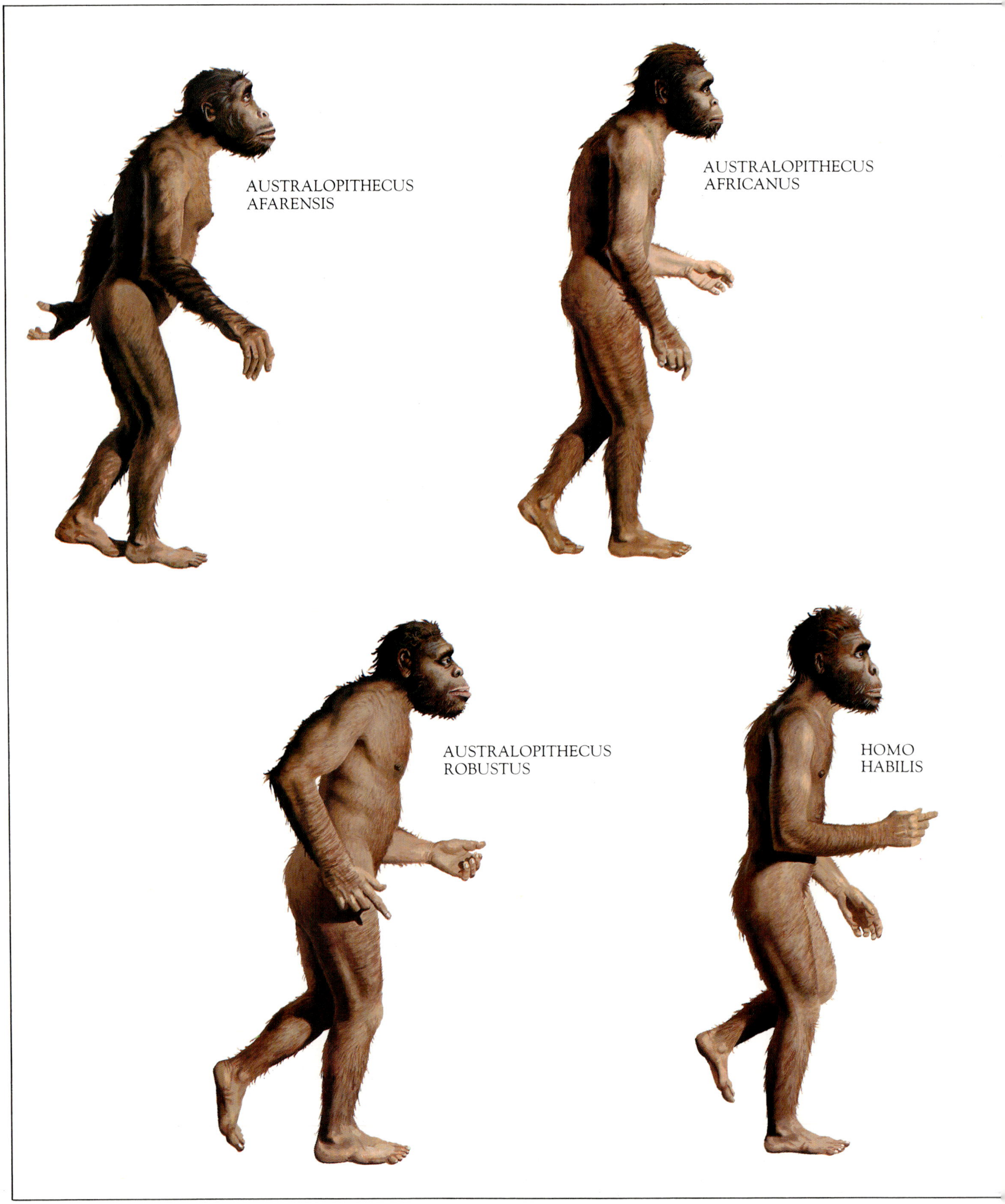
AUSTRALOPITHECUS
AFARENSIS
AUSTRALOPITHECUS
AFRICANUS
AUSTRALOPITHECUS
ROBUSTUS
HOMO
HABILIS

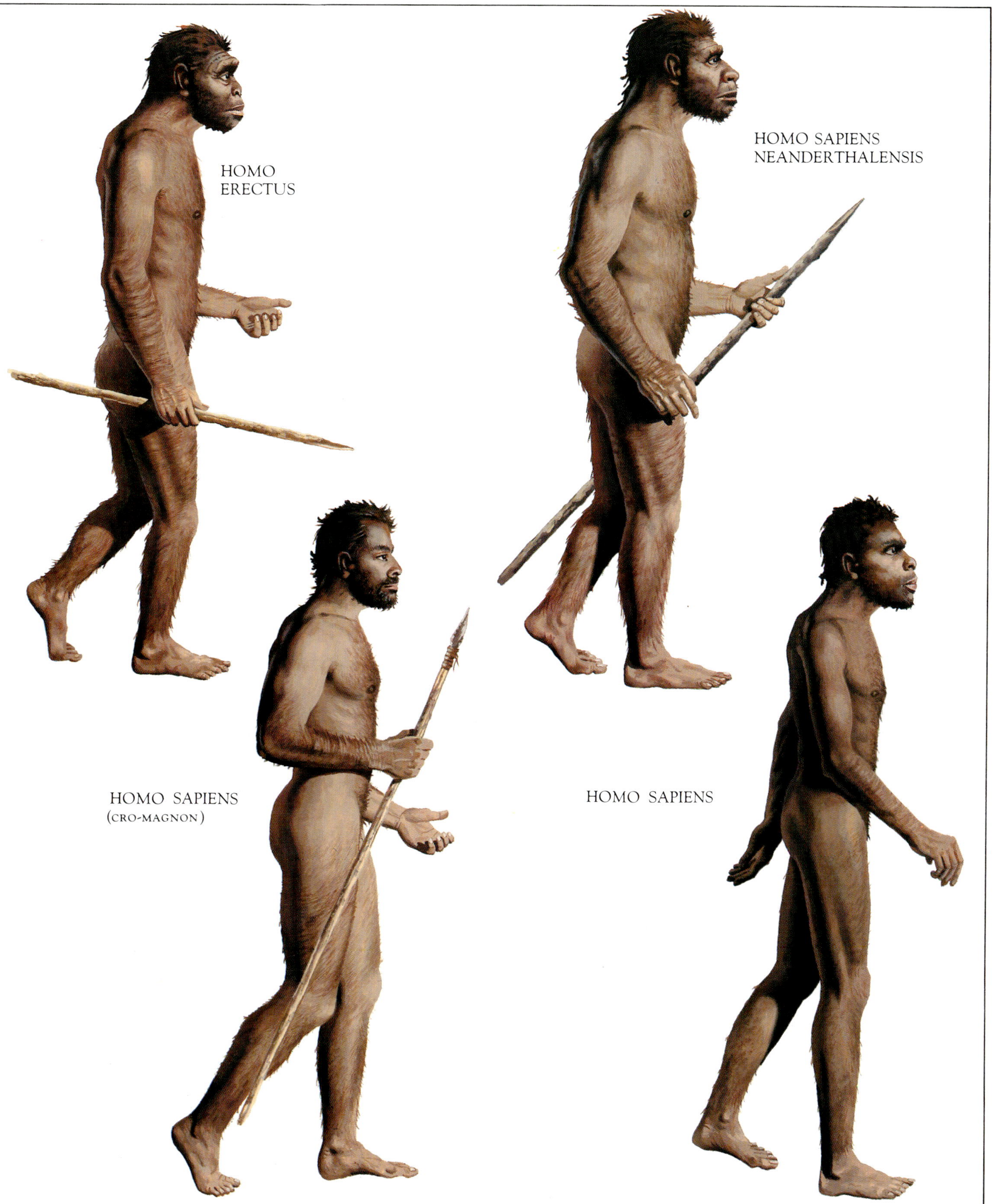
HOMO
ERECTUS
HOMO SAPIENS
NEANDERTHALENSIS
HOMO SAPIENS
(CRO-MAGNON)
HOMO SAPIENS

Menschen

Obwohl für die zahlreichen in den letzten hundert Jahren gefundenen Hominidenfossilien viele verschiedene Namen geprägt wurden, erkennt man heute nur zwei Gattungen fossiler Hominiden an: *Australopithecus* (»Südmenschenaffe«) und *Homo* (»Mensch«). Zu den Schlüsselmerkmalen der menschlichen Evolution oder Hominisation gehören physische und kulturelle Entwicklungen. Tatsächlich verloren die anatomischen Unterschiede im Verlauf der Menschwerdung zunehmend an Bedeutung, während die Unterschiede in der Lebensweise, in der Nutzung der Umwelt und in den Beziehungen der Individuen untereinander immer wichtiger wurden.

Die physischen Fortschritte umfassen Veränderungen in der Fortbewegung und der Körperhaltung – besonders die Verbesserung des aufrechten Gangs auf zwei Beinen, der Verlängerung der Beine im Vergleich zu den Armen und die Verkleinerung der großen Zehe. Das Becken und der Geburtskanal wurden größer, um Platz zu schaffen für Babys mit größeren Köpfen und Gehirnen. Die manuelle Geschicklichkeit nahm dank der Verlängerung des Daumens zu; es war nun möglich, auch kleine Gegenstände präzise mit Daumen und Zeigefinger zu fassen.

Zu den kulturellen Entwicklungen gehören Gruppenbildung, Zusammenarbeit, die Herstellung und der Gebrauch von Werkzeugen, die Nutzbarmachung des Feuers, die ersten Malereien und Skulpturen sowie erste Begräbnisriten. Keine dieser Entwicklungen darf isoliert gesehen werden. Es gab zahlreiche Rückkopplungen: Durch den aufrechten Gang wurden zum Beispiel die Hände frei zur Herstellung und Handhabung von Werkzeugen. Dies wiederum förderte die Koordination zwischen Hand und Auge und die Entwicklung der dafür zuständigen Partien des Gehirns.

Der Werkzeuggebrauch brachte Verbesserungen bei der Aufzucht der Kinder, der sozialen Organisation und der Kommunikation mit sich. Kinder, die in einer dauerhaften sozialen Gruppe über die »Brutpflege« hinaus bis ins Erwachsenenalter noch Unterstützung finden, können erheblich mehr Erfahrungen sammeln. Gruppen, in denen gesteigerter Wert auf Zusammenarbeit gelegt wird, lernen auch den Gebrauch von Werkzeugen schneller und verbessern deren Konstruktion.

Leider sind von vielen entscheidenden kulturellen Entwicklungen – etwa der Sprache und der Sozialstruktur – keine fossilen Reste erhalten geblieben. Wir sind daher darauf angewiesen, uns auf jene Aktivitäten zu konzentrieren, die Spuren hinterlassen, wie zum Beispiel Begräbnisriten, und müssen aufgrund des selektiven Fossilnachweises bei der Interpretation größte Vorsicht walten lassen.

Nichts ist einfacher, als mit Vorurteilen das Bild von der Vergangenheit einzufärben. Unter dem Strich überleben nur harte, widerstandsfähige Gegenstände. So weiß man eine Menge über Steinwerkzeuge und nahezu nichts über Werkzeuge aus pflanzlichem und/oder tierischem Material wie Leder- oder Flechtwaren. Die Gefahr schwerer Mißverständnisse liegt dabei auf der Hand – und zwar nicht nur, was die Ernährungsweise unserer Vorfahren betrifft. So führt zum Beispiel die Überbetonung der Jagd bei gleichzeitiger Vernachlässigung der Möglichkeit, daß unsere Vorfahren Pflanzen sammelten, auch zu falschen Vorstellungen über ihr soziales Leben.

Name: ***Australopithecus afarensis***
Zeitliche Verbreitung: **Mittleres Pliozän**
Geographische Verbreitung: ***Afrika (Äthiopien und Tansania)***
Höhe: ***um 1,2 m***

Der früheste bekannte Hominide (Alter: ungefähr 3,5 Millionen Jahre) ist *Australopithecus afarensis* – der »Südmenschenaffe von Afar«. Die Skelette aus dem nordäthiopischen Afar-Gebiet passen zu einer etwas älteren Reihe von Fußabdrükken, die in erstarrter Vulkanasche bei Laetoli (Tansania) gefunden wurden. Das erste Skelett, das 1974 ausgegraben wurde, erhielt nach einem Song der Beatles den Spitznamen »Lucy«.

Die Erwachsenen waren klein und nicht größer als ein heutiges sechsjähriges Kind. Schädel und Gesicht erinnerten an einen Schimpansen, doch war das Gehirn etwas größer (um 400 cm^3).

Das Becken war ziemlich eng, doch sonst ziemlich menschenähnlich; man kann daraus schließen, daß die Babys mit verhältnismäßig kleinen Köpfen und Gehirnen zur Welt kamen. Aus den Beinen wird ersichtlich, daß Lucy den aufrechten Gang kannte, jedoch war der Rücken noch leicht nach vorne gebeugt. Die Spuren bestätigen, daß die Füße im wesentlichen mit denen der heutigen Menschen identisch waren, allerdings fehlte ein Ballen an der Basis der Großzehe. Lucy ging plattfüßig mit leicht gekrümmten Zehen.

Die Kombination menschenaffen- und menschenähnlicher Merkmale lassen *Australopithecus afarensis* als Vorfahren der späteren Menschen erscheinen. Die absolute Altersbestimmung der Reste, die natürlich für die Erforschung der biologischen Geschichte des Menschen von größter Bedeutung ist, bereitet den Experten jedoch einiges Kopfzerbrechen. Man schätzt, daß die Fossilien ungefähr 3,5 Millionen Jahre alt sind. Lucy und ihre nächsten Verwandten starben vermutlich vor 2,5 Millionen Jahren aus, nachdem aus ihnen die Vorfahren der späteren Australopithecinen und der modernen Menschen entstanden waren.

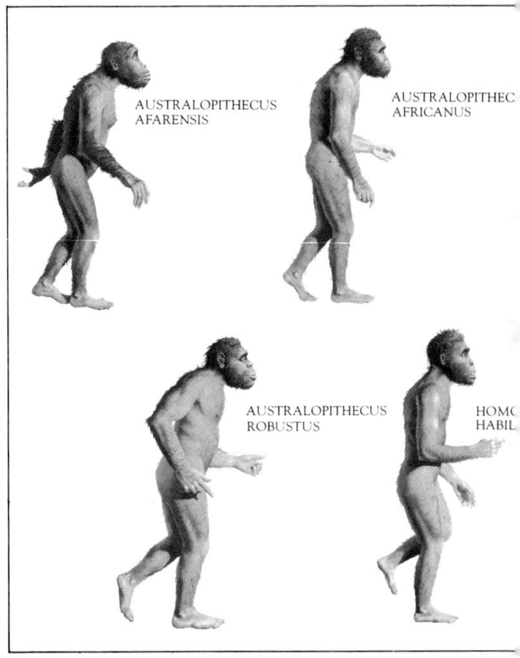

Name: ***Australopithecus africanus***
Zeitliche Verbreitung: **Oberes Pliozän**
Geographische Verbreitung: ***Afrika (Äthiopien, Kenia, Südafrika, Tansania)***
Höhe: ***1,3 m***

Der Schädel eines jugendlichen Exemplars von *Australopithecus africanus* – des »Süd-Menschenaffen von Afrika« – wurde 1924 in Transvaal ausgegraben. Die Anthropologen jener Zeit schenkten dem Fund jedoch kaum Beachtung, weil sie glaubten, der Ursprung des Menschen sei mit einem anderen Fossilfund verknüpft, der einige Jahre zuvor aus dem südenglischen Piltdown bekanntgeworden war. Das Fossil schien ein großes Gehirn zu besitzen, wurde aber später als Fälschung entlarvt.

Australopithecus africanus gilt heute zu Recht als Hominide. Er lebte in der Zeit vor ungefähr 3 bis vor ungefähr 1 Million Jahren. Selbst wenn *Australopithecus africanus* vielleicht nicht unser direkter Vorfahre war, so stand er diesem auf jeden Fall sehr nahe. Das Gehirn war nach heutigen Maßstäben klein (maximal 400 cm^3), und das Gesicht hatte nach wie vor den schweren, menschenaffenähnlichen Unterkiefer. Die Eckzähne waren recht groß, doch in anderer Hinsicht entsprach das Gebiß dem eines Menschen.

Australopithecus africanus war wie *Australopithecus afarensis* leicht gebaut, wog ungefähr 30 kg und ging aufrecht. Viel wichtiger als sein Aussehen war jedoch seine Lebensweise. Einige Forscher meinen, er habe bereits den Wald verlassen gehabt und in der Savanne gelebt. Außerdem habe er bereits über Werkzeuge und bestimmte kollektive Jagdtechniken verfügt.

Obwohl die Jagd bei der Entwicklung des Menschen wahrscheinlich eine große Rolle spielte, bestand die Nahrung von *Australopithecus* überwiegend aus Pflanzen und Pflanzenteilen, darunter Samen, Nüssen, Früchten, Blättern, Zweigen und Wurzeln.

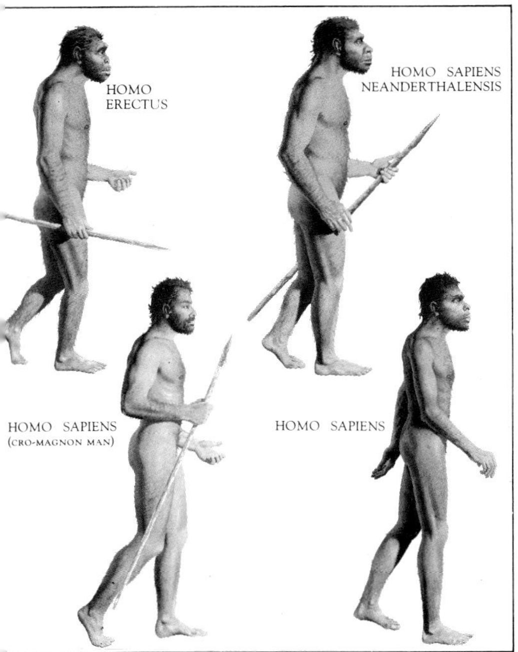

NAME: ***Australopithecus robustus***
ZEITLICHE VERBREITUNG: **Oberes Pliozän bis Unteres Pleistozän**
GEOGRAPHISCHE VERBREITUNG: ***Afrika (Südafrika und Tansania)***
HÖHE: **1,6 m**
Australopithecus robustus stellte wahrscheinlich einen Nebenzweig der menschlichen Evolution dar. Es handelte sich um eine sehr große *Australopithecus*-Art, die vor rund 2,5 Millionen Jahren erstmals in Erscheinung trat und vor ungefähr einer Million Jahren ausstarb.
Abgesehen vom relativ kräftigen Körperbau (das Gewicht betrug allerdings nur zirka 50 kg), lag der Hauptunterschied zwischen *Australopithecus robustus* und seinen Verwandten in dessen menschenaffenähnlichem Gesicht, dem massiven Unterkiefer und dem größeren Gehirn (Inhalt rund 500 cm^3). Wie seine Verwandten scheint *Australopithecus robustus* die Wälder verlassen und das Leben in der Savanne vorgezogen zu haben. Er lebte höchstwahrscheinlich ausschließlich vegetarisch und war eher Gejagter denn Jäger, denn die meisten Skelette, die man bisher fand, stammen von Individuen, die von Raubtieren getötet worden waren.

NAME: ***Homo habilis***
ZEITLICHE VERBREITUNG: **Unteres Pleistozän**
GEOGRAPHISCHE VERBREITUNG: ***Afrika (Äthiopien, Kenia, Tansania, vielleicht auch Südafrika) und vielleicht Südostasien***
HÖHE: **1,2 bis 1,5 m**
Vor ungefähr 2 bis vor ungefähr 1,5 Millionen Jahren existierten in Ostafrika mehrere Hominiden nebeneinander. Einige stehen dem heutigen Menschen so nahe, daß man sie in die gleiche Gattung stellen kann.
Homo habilis war ziemlich klein und leicht gebaut. Er besaß weniger massive Unterkiefer und Überaugenwülste. Der Kopf war größer als bei seinen Vorfahren, und der Schädelinhalt betrug rund 800 cm^3. Darüber hinaus war das Gehirn auch komplexer, und es gibt sogar einige Hinweise darauf, daß *Homo habilis* sprechen konnte. Das Hauptmerkmal von *Homo habilis*, des »geschickten Menschen«, besteht jedoch darin, daß er Werkzeuge fertigen konnte. Sie bestanden im wesentlichen aus zugeschlagenen Kieseln mit einer Schneide. Andere Primaten – wie beispielsweise *Ramapithecus* (s. S. 291, 293) – verwendeten wahrscheinlich unbearbeitete Kiesel. Es wurden auch Hinweise auf den Bau einfacher Unterkünfte gefunden.

NAME: ***Homo erectus***
ZEITLICHE VERBREITUNG: **Unteres bis Mittlers Pleistozän**
GEOGRAPHISCHE VERBREITUNG: ***Afrika (Tansania, Südafrika und Algerien), Europa (Deutschland, Spanien, Frankreich, Griechenland und Ungarn) und Asien (Java und China)***
HÖHE: **um 1,6 m**
Homo erectus, der »aufrechte Mensch«, war ein außergewöhnlich erfolgreiches Lebewesen. Er entstand vor ungefähr 1,6 Millionen Jahren und erlebte das Aussterben aller übrigen Hominiden mit, darunter auch das seiner möglichen Vorfahren *Australopithecus afarensis* und *Australopithecus africanus*. *Homo erectus* selbst starb erst vor ungefähr 200 000 Jahren aus.
In der äußeren Erscheinung, der Körperhaltung und im Gang muß *Homo erectus* einem heutigen Menschen bereits sehr ähnlich gewesen sein. Er war nur etwas kleiner. Auch der Gehirninhalt von 950 bis 1200 cm^3 näherte sich den heutigen Werten an. Die Gehirnfelder, die dem Sprechen zugeordnet sind, waren wohlentwickelt. Der Kopf zeigte noch schwere, menschenaffenähnliche Überaugenwülste und etwas hervortretende Kiefer. *Homo erectus* zog offensichtlich als Jäger und Wanderer in Gruppen umher, war aber zum Teil wohl auch seßhaft. An einer Fundstelle in Südfrankreich entdeckte man die Reste von Hütten mit Wänden aus Reisig; sie wurden von Pfählen gestützt und mit Steinen beschwert. Die Werkzeuge waren schon sehr verfeinert und umfaßten Speerspitzen, Pfeilspitzen, Messer, Schaber und Faustkeile aus Holz, Stein, Geweihen und Knochen. *Homo erectus* verstand auch das Feuer zu nutzen, sowohl zum Kochen als auch zur Verteidigung.
Vor ungefähr 500 000 Jahren verließ *Homo erectus* seine afrikanische Heimat und breitete sich über die tropischen, subtropischen und gemäßigten Gegenden der Alten Welt aus. Die Forscher schufen eine Vielzahl wissenschaftlicher und volkstümlicher Namen wie »Java-Mensch« und »Peking-Mensch«, *Pithecanthropus, Sinanthropus* und *Palaeanthropus*. Alle diese Formen werden heute ein und derselben Art zugerechnet – *Homo erectus*.

NAME: ***Homo sapiens neanderthalensis***
ZEITLICHE VERBREITUNG: **Oberes Pleistozän**
GEOGRAPHISCHE VERBREITUNG: ***Europa (Deutschland, Mittelmeergebiet), Afrika und Asien***
HÖHE: **bis 1,7 m**
Homo sapiens neanderthalensis, der Neandertaler, hat seinen Namen vom Neandertal bei Düsseldorf. Dort wurden 1856 die ersten fossilen Reste gefunden. Er entstand vor ungefähr 250 000 Jahren, war während der warmen Perioden des ausgehenden Eiszeitalters im Pleistozän sehr erfolgreich, starb aber wahrscheinlich vor ungefähr 30 000 Jahren aus.
Der Körper war gedrungen und kräftig gebaut, Hände und Kopf groß, die Nase flach oder knollig, die Augenbrauen traten leicht hervor. Der Schädelinhalt betrug oft mehr als 1400 cm^3 und war damit durchschnittlich größer als beim heutigen Menschen.
Die Neandertaler verfügten über eine hochentwickelte Werkzeugtechnologie, waren also keineswegs jene primitiven Gesellen, als die sie heute oft noch dargestellt werden. So finden sich bei ihnen auch die Anfänge einer religiösen Kultur. Sie begruben ihre Toten nach bestimmten Riten und verehrten den Höhlenbär (*Ursus spelaeus*, s. S. 217).

NAME: ***Homo sapiens, »Cro-Magnon«-Mensch***
ZEITLICHE VERBREITUNG: **Oberes Pleistozän bis Jetztzeit**
GEOGRAPHISCHE VERBREITUNG: ***Weltweit***
HÖHE: **1,5 bis 1,8 m**
Die moderne Unterart von *Homo sapiens* mit der Bezeichnung *Homo sapiens sapiens* ist seit 35 000 Jahren auf der ganzen Welt bekannt. Artefakte und Höhlenmalereien aus Zentralfrankreich, die ungefähr 30 000 Jahre alt sind, bezeugen seinen hohen kulturellen Entwicklungsstand.
Die fossilen Reste des Cro-Magnon-Menschen deuten darauf hin, daß er ein ausgeprägtes Stammessystem kannte, Werkzeuge herstellte, Pflanzenmaterial sammelte, auf Jagd und Fischfang ging, Tierherden besaß, Unterkünfte baute und Kleider herstellte, die es ihm erlaubten, die letzten Stadien der pleistozänen Eiszeit zu überleben.
Wenig später, vor ungefähr 10 000 Jahren, entwickelten die Völker in vielen verschiedenen Teilen der Welt unabhängig voneinander eine neue Lebensweise: Sie wurden zu Bauern und Viehzüchtern. Der Mensch domestizierte Tiere, baute Kulturpflanzen an, wurde allmählich seßhaft. Die Bevölkerungszahlen stiegen. Die Fähigkeit, seine natürliche Umgebung zu verändern, verschaffte dem *Homo sapiens* jene dominierende Position, die er bis auf den heutigen Tag innehat.

Fachbegriffe der Paläontologie

adaptive Radiation Schnelles Aufspalten einer Gruppe von Lebewesen in verschiedene neue Lebensformen. Bei der adaptiven Radiation findet also eine schnelle → Evolution statt. Aus einer wenig spezialisierten und wenig differenzierten Form entwickeln sich zahlreiche neue, stärker spezialisierte Formen. Eine adaptive Radiation kann unter drei Voraussetzungen erfolgen: 1. Nach der Herausbildung einer neuen stammesgeschichtlichen Gruppe; so ließ sich zum Beispiel für die Fische, die Vögel und die Säuger in jenem Stadium eine starke adaptive Radiation nachweisen. 2. Wenn eine Gruppe durch bestimmte Ereignisse an den Rand des Aussterbens gerät und sich danach wieder erholt; dies geschah zum Beispiel bei den Ammoniten. 3. Wenn eine Gruppe einen neuen Lebensraum erreicht, in dem keine Konkurrenten vorhanden und somit viele ökologische Nischen zu besetzen sind. Schulbeispiele dafür sind all die Säugergruppen, die nach der Entstehung der Landbrücke von Panama nach Südamerika gelangten und sich dort entfalten konnten.
adult Erwachsen, ausgewachsen.
Altersbestimmung Erst die Entdeckung radioaktiver Isotope und der Halbwertszeit ermöglichten eine absolute Altersbestimmung von Gesteinen mit radiometrischen Verfahren. Aus der Menge des Ausgangsstoffes und der Spaltprodukte des radioaktiven Zerfalles kann man rückschließen, wann das betreffende Gestein entstanden sein muß. Die relative Altersbestimmung kann uns nur sagen, welche von zwei Schichten älter ist. Dazu gibt es mehrere stratigraphische Grundprinzipien. Das einfachste besagt, daß die obere Schicht jünger ist als die darunter befindliche. Für die weltweite relative Altersbestimmung verwendet man vor allem biostratigraphische Methoden mit Hilfe von → Leitfossilien.
anapsid s. S. 61.
aquatisch Im Wasser entstanden, im Wasser lebend. Aquatische Säugerformen sind zum Beispiel die Wale und die Delphine. Gegensatz: → terrestrisch.
arid Bezeichnung für ein wüstenartiges Klima, bei dem die Verdunstung höher ist als der Niederschlag. Man kann arid also meistens mit trocken und heiß gleichsetzen. In ariden Gebieten fehlt die Pflanzendecke teilweise oder ganz. Steppen entstehen am Rande arider Klimagebiete. Man bezeichnet sie auch als semiarid, weil sie einen Wechsel zwischen Trockenheit und Regenzeit kennen.
Aufschluß Eine Stelle, wo Gestein an die Erdoberfläche tritt und nicht vom Boden oder Pflanzen verdeckt wird. Aufschlüsse finden wir zum Beispiel an Felswänden, Abrissen, in Steinbrüchen, Straßeneinschnitten usw. Dort kann man auch Fossilien finden.
Auslese Der Begriff Auslese oder Selektion bedeutet folgendes: Besser angepaßte Individuen einer Art überleben in höherem Maße und kommen vermehrt zur Fortpflanzung. Ihre günstigen Merkmale breiten sich in der Population aus. Weniger gut angepaßte Individuen hingegen werden eher ausgemerzt und können sich weniger fortpflanzen. Das Ergebnis der Auslese ist stets eine bessere Anpassung der Art. Man kann sich das Funktionieren der Auslese an einem theoretischen Beispiel gut vorstellen: Weiße Amseln, denen man heute vermehrt begegnen kann, fallen auf weißem Hintergrund viel weniger auf als die normal schwarzen oder braunen Amseln. Würde unsere Landschaft nun dauernd weiß, so würden immer mehr dunkle Amseln von Feinden gefressen. Die weißen Tiere hingegen könnten ihren Anteil in der Population schnell vergrößern, bis schließlich die dunklen Tiere ganz verschwänden. Die Amseln hätten sich dann durch Auslese den neuen Umweltveränderungen angepaßt.
Charles Darwin war der Ansicht, die Auslese sei der alleinige Motor der Evolution. Dies gilt sicher für die → Mikroevolution; für die → Makroevolution werden heute auch andere Modelle erwogen.

Biogeographie Die Lehre von der geographischen Verbreitung der Lebewesen auf der Erde. Aufgrund der Erdgeschichte kann die Biogeographie zum Beispiel erklären, warum Europa und Nordamerika bis heute eine recht ähnliche Pflanzen- und Tierwelt aufweisen. Die Biogeographie hat auch viele Indizien für die Theorie von der → Kontinentaldrift geliefert. Es gibt zum Beispiel manche Pflanzen- und Tiergruppen, die nur in den Südhälften verschiedener Kontinente vorkommen, also in Südafrika, Südamerika und Indien. Es handelt sich dabei um Teile des ehemaligen Südkontinents → Gondwana.

Chronologie Die Lehre von der Zeitmessung und der zeitlichen Aufeinanderfolge geschichtlicher Ereignisse. Eine absolute Chronologie kann die Ereignisse nach Jahren (oder in der Geologie meistens nach Jahrmillionen) einordnen. Die relative Chronologie gibt nur an, welches Ereignis früher eintrat als ein anderes.

diapsid s. S. 61.
Diastema Zahnlücke, Affenlücke. Die Lücke, die zwischen den Eckzähnen und den Vorbacken- oder Backenzähnen vorhanden ist, zum Beispiel bei den Nagetieren.

Erosion Besondere Form der Abtragung. In der Fachsprache der deutschen Wissenschaftler ist damit meist die vorwiegend linienhaft wirkende Abtragung durch fließendes Wasser gemeint, das heißt das Einschneiden von Flüssen in den Gesteinsuntergrund. Dieser Vorgang ist in erster Linie auf die Schleifwirkung der im Flußbett mitgeführten Gesteinsstücke zurückzuführen. In der englischsprachigen Welt wird das Wort in einem weiteren Sinne benutzt. Dort bezeichnet man auch flächenhafte Abtragung zum Beispiel durch Wind als Erosion.
euryapsid s. S. 61.
Evolution Die Entwicklung der Lebewesen im Verlauf der Erdgeschichte. Dabei entstanden durch → Auslese aus niedrigeren Formen höhere, besser angepaßte Formen. Statt Evolution kann man auch Stammesgeschichte sagen. → Makroevolution, → Mikroevolution.

Formation Ein Zeitabschnitt der Erdgeschichte.
Fossilien Versteinerungen, Überreste von Pflanzen und Tieren aus der geologischen Vorzeit. Fossil erhalten werden meistens nur widerstandsfähige, harte Skeletteile, während die Weichteile verwesen und nur in seltenen Fällen Spuren hinterlassen. Berühmt für die Erhaltung mancher Weichteile sind zum Beispiel die Fossilien der Grube Messel bei Darmstadt. → Leitfossil.

Geologie Die Wissenschaft von der Erde, von ihrem Aufbau, ihrer Geschichte, ihren Formen und von den Kräften, die zur Entwicklung dieser Formen führten. Die Geologie hat eine ganze Reihe von Teilgebieten, zum Beispiel Tektonik (Bau der Erdkruste), Stratigraphie (Aufeinanderfolge der Sedimentgesteine), Paläontologie (vorzeitliche Tiere und Pflanzen), Paläoklimatologie (Klima der Vorzeit), Paläogeographie (Geographie der Vorzeit).
Gestein Gemenge oder Mischung von Mineralien oder tierischen und pflanzlichen Resten. Nach ihrer Entstehung unterscheidet man magmatische Gesteine, → metamorphe Gesteine und → Sedimentgesteine.
glazial Eiszeitlich, durch Gletschereis entstanden. Als glaziale Formen bezeichnen wir zum Beispiel die Gletscherschliffe und das Wollhaarige Mammut.
Gondwana Der große Südkontinent, der vor ungefähr 200 Millionen Jahren aufzubrechen begann. Er bestand damals aus den heutigen Kontinenten Südamerika, Afrika, Indien, Australien und Antarctica. Wegen ihres gemeinsamen Ursprungs haben diese Kontinente noch manche altertümliche Pflanzen- und Tiergruppe gemeinsam. → Laurasia, → Pangaea.

Hyperphalangie s. S. 73

Inkohlung Vorgang der Entstehung der Kohle. Sie entstand aus organischer Substanz, vor allem dem Holz tropischer Bäume, das von Sand- oder Schlammschichten bedeckt wurde und sich im Laufe der Jahrmillionen unter Sauerstoffabschluß zersetzte. Die Kohlelager wurden später von mächtigen Sedimentschichten überdeckt, gelangten in die Tiefe und wurden stark zusammengedrückt.

Kontinentaldrift, Kontinentalverschiebung Die von Alfred Wegener (1880 bis 1930) begründete Theorie, daß die Lage der Kontinente veränderlich ist. Im Lauf der letzten 200 Millionen Jahre haben sich die Kontinente voneinander entfernt; zuvor bildeten sie einen einzigen Urkontinent, → Pangaea. Einen plausiblen Grund für die Kontinentaldrift liefert die → Plattentektonik.
Konvergenz Formähnlichkeit ursprünglich ganz verschieden aussehender Lebewesen und ihrer Organe. Konvergenz entsteht durch gleichsinnig wirkende Umweltbedingungen. Einen klassischen Fall der Konvergenz finden wir bei Tieren, die schnell im Wasser schwimmen, nämlich den Haien, Delphinen, Pinguinen und Fischsauriern. Sie weisen eine fast identische, strömungsgünstige Körperform auf.
Koprolith Kotstein, fossiler Kotballen.

Laurasia Der große Nordkontinent, der vor ungefähr 200 Millionen aufzubrechen begann. Damals setzte er sich aus den heutigen Kontinenten Nordamerika, Europa und dem größten Teil Asiens zusammen. Laurasia und → Gondwana bildeten zusammen den Urkontinent → Pangaea.
Leitfossil Versteinerung einer Pflanzen- oder Tierart, die man zur Datierung von Gesteinsschichten verwenden kann. Leitfossilien müssen als Art kurzlebig gewesen sein und eine möglichst große Verbreitung aufgewiesen haben. Es handelt sich in den weitaus meisten Fällen um meeresbewohnende Lebewesen, zum Beispiel Armfüßer, Ammoniten oder Foraminiferen. Auch die Zähnchen von Nagetieren dienen als Leitfossilien.

Makroevolution Entstehung und Entwicklung der höheren systematischen Einheiten im Pflanzen- und Tierreich ungefähr von der Familie an aufwärts. Bisher glaubte man, die kleinen Schritte der Evolution (→ Mikroevolution) würden auch zu makroevolutionären Veränderungen und zur Herausbildung neuer Organisationstypen führen. Heute mehren sich die Zweifel an dieser Auffassung. Manche Forscher sind der Ansicht, bei der Makroevolution seien noch andere Kräfte im Spiel.
marin Zum Meer gehörig, aus dem Meer stammend.
metamorphe Gesteine Metamorphe Gesteine entstehen durch Umwandlung (Metamorphose) von magmatischen Gesteinen oder von → Sedimentgesteinen, wenn diese in große Tiefe gelangen und hohem Druck und starker Hitze ausgesetzt werden. Typische metamorphe Gesteine sind zum Beispiel Gneis und Schiefer. Metamorphe Gesteine enthalten keine Fossilspuren mehr.
Metamorphose (bei Amphibien) s. S. 46
Mikroevolution Entstehung und Entwicklung der untersten systematischen Einheiten im Pflanzen- und Tierreich, der Formen, Varietäten, Unterarten, Arten und Gattungen. Für die Mikroevolution sind winzige Veränderungen des Erbgutes (Mutationen) und die → Auslese verantwortlich. → Makroevolution.

Ökologische Nische Ökologische Nische ist ein recht schillernder Begriff mit mannigfaltiger Bedeutung. Ursprünglich meinte man damit den Platz (»Planstelle«) in einer Nahrungskette. Heute versteht man darunter die Rolle und die Stellung einer Art im Ökosystem. Das Wort Nische wird oft und zu Unrecht nur im räumlichen Sinne gebraucht. In den meisten Fällen spricht man von unbesetzter ökologischer Nische. Dies sei an einem Beispiel erklärt: In Nordamerika gibt es eine Fledermausart, die nachts in oberflächennahem Wasser Fische fängt. Sie hat sich damit eine ökologische Nische erobert, in der sie keine Konkurrenz zu befürchten hat. In Mitteleuropa ist diese Nische unbesetzt. Die Eroberung neuer ökologischer Nischen führt zu → adaptiver Radiation.

Paläoklimatologie Die Wissenschaft vom Klima in der Vorzeit. Es steht fest, daß sich das Klima im Laufe der Erdgeschichte vielfach verändert hat. Es gab zum Beispiel mehrmals Eiszeiten und Warmzeiten.
Paläontologie Die Wissenschaft von den fossilen, versteinerten Pflanzen und Tieren. Die Paläontologie untersucht die Stammesgeschichte der Lebewesen. Große praktische Bedeutung hat sie dort, wo Versteinerungen als → Leitfossilien zur Datierung von Gesteinsschichten herangezogen werden.
Pangaea Der geschlossene Urkontinent, der vor über 200 Millionen Jahren alle heutigen Kontinente in sich vereinigte. Später brach Pangaea auf, und die Bruchstücke nahmen im Verlauf der → Kontinentaldrift die heutige Stellung ein. → Gondwana, → Laurasia.
Plattentektonik Die Theorie, daß die Lithosphäre (oberste feste Schicht der Erde bis in ungefähr 100 km Tiefe) in eine verhältnismäßig geringe Zahl von Platten zerlegt ist. Sie treten untereinander in Wechselwirkung. In Vulkanspalten der mittelozeanischen Rücken entsteht neues Plattenmaterial, und in den Subduktionszonen wird es wieder verschluckt. Die Platten bewegen sich also langsam von den mittelozeanischen Rücken weg. Die Plattentektonik liefert die Erklärung für die → Kontinentaldrift und für viele tektonische Vorgänge, zum Beispiel für die Bildung der Alpen und des Himalajas.
primitiv Manche Forscher weigern sich heute, das Wort »primitiv« noch zu verwenden. Statt dessen sagen sie »ursprünglich« oder – gelehrter – »plesiomorph«. Der Gegensatz dazu wäre »fortgeschritten«, »abgeleitet« oder »apomorph«. In diesem Buch wurde der Begriff »primitiv« verwendet. Er bedeutet nicht, daß die entsprechenden Merkmale oder Tiergruppen weniger gut an ihre Umwelt angepaßt waren; in diesem Falle hätte es die Gruppe gar nicht gegeben. Wir können »primitiv« mit »ursprünglicher«, »weniger spezialisiert« oder »weniger differenziert« gleichsetzen. Der Vergleich mit der Bezeichnung »primitive Völker« ist hier durchaus statthaft. Sie haben eine Kultur, die in ihrer Art oft eine erstaunlich hohe Anpassung an die Gegebenheiten der Umwelt erreicht.

rezent Bildungen oder Lebewesen der Gegenwart. Wenn man zum Beispiel von rezenten Rüsseltieren spricht, so meint man den Afrikanischen und Indischen Elefanten im Gegensatz zum ausgestorbenen Mammut und noch früheren Formen.
rudimentär Organe, die ihre Funktion ganz oder teilweise verloren haben, und die deswegen oft zurückgebildet wurden. Frühe Wale haben zum Beispiel noch einen rudimentären Beckengürtel mit winzigen Gliedmaßen.

Sedimentgestein Auch Schichtgestein genannt. Sedimentgesteine entstehen dadurch, daß sich Mineralien meistens im Wasser absetzen und im Laufe vieler Jahrmillionen zu festen Gesteinen werden. Dabei können die harten Skeletteile vorgeschichtlicher Tiere eingebettet und erhalten bleiben. Zu den Sedimentgesteinen gehören Sandstein, Kalk, Ton usw. Viele Sedimente sind biogenen Ursprungs, gehen also auf Lebewesen zurück, zum Beispiel die Kreide.
semiaquatisch Halb im Wasser und halb auf dem Land lebend, amphibisch. Eine semiaquatische Lebensweise hat zum Beispiel das Flußpferd.
Stratigraphie Ein Teilgebiet der Geologie, das sich mit der zeitlichen Einordnung der Sedimentgesteine beschäftigt. Ohne Stratigraphie könnten wir die Geschichte der Erde und die Stammesgeschichte der Lebewesen nicht rekonstruieren.
synapsid s. S. 61

terrestrisch Auf dem Festland lebend (Gegensatz: → aquatisch).

Klassifikation der Wirbeltiere

Die in diesem Buch beschriebenen fossilen Wirbeltiere gehören den im folgenden aufgeführten Gruppen an. Die Reihenfolge entspricht nicht der stammesgeschichtlichen Entwicklung (vgl. dazu die Stammtafeln zu Beginn der Hauptkapitel, die auch über die verwandtschaftlichen Beziehungen Aufschluß geben).
Die Übersicht ermöglicht auf einen Blick die Zuordnung der erwähnten Gattungen zu höheren taxonomischen Einheiten wie Familien und Ordnungen. Zur besseren Orientierung sind die Gattungen in alphabetischer Reihenfolge aufgeführt.
Die systematische Stellung einiger Tiere ist gegenwärtig noch unklar; auf diese Fälle verweisen im folgenden Vermerke wie »Ordnung unsicher« oder »Familie unsicher«.

FISCHE *(s. S. 18–45)*

KLASSE AGNATHA **(Kieferlose Fische)**
UNTERKLASSE PTERASPIDOMORPHI
ORDNUNG HETEROSTRACI: *Arandaspis Drepanaspis, Doryaspis, Pteraspis*
ORDNUNG THELODONTIDA: *Thelodus*
UNTERKLASSE CEPHALASPIDOMORPHI
ORDNUNG OSTEOSTRACI: *Boreaspis, Dartmuthia, Hemicyclaspis, Tremataspis*
ORDNUNG ANASPIDA: *Jamoytius, Pharyngolepis*

KLASSE CHONDRICHTHYES **(Knorpelfische)**
UNTERKLASSE ELASMOBRANCHII **(Haie, Rochen)**
ORDNUNG CLADOSELACHIDA: *Cladoselache*
ORDNUNG SYMMORIIDA: *Cobelodus, Stethacanthus*
ORDNUNG XENACANTHIDA: *Xenacanthus*
ORDNUNG EUSELACHII: *Hybodus, Tristychius*
ORDNUNG NEOSELACHII: *Scapanorhynchus, Sclerorhynchus, Spathobathis*
UNTERKLASSE HOLOCEPHALI **(Chimären, Seeratten)**
ORDNUNG CHIMAERIDA: *Deltoptychius, Ischyodus*

KLASSE ACANTHODII **(Stachelhaie)**
ORDNUNG CLIMATIIFORMES: *Climatius*
ORDNUNG ACANTHODIFORMES: *Acanthodes*

KLASSE PLACODERMI
ORDNUNG RHENANIDA: *Gemuendina*
ORDNUNG PTYCTODONTIDA: *Ctenurella*
ORDNUNG ARTHRODIRA: *Coccosteus, Dunkleosteus, Groenlandaspis*
ORDNUNG ANTIARCHI: *Bothriolepis*
ORDNUNG UNSICHER: *Palaeospondylus*

KLASSE OSTEICHTHYES **(Knochenfische)**
ACTINOPTERYGII **(Strahlenflosser)**
ORDNUNG PALAEONISCIFORMES: *Canobius, Cheirolepis, Moythomasia, Palaeoniscum, Platysomus, Saurichthys*
ORDNUNG PERLEIDIFORMES: *Perleidus*
ORDNUNG SEMIONOTIFORMES: *Dapedium, Lepidotes*
ORDNUNG PYCNODONTIFORMES: *Pycnodus*
ORDNUNG ASPIDORHYNCHIFORMES: *Aspidorhynchus*
ORDNUNG TELEOSTEI: *Berycopsis, Enchodus, Eobothus, Hypsidoris, Hypsocormus, Leptolepis, Pholidophorus, Protobrama, Sphenocephalus, Thrissops*
UNTERKLASSE SARCOPTERYGII **(Fleischflosser)**
ÜBERORDNUNG CROSSOPTERYGII
ORDNUNG ONYCHODONTIDA: *Strunius*
ORDNUNG POROLEPIFORMES: *Gyroptychius, Holoptychius*
ORDNUNG OSTEOLEPIFORMES: *Eusthenopteron, Osteolepis*
ORDNUNG ACTINISTIA **(Quastenflosser):** *Macropoma*
ÜBERORDNUNG CHOANATA
ORDNUNG DIPNOI **(Lungenfische):** *Dipnorhynchus, Dipterus, Griphognathus*

AMPHIBIEN *(s. S. 46–57)*

KLASSE AMPHIBIA
UNTERKLASSE LABYRINTHODONTIA
ORDNUNG ICHTHYOSTEGALIA
Familie Ichthyostegidae: *Ichthyostega*
ORDNUNG UNSICHER: *Crassigyrinus*
ORDNUNG TEMNOSPONDYLI
Familie Colosteidae: *Greererpeton*
Familie Eryopidae: *Eryops*
Familie Dissorophidae: *Cacops, Platyhystrix*
Familie Peltobatrachidae: *Peltobatrachus*
Familie Capitosauridae: *Paracyclotosaurus*
Familie Plagiosauridae: *Gerrothorax*
ORDNUNG ANTHRACOSAURIA
Familie Eogyrinidae: *Eogyrinus*
Familie Seymouridae: *Seymouria*
UNTERKLASSE LEPOSPONDYLI
ORDNUNG AISTROPODA
Familie Ophiderpetontidae: *Ophiderpeton*
Familie Phlegethontiidae: *Phlegethontia*
ORDNUNG NECTRIDEA
Familie Keraterpetontidae: *Diplocaulus, Keraterpeton*
ORDNUNG MICROSAURIA
Familie Pantylidae: *Pantylus*
Familie Microbrachidae: *Microbrachis*

Heutige Amphibienordnungen
ORDNUNG URODELA **(Salamander und Molche)**
Familie Karauridae: *Karaurus*
ORDNUNG PROANURA **(frühe Frösche und Kröten)**
Familie Protobatrachidae: *Triadobatrachus*
ORDNUNG ANURA
(heutige Frösche und Kröten)
Familie Ascaphidae: *Vieraella*
Familie Palaeobatrachidae: *Palaeobatrachus*

KLASSE UND ORDNUNG UNSICHER
Familie Diadectidae: *Diadectes*

REPTILIEN *(s. S. 58–89)*

KLASSE REPTILIA
UNTERKLASSE ANAPSIDA
ORDNUNG CAPTORHINIDA
Familie Protorothyrididae: *Hylonomus*
Familie Captorhinidae: *Labidosaurus*
Familie Procolophonidae: *Hypsognathus*
Familie Pareiasauridae: *Elginia, Pareiasaurus, Scutosaurus*
Familie Millerettidae: *Milleretta*
ORDNUNG MESOSAURIA
Familie Mesosauridae: *Mesosaurus*
UNTERKLASSE TESTUDINATA
ORDNUNG CHELONIA **(Schildkröten)**
UNTERORDNUNG PROGANOCHELYDIA
Familie Proganochelyidae: *Proganochelys*
UNTERORDNUNG PLEURODIRA
Familie Pelomedusidae: *Stupendemys*
UNTERORDNUNG CRYPTODIRA
Familie Meiolaniidae: *Meiolania*
Familie Testudinidae: *Testudo*
Familie Protostegidae: *Archelon*
Familie Trionychidae: *Palaeotrionyx*

UNTERKLASSE UNSICHER
ORDNUNG PLACODONTIA
Familie Placodontidae: *Placodus*
Familie Cyamodontidae: *Placochelys*
Familie Henodontidae: *Henodus*
ORDNUNG PLESIOSAURIA
Familie Plesiosauridae: *Plesiosaurus*
Familie Cryptocleididae: *Cryptocleidus*
Familie Elasmosauridae: *Elasmosaurus, Muraenosaurus*
Familie Pliosauridae: *Kronosaurus, Liopleurodon, Macroplata, Peloneustes*
UNTERKLASSE DIAPSIDA
ORDNUNG UNSICHER
Familie Claudiosauridae: *Claudiosaurus*
ORDNUNG NOTHOSAURIA
Familie Nothosauridae: *Ceresiosaurus, Lariosaurus, Nothosaurus*
Familie Pistosauridae: *Pistosaurus*
ORDNUNG ICHTHYOSAURIA
Familie Shastasauridae: *Cymbospondylus, Shonisaurus*
Familie Mixosauridae: *Mixosaurus*
Familie Ichthyosauridae: *Ichthyosaurus, Ophthalmosaurus*
Familie Stenopterygiidae: *Stenopterygius*
Familie Leptopterygiidae: *Eurhinosaurus, Temnodontosaurus*
ORDNUNG ARAEOSCELIDA
Familie Petrolacosauridae: *Petrolacosaurus*
Familie Araeoscelididae: *Araeoscelis*
ORDNUNG UNSICHER
Familie Coelurosauravidae: *Coelurosauravus*
ORDNUNG CHORISTODERA
Familie Champsosauridae: *Champsosaurus*
ORDNUNG THALATTOSAURIA
Familie Thalattosauridae: *Thalattosaurus*
ORDNUNG EOSUCHIA
Familie Tangasauridae: *Hovasaurus, Thadeosaurus*

ÜBERORDNUNG LEPIDOSAURIA
ORDNUNG SPHENODONTA **(Brückenechsen)**
Familie Sphenodontidae: *Planocephalosaurus*
Familie Pleurosauridae: *Pleurosaurus*
ORDNUNG SQUAMATA **(Schlangen und Echsen)**
UNTERORDNUNG LACERTILIA **(Echsen)**
Familie Kuehneosauridae: *Kuehneosaurus*
Familie Ardeosauridae: *Ardeosaurus*
Familie Varanidae: *Megalania*
Familie Mosasauridae: *Platecarpus, Plotosaurus*
Familie Dolichosauridae: *Pachyrhachis*
UNTERORDNUNG SERPENTES **(Schlangen)**

HERRSCHERREPTILIEN
(s. S. 90–169)

INFRAKLASSE ARCHOSAUROMORPHA
ORDNUNG PROTOROSAURIA
Familie Protorosauridae: *Protorosaurus*
Familie Tanystropheidae: *Tanystropheus*
ORDNUNG RHYNCHOSAURIA
Familie Rhynchosauridae: *Hyperodapedon*

ÜBERORDNUNG ARCHOSAURIA
ORDNUNG THECODONTIA **(Thecodontier)**
UNTERORDNUNG PROTEROSUCHIA
Familie Proterosuchidae: *Chasmatosaurus*
Familie Erythrosuchidae: *Erythrosuchus*
UNTERORDNUNG RAUISUCHIA
Familie Rauisuchidae: *Ticinosuchus*
UNTERORDNUNG PHYTOSAURIA
Familie Phytosauridae: *Rutiodon*
UNTERORDNUNG AETOSAURIA
Familie Stagonolepididae: *Stagonolepis*
UNTERORDNUNG ORNITHOSUCHIA
Familie Euparkeriidae: *Euparkeria*
Familie Ornithosuchidae: *Ornithosuchus*
Familie Lagosuchidae: *Lagosuchus*
UNTERORDNUNG UNSICHER *Longisquama*

ORDNUNG CROCODYLIA **(Krokodile)**
UNTERORDNUNG SPHENOSUCHIA
Familie Saltoposuchidae: *Terrestrisuchus*
Familie Sphenosuchidae: *Gracilisuchus*
UNTERORDNUNG PROTOSUCHIA
Familie Protosuchidae: *Protosuchus*
UNTERORDNUNG MESOSUCHIA
Familie Teleosauridae: *Teleosaurus*
Familie Metriorhynchidae: *Metriorhynchus*
Familie Bernissartiidae: *Bernissartia*
UNTERORDNUNG EUSUCHIA
Familie Crocodylidae: *Deinosuchus, Pristichampsus*

ORDNUNG PTEROSAURIA **(Flugsaurier)**
UNTERORDNUNG RHAMPHORHYNCHOIDEA
Familie Dimorphodontidae: *Dimorphodon*
Familie Eudimorphodontidae: *Eudimorphodon*
Familie Rhamphorhynchidae: *Anurognathus, Rhamphorhynchus, Scaphognathus, Sordes*
UNTERORDNUNG PTERODACTYLOIDEA
Familie Dsungaripteridae: *Dsungaripterus*
Familie Pterodaustriidae: *Pterodaustro*
Familie Pterodactylidae: *Cearadactylus, Pterodactylus*
Familie Ornithocheiridae: *Pteranodon, Quetzalocoatlus*

ORDNUNG SAURISCHIA
(»Echsenbecken-Dinosaurier«)
UNTERORDNUNG THEROPODA
INFRAORDNUNG COELUROSAURIA
Familie Podokesauridae: *Coelophysis, Procompsognathus, Saltopus*
Familie Coeluridae: *Coelurus*
Familie Compsognathidae: *Compsognathus*
Familie Ornithomimidae: *Dromiceiomimus, Elaphrosaurus, Gallimimus, Ornithomimus, Struthiomimus*
Familie Deinocheiridae: *Deinocheirus*
Familie Oviraptoridae: *Oviraptor*
Familie Saurornithoididae: *Saurornithoides, Stenonychosaurus*
INFRAORDNUNG DEINONYCHOSAURIA
Familie Dromaeosauridae: *Deinonychus, Dromaeosaurus, Saurornitholestes, Velociraptor*
INFRAORDNUNG CARNOSAURIA
Familie Megalosauridae: *Dilophosaurus, Eustreptospondylus, Megalosaurus, Proceratosaurus, Teratosaurus*
Familie Allosauridae: *Allosaurus, Yangchuanosaurus*
Familie Ceratosauridae: *Ceratosaurus*
Familie Spinosauridae: *Acrocanthosaurus, Spinosaurus*
Familie Tyrannosauridae: *Albertosaurus, Alioramus, Daspletosaurus, Tarbosaurus, Tyrannosaurus*
UNTERORDNUNG SAUROPODOMORPHA
INFRAORDNUNG PROSAUROPODA
Familie Anchisauridae: *Anchisaurus, Efraasia, Thecodontosaurus*
Familie Plateosauridae: *Massospondylus, Mussaurus, Plateosaurus*
Familie Melanorosauridae: *Riojasaurus*
INFRAORDNUNG SAUROPODA
Familie Cetiosauridae: *Barapasaurus, Cetiosaurus*
Familie Brachiosauridae: *Brachiosaurus*
Familie Camarasauridae: *Camarasaurus, Euhelopus, Ophistocoelicaudia*
Familie Diplodocidae: *Apatosaurus (= Brontosaurus), Dicraeosaurus, Diplodocus, Mamenchisaurus*
Familie Titanosauridae: *Alamosaurus, Saltasaurus*
ORDNUNG ORNITHISCHIA
(»Vogelbecken-Dinosaurier«)
UNTERORDNUNG ORNITHOPODA
Familie Fabrosauridae: *Echinodon, Lesothosaurus, Scutellosaurus*
Familie Heterodontosauridae: *Heterodontosaurus, Pisanosaurus*
Familie Pachycephalosauridae: *Homalocephale, Pachycephalosaurus, Prenocephale, Stegoceras*
Familie Hypsilophodontidae: *Dryosaurus, Hypsilophodon, Othnielia, Parksosaurus, Tenontosaurus, Thescelosaurus*
Familie Iguanodontidae: *Callovosaurus, Camptosaurus, Iguanodon, Muttaburrasaurus, Ouranosaurus, Probactrosaurus, Vectisaurus*
Familie Hadrosauridae: *Anatosaurus, Bactrosaurus, Corythosaurus, Edmontosaurus, Hadrosaurus, Hypacrosaurus, Kritosaurus, Lambeosaurus, Maiasaura, Parasaurolophus, Prosaurolophus, Saurolophus, Shantungosaurus, Tsintaosaurus*
UNTERORDNUNG STEGOSAURIA
Familie Stegosauridae: *Kentrosaurus, Stegosaurus, Tuojiangosaurus, Wuerhosaurus*
UNTERORDNUNG ANKYLOSAURIA
Familie Scelidosauridae: *Scelidosaurus*
Familie Nodosauridae: *Hylaeosaurus, Panoplosaurus, Nodosaurus, Polacanthus, Sauropelta, Silvisaurus, Struthiosaurus*
Familie Ankylosauridae: *Ankylosaurus, Euoplocephalus, Saichania, Talarurus*
UNTERORDNUNG CERATOPIA
Familie Psittacosauridae: *Psittacosaurus*
Familie Protoceratopidae: *Bagaceratops, Leptoceratops, Microceratops, Montanoceratops, Protoceratops*
Familie Ceratopidae: *Anchiceratops, Arrhinoceratops, Centrosaurus, Chasmosaurus, Pachyrhinosaurus, Pentaceratops, Styracosaurus, Torosaurus, Triceratops*

Klassifikation der Wirbeltiere

SÄUGERÄHNLICHE REPTILIEN *(s. S. 182–193)*

UNTERKLASSE SYNAPSIDA

ORDNUNG PELYCOSAURIA
- Familie Ophiacodontidae: *Archaeothyris, Ophiacodon*
- Familie Caseidae: *Casea*
- Familie Edaphosauridae: *Edaphosaurus*
- Familie Sphenacodontidae: *Sphenacodon, Dimetrodon*
- Familie unsicher: *Varanosaurus*

ORDNUNG THERAPSIDA

UNTERORDNUNG EOTITANOSUCHIA
- Familie Phthinosuchidae: *Phthinosuchus*

UNTERORDNUNG DINOCEPHALIA
- Familie Titanosuchidae: *Titanosuchus*
- Familie Tapinocephalidae: *Moschops*

UNTERORDNUNG GORGONOPSIA
- Familie Gorgonopsidae: *Lycaenops*

UNTERORDNUNG DICYNODONTIA
- Familie Galeopsidae: *Galechirus*
- Familie Cistecephalidae: *Cistecephalus*
- Familie Robertiidae: *Robertia*
- Familie Dicynodontidae: *Dicynodon*
- Familie Kannemeyeriidae: *Kannemeyeria*
- Familie Lystrosauridae: *Lystrosaurus*

UNTERORDNUNG THEROCEPHALIA
- Familie Ericiolacertidae: *Ericiolacerta*

UNTERORDNUNG CYNODONTIA
- Familie Procynosuchidae: *Procynosuchus*
- Familie Galesauridae: *Thrinaxodon*
- Familie Cynognathidae: *Cynognathus*
- Familie Traversodontidae: *Massetognathus*
- Familie Tritylodontidae: *Oligokyphus*

VÖGEL *(s. S. 170–181)*

KLASSE AVES

UNTERKLASSE ARCHAEORNITHES
- Ordnung Archaeopterygiformes: *Archaeopteryx*

UNTERKLASSE ENANTIORNITHES

UNTERKLASSE ODONTORNITHES
- Ordnung Ichthyornithiformes: *Ichthyornis*
- Ordnung Hesperornithiformes: *Hesperornis*

UNTERKLASSE NEORNITHES
- Ordnung Struthiornithiformes: *Aepyornis, Dinornis, Emeus*
- Ordnung Columbiformes: *Raphus*
- Ordnung Ciconiiformes: *Argentavis, Harpagornis, Limnofregata, Osteodontornis, Palaelodus, Pinguinus*
- Ordnung Gruiformes: *Diatryma, Neocathartes, Phorusrhacus*
- Ordnung Anseriformes: *Presbyornis*

SÄUGETIERE *(s. S. 194–297)*

KLASSE MAMMALIA

UNTERKLASSE PROTOTHERIA

ORDNUNG TRICONODONTA
- Familie Morganucodontidae: *Megazostrodon*

ORDNUNG MULTITUBERCULATA
- Familie Haramiyidae: *Haramiya*
- Familie Ptilodontidae: *Ptilodus*

ORDNUNG MONOTREMATA **(Kloakentiere: Schnabeltier, Ameisenigel)**

UNTERKLASSE THERIA

INFRAKLASSE TRITUBERCULATA

ORDNUNG PANTOTHERIA
- Familie Dryolestidae: *Crusafontia*

INFRAKLASSE METATHERIA

ORDNUNG MARSUPIALIA **(Beuteltiere)**

UNTERKLASSE DIDELPHOIDEA
- Familie Didelphidae: *Alphadon*
- Familie Borhyaenidae: *Borhyaena, Cladosictis*
- Familie Thylacosmilidae: *Thylacosmilus*
- Familie Argyrolagidae: *Argyrolagus*
- Familie Necrolestidae: *Necrolestes*

UNTERORDNUNG DIPROTODONTA
- Familie Tylacoleonidae: *Tylacoleo*
- Familie Macropodidae: *Procoptodon*
- Familie Diprotodontidae: *Diprotodon*
- Familie Palorchestidae: *Palorchestes*

INFRAKLASSE EUTHERIA

ORDNUNG PROTEUTHERIA
- Familie Zalambdalestidae: *Zalambdalestes*

KOHORTE EDENTATA
- Familie Metacheiromyidae: *Metacheiromys*

ORDNUNG XENARTHRA **(Nebengelenker: Gürteltiere, Faultiere, Ameisenbären)**
- Familie Dasypodidae: *Peltephilus*
- Familie Glyptodontidae: *Doedicurus*
- Familie Megalonychidae: *Hapalops*
- Familie Megatheriidae: *Megatherium*
- Familie Mylodontidae: *Glossotherium*
- Familie Myrmecophagidae: *Eurotamandua*

ORDNUNG PHOLIDOTA
- Familie Manidae: *Eomanis*

KOHORTE EPITHERIA

ÜBERORDNUNG INSECTIVORA **(Insektenfresser: Igel, Spitzmäuse, Maulwürfe)**

ORDNUNG LEPTICTIDA
- Familie Pseudorhynchocyonidae: *Leptictidium*

ORDNUNG LIPOTYPHLA
- Familie Palaeoryctidae: *Palaeoryctes*

ÜBERORDNUNG ANAGALIDA

ORDNUNG ANAGALIDA
- Familie Anagalidae: *Anagale*

ÜBERORDNUNG GLIRES

ORDNUNG LAGOMORPHA **(Hasen, Kaninchen)**
- Familie Leporidae: *Palaeolagus*

ORDNUNG RODENTIA **(Nagetiere)**

UNTERORDNUNG SCIUROGNATHI
- Familie Paramyidae: *Ischyromys*
- Familie Mylagaulidae: *Epigaulus*
- Familie Castoridae: *Steneofiber*
- Familie Ctenodactylidae: *Birbalomys*

UNTERORDNUNG HYSTRICOGNATHI
- Familie Dinomyidae: *Telicomys*
- Familie Eocardiidae: *Eocardia*

ÜBERORDNUNG ARCHONTA

ORDNUNG DERMOPTERA **(Pelzflatterer, Flattermakis)**
- Familie Plagiomenidae: *Planetetherium*

ORDNUNG CHIROPTERA **(Fledermäuse)**
- Familie Icaronycteridae: *Icaronycteris*

ORDNUNG PRIMATES **(Affen, Herrentiere, Primaten)**

UNTERORDNUNG PROSIMII
- Infraordnung Plesiadapiformes
  - Familie Paromomyidae: *Purgatorius*
  - Familie Plesiadapidae: *Plesiadapis*
- Infraordnung Strepsirhini
  - Familie Adapidae: *Notharctus*
  - Familie Lemuridae: *Megaladapis*
- Infraordnung Haplorhini
  - Familie Omomyidae: *Necrolemur*

UNTERORDNUNG ANTHROPOIDEA
- Infraordnung Platyrrhini
  - Familie Cebidae: *Branisella*
  - Familie Atelidae: *Tremacebus*
- Infraordnung Catarrhini

Überfamilie Cercopithecoidea
- Familie Cercopithecidae: *Mesopithecus, Theropithecus*
- Familie Oreopithecidae: *Oreopithecus*

Überfamilie Hominoidea
- Familie Pliopithecidae: *Dendropithecus, Pliopithecus, Propliopithecus*
- Familie Pongidae **(Menschenaffen)** *Dryopithecus, Gigantopithecus, Ramapithecus, Sivapithecus*
- Familie Hominidae **(Menschen)** *Australopithecus, Homo*

ÜBERORDNUNG FERAE
ORDNUNG CREODONTA
Familie Hyaenodontidae: *Hyaenodon*
Familie Oxyaenidae: *Sarkastodon*
ORDNUNG CARNIVORA **(Raubtiere)**
UNTERORDNUNG FISSIPEDIA
Überfamilie Miacoidea
Familie Miacidae: *Miacis*
Überfamilie Feloidea **(Katzenartige)**
Familie Viverridae: *Kanuites*
Familie Hyaenidae: *Ictitherium. Percrocuta*
Familie Felidae: *Dinofelis, Eusmilus, Homotherium, Megantereon, Nimravus, Panthera, Smilodon*
Überfamilie Canoidea **(Hunde, Bären, Pandas)**
Familie Mustelidae: *Potamotherium*
Familie Canidae: *Canis, Cerdocyon, Cynodesmus, Hesperocyon, Osteoborus, Phlaocyon*
Familie Procyonidae: *Chapalmalania, Plesictis*
Familie Amphicyonidae: *Amphicyon*
Familie Ursidae: *Agriotherium, Hemicyon, Ursus*
UNTERORDNUNG PINNIPEDIA **(Robben)**
Überfamilie Phocoidea **(Seehunde)**
Familie Phocidae: *Acrophoca*
Überfamilie Otarioidea **(Ohrenrobben, Seelöwen)**
Familie Enaliarctidae: *Enaliarctos*
Familie Desmatophocidae: *Desmatophoca*
Familie Odobenidae **(Walrosse)** *Imagotaria*
Familie Otariidae

ÜBERORDNUNG UNGULATA **(Huftiere)**
ORDNUNG ARCTOCYONIA
Familie Arctocyonidae: *Chriacus*
Familie Didolodontidae: *Didolodus*
ORDNUNG TAENIODONTA
Familie Stylinodontidae: *Stylinodon*
ORDNUNG PANTODONTA
Familie Coryphodontidae: *Coryphodon*
ORDNUNG TILLODONTIA
Familie Esthonychidae: *Trogosus*
ORDNUNG DINOCERATA
Familie Uintatheriidae: *Eobasileus*
ORDNUNG EMBRITHOPODA
Familie Arsinoitheriidae: *Arsinoitherium*

ORDNUNG ARTIODACTYLA **(Paarhufer)**
UNTERORDNUNG SUINA **(Schweine, Nilpferde)**
Familie Dichobunidae: *Diacodexis*
Familie Entelodontidae: *Archaeotherium, Dinohyus*
Familie Suidae: *Metridiochoerus*
Familie Tayassuidae: *Platygonus*
Familie Anthracotheriidae: *Elomeryx*
Familie Hippopotamidae: *Hippopotamus*

UNTERORDNUNG TYLOPODA
Familie Merycoidodontidae: *Brachycrus, Merycoidodon, Promerycochoerus*
Familie Cainotheriidae: *Cainotherium*
Familie Protoceratidae: *Protoceras, Syndyoceras, Synthetoceras*
Familie Camelidae: *Aepycamelus Camelops, Oxydactylus, Poebrotherium, Procamelus, Protylopus, Stenomylus, Titanotylopus*
UNTERORDNUNG RUMINANTIA **(Wiederkäuer: Hirsche, Giraffen, Rinder)**
Familie Moschidae: *Blastomeryx*
Familie Cervidae: *Eucladoceros, Megaloceros*
Familie Giraffidae: *Prolibytherium, Sivatherium*
Familie Antilocapridae: *Hayoceros, Illingoceros*
Familie Bovidae: *Bos, Pelorovis*

ORDNUNG ACREODI
Familie Mesonychidae: *Andrewsarchus*

ORDNUNG CETACEA **(Wale, Delphine)**
UNTERORDNUNG ARCHAEOCETI
Familie Protocetidae: *Pakicetus, Protocetus*
Familie Basilosauridae: *Basilosaurus, Zygorhiza*
UNTERORDNUNG ODONTOCETI **(Zahnwale)**
Familie Squalodontidae: *Prosqualodon*
Familie Eurhinodelphidae: *Eurhinodelphis*
UNTERORDNUNG MYSTICETI **(Bartenwale)**
Familie Cetotheriidae: *Cetotherium*
ORDNUNG PERISSODACTYLA **(Unpaarhufer)**
UNTERORDNUNG CERATOMORPHA **(Tapire, Nashörner)**
Familie Helaletidae: *Heptodon*
Familie Hyrachyidae: *Hyrachyus*
Familie Tapiridae: *Miotapirus*
Familie Hyracodontidae: *Hyracodon, Indricotherium*
Familie Amynodontidae: *Metamynodon*
Familie Rhinocerotidae: *Coelodonta Elasmotherium, Teleoceras, Trigonias*
UNTERORDNUNG ANCYLOPODA
Familie Chalicotheriidae: *Moropus*
UNTERORDNUNG HIPPOMORPHA **(Pferdeartige)**
Familie Palaeotheriidae: *Palaeotherium*
Familie Equidae: *Anchitherium, Hipparion, Hippidion, Hyracotherium, Merychippus, Mesohippus, Parahippus*
Familie Brontotheriidae: *Brontops, Brontotherium, Dolichorhinus, Embolotherium, Eotitanops*
ORDNUNG HYRACOIDEA **(Schliefer)**
Familie Pliohyracidae: *Kvabebihyrax*

ÜBERORDNUNG MERIDIUNGULATA **(Südamerikanische Huftiere)**
ORDNUNG LITOPTERNA
Familie Proterotheriidae: *Diadiaphorus, Thoatherium*
Familie Macraucheniidae: *Macrauchenia, Theosodon*

ORDNUNG NOTOUNGULATA
UNTERORDNUNG NOTOPROGONIA
Familie Notostylopidae: *Notostylops*
UNTERORDNUNG TOXODONTA
Familie Isotemnidae: *Thomashuxleya*
Familie Homalodotheriidae: *Homalodotherium*
Familie Leontiniidae: *Scarrittia*
Familie Notohippidae: *Rhynchippus*
Familie Toxodontidae: *Adinotherium, Toxodon*
UNTERORDNUNG TYPOTHERIA
Familie Interatheriidae: *Protypotherium*
UNTERORDNUNG HEGETOTHERIA
Familie Hegetotheriidae: *Pachyrukhos*
ORDNUNG ASTRAPOTHERIA
Familie Astrapotheriidae: *Astrapotherium*
Familie Trigonostylopidae: *Trigonostylops*
ORDNUNG PYROTHERIA
Familie Pyrotheriidae: *Pyrotherium*

ÜBERORDNUNG TETHYTHERIA
ORDNUNG PROBOSCIDEA **(Rüsseltiere)**
UNTERORDNUNG MOERITHERIOIDEA
Familie Anthracobunidae: *Moeritherium*
UNTERORDNUNG DEINOTHERIOIDEA
Familie Deinotheriidae: *Deinotherium*
UNTERORDNUNG ELEPHANTOIDEA **(Elefanten)**
Familie Gomphotheriidae: *Amebelodon, Anancus, Cuvieronius, Gomphotherium, Phiomia, Platybelodon, Stegomastodon*
Familie Mammutidae: *Mammut*
Familie Elephantidae: *Elephas, Mammuthus*
ORDNUNG SIRENIA **(Seekühe, Sirenen)**
Familie Prorastomidae: *Prorastomus*
Familie Dugongidae: *Rytiodus, Hydrodamalis*
ORDNUNG DESMOSTYLIA
Familie Desmostylidae: *Desmostylus*

Literaturverzeichnis

Aiello, L.: *Die Ursprünge des Menschen*, München 1982
Bakker, R. T.: *The Dinosaur Heresies.* New York 1986
Beurlen, K.: Geologie – *Die Geschichte der Erde und des Lebens.* Stuttgart 1975
Carroll, R. L.: *Vertebrate Paleontology and Evolution.* New York 1988
Charig, A. J.: *Dinosaurier. Rätselhafte Riesen der Urzeit.* Frankfurt a. M./Basel/Wien 1984
Colbert, E. H.: *The Age of Reptiles.* London 1965
Colbert, E. H.: *Wandering Lands and Animals.* New York 1973
Colbert, E. H.: *Evolution of Vertebrates.* New York 1980
Colbert, E. H.: *Dinosaurs: An Illustrated History.* Maplewood/USA 1986
Desmond, J.: *Das Rätsel der Dinosaurier.* München 1981
Edmonds, W.: *The Iguanodon Mystery.* London 1979
Feduccia, A.: *Es begann im Jura-Meer. Die faszinierende Stammesgeschichte der Vögel.* Hildesheim 1984
Garutt, J.: *Das Mammut.* Wittenberg 1964
Glut, D.: *The New Dinosaur Dictionary.* Secaucus/USA 1982
Grzimek, B.: *Grzimeks Tierleben. Enzyklopädie des Tierreichs.* 13 Bde., Zürich 1970
Halstead, L. B.: *The Evolution of the Mammals.* London 1978
Halstead, L. B.: *Spuren im Stein. Das Kosmosbuch der Paläontologie.* Stuttgart 1983
Hamilton, W. R.: *The History of Mammals.* London 1972
Haubold, H.: *Die fossilen Saurierfährten.* Wittenberg 1974
Haubold, H.: *Lebensbilder und Evolution fossiler Saurier.* Wittenberg 1981
Hoyle, F./Wickramasinghe, N. C.: *Archaeopteryx, the Primordial Bird – a Case of Fossil Forgery.* Swansea 1986
Hublin, J.: *The Hamlyn Encyclopaedia of Prehistoric Animals.* Twickenham 1982
Hutchinson, P.: *Evolution Explained.* Newton Abbot 1974
Kahlke, H. D.: *Das Eiszeitalter.* Köln 1981
Kemp, T. S.: *Mammal-like Reptiles and the Origin of Mammals.* London 1982
Koenigswald, G. H. R. von: *Die Geschichte des Menschen.* Heidelberg/Berlin/New York 1968
Kuhn, O.: *Deutschlands vorzeitliche Tierwelt.* Bonn 1956
Kuhn, O.: *Die deutschen Saurier.* Krailling 1968
Kuhn-Schnyder, E.: *Geschichte der Wirbeltiere.* Basel 1953
Kuhn-Schnyder, E./Rieber, H.: *Paläozoologie – Morphologie und Systematik ausgestorbener Tiere.* Stuttgart/New York 1984
Kurtén, B.: *Die Welt der Dinosaurier.* München 1968
Kurtén, B.: *The Age of Mammals.* London 1971
Lambert, D.: *Dinosaurier.* Wien/Nürnberg 1978
Lambert, D.: *Collins Guide to Dinosaurs.* London 1983
Lambert, D.: *The Cambridge Field Guide to Prehistoric Life.* Cambridge 1985
Lambert, D.: *The Cambridge Guide to Prehistoric Man.* Cambridge 1987
Lambrecht, K.: *Handbuch der Paläoornithologie.* Berlin 1933
Leakey, R.: *Die Suche nach dem Mensch. Wie wir wurden – was wir sind.* Frankfurt/Main 1981
Leakey, R. E.: *Wie der Mensch zum Menschen wurde. Neue Erkenntnisse über den Ursprung und die Zukunft des Menschen.* Hamburg 1978
Lewin, R.: *Human Evolution: An Illustrated Introduction.* Oxford 1984
Mania, D./Dietzel, A.: *Begegnung mit dem Urmenschen. Die Funde von Bilzingsleben,* zweite Auflage, Leipzig/Jena/Berlin 1980
McFarland, W. N./Pough, F. H./Cade, T. J./Heiser, J. B.: *Vertebrate Life.* London 1979
Moody, R. T. J.: *A Natural History of Dinosaurs.* Twickenham 1977
Moy-Thomas, J. A./Miles, R. S.: *Paleozoic Fishes.* London 1971
Müller, A. H.: *Lehrbuch der Paläozoologie,* Band III, *Vertebraten,* Teil 1, *Fische im weiteren Sinne und Amphibien.* Jena 1961
Müller, A. H.: *Aus Jahrmillionen. Tiere der Vorzeit.* Jena 1962
Müller, A. H.: *Lehrbuch der Paläozoologie,* Band III, *Vertebraten,* Teil 2, *Reptilien und Vögel.* Jena 1968
Müller, A. H.: *Lehrbuch der Paläozoologie,* Band III, *Vertebraten,* Teil 3, *Mammalia.* Jena 1970
Mundlos, R.: *Wunderwelt in Stein. Fossilfunde – Zeugen der Urzeit.* Gütersloh 1976
Napier, J. R. & P. H.: *The Natural History of the Primates.* London 1985
Norman, D.: *The Illustrated Encyclopaedia of Dinosaurs.* London 1985
Patterson, C.: *Evolution.* London 1978
Probst, E.: *Deutschland in der Urzeit.* München 1986 (mit ausführlicher Bibliographie)
Romer, A. S.: *Vergleichende Anatomie der Wirbeltiere.* Hamburg/Berlin 1966
Rowe, S. R./Sharpe, T./Torrens, H. S.: *Ichthyosaurs: A History of Fossil Sea Dragons.* Cardiff 1981
Savage, R. J. G./Long, M. R.: *Mammal Evolution: An Illustrated Guide.* London 1986
Scott, W. G.: *A History of Land Mammals in the Western Hemisphere.* New York 1967
Simpson, G. C.: *Horses.* Oxford 1951
Simpson, G. C.: *Splendid Isolation: The Curious History of South American Mammals.* New Haven 1980
Spinar, Z. V./Burian, Z.: *Leben in der Urzeit.* Hanau 1973
Steel, R.: *Handbuch der Paläoherpetologie,* Teil 15, *Ornithischia.* Stuttgart/Portland-USA 1969
Steel, R.: *Handbuch der Paläoherpetologie,* Teil 14, *Saurischia.* Stuttgart/Portland-USA 1970
Steel, R.: *Handbuch der Paläoherpetologie,* Teil 16, *Crocodilia.* Stuttgart/Portland-USA 1973
Steel, R./Harvey, A. P.: *Lexikon der Vorzeit.* Freiburg 1981
Steiner, W.: *Die große Zeit der Saurier. 250 Millionen Jahre Erd- und Lebensgeschichte vom Karbon bis zur Kreidezeit.* Leipzig/Jena/Berlin 1986
Swinton, W. E.: *Dinosaurs,* dritte Auflage. London 1967
Swinton, W. E.: *The Dinosaurs.* London 1970
Szalay, F. S./Delson, E.: *Evolutionary History of the Primates.* London 1979
Thenius, E.: *Phylogenie der Mammalia – Stammesgeschichte der Säugetiere (einschließlich der Hominiden).* Berlin 1969
Tweedie, M.: *Die Welt der Dinosaurier.* Herrsching 1977
Wellnhofer, P.: *Solnhofener Plattenkalk: Urvögel und Flugsaurier.* Maxberg 1983
Wendt, H.: *Ehe die Sintflut kam.* München 1971
Wilford, J. N.: *The Riddle of the Dinosaurs.* London 1985
Winkler, H. J.: *Grube Messel. Dokumentation 1974–1978, Fundgrube für die Wissenschaft oder Großdeponie für Müllmassen?* Hg.: Aktionsgemeinschaft »Rettet Grube Messel«. Dreieich-Buchschlag 1978
Wood, B.: *The Evolution of Early Man.* London 1976

Internationale Museen (Auswahl)

Die im folgenden aufgeführten Museen und Institute verfügen über bedeutende paläontologische Sammlungen, welche u. a. zahlreiche Fossilfunde von den in diesem Buch abgebildeten und beschriebenen prähistorischen Lebewesen enthalten.

ARGENTINIEN
La Plata: *Museum der La Plata Universität*

AUSTRALIEN
Brisbane/Queensland: *Queensland Museum*
Sydney/New South Wales: *Australian Museum*

BELGIEN
Brüssel: *Königliches Institut für Naturwissenschaften*

CHINA
Beijing (Peking): *Naturgeschichtliches Museum*

DEUTSCHLAND (Bundesrepublik)*
Bad Dürkheim: *Pfalzmuseum für Naturkunde (Pollichia-Museum)*
Blaubeuren: *Urgeschichtliches Museum*
Bochum: *Deutsches Bergbaumuseum*
Bonn: *Zoologisches Forschungsinstitut und Museum Alexander Koenig*
Bottrop: *Quadrat Bottrop, Museum für Ur- und Ortsgeschichte*
Bremen: *Übersee-Museum*
Darmstadt: *Hessisches Landesmuseum*
Dortmund: *Museum für Naturkunde*
Eichstätt: *Jura-Museum*
Essen: *Ruhrland-Museum*
Frankfurt: *Naturmuseum Senckenberg*
Hamburg: *Universität Hamburg, Geologisch-Paläontologisches Institut und Museum*
Hannover: *Niedersächsisches Landesmuseum*
Heidelberg: *Schausammlung Geologisch-Paläontologisches Institut der Universität*
Holzmaden: *Museum Hauff*
Karlsruhe: *Landessammlungen für Naturkunde*
Kassel: *Naturkundemuseum im Ottoneum*
Lübeck: *Naturhistorisches Museum der Hansestadt Lübeck*
Mainz: *Naturhistorisches Museum Mainz*
München: *Bayerische Staatssammlung für Paläontologie und historische Geologie*
Münster: *Westfälisches Landesmuseum für Naturkunde*
Saarbrücken: *Saarberg, Geologisches Museum*
Solnhofen: *Bürgermeister-Müller-Museum*
Stuttgart: *Staatliches Museum für Naturkunde*
Tübingen: *Institut und Museum für Geologie der Universität*
Wuppertal: *Fuhlrott-Museum*

DEUTSCHLAND (DDR)*
Berlin: *Museum für Naturkunde der Humboldt-Universität zu Berlin (Paläontologisches Museum)*
Dresden: *Staatliches Museum für Mineralogie und Geologie*
Erfurt: *Naturkundemuseum*
Freiberg: *Naturkundemuseum*
Gera: *Museum für Naturkunde*
Gotha: *Museum der Natur*
Greifswald: *Geologische Landessammlung der Nordbezirke, Sektion Geologische Wissenschaften der Ernst-Moritz-Arndt-Universität*
Halle: *Geiseltalmuseum der Martin-Luther-Universität*
Magdeburg: *Kulturhistorisches Museum*
Weimar: *Museum für Ur- und Frühgeschichte Thüringens*

FRANKREICH
Paris: *Nationalmuseum für Naturgeschichte*

GRIECHENLAND
Athen: *Institut für Geologie und Paläontologie der Universität*

GROSSBRITANNIEN
Cambridge: *Sedgwick Museum, Cambridge University*
Cardiff/Wales: *National Museum of Wales*
Edinburgh/Scotland: *Royal Scottish Museum*
Elgin/Scotland: *Elgin Museum*
London: *British Museum (Natural History)*
Maidstone: *Maidstone Museum*
Oxford: *University Museum*

INDIEN
Kalkutta: *Geology Museum, Indian Statistical Institute*

ITALIEN
Bologna: *Museum G. Capellini*
Genua: *Museum für Naturgeschichte*
Mailand: *Museum für Naturgeschichte*
Padua: *Museum des Instituts für Geologie*
Rom: *Museum für Paläontologie des Instituts für Geologie*

JAPAN
Osaka: *Museum für Naturgeschichte*
Tokio: *Naturwissenschaftliches Museum*

KANADA
Calgary/Alberta: *Zoological Gardens*
Drumheller/Alberta: *Tyrrell Museum of Paleontology*
Edmonton/Alberta: *Provincial Museum of Alberta*
Ottawa/Ontario: *National Museum of Natural Sciences*
Toronto/Ontario: *Royal Ontario Museum*

KENIA
Nairobi: *Kenya National Museum*

MAROKKO
Rabat: *Museum für Geowissenschaften*

MEXIKO
Mexiko City: *Naturgeschichtliches Museum*

MONGOLISCHE VOLKSREPUBLIK
Ulan-Bator: *Staatliches Zentralmuseum*

NIGER
Niamey: *Nationalmuseum*

ÖSTERREICH
Salzburg: *Haus der Natur*
Wien: *Naturhistorisches Museum*

SCHWEIZ
Basel: *Naturhistorisches Museum*
Genf: *Naturhistorisches Museum*
Zürich: *Paläontologisches Museum der Universität*

SCHWEDEN
Uppsala: *Paläontologisches Museum der Universität*

SÜDAFRIKA
Kapstadt: *South Africa Museum*

UdSSR
Leningrad: *Geologisches Museum*
Moskau: *Museum für Paläontologie*

USA
Boulder/Colorado: *University Natural History Museum*
Buffalo/New York State: *Buffalo Museum of Science*
Cambridge/Massachusetts: *Museum of Comparative Zoology, Harvard University*
Chicago/Illinois: *Field Museum of Natural History*
Cleveland/Ohio: *Natural History Museum*
Denver/Colorado: *Denver Museum of Natural History*
Jensen/Utah: *Dinosaur National Monument*
Los Angeles/California: *Los Angeles County Museum of Natural History*
New Haven/Connecticut: *Peabody Museum of Natural History, Yale University*
New York/New York State: *American Museum of Natural History*
Pittsburgh/Pennsylvania: *Carnegie Museum of Natural History*
Princeton/New Jersey: *Museum of Natural History, Princeton University*
Salt Lake City/Utah: *Utah Museum of Natural History*
Washington DC: *National Museum of Natural History, Smithsonian Institute*

* Eine ausführliche Liste paläontologischer Museen und Sammlungen in der Bundesrepublik und der DDR findet sich bei Ernst Probst: *Deutschland in der Urzeit.* München 1986, S. 389–392.

Index

Abgeleitete Formen, die nicht eigens aufgeführt sind, suche man unter den entsprechenden wissenschaftlichen Bezeichnungen, also zum Beispiel Pareiasauriden unter *Pareiasauridae* und Plesiosaurier unter *Plesiosauria*.

A

B

C

Index

Index

U

V

W

X

Y

Z

Schlüssel zu den Stammbäumen

Vertreter der verschiedenen entwicklungsgeschichtlichen Gruppen sind in Silhouetten dargestellt. Es handelt sich um folgende Formen, jeweils von oben nach unten und von links nach rechts:

Fische *(s. S. 18–19)*

Heterostraci: *Pteraspis*
Thelodontida: *Thelodus*
Osteostraci: *Hemicyclaspis*
Anaspida: *Pharyngolepis*
Neunaugen: heutige Art
Elasmobranchii: *Cladoselache, Hybodus, Sclerorhynchus*
Holocephali: *Deltoptychius, Ischyodus,* Seeratte
Climatiiformes: *Climatius*
Acanthodiformes: *Acanthodes*
Rhenanida: *Gemuendina*
Ptyctodontida: *Ctenurella*
Arthrodira: *Coccosteus*
Antiarchi: *Bothriolepis*
Palaeonisciformes: *Moythomasia*
Semionotiformes: *Dapedium*
Pycnodontiformes: *Pycnodus*
Aspidorhynchiformes: *Aspidorhynchus*
Teleostei: *Thrissops, Eobothus*
Porolepiformes: *Gyroptychius*
Actinistia: *Macropoma,* Quastenflosser
Dipnoi: *Dipterus,* Australischer Lungenfisch
Osteolepiformes: *Eusthenopteron*
Alle fossilen Formen werden im Text beschrieben (s. S. 22–45).

Amphibien *(s. S. 46–47)*

Microsauria: *Microbrachis*
Nectridea: *Diplocaulus*
Aïstopoda: *Dolichosoma*
Seymouriamorpha: *Seymouria*
Eogyrinidae: *Eogyrinus*
Plagiosauridae: *Gerrothorax*
Dissorophidae: *Platyhystrix*
Capitosauridae: *Paracyclotosaurus*
Eryopidae: *Eryops*
Proanura: *Triadobatrachus*
Colosteidae: *Greererpeton*
Ichthyostegalia: *Ichthyostega*
Alle diese Formen werden im Text beschrieben (s. S. 50–57).

Reptilien *(s. S. 58–59)*

Mesosauria: *Mesosaurus*
Pareiasauridae: *Pareiasaurus*
Protorothyrididae: *Hylonomus*
Millerettidae: *Milleretta*
Captorhinidae: *Labidosaurus*
Chelonia: *Proganochelys*
Ichthysauria: *Ichthyosaurus*
Placodontia: *Placodus*
Araeoscelida: *Araeoscelis*
Choristodera: *Champsosaurus*
Thalattosauridae: *Askeptosaurus*
Coelurosauravidae: *Coelurosauravus*
Eosuchia: *Hovasaurus*
Nothosauria: *Nothosaurus*
Plesiosauria: *Elasmosaurus*
Sphenodonta: *Planocephalosaurus*
Echsen: *Ardeosaurus, Platecarpus*
Rhynchosauria: *Hyperodapedon*
Schlangen: *Pachyrhachis*
Protorosauria: *Protorosaurus*
Tanystropheidae: *Tanystropheus*
Alle diese Formen werden im Text beschrieben (s. S. 62–89).

Herrscherreptilien *(s. S. 90–91)*

Proterosuchia: *Erythrosuchus*
Rauisuchia: *Ticinosuchus*
Phytosauria: *Rutiodon*
Aetosauria: *Stagonolepis*
Ornithosuchia: *Lagosuchus*
Sphenosuchia: *Gracilisuchus*
Protosuchia: *Protosuchus*
Mesosuchia: *Metriorhynchus*
Eusuchia: *Deinosuchus*
Rhamphorhynchoidea: *Eudimorphodon, Rhamphorhynchus*
Pterodactyloidea: *Pteranodon*
Coelurosauria: *Saltopus, Ornithomimus*
Carnosauria: *Allosaurus, Tyrannosaurus*
Prosauropoda: *Anchisaurus*
Sauropoda: *Brachiosaurus, Alamosaurus*
Ceratopia: *Triceratops*
Ornithopoda: *Heterodontosaurus, Iguanodon, Anatosaurus*
Stegosauria: *Stegosaurus*
Ankylosauria: *Polacanthus, Euoplocephalus*
Alle diese Formen werden im Text beschrieben (s. S. 94–169)

Vögel *(s. S. 170–171)*

Archaeornithes: *Archaeopteryx*
Odontornithes: *Ichthyornis*
Elefantenvögel: *Aepyornis*
Moas: Dinornis
Presbyornithidae: *Presbyornis*
Tauben: *Raphus*
Diatrymidae: *Diatryma*
Bathornithidae: *Neocathartes*
Phorusrhacidae: *Phorusrhacus*
Meeresvögel: *Pinguinus*
Palaelodidae: *Palaelodus*
Greifvögel: *Harpagornis*
Störche und Neuweltgeier: *Argentavis*
Osteodontornithidae: *Osteodontornis*
Fregattvögel: *Limnofregata*
Alle diese Formen werden im Text beschrieben (s. S. 174–181).

Säugerähnliche Reptilien *(s. S. 182–183)*

Cynodontia: *Cynognathus*
Therocephalia: *Ericiolacerta*
Gorgonopsia: *Lycaenops*
Eotitanosuchia: *Phthinosuchus*
Dinocephalia: *Titanosuchus*
Dicynodontia: *Kannemeyeria*
Sphenacodontidae: *Sphenacodon*
Edaphosauria: *Edaphosaurus*
Ophiacodontidae: *Ophiacodon*
Caseidae: *Casea*
Alle diese Formen werden im Text beschrieben (s. S. 186–193).

Säuger *(s. S. 194–195)*

Prototheria: *Megazostrodon, Ptilodus,* heutiges Schnabeltier
Marsupialia: *Borhyaena, Procoptodon*
Pantotheria: *Crusafontia*
Edentata: *Eurotamandua*
Insectivora: *Zalambdalestes*
Chiroptera: *Icaronycteris*
Primates: *Purgatorius, Necrolemur, Dryopithecus, Australopithecus africanus*
Creodonta: *Hyaenodon*
Feloidea: *Kanuites, Smilodon*
Canoidea: *Hesperocyon, Agriotherium*
Pinnipedia: *Desmatophoca*
Cetacea: *Pakicetus, Cetotherium*
Proboscidea: *Moeritherium, Platybelodon, Mammuthus*
Sirenia: *Hydrodamalis*
Meridiungulata: *Thoatherium, Macrauchenia*
Ceratomorpha: *Hyrachus, Indricotherium*
Chalicotheriidae: *Moropus*
Hippomorpha: *Hyracotherium, Brontotherium*
Suina: *Diacodexis, Archaeotherium, Metridiochoerus*
Tylopoda: *Cainotherium, Aepycamelus*
Ruminantia: *Illingoceros, Sivatherium, Bos primigenius*
Rodentia: *Epigaulus*
Lagomorpha: *Palaeolagus*
Alle diese Formen werden im Text beschrieben (s. S. 198–297).